Ningxia Survey Yearbook

# 宁夏调查年鉴

国家统计局宁夏调查总队 编

# 2018

*Compiled by*

Survey Office of the National Bureau of Statistics in Ningxia

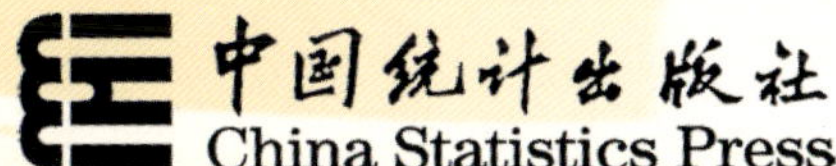

图书在版编目（CIP）数据

宁夏调查年鉴. 2018 : 汉英对照 / 国家统计局宁夏调查总队编. -- 北京 : 中国统计出版社, 2018.11
ISBN 978-7-5037-8689-1

Ⅰ. ①宁… Ⅱ. ①国… Ⅲ. ①统计资料－宁夏－2018－年鉴－汉、英 Ⅳ. ①C832.43-54

中国版本图书馆 CIP 数据核字(2018)第 221784 号

宁夏调查年鉴-2018

作　　者/ 国家统计局宁夏调查总队
责任编辑/ 李　冲　张　洁
装帧设计/ 黄　晨
出版发行/ 中国统计出版社
地　　址/ 北京市丰台区西三环南路甲 6 号　邮政编码/100073
电　　话/ 邮购（010）63376909　书店（010）68783171
网　　址/ http://www.zgtjcbs.com
印　　刷/ 河北鑫宏源印刷有限公司
经　　销/ 新华书店
开　　本/ 890mm×1240mm　1/16
字　　数/ 800 千字
印　　张/ 24.75　0.75 彩页
版　　别/ 2018 年 11 月第 1 版
版　　次/ 2018 年 11 月第 1 次印刷
定　　价/ 380.00 元

本书附同版本 CD-ROM 一张，光盘内容以书面文字为准。

*The Changes of Grain Output in Main Years*

## 主要年份粮食产量变化

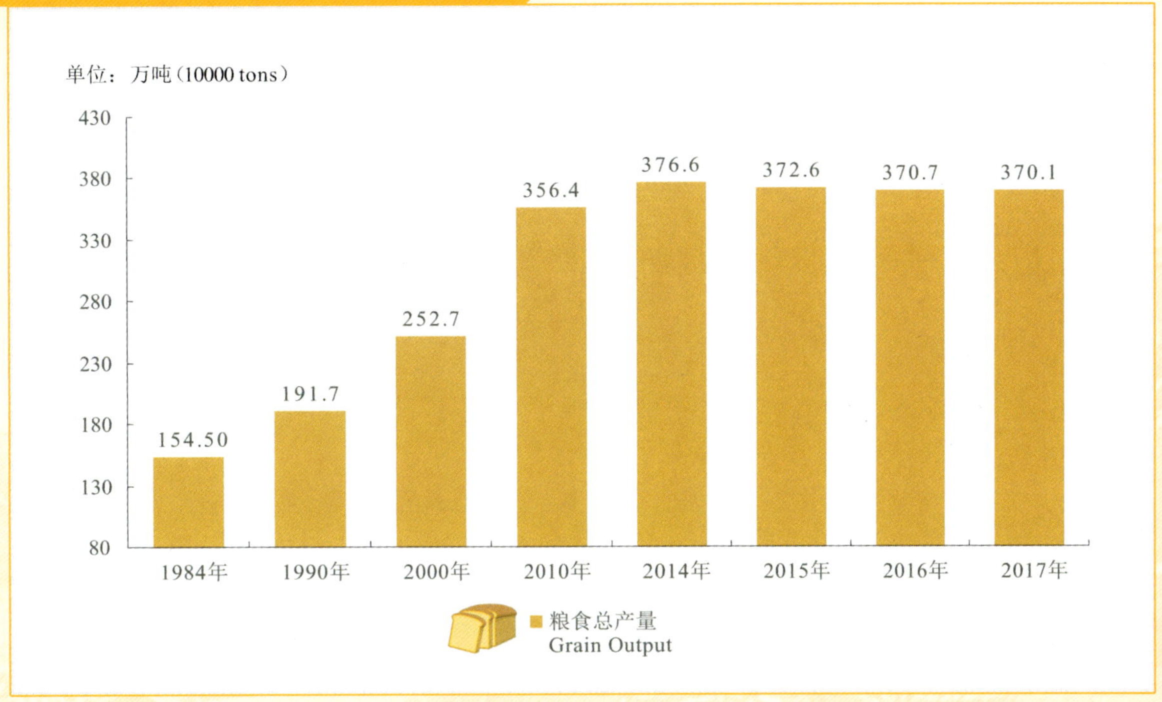


*The Changes of Summer and Autumn Grain Output in Main Years*

## 主要年份夏、秋粮产量变化

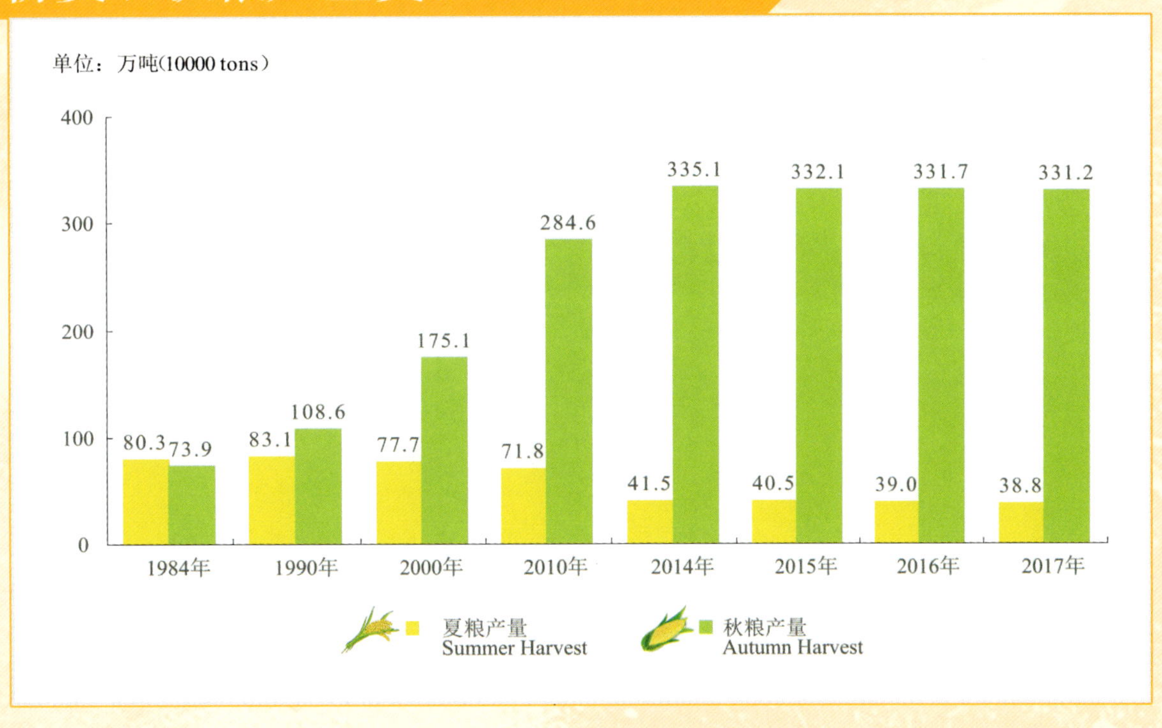

## 2010–2017年主要牲畜存栏变化

## Number of Livestock in Stock

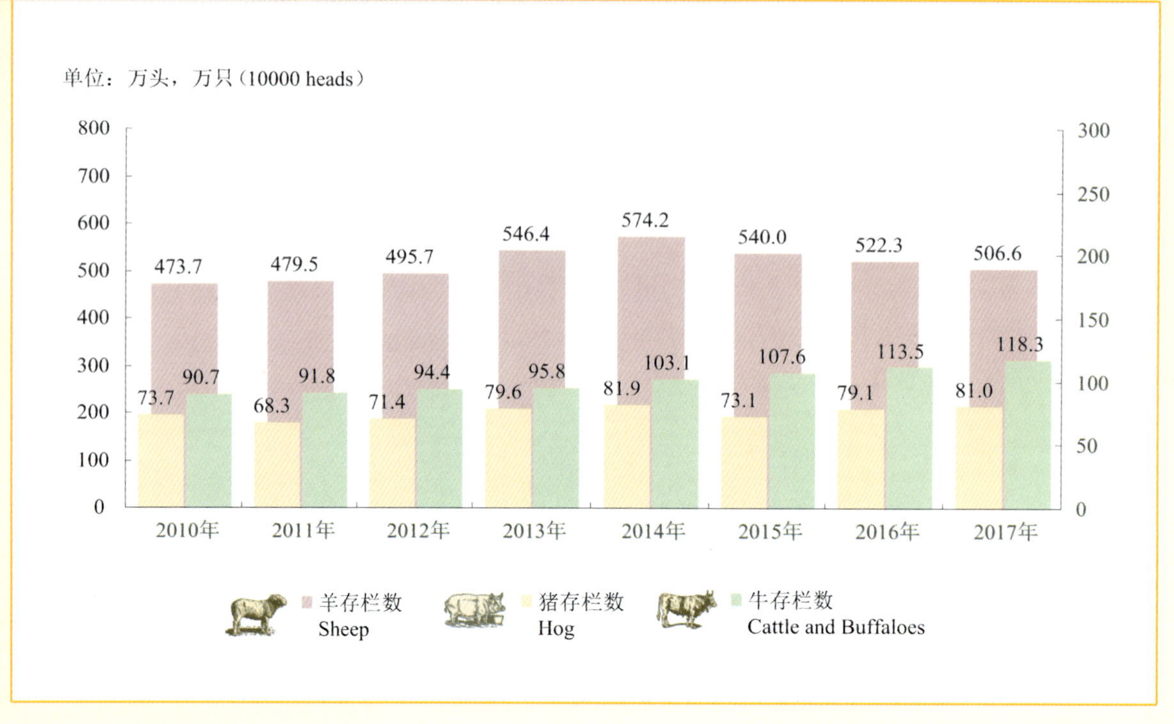


## 2010–2017年主要牲畜出栏变化

## Number of Slaughtered Livestock

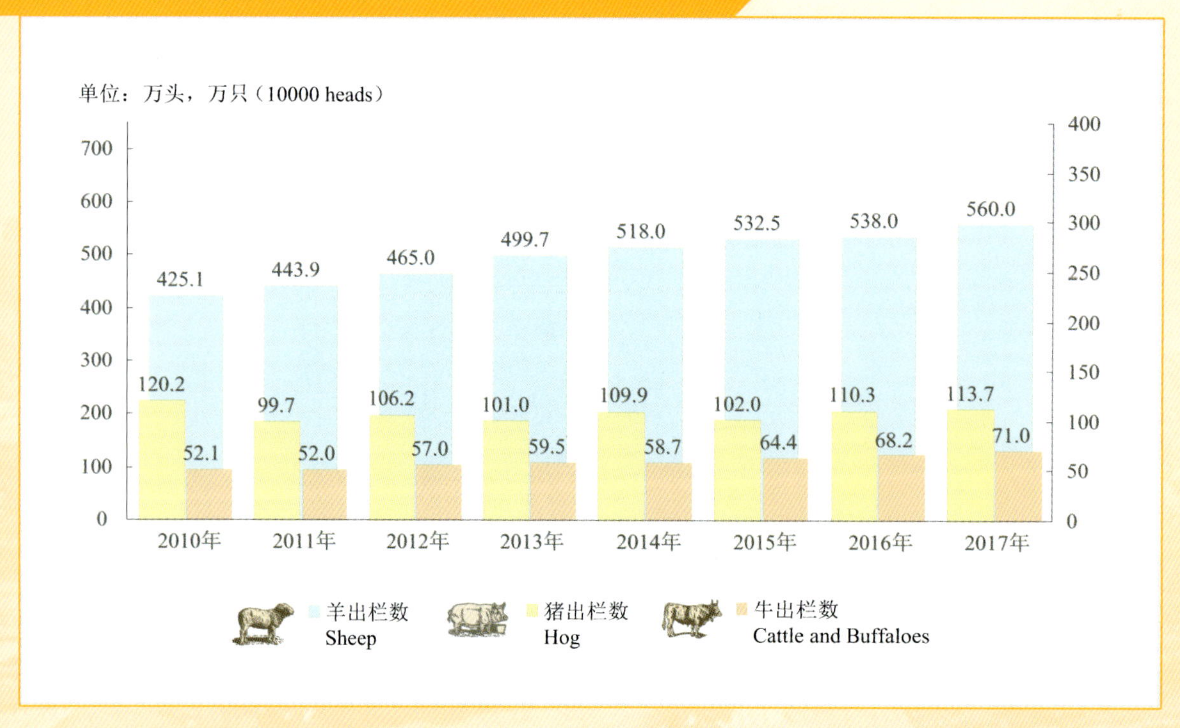

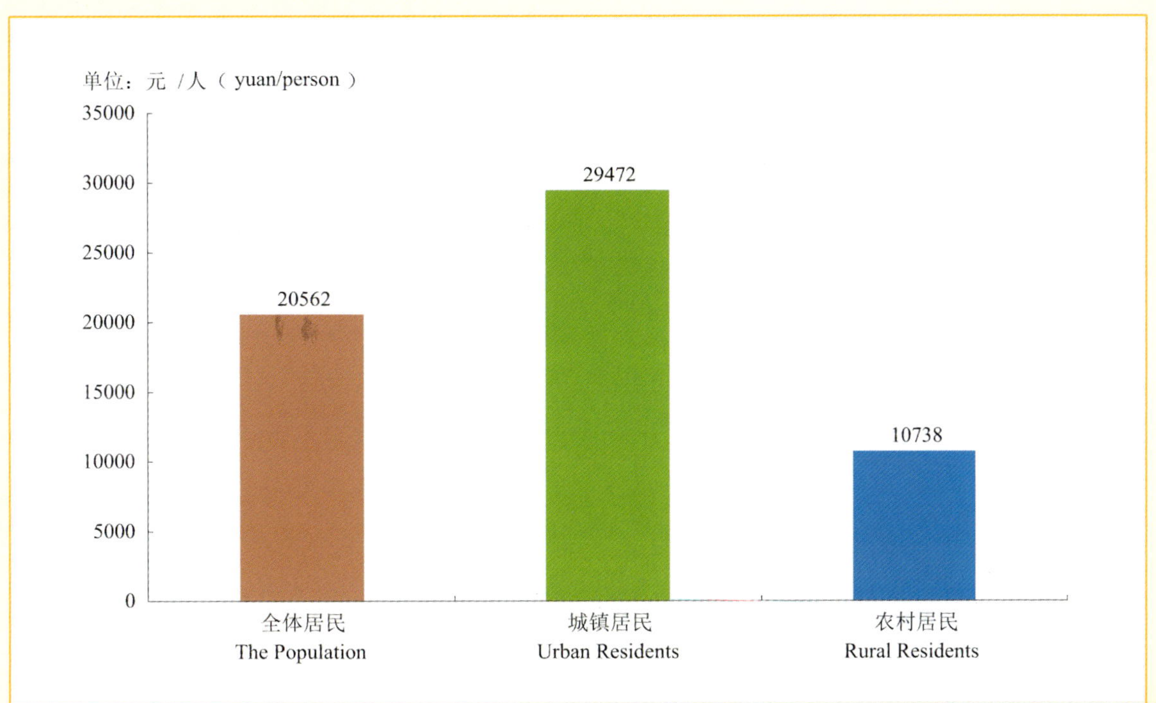


## 2017年宁夏全体居民人均可支配收入

*Per Capita Disposable Income of All Residents in Ningxia （2017）*

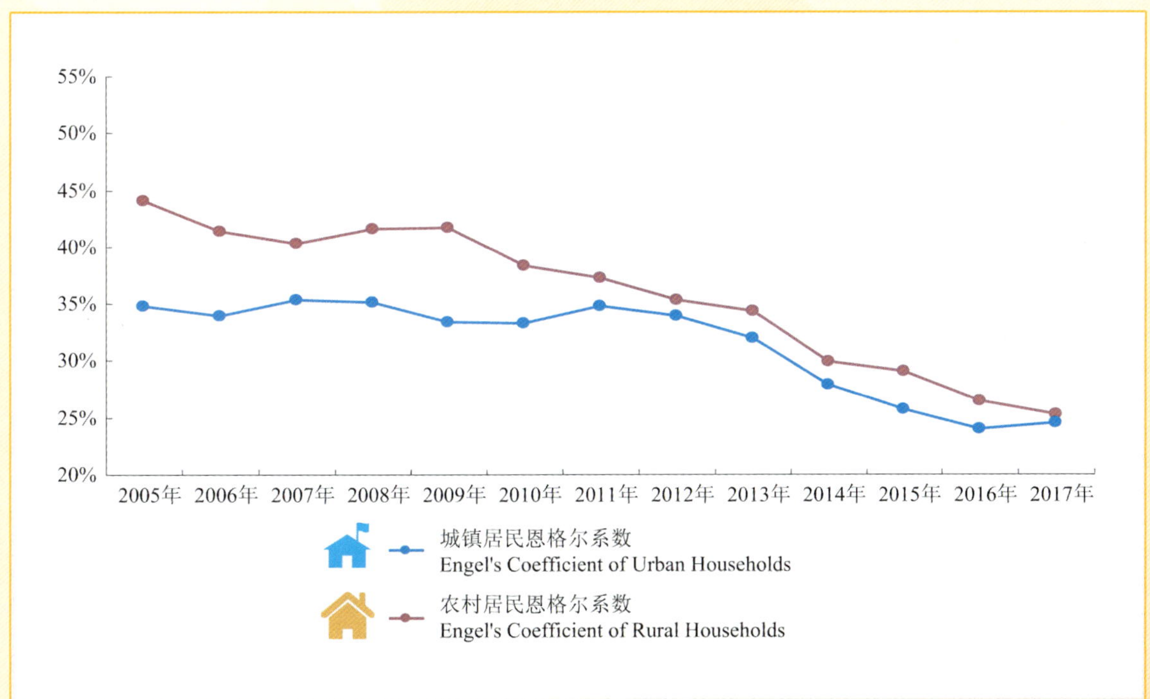


## 主要年份居民家庭恩格尔系数变化

*The Changes of Household's Engle's Coefficient*

## 主要年份城镇居民人均可支配收入

## Per Capita Disposable Income of Urban Households in Main Years

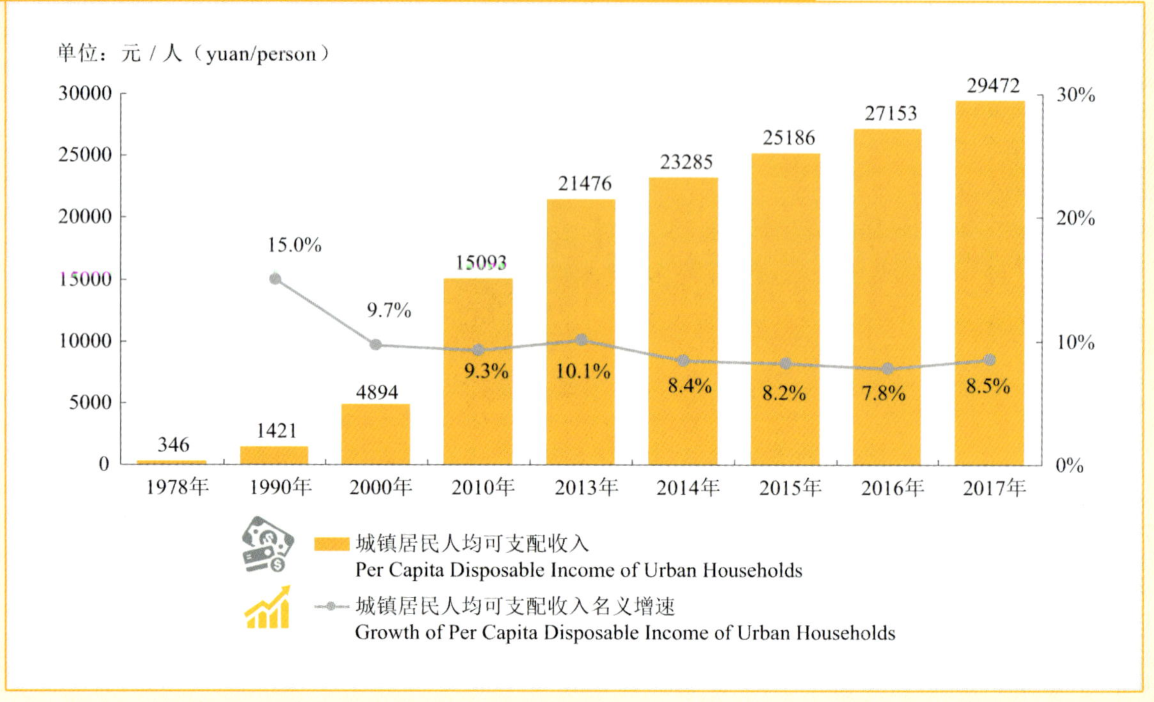


## 主要年份农村居民人均可支配收入

## Per Capita Disposable Income of Rural Households in Main Years

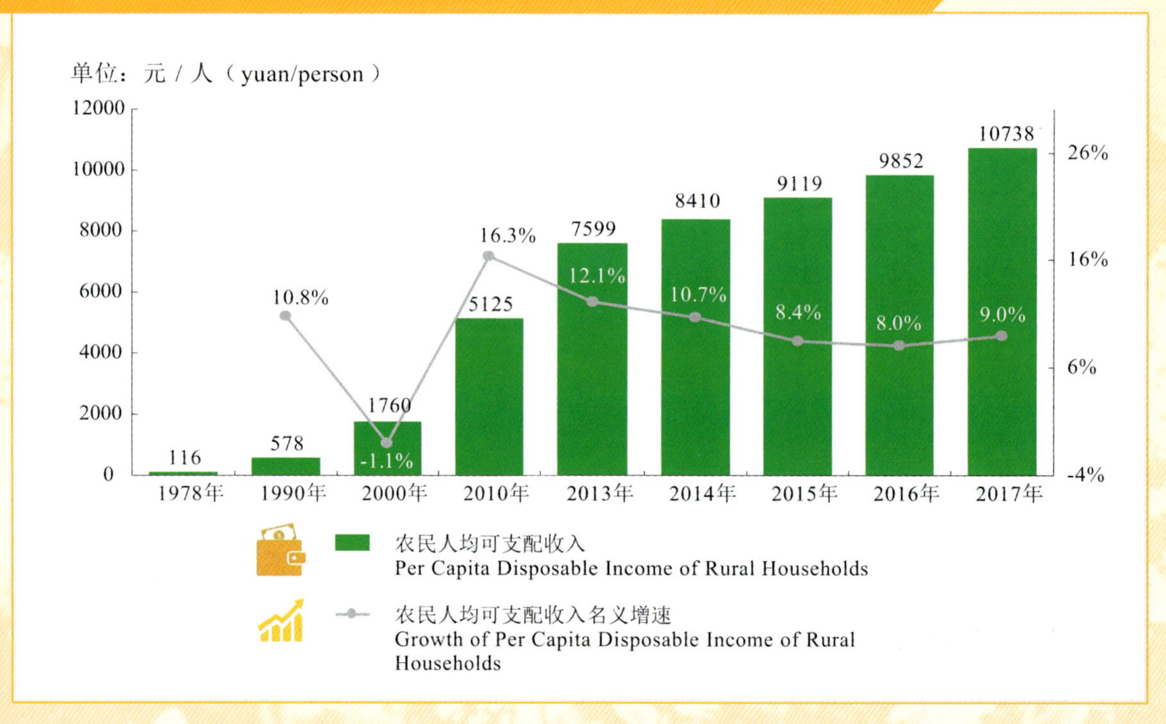

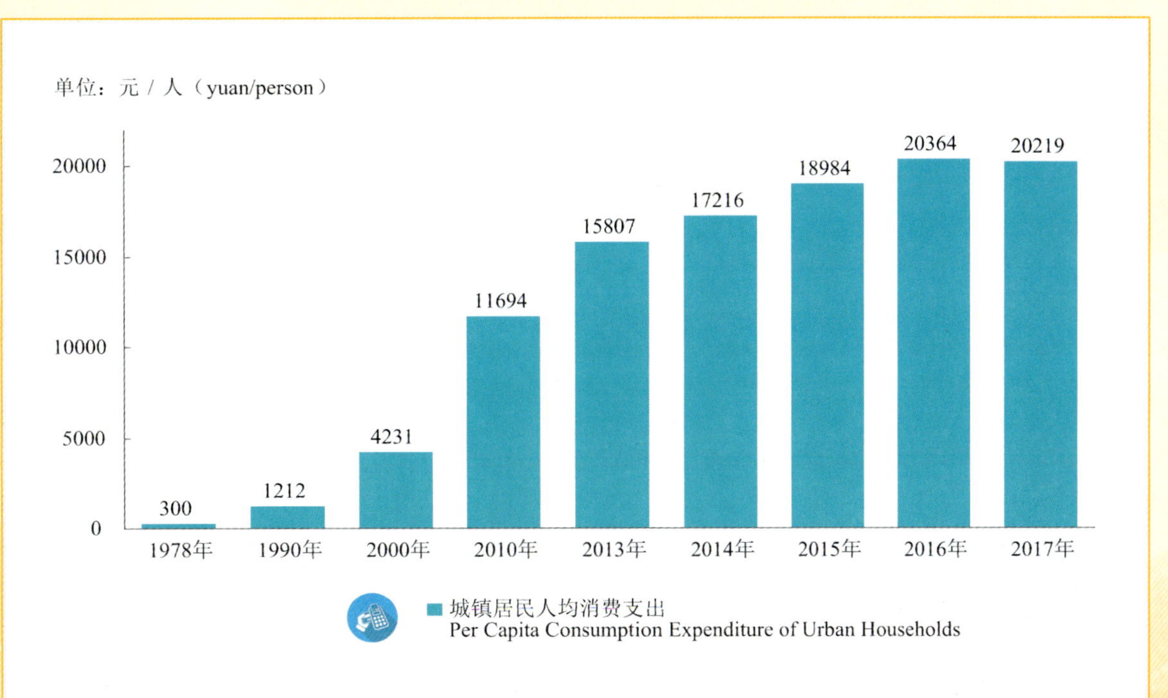


## 主要年份城镇居民人均消费支出

*Per Capita Consumption Expenditure of Urban Households in Main Years*

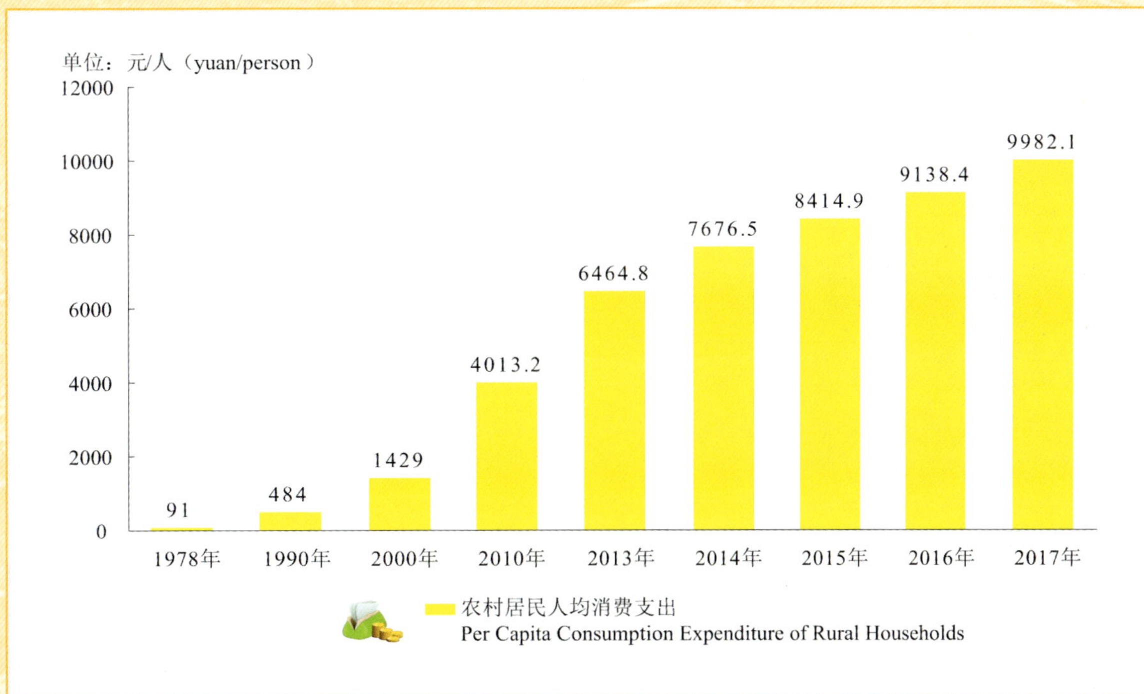


## 主要年份农村居民人均消费支出

*Per Capita Consumption Expenditure of Rural Households in Main Years*

# 城镇居民生活消费支出构成变化

## The Changes of Composition of Expenditure of Urban Households

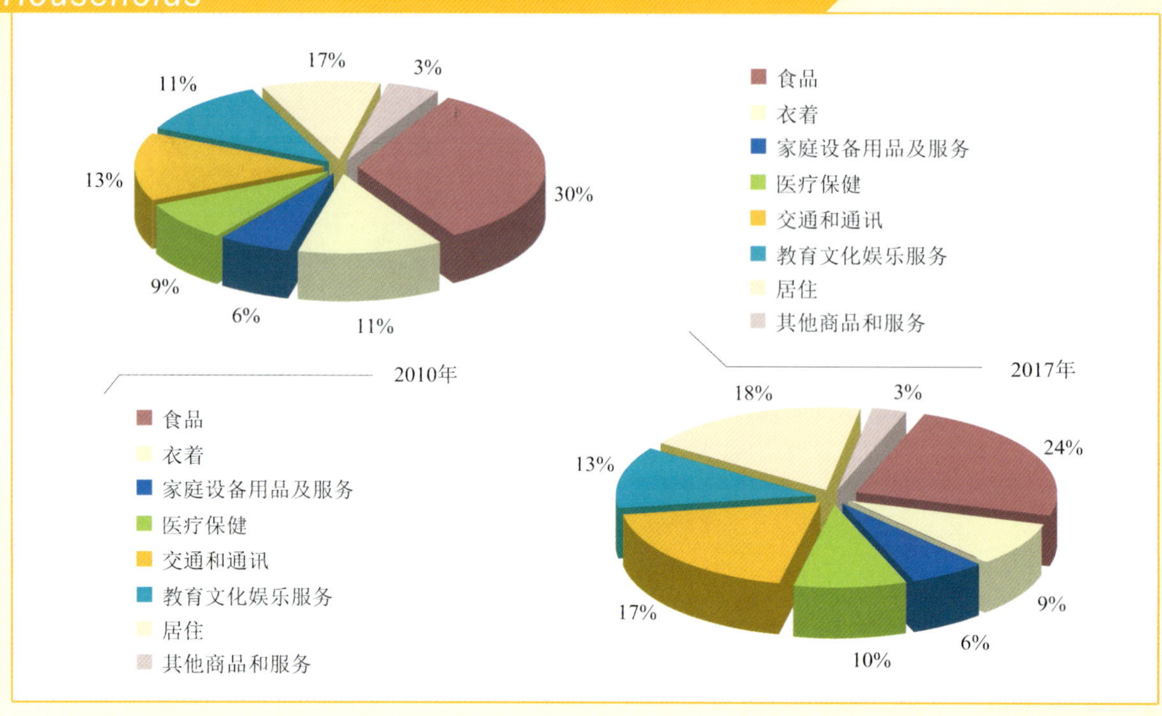


# 农村居民生活消费支出构成变化

## The Changes of Composition of Expenditure of Rural Households

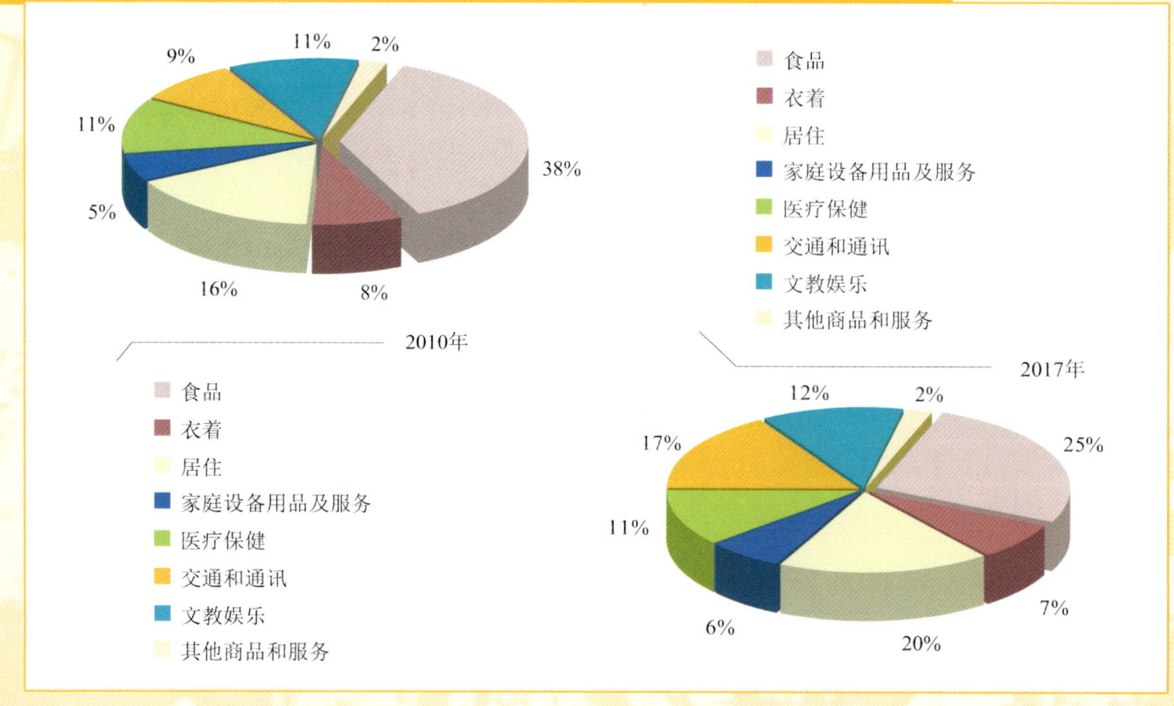

## 主要年份市场物价走势

*Trend of Goods Price of Market in Main Years*

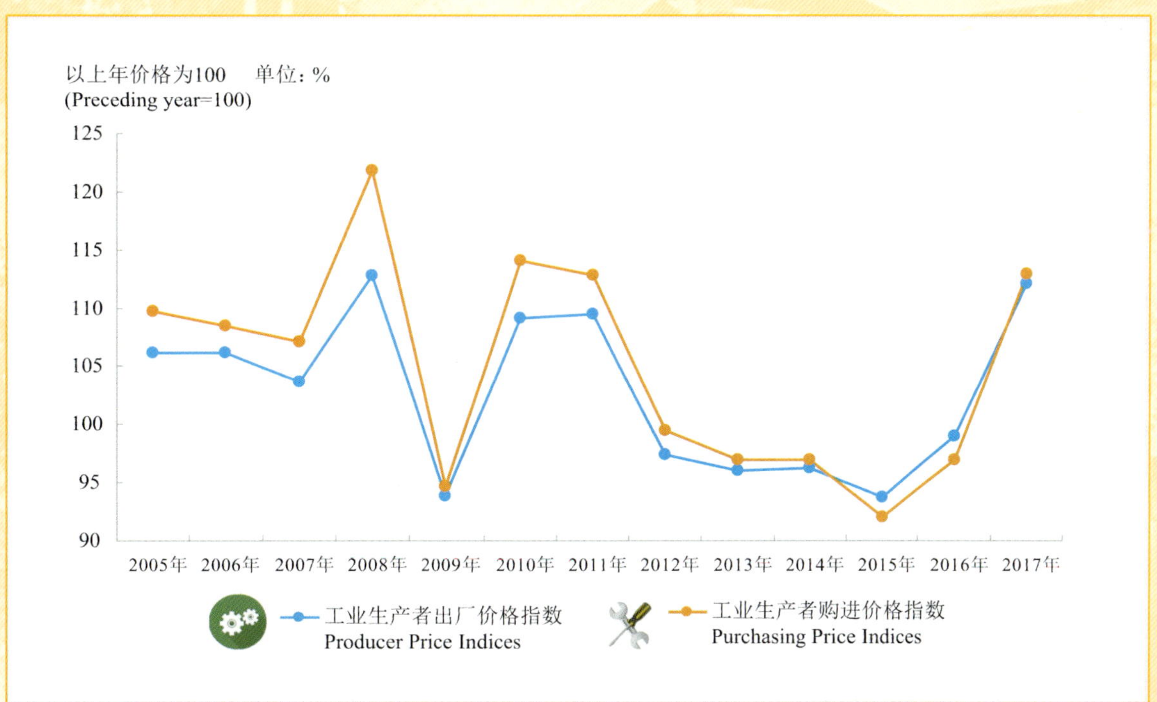


## 主要年份工业生产者价格变化

*The Changes of Producer Price Indices for Industrial in Main Years*

# 主要年份固定资产投资价格变化

## The Changes of Price Indices for Investment in Fixed Assets in Main Years

# 主要年份农产品生产者价格与农业生产资料价格变化

## The changes of Producer Price Indices for Farm Products and Price Indices for Means of Agricultural Production in Main Years

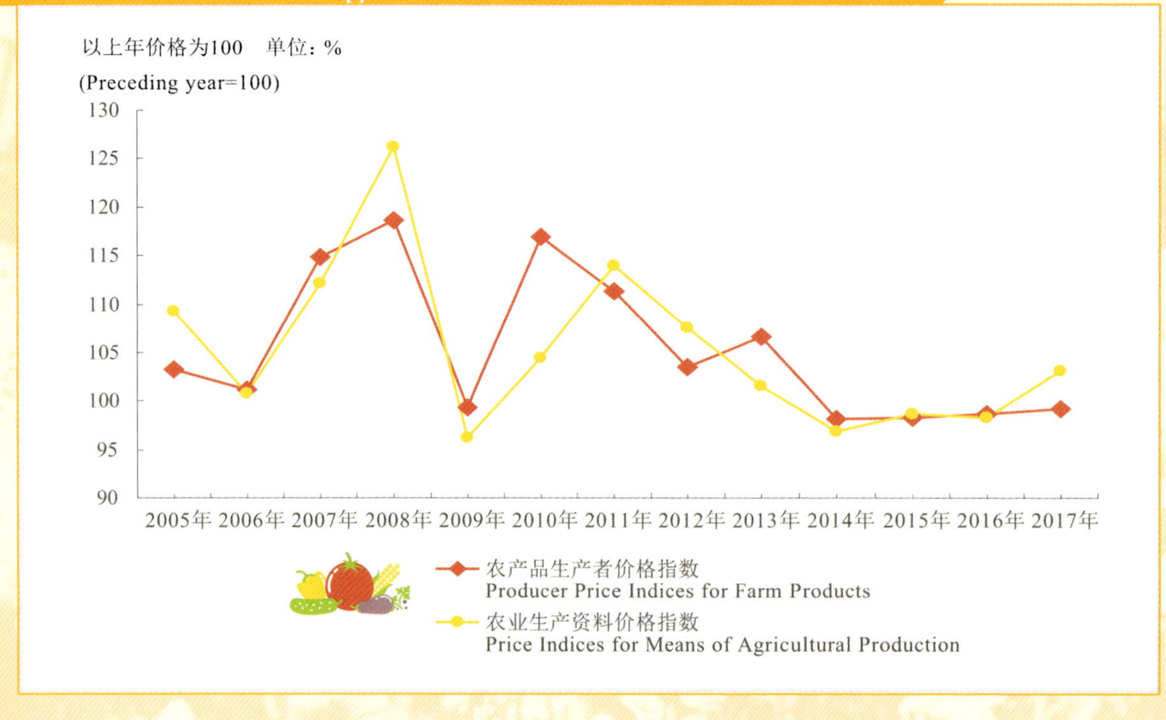

# 《宁夏调查年鉴-2018》

# 编委会和编辑人员

## 编 委 会



## 编辑工作人员

# NINGXIA SURVEY YEARBOOK-2018
# EDITORIAL BOARD AND EDITORIAL STAFF

## Editorial Board



## Editorial Staff

# 编者说明

一、《宁夏调查年鉴—2018》是国家统计局宁夏调查总队编辑的集调查分析报告和统计调查数据于一体的资料性书籍。

二、《宁夏调查年鉴—2018》系统收录了宁夏全区及沿黄地区、中南部地区和各市、县（区）2017年城乡居民收入、物价、粮食产量、畜禽产品产量、规模以下工业、农民工就业、农村贫困等统计调查数据，同时还整理了历史重要年份全国、全区主要统计调查数据，是一部从不同侧面反映宁夏经济和社会发展情况的资料性年刊。

三、本书正文内容分为八大篇章，即，1. 综合；2. 住户调查；3. 价格调查；4. 农业调查；5. 企业调查；6. 农民工调查；7. 农村贫困调查；8. 附录。为方便读者使用，每篇调查数据前后分别附简要说明和主要指标解释，对本项调查的数据来源、主要指标口径变动情况、主要指标涵义等作了说明和解释。

四、本书所涉及的调查数据有的是调查样本数据超级汇总的结果，有的是根据调查样本数据计算的平均数，有的是根据调查样本数据计算的结构数，有的是根据调查样本数据加权推算的总体数据，在每篇数据前附有具体说明。

五、根据宁夏区情特点，本书除提供全区、市、县（市、区）调查数据外，还根据调查样本数据推算出沿黄地区、中南部地区汇总数据。沿黄地区包括兴庆区、西夏区、金凤区、永宁县、贺兰县、灵武市、大武口区、惠农区、平罗县、利通区、青铜峡市、沙坡头区、中宁县。中南部地区包括红寺堡区、盐池县、同心县、原州区、西吉县、隆德县、泾源县、彭阳县、海原县。银川市辖区包括：兴庆区、金凤区、西夏区。石嘴山市辖区包括：大武口区、惠农区。

六、本书中有些历史数据由于制度方法的改革，调查指标口径、范围、涵义等发生变化，为了便于可比，有的指标按现行方案规定作了调整，有的指标口径无法调整仍沿用过去口径。有的指标最近几年有，而过去没有；有的指标过去有，而现行指标体系已经取消。使用时要注意。

七、本书所使用的度量衡单位，均采用国际统一标准计量单位。

八、本书中部分数据合计数或相对数由于单位取舍不同而产生的计算误差，均未作机械调整。

九、符号使用说明：表中的“空格”表示该项统计指标数据不足本表最小单位数、不详或无该项数据；“#”表示其中的主要项；“*”或“①”表示本表下有注解。

# Editor's Notes

Ⅰ. *Ningxia Survey Yearbook 2018* is an annual statistical publication compiled by Survey Office of the National Bureau of Statistics in Ningxia, which reflects comprehensively invcstigation analysis report and statistical data.

Ⅱ. *Ningxia Survey Yearbook 2018* covers income of urban and rural residents, price, grain yield, livestock and poultry yield, industrial enterprises below designated size, employment in migrant, rural poverty, etc of Ningxia, Plain Areas, Mountain Areas and Counties in 2017. It digested statistical data from historically important years at the national and the district, is an informative publication yearly which reflected Ningxia economic and social development from different aspects.

Ⅲ.The Yearbook contains 8 chapters: 1.General Survey; 2.Household Survey; 3.Price Survey; 4.Agriculture Survey; 5.Enterprise Survey; 6.Migrant Workers Survey; 7.Rural Poverty Survey; 8.Appendix. Brief description and explanatory note on main statistical indicators before and after each chapter is attached to the readers to use, it elaborates on the data source, the main indicators caliber changes in meaning, main index of the survey.

Ⅳ. The survey data of the Yearbook have a plenty of the super summary results, have a plenty of the average, have a plenty of the sample data structure, have a plenty of the weighted overall data, with details before each data.

Ⅴ. According to provincial characteristics of Ningxia, the Yearbook provides the survey data in addition to district, city and county (city, area), and calculates the summary data according to the sample data of Plain Areas and Mountain Areas. Plain Areas include Xingqing, Xixia, Jinfeng, Yongning, Helan, Lingwu, Dawukou, Huinong, Pingluo, Litong, Qingtongxia, Shapotou, Zhongning. Mountain Areas include Hongsipu, Yanchi, Tongxin, Yuanzhou, Xiji, Longde, Jingyuan, Pengyang, Haiyuan. Yinchuan area includes Xingqing, Jinfeng, Xixia district. Shizuishan area includes Dawukou, Huinong district.

Ⅵ. Some historical data as the reform of the system method, survey indicators caliber, scope, meaning, etc, in order to facilitate comparable, some indexes have adjusted on the current system, some indicators caliber are still using the past as failing adjust. Some indicators are in recent years, but not in the past; some index in the past and the current index system has been cancelled. Pay attention when using.

Ⅶ. The units of measurement used in this Yearbook are internationally standard measurement units.

Ⅷ. Statistical discrepancies on total and relative figures due to rounding are not adjusted in the Yearbook.

Ⅸ. Notations used in the Yearbook: (blank space) indicates that the figure is not large enough to be measured with the smallest unit in the table, or data are unknown, or are not available; "#" indicates a major breakdown of the total; and "*"or"①" indicates footnotes at the end of the table.

# 目　　录

# Contents

## 第三篇 价格调查
Price Survey

## 第四篇 农业调查

Agriculture Survey

## 第五篇 企业调查

## Enterprise Survey



## 第六篇 农民工调查

## Migrant Workers Survey



## 第七篇 农村贫困调查

## Rural Poverty Survey

## 第八篇　附　录

Appendix

# 第一篇

## 综合

## General Survey

# 宁夏回族自治区 2017 年国民经济和社会发展统计公报[1]

宁夏回族自治区统计局　国家统计局宁夏调查总队

2018 年 5 月 2 日

2017 年，自治区党委、政府带领全区上下认真学习贯彻党的十九大精神，以习近平新时代中国特色社会主义思想为指导，全面落实习近平总书记视察宁夏重要讲话精神，按照自治区第十二次党代会的部署要求，坚持稳中求进工作总基调，牢固树立新发展理念，统筹推进“五位一体”总体布局、协调推进“四个全面”战略布局，不断深化供给侧结构性改革，稳增长、促改革、调结构、惠民生、防风险各项工作稳步推进，创新驱动、脱贫富民、生态立区“三大战略”取得积极进展，经济发展呈现“总体平稳、稳中有进、稳中向好”的运行态势，较好地完成了全年预期目标。

## 一、综合

初步核算，全年全区实现生产总值[2]3453.93 亿元，按可比价格计算，比上年增长 7.8%。其中，第一产业增加值 261.07 亿元，增长 4.3%；第二产业增加值 1580.53 亿元，增长 7.0%；第三产业增加值 1612.33 亿元，增长 9.2%。第一产业增加值占地区生产总值的比重为 7.6%，第二产业增加值比重为 45.8%，第三产业增加值比重为 46.6%，比上年提高 1.2 个百分点。按常住人口计算，全区人均生产总值 50917 元，增长 6.7%。

图 1　2013-2017 年生产总值及其增长速度

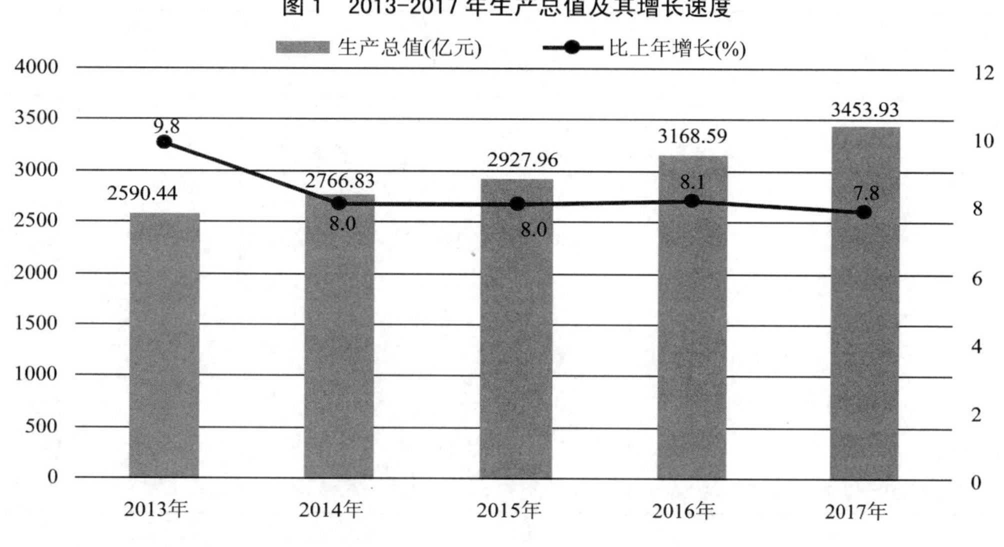


图 2　2013-2017 年全区三次产业增加值占地区生产总值比重

**表 1　2017 年全区生产总值及其增长速度**

| 指　　标 | 绝对值（亿元） | 比上年增长（%） |
|---|---|---|
| 全区生产总值 | 3453.93 | 7.8 |
| 农林牧渔业 | 276.64 | 4.3 |
| 工业 | 1096.30 | 8.4 |
| 建筑业 | 484.36 | 3.7 |
| 批发和零售业 | 160.92 | 8.7 |
| 交通运输、仓储和邮政业 | 199.31 | -0.9 |
| 住宿和餐饮业 | 58.66 | 6.5 |
| 金融业 | 314.69 | 6.8 |
| 房地产业 | 120.84 | 3.6 |
| 其他服务业 | 742.21 | 15.2 |
| 第一产业 | 261.07 | 4.3 |
| 第二产业 | 1580.53 | 7.0 |
| 第三产业 | 1612.33 | 9.2 |

年末全区常住人口 681.79 万人，比上年末增加 6.89 万人。其中，城镇常住人口 395.33 万人，占常住人口比重（常住人口城镇化率）为 57.98%，比上年末提高 1.69 个百分点。全年全区出生人口 9.12 万人，出生率为 13.44‰；死亡人口 3.22 万人，死亡率为 4.75‰；自然增长率为 8.69‰。

**表 2　2017 年年末全区人口数及其构成**

| 指　　标 | 年末数（万人） | 比重（%） |
|---|---|---|
| 年末总人口 | 681.79 | 100.00 |
| 其中：城镇 | 395.33 | 57.98 |
| 乡村 | 286.46 | 42.02 |
| 其中：回族 | 247.57 | 36.31 |
| 其中：男性 | 344.08 | 50.47 |
| 女性 | 337.71 | 49.53 |
| 其中：0-15 周岁（含不满 16 周岁）[3] | 148.02 | 21.71 |
| 16-59 周岁（含不满 60 周岁） | 444.18 | 65.15 |
| 60 周岁及以上 | 89.59 | 13.14 |
| 其中：65 周岁及以上 | 58.03 | 8.51 |

**图 3　2013-2017 年全区城镇新增就业人数**

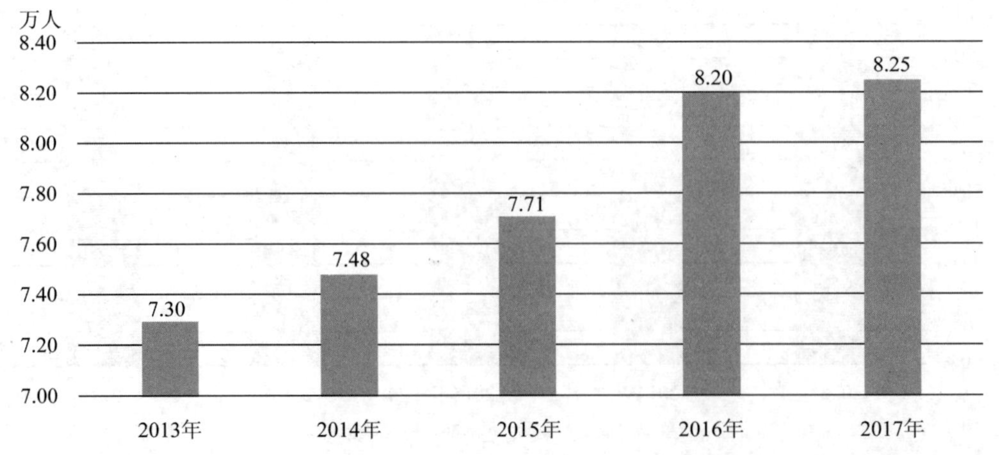

全年全区城镇新增就业 8.25 万人，农村劳动力转移就业 75.53 万人。年末全区城镇登记失业率为 3.87%。全年全区农民工[4]总量为 96.9 万人，比上年增加 5.5 万人，增长 6.0%。其中，外出农民工 75.1 万人，比上年增加 3.2 万人，增长 4.5%；本地农民工 21.8 万人，增加 2.3 万人，增长 11.8%。

图 4　2017 年全区居民消费价格月度涨跌幅度

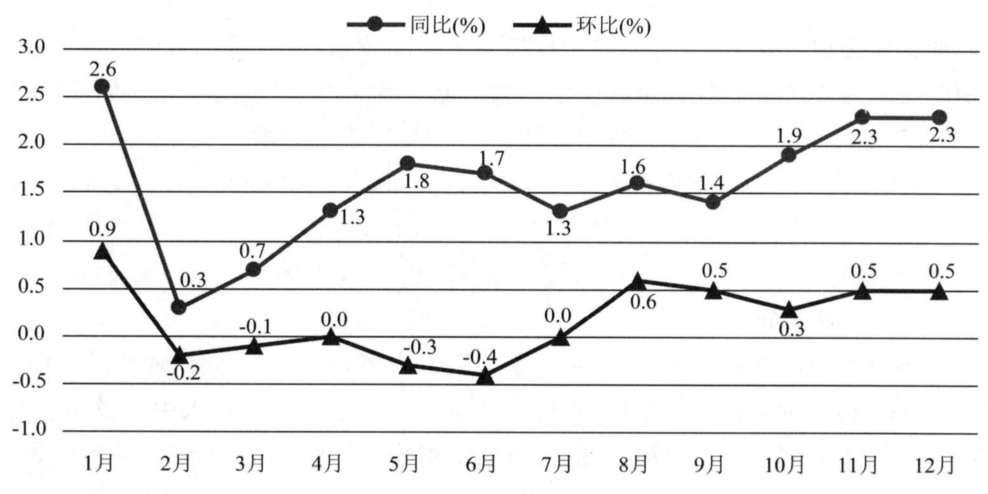


全年全区居民消费价格比上年上涨 1.6%；工业生产者出厂价格上涨 12.1%；工业生产者购进价格上涨 12.9%；固定资产投资价格上涨 5.9%；农产品生产者价格[5]下降 0.7%。

图 5　2017 年全区工业生产者出厂价格和购进价格同比涨跌幅度

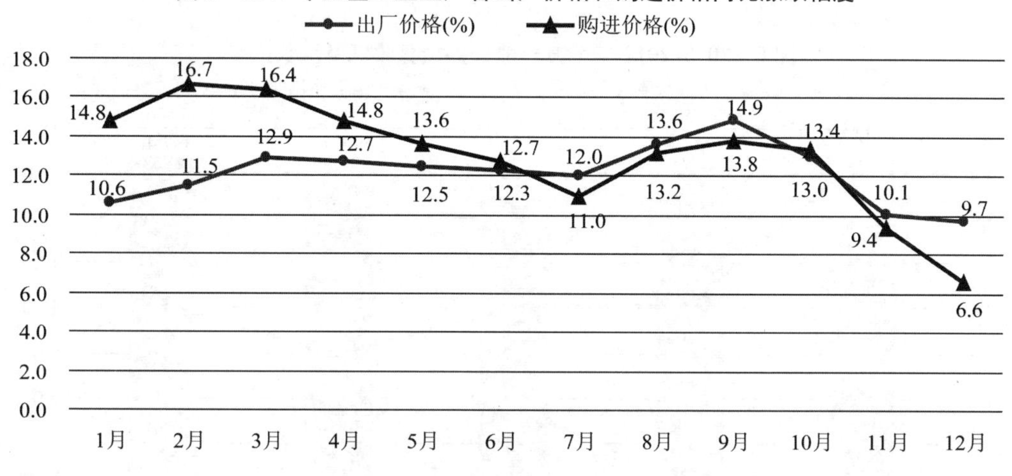


表 3　2017 年 12 月份全区居民消费价格指数

| 指　　标 | 环比 | 同比 | 1-12 月累计比 |
|---|---|---|---|
| 居民消费价格总指数 | 100.5 | 102.3 | 101.6 |
| 其中：食品烟酒 | 101.4 | 100.6 | 99.5 |
| 衣着 | 100.4 | 104.8 | 101.2 |
| 居住 | 100.0 | 102.1 | 102.3 |
| 生活用品及服务 | 100.2 | 102.4 | 101.9 |
| 交通和通信 | 100.3 | 102.4 | 102.7 |
| 教育文化和娱乐 | 100.1 | 102.7 | 102.3 |
| 医疗保健 | 100.3 | 104.3 | 104.8 |
| 其他用品和服务 | 99.4 | 102.2 | 102.4 |

供给侧结构性改革扎实推进。全年全区规模以上工业企业每百元主营业务收入中的成本为 83.82 元，比

上年下降 0.03 元；每百元主营业务收入中的三项费用为 9.65 元，比上年下降 0.78 元。年末，全区商品房待售面积 1036.68 万平方米，下降 16.9%，比上年末减少 210.61 万平方米。其中，住宅待售面积 482.25 万平方米，下降 32.6%，比上年末减少 233.32 万平方米。全年全区农林牧渔业投资增长 39.0%，信息传输、软件和信息技术服务业投资增长 16.3%，科学研究和技术服务业投资增长 64.7%，水利、环境和公共设施管理业投资增长 35.7%。

新动能新产业新业态加快成长。全年全区规模以上工业高技术产业[6]增加值比上年增长 24.3%，占规模以上工业增加值的比重为 4.2%。全年水电、风电、太阳能等清洁能源发电量 236.6 亿千瓦时，增长 24.0%；滚动轴承产量 2280.7 万套，增长 1.16 倍；数控金属切削机床 1709 台，增长 35.7%。全年全区高技术产业投资[7]219.63 亿元，增长 22.6%，占固定资产投资（不含农户）的比重为 5.9%；工业技术改造投资[8]433.23 亿元，增长 15.1%，占固定资产投资（不含农户）的比重为 11.6%。全年全区网上零售额[9]按卖家所在地分实现零售 45.2 亿元，比上年增长 1.48 倍，其中，实物商品零售额 20.1 亿元，增长 42.5%；按买家所在地分，实现零售额 236.7 亿元，增长 56.2%。

发展质量效益不断改善。全年全区一般公共预算总收入 715.65 亿元，同口径增长 10.5%。其中，地方一般公共预算收入 417.46 亿元，同口径增长 10.1%。在地方一般公共预算收入中，税收收入 270.29 亿元，同口径增长 15.3%，占地方一般公共预算收入的比重从上年的 63.6%提高到 64.7%。全年全区规模以上工业企业实现利润 152.10 亿元，比上年增长 22.3%。分经济类型看，国有控股企业实现利润 20.66 亿元，下降 55.2%；股份制企业 95.66 亿元，增长 2.8%；外商及港澳台商投资企业 45.61 亿元，增长 72.9%。分门类看，采矿业实现利润 42.83 亿元，增长 7.1 倍；制造业 79.79 亿元，增长 7.2%；电力、热力、燃气及水生产和供应业 29.48 亿元，下降 34.0%。

**图 6　2013-2017 年地方一般公共预算收入及增长速度**

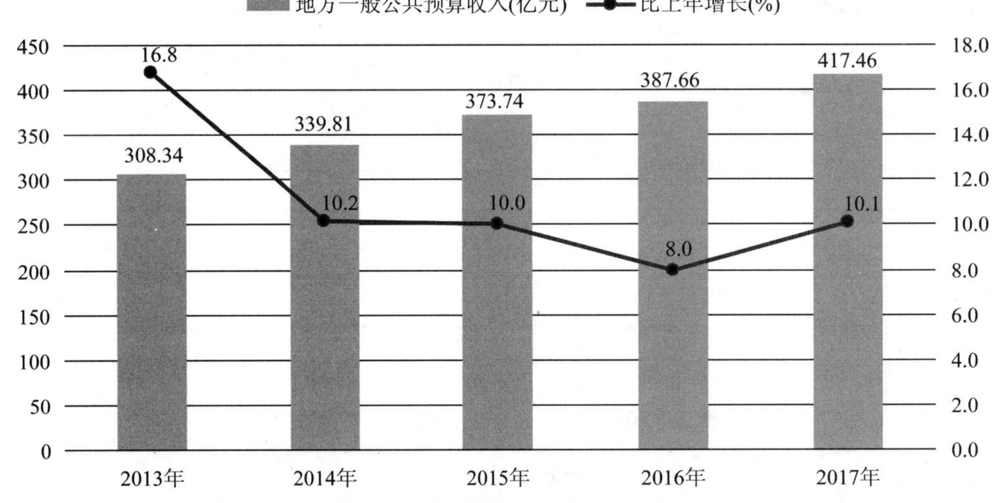


注：图中 2016-2017 年地方一般公共预算收入增长速度为同口径增幅，2013-2015 年为同比增幅。

## 二、农业

全年全区粮食种植面积 1163.3 万亩，比上年减少 4.1 万亩。其中，小麦种植面积 198.8 万亩，增加 9.5 万亩；水稻种植面积 112.9 万亩，增加 0.3 万亩；玉米种植面积 435.5 万亩，减少 9.8 万亩；薯类种植面积 242.8 万亩，减少 10.4 万亩。油料种植面积 96.4 万亩，减少 6.2 万亩。蔬菜种植面积 201.3 万亩，增长 2.6 万亩。瓜果种植面积 125.5 万亩，减少 5.1 万亩。园林水果种植面积 192.9 万亩，减少 11.6 万亩。

全年全区粮食总产量 368.2 万吨，比上年减产 2.4 万吨，减少 0.7%，实现连续十四年丰收。其中，夏粮产量 42.4 万吨，增产 0.1%；秋粮产量 325.8 万吨，减产 0.8%。全年全区小麦产量 40.9 万吨，与上年持平；水稻产量 63.9 万吨，增产 1.5%；玉米产量 214.9 万吨，减产 3.0%；马铃薯产量(折粮)36.6 万吨，增产 3.5%。

全年全区蔬菜产量 610.8 万吨，比上年增产 3.0%；红枣产量 10.4 万吨，增产 25.3%；枸杞产量 11.7 万吨，增产 12.4%；葡萄产量 19.0 万吨，减产 2.7%；油料产量 13.4 万吨，减产 8.6%。

全年全区肉类总产量 32.2 万吨，比上年增长 4.3%。其中，猪肉产量 7.8 万吨，增长 4.0%；牛肉产量 10.9 万吨，增长 4.7%；羊肉产量 11.0 万吨，增长 4.7%；禽肉产量 2.1 万吨，增长 0.1%。禽蛋产量 10.6 万吨，增长 9.7%。牛奶产量 153.3 万吨，增长 9.9%。水产品产量 18.1 万吨，增长 3.6%。年末全区生猪存栏 70.7 万头，增长 2.5%；生猪出栏 99.2 万头，增长 3.2%；肉牛存栏 79.9 万头，增长 4.6%；肉牛出栏 71.0 万头，增长 4.1%；肉羊存栏 554.7 万只，减少 4.5%；肉羊出栏 622.7 万只，增长 4.1%；奶牛存栏 38.4 万头，增长 5.1%；活禽存栏 1150.7 万只，增长 8.1%；活禽出栏 1104.5 万只，增长 1.5%。

图 7　2013-2017 年全区粮食产量

表 4　2017 年全区主要农林牧渔业产品产量及其增长速度

单位：万吨

| 指　　标 | 产　量 | 比上年增长（%） |
|---|---|---|
| 粮食 | 368.2 | -0.7 |
| 小麦 | 40.9 | 0.0 |
| 水稻 | 63.9 | 1.5 |
| 玉米 | 214.9 | -3.0 |
| 油料 | 13.4 | -8.6 |
| 蔬菜 | 610.8 | 3.0 |
| 瓜果 | 199.1 | -4.3 |
| 枸杞 | 11.7 | 12.4 |
| 葡萄 | 19.0 | -2.7 |
| 肉类总产量 | 32.2 | 4.3 |
| 其中：猪、牛、羊肉产量 | 29.7 | 4.5 |
| 禽蛋 | 10.6 | 9.7 |
| 牛奶 | 153.3 | 9.9 |
| 水产品 | 18.1 | 3.6 |

## 三、工业和建筑业

全年全区全部工业增加值 1096.30 亿元，比上年增长 8.4%。规模以上工业增加值增长 8.6%。在规模以上工业中，分轻重工业看，轻工业增长 1.8%，重工业增长 9.9%。分经济类型看，国有控股企业增长 8.7%；股份制企业增长 9.7%，国有企业增长 8.0%，外商及港澳台商投资企业下降 2.8%；私营企业增长 4.0%；非公有制工业增长 6.6%。分门类看，采矿业增长 2.0%，制造业增长 8.4%，电力、燃气和水的生产和供应业增长 12.6%。

图 8　2013-2017 年全部工业增加值及其增长速度

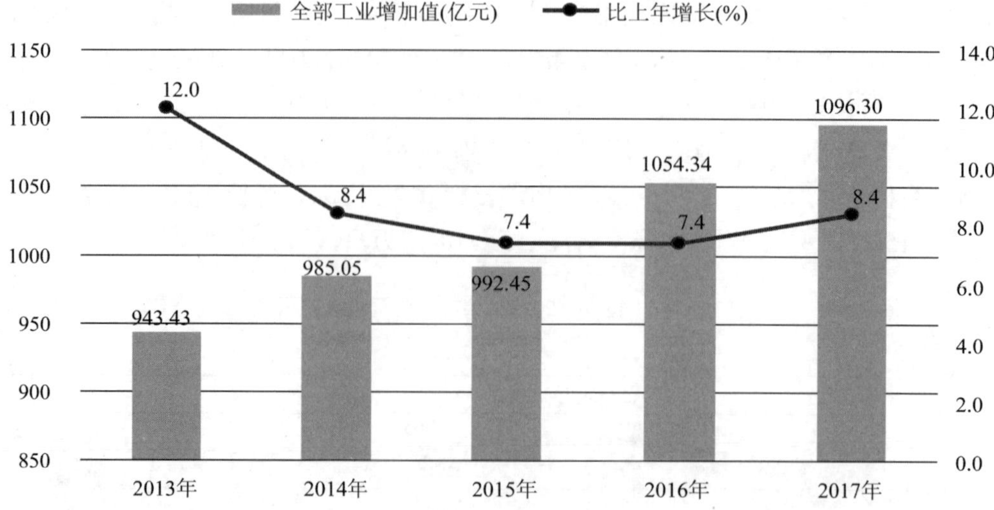


全年全区规模以上工业中，煤炭行业增加值比上年增长 2.8%、电力行业增长 12.2%、化工行业增长 13.6%、冶金行业增长 9.7%、有色增长 6.7%、轻纺增长 0.4%、机械增长 7.3%、建材下降 0.1%、医药增长 9.0%、其他行业增长 8.0%。工业产品销售率为 97.0%。

年末全区发电装机容量 4187.6 万千瓦时，比上年末增长 14.0%。其中，火电装机容量 2583.2 万千瓦时，增长 19.3%；水电装机容量 42.6 万千瓦时，与上年持平；风电装机容量 941.6 万千瓦时，与上年持平；太阳能发电装机容量 620.2 万千瓦时，增长 17.9%。

表 5　2017 年全区主要工业产品产量及其增长速度

| 指　　标 | 单位 | 产量 | 比上年增长（%） |
|---|---|---|---|
| 原　煤 | 万吨 | 7643.6 | 8.1 |
| 发电量 | 亿千瓦时 | 1380.9 | 20.7 |
| 焦　炭 | 万吨 | 754.7 | -1.8 |
| 原铝（电解铝） | 万吨 | 115.0 | 9.4 |
| 农用化肥（折纯） | 万吨 | 46.1 | -15.7 |
| 精甲醇 | 万吨 | 644.2 | 19.4 |
| 电石（碳化钙） | 万吨 | 344.6 | 9.7 |
| 水　泥 | 万吨 | 2177.7 | 11.8 |
| 铁合金 | 万吨 | 322.2 | -5.5 |
| 乳制品 | 万吨 | 95.9 | 4.2 |
| 葡萄酒 | 万千升 | 3.4 | 9.7 |
| 金属切削机床 | 台 | 2094.0 | 35.5 |

全区具有资质的总承包和专业承包建筑业企业 761 家，全年完成建筑业总产值 549.21 亿元，比上年增长 7.4%。建筑业企业房屋建筑施工面积 2569.40 万平方米，下降 7.3%；房屋竣工面积 791.75 万平方米，下降 22.2%；竣工产值 338.67 亿元，下降 10.4%。按建筑业总产值计算的劳动生产率 24.30 万元/人，下降 9.2%。

## 四、固定资产投资

全年全区全社会固定资产投资 3813.38 亿元，比上年增长 4.2%[10]。其中，固定资产投资（不含农户）3725.12 亿元，增长 4.2%。

在固定资产投资（不含农户）中，第一产业投资 214.59 亿元，比上年增长 60.7%；第二产业投资 1372.49

亿元，下降 8.3%；第三产业投资 2138.03 亿元，增长 10.0%。工业投资 1356.97 亿元，下降 9.3%，占固定资产投资（不含农户）的比重为 36.4%。基础设施投资[11]897.99 亿元，增长 26.1%，占固定资产投资（不含农户）的比重为 24.1%。民间固定资产投资[12]2038.08 亿元，增长 5.5%，占固定资产投资（不含农户）的比重为 54.7%。

**表 6　2017 年全区分行业全社会固定资产投资及其增长速度**

| 指　　标 | 投资额（亿元） | 比上年增长（%） |
|---|---|---|
| 全社会固定资产投资 | 3813.38 | 4.2 |
| 农、林、牧、渔业 | 260.67 | 39.0 |
| 采矿业 | 149.03 | 1.6 倍 |
| 制造业 | 815.81 | -2.1 |
| 电力、热力、燃气及水的生产和供应业 | 392.53 | -35.4 |
| 建筑业 | 15.52 | 26.9 倍 |
| 批发和零售业 | 42.04 | -8.6 |
| 交通运输、仓储和邮政业 | 415.08 | 6.9 |
| 住宿和餐饮业 | 16.60 | -19.1 |
| 信息传输、软件和信息技术服务业 | 72.57 | 16.3 |
| 金融业 | 2.95 | 2.1 倍 |
| 房地产业[13] | 816.43 | -6.6 |
| 租赁和商务服务业 | 27.49 | 39.6 |
| 科学研究和技术服务业 | 28.36 | 64.7 |
| 水利、环境和公共设施管理业 | 467.18 | 35.7 |
| 居民服务和其他服务业 | 7.60 | -62.3 |
| 教育 | 68.10 | 20.0 |
| 卫生和社会工作 | 86.41 | 89.3 |
| 文化、体育和娱乐业 | 55.73 | 26.5 |
| 公共管理和社会组织 | 73.26 | 1.2 倍 |

**图 9　2013-2017 年三次产业投资占固定资产投资（不含农户）比重**

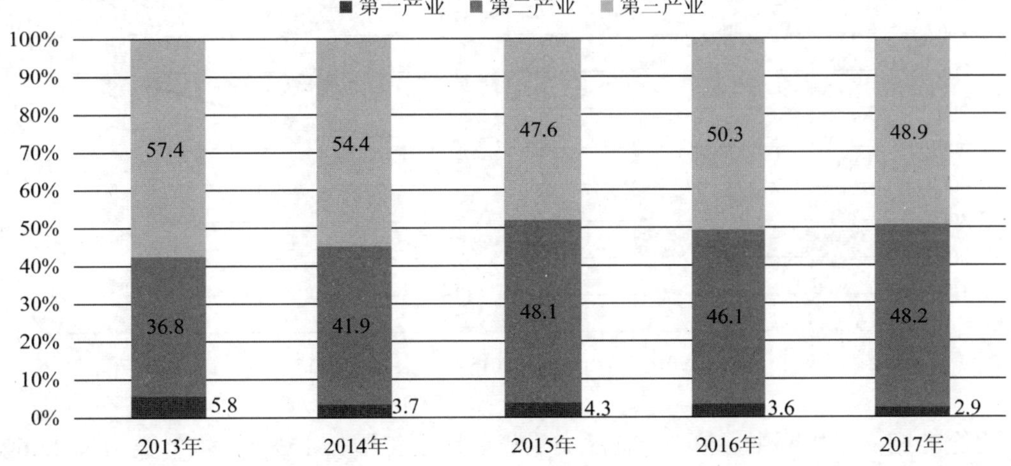


全年全区房地产开发投资 652.84 亿元，比上年下降 10.3%。其中，住宅投资 387.75 亿元，下降 10.9%；办公楼投资 37.01 亿元，下降 28.6%；商业营业用房投资 152.42 亿元，与上年持平。

表 7　2017 年全区房地产开发和销售主要指标完成情况及其增长速度

| 指　　标 | 单　位 | 绝对数 | 比上年增长(%) |
|---|---|---|---|
| 房地产开发投资 | 亿元 | 652.84 | -10.3 |
| 房屋施工面积 | 万平方米 | 6836.71 | -3.8 |
| 　其中：住宅 | 万平方米 | 4346.91 | -4.6 |
| 　其中：本年新开工面积 | 万平方米 | 1187.61 | -14.6 |
| 房屋竣工面积 | 万平方米 | 1328.62 | 2.6 |
| 　其中：住宅 | 万平方米 | 883.54 | -5.1 |
| 商品房销售面积 | 万平方米 | 1021.36 | 5.7 |
| 　其中：住宅 | 万平方米 | 870.28 | 4.8 |
| 商品房待售面积 | 万平方米 | 1036.68 | -16.9 |
| 　其中：住宅 | 万平方米 | 482.25 | -32.6 |
| 商品房销售额 | 亿元 | 464.13 | 13.3 |
| 　其中：住宅 | 亿元 | 369.30 | 13.3 |
| 本年实际到位资金 | 亿元 | 678.50 | 0.0 |
| 　其中：国内贷款 | 亿元 | 70.10 | -27.6 |
| 　　　　自筹资金 | 亿元 | 241.57 | -7.1 |
| 　　　　其他资金来源 | 亿元 | 366.83 | 14.0 |

## 五、国内贸易

全年全区实现社会消费品零售总额 930.45 亿元，比上年增长 9.5%。按经营地统计，城镇消费品零售额 854.26 亿元，增长 9.3%；乡村消费品零售额 76.19 亿元，增长 11.7%。按消费类型统计，商品零售额 769.49 亿元，增长 8.7%；餐饮收入额 160.96 亿元，增长 13.0%。

图 10　2013-2017 年社会消费品零售总额及其增长速度

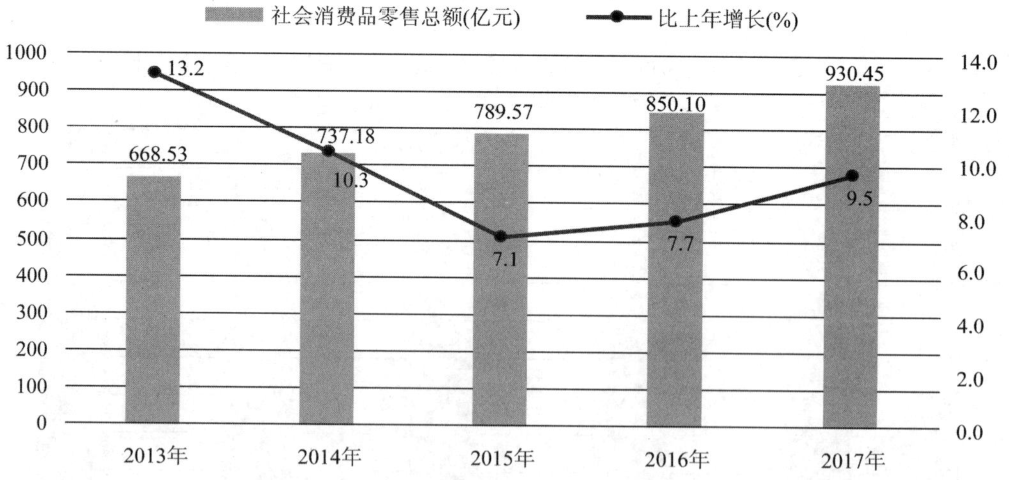

在限额以上企业商品零售额中，粮油、食品类零售额比上年增长 16.8%，饮料类增长 22.6%，烟酒类增长 7.9%，服装、鞋帽、针纺织品类增长 0.5%，化妆品类增长 17.9%，金银珠宝类下降 1.1%，日用品类增长 2.0%，家用电器和音像器材类增长 3.2%，中西药品类增长 7.8%，文化办公用品类下降 9.6%，通讯器材类下降 12.0%，石油及制品类增长 19.2%，汽车类下降 0.1%。

## 六、对外经济[14]

据银川海关统计，全年全区货物进出口总额 341.29 亿元，比上年增长 58.9%。其中，出口 247.71 亿元，增长 50.5%；进口 93.58 亿元，增长 86.7%。货物进出口差额（出口减进口）154.12 亿元。对“一带一路”沿线国家进出口总额 82.66 亿元，增长 14.4%。其中，出口 66.54 亿元，增长 21.7%；进口 16.12 亿元，下降 8.3%。

图 11　2013-2017 年货物进出口总额

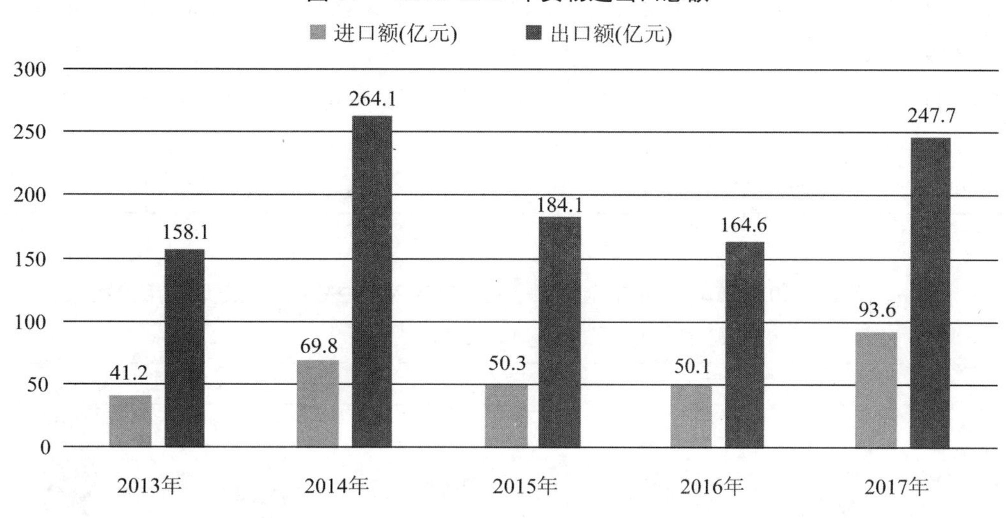


全年全区实际使用外商直接投资 3.11 亿美元，比上年增长 22.8%。全区新批准外商直接投资项目 24 个，合同外资金额 25.40 亿美元，增长 3.5 倍。其中，租赁和商务服务业签订利用外商直接投资项目 5 个，合同额 2.18 亿美元，增长 33.9%。

表 8　2017 年全区主要商品出口金额及其增长速度

| 商品名称 | 出口值（亿元） | 比上年增长（%） |
|---|---|---|
| 金首饰及零件 | 19.12 | 513.5 |
| 维生素 C 及其衍生物 | 3.70 | 330.1 |
| 新的充气橡胶轮胎 | 6.74 | 181.6 |
| 焦炭及半焦炭 | 1.68 | 96.5 |
| 果蔬汁 | 1.49 | 70.7 |
| 铁合金 | 4.32 | 88.1 |
| 赖氨酸酯及盐 | 3.98 | 58.2 |
| 机床及铸件 | 4.86 | 47.5 |

## 七、交通和邮电

全年全区货物运输总量 3.93 亿吨，比上年下降 11.5%。货物运输周转量 811.41 亿吨公里，下降 7.1%。全年旅客运输总量 0.76 亿人次，下降 14.4%；旅客运输周转量 158.11 亿人公里，增长 3.3%。

年末全区民用汽车保有量 132.16 万辆，比上年末增长 12.1%。其中，私人汽车保有量 119.9 万辆，增长 13.2%。民用轿车保有量 63.73 万辆，增长 13.1%，其中，私人轿车 60.9 万辆，增长 13.5%。

全年全区完成邮政业务总量[15]15.32 亿元，比上年增长 0.8%。邮政业全年完成邮政函件业务 365.7 万件，包裹业务 10.6 万件，快递业务量 3721.5 万件；快递业务收入 6.8 亿元。全年全区完成电信业务总量[16]204.7 亿元，增长 1.17 倍。年末全区电话用户总数 854.2 万户，其中移动电话用户 792 万户。互联网宽带接入用户 159.2 万户，比上年增加 47.3 万户。移动互联网用户 682.5 万户，比上年增加 80.4 万户；移动互联网接入流量 20825.8 万 G，增长 1.92 倍。

表 9　2017 年全区各种运输方式完成运输量及其增长速度

| 运输方式 | 货物 | | | | 旅客 | | | |
|---|---|---|---|---|---|---|---|---|
| | 运输总量 | | 运输周转量 | | 运输总量 | | 运输周转量 | |
| | 绝对数(万吨) | 比上年增长(%) | 绝对数(亿吨公里) | 比上年增长(%) | 绝对数(万人次) | 比上年增长(%) | 绝对数(亿人公里) | 比上年增长(%) |
| 总 计 | 39289.44 | -11.45 | 811.41 | -7.13 | 7599.90 | -14.44 | 158.11 | 3.31 |
| 铁 路 | 6528.29 | 11.81 | 253.55 | 4.61 | 650.37 | -1.25 | 43.26 | -4.29 |
| 公 路 | 31659.00 | -15.40 | 500.18 | -13.40 | 6518.00 | -17.60 | 55.84 | -13.32 |
| 航 空 | 1.89 | 26.54 | 0.29 | 21.01 | 431.53 | 37.67 | 59.01 | 35.92 |
| 管 道 | 1100.26 | -0.94 | 57.40 | 7.21 | — | — | — | — |

图 12　2013-2017 年年末全区互联网宽带接入用户数和移动互联网用户数

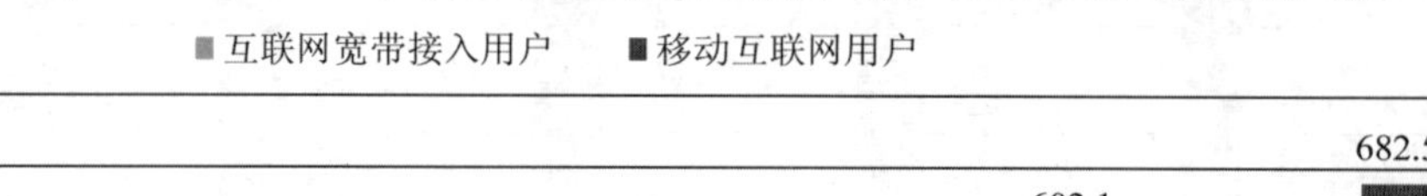
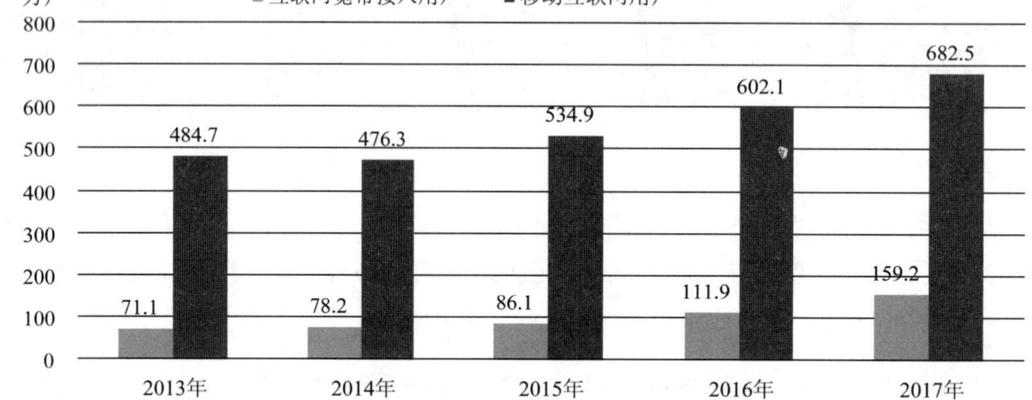


## 八、金融

年末全区全部金融机构本外币各项存款余额 5867.22 亿元，比年初增加 406.58 亿元。其中，人民币各项存款余额 5848.45 亿元，增加 406.91 亿元。全部金融机构本外币各项贷款余额 6461.48 亿元，比年初增加 765.52 亿元。其中，人民币各项贷款余额 6332.61 亿元，增加 664.72 亿元。

表 10　2017 年年末全区金融机构存贷款余额及其增长速度

| 指　标 | 年末数（亿元） | 当年新增（亿元） | 比上年末增长（%） |
|---|---|---|---|
| 各项存款余额 | 5867.22 | 406.58 | 7.5 |
| 人民币存款余额 | 5848.45 | 406.91 | 7.5 |
| 其中：住户存款 | 2791.49 | 241.29 | 9.5 |
| 非金融企业存款 | 1591.31 | 103.58 | 7.0 |
| 广义政府存款 | 1342.82 | 31.26 | 2.4 |
| 各项贷款余额 | 6461.48 | 765.52 | 13.4 |
| 人民币贷款余额 | 6332.61 | 664.72 | 11.7 |
| 其中：短期贷款 | 2048.41 | 207.24 | 10.8 |
| 中长期贷款 | 3867.49 | 439.83 | 13.1 |
| 票据融资 | 412.96 | 20.96 | 5.4 |

年末全区上市公司13家，总股本103.00亿股，总市值916.64亿元，比上年下降13.3%。其中，流通市值572.81亿元，下降22.2%。全年证券交易额5939.75亿元，增长15.2%。全年全区在全国中小企业股份转让系统[17]挂牌公司66家，较年初增长17.9%，总市值219.16亿元。

年末全区省级营业性保险分公司20家，全年实现保费收入165.21亿元，比上年增长23.4%。其中，财产险收入56.04亿元，增长21.6%；寿险收入81.24亿元，增长19.1%；健康险收入23.53亿元，增长46.5%；意外伤害险收入4.40亿元，增长24.9%。支付各类赔款和给付49.56亿元，增长15.7%。其中，财产险赔款26.96亿元，增长8.7%；寿险业务给付15.17亿元，增长20.2%；健康险给付6.19亿元，增长44.9%；意外伤害险赔款1.24亿元，增长9.4%。

## 九、居民收入消费和社会保障

全年全区全体居民人均可支配收入[18] 20562 元，比上年增长 9.2%。全区全体居民人均可支配收入中位数[19]14781 元，增长 11.4%。按常住地分，城镇居民人均可支配收入 29472 元，增长 8.5%。城镇居民人均可支配收入中位数23727元，增长6.9%。农村居民人均可支配收入10738元，增长 9.0%。农村居民人均可支配收入中位数 10293 元，增长 10.0%。按全区居民五等份收入分组[20]，低收入组人均可支配收入 5083元，中等偏下收入组人均可支配收入 11009 元，中等收入组人均可支配收入 17807 元，中等偏上收入组人均可支配收入29486元，高收入组人均可支配收入56122元。

图13　2013-2017年城镇居民人均可支配收入及其增长速度

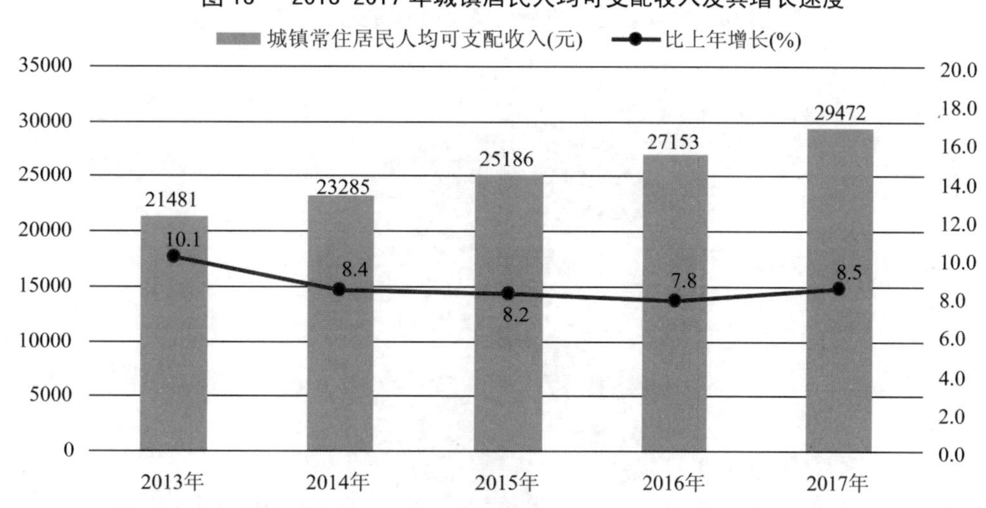


图14　2013-2017年农村居民人均可支配收入及其增长速度

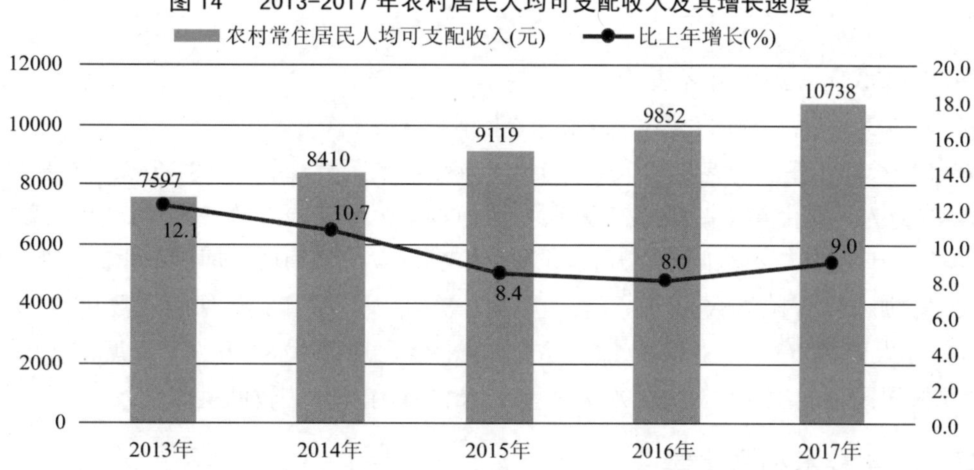


全年全区居民人均消费支出15350元，比上年增长2.6%，扣除价格因素，实际增长1.0%。按常住地分，

城镇居民人均消费支出 20219 元，下降 0.7%，扣除价格因素，实际下降 2.4%；农村居民人均消费支出 9982 元，增长 9.2%，扣除价格因素，实际增长 7.8%。

图 15　2017 年全区城镇居民人均消费支出及其构成

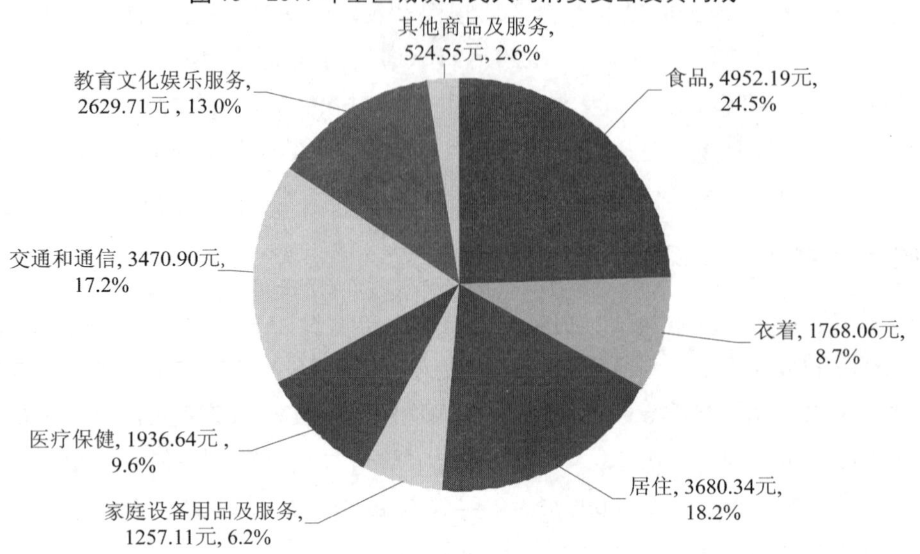


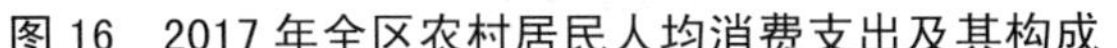

图 16　2017 年全区农村居民人均消费支出及其构成

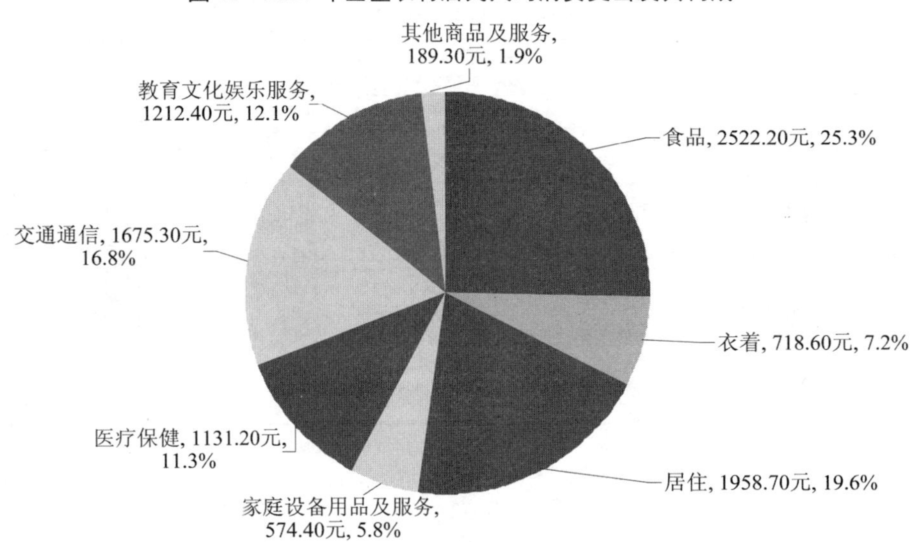


按照每人每年 2300 元（2010 年不变价）的农村贫困标准计算，2017 年末，全区农村贫困人口 23.9 万人，比上年末减少 19.3 万人；贫困发生率 6.0%，比上年下降 5.1 个百分点。

年末全区参加城镇职工基本养老保险人数 205.91 万人，比上年末增加 9.81 万人。参加城乡居民基本养老保险人数 185.48 万人，比上年末减少 0.72 万人。参加基本医疗保险人数 618.22 万人，增加 24.17 万人，其中，参加城镇职工基本医疗保险 123.46 万人，增加 5.99 万人；参加城乡居民基本医疗保险 494.76 万人，增加 18.18 万人。参加失业保险人数 88.55 万人，增加 2.85 万人。参加工伤保险人数 90.35 万人，增加 6.81 万人。参加生育保险人数 81.73 万人，增加 5.19 万人。年末全区共有 10.84 万人享受城市居民最低生活保障，38.11 万人享受农村居民最低生活保障，0.99 万人享受农村特困人员[21]救助供养。

## 十、教育、科学技术和文化体育

年末全区各级各类学校 3406 所（含小学教学点 552 所），教职工 104220 人。全年全区学前教育毛入园率 81.46%，小学学龄人口入学率 99.93%，初中阶段毛入学率 107.04%，高中阶段毛入学率 90.33%，高等教育毛入学率45.95%，小学六年巩固率为96.02%，初中三年巩固率为95.02%。

**表11　2017年全区各级教育招生、在校、毕业生人数**

| 类　　别 | 校数（所） | 招生数（人） | 在校学生数（人） | 毕业学生数（人） |
|---|---|---|---|---|
| 普通高等学校 | 19 | 39422 | 126392 | 33133 |
| #研究生 | 3 | 2278 | 5341 | 1570 |
| 成人高等学校 | 1 | 11233 | 26398 | 10158 |
| 中等职业教育学校 | 28 | 25067 | 74742 | 24660 |
| 普通中学 | 310 | 145751 | 428017 | 142484 |
| #高　中(含完全中学) | 63 | 49189 | 148837 | 53632 |
| 初　中(含完全中学) | 247 | 97652 | 279180 | 88852 |
| 普通小学 | 1353 | 96628 | 581350 | 99430 |
| 幼儿园 | 1130 | 114298 | 230515 | 97294 |
| 特殊教育学校 | 13 | 1009 | 5319 | 555 |

全年全区登记自治区级科技成果267项，比上年下降14.1%。其中，基础理论成果71项，应用技术成果176项，软科学成果20项。全年申请专利量8574件，增长39.5%，其中，发明专利2561件，增长2.0%。专利授权量4243件，增长58.5%，其中，发明专利授权量657件，增长17.3%。全年共签订技术合同984项，技术合同成交金额7.2亿元。年末全区拥有国家级工程技术研究中心3个，自治区级工程技术研究中心43个；国家重点实验室3个，自治区级重点实验室28个；国家级企业（集团）技术中心（含分中心）14个，自治区级企业（集团）技术中心62个；自治区级产业技术协同创新中心4个，临床医学研究中心6个，自治区技术创新中心174个。

年末全区文化系统共有艺术表演团体15个，博物馆75个。全区共有公共图书馆26个，文化馆26个，档案馆28个。有线广播电视实际用户68万户，其中，有线数字电视实际用户62万户。全区广播节目综合人口覆盖率为97.59%；电视节目综合人口覆盖率为99.37%。全区出版各类报纸19种，出版期刊37种，出版图书3909种。2016年，全区文化及相关产业增加值74.36亿元，比上年增长14.5%；占地区生产总值的比重为2.35%，比上年提高0.12个百分点。

全年全区运动员参加国际国内比赛共取得金牌59枚、银牌68枚、铜牌53枚。全年有159人达国家一级运动员等级标准，487人达国家二级运动员等级标准，26人获得国家一级裁判员等级称号。

## 十一、卫生和社会服务

年末全区共有医疗卫生机构4272个，其中医院209个；基层医疗卫生机构3966个，其中乡镇卫生院220个，社区卫生服务中心（站）166个，村卫生室2301个；专业公共卫生机构87个，其中疾病预防控制中心25个，卫生监督所（中心）25个。年末全区卫生技术人员49714人，其中执业医师和执业助理医师18187人，注册护士21568人。全区医疗卫生机构实有床位39820张，其中医院34822张，乡镇卫生院3354张。全年全区总诊疗人次[22]4026.85万人次，出院人数[23]115.73万人次。

年末全区共有各类提供住宿的社会服务机构122个，其中养老服务机构94个，儿童收养救助服务机构10个。社会服务床位[24]17575张（不包括社区床位数），其中养老床位14905张（不包括社会日间照料床位3538张、社会留宿床位2891张），儿童服务床位1022张。年末全区共有社区服务机构和设施2658个，其中社区服务中心68个，社区服务站2081个。

图 17　2013-2017 年年末全区卫生技术人员人数

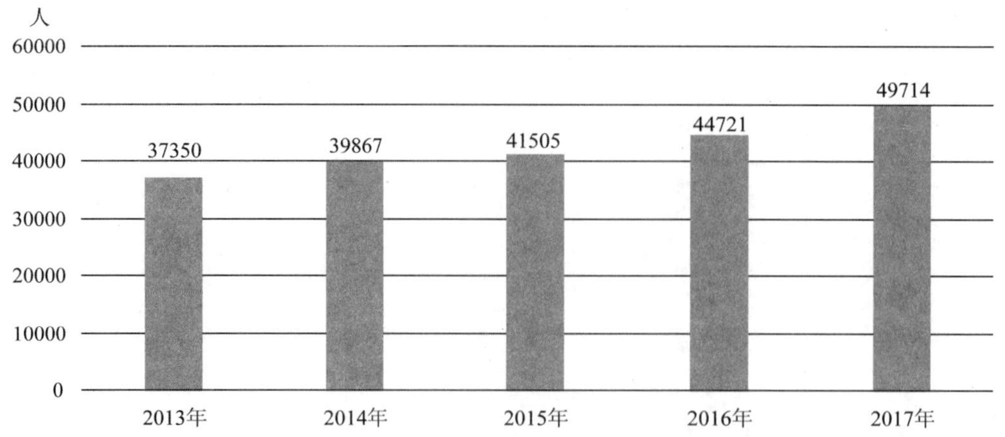


## 十二、资源、环境和安全生产[25]

全年全区水资源总量 10.77 亿立方米。全年全区平均降水量 332 毫米，比上年增长 10.3%。全年全区总用水量 66.06 亿立方米，增长 1.8%。其中，生活用水 3.00 亿立方米，增长 7.8%；工业用水 4.52 亿立方米，增长 2.9%；农业用水 56.37 亿立方米，增长 0.8%。万元地区生产总值用水量[26]194 立方米，下降 4.9%；万元工业增加值用水量 39 立方米，下降 4.9%。人均用水量 974 立方米，增长 0.7%。

全年全区完成营造林面积 107.6 万亩，其中人工营造林面积 54.0 万亩。森林抚育面积 35.82 万亩。截至年底，全区自然保护区 14 个，其中国家级自然保护区 9 个，自治区级自然保护区 5 个。新增水土流失治理面积 83.30 千公顷。

预计[27]全年全区城市污水处理率 93.0%，比上年提高 0.8 个百分点；燃气普及率 85.0%，比上年提高 0.61 个百分点；城市建成区绿地率 36.50%，比上年提高 0.36 个百分点；人均公园绿地面积 17.80 平方米，比上年增加 0.06 平方米。

全年全区五个地级城市平均空气质量优良天数为 279 天，优良天数比例为 76.4%。细微颗粒（PM2.5）平均浓度为 42 微克/立方米，比上年下降 8.7%。

全年全区累计发生生产经营性事故 256 起，比上年下降 21.7%；死亡 196 人，下降 14.8%。亿元 GDP 生产安全事故死亡人数为 0.057；道路交通万车死亡率为 2.05，下降 6.8%；煤矿百万吨死亡人数为 0.026，下降 91.6%。

**注释：**

[1] 本公报中数据均为初步统计数，正式数据以《宁夏统计年鉴-2018》为准。部分数据因四舍五入的原因，存在着与分项合计不等的情况。

[2] 地区生产总值、各产业增加值和人均地区生产总值绝对数按现价计算，增长速度按不变价格计算。

[3] 2017 年年末，0-14 岁（含不满 15 周岁）人口为 138.74 万人，15-59 岁（含不满 60 周岁）人口为 453.46 万人。

[4] 年度农民工数量包括年内在本乡镇以外从业 6 个月及以上的外出农民工和在本乡镇内从事非农产业 6 个月及以上的本地农民工两部分。

[5] 农产品生产者价格是指农产品生产者直接出售其产品时的价格。

[6] 高技术产业包括医药制造业，航空、航天器及设备制造业，电子及通信设备制造业，计算机及办公设备制造业，医疗仪器设备及仪器仪表制造业，信息化学品制造业。

[7] 高技术产业投资包括医药制造、航空航天器及设备制造等六大类高技术制造业投资和信息服务、电子商务服务等九大类高技术服务业投资。

[8] 工业技术改造投资是指工业企业利用新技术、新工艺、新设备、新材料对现有设施、工艺条件及生产服务等进行改造提升，实现内涵式发展的投资活动。

[9] 网上零售额是指通过公共网络交易平台（主要从事实物商品交易的网上平台，包括自建网站和第三方平台）实现的商品和服务零售额。其中，网上零售额包括的服务以及少部分用于生产经营用或被转卖的商品不统计在社会消费品零售总额中。

[10] 根据第三次农业普查结果对全区 2016 年固定资产投资基数进行修订，2017 年增速按可比口径计算。

[11] 基础设施投资是指建造或购置为社会生产和生活提供基础性、大众性服务的工程和设施的支出。公报中的基础设施投资包括交通运输、邮政业，电信、广播电视和卫星传输服务业，互联网和相关服务业，水利、环境和公共设施管理业投资。

[12] 民间固定资产投资是指具有集体、私营、个人性质的内资企事业单位以及由其控股（包括绝对控股和相对控股）的企业单位建造或购置固定资产的投资。

[13] 房地产业投资除房地产开发投资外，还包括建设单位自建房屋以及物业管理、中介服务和其他房地产投资。

[14] 货物进出口采用人民币计价。实际使用外商直接投资由于技术原因仍主要沿用美元计价。

[15] 邮政业务总量按 2010 年价格计算。

[16] 电信业务总量按 2015 年价格计算。

[17] 全国中小企业股份转让系统又称“新三板”，是 2012 年经国务院批准设立的全国性证券交易场所。

[18] 全区居民收入名义增速快于分城乡居民收入增速的原因是：在城镇化过程中，一部分在农村收入较高的人口进入城镇地区，但在城镇属于较低收入人群，他们的迁移对城乡居民收入均有拉低作用。但无论在城镇还是农村，其收入增长效应都会体现在全体居民收入增长中。

[19] 人均收入中位数是指将所有调查户按人均收入水平从低到高（或从高到低）顺序排列，处于最中间位置调查户的人均收入。

[20] 全区居民五等份收入分组是指将所有调查户按人均收入水平从高到低顺序排列，平均分为五个等份，处于最高 20%的收入群体为高收入组，依此类推依次为中等偏上收入组、中等收入组、中等偏下收入组、低收入组。

[21] 农村特困人员是指无劳动能力，无生活来源，无法定赡养、抚养、扶养义务人或者其法定义务人无履行义务能力的农村老年人、残疾人以及未满 16 周岁的未成年人。

[22] 总诊疗人次指所有诊疗工作的总人次数，包括门诊、急诊、出诊、预约诊疗、单项健康检查、健康咨询指导（不含健康讲座）人次。

[23] 出院人数指报告期内所有住院后出院的人数，包括医嘱离院、医嘱转其他医疗机构、非医嘱离院、死亡及其他人数，不含家庭病床撤床人数。

[24] 社会服务床位数除收养性机构外，还包括救助类机构、社区类机构以及军休所、军供站等机构的床位。

[25] 由于国家统计口径变化，2017 年仅统计生产经营性事故情况，且亿元 GDP 生产安全事故死亡人数计算公式进行了调整，该指标不与上年进行对比。

[26] 万元地区生产总值用水量、万元工业增加值用水量和万元地区生产总值能耗按 2015 年价格计算。

[27] 此数据为住建部门预计数，具体数据 5 月底前公布；城市指标为五个地级市和两个县级市数据。

**资料来源：**

本公报中城镇新增就业、登记失业率、社会保障数据来自自治区人力资源社会保障厅；财政数据来自自治区财政厅；水资源数据来自自治区水利厅；林业数据来自自治区林业厅；发电装机容量数据来自国网宁夏电力公司；铁路运输数据来自中国铁路兰州局集团有限公司；公路运输数据来自自治区交通运输厅；民航数据来自西部机场集团宁夏机场有限公司；电信业务总量、电话用户、宽带用户、移动互联网接入流量、互联网普及率等数据来自宁夏通信管理局；建成区绿地面积、污水处理率、燃气普及率等数据来自自治区住房城乡建设厅；货物进出口数据来自银川海关；外商直接投资等数据来自自治区商务厅；民用汽车数据来自自治区公安厅；管道数据来自中石油管道长庆输油气分公司和中石油东部管道有限公司银川管理处；邮政业务数据来自宁夏邮政管理局；货币金融数据来自人民银行银川中心支行；上市公司数据来自宁夏证监局；保险业数据来自宁夏保监局；城乡低保、农村特困人员救助供养、社会服务来自自治区民政厅；教育数据来自自治区教育厅；国家工程研究中心、国家工程实验室、企业技术中心等数据来自自治区科技厅；专利数据来自自治区知识产权局；艺术表演团体、博物馆、公共图书馆、文化馆数据来自自治区文化厅；广播电视、电影、报纸、期刊、图书数据来自自治区新闻出版广电局；体育数据来自自治区体育局；卫生数据来自自治区卫生计生委；环境监测数据来自自治区环境保护厅；安全生产数据来自自治区安监局；其他数据均来自自治区统计局和国家统计局宁夏调查总队。

# 第二篇
# 住户调查
# Household Survey

# 简要说明

从 2014 年开始，国家统计局对城乡住户调查实施了一体化改革，建立了统一的调查体系，并改进和完善住户调查方法和手段。本年鉴中增加了宁夏全区、5 个地级市及 22 个县（市、区）全体居民可支配收入及来源数据，增加了全体居民消费情况数据。同时为了和历史数据对比，在城乡一体化住户调查改革完成后，再统一对指标口径和历史数据进行调整。

城乡居民收支调查数据是根据抽样方法随机抽取的，分布在全区 22 个市县（区）范围的 326 个调查小区，3260 户城乡居民家庭记账资料得到的。全区及银川市、石嘴山市、吴忠市、固原市、中卫市 5 个地级市、22 个县（市、区）城乡可比的全体居民可支配收入与消费等数据是根据城乡住户收支与生活状况调查记账数据和城镇化率加权汇总计算得出，住户人口特征、就业情况、住房情况、耐用消费品拥有情况等数据通过问卷方式获取。

# Brief Description

Since 2014, the National Bureau of Statistics carried out reform on the integration of urban and rural household survey, set up a unified survey system, and improved and perfected household survey methods and means. The yearbook has added all the residents' disposable income and the source data of Ningxia district, 5 cities and 22 counties (city, area) in it, and added all the residents' consumption data. At the same time in order to contrast the historical data, after the completion of the integration of urban and rural household survey, uniformly adjust indicators caliber and historical data.

The survey data of urban and rural residents are based on random sampling method, distributed in 22 counties (districts) range of 326 survey area, from accounting information of 3260 urban and rural residents families. All the residents' disposable income and consumption data are weighted and summed according to the urban and rural residents and living conditions and urbanization rate of Ningxia district and 5 cities, 22 counties (cities, districts), the data of resident population characteristics, employment, housing, consumer durables are obtained through the questionnaire survey.

# 2017年宁夏居民收支与生活状况报告

## 一、2017年宁夏居民收入增长状况

近年来，宁夏各级党委政府一直把调结构、转方式，寻找城乡居民增收新动能作为民生工作重中之重，在供给侧结构性改革方面开了头、有进展；大力推进精准扶贫工作、贫困地区居民生活质量得以全面改善；针对性的出台多项增收措施，使城乡居民收入保持了稳中有进的良好态势。2017年，宁夏全体居民人均可支配收入20562元，比上年同期增加1729元，增长9.2%，其中城镇居民人均可支配收入29472元，增长8.5%，农村居民人均可支配收入10738元，增长9.0%，从增长动因看，构成居民收入的四大来源实现了全面增长，增长的最主要动力均来自工资性收入。

### （一）收入来源情况

2017年宁夏居民人均可支配收入中，人均工资性收入增加1031元，拉动宁夏居民人均可支配收入增长5.5个百分点，对全体居民增收的贡献率为59.6%，与2012年贡献率相比下降9.6个百分点；经营净收入人均增加269元，拉动居民人均可支配收入增长1.4个百分点，对全区居民增收的贡献率为15.5%，与2012年贡献率相比下降1.2个百分点；人均财产净收入增加28元，增长3.5元，拉动居民人均可支配收入增长0.1个百分点，对全区居民增收的贡献率为1.6%，与2012年相比变动不大；2017年宁夏居民人均转移净收入增长402元，拉动宁夏居民人均可支配收入增长2.1个百分点，对宁夏居民增收的贡献率为23.2%，与2012年贡献率相比上升4.8个百分点。

表1 2017年宁夏全年城乡居民人均可支配收入情况

| 指标名称 | 2017年收入水平（元） | 增量（元） | 增幅（%） | 拉动增长百分比（%） | 增收贡献率（%） | 收入结构（%） |
|---|---|---|---|---|---|---|
| 可支配收入 | 20561.7 | 1729.4 | 9.2 | -- | -- | -- |
| 一、工资性收入 | 12270.3 | 1031.4 | 9.2 | 5.5 | 59.6 | 41.6 |
| 二、经营净收入 | 3628.2 | 268.5 | 8.0 | 1.4 | 15.5 | 12.3 |
| 三、财产净收入 | 819.8 | 27.9 | 3.5 | 0.1 | 1.6 | 2.8 |
| 四、转移净收入 | 3843.3 | 401.6 | 11.7 | 2.1 | 23.2 | 13.0 |

2017年宁夏城镇居民人均可支配收入中，工资性收入人均增加1536元，增长8.5%，拉动城镇居民人均可支配收入增长5.6个百分点，对城镇居民增收的贡献率最大，经营净收入人均增加238元，拉动城镇居民人均可支配收入增长0.8个百分点，对城镇居民增收的贡献率为10.3%。城镇居民人均财产净收入增加14元，拉动居民人均可支配收入增长0.1个百分点，对全区居民增收的贡献率为4.3%，人均转移净收入增长531元，拉动宁夏居民人均可支配收入增长2.0个百分点，对城镇居民增收的贡献率为22.9%。

2017年宁夏农村居民人均可支配收入中，工资性收入人均增加318元，增长8.1%，拉动农村居民人均可支配收入增长3.2个百分点，经营净收入人均增加314元，拉动农村居民人均可支配收入增长3.2个百分点，对农村居民增收的贡献率为35.5%，与工资性收入成为农民收入的两大增收主动力，农民人均财产净收入增加32元，拉动农民人均可支配收入增长0.3个百分点，对农民增收的贡献率为3.6%，人均转移净收入增长222元，拉动农民人均可支配收入增长2.3个百分点，对城镇居民增收的贡献率为25.0%。

表 2　2017 年宁夏全年城镇居民人均可支配收入情况

| 指标名称 | 2017 年收入水平（元） | 增量（元） | 增幅（%） | 拉动增长百分比（%） | 增收贡献率（%） | 收入结构（%） |
|---|---|---|---|---|---|---|
| 可支配收入 | 29472.3 | 2319.3 | 8.5 | -- | -- | -- |
| 一、工资性收入 | 19568.7 | 1535.8 | 8.5 | 5.6 | 66.2 | 66.4 |
| 二、经营净收入 | 3062.3 | 237.9 | 8.4 | 0.8 | 10.3 | 10.4 |
| 三、财产净收入 | 1269.8 | 14.4 | 1.1 | 0.1 | 0.6 | 4.3 |
| 四、转移净收入 | 5571.6 | 531.2 | 10.5 | 2.0 | 22.9 | 18.9 |

表 3　2017 年宁夏全年农村居民人均可支配收入情况

| 指标名称 | 2017 年收入水平（元） | 增量（元） | 增幅（%） | 拉动增长百分比（%） | 增收贡献率（%） | 收入结构（%） |
|---|---|---|---|---|---|---|
| 可支配收入 | 10737.9 | 886.3 | 9.0 | -- | -- | -- |
| 一、工资性收入 | 4224.0 | 318.0 | 8.1 | 3.2 | 35.9 | 39.3 |
| 二、经营净收入 | 4252.0 | 314.6 | 8.0 | 3.2 | 35.5 | 39.6 |
| 三、财产净收入 | 323.8 | 32.0 | 11.0 | 0.3 | 3.6 | 3.0 |
| 四、转移净收入 | 1938.0 | 221.7 | 12.9 | 2.3 | 25.0 | 18.0 |

**（二）收入增长为实现全面小康奠定坚实基础**

党的十八大提出到 2020 年实现全面建成小康社会的宏伟目标。根据我国经济社会发展实际，要在十六大和十七大确立的全面建成小康社会目标的基础上努力实现新的要求，到 2020 年城乡居民人均收入要比 2010 年翻一番。收入翻番是指扣除价格因素后，2020 年全国居民人均可支配收入比 2010 年实际增长一倍。

1．宁夏全体居民收入实现翻番难度不大

2010 年，宁夏全体居民人均可支配收入为 9864 元，到 2020 年实现翻番要达到 19728 元。实现翻番目标，十年间收入年均增长速度需要达到 7.2%。

目前实现程度：按照 2010 年价格计算，2017 年宁夏全体居民人均可支配收入为 17263 元，比 2010 年实际增长 75.0%，年均增长 8.3%，由此可见，2010 年—2017 年七年中，宁夏全体居民收入年均增速高于 2020 年翻番需要的年均增长 7.2%的速度。到 2017 年，收入翻番目标实现程度为 87.5%。

今后三年目标：到 2020 年收入比 2010 年翻一番，今后 3 年，宁夏全体居民收入需要实际增长 14.3%，年均实际增长 4.5%。按照目前经济发展状况和全区居民消费价格指数预期来看，到 2020 年末，宁夏全体居民能够实现收入翻番。

2．城镇居民收入翻番依然压力较大

2010 年，宁夏城镇居民人均可支配收入为 15093 元，到 2020 年实现翻番要达到 30186 元。实现翻番目标，十年间收入年均增长速度需要达到 7.2%。

目前实现程度：按照 2010 年价格计算，2017 年宁夏城镇居民人均可支配收入为 24739 元，比 2010 年实际增长 63.9%，年均增长 7.3%，由此可见，2010 年—2017 年七年中，宁夏城镇居民收入年均增速基本保持了 2020 年翻番需要的年均增长 7.2%的速度。到 2017 年，收入翻番目标实现程度为 82.0%。

今后三年目标：到2020年收入比2010年翻一番，今后3年，城镇居民收入需要实际增长22.0%，年均实际增长6.9%。在经济发展进入新常态的情况下，居民收入增速明显放缓，到2020年末，预计城镇居民收入实现翻番目标压力较大。

3．农民收入将实现翻番

2010年，宁夏农民人均可支配收入为5125元，到2020年实现翻番要达到10250元。实现翻番目标，十年间收入年均增长速度需要达到7.2%。

目前实现程度：按照2010年价格计算，2017年宁夏农村居民人均可支配收入为9011元，比2010年实际增长75.8%，年均增长8.4%，由此可见，2010年—2017年七年中，宁夏农民收入年均增速高于2020年翻番需要的年均增长7.2%的速度。到2017年，收入翻番目标实现程度为87.9%。

今后三年目标：到2020年收入比2010年翻一番，今后3年，宁夏农民收入需要实际增长13.7%，年均实际增长4.4%。按照目前经济发展状况和农村消费价格指数预期来看，到2020年末，宁夏农民能够实现收入翻番。

**（三）宁夏居民收入增长的结构趋于优化，内在质量逐步提高**

1．收入增长幅度在全国排位提升。2017年，宁夏全体居民收入水平比全国平均水平25974元少5412元，位居全国第22位，增速比比全国平均快0.2个百分点，位居全国第12位。城镇居民收入水平比全国平均水平36396元少6924元，位居全国第25位，增速比全国平均快0.2个百分点，位居全国第9位。农村居民收入水平比全国平均水平13432元少2694元，位居全国第25位，增速比全国平均快0.4个百分点，位居全国第11位。

2．农村居民收入增长继续快于城镇居民。由于国家及自治区各级政府一系列强农惠农、精准扶贫政策产生效应，农村居民收入增幅已连续多年超过城镇居民。2017年，宁夏城镇居民人均可支配收入29472元，比上年增长8.5%，扣除价格因素，实际增长6.7%；农村居民人均可支配收入10738元，首次突破万元大关，比上年增长9.0%，扣除价格因素，实际增长7.6%，农村居民人均收入名义增速和实际增速分别高于城镇居民0.5和0.9个百分点。

3．居民间收入差距继续缩小。随着社会保障体系不断健全，精准扶贫政策对农村低收入群体扶持不断加大。宁夏城乡居民、山川农民收入差距不平衡态势明显减弱。从城乡之间的收入差距看，2017年宁夏城乡居民收入比为2.74，与上年的2.76相比，下降0.02，城乡居民收入差距继续缩小。从居民内部收入差距看，比较直观反映居民之间收入差距的基尼系数，2017年是0.4428，比上年下降了0.014。从川区、山区之间收入差距看，2017 年城镇居民川山人均可支配收入比为 1.31，农村居民川山人均可支配收入比为1.52，与上年同期相比，城市基本持平，农村下降0.04。

## 二、宁夏居民消费支出状况

十八大以后，随着宁夏居民收入的稳步增长和消费环境的持续改善，居民消费能力和意愿进一步提升。以旅游、体育、健身消费为重点的闲暇消费掀起热潮，正在改变着居民生活观念与生活方式，2012-2017年，宁夏全体居民人均生活消费支出由10009元增加到15350元，年均增长8.9%；城镇居民人均生活消费支出由14513元增加到20219元，年均增长6.8%；农村居民人均生活消费支出由5557.6元增加到9982.1元，年均增长12.4%；宁夏居民生活消费结构伴随经济社会发展新形势而呈现新特征，主要表现在：

1．生存型生活消费支出稳步增长，结构明显优化

食品消费依然占据居民生活消费支出的首位。目前宁夏居民的生活消费中，“吃”依然占据主导，2017年，宁夏城镇居民人均食品烟酒支出占生活消费支出24.5%，农村居民人均食品烟酒支出占生活消费支出25.3%，均在“八大类”支出中高居榜首，但是随着收入的持续增长，居民对自身的生活质量要求越来越高，食品烟酒支出比重呈现下降趋势，2012-2017 年，宁夏城乡居民食品烟酒支出占生活消费的比重分别降低了5.9和8.8个百分点。

服装消费的档次不断提升。居民对服装的选择更加注重品牌与款式，衣着消费讲究时尚、质感。2017年宁夏城镇居民人均衣着支出1768元，比2012年增加57元，衣着支出占生活消费支出的8.7%，较之2012年下降3.1个百分点。农村居民人均衣着支出718元，比2012年增加214元，衣着支出占生活消费支出的7.2%，较之2012年下降1.9个百分点。

2．发展型消费成为居民消费热点

“重教”意识强烈。宁夏居民提高自我文化素养、职业技能的意识明显提高，各类兴趣辅导班、文化课程补习班等使子女教育费用支出不断加大。2017年，宁夏居民人均教育文化娱乐支出1956元，比上年同期增加183.5元，增长10.4%，其中城镇居民人均2630.0元，增长8.9%，农村居民人均1212.4元，增长12.5%。

医疗保健意识增强。近年来，宁夏居民生活水平得到改善，自我养生、加强保健的意识逐渐增强，购买保健品、例行体检等成为常态。2017年宁夏城镇居民人均医疗保健支出1937元，比2012年增加692元，占生活消费比重由8.6%提升至9.6%，比2012年提高了1个百分点。农村居民人均医疗保健支出1131.2元，比2012年增加586元，占生活消费比重由9.8%提升至11.3%，比2012年提高了1.5个百分点。

交通通讯引领消费新热潮。居民在吃、穿、住等消费得到满足的同时，对交通工具选择有了新期盼，家庭轿车成为日常消费品，城镇部分家庭拥有两辆以上汽车。2017年，宁夏居民人均交通通讯支出2616.8元，比2012年增加1310元，年均增长14.9%，其中，城镇居民人均支出3471元，年均增长11.8%；农村居民人均支出1675.3元，年均增长21.4%。

3．服务类消费、互联网消费大幅增长

2017年宁夏居民消费支出中人均服务性消费支出4857.2元，占人均生活消费支出31.6%，其中，城镇居民人均服务性消费支出6685.5元，占人均生活消费支出33.1%，农村居民人均服务性消费支出2841.4元，占人均生活消费支出28.5%。2017年，宁夏居民通过互联网购买商品和服务人均支出162.3元，比上年同期减少14.9%，其中城镇居民通过互联网购买商品和服务人均支出283.7元，比上年同期减少16.5%，城镇居民通过互联网购买商品和服务人均支出28.4元，比上年同期减少5.0%，通过互联网购物的普及，以及农村手机网络资费的降低，网络购物逐渐成为宁夏居民一种主要的消费形式。

## 三、宁夏居民生活状况

1．住房日趋宽敞舒适，居住环境持续改善。随着民生事业不断改善，特别是精准扶贫政策在农村的全面落实，各地不断加大危房改造力度，宁夏居民居住情况持续改善。一是居住面积增加。2017年宁夏居民人均期末拥有房屋面积35.7平方米，比上年增长3.3%；城镇居民人均期末拥有房屋面积为35.2平方米，增长4.0%；农村居民人均期末拥有房屋面积为36.1平方米，增长2.5%，农村居民砖木结构和钢筋混凝土结构住房面积达到31.8平方米，占总房屋面积的88.1%。二是居住条件改善。城镇居民在追求“住有所居”的同时，加大了对住房面积、小区环境、就学就医等公共设施的关注，住得舒适、便捷已经成为城镇居民新的追求目标。农村居民居住条件正在显著改善，2017年，宁夏8.1%的农户拥有水冲式厕所，96.0%的农户住房拥有取暖设备，89.7%的农户使用炊事清洁燃料，90.5%的农户饮用安全卫生水，63.8%的农户住宅外有水泥或柏油路面。

2．高档生活用品从无到有，普及程度迅速提高。随着经济社会发展，宁夏居民家庭耐用消费品拥有情况也在发生变化。移动手机的普及，使得固定电话拥有量下降。智能手机的高清照相功能以及携带便捷的特性，使得照相机、摄像机的在居民家庭生活中不再重要。组合音响也正逐渐被各类智能化电子设备取代。空气净化器、高档乐器、健身器材这些新兴产品逐渐走进居民家庭。2017年宁夏居民每百户拥有家用汽车32辆，其中城镇住户每百户拥有36辆，农村住户每百户拥有27辆；每百户拥有空调7台，其中城镇住户每百户拥有空调12台，农村住户每百户拥有2台；每百户接入互联网的手机为177部，其中城镇住户每百户拥有191部，农村住户每百户拥有162部。

表 4　2017 年宁夏及分城乡居民耐用消费品拥有情况

单位：每百户

| 指　标 | 单位 | 全体居民 | 城镇住户 | 农村住户 |
| --- | --- | --- | --- | --- |
| 家用汽车 | 辆 | 31.9 | 36.3 | 27.5 |
| 摩托车 | 辆 | 48.0 | 23.4 | 72.4 |
| 助力车 | 台 | 59.8 | 55.1 | 64.5 |
| 洗衣机 | 台 | 100.0 | 99.0 | 101.0 |
| 电冰箱（柜） | 台 | 95.3 | 95.8 | 94.8 |
| 微波炉 | 台 | 27.5 | 45.3 | 9.8 |
| 彩色电视机 | 台 | 108.8 | 104.7 | 112.7 |
| 其中：接入有线电视 | 台 | 39.3 | 64.7 | 14.1 |
| 空调 | 台 | 6.8 | 11.6 | 2.1 |
| 接入互联网的手机 | 台 | 176.6 | 190.9 | 162.4 |
| 中高档乐器 | 架 | 3.3 | 5.8 | 0.9 |

3．社会事业蓬勃发展，交通、通讯、文教、医疗成消费亮点。随着社会保障体制的不断完善和精准扶贫战略的大力实施，宁夏居民文教、卫生、通讯等社会事业迅速发展，成为十八大来居民生活消费新亮点。2017 年，宁夏居民人均交通通讯、文教娱乐和医疗保健支出达 6127 元，比 2012 年的人均 3032 元增加 3095 元，年均增长 15.1%，其中城镇居民年均增长 11.2%，农村居民年均增长 17.7%。

4．基础设施建设加速，农村居民生存环境极大改善。随着国家和地方政府不断加大各地基础设施的投入力度，智慧社区建设日新月异、居民健身广场设备完善，老年活动中心运行规范。特别是农村基础设施建设更是改变了农民的生活方式，2017 年，宁夏农村已全部实现村村通电、通电话、通公路，通公共汽车率为 86.6%，有 56.2%的村庄安装了健身器材。农村义务教育阶段学生杂费全部免除，新型农村合作医疗实现全覆盖。

（苏春燕）

# 2017 年宁夏农民人均收入突破万元大关

2017 年，宁夏各级党委政府将寻找农民增收的新动能作为“三农”工作的重中之重，将谋求农民发展的新机遇作为供给侧结构性改革的首要任务，将帮扶发展产业的新思路作为精准扶贫的重点，出台惠农增收政策促生产稳增收，全年农民人均可支配收入达到 10738 元，突破万元大关，迈上了一个新台阶。

## 一、农村居民可支配收入增长特点

### （一）收入平稳较快增长，增速排位靠前

2017 年宁夏农民人均可支配收入 10738 元，比上年增加 886 元，增长 9.0%，增幅在全国 31 个省（市、自治区）中居 11 位，是“十二五”以来最好的一年。增幅较上年提高 1.0 个百分点，比城镇居民可支配收入 8.5%的增幅高 0.5 个百分点，比全国农民收入 8.6%的增幅高 0.4 个百分点。

### （二）收入结构不断优化，增长态势良好

表 1　2017 年宁夏农村居民收入结构表

| 指标名称 | 2017 年（元） | 2016 年（元） | 增幅（%） | 占收入的比重（%） | 对收入增长的贡献率（%） |
|---|---|---|---|---|---|
| 可支配收入 | 10738 | 9852 | 9.0 | -- | -- |
| 工资性收入 | 4224 | 3906 | 8.1 | 39.3 | 35.9 |
| 经营净收入 | 4252 | 3938 | 8.0 | 39.6 | 35.4 |
| 财产净收入 | 324 | 292 | 11.0 | 3.0 | 3.6 |
| 转移净收入 | 1938 | 1716 | 13.0 | 18.1 | 25.1 |

1．工资性收入是农民增收的“稳定器”。2017 年，宁夏农民工资性收入 4224 元，比上年增加 318 元，增长 8.1%，对农村居民增收的贡献率达 35.9%，拉动可支配收入增长 3.2 个百分点，是推动宁夏农村居民持续增收的“稳定器”。随着农村基础设施的建设，农村规模经济的发展，农村劳动力市场持续活跃，农民就近务工机会、人数、时间均不同程度增加。近两年，宁夏整体经济回暖，煤炭、冶金等高耗能工业企业效益提升，用工需求增加，也为宁夏农民工带来了更多务工收入。

2．经营性收入是增收的“原动力”。农民增收的有效路径是农业增效，农民经营性收入始终是宁夏农民增收的原生动力，其绝对额居收入四大项之首。2017 年宁夏农民人均经营性净收入 4252 元，比上年增加 315 元，增长 8.0%。其中，人均牧业净收入 734 元，增加 103 元，增长 16.2%，在农业收入增速持续下滑的状况下，牧业收入成为宁夏农民第一产业收入增长的主要拉动力。2017 年借力精准扶贫，宁夏将养殖业确定为贫困地区的支柱产业，积极引导六盘山连片特困地区发展肉牛养殖业，提高建档立卡户养殖补贴标准，农民积极性提高，肉牛养殖效益凸显，农民获益颇丰，牧业收入增长拉动可支配收入增长 1.0 个百分比。

3．转移性收入是增收的“新动能”。2017 年，宁夏农民人均转移性净收入 1938 元，比上年增加 222 元，增长 13.0%，对农民增收的贡献率达 25.1%。农民转移净收入保持较快增长，主要得益于各级政府认真贯彻落实强农惠农政策，以扶贫战略为抓手，大力推进精准扶贫工作；农村社会保障体系不断完善，医疗保险、养老保险等覆盖面不断扩大，政府发放养老金或离退休金标准不断提高；农村各项政策性和生活性补贴切实发放到位，农村居民最低生活保障保准、档次均有提高；精准扶贫产业帮扶政策效果明显，惠农产业补助和奖励颇丰，鼓励农民积极发展产业。

4．财产性收入是增收的“加速器”。财产性净收入是农民增收的潜力股，虽然其占可支配收入的比重不大，但对农民增收的作用不容小觑。2017 年宁夏农民人均财产性净收入 324 元，比上年增加 32 元，增长 11.0%。财产性净收入的快速增长，一是随着经济发展，农民理财观念提升，农民依靠闲散资金赚取的利息收入稳步增加；二是供给侧结构性改革推进农村土地资源配置，农村土地流转让农民能够依靠土地获得更多的经济收入；三是精准扶贫的深入推进，盘活农村集体资产，壮大农村集体经济，进一步拓宽农民增收渠道；四是农村城镇化建设、美丽乡村建设以及高铁、高速等基础设施的建设带动项目周边农村房屋的出租。

## 二、宁夏农民增收难点

### （一）农民务工技能待提高，质量待突破

经济的发展要求劳动密集型企业的结构调整，转型升级，对劳动力素质提出了更高的要求。农民工务工技能培训虽然一直开展，但仍存在以下问题：一是农民工认识不足，缺乏积极性。大多数农民工对务工缺乏长远规划，谋求突破和发展的想法不是很强烈，对职业培训的重要性认识不足，认为职业技能培训可有可无。二是职业技能培训针对性不强，培训质量有待提高。在当前普遍实施的职业培训中，存在理论教学与实际操作脱节的现象。有的单位只顾完成每年的农民培训任务，有的培训内容实用性和可操作性差。加之农民工流动性大、文化低、约束力不强、收效慢等特点，这为提高农民工教育培训质量增加了难度。

### （二）农业收入增长乏力，一产发展面临新难题

受农业种植结构调整，天气、病虫害、水资源短缺等影响，2017 年宁夏粮食面积、单产、总产较上年均出现下降，农业收入带给农民增收的作用力减弱。一是农民自己经营的耕地面积逐步减少，规模化经营的现代农业普及率不高；二是农资价格、人工成本的不断提高，农业生产成本逐年上升，挤压了本就有限的农业生产利润空间；三是农产品价格涨幅空间狭小，种植收益下滑；四是农业生产抗御自然灾害能力较差，收益的稳定性不高。

### （三）禽类价格不稳，挫伤农民养殖积极性

乌鸡、珍珠鸡、欧洲雁等特殊禽类的养殖近年来在宁夏得到发展，但 2017 年禽类养殖受市场、禽流感等疫病因素影响，价格波动大，养殖户难以判断价格走势，存在盲目跟风养殖的情况，加大了养殖户的养殖风险。上半年受外省 H7N9 疫情和外地同类产品低价冲击的影响，宁夏鸡蛋和淘汰蛋鸡价格下跌明显，养殖户亏损严重，影响了农民收入的增加。

### （四）政策红利削弱，农民增收缺乏新动能

近年来，在精准扶贫大背景下，一系列强农惠农政策效应凸显，对农业生产、农村发展、农民增收都产生了很大的促进作用。但从长远考虑，在现行各项政策逐步落实的背景下，未来若无新的惠农政策措施、新的政策增量，依靠政策性红利带动的转移性收入对农村居民增收的作用会逐步减弱。

## 三、提高农民收入的建议

一是优化产业结构，完善牧业产业链。重点培育龙头企业，通过龙头企业的核心带动作用，把合作社和农户联合起来，形成集饲草种植、生态养殖、精深加工、市场营销、科技研发等于一体的肉牛养殖产业链，做大做强产业。

二是鼓励自主创业，开展有针对性的创业培训指导和政策咨询服务，为农民提升创业就业能力搭建有效服务平台，政府给予相对优惠的政策支持和适当的资金帮扶，努力提高农民二三产业经营性收入。

三是盘活农村闲置资源，加快适度规模化经营。增加土地流转收益，拓宽居民财产性收入渠道，改善农村金融服务体系，鼓励农民逐步从存款保值向投资生财转变，着力将财产性收入培育成农民增收新亮点。

四是提高精准扶贫政策效果的有效转化。建立和完善贫困地区造血机制和增收长效机制，坚持因地制宜实行产业扶贫，切切实实将扶贫政策转化为农民增收的重要渠道。

（哈　婷）

# 2017年宁夏城镇居民收入稳步增长

2017年，宁夏党委、政府积极适应经济发展新常态，紧紧围绕“十三五”规划的各项目标，坚持稳中求进的工作总基调，坚定不移推进供给侧结构性改革，全区经济稳中有进，城镇居民收入稳步增长。

## 一、宁夏城镇居民可支配收入增长特点

2017年宁夏城镇居民人均可支配收入29472元，比上年增加2319元，名义增长8.5%，扣除价格因素实际增长6.7%。

从收入来源看，工资性收入、经营净收入、财产净收入和转移净收入均呈稳定增长态势。（如下表）

表1　宁夏城镇居民人均可支配收入两年对比

| 指标名称 | 2017年（元） | 2016年（元） | 增量（元） | 增幅（%） |
|---|---|---|---|---|
| 可支配收入 | 29472 | 27153 | 2319 | 8.5 |
| 工资性收入 | 19569 | 18033 | 1536 | 8.5 |
| 经营净收入 | 3062 | 2824 | 238 | 8.4 |
| 财产净收入 | 1269 | 1255 | 14 | 1.1 |
| 转移净收入 | 5572 | 5041 | 531 | 10.5 |

从全国来看，宁夏城镇居民人均收入水平居全国第25位，收入增幅高于全国平均水平0.2个百分点，位列全国第9位。

**（一）工资收入是居民收入的主要来源，对居民增收的贡献率稳步提高**。2017年城镇居民人均工资性收入19569元，增加1536元，增长8.5%，占可支配收入的比重为66.4%，拉动可支配收入增长5.6个百分点，对可支配收入增长的贡献率为66.2%，贡献率较去年同期增加7.8个百分点。一是2016年下半年机关事业单位增资以及发放公务交通补贴翘尾因素带动居民工资收入增长。二是煤炭、有色金属、高耗能产业等价格回暖，工业品出厂价格上涨，企业效益提升，带动就业增加和工资上涨。同时，社会资源配置向运输仓储和邮政、金融、科教文卫等服务行业倾斜速度加快，从业人员的收入增长较快，带动城镇居民工资收入上涨。三是增收政策及时落实，兑现政法机关工作津贴、建立县（市、区）机关单位平安创建考核奖、实施公立医院薪酬制度改革试点、出台企业工资指导线等惠民政策及时有效落实，带动城镇居民工资收入持续增长。

**（二）经营净收入增长速度加快**。2017年城镇居民人均经营净收入3062元，增加238元，增长8.4%，占可支配收入的比重为10.4%，拉动可支配收入增长0.9个百分点，对可支配收入增长的贡献率为10.3%。其中第二产业经营净收入571元，增加34元，增长6.3%，第三产业经营净收入2253元，增加225元，增长11.1%。在“三新”经济的引领以及各项改革政策支持下，宁夏创业环境不断改善，促进小微企业、个体工商户较快发展，收入增加。

**（三）财产净收入增长幅度放缓**。2017年城镇居民人均财产净收入1269元，增加14元，增长1.1%，增长幅度较2016年下降15.0个百分点，占可支配收入的比重为4.3%，拉动可支配收入增长0.1个百分点，对可支配收入增长的贡献率为0.6%。城镇居民财富不断增加，理财意识不断增强，但居民家庭盈余主要以储蓄性为主，加之受全区旧城改造、出租房屋拆迁等多因素共同作用，居民投资渠道受限，财产净收入涨幅下降。

（四）**转移净收入快速增长**。2017 年城镇居民转移净收入 5572 元，增加 531 元，增长 10.5%，占可支配收入的比重为 18.9%，拉动可支配收入增长 1.9 个百分点，对可支配收入增长的贡献率为 22.9%。2017 年，城镇居民社会保障制度进一步完善，社保标准上涨 5.6%，低保标准上涨 26.7%，医疗报销比例提升，社会救济救助面扩大等均促进了城镇居民转移净收入快速增长。

## 二、制约城镇居民增收的主要因素

（一）**增资政策支撑能力后劲不足**。城镇居民全年工资增长 8.5%，增长幅度较上半年低 1.2 个百分点，2016 年增资的翘尾因素在三季度后对工资收入的影响明显减弱，与全国其他省份相比，宁夏机关事业单位工作人员工资水平长期偏低，虽然今年落实了一批增资政策，但是覆盖面较小，力度有限，2018 年增收压力依然较大。

（二）**城镇化过渡阶段影响城镇居民增收**。当前城镇化正处在农村转移人口逐步向城镇落户的过渡阶段，部分进城农民居住在城，但收入来源、社保权益等还在农村，农牧业生产也直接影响城镇居民收入。调查显示，2017 年城镇居民人均第一产业经营净收入 238 元，同比下降 8.2%，加之，进城农村老人领取的新型农村养老保险标准远低于退休职工，拉低了城镇居民收入。

（三）**城镇居民收入“扩中”压力大**。调查数据显示：按收入五等份（人数各占 20%）分组，处于 20%的高收入群体和 20%的低收入群体收入增长速度较快，但处于中等收入组的居民人均收入增长速度较慢，低于城镇居民平均收入增幅 3.6 个百分点。城镇居民收入“提低”效果显现，“扩中”压力依然较大。（如下表）

**表 2　按人群五等份分组人均收入两年对比**

| 按人群收入分组 | 2017 年<br>（元） | 2016 年<br>（元） | 增量<br>（元） | 增幅<br>（%） |
|---|---|---|---|---|
| 低收入组 | 9535 | 8391 | 1145 | 13.6 |
| 中低收入组 | 18284 | 16966 | 1318 | 7.8 |
| 中等收入组 | 27793 | 26473 | 1319 | 5.0 |
| 中高收入组 | 41104 | 38656 | 2449 | 6.3 |
| 高收入组 | 65038 | 58477 | 6561 | 11.2 |

（四）**工业产业发展瓶颈突出**。宁夏工业企业大多属于高耗能、高污染和资源型行业，就是拼环境、拼要素投入和低成本竞争，但随着务工人员工资水平逐步提高以及环境资源压力持续增大，工业企业持续增收难度依然较大，企业务工人员工资收入增长后劲依旧不足。

## 三、提高城镇居民收入的建议

（一）**建立工资增长长效机制**。要建立健全居民收入与经济发展同步增长的长效机制，加快建立机关事业单位工资增长长效机制，研究出台强有力的增资政策。

（二）**保持“提低”力度，加强“扩中”力度**。一是要在技能人才的培训、资格认证、就业激励上下功夫。二是要采取积极的就业政策，增加就业岗位，积极帮助失业人群安排再就业，重点帮扶零就业家庭、困难家庭等就业困难群体。三是要鼓励创新创业，整合清除创业壁垒，落实支持小微企业发展优惠政策，提高创业成功率。

（三）**创新驱动，实现产业转型升级，保障居民收入平稳可持续增长**。宁夏的煤化工业是支柱产业，但是近年来，市场波动大，环境代价大，增收瓶颈越来越窄，通过 2017 年冬天“煤改气”导致“气荒”的情形来看，缺油少气的国情依然会是我国一个长期难以缓解的矛盾，“风水光核”等新能源各有各的不足，没有哪个可以立即取代煤的“能源一哥”地位，这为我们平稳过渡、产业升级提供了难得的战略机遇期，要鼓励企业创新，在人才引进、招商引资等方面下功夫。

（张新华）

# 2-1 2017年全体居民家庭基本情况

## Basic Statistics of Urban and Rural Households (2017)

| 指标名称 | Item | 单位 | Unit | 总计 Total |
|---|---|---|---|---|
| **一、调查样本住户数** | **Number of Households Surveyed** | 户 | **household** | **2001** |
| (一)城镇住户 | Number of Urban Households | 户 | household | 996 |
| (二)农村住户 | Number of Rural Households | 户 | household | 1005 |
| **二、户主文化程度** | **Cultural Level of Head of a Household** | -- | -- | -- |
| (一)未上过学 | No Schooling | 户 | household | 98 |
| (二)小学 | Primary School | 户 | household | 480 |
| (三)初中 | Junior Secondary School | 户 | household | 788 |
| (四)高中 | Senior Secondary School | 户 | household | 329 |
| (五)大学专科 | Junior College | 户 | household | 174 |
| (六)大学本科 | Undergraduate College | 户 | household | 128 |
| (七)研究生 | Postgraduate | 户 | household | 3 |
| **三、住户经营情况** | **Business Condition of Households** | -- | -- | -- |
| (一)生产经营户 | Production Business Households | 户 | household | 1140 |
| (二)非生产经营户 | Non-production Business Households | 户 | household | 925 |
| **四、按家庭规模分的住户类型** | **Households Type Divided by Family Size** | -- | -- | -- |
| (一)一人户 | One Person | 户 | household | 45 |
| (二)二人户 | Two Persons | 户 | household | 523 |
| (三)三人户 | Three Persons | 户 | household | 556 |
| (四)四人户 | Four Persons | 户 | household | 450 |
| (五)五人户 | Five Persons | 户 | household | 248 |
| (六)六人及以上户 | Six Persons and over | 户 | household | 180 |
| **五、按世代分的住户类型** | **Households Type Divided by Generation** | -- | -- | -- |
| (一)一代户 | One-Generation Households | 户 | household | 449 |
| (二)二代户 | Two-Generation Households | 户 | household | 1196 |
| (三)三代户 | Three-Generation Households | 户 | household | 347 |
| (四)四代及以上户 | Four-Generation Households and over | 户 | household | 9 |
| **六、住户特征** | **Household Characteristics** | -- | -- | -- |
| (一)纯老人户 | Households of only the Old | 户 | household | 161 |
| (二)家中有未成年子女户 | Households of Couple with Minor Children | 户 | household | 889 |
| (三)年轻夫妻无子女户 | Households of Young Couple without Children | 户 | household | 6 |
| (四)无劳动力户 | Households without Labour Force | 户 | household | 31 |

注：全书住户收支调查表中，"--"指此项指标不进行计算或汇总；"空格"指此项指标数据为0。
Note: The book "--" means the indicator of resident income and expenditure survey is not calculated or summary; "blank" means the data is zero.

# 2-2 2017年全体居民家庭房屋基本情况

## Basic Statistics of House of Urban and Rural Households (2017)

| 指标名称 | Item | 单位 | Unit | 总计 Total |
|---|---|---|---|---|
| **一、期末拥有住房情况** | **Owning House Condition of Term End** | -- | -- | -- |
| (一)期末拥有房屋面积 | House Floor Space of Term End | 平方米/人 | sq.m | 35.7 |
| 其中：自有现住房面积 | Floor Space of Current Housing | 平方米/人 | sq.m | 30.9 |
| (二)期末拥有房屋市场价月租金 | The Market Rent per Month of House of Term End | 元/人 | yuan | 188.3 |
| 其中：自有现住房市场价月租金 | The Market Rent per Month of Current Housing | 元/人 | yuan | 169.6 |
| **二、期内新购建住房情况** | **Newly Bought or Built Residential Buildings Condition During Period** | -- | -- | |
| (一)期内新购住房建筑面积 | House Floor Space of Newly Bought Residential Buildings | 平方米/人 | sq.m | 1.2 |
| (二)新购住房总金额 | Amount of Newly Bought Residential Buildings | 元/人 | yuan | 3922.4 |
| (三)新建住房竣工建筑面积 | Completing Floor Space of Newly Built Residential Buildings | 平方米/人 | sq.m | 0.9 |
| (四)新建住房总费用 | Total Cost of Newly Built Residential Buildings | 元/人 | yuan | 746.0 |
| **三、期末现住房构成** | **Housing Constitute of Term End** | -- | -- | |
| (一)本住户居住类型 | Residence Type | % | % | 100.0 |
| 其中：普通住宅 | General Residence | % | % | 99.6 |
| (二)本住户居住空间样式 | House Construction Space Style | % | % | 100.0 |
| 1.单栋楼房 | Single Building | % | % | 2.7 |
| 2.单栋平房 | Single Bungalow | % | % | 43.4 |
| 3.四居室及以上单元房 | House with Four Bedrooms and above | % | % | 1.9 |
| 4.三居室单元房 | House with Three Bedrooms | % | % | 20.6 |
| 5.二居室单元房 | House with Two Bedrooms | % | % | 29.7 |
| 6.一居室单元房 | House with One Bedrooms | % | % | 1.1 |
| 7.其他 | Others | % | % | 0.5 |
| (三)主要建筑材料 | Main Building Materials | % | % | 100.0 |
| 1.钢筋混凝土 | Reinforced Concrete | % | % | 18.7 |
| 2.砖混材料 | Brick and Concrete | % | % | 48.6 |
| 3.砖瓦砖木 | Brick and Wood | % | % | 30.5 |
| 4.竹草土坯 | Bamboo Grass Adobe | % | % | 1.9 |
| 5.其他 | Others | % | % | 0.3 |
| (四)现住房房屋来源 | Source of Current Housing | % | % | 100.0 |
| 1.租赁公房 | Public House Leasing | % | % | 1.0 |
| 2.租赁私房 | Private House Leasing | % | % | 2.3 |
| 3.自建住房 | Self-Built Housing | % | % | 42.1 |
| 4.购买商品房 | Commercial Residential Building | % | % | 36.7 |
| 5.购买房改住房 | Reformed Housing | % | % | 8.3 |
| 6.购买保障性住房 | Security Housing | % | % | 100.0 |
| 7.拆迁安置房 | Removal Settlement Housing | % | % | 4.7 |
| 8.继承或获赠住房 | Inheritance or Gift Housing | % | % | 0.4 |
| 9.免费借用房 | Borrow Housing for Free | % | % | 1.8 |
| 10.其他 | Others | % | % | 0.2 |
| (五)现住房建筑面积 | Floor Space of Current Residential Buildings | % | % | 100.0 |
| 1.10平方米以内 | Less than 10 sq.m | % | % | |
| 2.10-20平方米 | 10-20 sq.m | % | % | 0.2 |
| 3.20-30平方米 | 20-30 sq.m | % | % | 0.2 |
| 4.30-60平方米 | 30-60 sq.m | % | % | 11.4 |
| 5.60-90平方米 | 60-90 sq.m | % | % | 28.8 |
| 6.90-120平方米 | 90-120 sq.m | % | % | 35.0 |
| 7.120-200平方米 | 120-200 sq.m | % | % | 20.8 |
| 8.200平方米以上 | 200 sq.m above | % | % | 3.5 |

## 2-2 续表 continued

| 指标名称 | Item | 单位 | Unit | 总计 Total |
|---|---|---|---|---|
| (六)住宅有管道供水情况 | Pipeline Water Supplying of Residential Buildings | % | % | 100.0 |
| 1.管道供水入户 | Pipeline Water Supplying in the Home | % | % | 91.5 |
| 2.管道供水至公共取水点 | Pipeline Water Supplying to Public Water Intaking Spot | % | % | 0.2 |
| 3.没有管道设施 | No Pipeline Infrastructure | % | % | 8.3 |
| (七)住户厕所类型 | Residence Toilet Type | % | % | 100.0 |
| 1.水冲式卫生厕所 | Water Flushing Sanitary Toilet | % | % | 57.2 |
| 2.水冲式非卫生厕所 | Water Flushing Insanitary Toilet | % | % | 0.4 |
| 3.卫生旱厕 | Sanitary Pit Latrine | % | % | 3.7 |
| 4.普通旱厕 | General Pit Latrine | % | % | 38.5 |
| 5.无厕所 | No Toilet | % | % | 0.2 |
| (八)住户厕所使用情况 | Using Condition of Residence Toilet | % | % | 100.0 |
| 1.本住户独用 | Exclusive Use | % | % | 98.2 |
| 2.几户合用 | Sharing with Several Households | % | % | 1.1 |
| 3.公用厕所 | Public Toilet | % | % | 0.7 |
| (九)住户洗澡设施情况 | Residence Shower Equipment Condition | % | % | 100.0 |
| 1.统一供热水 | Unified Supply Hot Water | % | % | 2.9 |
| 2.家庭自装热水器 | House Self-Installing Water Heater | % | % | 76.7 |
| 3.其他 | Others | % | % | 3.2 |
| 4.无洗澡设施 | No Shower Equipment | % | % | 17.2 |
| (十)住户主要取暖设备状况 | Residence Main Heating Equipment Condition | % | % | 100.0 |
| 1.由市政或小区集中供暖 | Central Heating by Government or Housing Estate | % | % | 51.7 |
| 2.自行供暖 | Self Heating | % | % | 46.5 |
| 3.无取暖设备 | No Heating Equipment | % | % | 1.8 |
| (十一)住户主要取暖用能源状况 | Residence Main Heating Energy Condition | % | % | 100.0 |
| 1.柴草 | Firewood | % | % | 0.8 |
| 2.煤炭 | Coal | % | % | 42.5 |
| 3.罐装液化石油气 | Liquefied Petroleum Gas of Can Pack | % | % | 0.0 |
| 4.管道液化石油气 | Liquefied Petroleum Gas of Pipeline | % | % | 0.2 |
| 5.管道煤气 | Coal Gas of Pipeline | % | % | |
| 6.管道天然气 | Natural Gas of Pipeline | % | % | 3.3 |
| 7.电 | Electricity | % | % | 0.8 |
| 8.燃料用油 | Fuel Oils | % | % | |
| 9.沼气 | Biogas | % | % | |
| 10.其他 | Others | % | % | 7.3 |
| 11.无取暖行为 | No Heating Behavior | % | % | 45.1 |
| (十二)主要炊用能源状况 | Main Condition of Cooking Energy | % | % | 100.0 |
| 1.柴草 | Firewood | % | % | 4.0 |
| 2.煤炭 | Coal | % | % | 15.2 |
| 3.罐装液化石油气 | Liquefied Petroleum Gas of Can Pack | % | % | 10.8 |
| 4.管道液化石油气 | Liquefied Petroleum Gas of Pipeline | % | % | 0.2 |
| 5.管道煤气 | Coal Gas of Pipeline | % | % | 0.1 |
| 6.管道天然气 | Natural Gas of Pipeline | % | % | 39.4 |
| 7.电 | Electricity | % | % | 30.0 |
| 8.其他 | Others | % | % | 0.3 |

# 2-3　2017年全体居民家庭就业年龄及学历构成情况
# Composition Statistics of Employment Age and Education of Urban and Rural Households (2017)

| 指标名称 | Item | 单位 | Unit | 总计 Total |
|---|---|---|---|---|
| **一、基本情况** | **Basic Statistics of Households Surveyed** | -- | -- | -- |
| (一)户均常住人口 | Average Number of Permanent Residents per Household | 人/户 | :rson/househo | 3.3 |
| (二)户均常住从业人口 | Average Number of Employed Persons per Household | 人/户 | :rson/househo | 1.7 |
| (三)平均每户家庭从业人口比重 | Average Number of Employed Persons Percentage per Household | % | % | 51.1 |
| (四)平均每一从业人口负担人数 | Average Number of Dependency Coefficient per Employed Persons | 人 | person | 2.0 |
| **二、常住从业人员年龄构成** | **Age Composition of Permanent Employed Persons** | **%** | **%** | **100.0** |
| (一)16-19岁 | Aged 16-19 | % | % | 1.4 |
| (二)20-24岁 | Aged 20-24 | % | % | 4.9 |
| (三)25-29岁 | Aged 25-29 | % | % | 6.8 |
| (四)30-34岁 | Aged 30-34 | % | % | 7.2 |
| (五)35-40岁 | Aged 35-40 | % | % | 13.3 |
| (六)41-50岁 | Aged 41-50 | % | % | 32.3 |
| (七)51-60岁 | Aged 51-60 | % | % | 22.2 |
| (八)61-65岁 | Aged 61-65 | % | % | 5.8 |
| (九)66岁及以上 | Aged 66 and over | % | % | 6.1 |
| **三、常住从业人员文化程度构成** | **Degree of Education of Permanent Employed Persons** | **%** | **%** | **100.0** |
| (一)未上过学 | No Schooling | % | % | 7.5 |
| (二)小学 | Primary School | % | % | 20.2 |
| (三)初中 | Junior Secondary School | % | % | 36.4 |
| (四)高中 | Senior Secondary School | % | % | 16.7 |
| (五)大学专科 | Junior College | % | % | 11.3 |
| (六)大学本科及以上 | Bachelor Degree or above | % | % | 8.0 |
| **四、常住从业人员就业类型** | **Type of Employment of Permanent Employed Persons** | **%** | **%** | **100.0** |
| (一)雇主 | Employer | % | % | 0.1 |
| (二)公职人员 | Civil Servants | % | % | 2.2 |
| (三)事业单位人员 | Institution Officers | % | % | 5.9 |
| (四)国有企业雇员 | State-owned Enterprises Employees | % | % | 6.4 |
| (五)其他雇员 | Other Employees | % | % | 48.4 |
| (六)农业自营 | Self-employed of Agriculture | % | % | 24.9 |
| (七)非农自营 | Self-employed of Non-Agriculture | % | % | 12.1 |
| **五、常住从业人员从事主要行业** | **Type of Industry of Permanent Employed Persons** | **%** | **%** | **100.0** |
| (一)第一产业 | Primary Industry | % | % | 28.8 |
| (二)第二产业 | Secondary Industry | % | % | 24.1 |
| (三)第三产业 | Tertiary Industry | % | % | 47.1 |

# 2-4 2017年全体居民家庭主要食品消费数量

# Consumption of Major Foods by Urban and Rural Households (2017)

单位：公斤/人 (kg/person)

| 指标名称 | Item | 总计 Total |
|---|---|---|
| **一、粮食消费量** | **Grain** | **111.2** |
| (一)谷物消费量 | Cereal | 104.4 |
| 1.小麦 | Wheat | 62.5 |
| 2.稻谷 | Rice | 39.3 |
| 3.玉米 | Corn | 0.5 |
| 4.其他谷物 | Others | 2.2 |
| (二)薯类消费量 | Tubers | 2.5 |
| 1.红薯 | Sweet Potato | 0.3 |
| 2.马铃薯 | Potato | 1.9 |
| 3.其他薯类 | Others | 0.4 |
| (三)豆类消费量 | Beans | 4.3 |
| 1.大豆 | Soybeans | 0.1 |
| 2.其他豆类 | Others | 4.2 |
| **二、蔬菜及菜制品消费量** | **Vegetables and Processed Products** | **87.2** |
| 其中：鲜菜 | Fresh Vegetables | 85.4 |
| **三、肉禽及其制品** | **Meat, Poultry and Processed Products** | **21.7** |
| 1.猪肉 | Pork | 6.3 |
| 2.牛肉 | Beef | 3.6 |
| 3.羊肉 | Mutton | 4.7 |
| 4.家禽 | Poultry | 6.0 |
| 5.其他肉禽及制品 | Others | 1.1 |
| **四、蛋类及蛋制品** | **Eggs and Processed Products** | **5.5** |
| **五、奶和奶制品** | **Milk and Processed Products** | **13.4** |
| **六、水产品** | **Aquatic Products** | **2.6** |
| 其中：鱼类 | Fish | 1.9 |
| **七、油脂类消费量** | **Grease** | **7.7** |
| 1.植物油 | Vegetable Oil | 7.6 |
| 2.动物油 | Animal Oil | 0.0 |
| **八、糖果糕点类** | **Confection and Pastry** | **3.7** |
| **九、干鲜瓜果类** | **Melon and Fruits** | **71.2** |
| 1.鲜瓜果 | Melons | 66.8 |
| 2.瓜果制品 | Watermelon | 1.0 |
| 3.坚果类 | Nuts | 3.4 |
| **十、消费茶叶** | **Tea Leaves** | **0.2** |
| **十一、酒** | **Liquor** | **2.9** |
| 1.白酒 | White Spirit | 0.5 |
| 2.啤酒 | Beer | 2.3 |
| 3.果酒 | Fruit Wine | 0.1 |

# 2-5 2017年全区及各市县全体居民人均可支配收入及来源

# Per Capita Disposable Income of Urban and Rural Residents by Sources by City and County (2017)

单位：元 (yuan)

| 省/直辖市/自治区 | Region | 可支配收入 Disposable Income | 工资性收入 Income from Wages and Salaries | 经营净收入 Net Business Income | 财产净收入 Net Income from Property | 转移净收入 Net Income from Transfer |
|---|---|---|---|---|---|---|
| **全 区** | **Total** | **20562** | **12270** | **3628** | **820** | **3843** |
| **沿黄地区** | **Plain** | **24306** | **14934** | **3660** | **1081** | **4630** |
| **中南部地区** | **Mountain Area** | **12623** | **7126** | **3523** | **294** | **1680** |
| **银川市** | **Yinchuan** | **27517** | **17142** | **3855** | **1505** | **5014** |
| 兴庆区 | Xingqing | 34323 | 21066 | 3358 | 2180 | 7719 |
| 西夏区 | Xixia | 25026 | 16672 | 1820 | 1084 | 5450 |
| 金凤区 | Jinfeng | 30183 | 19751 | 2483 | 2185 | 5764 |
| 永宁县 | Yongning | 18682 | 11297 | 4868 | 974 | 1542 |
| 贺兰县 | Helan | 19846 | 12159 | 4184 | 642 | 2861 |
| 灵武市 | Lingwu | 21661 | 15510 | 4387 | 361 | 1404 |
| **石嘴山市** | **Shizuishan** | **23622** | **14033** | **3364** | **659** | **5565** |
| 大武口区 | Dawukou | 29437 | 18866 | 2384 | 912 | 7275 |
| 惠农区 | Huinong | 22454 | 14072 | 2541 | 490 | 5352 |
| 平罗县 | Pingluo | 17474 | 8423 | 5239 | 502 | 3310 |
| **吴忠市** | **Wuzhong** | **15848** | **8934** | **4313** | **450** | **2151** |
| 利通区 | Litong | 19727 | 11291 | 3921 | 614 | 3903 |
| 红寺堡区 | Hongsipu | 11250 | 7402 | 2725 | 128 | 995 |
| 盐池县 | Yanchi | 15362 | 7287 | 5325 | 614 | 2136 |
| 同心县 | Tongxin | 11279 | 5922 | 3914 | 264 | 1179 |
| 青铜峡市 | Qingtongxia | 17445 | 10437 | 4625 | 555 | 1828 |
| **固原市** | **Guyuan** | **12485** | **7064** | **3387** | **260** | **1775** |
| 原州区 | Yuanzhou | 15194 | 9119 | 2986 | 460 | 2629 |
| 西吉县 | Xiji | 10803 | 5723 | 3787 | 164 | 1128 |
| 隆德县 | Longde | 11002 | 6458 | 2701 | 126 | 1717 |
| 泾源县 | Jingyuan | 10883 | 6500 | 3005 | 191 | 1188 |
| 彭阳县 | Pengyang | 11294 | 6737 | 3094 | 192 | 1271 |
| **中卫市** | **Zhongwei** | **14067** | **8333** | **3294** | **500** | **1939** |
| 沙坡头区 | Shapotou | 17356 | 11189 | 3171 | 536 | 2460 |
| 中宁县 | Zhongning | 16333 | 9349 | 4439 | 871 | 1674 |
| 海原县 | Haiyuan | 10007 | 5850 | 2327 | 265 | 1564 |

# 2-6　2017年全区及各市县全体居民人均消费支出情况

## Basic Statistics of Consumption Expenditure of Urban and Rural Residents by City and County (2017)

单位：元　　　　(yuan)

| 省/直辖市/自治区 | Region | 消费支出 Consumption Expenditure | 1.食品烟酒 Food Tobacco Liquor | 2.衣着 Clothing | 3.居住 Residence | 4.生活用品及服务 Household Facilities Article and Service | 5.交通通信 Transport and Telecommunication | 6.教育文化娱乐 Educational, Cultural, Recreational | 7.医疗保健 Medicine and Health Care | 8.其他用品和服务 Other Commodities and Services |
|---|---|---|---|---|---|---|---|---|---|---|
| **全　区** | **Total** | **15350** | **3796** | **1269** | **2862** | **932** | **2617** | **1956** | **1554** | **365** |
| **沿黄地区** | **Plain** | **17080** | **4511** | **1487** | **3141** | **1096** | **2473** | **2170** | **1748** | **455** |
| **中南部地区** | **Mountain Area** | **9534** | **2613** | **776** | **1907** | **587** | **1359** | **1221** | **894** | **176** |
| **银川市** | **Yinchuan** | **19934** | **5194** | **1720** | **3695** | **1230** | **2961** | **2709** | **1906** | **519** |
| 兴庆区 | Xingqing | 24207 | 6002 | 2141 | 4796 | 1393 | 3118 | 3460 | 2580 | 716 |
| 西夏区 | Xixia | 19789 | 5766 | 1520 | 3169 | 1240 | 2451 | 2908 | 2172 | 564 |
| 金凤区 | Jinfeng | 21637 | 5176 | 1697 | 4642 | 1320 | 3352 | 3225 | 1878 | 348 |
| 永宁县 | Yongning | 14819 | 4049 | 1440 | 2304 | 880 | 2764 | 1746 | 1259 | 378 |
| 贺兰县 | Helan | 15249 | 4309 | 1402 | 3050 | 1118 | 2153 | 1741 | 1175 | 302 |
| 灵武市 | Lingwu | 15148 | 3695 | 1403 | 2157 | 1215 | 3651 | 1445 | 1163 | 419 |
| **石嘴山市** | **Shizuishan** | **15048** | **4611** | **1382** | **2447** | **885** | **2061** | **1865** | **1474** | **323** |
| 大武口区 | Dawukou | 17792 | 5481 | 1870 | 2760 | 943 | 2503 | 2261 | 1579 | 395 |
| 惠农区 | Huinong | 13200 | 4750 | 1189 | 1944 | 736 | 1601 | 1411 | 1318 | 252 |
| 平罗县 | Pingluo | 13656 | 3604 | 1083 | 2390 | 1005 | 2149 | 1677 | 1457 | 290 |
| **吴忠市** | **Wuzhong** | **11436** | **3087** | **1073** | **2290** | **761** | **1648** | **1246** | **1039** | **293** |
| 利通区 | Litong | 14166 | 3747 | 1297 | 2694 | 1077 | 2139 | 1602 | 1190 | 421 |
| 红寺堡区 | Hongsipu | 9764 | 2500 | 851 | 1796 | 732 | 1622 | 1214 | 850 | 198 |
| 盐池县 | Yanchi | 11678 | 3315 | 1117 | 2125 | 606 | 2026 | 1427 | 876 | 187 |
| 同心县 | Tongxin | 9447 | 2746 | 911 | 1951 | 525 | 1290 | 949 | 917 | 159 |
| 青铜峡市 | Qingtongxia | 11466 | 2972 | 1083 | 2512 | 777 | 1333 | 1160 | 1210 | 418 |
| **固原市** | **Guyuan** | **9755** | **2722** | **709** | **2002** | **574** | **1359** | **1328** | **904** | **157** |
| 原州区 | Yuanzhou | 12949 | 3010 | 795 | 3207 | 802 | 1997 | 1684 | 1230 | 225 |
| 西吉县 | Xiji | 7734 | 2404 | 640 | 1380 | 467 | 1031 | 1132 | 575 | 106 |
| 隆德县 | Longde | 10501 | 3450 | 687 | 1723 | 512 | 1108 | 1472 | 1361 | 188 |
| 泾源县 | Jingyuan | 8424 | 2485 | 783 | 1571 | 538 | 1193 | 792 | 948 | 114 |
| 彭阳县 | Pengyang | 7996 | 2421 | 673 | 1371 | 437 | 1086 | 1202 | 669 | 136 |
| **中卫市** | **Zhongwei** | **11506** | **2876** | **940** | **2275** | **789** | **1663** | **1451** | **1191** | **322** |
| 沙坡头区 | Shapotou | 13951 | 3302 | 1077 | 3147 | 909 | 2089 | 1444 | 1486 | 495 |
| 中宁县 | Zhongning | 14409 | 3816 | 1287 | 2403 | 1018 | 2083 | 2153 | 1356 | 292 |
| 海原县 | Haiyuan | 8396 | 2095 | 716 | 1628 | 614 | 1128 | 1125 | 861 | 229 |

# 2-7 主要年份各市县全体居民人均可支配收入

单位：元，%

| 地 区 | Region | 2010 收入水平 Income | 2010 比上年增长 Growth | 2011 收入水平 Income | 2011 比上年增长 Growth | 2012 收入水平 Income | 2012 比上年增长 Growth | 2013 收入水平 Income | 2013 比上年增长 Growth |
|---|---|---|---|---|---|---|---|---|---|
| **全 区** | **Total** | **9864** | _ | **11480** | **16.4** | **13104** | **14.2** | **14566** | **11.2** |
| **沿黄地区** | **Plain** | **12366** | _ | **14179** | **14.7** | **15986** | **12.7** | **17638** | **10.3** |
| **中南部地区** | **Mountain Area** | **5926** | _ | **6813** | **15.0** | **7795** | **14.4** | **8734** | **12.0** |
| **银川市** | **Yinchuan** | **14036** | _ | **16017** | **14.1** | **18064** | **12.8** | **19914** | **10.2** |
| 兴庆区 | Xingqing | 17917 | _ | 20431 | 14.0 | 22912 | 12.1 | 25011 | 9.2 |
| 西夏区 | Xixia | 12524 | _ | 14295 | 14.1 | 16208 | 13.4 | 18028 | 11.2 |
| 金凤区 | Jinfeng | 15140 | _ | 17272 | 14.1 | 19487 | 12.8 | 21829 | 12.0 |
| 永宁县 | Yongning | 9374 | _ | 10674 | 13.9 | 12154 | 13.9 | 13482 | 10.9 |
| 贺兰县 | Helan | 9954 | _ | 11406 | 14.6 | 12968 | 13.7 | 14314 | 10.4 |
| 灵武市 | Lingwu | 10841 | _ | 12414 | 14.5 | 14113 | 13.7 | 15653 | 10.9 |
| **石嘴山市** | **Shizuishan** | **11987** | _ | **13880** | **15.8** | **15734** | **13.4** | **17294** | **9.9** |
| 大武口区 | Dawukou | 14646 | _ | 16970 | 15.9 | 19195 | 13.1 | 21303 | 11.0 |
| 惠农区 | Huinong | 11510 | _ | 13330 | 15.8 | 15001 | 12.5 | 16524 | 10.2 |
| 平罗县 | Pingluo | 8866 | _ | 10143 | 14.4 | 11537 | 13.7 | 12786 | 10.8 |
| **吴忠市** | **Wuzhong** | **7801** | _ | **8912** | **14.2** | **10136** | **13.7** | **11241** | **10.9** |
| 利通区 | Litong | 9953 | _ | 11411 | 14.6 | 12902 | 13.1 | 14259 | 10.5 |
| 红寺堡区 | Hongsipu | 5190 | _ | 5959 | 14.8 | 6807 | 14.2 | 7741 | 13.7 |
| 盐池县 | Yanchi | 7315 | _ | 8306 | 13.5 | 9454 | 13.8 | 10570 | 11.8 |
| 同心县 | Tongxin | 5266 | _ | 6025 | 14.4 | 6915 | 14.8 | 7811 | 13.0 |
| 青铜峡市 | Qingtongxia | 8733 | _ | 10173 | 16.5 | 11574 | 13.8 | 12733 | 10.0 |
| **固原市** | **Guyuan** | **5827** | _ | **6709** | **15.1** | **7688** | **14.6** | **8676** | **12.8** |
| 原州区 | Yuanzhou | 7219 | _ | 8316 | 15.2 | 9485 | 14.1 | 10678 | 12.6 |
| 西吉县 | Xiji | 4952 | _ | 5715 | 15.4 | 6569 | 14.9 | 7445 | 13.3 |
| 隆德县 | Longde | 5055 | _ | 5832 | 15.4 | 6705 | 15.0 | 7587 | 13.2 |
| 泾源县 | Jingyuan | 5031 | _ | 5810 | 15.5 | 6709 | 15.5 | 7600 | 13.3 |
| 彭阳县 | Pengyang | 5125 | _ | 5928 | 15.7 | 6812 | 14.9 | 7741 | 13.7 |
| **中卫市** | **Zhongwei** | **7010** | _ | **8055** | **14.9** | **9141** | **13.5** | **10140** | **10.9** |
| 沙坡头区 | Shapotou | 8833 | _ | 10118 | 14.5 | 11430 | 13.0 | 12630 | 10.5 |
| 中宁县 | Zhongning | 8290 | _ | 9309 | 12.3 | 10538 | 13.2 | 11739 | 11.4 |
| 海原县 | Haiyuan | 4536 | _ | 5272 | 16.2 | 6054 | 14.8 | 6900 | 14.0 |

注：按照2013年城乡一体化住户调查新口径测算方法，根据城镇化率，测算出近年全体居民人均可支配收入。

# Per Capita Annual Disposable Income of Urban and Rural Households by City and County in Main Years

(yuan，%)

| 2014 | | 2015 | | 2016 | | 2017 | |
|---|---|---|---|---|---|---|---|
| 收入水平 Income | 比上年增长 Growth | 收入水平 Income | 比上年增长 Growth | 收入水平 Income | 比上年增长 Growth | 收入水平 Income | 比上年增长 Growth |
| **15907** | **9.2** | **17329** | **8.9** | **18832** | **8.7** | **20562** | **9.2** |
| **19226** | **9.0** | **20803** | **8.2** | **22410** | **7.7** | **24306** | **8.5** |
| **9625** | **10.2** | **10499** | **9.1** | **11447** | **9.0** | **12623** | **10.3** |
| **21750** | **9.2** | **23551** | **8.3** | **25397** | **7.8** | **27517** | **8.3** |
| 27346 | 9.3 | 29542 | 8.0 | 31739 | 7.4 | 34323 | 8.1 |
| 19683 | 9.2 | 21322 | 8.3 | 23033 | 8.0 | 25026 | 8.7 |
| 23912 | 9.5 | 25960 | 8.6 | 27995 | 7.8 | 30183 | 7.8 |
| 14722 | 9.2 | 16017 | 8.8 | 17239 | 7.6 | 18682 | 8.4 |
| 15666 | 9.4 | 16955 | 8.2 | 18295 | 7.9 | 19846 | 8.5 |
| 17077 | 9.1 | 18460 | 8.1 | 19906 | 7.8 | 21661 | 8.8 |
| **18748** | **8.4** | **20220** | **7.9** | **21747** | **7.6** | **23622** | **8.6** |
| 23125 | 8.6 | 25082 | 8.5 | 27033 | 7.8 | 29437 | 8.9 |
| 17888 | 8.3 | 19306 | 7.9 | 20745 | 7.5 | 22454 | 8.2 |
| 13923 | 8.9 | 14974 | 7.5 | 16102 | 7.5 | 17474 | 8.5 |
| **12322** | **9.6** | **13373** | **8.5** | **14510** | **8.5** | **15848** | **9.2** |
| 15571 | 9.2 | 16841 | 8.2 | 18149 | 7.8 | 19727 | 8.7 |
| 8529 | 10.2 | 9307 | 9.1 | 10198 | 9.6 | 11250 | 10.3 |
| 11616 | 9.9 | 12720 | 9.5 | 13919 | 9.4 | 15362 | 10.4 |
| 8635 | 10.5 | 9460 | 9.6 | 10329 | 9.2 | 11279 | 9.2 |
| 13924 | 9.4 | 15024 | 7.9 | 16144 | 7.5 | 17445 | 8.1 |
| **9591** | **10.5** | **10409** | **8.5** | **11330** | **8.8** | **12485** | **10.2** |
| 11761 | 10.1 | 12792 | 8.8 | 13898 | 8.6 | 15194 | 9.3 |
| 8262 | 11.0 | 9017 | 9.1 | 9846 | 9.2 | 10803 | 9.7 |
| 8410 | 10.8 | 9102 | 8.2 | 9937 | 9.2 | 11002 | 10.7 |
| 8414 | 10.7 | 9107 | 8.2 | 9921 | 8.9 | 10883 | 9.7 |
| 8590 | 11.0 | 9361 | 9.0 | 10210 | 9.1 | 11294 | 10.6 |
| **11094** | **9.4** | **12011** | **8.3** | **12941** | **7.7** | **14067** | **8.7** |
| 13778 | 9.1 | 14912 | 8.2 | 15993 | 7.2 | 17356 | 8.5 |
| 12817 | 9.2 | 13900 | 8.5 | 14998 | 7.9 | 16333 | 8.9 |
| 7641 | 10.7 | 8284 | 8.4 | 9046 | 9.2 | 10007 | 10.6 |

Note: According to the integration of urban and rural household survey in 2013 new caliber measurement, basing on the urbanization rate, measure per capita disposable income of urban and rural household.

# 2-8 主要年份全区农村居民家庭基本情况
## Basic Statistics of Rural Households in Main Years

| 年 份 Year | 调查户数 (户) Number of Households Surveyed (household) | 调查户常住人口 (人) Number of Permanent Residents in the Households Surveyed (person) | 平均每户常住人口 (人) Average Number of Permanent Residents per Household (person) | 平均每户整半劳动力 (人) Average Number of Able-bodied and Semi-able per Household (person) | 整半劳动力占常住人口比重 (%) Able-bodied Labours as Percentage of Permanent Residents (%) | 就业劳动力中 Culture Level of Employed Labours 不识字或识字很少比重(%) Illiterate or Semi-illiterate (%) | 小学程度比重 (%) Primary School (%) | 初中程度比重 (%) Junior Middle School (%) | 高中程度比重 (%) Senior Middle School (%) | 大中专及以上程度比重 (%) Technical Secondary School and above (%) |
|---|---|---|---|---|---|---|---|---|---|---|
| 1983 | 480 | 2983 | 6.2 | 3.0 | 47.5 | 43.3 | 31.6 | 20.6 | 4.4 | 0.1 |
| 1984 | 480 | 2939 | 6.1 | 2.9 | 47.6 | 42.7 | 32.3 | 20.1 | 4.8 | 0.1 |
| 1985 | 1090 | 6588 | 6.0 | 3.0 | 49.9 | 43.4 | 27.6 | 23.8 | 5.2 | 0.1 |
| 1986 | 1090 | 6557 | 6.0 | 2.9 | 48.7 | 41.3 | 29.4 | 24.1 | 5.1 | 0.1 |
| 1987 | 1090 | 6454 | 5.9 | 2.9 | 48.6 | 40.1 | 30.9 | 23.9 | 5.1 | 0.0 |
| 1988 | 1090 | 6407 | 5.9 | 2.9 | 49.5 | 38.8 | 30.7 | 25.0 | 5.5 | 0.0 |
| 1989 | 1090 | 6286 | 5.8 | 2.9 | 50.6 | 37.0 | 30.8 | 26.3 | 5.8 | 0.0 |
| 1990 | 990 | 5753 | 5.8 | 3.0 | 50.9 | 37.3 | 30.2 | 27.1 | 5.4 | 0.1 |
| 1991 | 990 | 5561 | 5.6 | 3.0 | 52.6 | 35.2 | 30.9 | 27.5 | 6.0 | 0.5 |
| 1992 | 990 | 5434 | 5.5 | 2.9 | 53.1 | 34.4 | 30.5 | 28.8 | 6.0 | 0.3 |
| 1993 | 990 | 5358 | 5.4 | 3.0 | 56.2 | 32.3 | 30.5 | 30.2 | 6.6 | 0.4 |
| 1994 | 990 | 5377 | 5.4 | 3.1 | 57.7 | 31.2 | 30.6 | 31.2 | 6.5 | 0.5 |
| 1995 | 1050 | 5517 | 5.3 | 3.1 | 58.2 | 26.6 | 32.3 | 33.1 | 7.5 | 0.5 |
| 1996 | 1050 | 5398 | 5.1 | 3.1 | 59.5 | 24.0 | 32.6 | 36.2 | 6.9 | 0.3 |
| 1997 | 1050 | 5302 | 5.0 | 3.0 | 59.7 | 23.5 | 31.8 | 37.1 | 7.0 | 0.7 |
| 1998 | 1050 | 5118 | 4.9 | 2.9 | 58.6 | 21.6 | 31.2 | 38.2 | 8.5 | 0.5 |
| 1999 | 1050 | 5036 | 4.8 | 2.8 | 58.8 | 20.8 | 30.2 | 38.9 | 9.8 | 0.3 |
| 2000 | 600 | 2850 | 4.8 | 2.8 | 59.1 | 19.5 | 30.3 | 39.1 | 9.1 | 2.0 |
| 2001 | 600 | 2826 | 4.7 | 2.8 | 59.7 | 17.8 | 30.1 | 41.2 | 9.1 | 1.8 |
| 2002 | 600 | 2813 | 4.7 | 2.8 | 60.2 | 16.9 | 30.3 | 41.9 | 8.7 | 2.1 |
| 2003 | 600 | 2769 | 4.6 | 2.8 | 60.7 | 16.3 | 30.5 | 42.1 | 8.9 | 2.1 |
| 2004 | 600 | 2759 | 4.6 | 2.8 | 60.5 | 15.8 | 28.8 | 44.7 | 8.7 | 2.0 |
| 2005 | 600 | 2720 | 4.5 | 2.8 | 61.4 | 21.1 | 31.9 | 40.0 | 5.0 | 1.9 |
| 2006 | 600 | 2703 | 4.5 | 2.8 | 62.2 | 20.2 | 31.5 | 41.0 | 6.2 | 1.1 |
| 2007 | 600 | 2642 | 4.4 | 2.8 | 63.2 | 20.0 | 30.8 | 39.8 | 7.7 | 1.6 |
| 2008 | 600 | 2648 | 4.4 | 2.8 | 63.3 | 18.7 | 31.2 | 40.4 | 8.2 | 1.6 |
| 2009 | 600 | 2587 | 4.3 | 2.8 | 63.9 | 18.0 | 30.0 | 42.1 | 8.3 | 1.6 |
| 2010 | 600 | 2559 | 4.3 | 2.8 | 64.6 | 18.5 | 28.5 | 41.3 | 9.0 | 2.7 |
| 2011 | 800 | 3417 | 4.3 | 2.8 | 64.7 | 15.3 | 33.3 | 41.4 | 6.8 | 3.2 |
| 2012 | 800 | 3416 | 4.3 | 2.8 | 64.3 | 14.4 | 32.7 | 41.8 | 7.3 | 3.8 |
| 2013 | 891 | 3903 | 4.4 | 2.6 | 59.9 | 12.1 | 33.8 | 39.9 | 9.3 | 5.0 |
| 2014 | 998 | 3962 | 4.0 | 2.4 | 61.5 | 11.8 | 34.3 | 41.4 | 8.9 | 3.6 |
| 2015 | 1011 | 3962 | 3.9 | 2.4 | 61.4 | 11.4 | 32.7 | 43.1 | 9.7 | 3.0 |
| 2016 | 1006 | 3903 | 3.9 | 2.5 | 63.1 | 10.8 | 31.8 | 43.6 | 9.4 | 4.4 |
| 2017 | 1005 | 3826 | 3.8 | 2.4 | 63.6 | 12.6 | 31.3 | 42.0 | 9.8 | 4.4 |

注：2014年就业劳动力中文化程度分组指标中取消了“中专”，所以将以前年份的“中专”比重汇总到“大中专及以上”比重。

Note: In 2014, "secondary" has been cancelled by the cultural level of employed labors, so "technical secondary school and above" already contains "secondary" before 2014.

## 2-8 续表 continued

| 年 份<br>Year | 年内新建房屋价值(元/平方米)<br>Value of Newly-built Houses (yuan/sq.m) | 年末住房面积(平方米/人)<br>Floor Space of Living Houses at Year-end (sq.m/person) | 砖木结构面积<br>Brick and Wood Structure | 钢筋混泥土结构面积<br>Reinforced Concrete Structure | 年末生产固定资产原值(元/户)<br>Original Value of Productive Fixed Assets at Year-end (yuan/household) | 农业原值<br>Agriculture | 工业原值<br>Industry | 建筑业原值<br>Construction | 交通运输业原值<br>Transport |
|---|---|---|---|---|---|---|---|---|---|
| 1983 | 14 | 10 | | | 743 | 564 | 16 | | 100 |
| 1984 | 14 | 11 | | | 819 | 656 | 38 | | 34 |
| 1985 | 22 | 12 | 0.0 | | 1171 | 733 | 37 | | 250 |
| 1986 | 25 | 13 | 0.2 | | 1361 | 772 | 52 | | 354 |
| 1987 | 32 | 13 | 0.2 | | 1509 | 745 | 64 | | 489 |
| 1988 | 36 | 13 | 0.5 | 0.0 | 1708 | 804 | 74 | | 600 |
| 1989 | 57 | 14 | 0.9 | 0.0 | 1975 | 837 | 78 | | 824 |
| 1990 | 62 | 14 | 1.0 | 0.0 | 2129 | 924 | 85 | | 849 |
| 1991 | 63 | 14 | 1.6 | 0.0 | 2355 | 1212 | 69 | | 704 |
| 1992 | 70 | 15 | 1.9 | 0.0 | 2483 | 1245 | 91 | | 778 |
| 1993 | 103 | 15 | 2.9 | 0.1 | 2757 | 1416 | 96 | | 744 |
| 1994 | 63 | 16 | 3.3 | 0.1 | 3366 | 1768 | 112 | | 863 |
| 1995 | 149 | 20 | 5.9 | 0.2 | 5153 | 2991 | 111 | | 1237 |
| 1996 | 156 | 16 | 5.3 | | 5426 | 3146 | 227 | | 1103 |
| 1997 | 212 | 17 | 6.1 | 0.3 | 6825 | 3487 | 123 | | 1291 |
| 1998 | 175 | 17 | 7.6 | 0.3 | 6723 | 3704 | 121 | | 1400 |
| 1999 | 185 | 18 | 8.9 | 0.2 | 7086 | 3850 | 134 | | 1552 |
| 2000 | 218 | 18 | 7.2 | 0.6 | 10168 | 6051 | 481 | 5 | 1659 |
| 2001 | 190 | 19 | 8.5 | 0.5 | 11070 | 6270 | 520 | 2 | 2199 |
| 2002 | 219 | 19 | 8.5 | 0.6 | 12024 | 6983 | 576 | 4 | 2289 |
| 2003 | 226 | 20 | 9.2 | 0.7 | 13058 | 7925 | 555 | 1 | 2389 |
| 2004 | 204 | 21 | 10.7 | 0.6 | 13735 | 9743 | 823 | 1 | 2430 |
| 2005 | 286 | 21 | 11.2 | 1.0 | 14811 | 7297 | 605 | 21 | 3527 |
| 2006 | 265 | 22 | 11.9 | 0.9 | 15368 | 7492 | 466 | 77 | 3807 |
| 2007 | 311 | 23 | 13.4 | 0.8 | 16918 | 8155 | 485 | 21 | 4717 |
| 2008 | 485 | 23 | 13.5 | 0.9 | 18245 | 9359 | 476 | 21 | 4367 |
| 2009 | 343 | 25 | 14.9 | 1.3 | 21310 | 10642 | 575 | 24 | 5253 |
| 2010 | 487 | 25 | 15.4 | 1.8 | 23405 | 10745 | 544 | 24 | 7676 |
| 2011 | 668 | 24 | 16.6 | 1.7 | 21418 | 10334 | 287 | 220 | 5213 |
| 2012 | 650 | 26 | 17.2 | 3.0 | 24266 | 11193 | 222 | 446 | 5324 |
| 2013 | 949 | 23 | 15.7 | 3.8 | 27986 | 11602 | 601 | 55 | 6327 |
| 2014 | 687 | 28 | 19.1 | 3.4 | 29649 | 18383 | 94 | 110 | 7242 |
| 2015 | 797 | 30 | 19.7 | 4.0 | 33112 | 16550 | 144 | 620 | 11433 |
| 2016 | 840 | 32 | 20.7 | 4.7 | 36579 | 16889 | 900 | 655 | 14075 |
| 2017 | 900 | 33 | - | - | 40277 | 19467 | 850 | 276 | 12495 |

注：2017年房屋结构面积不再推算。
Note: Building area from 2017 does not calculate any more.

# 2-9 主要年份全区农村居民家庭主要产品出售情况

## Basic Statistics of Production and Sale of Major Products of Rural Households in Main Years

单位：公斤/人 (kg/person)

| 年 份<br>Year | 出售粮食<br>Sale Grain | 出售油料<br>Sale Oil-bearing | 出售蔬菜<br>Sale Vegetable | 出售水果<br>Sale Fruit | 出售肉猪（头/户）<br>Sale Hog (head/household) | 出售肉牛（头/户）<br>Sale Cattle and Buffaloes (head/household) |
|---|---|---|---|---|---|---|
| 1983 | 123.98 | 7.49 | 113.72 | 0.15 | 0.30 | |
| 1984 | 134.52 | 4.82 | 141.44 | 0.17 | 0.29 | |
| 1985 | 238.70 | 4.87 | 212.04 | 3.97 | 0.46 | 0.02 |
| 1986 | 196.96 | 8.67 | 172.99 | 3.29 | 0.55 | 0.01 |
| 1987 | 176.79 | 3.98 | 141.75 | 4.33 | 0.53 | |
| 1988 | 217.26 | 3.26 | 156.60 | 4.43 | 0.35 | |
| 1989 | 272.84 | 5.35 | 183.04 | 4.06 | 0.37 | |
| 1990 | 258.52 | 5.81 | 170.14 | 3.13 | 0.51 | 0.01 |
| 1991 | 277.55 | 7.83 | 127.89 | 5.09 | 0.56 | 0.01 |
| 1992 | 222.52 | 3.91 | 157.74 | 11.83 | 0.55 | 0.02 |
| 1993 | 219.64 | 7.29 | 122.14 | 7.18 | 0.53 | 0.04 |
| 1994 | 250.91 | 7.29 | 115.92 | 10.85 | 0.64 | 0.05 |
| 1995 | 241.79 | 5.13 | 139.16 | 12.99 | 0.50 | 0.09 |
| 1996 | 270.05 | 4.91 | 153.74 | 19.60 | 0.49 | 0.07 |
| 1997 | 442.19 | 6.05 | 149.18 | 18.33 | 0.58 | 0.11 |
| 1998 | 430.43 | 10.26 | 173.60 | 16.98 | 0.64 | 0.11 |
| 1999 | 429.02 | 11.64 | 188.30 | 37.01 | 0.88 | 0.10 |
| 2000 | 381.95 | 4.99 | 164.20 | 18.22 | 1.35 | 0.11 |
| 2001 | 323.52 | 5.12 | 203.79 | 13.99 | 1.21 | 0.24 |
| 2002 | 407.01 | 10.62 | 183.09 | 19.22 | 1.27 | 0.18 |
| 2003 | 340.26 | 18.64 | 243.08 | 40.18 | 0.92 | 0.15 |
| 2004 | 434.09 | 19.36 | 242.94 | 31.31 | 0.76 | 0.13 |
| 2005 | 492.09 | 19.00 | 244.37 | 118.84 | 1.03 | 0.32 |
| 2006 | 476.89 | 14.50 | 243.80 | 56.89 | 1.43 | 0.40 |
| 2007 | 439.26 | 19.06 | 248.88 | 83.83 | 0.71 | 0.39 |
| 2008 | 417.15 | 26.65 | 251.48 | 61.52 | 0.54 | 0.31 |
| 2009 | 432.11 | 22.16 | 185.22 | 83.40 | 0.81 | 0.34 |
| 2010 | 401.35 | 17.26 | 151.67 | 49.88 | 0.85 | 0.31 |
| 2011 | 443.89 | 10.94 | 279.51 | 70.23 | 0.76 | 0.33 |
| 2012 | 504.04 | 10.99 | 299.20 | 40.90 | 0.67 | 0.30 |
| 2013 | 642.77 | 3.6 | 297.4 | 26.48 | 0.57 | 0.38 |
| 2014 | 758.11 | 7.31 | 181.92 | 43.83 | 0.67 | 0.28 |
| 2015 | 764.52 | 6.98 | 262.76 | 33.17 | 0.53 | 0.25 |
| 2016 | 1125.21 | 8.83 | 287.65 | 59.89 | 0.41 | 0.29 |
| 2017 | 840.99 | 3.91 | 298.86 | 28.21 | 0.41 | 0.38 |

## 2-9 续表 continued

单位：公斤／人 (kg/person)

| 年 份 Year | 出售菜羊 (只／户) Sale Sheep (head/household) | 出售家禽 (公斤／户) Sale Poultry (kg/household) | 出售牛、羊奶 (公斤／户) Sale Milk (kg/household) | 出售禽蛋 (公斤／户) Sale Egg (kg/household) | 出售羊毛 (公斤／户) Sale Wool (kg/household) | 出售水产品 (公斤／户) Sale Aquatic Products (kg/household) |
|---|---|---|---|---|---|---|
| 1983 | 1.40 | 1.49 | | 6.43 | 5.89 | 1.00 |
| 1984 | 1.13 | 1.11 | | 13.09 | 7.14 | 1.11 |
| 1985 | 0.97 | 1.45 | 3.51 | 6.44 | 5.70 | 1.05 |
| 1986 | 0.99 | 2.47 | 6.90 | 8.83 | 5.79 | 3.27 |
| 1987 | 1.47 | 1.75 | 29.56 | 8.13 | 5.22 | 3.53 |
| 1988 | 1.16 | 1.55 | 54.14 | 6.76 | 5.18 | 3.75 |
| 1989 | 0.74 | 1.98 | 88.28 | 6.05 | 3.28 | 2.98 |
| 1990 | 1.21 | 3.39 | 128.34 | 5.51 | 4.41 | 3.75 |
| 1991 | 2.10 | 5.77 | 34.27 | 8.93 | 4.34 | 3.76 |
| 1992 | 2.04 | 4.65 | 46.52 | 12.53 | 3.06 | 3.63 |
| 1993 | 1.16 | 2.44 | 72.55 | 8.70 | 2.32 | 2.22 |
| 1994 | 0.93 | 1.83 | 99.12 | 25.37 | 2.91 | 1.12 |
| 1995 | 1.26 | 7.31 | 155.92 | 10.89 | 3.15 | 1.50 |
| 1996 | 1.67 | 5.06 | 265.66 | 16.20 | 3.36 | 8.83 |
| 1997 | 2.13 | 12.57 | 359.62 | 36.43 | 3.09 | 10.64 |
| 1998 | 1.90 | 10.70 | 338.20 | 49.80 | 2.90 | 21.87 |
| 1999 | 2.06 | 13.68 | 367.21 | 87.47 | 2.82 | 46.35 |
| 2000 | 2.32 | 16.04 | 416.62 | 70.02 | 2.32 | 30.20 |
| 2001 | 2.89 | 12.89 | 359.66 | 91.19 | 1.42 | 34.64 |
| 2002 | 2.69 | 18.96 | 368.68 | 99.03 | 1.78 | 36.12 |
| 2003 | 2.01 | 15.09 | 445.95 | 92.22 | 3.69 | 14.35 |
| 2004 | 1.81 | 20.50 | 436.48 | 72.58 | 2.98 | 6.00 |
| 2005 | 2.13 | 20.94 | 455.33 | 0.44 | 2.98 | 43.18 |
| 2006 | 2.13 | 36.15 | 556.96 | 0.19 | 3.93 | 54.40 |
| 2007 | 2.49 | 51.34 | 416.88 | 0.09 | 2.00 | 42.51 |
| 2008 | 2.00 | 56.55 | 348.42 | 2.25 | 1.89 | 38.97 |
| 2009 | 1.69 | 44.42 | 256.84 | 0.60 | 1.08 | 46.93 |
| 2010 | 1.81 | 37.19 | 226.9 | 0.03 | 1.81 | 26.25 |
| 2011 | 2.03 | 9.06 | 280.42 | 8.55 | 2.82 | 12.25 |
| 2012 | 1.99 | 10.13 | 401.19 | 12.63 | 3.98 | 14.06 |
| 2013 | 2.49 | 3.84 | 517.64 | 52.06 | 2.77 | 9.79 |
| 2014 | 1.15 | 1.56 | 427.05 | 0.41 | 2.26 | |
| 2015 | 1.91 | 1.81 | 21.95 | 4.55 | 2.73 | 0.58 |
| 2016 | 4.23 | 3.77 | | 55.77 | 3.59 | 21.32 |
| 2017 | 3.47 | 7.66 | 0.01 | 34.73 | 1.43 | 36.81 |

# 2-10 主要年份全区农村居民家庭总收入来源情况

## Basic Statistics of Total Income of Rural Households by Sources in Main Years

单位：元/人 (yuan/person)

| 年 份 Year | 全年总收入 Total Revenue | 1.工资性收 入 Wages Income | 2.经营性收 入 Household Business Income | | | | |
|---|---|---|---|---|---|---|---|
| | | | | 农业收入 Farming | 林业收入 Forestry | 牧业收入 Animal Husbandry | 渔业收入 Fishery |
| 1983 | 366 | 43 | 302 | 240 | 2 | 37 | 0 |
| 1984 | 396 | 59 | 318 | 247 | 4 | 39 | 1 |
| 1985 | 449 | 63 | 361 | 259 | 5 | 57 | 1 |
| 1986 | 526 | 77 | 426 | 307 | 5 | 69 | 2 |
| 1987 | 562 | 78 | 459 | 308 | 4 | 89 | 3 |
| 1988 | 694 | 86 | 582 | 388 | 6 | 126 | 3 |
| 1989 | 804 | 87 | 690 | 492 | 5 | 123 | 3 |
| 1990 | 860 | 79 | 754 | 565 | 5 | 121 | 3 |
| 1991 | 908 | 97 | 783 | 558 | 8 | 134 | 3 |
| 1992 | 952 | 114 | 806 | 557 | 7 | 150 | 3 |
| 1993 | 1011 | 134 | 843 | 592 | 7 | 142 | 2 |
| 1994 | 1415 | 146 | 1225 | 869 | 7 | 219 | 1 |
| 1995 | 1799 | 178 | 1568 | 1063 | 8 | 339 | 2 |
| 1996 | 2302 | 209 | 2031 | 1434 | 11 | 383 | 12 |
| 1997 | 2448 | 263 | 2127 | 1366 | 8 | 520 | 15 |
| 1998 | 2732 | 368 | 2282 | 1463 | 7 | 497 | 33 |
| 1999 | 2755 | 423 | 2228 | 1367 | 9 | 504 | 49 |
| 2000 | 2820 | 484 | 2170 | 1098 | 7 | 581 | 35 |
| 2001 | 2988 | 528 | 2305 | 1132 | 17 | 691 | 41 |
| 2002 | 3111 | 527 | 2397 | 1205 | 21 | 696 | 45 |
| 2003 | 3268 | 592 | 2446 | 1223 | 28 | 694 | 18 |
| 2004 | 3685 | 618 | 2854 | 1590 | 6 | 762 | 7 |
| 2005 | 4180 | 702 | 3201 | 1748 | 7 | 916 | 49 |
| 2006 | 4565 | 823 | 3444 | 1869 | 5 | 1014 | 77 |
| 2007 | 5245 | 1021 | 3896 | 2082 | 8 | 1171 | 83 |
| 2008 | 6174 | 1260 | 4503 | 2366 | 7 | 1512 | 89 |
| 2009 | 6627 | 1519 | 4656 | 2429 | 9 | 1490 | 97 |
| 2010 | 7331 | 1788 | 5035 | 2834 | 8 | 1407 | 54 |
| 2011 | 8389 | 2164 | 5651 | 3153 | 34 | 1679 | 37 |
| 2012 | 9486 | 2511 | 6302 | 3554 | 33 | 1839 | 35 |
| 2013 | 10667 | 2878 | 6913 | 3543 | 55 | 2255 | 17 |
| 2014 | 12863 | 3391 | 7809 | 3880 | 48 | 2357 | |
| 2015 | 13790 | 3614 | 8030 | 4126 | 95 | 1661 | 14 |
| 2016 | 15792 | 3906 | 9185 | 3909 | 75 | 2316 | 64 |
| 2017 | 16533 | 4224 | 9361 | 3728 | 83 | 2484 | 111 |

## 2-10 续表 continued

单位：元/人 (yuan/person)

| 年 份 Year | 工业收入 Industry | 建筑业收入 Construction | 交通运输业收入 Transport, Post and Telecommunication | 批发零售和住宿餐饮业收入 Wholesale, Retail, Lodging and Catering | 社会服务业收入 Social Service | 其他家庭经营收入 Others | 3.财产及转移性收入 Property and Transfer Income |
|---|---|---|---|---|---|---|---|
| 1983 | 5 | 8 | 4 | 2 | 1 | 1 | 21 |
| 1984 | 4 | 8 | 8 | 3 | 3 | 3 | 19 |
| 1985 | 4 | 7 | 18 | 3 | 3 | 5 | 26 |
| 1986 | 5 | 3 | 22 | 5 | 4 | 5 | 23 |
| 1987 | 6 | 4 | 26 | 6 | 7 | 7 | 24 |
| 1988 | 8 | 5 | 30 | 7 | 6 | 4 | 26 |
| 1989 | 8 | 4 | 35 | 9 | 6 | 5 | 25 |
| 1990 | 9 | 4 | 29 | 8 | 4 | 6 | 27 |
| 1991 | 9 | 6 | 36 | 12 | 5 | 12 | 28 |
| 1992 | 11 | 8 | 39 | 16 | 6 | 9 | 32 |
| 1993 | 9 | 7 | 42 | 28 | 7 | 9 | 33 |
| 1994 | 13 | 5 | 45 | 40 | 9 | 16 | 43 |
| 1995 | 19 | 7 | 71 | 36 | 7 | 15 | 53 |
| 1996 | 23 | 7 | 92 | 38 | 7 | 24 | 62 |
| 1997 | 34 | 15 | 98 | 45 | 9 | 18 | 58 |
| 1998 | 25 | 9 | 140 | 65 | 21 | 23 | 82 |
| 1999 | 36 | 14 | 128 | 71 | 24 | 27 | 103 |
| 2000 | 52 | 15 | 192 | 124 | 25 | 42 | 166 |
| 2001 | 55 | 6 | 202 | 105 | 20 | 35 | 155 |
| 2002 | 58 | 5 | 214 | 96 | 21 | 36 | 187 |
| 2003 | 69 | 8 | 253 | 109 | 16 | 24 | 229 |
| 2004 | 79 | 6 | 252 | 115 | 18 | 19 | 213 |
| 2005 | 86 | 14 | 204 | 149 | 19 | 10 | 277 |
| 2006 | 79 | 12 | 234 | 130 | 25 | 0 | 298 |
| 2007 | 125 | 8 | 278 | 103 | 30 | 7 | 328 |
| 2008 | 111 |  | 254 | 118 | 44 | 3 | 411 |
| 2009 | 124 | 0 | 314 | 141 | 47 | 5 | 452 |
| 2010 | 112 |  | 364 | 173 | 74 | 9 | 508 |
| 2011 | 42 | 10 | 372 | 267 | 47 | 10 | 574 |
| 2012 | 25 | 44 | 419 | 298 | 48 | 7 | 673 |
| 2013 | 29 | 54 | 415 | 442 | 86 | 16 | 876 |
| 2014 | 31 | 60 | 681 | 492 | 257 | 3 | 1662 |
| 2015 | 62 | 111 | 944 | 685 | 318 | 15 | 2146 |
| 2016 | 139 | 99 | 1465 | 786 | 302 | 29 | 2702 |
| 2017 | 111 | 200 | 1480 | 806 | 337 | 21 | 2948 |

# 2-11 主要年份全区农村居民家庭分行业人均可支配收入情况

## Basic Statistics of Disposable Income of Rural Households by Sector in Main Years

单位：元/人 (yuan/person)

| 年份 Year | 可支配收入 Disposable Income | 1.工资性收入 Income from Wages and Salaries | 2.经营净收入 Net Business Income | 3.财产净收入 Net Income from Property | 4.转移净收入 Net Income from Transfer |
|---|---|---|---|---|---|
| 1983 | 289 | 46 | 224 | | 19 |
| 1984 | 313 | 61 | 235 | | 17 |
| 1985 | 321 | 62 | 238 | | 22 |
| 1986 | 374 | 76 | 280 | | 18 |
| 1987 | 383 | 77 | 286 | | 20 |
| 1988 | 472 | 85 | 368 | | 20 |
| 1989 | 522 | 85 | 418 | | 19 |
| 1990 | 578 | 77 | 481 | | 21 |
| 1991 | 590 | 94 | 475 | | 21 |
| 1992 | 591 | 109 | 456 | | 26 |
| 1993 | 636 | 128 | 481 | | 27 |
| 1994 | 867 | 139 | 691 | | 36 |
| 1995 | 999 | 172 | 781 | | 46 |
| 1996 | 1398 | 206 | 1137 | | 55 |
| 1997 | 1513 | 257 | 1204 | | 51 |
| 1998 | 1734 | 386 | 1285 | 29 | 34 |
| 1999 | 1779 | 466 | 1237 | 15 | 61 |
| 2000 | 1760 | 494 | 1147 | 78 | 41 |
| 2001 | 1873 | 541 | 1214 | 60 | 58 |
| 2002 | 1984 | 543 | 1310 | 54 | 77 |
| 2003 | 2129 | 612 | 1303 | 64 | 149 |
| 2004 | 2435 | 641 | 1573 | 48 | 173 |
| 2005 | 2651 | 729 | 1635 | 45 | 243 |
| 2006 | 2938 | 858 | 1750 | 48 | 282 |
| 2007 | 3411 | 1072 | 1975 | 52 | 312 |
| 2008 | 3978 | 1324 | 2161 | 58 | 434 |
| 2009 | 4405 | 1604 | 2258 | 56 | 487 |
| 2010 | 5125 | 1895 | 2610 | 83 | 537 |
| 2011 | 5931 | 2298 | 2949 | 99 | 586 |
| 2012 | 6776 | 2657 | 3306 | 86 | 727 |
| 2013 | 7599 | 3031 | 3481 | 112 | 975 |
| 2014 | 8410 | 3391 | 3645 | 149 | 1225 |
| 2015 | 9119 | 3614 | 3837 | 190 | 1478 |
| 2016 | 9852 | 3906 | 3938 | 292 | 1716 |
| 2017 | 10738 | 4224 | 4252 | 324 | 1938 |

注：2013-2017年为新口径可支配收入，2013年以前的人均可支配收入国家统计局按照2013年城乡一体化住户调查新口径重新测算。

Note: Data of 2013-2017 are new caliber for the rural residents per capita disposable income. Data before 2013 are recalculated according to the integration of urban and rural reform in 2013.

# 2-12 主要年份全区农村居民家庭总支出情况

# Basic Statistics of Total Expenditure of Rural Households in Main Years

单位：元/人 (yuan/person)

| 年份 Year | 全年总支出 Total Expenditure | 1.生产经营费用支出 Expenditure for Household Business | 农业生产支出 Farming | 林业生产支出 Forestry | 牧业生产支出 Animal Husbandry | 渔业生产支出 Fishery | 工业生产支出 Industry | 建筑业支出 Construction |
|---|---|---|---|---|---|---|---|---|
| 1983 | 328 | 75 | 61 | 0 | 12 | 0 | 1 | |
| 1984 | 349 | 78 | 60 | 0 | 14 | 0 | 1 | |
| 1985 | 409 | 98 | 67 | 1 | 20 | 1 | 1 | |
| 1986 | 469 | 117 | 78 | 1 | 27 | 1 | 1 | |
| 1987 | 523 | 140 | 90 | 1 | 31 | 2 | 2 | |
| 1988 | 646 | 175 | 109 | 0 | 46 | 1 | 3 | |
| 1989 | 772 | 218 | 136 | 0 | 57 | 2 | 3 | 0 |
| 1990 | 782 | 215 | 148 | 0 | 50 | 2 | 3 | 0 |
| 1991 | 844 | 246 | 173 | 1 | 47 | 1 | 4 | 0 |
| 1992 | 921 | 274 | 194 | 1 | 56 | 2 | 4 | 0 |
| 1993 | 987 | 279 | 187 | 2 | 66 | 1 | 3 | 1 |
| 1994 | 1395 | 422 | 256 | 1 | 130 | 1 | 6 | 0 |
| 1995 | 1946 | 653 | 373 | 0 | 235 | 4 | 6 | 0 |
| 1996 | 2190 | 742 | 432 | 0 | 248 | 12 | 7 | 1 |
| 1997 | 2247 | 733 | 386 | 1 | 284 | 10 | 9 | 1 |
| 1998 | 2423 | 786 | 404 | 2 | 287 | 27 | 8 | 0 |
| 1999 | 2375 | 762 | 393 | 1 | 274 | 36 | 10 | 2 |
| 2000 | 2583 | 838 | 380 | 8 | 320 | 19 | 19 | 0 |
| 2001 | 2672 | 911 | 379 | 4 | 405 | 29 | 25 | 1 |
| 2002 | 2778 | 918 | 401 | 3 | 401 | 34 | 20 | 0 |
| 2003 | 3030 | 970 | 430 | 7 | 410 | 14 | 29 | 0 |
| 2004 | 3536 | 1122 | 534 | 2 | 477 | 6 | 32 | 1 |
| 2005 | 4127 | 1418 | 637 | 1 | 607 | 33 | 45 | 2 |
| 2006 | 4359 | 1551 | 689 | 1 | 678 | 60 | 32 | 1 |
| 2007 | 5051 | 1770 | 755 | 4 | 795 | 64 | 66 | 0 |
| 2008 | 6095 | 2194 | 936 | 2 | 1069 | 69 | 55 | 0 |
| 2009 | 6411 | 2214 | 887 | 3 | 1092 | 67 | 60 | 0 |
| 2010 | 7192 | 2245 | 1002 | 2 | 1011 | 18 | 57 | 0 |
| 2011 | 8670 | 2584 | 1183 | 21 | 1163 | 11 | 14 | 4 |
| 2012 | 9989 | 2851 | 1339 | 17 | 1264 | 9 | 7 | 35 |
| 2013 | 10989 | 3276 | 1318 | 36 | 1630 | | 2 | 8 |
| 2014 | 16884 | 3666 | 1638 | 26 | 1689 | 0 | 6 | 7 |
| 2015 | 18281 | 3629 | 1783 | 23 | 1066 | 12 | 29 | 42 |
| 2016 | 21078 | 4623 | 1743 | 19 | 1612 | 48 | 50 | 43 |
| 2017 | 22513 | 4440 | 1488 | 21 | 1643 | 90 | 30 | 138 |

## 2-12 续表 1 continued

单位：元/人 (yuan/person)

| 年 份<br>Year | | | | | 2.购置生产性固定资产支出<br>Expenditure for Purchasing Productive Fixed Assets | 3.税费支出<br>Expenditure for Taxes and Fees | 4.生活消费支出<br>Living Expenditure | |
|---|---|---|---|---|---|---|---|---|
| | 交通运输业支出<br>Transport, Post and Telecommunication | 批发零售和住宿餐饮业支出<br>Wholesale, Retail, Lodging and Catering | 社会服务业支出<br>Social Service | 其他经营支出<br>Others | | | | 食品<br>Food |
| 1983 | | | | 0 | 22 | 7 | 209 | 127 |
| 1984 | | | | | 15 | 7 | 232 | 136 |
| 1985 | 5 | 0 | 0 | 2 | 31 | 9 | 265 | 155 |
| 1986 | 7 | 0 | 1 | 1 | 33 | 10 | 301 | 170 |
| 1987 | 9 | 1 | 2 | 1 | 31 | 12 | 335 | 190 |
| 1988 | 12 | 1 | 1 | 1 | 47 | 14 | 398 | 206 |
| 1989 | 14 | 2 | 2 | 1 | 62 | 18 | 461 | 241 |
| 1990 | 10 | 1 | 0 | 1 | 43 | 20 | 484 | 274 |
| 1991 | 17 | 1 | 1 | 1 | 44 | 20 | 508 | 287 |
| 1992 | 15 | 0 | 1 | 1 | 45 | 25 | 545 | 313 |
| 1993 | 14 | 4 | 1 | 2 | 58 | 26 | 557 | 314 |
| 1994 | 19 | 6 | 2 | 2 | 67 | 36 | 807 | 472 |
| 1995 | 29 | 3 | 1 | 2 | 132 | 39 | 1063 | 612 |
| 1996 | 33 | 2 | 0 | 3 | 90 | 68 | 1236 | 731 |
| 1997 | 31 | 6 | 0 | 4 | 120 | 74 | 1250 | 671 |
| 1998 | 44 | 6 | 3 | 6 | 127 | 90 | 1331 | 709 |
| 1999 | 32 | 6 | 2 | 5 | 114 | 90 | 1276 | 672 |
| 2000 | 55 | 15 | 3 | 18 | 119 | 68 | 1429 | 693 |
| 2001 | 44 | 6 | 1 | 17 | 139 | 57 | 1404 | 653 |
| 2002 | 41 | 4 | 1 | 13 | 190 | 42 | 1438 | 632 |
| 2003 | 56 | 7 | 0 | 15 | 195 | 33 | 1665 | 681 |
| 2004 | 49 | 6 | 3 | 12 | 244 | 26 | 1965 | 806 |
| 2005 | 47 | 41 | 2 | 4 | 317 | 3 | 2143 | 926 |
| 2006 | 59 | 25 | 1 | 2 | 256 | 4 | 2305 | 937 |
| 2007 | 71 | 9 | 3 | 2 | 378 | 8 | 2602 | 1026 |
| 2008 | 50 | 7 | 7 | 0 | 394 | 1 | 3195 | 1306 |
| 2009 | 80 | 12 | 11 | 0 | 377 | 1 | 3466 | 1402 |
| 2010 | 89 | 33 | 33 | 0 | 347 | 3 | 4168 | 1564 |
| 2011 | 101 | 66 | 19 | 2 | 409 | 2 | 4909 | 1773 |
| 2012 | 101 | 64 | 14 | 1 | 465 | 1 | 5558 | 1893 |
| 2013 | 115 | 131 | 14 | 0 | 492 | 0 | 6465 | 2224 |
| 2014 | 180 | 69 | 50 | 1 | 690 | 1 | 7676 | 2296 |
| 2015 | 304 | 259 | 97 | 13 | 667 | 1 | 8415 | 2453 |
| 2016 | 741 | 245 | 99 | 23 | 1046 | 1 | 9138 | 2419 |
| 2017 | 721 | 194 | 108 | 6 | 870 | 3 | 9982 | 2522 |

## 2-12 续表 2 continued

单位：元/人 (yuan/person)

| 年 份 Year | 衣着 Clothing | 居住 Residence | 家庭设备、用品及服务 Household Facilities, Article and Service | 医疗保健 Medicine and Health Care | 交通和通讯 Transport, Post and Telecommunications | 文教娱乐 Cultural, Educational, Recreational Article and Services | 其他商品和服务 Other Commodities and Services | 5.财产及转移性支出 Property and Transfer Expenditure |
|---|---|---|---|---|---|---|---|---|
| 1983 | 28.8 | 23 | 16 | 5 | 1 | 7 | 1 | 16 |
| 1984 | 30.9 | 29 | 19 | 6 | 2 | 8 | 1 | 17 |
| 1985 | 32.8 | 31 | 21 | 8 | 1 | 15 | 2 | 8 |
| 1986 | 38.7 | 39 | 22 | 9 | 2 | 17 | 4 | 7 |
| 1987 | 40.3 | 45 | 25 | 11 | 2 | 17 | 4 | 10 |
| 1988 | 48.8 | 48 | 42 | 13 | 3 | 35 | 3 | 13 |
| 1989 | 53.3 | 69 | 38 | 16 | 3 | 37 | 3 | 15 |
| 1990 | 50.4 | 66 | 29 | 17 | 12 | 34 | 2 | 17 |
| 1991 | 57.1 | 61 | 36 | 21 | 10 | 33 | 4 | 15 |
| 1992 | 51.6 | 72 | 31 | 23 | 10 | 39 | 5 | 16 |
| 1993 | 50.7 | 74 | 34 | 25 | 14 | 39 | 7 | 18 |
| 1994 | 64.9 | 103 | 45 | 28 | 26 | 50 | 18 | 40 |
| 1995 | 84.3 | 147 | 60 | 45 | 31 | 71 | 13 | 64 |
| 1996 | 94.6 | 156 | 67 | 56 | 31 | 79 | 21 | 57 |
| 1997 | 102.5 | 196 | 62 | 66 | 38 | 94 | 20 | 38 |
| 1998 | 104.7 | 204 | 70 | 50 | 96 | 80 | 19 | 70 |
| 1999 | 99.6 | 178 | 73 | 37 | 123 | 70 | 23 | 78 |
| 2000 | 97.9 | 223 | 64 | 80 | 157 | 90 | 26 | 141 |
| 2001 | 99.3 | 216 | 63 | 97 | 147 | 100 | 29 | 184 |
| 2002 | 99.4 | 195 | 73 | 112 | 170 | 127 | 30 | 209 |
| 2003 | 112.2 | 270 | 59 | 172 | 212 | 120 | 38 | 191 |
| 2004 | 126.2 | 302 | 70 | 156 | 267 | 195 | 43 | 216 |
| 2005 | 149.3 | 320 | 84 | 181 | 226 | 210 | 47 | 289 |
| 2006 | 167.8 | 380 | 115 | 231 | 222 | 200 | 52 | 299 |
| 2007 | 195.2 | 407 | 122 | 271 | 261 | 257 | 62 | 366 |
| 2008 | 233.1 | 523 | 141 | 308 | 272 | 347 | 66 | 405 |
| 2009 | 274.5 | 442 | 194 | 373 | 314 | 388 | 77 | 464 |
| 2010 | 329.2 | 680 | 220 | 458 | 364 | 463 | 90 | 581 |
| 2011 | 412.8 | 802 | 312 | 496 | 507 | 492 | 115 | 946 |
| 2012 | 504.1 | 870 | 363 | 634 | 601 | 545 | 147 | 1031 |
| 2013 | 453.4 | 383 | 652 | 801 | 401 | 1348 | 203 | 750 |
| 2014 | 602.0 | 496 | 857 | 961 | 867 | 1388 | 209 | 288 |
| 2015 | 664.0 | 572 | 926 | 1071 | 995 | 1561 | 173 | 478 |
| 2016 | 672.9 | 579 | 1041 | 1510 | 1077 | 1631 | 209 | 694 |
| 2017 | 718.6 | 574 | 1131 | 1675 | 1212 | 1959 | 189 | 686 |

# 2-13 主要年份全区农村居民家庭现金收支情况

# Basic Statistics of Cash Income and Expenditure of Rural Households in Main Years

单位：元/人 (yuan/person)

| 年 份 Year | 一、全年现金收入 Annual Cash Income | 1.工资性收入 Wage Income | 2.家庭经营收入 Household Business Income | 农业收入 Farming | 林业收入 Forestry | 牧业收入 Animal Husbandry | 渔业收入 Fishery | 工业收入 Industry | 建筑业收 入 Construction | 交通运输、邮电业收入 Transport, Post and Telecommunication | 批发零售和住宿餐饮业收入 Wholesale, Retail, Lodging and Catering |
|---|---|---|---|---|---|---|---|---|---|---|---|
| 1983 | 211 | 43 | 142 | 98 | 2 | 26 | 0 | | 8 | 4 | 2 |
| 1984 | 241 | 58 | 159 | 104 | 3 | 28 | 1 | | 8 | 8 | 3 |
| 1985 | 285 | 50 | 206 | 121 | 5 | 41 | 1 | 3 | 7 | 18 | 3 |
| 1986 | 361 | 77 | 254 | 158 | 4 | 47 | 2 | 4 | 3 | 22 | 5 |
| 1987 | 396 | 78 | 289 | 167 | 3 | 61 | 3 | 5 | 4 | 26 | 6 |
| 1988 | 499 | 86 | 376 | 219 | 5 | 91 | 3 | 8 | 5 | 30 | 7 |
| 1989 | 577 | 87 | 456 | 296 | 5 | 85 | 2 | 8 | 4 | 35 | 9 |
| 1990 | 581 | 79 | 449 | 296 | 5 | 86 | 2 | 9 | 4 | 29 | 8 |
| 1991 | 638 | 97 | 487 | 301 | 8 | 96 | 3 | 9 | 6 | 36 | 11 |
| 1992 | 660 | 114 | 490 | 284 | 7 | 107 | 3 | 11 | 8 | 39 | 16 |
| 1993 | 692 | 133 | 493 | 275 | 5 | 108 | 2 | 9 | 7 | 42 | 24 |
| 1994 | 943 | 146 | 719 | 403 | 6 | 177 | 1 | 13 | 5 | 45 | 40 |
| 1995 | 1252 | 178 | 996 | 544 | 8 | 280 | 2 | 19 | 7 | 71 | 36 |
| 1996 | 1454 | 209 | 1152 | 620 | 9 | 312 | 12 | 23 | 7 | 92 | 38 |
| 1997 | 1808 | 263 | 1426 | 732 | 8 | 437 | 14 | 34 | 15 | 98 | 45 |
| 1998 | 1988 | 368 | 1468 | 722 | 6 | 413 | 32 | 25 | 9 | 140 | 65 |
| 1999 | 2112 | 423 | 1505 | 711 | 6 | 424 | 48 | 36 | 14 | 128 | 71 |
| 2000 | 2169 | 484 | 1535 | 552 | 6 | 483 | 34 | 52 | 15 | 192 | 124 |
| 2001 | 2295 | 528 | 1623 | 538 | 17 | 586 | 40 | 55 | 6 | 202 | 105 |
| 2002 | 2457 | 526 | 1760 | 644 | 21 | 606 | 41 | 58 | 5 | 214 | 96 |
| 2003 | 2625 | 592 | 1862 | 703 | 29 | 633 | 18 | 69 | 8 | 253 | 109 |
| 2004 | 2979 | 618 | 2224 | 1033 | 6 | 690 | 7 | 79 | 6 | 252 | 115 |
| 2005 | 3463 | 702 | 2546 | 1171 | 6 | 839 | 49 | 86 | 14 | 204 | 149 |
| 2006 | 3729 | 823 | 2673 | 1173 | 4 | 941 | 76 | 79 | 12 | 234 | 130 |
| 2007 | 4317 | 1021 | 3061 | 1357 | 7 | 1063 | 82 | 125 | 8 | 278 | 103 |
| 2008 | 5004 | 1260 | 3393 | 1420 | 6 | 1347 | 89 | 111 | | 254 | 118 |
| 2009 | 5380 | 1519 | 3497 | 1427 | 9 | 1334 | 96 | 124 | 0 | 314 | 141 |
| 2010 | 5879 | 1788 | 3655 | 1591 | 8 | 1272 | 53 | 112 | | 364 | 173 |
| 2011 | 7034 | 2164 | 4370 | 1992 | 34 | 1560 | 37 | 42 | 10 | 372 | 267 |
| 2012 | 8247 | 2511 | 5092 | 2368 | 34 | 1814 | 34 | 25 | 44 | 419 | 298 |
| 2013 | 9630 | 2874 | 5987 | 2775 | 58 | 2095 | 17 | 29 | 54 | 415 | 442 |
| 2014 | 11405 | 3388 | 6637 | 2879 | 47 | 2186 | | 31 | 60 | 681 | 492 |
| 2015 | 12517 | 3603 | 7088 | 3322 | 76 | 1542 | 14 | 62 | 111 | 944 | 685 |
| 2016 | 14894 | 3891 | 8680 | 3520 | 75 | 2200 | 64 | 139 | 99 | 1465 | 786 |
| 2017 | 15386 | 4210 | 8547 | 3007 | 82 | 2392 | 110 | 111 | 200 | 1480 | 806 |

注：从2014年开始按照城乡一体化改革后计算新口径为全年现金收入。

Note: According to the integration of urban and rural reform in 2014 calculated the new caliber for the rural residents per capita cash income.

# 2-13 续表 1 continued

单位：元/人 (yuan/person)

| 年份 Year | 社会服务业收入 Social Service | 其他家庭经营收入 Others | 3.财产及转移性收入 Property and Transfer Income | 4.非收入所得 Non-income Gain | 5.借贷性所得 Credit Income | 银行信用社得到的贷款 Repayment of Loans from Bank and Credit Association | 借入款 Borrowed | 收回借出款 Recover Loans | 从银行信用社取回存款 Draw Saving Deposits | 二、全年现金支出 Annual Cash Expenditure | 1.生产费用支出 Expenditure for Production | 家庭经营费用支出 Expenditure for Household Business |
|---|---|---|---|---|---|---|---|---|---|---|---|---|
| 1983 | 1 | 1 | 26 | - | 37 | 12 | 9 | 2 | 6 | 197 | 63 | 42 |
| 1984 | 3 | 1 | 25 | - | 48 | 16 | 12 | 3 | 7 | 216 | 64 | 49 |
| 1985 | 3 | 5 | 29 | - | 65 | 25 | 16 | 4 | 11 | 275 | 95 | 64 |
| 1986 | 4 | 5 | 30 | - | 72 | 23 | 20 | 7 | 13 | 326 | 110 | 77 |
| 1987 | 7 | 7 | 30 | - | 85 | 24 | 26 | 7 | 15 | 380 | 132 | 102 |
| 1988 | 6 | 4 | 36 | - | 109 | 25 | 29 | 8 | 25 | 489 | 175 | 128 |
| 1989 | 6 | 5 | 32 | - | 112 | 20 | 49 | 11 | 31 | 666 | 227 | 165 |
| 1990 | 4 | 6 | 53 | - | 103 | 27 | 39 | 12 | 26 | 554 | 192 | 149 |
| 1991 | 5 | 12 | 54 | - | 136 | 33 | 58 | 20 | 25 | 604 | 218 | 174 |
| 1992 | 6 | 9 | 56 | - | 162 | 38 | 56 | 17 | 35 | 651 | 240 | 195 |
| 1993 | 7 | 15 | 66 | - | 172 | 40 | 54 | 28 | 46 | 714 | 257 | 199 |
| 1994 | 9 | 19 | 77 | - | 220 | 40 | 81 | 41 | 54 | 947 | 352 | 285 |
| 1995 | 7 | 23 | 78 | - | 337 | 81 | 120 | 55 | 81 | 1354 | 581 | 448 |
| 1996 | 7 | 32 | 93 | - | 338 | 76 | 132 | 42 | 89 | 1497 | 601 | 511 |
| 1997 | 9 | 34 | 120 | - | 381 | 91 | 130 | 32 | 128 | 1656 | 655 | 534 |
| 1998 | 21 | 35 | 152 | - | 411 | 93 | 157 | 41 | 120 | 1822 | 704 | 578 |
| 1999 | 24 | 43 | 184 | - | 478 | 106 | 182 | 39 | 150 | 1895 | 714 | 600 |
| 2000 | 25 | 42 | 150 | - | 565 | 152 | 155 | 74 | 141 | 2032 | 813 | 694 |
| 2001 | 20 | 36 | 145 | - | 528 | 133 | 160 | 38 | 85 | 2168 | 896 | 757 |
| 2002 | 21 | 36 | 171 | - | 605 | 168 | 167 | 78 | 112 | 2262 | 939 | 748 |
| 2003 | 16 | 24 | 170 | - | 837 | 300 | 189 | 56 | 97 | 2457 | 963 | 764 |
| 2004 | 18 | 19 | 137 | - | 652 | 145 | 205 | 46 | 135 | 2861 | 1132 | 887 |
| 2005 | 19 | 10 | 215 | - | 1064 | 349 | 273 | 74 | 224 | 3427 | 1489 | 1167 |
| 2006 | 25 | 0 | 232 | - | 795 | 251 | 269 | 28 | 118 | 3644 | 1518 | 1260 |
| 2007 | 30 | 7 | 235 | - | 1030 | 265 | 327 | 48 | 148 | 4307 | 1820 | 1443 |
| 2008 | 44 | 3 | 351 | - | 1154 | 249 | 417 | 62 | 183 | 5114 | 2152 | 1752 |
| 2009 | 47 | 5 | 364 | - | 1110 | 259 | 328 | 54 | 157 | 5424 | 2181 | 1797 |
| 2010 | 74 | 9 | 436 | - | 1568 | 378 | 562 | 32 | 198 | 6130 | 2101 | 1751 |
| 2011 | 47 | 10 | 500 | - | 3049 | 540 | 886 | 127 | 400 | 7795 | 2642 | 2231 |
| 2012 | 48 | 7 | 644 | - | 2231 | 377 | 722 | 142 | 420 | 9219 | 3016 | 2543 |
| 2013 | 86 | 16 | 769 | - | 3866 | 443 | 746 | 175 | 1407 | 10106 | 3439 | 2940 |
| 2014 | 257 | 3 | 1381 | 893 | 2672 | 677 | 773 | 225 | 998 | 15382 | 3309 | 3309 |
| 2015 | 318 | 15 | 1827 | 1582 | 3526 | 1114 | 865 | 234 | 1313 | 16789 | 3383 | 3383 |
| 2016 | 302 | 29 | 2324 | 4193 | 3351 | 1170 | 672 | 274 | 1058 | 19466 | 4385 | 4385 |
| 2017 | 337 | 21 | 2630 | 4185 | 3442 | 1005 | 742 | 107 | 1545 | 20712 | 4063 | 4385 |

## 2-13 续表 2 continued

单位：元/人 (yuan/person)

| 年 份 Year | 农业生产支出 Farming | 牧业生产支出 Animal Husbandry | 购置生产用固定资产支出 Expenditure for Purchasing Productive Fixed Assets | 2.税费支出 Expenditure for Taxes and Fees | 3.生活消费支出 Living Expenditure | 食品 Food | 衣着 Clothing | 居住 Residence | 家庭设备、用品及服务 Household Facilities, Article and Service | 医疗保健 Medicine and Health Care |
|---|---|---|---|---|---|---|---|---|---|---|
| 1983 | 34 | 6 | 21 | 3 | 115 | 39 | 28 | 18 | 16 | 5 |
| 1984 | 36 | 9 | 15 | 4 | 131 | 41 | 31 | 23 | 19 | 6 |
| 1985 | 42 | 12 | 30 | 8 | 153 | 48 | 33 | 26 | 21 | 8 |
| 1986 | 50 | 15 | 33 | 9 | 184 | 58 | 38 | 34 | 22 | 9 |
| 1987 | 64 | 19 | 31 | 12 | 206 | 68 | 40 | 39 | 25 | 11 |
| 1988 | 79 | 29 | 47 | 13 | 269 | 82 | 49 | 44 | 44 | 13 |
| 1989 | 105 | 35 | 62 | 17 | 309 | 95 | 53 | 64 | 38 | 16 |
| 1990 | 105 | 26 | 43 | 20 | 300 | 94 | 51 | 61 | 29 | 17 |
| 1991 | 122 | 27 | 44 | 19 | 320 | 100 | 58 | 56 | 37 | 21 |
| 1992 | 137 | 33 | 45 | 24 | 335 | 102 | 52 | 70 | 32 | 23 |
| 1993 | 138 | 35 | 58 | 26 | 376 | 119 | 55 | 73 | 37 | 27 |
| 1994 | 181 | 69 | 67 | 33 | 485 | 150 | 67 | 96 | 47 | 29 |
| 1995 | 276 | 128 | 132 | 36 | 654 | 215 | 84 | 137 | 59 | 44 |
| 1996 | 311 | 139 | 90 | 61 | 737 | 243 | 94 | 147 | 67 | 55 |
| 1997 | 287 | 186 | 120 | 66 | 821 | 238 | 105 | 190 | 64 | 68 |
| 1998 | 298 | 180 | 127 | 81 | 893 | 270 | 105 | 203 | 69 | 77 |
| 1999 | 305 | 196 | 114 | 83 | 922 | 277 | 103 | 190 | 76 | 75 |
| 2000 | 305 | 249 | 119 | 66 | 1017 | 303 | 97 | 216 | 62 | 89 |
| 2001 | 303 | 324 | 139 | 55 | 1036 | 307 | 97 | 215 | 61 | 98 |
| 2002 | 320 | 311 | 190 | 39 | 1079 | 304 | 98 | 194 | 70 | 123 |
| 2003 | 346 | 290 | 195 | 31 | 1273 | 324 | 109 | 278 | 56 | 116 |
| 2004 | 442 | 336 | 244 | 26 | 1489 | 380 | 122 | 316 | 65 | 187 |
| 2005 | 555 | 438 | 317 | 3 | 1649 | 484 | 143 | 338 | 77 | 199 |
| 2006 | 584 | 493 | 256 | 4 | 1825 | 524 | 159 | 398 | 104 | 188 |
| 2007 | 650 | 573 | 378 | 8 | 2116 | 622 | 184 | 435 | 109 | 239 |
| 2008 | 798 | 765 | 394 | 1 | 2560 | 768 | 217 | 567 | 124 | 319 |
| 2009 | 773 | 791 | 377 | 1 | 2782 | 834 | 256 | 497 | 169 | 356 |
| 2010 | 868 | 652 | 347 | 3 | 3447 | 975 | 303 | 776 | 188 | 418 |
| 2011 | 1054 | 939 | 409 | 2 | 4210 | 1245 | 380 | 935 | 265 | 445 |
| 2012 | 1255 | 1040 | 465 | 1 | 5172 | 1530 | 488 | 1088 | 321 | 518 |
| 2013 | 1222 | 1395 | 492 | 0 | 5917 | 1566 | 453 | 1407 | 371 | 701 |
| 2014 | 1524 | 1446 | 690 | 1 | 6532 | 1894 | 602 | 887 | 477 | 675 |
| 2015 | 1722 | 881 | 667 | 1 | 7168 | 2111 | 664 | 958 | 555 | 678 |
| 2016 | 1678 | 1438 | 1046 | 1 | 7765 | 2118 | 673 | 895 | 563 | 769 |
| 2017 | 1401 | 1354 | 870 | 3 | 8558 | 2228 | 718 | 1109 | 561 | 873 |

## 2-13 续表 3 continued

单位：元/人 (yuan/person)

| 年 份<br>Year | 交通和通讯<br>Transport, Post and Telecommunications | 文教娱乐<br>Cultural, Educational, Recreational Article and Service | 其他商品和服务<br>Other Commodities and Services | 4.财产及转移性支出<br>Property and Transfer Expenditure | 5.部分商业保险支出<br>Commercial Insurance | 6.购置财产及非经常性转移支出<br>Asset Acquisition and Non-recurring Transfer Expenditure | 7.借贷性支出<br>Credit Expenditure | 归还银行信用社贷款<br>Repayment Loans to Bank and Credit Association | 归还借款<br>Repayment of Loans | 存入银行信用社款<br>Deposit |
|---|---|---|---|---|---|---|---|---|---|---|
| 1983 | 1 | 7 | 1 | 16 | - | - | 34 | 12 | 7 | 11 |
| 1984 | 2 | 10 | 1 | 17 | - | - | 44 | 16 | 7 | 19 |
| 1985 | 1 | 15 | 2 | 19 | - | - | 55 | 18 | 12 | 23 |
| 1986 | 2 | 17 | 4 | 23 | - | - | 54 | 18 | 12 | 22 |
| 1987 | 2 | 17 | 4 | 29 | - | - | 67 | 15 | 15 | 32 |
| 1988 | 3 | 35 | 1 | 32 | - | - | 82 | 17 | 16 | 47 |
| 1989 | 3 | 37 | 3 | 39 | - | - | 74 | 19 | 20 | 30 |
| 1990 | 12 | 34 | 2 | 42 | - | - | 85 | 15 | 21 | 44 |
| 1991 | 11 | 33 | 4 | 47 | - | - | 88 | 24 | 24 | 35 |
| 1992 | 10 | 40 | 6 | 51 | - | - | 116 | 26 | 29 | 50 |
| 1993 | 15 | 42 | 7 | 56 | - | - | 122 | 24 | 30 | 63 |
| 1994 | 26 | 51 | 18 | 77 | - | - | 153 | 29 | 29 | 87 |
| 1995 | 31 | 71 | 13 | 83 | - | - | 158 | 36 | 44 | 65 |
| 1996 | 31 | 79 | 21 | 97 | - | - | 215 | 33 | 49 | 119 |
| 1997 | 39 | 97 | 20 | 115 | - | - | 245 | 48 | 56 | 127 |
| 1998 | 53 | 97 | 19 | 143 | - | - | 373 | 53 | 90 | 208 |
| 1999 | 53 | 121 | 27 | 175 | - | - | 387 | 44 | 87 | 228 |
| 2000 | 80 | 145 | 26 | 136 | - | - | 282 | 48 | 77 | 138 |
| 2001 | 96 | 132 | 30 | 180 | - | - | 332 | 50 | 105 | 149 |
| 2002 | 111 | 148 | 31 | 205 | - | - | 383 | 109 | 121 | 142 |
| 2003 | 171 | 178 | 40 | 190 | - | - | 435 | 114 | 104 | 136 |
| 2004 | 155 | 217 | 46 | 214 | - | - | 460 | 116 | 124 | 101 |
| 2005 | 178 | 178 | 51 | 287 | - | - | 614 | 184 | 162 | 52 |
| 2006 | 226 | 169 | 57 | 298 | - | - | 662 | 203 | 171 | 73 |
| 2007 | 266 | 192 | 68 | 363 | - | - | 617 | 149 | 200 | 63 |
| 2008 | 299 | 193 | 72 | 402 | - | - | 805 | 149 | 192 | 78 |
| 2009 | 366 | 217 | 86 | 460 | - | - | 847 | 148 | 240 | 105 |
| 2010 | 444 | 241 | 101 | 579 | - | - | 1177 | 159 | 245 | 82 |
| 2011 | 483 | 324 | 132 | 941 | - | - | 1614 | 319 | 442 | 107 |
| 2012 | 653 | 393 | 181 | 1031 | - | - | 1649 | 275 | 412 | 102 |
| 2013 | 840 | 400 | 179 | 750 | - | - | 2338 | 286 | 363 | 617 |
| 2014 | 961 | 866 | 169 | 288 | 58 | 3581 | 1614 | 375 | 452 | 713 |
| 2015 | 1067 | 995 | 140 | 478 | 92 | 4264 | 1403 | 481 | 482 | 403 |
| 2016 | 1509 | 1077 | 161 | 694 | 95 | 5112 | 1416 | 803 | 455 | 118 |
| 2017 | 1675 | 1212 | 181 | 686 | 123 | 5844 | 1439 | 568 | 557 | 88 |

# 2-14 主要年份全区农村居民家庭粮食收支情况

## Basic Statistics of Grain Income and Expenditure of Rural Households in Main Years

单位：公斤/人 (kg/person)

| 年 份 Year | 家庭经营生产 Household Business Income | 购入 Purchased | 主食用粮 Staple Food | 出售 Sale | 饲料 Feed |
|---|---|---|---|---|---|
| 1983 | 489.4 | 7.5 | 246.9 | 34.1 | 42.5 |
| 1984 | 522.7 | 9.4 | 241.7 | 26.0 | 38.3 |
| 1985 | 480.9 | 15.0 | 254.2 | 142.6 | 46.3 |
| 1986 | 561.0 | 21.0 | 254.7 | 198.3 | 52.8 |
| 1987 | 513.9 | 26.3 | 253.2 | 176.8 | 50.3 |
| 1988 | 598.8 | 33.7 | 245.5 | 217.3 | 55.9 |
| 1989 | 622.7 | 20.5 | 252.5 | 238.7 | 64.1 |
| 1990 | 704.1 | 17.1 | 253.3 | 258.5 | 67.7 |
| 1991 | 661.0 | 24.7 | 268.8 | 277.4 | 77.0 |
| 1992 | 579.8 | 25.7 | 264.5 | 222.5 | 73.1 |
| 1993 | 618.1 | 27.3 | 264.4 | 219.6 | 66.8 |
| 1994 | 618.3 | 28.8 | 260.2 | 250.9 | 77.7 |
| 1995 | 643.1 | 39.7 | 274.7 | 241.8 | 96.8 |
| 1996 | 810.1 | 44.4 | 277.4 | 270.1 | 98.1 |
| 1997 | 810.2 | 41.9 | 255.0 | 442.2 | 97.6 |
| 1998 | 962.0 | 40.1 | 262.9 | 430.4 | 97.2 |
| 1999 | 911.7 | 67.6 | 250.6 | 429.0 | 125.7 |
| 2000 | 782.5 | 165.2 | 248.0 | 382.0 | 206.3 |
| 2001 | 806.4 | 120.8 | 234.7 | 323.5 | 159.4 |
| 2002 | 872.5 | 128.2 | 234.0 | 407.0 | 195.2 |
| 2003 | 765.8 | 100.9 | 224.6 | 340.3 | 188.2 |
| 2004 | 819.4 | 89.2 | 226.9 | 434.1 | 162.5 |
| 2005 | 826.7 | 132.7 | 233.7 | 492.1 | 188.7 |
| 2006 | 843.1 | 127.7 | 212.9 | 476.9 | 179.4 |
| 2007 | 841.1 | 125.3 | 202.6 | 439.3 | 168.7 |
| 2008 | 874.7 | 130.1 | 209.6 | 417.2 | 214.0 |
| 2009 | 906.5 | 156.5 | 202.3 | 432.1 | 233.1 |
| 2010 | 962.5 | 110.2 | 203.6 | 401.4 | 154.5 |
| 2011 | 865.2 | 139.8 | 202.0 | 443.9 | 152.0 |
| 2012 | 932.5 | 134.1 | 180.5 | 506.6 | 134.0 |
| 2013 | 939.0 | 100.5 | 165.7 | 642.8 | 111.2 |
| 2014 | 1192.9 | 70.7 | 156.0 | 758.11 | — |
| 2015 | 1212.2 | 120.3 | 148.7 | 764.52 | — |
| 2016 | 1262.3 | 152.5 | 144.3 | 1125.21 | — |
| 2017 | 1134.1 | — | 128.2 | 840.99 | — |

注：2014年城乡一体化新口径报表指标中取消了“粮食收支平衡表”，所以没有“购入”“饲料”数据。
Note: In 2014, "food balance sheet", has been cancelled in the statements of urban and rural integration, so there is no "purchased" and "feed".

# 2-15 主要年份全区农村居民家庭主要食物消费情况
## Basic Statistics of Major Foods Consumption of Rural Households in Main Years

单位：公斤/人 (kg/person)

| 年份 Year | 谷物和薯类 Cereal and Tubers | 细粮 Flour and Rice | 蔬菜及制品 Vegetables and Related Products | 豆类及制品 Soybeans and Related Products | 植物油 Vegetable Oil | 动物油 Animal Fat | 猪肉 Pork | 牛羊肉 Beef and Mutton |
|---|---|---|---|---|---|---|---|---|
| 1983 | 246.9 | 193.4 | 101.9 | | 3.0 | 0.8 | 4.6 | 2.3 |
| 1984 | 241.7 | 203.9 | 103.6 | | 3.5 | 0.9 | 4.7 | 2.3 |
| 1985 | 261.1 | 229.5 | 103.0 | | 3.8 | 0.9 | 5.4 | 1.9 |
| 1986 | 261.1 | 232.7 | 94.5 | | 4.2 | 0.7 | 6.0 | 2.0 |
| 1987 | 258.4 | 233.1 | 85.0 | | 4.3 | 0.6 | 6.1 | 2.2 |
| 1988 | 250.1 | 223.7 | 90.4 | | 4.7 | 0.6 | 5.0 | 2.1 |
| 1989 | 253.6 | 231.5 | 96.4 | | 4.8 | 0.5 | 5.0 | 2.2 |
| 1990 | 254.9 | 217.8 | 83.5 | 0.9 | 4.9 | 0.6 | 5.9 | 2.8 |
| 1991 | 272.7 | 233.8 | 76.4 | | 5.1 | 0.5 | 6.9 | 3.3 |
| 1992 | 267.9 | 233.4 | 93.8 | | 5.9 | 0.5 | 6.2 | 2.5 |
| 1993 | 264.4 | 234.8 | 71.0 | | 6.1 | 0.5 | 5.6 | 2.1 |
| 1994 | 260.2 | 236.4 | 63.6 | | 5.7 | 0.4 | 5.4 | 2.0 |
| 1995 | 274.7 | 234.7 | 76.3 | 0.6 | 6.8 | 0.4 | 5.5 | 2.0 |
| 1996 | 277.4 | 236.7 | 72.5 | | 6.4 | 0.4 | 6.2 | 2.7 |
| 1997 | 255.5 | 225.4 | 70.3 | 0.5 | 6.5 | 0.1 | 6.8 | 3.1 |
| 1998 | 262.9 | 236.3 | 97.3 | 0.8 | 6.9 | 0.7 | 6.9 | 3.5 |
| 1999 | 250.6 | 223.9 | 83.1 | 1.0 | 7.1 | 0.9 | 7.9 | 3.5 |
| 2000 | 248.6 | 223.4 | 91.2 | 1.2 | 6.6 | 0.6 | 8.3 | 3.3 |
| 2001 | 236.5 | 216.2 | 82.6 | 0.9 | 7.2 | 0.9 | 7.2 | 3.1 |
| 2002 | 235.3 | 216.9 | 74.6 | 1.1 | 7.3 | 0.6 | 8.0 | 3.0 |
| 2003 | 224.1 | 212.9 | 84.4 | 1.3 | 7.1 | 0.1 | 7.8 | 3.5 |
| 2004 | 226.7 | 216.7 | 79.8 | 0.9 | 7.0 | 0.2 | 7.4 | 4.4 |
| 2005 | 233.2 | 221.0 | 82.7 | 0.9 | 7.8 | 0.1 | 7.7 | 5.5 |
| 2006 | 212.1 | 199.8 | 76.5 | 0.8 | 6.4 | 0.1 | 8.0 | 5.4 |
| 2007 | 202.6 | 192.8 | 76.5 | 0.8 | 6.1 | 0.1 | 7.8 | 4.5 |
| 2008 | 213.6 | 195.4 | 74.8 | 0.7 | 7.8 | 0.1 | 7.4 | 4.7 |
| 2009 | 202.1 | 190.0 | 75.9 | 0.8 | 9.5 | 0.1 | 7.9 | 6.2 |
| 2010 | 203.4 | 192.8 | 73.7 | 0.7 | 8.9 | 0.1 | 7.5 | 6.0 |
| 2011 | 201.6 | 191.4 | 77.6 | 1.2 | 8.4 | 0.1 | 6.0 | 6.7 |
| 2012 | 180.1 | 172.3 | 70.0 | 1.3 | 8.5 | 0.1 | 6.0 | 5.6 |
| 2013 | 164.7 | 155.3 | 66.2 | 2.1 | 7.8 | 0.1 | 8.4 | 4.7 |
| 2014 | 154.3 | 146.7 | 71.9 | 1.8 | 11.8 | 0.1 | 9.2 | 5.8 |
| 2015 | 146.5 | 139.7 | 75.4 | 2.3 | 8.5 | 0.0 | 6.8 | 7.7 |
| 2016 | 141.3 | 132.6 | 76.7 | 3.0 | 8.3 | 0.0 | 6.5 | 8.1 |
| 2017 | 125.4 | 118.6 | 76.9 | 2.8 | 7.7 | 0.1 | 6.0 | 7.5 |

## 2-15 续表 continued

单位：公斤/人 (kg/person)

| 年 份<br>Year | 奶 及<br>奶制品<br>Milk and Dairy Products | 家 禽<br>Poultry | 水产品<br>Aquatic Products | 食 糖<br>Sugar | 酒<br>Liquor | 水 果<br>Fruit |
|---|---|---|---|---|---|---|
| 1983 | 0.1 | 0.3 | 0.0 | 0.9 | 0.4 | |
| 1984 | 0.1 | 0.2 | 0.1 | 1.0 | 0.4 | |
| 1985 | 0.2 | 0.3 | 0.1 | 1.3 | 0.7 | |
| 1986 | 0.1 | 0.4 | 0.1 | 1.5 | 0.1 | |
| 1987 | 0.1 | 0.5 | 0.1 | 1.6 | 0.9 | |
| 1988 | 0.2 | 0.4 | 0.2 | 1.5 | 0.8 | 7.0 |
| 1989 | 0.1 | 0.4 | 0.1 | 1.6 | 0.9 | 8.4 |
| 1990 | 0.0 | 0.3 | 0.2 | 1.6 | 0.9 | 3.1 |
| 1991 | 0.6 | 0.4 | 0.2 | 1.5 | 0.9 | 4.0 |
| 1992 | 1.0 | 0.6 | 0.3 | 1.6 | 0.8 | 4.3 |
| 1993 | 0.2 | 0.7 | 0.3 | 1.4 | 0.9 | 9.0 |
| 1994 | 0.3 | 0.6 | 0.3 | 1.5 | 0.8 | 8.4 |
| 1995 | 0.3 | 0.8 | 0.4 | 1.3 | 0.9 | 10.1 |
| 1996 | 0.5 | 0.8 | 0.4 | 1.5 | 1.0 | 19.2 |
| 1997 | 0.6 | 1.0 | 0.4 | 1.6 | 1.0 | 24.0 |
| 1998 | 0.6 | 1.5 | 0.4 | 1.7 | 1.1 | 46.8 |
| 1999 | 0.8 | 1.4 | 0.5 | 2.1 | 1.2 | 37.7 |
| 2000 | 0.9 | 1.9 | 0.5 | 1.6 | 1.6 | 39.0 |
| 2001 | 0.9 | 2.3 | 0.6 | 1.5 | 1.7 | 41.0 |
| 2002 | 1.4 | 2.7 | 0.8 | 1.8 | 1.8 | 40.9 |
| 2003 | 2.2 | 2.8 | 0.5 | 1.6 | 2.0 | 26.4 |
| 2004 | 2.8 | 2.4 | 0.3 | 1.6 | 2.1 | 22.1 |
| 2005 | 2.9 | 2.5 | 0.5 | 1.4 | 3.0 | 21.8 |
| 2006 | 2.6 | 2.8 | 0.6 | 1.3 | 3.1 | 16.9 |
| 2007 | 5.0 | 3.5 | 0.7 | 1.5 | 3.1 | 23.9 |
| 2008 | 6.5 | 4.5 | 0.7 | 1.5 | 3.0 | 20.2 |
| 2009 | 5.0 | 4.5 | 0.8 | 1.5 | 3.1 | 30.0 |
| 2010 | 4.5 | 4.5 | 0.7 | 1.4 | 3.2 | 21.6 |
| 2011 | 6.2 | 5.5 | 0.6 | 1.1 | 3.2 | 21.8 |
| 2012 | 7.0 | 6.0 | 0.7 | 1.1 | 3.2 | 25.3 |
| 2013 | 6.9 | 5.0 | 0.7 | 0.7 | 2.8 | 19.6 |
| 2014 | 9.0 | 6.6 | 1.1 | 2.6 | 4.3 | 50.5 |
| 2015 | 8.2 | 5.8 | 1.2 | 2.6 | 4.3 | 52.4 |
| 2016 | 8.1 | 5.7 | 1.2 | 2.7 | 3.5 | 63.0 |
| 2017 | 7.5 | 5.9 | 1.3 | 2.5 | 3.1 | 63.9 |

# 2-16 主要年份全区农村居民家庭主要耐用物品百户拥有情况

## Ownership of Major Durable Consumer Goods per 100 Rural Households in Main Years

单位：百户均 (per 100 households)

| 年份 Year | 洗衣机 (台) Washing Machine (set) | 电冰箱 (台) Refrigerator (set) | 摩托车 (辆) Motorcycle (unit) | 彩色电视机 (台) Color TV set (set) | 照相机 (台) Camera (unit) |
|---|---|---|---|---|---|
| 1983 | 0.42 | | | | |
| 1984 | 1.46 | | | | |
| 1985 | 3.67 | | 1.10 | 2.94 | 0.28 |
| 1986 | 8.17 | | 0.73 | 6.15 | 0.09 |
| 1987 | 11.93 | | 1.28 | 8.17 | 0.37 |
| 1988 | 16.97 | 0.09 | 2.75 | 11.74 | 0.55 |
| 1989 | 19.72 | 0.37 | 2.57 | 15.41 | 0.28 |
| 1990 | 19.60 | 0.20 | 2.70 | 17.90 | 0.50 |
| 1991 | 24.10 | 0.70 | 2.30 | 22.60 | 0.40 |
| 1992 | 24.10 | 0.70 | 1.80 | 25.80 | 0.50 |
| 1993 | 25.50 | 1.30 | 2.50 | 31.10 | 0.90 |
| 1994 | 27.30 | 1.40 | 3.20 | 35.60 | 1.10 |
| 1995 | 29.43 | 2.48 | 5.81 | 35.71 | 0.95 |
| 1996 | 30.00 | 2.76 | 7.43 | 39.71 | 1.52 |
| 1997 | 31.24 | 3.33 | 8.38 | 47.24 | 1.43 |
| 1998 | 31.62 | 4.19 | 12.00 | 49.71 | 1.52 |
| 1999 | 31.62 | 5.14 | 15.14 | 54.48 | 1.33 |
| 2000 | 37.55 | 6.00 | 25.83 | 67.00 | 3.33 |
| 2001 | 40.00 | 7.17 | 29.17 | 71.17 | 3.17 |
| 2002 | 42.33 | 9.50 | 36.50 | 78.17 | 3.50 |
| 2003 | 44.33 | 8.83 | 45.50 | 84.33 | 3.00 |
| 2004 | 48.33 | 10.00 | 50.67 | 91.00 | 5.67 |
| 2005 | 44.50 | 10.17 | 63.50 | 92.67 | 3.17 |
| 2006 | 49.33 | 12.33 | 67.33 | 98.67 | 2.33 |
| 2007 | 56.67 | 14.67 | 71.50 | 107.83 | 2.83 |
| 2008 | 63.17 | 18.67 | 78.33 | 115.17 | 2.67 |
| 2009 | 70.33 | 27.67 | 83.67 | 120.33 | 2.67 |
| 2010 | 76.17 | 35.33 | 85.83 | 118.83 | 5.83 |
| 2011 | 84.75 | 52.13 | 86.50 | 119.13 | 2.13 |
| 2012 | 91.63 | 61.13 | 85.25 | 123.25 | 2.63 |
| 2013 | 90.66 | 64.86 | 90.71 | 117.54 | 3.09 |
| 2014 | 94.88 | 77.19 | 85.87 | 116.76 | 3.02 |
| 2015 | 98.17 | 85.19 | 83.00 | 117.45 | 2.47 |
| 2016 | 99.97 | 91.58 | 79.21 | 115.04 | 1.29 |
| 2017 | 101.57 | 95.19 | 72.23 | 112.90 | 1.59 |

# 2-17 2017年各市县农村居民家庭主要经营情况和参加医疗保险情况

## Business Condition and Joined Medical Insurance of Rural Households by City and County (2017)

单位：户 (household)

| 市 县 | Region | 调查户数 Number of Households Surveyed | 经营情况(按经营净收入比重分) Business Condition (By Percentage of Business Net Income) 1.生产经营户 Production Households | 农业户 Agricultural Households | 农业兼业户 Agriculture with Combined Occupations | 非农业兼业户 Non-agriculture with Combined Occupations | 非农业户 Non-agricultural Households | 2.非生产经营户 Non-production Households | 参加医疗保险情况 Joined Medical Insurance: 参加新型农村合作医疗人数 Joined New-type Cooperative Medical Service | 未参加任何医疗保险的人数 Non-joined any Medical Insurance |
|---|---|---|---|---|---|---|---|---|---|---|
| **全 区** | **Total** | **1988** | **1623** | **1246** | **144** | **163** | **245** | **683** | **6820** | **75** |
| **沿黄地区** | **Plain** | **1069** | **832** | **621** | **59** | **87** | **155** | **410** | **3262** | **47** |
| **中南部地区** | **Mountain Area** | **919** | **791** | **625** | **85** | **76** | **90** | **273** | **3558** | **28** |
| **银川市** | **Yinchuan** | **449** | **341** | **239** | **24** | **52** | **77** | **192** | **1401** | **30** |
| 兴庆区 | Xingqing | 50 | 42 | 31 | 2 | 6 | 8 | 17 | 157 | 4 |
| 西夏区 | Xixia | 50 | 37 | 22 | | 2 | 15 | 26 | 176 | 6 |
| 金凤区 | Jinfeng | 40 | 20 | 13 | 1 | 2 | 4 | 27 | 89 | 8 |
| 永宁县 | Yongning | 97 | 87 | 67 | 9 | 16 | 14 | 26 | 299 | 4 |
| 贺兰县 | Helan | 112 | 72 | 57 | 7 | 5 | 9 | 50 | 334 | 1 |
| 灵武市 | Lingwu | 100 | 83 | 49 | 5 | 21 | 27 | 46 | 346 | 7 |
| **石嘴山市** | **Shizuishan** | **199** | **147** | **125** | **7** | **7** | **15** | **58** | **479** | **7** |
| 大武口区 | Dawukou | 40 | 28 | 24 | 1 | 2 | 3 | 25 | 83 | 6 |
| 惠农区 | Huinong | 60 | 40 | 33 | 1 | 1 | 7 | 16 | 144 | 1 |
| 平罗县 | Pingluo | 99 | 79 | 68 | 5 | 4 | 5 | 17 | 252 | |
| **吴忠市** | **Wuzhong** | **482** | **382** | **289** | **36** | **35** | **64** | **175** | **1627** | **22** |
| 利通区 | Litong | 99 | 79 | 46 | 8 | 11 | 24 | 41 | 330 | 4 |
| 红寺堡区 | Hongsipu | 94 | 84 | 70 | 10 | 7 | 5 | 43 | 390 | 10 |
| 盐池县 | Yanchi | 59 | 45 | 32 | 3 | 3 | 10 | 15 | 167 | 1 |
| 同心县 | Tongxin | 119 | 89 | 71 | 11 | 11 | 11 | 27 | 401 | 6 |
| 青铜峡市 | Qingtongxia | 111 | 85 | 70 | 4 | 3 | 14 | 49 | 339 | 1 |
| **固原市** | **Guyuan** | **507** | **450** | **353** | **49** | **43** | **54** | **133** | **1962** | **9** |
| 原州区 | Yuanzhou | 116 | 91 | 66 | 4 | 7 | 20 | 41 | 415 | 5 |
| 西吉县 | Xiji | 110 | 97 | 83 | 11 | 3 | 6 | 19 | 448 | 1 |
| 隆德县 | Longde | 110 | 99 | 79 | 10 | 13 | 12 | 39 | 393 | 2 |
| 泾源县 | Jingyuan | 76 | 75 | 57 | 13 | 13 | 2 | 3 | 339 | 1 |
| 彭阳县 | Pengyang | 95 | 88 | 68 | 11 | 7 | 14 | 31 | 367 | |
| **中卫市** | **Zhongwei** | **351** | **303** | **240** | **28** | **26** | **35** | **125** | **1351** | **7** |
| 沙坡头区 | Shapotou | 102 | 79 | 64 | 6 | 5 | 10 | 42 | 319 | 1 |
| 中宁县 | Zhongning | 109 | 101 | 77 | 10 | 9 | 15 | 28 | 394 | 4 |
| 海原县 | Haiyuan | 140 | 123 | 99 | 12 | 12 | 10 | 55 | 638 | 2 |

# 2-18 2017年各市县农村居民家庭人口及劳动力就业情况
## Household Size and Statistics of Employed Labour Force of Rural Households by City and County (2017)

单位：人

| 市 县 | Region | 家庭常住人口 Number of Permanent Residents in the Households | 由本户供养的在校学生 Number of Students in School | 整半劳动力数 Number of Able-bodied and Semi-able-bodied Labours | 整劳动力 Number of Able-bodied Labours | 男劳动力人数 Number of Male Labours | 就业劳动力人数 Number of Employed |
|---|---|---|---|---|---|---|---|
| **全 区** | **Total** | **3826** | **896** | **2432** | **1397** | **1251** | **2096** |
| **沿黄地区** | **Plain** | **3635** | **704** | **2572** | **1369** | **1332** | **2195** |
| **中南部地区** | **Mountain Area** | **3833** | **1047** | **2269** | **1348** | **1181** | **1919** |
| **银川市** | **Yinchuan** | **1580** | **312** | **1107** | **642** | **578** | **945** |
| 兴庆区 | Xingqing | 168 | 25 | 121 | 54 | 62 | 103 |
| 西夏区 | Xixia | 199 | 62 | 117 | 72 | 61 | 87 |
| 金凤区 | Jinfeng | 153 | 35 | 105 | 67 | 52 | 90 |
| 永宁县 | Yongning | 310 | 59 | 227 | 127 | 118 | 203 |
| 贺兰县 | Helan | 337 | 57 | 264 | 140 | 142 | 234 |
| 灵武市 | Lingwu | 413 | 74 | 273 | 182 | 143 | 228 |
| **石嘴山市** | **Shizuishan** | **569** | **100** | **416** | **175** | **219** | **353** |
| 大武口区 | Dawukou | 140 | 35 | 95 | 60 | 47 | 73 |
| 惠农区 | Huinong | 168 | 28 | 124 | 48 | 67 | 97 |
| 平罗县 | Pingluo | 262 | 37 | 197 | 67 | 105 | 183 |
| **吴忠市** | **Wuzhong** | **1824** | **418** | **1172** | **660** | **608** | **980** |
| 利通区 | Litong | 402 | 85 | 267 | 169 | 136 | 216 |
| 红寺堡区 | Hongsipu | 417 | 116 | 246 | 168 | 131 | 229 |
| 盐池县 | Yanchi | 176 | 38 | 123 | 57 | 63 | 106 |
| 同心县 | Tongxin | 488 | 130 | 265 | 142 | 135 | 175 |
| 青铜峡市 | Qingtongxia | 341 | 49 | 271 | 124 | 143 | 254 |
| **固原市** | **Guyuan** | **2106** | **588** | **1234** | **732** | **640** | **1038** |
| 原州区 | Yuanzhou | 472 | 114 | 285 | 170 | 151 | 226 |
| 西吉县 | Xiji | 495 | 158 | 263 | 160 | 134 | 237 |
| 隆德县 | Longde | 413 | 118 | 247 | 120 | 127 | 224 |
| 泾源县 | Jingyuan | 346 | 89 | 210 | 139 | 110 | 143 |
| 彭阳县 | Pengyang | 380 | 109 | 229 | 143 | 118 | 208 |
| **中卫市** | **Zhongwei** | **1388** | **333** | **912** | **508** | **468** | **798** |
| 沙坡头区 | Shapotou | 341 | 69 | 237 | 111 | 120 | 185 |
| 中宁县 | Zhongning | 402 | 89 | 274 | 148 | 136 | 242 |
| 海原县 | Haiyuan | 646 | 175 | 401 | 249 | 212 | 371 |

## 2-18 续表 continued

单位：人 (person)

| 市 县 | Region | 就业劳动力文化程度 Culture Level of Labors | | | | | 就业行业 Employed Sector | |
|---|---|---|---|---|---|---|---|---|
| | | 不识字或识字很少 Illiterate and Semi-illiterate | 小学程度 Primary School | 初中程度 Junior Middle School | 高中程度 Senior Middle School | 大专及以上 College and Higher | 一产业就业劳动力 Primary Industry | 非农产业就业劳动力 Non-agriculture |
| **全 区** | **Total** | **307** | **760** | **1022** | **237** | **106** | **1076** | **1020** |
| **沿黄地区** | **Plain** | **216** | **643** | **1359** | **279** | **76** | **960** | **1235** |
| **中南部地区** | **Mountain Area** | **390** | **838** | **780** | **170** | **91** | **1115** | **803** |
| **银川市** | **Yinchuan** | **88** | **293** | **553** | **133** | **40** | **391** | **554** |
| 兴庆区 | Xingqing | 11 | 35 | 61 | 10 | 4 | 60 | 43 |
| 西夏区 | Xixia | 8 | 27 | 54 | 22 | 6 | 21 | 66 |
| 金凤区 | Jinfeng | 10 | 25 | 43 | 20 | 7 | 43 | 47 |
| 永宁县 | Yongning | 20 | 61 | 119 | 21 | 6 | 76 | 127 |
| 贺兰县 | Helan | 12 | 73 | 141 | 30 | 8 | 114 | 120 |
| 灵武市 | Lingwu | 27 | 72 | 135 | 30 | 9 | 77 | 151 |
| **石嘴山市** | **Shizuishan** | **36** | **120** | **214** | **38** | **9** | **195** | **158** |
| 大武口区 | Dawukou | 9 | 39 | 38 | 5 | 5 | 16 | 57 |
| 惠农区 | Huinong | 5 | 18 | 84 | 17 | | 51 | 46 |
| 平罗县 | Pingluo | 22 | 63 | 92 | 16 | 4 | 128 | 55 |
| **吴忠市** | **Wuzhong** | **152** | **383** | **515** | **86** | **36** | **463** | **517** |
| 利通区 | Litong | 27 | 58 | 152 | 23 | 7 | 62 | 154 |
| 红寺堡区 | Hongsipu | 69 | 85 | 77 | 11 | 4 | 138 | 91 |
| 盐池县 | Yanchi | 6 | 52 | 55 | 4 | 6 | 77 | 29 |
| 同心县 | Tongxin | 22 | 135 | 86 | 11 | 11 | 75 | 100 |
| 青铜峡市 | Qingtongxia | 28 | 53 | 145 | 37 | 8 | 111 | 143 |
| **固原市** | **Guyuan** | **239** | **398** | **439** | **110** | **48** | **561** | **476** |
| 原州区 | Yuanzhou | 62 | 94 | 98 | 23 | 8 | 112 | 114 |
| 西吉县 | Xiji | 44 | 80 | 98 | 30 | 11 | 165 | 72 |
| 隆德县 | Longde | 44 | 80 | 81 | 30 | 12 | 147 | 77 |
| 泾源县 | Jingyuan | 54 | 70 | 70 | 10 | 6 | 42 | 100 |
| 彭阳县 | Pengyang | 35 | 74 | 92 | 17 | 11 | 95 | 113 |
| **中卫市** | **Zhongwei** | **91** | **287** | **418** | **82** | **34** | **465** | **333** |
| 沙坡头区 | Shapotou | 23 | 57 | 133 | 23 | 1 | 91 | 94 |
| 中宁县 | Zhongning | 14 | 62 | 162 | 25 | 11 | 110 | 132 |
| 海原县 | Haiyuan | 54 | 168 | 123 | 34 | 22 | 264 | 107 |

# 2-19 2017年各市县农村居民家庭拥有生产性固定资产情况

# Ownership of Productive Fixed Assets of Rural Households by City and County (2017)

单位：元/人 (yuan/person)

| 市 县 | Region | 生产性固定资产原值 Original Value of Productive Fixed Assets | 农 业 Farming | 牧 业 Animal Husbandry | 制造业 Manufa-cturing | 交通运输业、仓储和邮政业 Transport, Storage and Post | 批发零售和住宿餐饮业支出 Wholesale, Retail, Lodging and Catering |
|---|---|---|---|---|---|---|---|
| **全 区** | **Total** | **10581** | **3299** | **1595** | **223** | **3282** | **898** |
| **沿黄地区** | **Plain** | **11699** | **3645** | **1158** | **61** | **3982** | **847** |
| **中南部地区** | **Mountain Area** | **7174** | **2662** | **2068** | **243** | **1236** | **664** |
| **银川市** | **Yinchuan** | **11755** | **3931** | **2772** | **24** | **2854** | **1516** |
| 兴庆区 | Xingqing | 21664 | 4948 | 2614 | 118 | 2968 | 5181 |
| 西夏区 | Xixia | 4928 | 623 | 17 | 77 | 694 | 2807 |
| 金凤区 | Jinfeng | 2461 | 1617 | 407 | | 401 | 35 |
| 永宁县 | Yongning | 11679 | 3163 | 382 | | 4123 | 3369 |
| 贺兰县 | Helan | 9227 | 5700 | 489 | | 2479 | 323 |
| 灵武市 | Lingwu | 12355 | 2640 | 4164 | 40 | 4367 | 992 |
| **石嘴山市** | **Shizuishan** | **8827** | **4486** | **962** | **101** | **796** | **699** |
| 大武口区 | Dawukou | 8008 | 2819 | 770 | 257 | 4077 | 86 |
| 惠农区 | Huinong | 7049 | 4189 | 623 | 357 | 1494 | 387 |
| 平罗县 | Pingluo | 10355 | 5190 | 1096 | | 43 | 908 |
| **吴忠市** | **Wuzhong** | **11559** | **2133** | **1408** | **79** | **4865** | **665** |
| 利通区 | Litong | 7400 | 1500 | 1580 | 23 | 3477 | 412 |
| 红寺堡区 | Hongsipu | 6496 | 338 | 615 | | 4278 | 123 |
| 盐池县 | Yanchi | 10057 | 3976 | 1556 | | 2363 | 1799 |
| 同心县 | Tongxin | 4723 | 807 | 1661 | 224 | 628 | 1080 |
| 青铜峡市 | Qingtongxia | 30776 | 5157 | 553 | | 15049 | 160 |
| **固原市** | **Guyuan** | **8909** | **3574** | **3068** | **402** | **805** | **757** |
| 原州区 | Yuanzhou | 8692 | 2623 | 2866 | 1317 | 1490 | 260 |
| 西吉县 | Xiji | 9073 | 4562 | 2401 | | 332 | 1672 |
| 隆德县 | Longde | 11251 | 4481 | 3319 | 24 | 1883 | 554 |
| 泾源县 | Jingyuan | 4491 | 395 | 2993 | | 683 | 330 |
| 彭阳县 | Pengyang | 9119 | 4206 | 3586 | 321 | 244 | 161 |
| **中卫市** | **Zhongwei** | **6544** | **2927** | **828** | **60** | **1947** | **276** |
| 沙坡头区 | Shapotou | 7066 | 3065 | 1011 | 54 | 2526 | 266 |
| 中宁县 | Zhongning | 10051 | 4476 | 486 | 203 | 2099 | 744 |
| 海原县 | Haiyuan | 4752 | 2182 | 883 | | 1585 | 77 |

## 2-19 续表 continued

单位：元/人 (yuan/person)

| 市 县 | Region | 主要资产数量 Number of Major Assets | | | | | | | |
|---|---|---|---|---|---|---|---|---|---|
| | | 房屋及建筑物（平方米/百户）House and Building (sq.m/100 household) | 大中型拖拉机（辆/百户）Large and Medium Tractor (unit/100 household) | 小型农用拖拉机（辆/百户）Mini and Walking Tractor (unit/100 household) | 机动脱粒机（台/百户）Motorized Threshing Machine (unit/100 household) | 收割机（台/百户）Harvester (unit/100 household) | 农用动力机械（台/百户）Motor Machine (unit/100 household) | 役畜（头/百户）Draught Animal (unit/100 household) | 产品畜（头/百户）Commodity Animal (unit/100 household) |
| **全 区** | **Total** | **6597** | **6.38** | **51.64** | **3.82** | **3.97** | **1.87** | **3.52** | **66.46** |
| **沿黄地区** | **Plain** | **8491** | **6.30** | **52.95** | **2.57** | **3.36** | **1.33** | **0.13** | **18.49** |
| **中南部地区** | **Mountain Area** | **7337** | **6.18** | **56.94** | **7.58** | **5.56** | **2.01** | **10.12** | **83.64** |
| **银川市** | **Yinchuan** | **5662** | **7.32** | **33.88** | **2.15** | **1.59** | **0.19** | | **15.18** |
| 兴庆区 | Xingqing | 1022 | 6.85 | 21.56 | | 2.79 | | | 3.28 |
| 西夏区 | Xixia | 1176 | 4.42 | 6.63 | 2.21 | | | | 5.82 |
| 金凤区 | Jinfeng | 26874 | 1.17 | 5.06 | | | | | |
| 永宁县 | Yongning | 1407 | 1.99 | 48.08 | 1.01 | 2.02 | 0.96 | | |
| 贺兰县 | Helan | 3144 | 13.51 | 47.31 | 5.53 | 3.40 | | | 5.63 |
| 灵武市 | Lingwu | 4387 | 6.07 | 22.92 | 0.84 | | | | 57.69 |
| **石嘴山市** | **Shizuishan** | **12115** | **4.33** | **70.58** | **2.47** | **8.66** | **3.63** | **0.68** | **27.90** |
| 大武口区 | Dawukou | 9592 | | 1.76 | 1.76 | | | | 8.76 |
| 惠农区 | Huinong | 28162 | | 60.12 | | | | | 4.06 |
| 平罗县 | Pingluo | 8361 | 8.19 | 77.92 | 4.16 | 14.01 | 5.70 | 1.07 | 38.50 |
| **吴忠市** | **Wuzhong** | **13822** | **3.44** | **53.24** | **7.52** | **1.96** | | **0.21** | **16.38** |
| 利通区 | Litong | 31506 | 2.28 | 28.85 | 1.73 | | | | 24.21 |
| 红寺堡区 | Hongsipu | 7219 | 3.20 | 57.04 | | 1.38 | | | |
| 盐池县 | Yanchi | 18887 | 5.23 | 73.90 | 38.81 | 6.83 | | 1.74 | 55.82 |
| 同心县 | Tongxin | 7956 | 2.74 | 31.73 | 0.91 | 0.81 | | | |
| 青铜峡市 | Qingtongxia | 3883 | 4.76 | 84.50 | 2.97 | 3.06 | | | 13.72 |
| **固原市** | **Guyuan** | **6800** | **6.28** | **65.89** | **8.89** | **9.43** | **3.75** | **11.44** | **282.91** |
| 原州区 | Yuanzhou | 7427 | 2.95 | 61.76 | 12.81 | 2.44 | 8.86 | 1.01 | 69.47 |
| 西吉县 | Xiji | 6078 | 11.56 | 88.48 | 2.61 | 18.36 | 2.81 | 33.79 | 315.50 |
| 隆德县 | Longde | 5327 | 8.26 | 55.61 | 9.47 | 3.58 | 2.95 | 4.66 | 57.92 |
| 泾源县 | Jingyuan | 4402 | | 24.12 | | | | | 47.42 |
| 彭阳县 | Pengyang | 9082 | 4.32 | 61.85 | 17.52 | 12.50 | 1.11 | | 55.36 |
| **中卫市** | **Zhongwei** | **3620** | **8.86** | **56.56** | **1.87** | **1.61** | **1.36** | **8.86** | **24.12** |
| 沙坡头区 | Shapotou | 2327 | 6.03 | 65.37 | 1.67 | 5.18 | | | 26.56 |
| 中宁县 | Zhongning | 3925 | 10.95 | 61.45 | 4.14 | | 5.08 | | 0.96 |
| 海原县 | Haiyuan | 4360 | 9.69 | 47.61 | 0.73 | | 0.24 | 20.05 | 35.33 |

# 2-20 2017年各市县农村居民家庭住房及经营土地情况

# Basic Statistics of Residence and Area of Land Managed of Rural Households by City and County (2017)

| 市 县 | Region | 住房面积(平方米/人) Floor Space of Living Houses (sq.m/person) | 住房价值(元/人) Value of Living Houses (yuan/person) | 期末实际经营的土地面积(亩/人) Area of Cultivated Land at Year-end (mu/person) | 耕地(亩/人) Area of Permanent Crops (mu/person) | 有效灌溉面积(亩/人) Area of Irrigable (mu/person) | 林地、园地(亩/人) Area of Forest and Garden and Grassland (mu/person) | 牧草地(亩/人) Area of Grassland (mu/person) | 养殖水面(亩/人) Water Area for Fishery (mu/person) |
|---|---|---|---|---|---|---|---|---|---|
| **全 区** | **Total** | **33** | **29388** | **4.24** | **3.57** | **1.76** | **0.20** | **0.17** | **0.00** |
| **沿黄地区** | **Plain** | **37** | **31966** | **3.89** | **2.86** | **2.83** | **1.02** | **0.01** | **0.00** |
| **中南部地区** | **Mountain Area** | **28** | **22308** | **4.84** | **4.14** | **1.11** | **0.44** | **0.26** | |
| **银川市** | **Yinchuan** | **37** | **34121** | **3.45** | **3.33** | **3.33** | **0.09** | **0.03** | **0.00** |
| 兴庆区 | Xingqing | 44 | 66375 | 4.97 | 4.95 | 4.95 | 0.01 | | |
| 西夏区 | Xixia | 42 | 23915 | 3.06 | 3.03 | 3.02 | 0.03 | | |
| 金凤区 | Jinfeng | 32 | 36342 | 1.65 | 1.10 | 1.10 | 0.39 | 0.16 | |
| 永宁县 | Yongning | 34 | 22306 | 3.39 | 3.16 | 3.16 | 0.23 | | |
| 贺兰县 | Helan | 39 | 41452 | 5.69 | 5.67 | 5.67 | 0.01 | | 0.01 |
| 灵武市 | Lingwu | 37 | 29861 | 1.58 | 1.54 | 1.54 | 0.01 | 0.03 | |
| **石嘴山市** | **Shizuishan** | **44** | **28553** | **7.05** | **7.03** | **7.01** | **0.01** | **0.01** | |
| 大武口区 | Dawukou | 40 | 26639 | 0.55 | 0.44 | 0.44 | 0.11 | | |
| 惠农区 | Huinong | 37 | 28159 | 2.40 | 2.36 | 2.36 | | 0.04 | |
| 平罗县 | Pingluo | 45 | 27803 | 9.06 | 9.06 | 9.01 | | | |
| **吴忠市** | **Wuzhong** | **35** | **34614** | **4.85** | **4.46** | **2.23** | **0.36** | **0.03** | |
| 利通区 | Litong | 33 | 38739 | 1.02 | 0.92 | 0.89 | 0.10 | | |
| 红寺堡区 | Hongsipu | 35 | 30490 | 3.06 | 2.84 | 2.74 | 0.20 | 0.02 | |
| 盐池县 | Yanchi | 42 | 21293 | 10.80 | 9.79 | 3.91 | 0.73 | 0.27 | |
| 同心县 | Tongxin | 31 | 30967 | 7.51 | 6.91 | 1.89 | 0.60 | | |
| 青铜峡市 | Qingtongxia | 37 | 40298 | 3.12 | 2.89 | 2.89 | 0.22 | | |
| **固原市** | **Guyuan** | **28** | **21737** | **4.39** | **3.36** | **0.38** | **0.58** | **0.46** | |
| 原州区 | Yuanzhou | 32 | 26768 | 2.62 | 2.08 | 0.71 | | 0.54 | |
| 西吉县 | Xiji | 23 | 18626 | 5.55 | 4.40 | 0.35 | 0.85 | 0.30 | |
| 隆德县 | Longde | 30 | 27701 | 3.42 | 3.14 | 0.20 | 0.07 | 0.21 | |
| 泾源县 | Jingyuan | 23 | 20333 | 2.00 | 0.34 | 0.08 | 0.89 | 0.77 | |
| 彭阳县 | Pengyang | 30 | 16983 | 6.29 | 4.72 | 0.27 | 1.01 | 0.56 | |
| **中卫市** | **Zhongwei** | **29** | **20182** | **4.03** | **2.32** | **1.26** | **1.68** | **0.03** | |
| 沙坡头区 | Shapotou | 34 | 28012 | 5.56 | 1.20 | 1.06 | 4.37 | | |
| 中宁县 | Zhongning | 39 | 20569 | 3.96 | 1.60 | 1.60 | 2.36 | | |
| 海原县 | Haiyuan | 22 | 16025 | 3.28 | 3.20 | 1.22 | 0.01 | 0.06 | |

## 2-21 2017年各市县农村居民家庭农作物种植情况

## Basic Statistics of Farm Crop Planting of Rural Households by City and County (2017)

单位：亩/人 (mu/person)

| 市 县 | Region | 粮食播种面积 Sown Area of Grain Crops | 小麦播种面积 Wheat | 水稻播种面积 Rice | 玉米播种面积 Corn | 豆类播种面积 Soybeans | 薯类播种面积 Tubers |
|---|---|---|---|---|---|---|---|
| **全 区** | **Total** | **2.28** | **0.43** | **0.52** | **1.07** | **0.05** | **0.21** |
| **沿黄地区** | **Plain** | **2.86** | **0.42** | **1.23** | **1.10** | **0.11** | **0.00** |
| **中南部地区** | **Mountain Area** | **2.14** | **0.46** | | **1.25** | **0.00** | **0.41** |
| **银川市** | **Yinchuan** | **4.16** | **0.68** | **2.30** | **1.18** | **0.00** | **0.00** |
| 兴庆区 | Xingqing | 4.31 | 0.17 | 4.05 | 0.09 | | |
| 西夏区 | Xixia | 3.08 | 0.54 | 1.11 | 1.43 | | |
| 金凤区 | Jinfeng | 0.86 | | | 0.86 | | |
| 永宁县 | Yongning | 2.35 | 0.94 | 0.37 | 1.04 | | |
| 贺兰县 | Helan | 5.37 | 1.49 | 1.89 | 1.99 | 0.00 | 0.00 |
| 灵武市 | Lingwu | 2.69 | 0.03 | 1.93 | 0.73 | 0.00 | |
| **石嘴山市** | **Shizuishan** | **7.66** | **1.51** | **3.57** | **1.52** | **1.07** | |
| 大武口区 | Dawukou | 0.41 | 0.35 | | 0.06 | | |
| 惠农区 | Huinong | 1.92 | 0.84 | | 1.08 | | |
| 平罗县 | Pingluo | 9.68 | 1.34 | 5.70 | 1.67 | 0.98 | |
| **吴忠市** | **Wuzhong** | **2.34** | **0.47** | **0.28** | **1.55** | **0.00** | **0.05** |
| 利通区 | Litong | 0.69 | 0.06 | 0.22 | 0.41 | 0.00 | |
| 红寺堡区 | Hongsipu | 2.72 | 0.46 | | 2.26 | | 0.00 |
| 盐池县 | Yanchi | 3.18 | 0.29 | | 2.62 | 0.04 | 0.24 |
| 同心县 | Tongxin | 2.59 | 0.93 | | 1.58 | | 0.08 |
| 青铜峡市 | Qingtongxia | 2.93 | 0.29 | 1.08 | 1.56 | | |
| **固原市** | **Guyuan** | **1.91** | **0.41** | | **0.93** | | **0.57** |
| 原州区 | Yuanzhou | 1.54 | 0.32 | | 1.06 | | 0.17 |
| 西吉县 | Xiji | 2.26 | 0.51 | | 0.59 | | 1.16 |
| 隆德县 | Longde | 1.90 | 0.53 | | 0.93 | | 0.44 |
| 泾源县 | Jingyuan | 0.29 | 0.11 | | 0.10 | | 0.09 |
| 彭阳县 | Pengyang | 2.55 | 0.46 | | 1.75 | | 0.34 |
| **中卫市** | **Zhongwei** | **1.64** | **0.17** | **0.08** | **1.13** | **0.04** | **0.23** |
| 沙坡头区 | Shapotou | 0.98 | 0.01 | 0.19 | 0.75 | 0.03 | |
| 中宁县 | Zhongning | 1.66 | 0.07 | 0.13 | 1.36 | 0.10 | |
| 海原县 | Haiyuan | 1.98 | 0.29 | | 1.23 | 0.01 | 0.45 |

## 2-21 续表 continued

单位：亩/人 (mu/person)

| 市 县 | Region | 经济作物播种面积 Sown Area of Economy Crops | 油料播种面积 Oil-bearing | 蔬菜播种面积 Vegetable | 水果播种面积 Fruits | 机耕面积 Plough Area by Machine | 机播面积 Sown Area by Machine | 机收面积 Reap Area by Machine | 机电灌溉面积 Irrigate Area by Machine |
|---|---|---|---|---|---|---|---|---|---|
| **全 区** | **Total** | **0.50** | **0.11** | **0.09** | **0.30** | **2.70** | **2.25** | **1.61** | **0.39** |
| **沿黄地区** | **Plain** | **1.08** | **0.04** | **0.14** | **0.90** | **2.66** | **2.46** | **2.39** | **0.36** |
| **中南部地区** | **Mountain Area** | **0.26** | **0.18** | **0.07** | **0.01** | **2.78** | **2.09** | **1.01** | **0.44** |
| **银川市** | **Yinchuan** | **0.41** | **0.04** | **0.26** | **0.10** | **2.97** | **2.77** | **2.75** | **0.78** |
| 兴庆区 | Xingqing | 0.60 | | 0.60 | | 4.95 | 4.30 | 4.36 | 4.89 |
| 西夏区 | Xixia | 0.00 | | 0.00 | | 2.80 | 2.77 | 2.77 | 2.77 |
| 金凤区 | Jinfeng | 0.21 | | 0.09 | 0.12 | 0.86 | 0.86 | 0.82 | 0.82 |
| 永宁县 | Yongning | 0.54 | | 0.25 | 0.29 | 2.42 | 2.30 | 2.22 | |
| 贺兰县 | Helan | 0.69 | 0.15 | 0.47 | 0.07 | 5.17 | 4.77 | 4.75 | 0.34 |
| 灵武市 | Lingwu | 0.19 | | 0.12 | 0.07 | 1.36 | 1.36 | 1.36 | 0.16 |
| **石嘴山市** | **Shizuishan** | **0.44** | **0.10** | **0.17** | **0.16** | **6.92** | **6.21** | **6.32** | **0.43** |
| 大武口区 | Dawukou | 0.04 | | 0.03 | 0.01 | 0.27 | 0.25 | 0.27 | 0.13 |
| 惠农区 | Huinong | 0.41 | 0.05 | 0.22 | 0.14 | 2.00 | 1.77 | 1.75 | 1.19 |
| 平罗县 | Pingluo | 0.36 | 0.13 | 0.08 | 0.15 | 9.03 | 8.24 | 8.38 | 0.23 |
| **吴忠市** | **Wuzhong** | **0.10** | **0.02** | **0.05** | **0.03** | **2.95** | **2.82** | **2.23** | **0.19** |
| 利通区 | Litong | 0.12 | | 0.06 | 0.06 | 0.84 | 0.84 | 0.82 | 0.26 |
| 红寺堡区 | Hongsipu | 0.05 | 0.05 | 0.00 | | 2.74 | 2.74 | 1.24 | |
| 盐池县 | Yanchi | 0.17 | | 0.11 | 0.06 | 7.88 | 6.54 | 5.05 | 1.39 |
| 同心县 | Tongxin | 0.03 | 0.03 | 0.00 | 0.00 | 3.02 | 3.02 | 2.60 | |
| 青铜峡市 | Qingtongxia | 0.18 | | 0.10 | 0.08 | 2.88 | 2.88 | 2.31 | |
| **固原市** | **Guyuan** | **0.38** | **0.25** | **0.13** | | **2.44** | **2.09** | **0.48** | **0.28** |
| 原州区 | Yuanzhou | 0.22 | 0.15 | 0.06 | | 1.54 | 1.28 | 0.14 | 0.54 |
| 西吉县 | Xiji | 0.62 | 0.40 | 0.21 | | 2.87 | 2.56 | 0.78 | 0.36 |
| 隆德县 | Longde | 0.54 | 0.24 | 0.30 | | 2.38 | 2.01 | 0.64 | 0.19 |
| 泾源县 | Jingyuan | 0.04 | 0.04 | | | 0.33 | 0.22 | 0.17 | |
| 彭阳县 | Pengyang | 0.25 | 0.21 | 0.04 | | 3.81 | 3.16 | 0.47 | 0.01 |
| **中卫市** | **Zhongwei** | **1.63** | **0.13** | **0.03** | **1.47** | **1.81** | **0.65** | **0.56** | **0.53** |
| 沙坡头区 | Shapotou | 4.25 | 0.08 | 0.11 | 4.07 | 0.91 | 0.73 | 0.75 | |
| 中宁县 | Zhongning | 1.78 | | 0.02 | 1.76 | 1.56 | 1.31 | 1.24 | |
| 海原县 | Haiyuan | 0.23 | 0.22 | | 0.01 | 2.37 | 0.32 | 0.17 | 1.03 |

# 2-22 2017年各市县农村居民家庭农业生产情况
# Basic Statistics of Agricultural Production of Rural Households by City and County (2017)

单位：公斤/人 (kg/person)

| 市 县 | Region | 谷物产量 Output of Cereal | 小麦产量 Output of Wheat | 稻谷产量 Output of Rice | 玉米产量 Output of Corn | 薯类产量 Output of Tubers | 豆类产量 Output of Soybeans | 油料产量 Output of Oil-bearing |
|---|---|---|---|---|---|---|---|---|
| **全 区** | **Total** | **1074.75** | **94.38** | **299.11** | **656.70** | **53.44** | **5.94** | **11.55** |
| **沿黄地区** | **Plain** | **1358.88** | **151.52** | **511.17** | **696.19** | **0.09** | **7.56** | **3.62** |
| **中南部地区** | **Mountain Area** | **808.22** | **56.26** | | **695.87** | **103.34** | **7.79** | **16.39** |
| **银川市** | **Yinchuan** | **2137.85** | **263.12** | **1127.59** | **747.14** | **0.26** | **0.29** | **1.65** |
| 兴庆区 | Xingqing | 1277.68 | 31.40 | 1211.56 | 34.72 | | 0.58 | |
| 西夏区 | Xixia | 1224.28 | 201.79 | 559.02 | 463.48 | | | |
| 金凤区 | Jinfeng | 526.11 | | | 526.11 | | | |
| 永宁县 | Yongning | 1426.49 | 430.86 | 233.13 | 762.50 | | | |
| 贺兰县 | Helan | 2361.11 | 525.28 | 654.03 | 1181.81 | 1.02 | 0.70 | 6.51 |
| 灵武市 | Lingwu | 1580.12 | 10.83 | 1057.70 | 511.59 | | 0.26 | |
| **石嘴山市** | **Shizuishan** | **2610.73** | **448.84** | **1175.49** | **986.40** | | **58.56** | **16.01** |
| 大武口区 | Dawukou | 139.06 | 107.29 | | 31.77 | | | |
| 惠农区 | Huinong | 1256.78 | 296.94 | | 959.84 | | 0.74 | 16.20 |
| 平罗县 | Pingluo | 3194.67 | 427.60 | 1790.33 | 976.74 | | 53.71 | 19.71 |
| **吴忠市** | **Wuzhong** | **1364.05** | **59.94** | **173.48** | **1098.64** | **4.31** | **2.18** | **2.97** |
| 利通区 | Litong | 458.09 | 14.28 | 149.27 | 294.53 | | 0.26 | |
| 红寺堡区 | Hongsipu | 1282.34 | 111.69 | | 1158.30 | 0.27 | 15.81 | 8.01 |
| 盐池县 | Yanchi | 926.86 | 22.37 | | 699.19 | 12.00 | 0.51 | |
| 同心县 | Tongxin | 1773.03 | 53.62 | | 1685.51 | 9.58 | | 5.85 |
| 青铜峡市 | Qingtongxia | 1768.13 | 108.81 | 663.21 | 996.12 | | | |
| **固原市** | **Guyuan** | **457.59** | **63.36** | | **362.80** | **165.40** | **9.54** | **21.30** |
| 原州区 | Yuanzhou | 467.20 | 39.70 | | 424.05 | 41.92 | 0.15 | 9.86 |
| 西吉县 | Xiji | 345.38 | 87.98 | | 194.92 | 373.82 | 16.96 | 33.14 |
| 隆德县 | Longde | 631.49 | 84.08 | | 543.64 | 129.90 | 30.48 | 20.70 |
| 泾源县 | Jingyuan | 45.50 | 20.67 | | 24.83 | 22.67 | 1.02 | 2.61 |
| 彭阳县 | Pengyang | 743.44 | 61.23 | | 643.55 | 51.98 | | 24.23 |
| **中卫市** | **Zhongwei** | **791.17** | **23.20** | **53.20** | **656.02** | **37.12** | **9.05** | **10.69** |
| 沙坡头区 | Shapotou | 469.41 | 6.38 | 138.63 | 324.40 | | 2.31 | 4.84 |
| 中宁县 | Zhongning | 1157.68 | 20.49 | 75.44 | 1061.75 | | 16.61 | |
| 海原县 | Haiyuan | 795.64 | 32.95 | | 648.45 | 72.17 | 9.20 | 18.31 |

# 2-23 2017年各市县农村居民家庭农林牧渔业产品出售情况

## Basic Statistics of Agriculture, Forestry, Animal Husbandry and Fishery Products Sales of Rural Households by City and County (2017)

单位：公斤/人、元/人 (kg/person,yuan/person)

| 市 县 | Region | 谷物 Cereal | | | | | | | |
|---|---|---|---|---|---|---|---|---|---|
| | | 数量 Quantity | 金额 Amount | 小麦 Wheat 数量 Quantity | 小麦 Wheat 金额 Amount | 稻谷 Rice 数量 Quantity | 稻谷 Rice 金额 Amount | 玉米 Corn 数量 Quantity | 玉米 Corn 金额 Amount |
| **全 区** | **Total** | **808.0** | **1659.8** | **45.9** | **114.2** | **249.4** | **693.1** | **503.3** | **827.7** |
| **沿黄地区** | **Plain** | **970.1** | **2020.6** | **89.9** | **222.4** | **286.6** | **780.3** | **593.5** | **1017.8** |
| **中南部地区** | **Mountain Area** | **524.2** | **822.1** | **7.7** | **19.9** | | | **501.3** | **762.3** |
| **银川市** | **Yinchuan** | **1021.2** | **2091.0** | **141.1** | **345.3** | **291.7** | **774.3** | **588.2** | **971.1** |
| 兴庆区 | Xingqing | 706.0 | 1610.0 | 15.4 | 38.6 | 653.7 | 1511.4 | 36.9 | 60.0 |
| 西夏区 | Xixia | 456.3 | 899.0 | 155.3 | 406.6 | 1.2 | 5.0 | 299.7 | 487.5 |
| 金凤区 | Jinfeng | 506.2 | 830.3 | | | | | 506.2 | 830.3 |
| 永宁县 | Yongning | 1086.4 | 2279.5 | 264.9 | 652.8 | 248.1 | 669.5 | 573.4 | 957.2 |
| 贺兰县 | Helan | 1876.1 | 3755.0 | 279.8 | 667.8 | 457.5 | 1234.8 | 1138.7 | 1852.5 |
| 灵武市 | Lingwu | 548.2 | 1190.3 | 1.1 | 2.9 | 245.1 | 669.8 | 301.4 | 516.4 |
| **石嘴山市** | **Shizuishan** | **2165.5** | **4901.9** | **320.1** | **801.5** | **1001.9** | **2756.2** | **843.5** | **1344.2** |
| 大武口区 | Dawukou | 125.3 | 268.2 | 54.4 | 147.4 | | | 70.9 | 120.8 |
| 惠农区 | Huinong | 921.6 | 1688.9 | 248.4 | 620.7 | | | 673.3 | 1068.2 |
| 平罗县 | Pingluo | 2693.1 | 6256.9 | 240.4 | 598.6 | 1513.5 | 4170.6 | 939.2 | 1487.7 |
| **吴忠市** | **Wuzhong** | **983.1** | **1672.1** | **28.0** | **72.0** | **53.5** | **151.1** | **896.2** | **1432.4** |
| 利通区 | Litong | 274.9 | 461.9 | 16.4 | 41.4 | 14.0 | 40.3 | 244.5 | 380.3 |
| 红寺堡区 | Hongsipu | 1280.1 | 2034.9 | 21.6 | 62.9 | | | 1254.9 | 1963.3 |
| 盐池县 | Yanchi | 154.2 | 299.4 | | | | | 133.9 | 226.9 |
| 同心县 | Tongxin | 1442.3 | 2144.1 | 16.3 | 40.8 | | | 1416.9 | 2076.9 |
| 青铜峡市 | Qingtongxia | 1045.8 | 2379.4 | 78.6 | 199.7 | 220.0 | 616.2 | 747.2 | 1563.5 |
| **固原市** | **Guyuan** | **190.0** | **322.8** | **5.6** | **13.8** | | | **176.8** | **290.0** |
| 原州区 | Yuanzhou | 199.3 | 320.8 | | | | | 198.9 | 319.6 |
| 西吉县 | Xiji | 72.3 | 145.0 | 8.4 | 21.3 | | | 48.8 | 87.4 |
| 隆德县 | Longde | 148.0 | 262.4 | 14.1 | 33.4 | | | 129.1 | 210.1 |
| 泾源县 | Jingyuan | 9.0 | 17.6 | 5.7 | 11.6 | | | 3.4 | 6.0 |
| 彭阳县 | Pengyang | 495.2 | 819.9 | 3.3 | 9.6 | | | 482.6 | 787.9 |
| **中卫市** | **Zhongwei** | **607.9** | **1043.8** | **3.4** | **8.8** | **40.3** | **110.4** | **545.9** | **878.3** |
| 沙坡头区 | Shapotou | 346.1 | 709.3 | 2.7 | 7.1 | 90.6 | 241.4 | 252.7 | 460.8 |
| 中宁县 | Zhongning | 1109.8 | 1949.8 | 1.6 | 4.5 | 74.0 | 210.7 | 1034.3 | 1734.7 |
| 海原县 | Haiyuan | 522.9 | 820.1 | 4.5 | 11.5 | | | 482.7 | 718.5 |

## 2-23 续表 1 continued

单位：公斤/人、元/人 (kg/person,yuan/person)

| 市　县 | Region | 薯类 Tubers | | 豆类 Soybeans | | 油料 Oil-bearing | | 蔬菜 Vegetable | | 瓜类 Melons | |
|---|---|---|---|---|---|---|---|---|---|---|---|
| | | 数量 Quantity | 金额 Amount | 数量 Quantity | 金额 Amount | 数量 Quantity | 金额 Amount | 数量 Quantity | 金额 Amount | 数量 Quantity | 金额 Amount |
| **全　区** | **Total** | **29.0** | **110.3** | **3.9** | **14.2** | **3.9** | **13.9** | **298.9** | **463.5** | **297.7** | **200.4** |
| **沿黄地区** | **Plain** | **0.1** | **0.9** | **4.2** | **15.5** | **5.0** | **18.3** | **514.6** | **931.4** | **799.7** | **670.6** |
| **中南部地区** | **Mountain Area** | **54.5** | **215.5** | **5.0** | **18.1** | **1.3** | **5.7** | **188.3** | **246.9** | **9.8** | **43.3** |
| **银川市** | **Yinchuan** | **0.2** | **2.5** | **1.1** | **4.2** | **5.3** | **18.4** | **1300.8** | **2329.1** | **114.7** | **107.5** |
| 兴庆区 | Xingqing | | | 1.8 | 7.8 | | | 3286.6 | 6190.4 | 48.9 | 241.5 |
| 西夏区 | Xixia | | | | | | | 0.3 | 0.4 | | |
| 金凤区 | Jinfeng | | | | | | | 59.1 | 124.5 | 15.0 | 65.4 |
| 永宁县 | Yongning | | | 3.4 | 13.4 | | | 1008.9 | 1924.7 | 38.8 | 85.5 |
| 贺兰县 | Helan | 0.8 | 10.0 | 1.0 | 3.6 | 20.7 | 72.3 | 1947.8 | 3127.0 | 88.1 | 79.5 |
| 灵武市 | Lingwu | | | 0.3 | 1.1 | | | 446.8 | 929.3 | 299.2 | 181.0 |
| **石嘴山市** | **Shizuishan** | | | **20.8** | **71.7** | **20.2** | **75.8** | **429.1** | **699.6** | **406.6** | **605.6** |
| 大武口区 | Dawukou | | | | | | | 102.8 | 342.2 | | |
| 惠农区 | Huinong | | | 0.7 | 2.2 | 9.5 | 34.9 | 745.2 | 1538.2 | 200.2 | 1784.8 |
| 平罗县 | Pingluo | | | 28.7 | 101.2 | 28.7 | 107.7 | 181.5 | 336.2 | 421.7 | 285.6 |
| **吴忠市** | **Wuzhong** | **0.7** | **5.6** | **2.2** | **8.6** | **0.1** | **0.4** | **157.4** | **258.7** | **19.0** | **77.5** |
| 利通区 | Litong | | | 1.0 | 3.5 | | | 414.4 | 484.9 | | |
| 红寺堡区 | Hongsipu | 0.1 | 1.5 | 13.1 | 48.6 | 0.1 | 0.6 | 0.1 | 0.5 | | |
| 盐池县 | Yanchi | 0.7 | 9.0 | 2.7 | 15.2 | 0.1 | 0.6 | 128.3 | 380.6 | 160.0 | 765.2 |
| 同心县 | Tongxin | 2.0 | 13.8 | | | 0.1 | 0.7 | 9.8 | 29.5 | 12.1 | 17.4 |
| 青铜峡市 | Qingtongxia | | | 0.0 | 0.2 | | | 237.9 | 506.7 | | |
| **固原市** | **Guyuan** | **89.6** | **343.5** | **4.5** | **14.8** | **0.6** | **3.0** | **342.2** | **420.4** | **1.2** | **9.7** |
| 原州区 | Yuanzhou | 23.6 | 86.1 | 0.1 | 0.7 | 0.1 | 0.8 | 118.2 | 125.4 | | |
| 西吉县 | Xiji | 226.0 | 857.3 | 10.2 | 34.0 | 1.2 | 6.3 | 804.8 | 973.4 | | |
| 隆德县 | Longde | 32.7 | 158.0 | 9.2 | 27.1 | 0.2 | 1.1 | 268.2 | 328.1 | 2.4 | 1.7 |
| 泾源县 | Jingyuan | 4.1 | 17.4 | | | | | | | | |
| 彭阳县 | Pengyang | 10.6 | 39.0 | 0.1 | 0.7 | 0.4 | 2.8 | 50.9 | 115.1 | 4.9 | 48.3 |
| **中卫市** | **Zhongwei** | **18.4** | **84.1** | **5.9** | **23.0** | **2.6** | **10.4** | **54.4** | **149.5** | **1258.5** | **975.9** |
| 沙坡头区 | Shapotou | | | 0.5 | 3.2 | 1.3 | 4.8 | 165.2 | 479.6 | 3931.1 | 3171.7 |
| 中宁县 | Zhongning | | | 7.6 | 29.0 | | | 17.2 | 36.3 | 1018.8 | 629.1 |
| 海原县 | Haiyuan | 35.8 | 163.5 | 7.8 | 30.5 | 4.4 | 17.8 | 14.1 | 30.6 | 1.2 | 8.0 |

## 2-23 续表 2 continued

单位：公斤/人、元/人 (kg/person,yuan/person)

| 市 县 | Region | 园林水果 Fruits | | 中药材 Medicinal Materials | | 林木种苗 Wood and Germchit | | 肉猪 Hog | | |
|---|---|---|---|---|---|---|---|---|---|---|
| | | 数量 Quantity | 金额 Amount | 数量 Quantity | 金额 Amount | 数量 Quantity | 金额 Amount | 头数(头) Count (head) | 毛 重 Gross Weight | 金 额 Amount |
| **全 区** | **Total** | **28.2** | **176.2** | **45.0** | **301.2** | **6.9** | **74.5** | **0.1** | **13.2** | **208.1** |
| **沿黄地区** | **Plain** | **79.4** | **199.1** | **16.5** | **379.6** | **3.0** | **20.0** | **0.2** | **19.3** | **294.7** |
| **中南部地区** | **Mountain Area** | **5.6** | **9.8** | **83.5** | **142.6** | **12.6** | **98.9** | **0.0** | **3.4** | **52.0** |
| **银川市** | **Yinchuan** | **17.9** | **151.4** | **3.5** | **51.1** | **7.6** | **37.0** | **0.3** | **38.0** | **639.3** |
| 兴庆区 | Xingqing | 2.0 | 4.3 | 3.0 | 49.3 | | | 0.0 | 0.8 | 13.8 |
| 西夏区 | Xixia | | | 18.0 | 331.1 | 12.5 | 64.8 | | | |
| 金凤区 | Jinfeng | 27.5 | 256.9 | | | 4.6 | 54.6 | | | |
| 永宁县 | Yongning | 70.0 | 642.8 | 1.4 | 71.3 | 30.1 | 70.1 | 0.1 | 8.0 | 106.9 |
| 贺兰县 | Helan | 0.7 | 6.5 | 6.7 | 39.9 | 2.0 | 33.4 | 0.0 | 3.5 | 67.6 |
| 灵武市 | Lingwu | 6.4 | 13.2 | | | 0.5 | 18.7 | 0.4 | 41.6 | 704.6 |
| **石嘴山市** | **Shizuishan** | **0.3** | **2.6** | **33.7** | **553.8** | | | **0.2** | **24.3** | **359.3** |
| 大武口区 | Dawukou | 2.2 | 22.5 | | | | | 0.1 | 15.6 | 285.2 |
| 惠农区 | Huinong | | | | | | | 0.0 | 7.3 | 132.9 |
| 平罗县 | Pingluo | | | 39.7 | 658.6 | | | 0.5 | 65.6 | 935.6 |
| **吴忠市** | **Wuzhong** | **41.4** | **142.5** | **1.0** | **29.8** | **0.6** | **12.7** | **0.0** | **3.9** | **60.4** |
| 利通区 | Litong | 55.7 | 509.1 | | | 0.2 | 6.0 | | | |
| 红寺堡区 | Hongsipu | | | 7.8 | 227.1 | 0.5 | 5.3 | | | |
| 盐池县 | Yanchi | 21.9 | 80.5 | | | | | 0.0 | 2.9 | 62.6 |
| 同心县 | Tongxin | 0.9 | 2.3 | | | | | 0.0 | 0.7 | 9.5 |
| 青铜峡市 | Qingtongxia | 126.7 | 94.4 | | | 2.3 | 51.8 | 0.1 | 16.6 | 250.0 |
| **固原市** | **Guyuan** | **0.5** | **3.7** | **157.5** | **179.5** | **24.1** | **189.5** | **0.1** | **5.8** | **85.6** |
| 原州区 | Yuanzhou | 0.8 | 6.7 | 276.0 | 323.0 | | | 0.0 | 4.4 | 63.8 |
| 西吉县 | Xiji | | | 0.0 | 1.2 | 0.4 | 1.9 | 0.0 | 1.2 | 13.0 |
| 隆德县 | Longde | 1.5 | 2.6 | 0.3 | 2.6 | 1.1 | 7.8 | 0.2 | 26.6 | 398.0 |
| 泾源县 | Jingyuan | 0.2 | 1.2 | | | 164.0 | 1605.4 | | | |
| 彭阳县 | Pengyang | 0.5 | 8.0 | 440.2 | 487.6 | 41.8 | 177.8 | 0.1 | 7.5 | 114.9 |
| **中卫市** | **Zhongwei** | **99.9** | **130.1** | **23.0** | **611.5** | | | **0.1** | **10.7** | **165.0** |
| 沙坡头区 | Shapotou | 106.1 | 177.9 | 2.8 | 73.7 | | | 0.3 | 35.0 | 533.1 |
| 中宁县 | Zhongning | 277.8 | 332.1 | 88.2 | 2281.6 | | | 0.1 | 5.8 | 79.9 |
| 海原县 | Haiyuan | 19.3 | 17.9 | 5.0 | 158.9 | | | 0.0 | 0.5 | 14.4 |

## 2-23 续表 3 continued

单位：公斤/人、元/人 (kg/person,yuan/person)

| 市 县 | Region | 菜羊 Sheep | | | 肉牛 Cattle | | | 家禽 Poultry | | 蛋类 Eggs | |
|---|---|---|---|---|---|---|---|---|---|---|---|
| | | 只数(只) Count (head) | 毛 重 Gross Weight | 金 额 Amount | 头数(头) Count (head) | 毛 重 Gross Weight | 金 额 Amount | 重 量 Weight | 金 额 Amount | 数 量 Quantity | 金 额 Amount |
| **全 区** | **Total** | **0.9** | **31.1** | **646.2** | **0.1** | **36.7** | **977.0** | **2.0** | **25.9** | **9.1** | **60.2** |
| **沿黄地区** | **Plain** | **0.2** | **7.1** | **146.1** | **0.1** | **35.8** | **886.3** | **11.9** | **177.5** | **20.5** | **129.7** |
| **中南部地区** | **Mountain Area** | **1.1** | **36.8** | **765.3** | **0.1** | **47.9** | **1293.8** | **0.3** | **5.5** | **0.2** | **2.1** |
| **银川市** | **Yinchuan** | **0.1** | **2.5** | **63.0** | **0.0** | **17.9** | **569.2** | **3.7** | **73.2** | **0.0** | **0.3** |
| 兴庆区 | Xingqing | 0.0 | 0.7 | 19.5 | 0.0 | 11.7 | 420.9 | 13.5 | 203.4 | | |
| 西夏区 | Xixia | 0.1 | 3.7 | 90.0 | | | | 0.3 | 10.0 | | |
| 金凤区 | Jinfeng | 0.0 | 0.1 | 3.1 | 0.0 | 12.6 | 448.8 | 0.1 | 1.2 | | |
| 永宁县 | Yongning | 0.0 | 1.2 | 35.7 | 0.1 | 20.9 | 718.3 | 9.3 | 188.8 | 0.0 | 0.2 |
| 贺兰县 | Helan | 0.2 | 3.8 | 102.4 | 0.0 | 6.7 | 269.0 | 2.5 | 48.1 | 0.0 | 0.4 |
| 灵武市 | Lingwu | 0.1 | 3.3 | 66.8 | 0.1 | 38.1 | 1091.4 | 1.4 | 36.6 | 0.0 | 0.5 |
| **石嘴山市** | **Shizuishan** | **0.5** | **21.0** | **396.9** | **0.0** | **5.8** | **131.3** | **28.5** | **398.3** | **0.1** | **1.0** |
| 大武口区 | Dawukou | 0.1 | 3.3 | 63.2 | | | | 1.0 | 22.1 | 0.9 | 6.8 |
| 惠农区 | Huinong | 0.6 | 30.9 | 489.6 | | | | 38.8 | 514.4 | | |
| 平罗县 | Pingluo | 0.5 | 17.9 | 372.5 | 0.0 | 9.4 | 212.5 | 32.7 | 459.6 | 0.0 | 0.4 |
| **吴忠市** | **Wuzhong** | **1.3** | **48.4** | **973.3** | **0.2** | **88.1** | **2035.2** | **7.9** | **132.2** | **7.1** | **44.9** |
| 利通区 | Litong | 0.2 | 5.5 | 123.1 | 0.3 | 180.5 | 4008.5 | 1.3 | 25.6 | | |
| 红寺堡区 | Hongsipu | 0.7 | 16.7 | 342.3 | 0.1 | 24.0 | 575.5 | 0.0 | 0.1 | | |
| 盐池县 | Yanchi | 6.4 | 221.4 | 4734.7 | | | | 1.1 | 19.7 | 0.5 | 5.7 |
| 同心县 | Tongxin | 1.7 | 72.6 | 1369.9 | 0.1 | 58.0 | 1504.3 | | | | |
| 青铜峡市 | Qingtongxia | 0.1 | 1.8 | 34.5 | 0.0 | 4.7 | 123.6 | 36.4 | 605.6 | 34.5 | 215.9 |
| **固原市** | **Guyuan** | **0.7** | **21.4** | **418.9** | **0.2** | **66.4** | **1806.9** | **0.4** | **8.9** | **0.3** | **3.5** |
| 原州区 | Yuanzhou | 0.8 | 19.1 | 495.5 | 0.2 | 68.8 | 2006.4 | 0.3 | 9.8 | 0.5 | 5.7 |
| 西吉县 | Xiji | 0.3 | 12.4 | 211.6 | 0.2 | 56.9 | 1425.0 | 0.0 | 0.3 | | |
| 隆德县 | Longde | 0.5 | 15.2 | 286.5 | 0.1 | 44.8 | 1160.3 | 0.1 | 2.9 | 0.3 | 2.4 |
| 泾源县 | Jingyuan | 0.1 | 2.7 | 52.9 | 0.4 | 114.2 | 2843.7 | | | | |
| 彭阳县 | Pengyang | 0.4 | 10.5 | 244.9 | 0.2 | 57.3 | 1791.9 | 1.5 | 30.2 | 1.0 | 8.9 |
| **中卫市** | **Zhongwei** | **0.4** | **12.4** | **260.4** | **0.1** | **18.7** | **516.7** | **3.4** | **34.5** | **29.0** | **183.7** |
| 沙坡头区 | Shapotou | 0.3 | 5.6 | 127.2 | 0.1 | 19.7 | 575.2 | 10.0 | 85.7 | 110.4 | 700.4 |
| 中宁县 | Zhongning | 0.5 | 14.9 | 284.2 | 0.0 | 16.0 | 405.9 | 3.6 | 53.8 | 0.1 | 0.9 |
| 海原县 | Haiyuan | 0.5 | 14.8 | 318.0 | 0.1 | 19.3 | 535.2 | | | | |

# 2-23 续表 4 continued

单位：公斤/人、元/人 (kg/person,yuan/person)

| 市 县 | Region | 畜皮 Fur | | 毛绒 Wool | | 奶类 Milk | | 鱼类 Fish | |
|---|---|---|---|---|---|---|---|---|---|
| | | 数量(张) Quantity (piece) | 金额 Amount | 数量 Quantity | 金额 Amount | 数量 Quantity | 金额 Amount | 数量 Quantity | 金额 Amount |
| **全 区** | **Total** | **0.0** | | **0.4** | **3.7** | | **0.0** | **9.6** | **105.5** |
| **沿黄地区** | **Plain** | **0.0** | | **0.3** | **9.2** | **20.6** | **53.3** | **6.5** | **70.1** |
| **中南部地区** | **Mountain Area** | **0.0** | | **0.8** | **12.1** | | | | |
| **银川市** | **Yinchuan** | **0.0** | | **0.2** | **1.4** | **7.8** | **21.7** | **18.1** | **196.2** |
| 兴庆区 | Xingqing | 0.0 | | | | | | | |
| 西夏区 | Xixia | | | | | | | | |
| 金凤区 | Jinfeng | | | | | | | | |
| 永宁县 | Yongning | | | 0.0 | 0.2 | | | 67.0 | 757.1 |
| 贺兰县 | Helan | 0.0 | | 0.4 | 3.0 | | | 22.4 | 221.6 |
| 灵武市 | Lingwu | 0.0 | | 0.3 | 1.4 | 28.9 | 80.8 | | |
| **石嘴山市** | **Shizuishan** | **0.0** | | **1.3** | **80.9** | | | | |
| 大武口区 | Dawukou | | | 0.9 | 26.1 | | | | |
| 惠农区 | Huinong | 0.0 | | 1.4 | 201.3 | | | | |
| 平罗县 | Pingluo | 0.1 | | 0.9 | 11.8 | | | | |
| **吴忠市** | **Wuzhong** | **0.1** | | **0.8** | **17.9** | **53.7** | **139.0** | | |
| 利通区 | Litong | 0.0 | | 0.1 | 0.9 | 88.1 | 228.9 | | |
| 红寺堡区 | Hongsipu | 0.0 | | 1.1 | 61.2 | | | | |
| 盐池县 | Yanchi | 0.5 | | 4.2 | 43.5 | | | | |
| 同心县 | Tongxin | 0.0 | | 0.8 | 16.9 | | | | |
| 青铜峡市 | Qingtongxia | | | 0.0 | 0.3 | | | | |
| **固原市** | **Guyuan** | **0.0** | | **0.3** | **3.5** | | | | |
| 原州区 | Yuanzhou | 0.0 | | 0.2 | 2.3 | | | | |
| 西吉县 | Xiji | 0.0 | | 0.3 | 4.4 | | | | |
| 隆德县 | Longde | | | 0.5 | 4.4 | | | | |
| 泾源县 | Jingyuan | | | | | | | | |
| 彭阳县 | Pengyang | 0.0 | | 0.5 | 5.0 | | | | |
| **中卫市** | **Zhongwei** | **0.0** | | **0.7** | **6.3** | **11.6** | **28.9** | | |
| 沙坡头区 | Shapotou | | | 0.1 | 1.4 | 44.3 | 110.2 | | |
| 中宁县 | Zhongning | 0.0 | | 0.7 | 6.1 | | | | |
| 海原县 | Haiyuan | 0.1 | | 1.0 | 8.9 | | | | |

# 2-24 2017年各市县农村居民家庭总收入来源情况

# Basic Statistics of Total Income of Rural Households by Sources by City and County (2017)

单位：元/人 (yuan/person)

| 市 县 | Region | 总收入 Total Revenue | 一、工资性收入 Wages Income | 二、家庭经营收入 Household Business | 1.第一产业收入 Primary Industry | (1)农业收入 Farming | (2)林业收入 Forestry | (3)牧业收入 Animal Husbandry | (4)渔业收入 Fishery |
|---|---|---|---|---|---|---|---|---|---|
| **全 区** | **Total** | **16533** | **4224** | **9361** | **6406** | **3728** | **83** | **2484** | **111** |
| **沿黄地区** | **Plain** | **19041** | **5839** | **11060** | **7530** | **5190** | **22** | **2244** | **75** |
| **中南部地区** | **Mountain Area** | **11398** | **3470** | **6264** | **5201** | **2380** | **113** | **2706** | **2** |
| **银川市** | **Yinchuan** | **19723** | **6103** | **11568** | **7927** | **5901** | **40** | **1778** | **208** |
| 兴庆区 | Xingqing | 22055 | 6690 | 13408 | 10439 | 9682 | 42 | 715 | |
| 西夏区 | Xixia | 13580 | 4532 | 7328 | 3235 | 2941 | 65 | 229 | |
| 金凤区 | Jinfeng | 14014 | 6788 | 4208 | 1917 | 1308 | 55 | 555 | |
| 永宁县 | Yongning | 19261 | 4686 | 12454 | 8171 | 5724 | 70 | 1560 | 817 |
| 贺兰县 | Helan | 21909 | 6873 | 12849 | 9352 | 8070 | 33 | 1023 | 225 |
| 灵武市 | Lingwu | 19489 | 6529 | 11495 | 6991 | 4697 | 19 | 2275 | |
| **石嘴山市** | **Shizuishan** | **19734** | **4732** | **12026** | **10107** | **7470** | **3** | **2633** | **1** |
| 大武口区 | Dawukou | 14826 | 8382 | 5379 | 1579 | 753 | | 826 | |
| 惠农区 | Huinong | 17320 | 5211 | 10412 | 8335 | 5952 | | 2382 | |
| 平罗县 | Pingluo | 21527 | 3832 | 14033 | 12321 | 9019 | 4 | 3296 | 2 |
| **吴忠市** | **Wuzhong** | **16472** | **4969** | **9964** | **6898** | **2807** | **16** | **4075** | |
| 利通区 | Litong | 20997 | 7690 | 11638 | 7187 | 2031 | 7 | 5149 | |
| 红寺堡区 | Hongsipu | 10500 | 4496 | 4731 | 3831 | 2500 | 22 | 1309 | |
| 盐池县 | Yanchi | 16175 | 1237 | 13014 | 10211 | 3046 | 1 | 7165 | |
| 同心县 | Tongxin | 11610 | 3164 | 6961 | 5861 | 2777 | 1 | 3083 | |
| 青铜峡市 | Qingtongxia | 20367 | 6464 | 12360 | 5925 | 4436 | 54 | 1435 | |
| **固原市** | **Guyuan** | **11804** | **3471** | **6623** | **5586** | **2355** | **210** | **3017** | **5** |
| 原州区 | Yuanzhou | 12543 | 4088 | 6505 | 4772 | 1520 | 7 | 3245 | |
| 西吉县 | Xiji | 11052 | 3120 | 6368 | 5696 | 3460 | 9 | 2213 | 14 |
| 隆德县 | Longde | 11355 | 3455 | 5951 | 4803 | 2235 | 29 | 2538 | |
| 泾源县 | Jingyuan | 11093 | 3449 | 6246 | 5306 | 716 | 1612 | 2978 | |
| 彭阳县 | Pengyang | 11995 | 3930 | 6428 | 5643 | 2376 | 245 | 3022 | |
| **中卫市** | **Zhongwei** | **13078** | **4222** | **6798** | **5285** | **3562** | **6** | **1717** | |
| 沙坡头区 | Shapotou | 18185 | 5518 | 10106 | 8091 | 5101 | 2 | 2989 | |
| 中宁县 | Zhongning | 15593 | 4221 | 9200 | 6609 | 5614 | 1 | 994 | |
| 海原县 | Haiyuan | 9483 | 3562 | 4170 | 3381 | 1998 | 11 | 1373 | |

## 2-24 续表 1 continued

单位：元/人 (yuan/person)

| 市 县 | Region | 2.第二产业收入 Secondary Industry | 工业收入 Industry | 建筑业收入 Construction | 3.第三产业收入 Tertiary Industry | 交通、运输、邮电业收入 Transport, Post and Telecommunication | 批发零售和住宿餐饮业收入 Wholesale, Retail, Lodging and Catering | 社会服务业收入 Social Service | 其他行业收入 Others |
|---|---|---|---|---|---|---|---|---|---|
| **全 区** | **Total** | **311** | **111** | **200** | **2644** | **1480** | **806** | **337** | **21** |
| **沿黄地区** | **Plain** | **266** | **60** | **206** | **3264** | **2077** | **786** | **399** | **2** |
| **中南部地区** | **Mountain Area** | **100** | **85** | **15** | **963** | **460** | **346** | **132** | **25** |
| **银川市** | **Yinchuan** | **224** | **41** | **183** | **3416** | **1946** | **1010** | **460** | **1** |
| 兴庆区 | Xingqing | 1253 | 103 | 1150 | 1716 | 782 | 537 | 397 | |
| 西夏区 | Xixia | 928 | 99 | 829 | 3166 | 1099 | 1171 | 896 | |
| 金凤区 | Jinfeng | | | | 2290 | 1067 | 872 | 351 | |
| 永宁县 | Yongning | 183 | | 183 | 4100 | 2371 | 1466 | 263 | |
| 贺兰县 | Helan | 40 | | 40 | 3457 | 2637 | 254 | 566 | |
| 灵武市 | Lingwu | 108 | 100 | 7 | 4397 | 2208 | 1725 | 461 | 2 |
| **石嘴山市** | **Shizuishan** | **315** | **156** | **159** | **1604** | **573** | **702** | **329** | |
| 大武口区 | Dawukou | 1195 | 1195 | | 2605 | 2601 | | 4 | |
| 惠农区 | Huinong | 101 | 101 | | 1976 | 1093 | 883 | | |
| 平罗县 | Pingluo | 299 | | 299 | 1413 | 86 | 796 | 531 | |
| **吴忠市** | **Wuzhong** | **143** | **26** | **116** | **2923** | **2028** | **475** | **371** | **49** |
| 利通区 | Litong | 552 | 50 | 502 | 3898 | 2577 | 857 | 465 | |
| 红寺堡区 | Hongsipu | 26 | | 26 | 874 | 639 | 138 | 97 | |
| 盐池县 | Yanchi | | | | 2803 | 1305 | 1136 | 362 | |
| 同心县 | Tongxin | 46 | 46 | | 1055 | 291 | 387 | 227 | 150 |
| 青铜峡市 | Qingtongxia | | | | 6434 | 5575 | 151 | 707 | |
| **固原市** | **Guyuan** | **171** | **144** | **26** | **866** | **383** | **343** | **137** | **3** |
| 原州区 | Yuanzhou | 370 | 370 | | 1363 | 822 | 271 | 258 | 13 |
| 西吉县 | Xiji | 78 | | 78 | 594 | 138 | 358 | 99 | |
| 隆德县 | Longde | 4 | 4 | | 1144 | 453 | 460 | 231 | |
| 泾源县 | Jingyuan | | | | 940 | 379 | 503 | 58 | |
| 彭阳县 | Pengyang | 250 | 250 | | 535 | 214 | 282 | 39 | |
| **中卫市** | **Zhongwei** | **120** | **35** | **85** | **1393** | **834** | **460** | **95** | **3** |
| 沙坡头区 | Shapotou | 246 | 65 | 181 | 1769 | 1083 | 567 | 119 | |
| 中宁县 | Zhongning | 220 | 51 | 169 | 2371 | 1225 | 884 | 246 | 15 |
| 海原县 | Haiyuan | 13 | 13 | | 776 | 537 | 221 | 18 | |

## 2-24 续表 2 continued

单位：元/人 (yuan/person)

| 市 县 | Region | 三、财产性收入 Property Income | 转让承包土地经营权租金净收入 Rental Income for Land Contractual Management Right | 四、转移性收入 Transfer Income | 养老金或离退休金 Pensions and Retirement Pay | 报销医疗费 medical fee for reimbursement | 政策性惠农补贴 Policy-related subsidies |
|---|---|---|---|---|---|---|---|
| **全 区** | **Total** | **400** | **230** | **2548** | **852** | **258** | **474** |
| **沿黄地区** | **Plain** | **403** | **238** | **1738** | **940** | **172** | **228** |
| **中南部地区** | **Mountain Area** | **110** | **61** | **1553** | **310** | **165** | **475** |
| **银川市** | **Yinchuan** | **491** | **159** | **1562** | **864** | **137** | **187** |
| 兴庆区 | Xingqing | 1207 | 107 | 751 | 249 | 134 | 162 |
| 西夏区 | Xixia | 568 | 87 | 1153 | 558 | 35 | 161 |
| 金凤区 | Jinfeng | 763 | 166 | 2256 | 1516 | 100 | 60 |
| 永宁县 | Yongning | 775 | 239 | 1346 | 506 | 98 | 284 |
| 贺兰县 | Helan | 362 | 231 | 1824 | 820 | 243 | 331 |
| 灵武市 | Lingwu | 114 | 43 | 1351 | 1014 | 102 | 41 |
| **石嘴山市** | **Shizuishan** | **435** | **298** | **2542** | **1403** | **233** | **368** |
| 大武口区 | Dawukou | 75 | 20 | 990 | 416 | 118 | 73 |
| 惠农区 | Huinong | 562 | 562 | 1135 | 774 | 90 | 75 |
| 平罗县 | Pingluo | 526 | 318 | 3136 | 1699 | 262 | 509 |
| **吴忠市** | **Wuzhong** | **162** | **124** | **1378** | **429** | **131** | **313** |
| 利通区 | Litong | 221 | 177 | 1448 | 793 | 120 | 157 |
| 红寺堡区 | Hongsipu | 40 | 33 | 1232 | 178 | 69 | 441 |
| 盐池县 | Yanchi | 289 | 142 | 1634 | 107 | 115 | 1103 |
| 同心县 | Tongxin | 32 | 23 | 1452 | 373 | 162 | 183 |
| 青铜峡市 | Qingtongxia | 311 | 264 | 1232 | 462 | 151 | 253 |
| **固原市** | **Guyuan** | **117** | **54** | **1594** | **295** | **152** | **457** |
| 原州区 | Yuanzhou | 170 | 59 | 1781 | 441 | 227 | 523 |
| 西吉县 | Xiji | 133 | 76 | 1431 | 190 | 147 | 323 |
| 隆德县 | Longde | 43 | 36 | 1906 | 465 | 157 | 653 |
| 泾源县 | Jingyuan | 59 | 38 | 1339 | 130 | 103 | 389 |
| 彭阳县 | Pengyang | 96 | 28 | 1541 | 283 | 90 | 535 |
| **中卫市** | **Zhongwei** | **251** | **202** | **1807** | **749** | **233** | **419** |
| 沙坡头区 | Shapotou | 239 | 176 | 2322 | 1372 | 243 | 359 |
| 中宁县 | Zhongning | 542 | 472 | 1630 | 869 | 216 | 89 |
| 海原县 | Haiyuan | 130 | 97 | 1621 | 378 | 234 | 594 |

# 2-25 2017年各市县农村居民家庭总支出情况

# Basic Statistics of Total Expenses of Rural Households by City and County (2017)

单位：元/人　　(yuan/person)

| 市 县 | Region | 总支出 Total Expenditure | 一、生产经营费用支出 Expenditure for Household Business | 第一产业生产费用支出 Primary Industry | 农业生产费用支出 Farming | 林业生产费用支出 Forestry | 牧业生产费用支出 Animal Husbandry | 渔业生产费用支出 Fishery | 第二产业生产费用支出 Secondary Industry | 工业生产费用支出 Industry |
|---|---|---|---|---|---|---|---|---|---|---|
| **全 区** | **Total** | **22513** | **4440** | **3242** | **1488** | **21** | **1643** | **90** | **168** | **30** |
| **沿黄地区** | **Plain** | **24457** | **4942** | **3625** | **2141** | **3** | **1417** | **63** | **83** | **30** |
| **中南部地区** | **Mountain Area** | **15406** | **2307** | **2015** | **820** | **25** | **1170** | **0** | **35** | **32** |
| **银川市** | **Yinchuan** | **23934** | **5151** | **3940** | **2760** | **5** | **997** | **178** | **78** | **18** |
| 兴庆区 | Xingqing | 23298 | 5101 | 4284 | 3929 | | 355 | | 386 | 7 |
| 西夏区 | Xixia | 16355 | 1853 | 773 | 687 | 1 | 84 | | 286 | 1 |
| 金凤区 | Jinfeng | 14779 | 1214 | 767 | 463 | | 304 | | | |
| 永宁县 | Yongning | 21156 | 5003 | 3976 | 2135 | 17 | 948 | 876 | 16 | |
| 贺兰县 | Helan | 30971 | 6926 | 5299 | 4567 | 0 | 670 | 62 | 33 | |
| 灵武市 | Lingwu | 24086 | 4270 | 2681 | 1670 | 7 | 1004 | | 76 | 66 |
| **石嘴山市** | **Shizuishan** | **22759** | **5662** | **5213** | **3590** | **1** | **1621** | | **142** | **136** |
| 大武口区 | Dawukou | 17678 | 2517 | 607 | 223 | 9 | 375 | | 1102 | 1102 |
| 惠农区 | Huinong | 17066 | 3644 | 3308 | 1681 | 1 | 1626 | | 57 | 57 |
| 平罗县 | Pingluo | 25417 | 6798 | 6515 | 4369 | | 2147 | | 10 | |
| **吴忠市** | **Wuzhong** | **22363** | **4395** | **3165** | **1104** | **3** | **2058** | **0** | **8** | **3** |
| 利通区 | Litong | 30535 | 5953 | 4109 | 746 | 4 | 3358 | | 20 | 2 |
| 红寺堡区 | Hongsipu | 15649 | 2076 | 1874 | 1191 | 2 | 680 | 1 | 4 | |
| 盐池县 | Yanchi | 22646 | 5495 | 4448 | 1509 | | 2939 | | | |
| 同心县 | Tongxin | 14277 | 2689 | 2252 | 837 | | 1415 | | 9 | 9 |
| 青铜峡市 | Qingtongxia | 28567 | 5137 | 2477 | 1551 | 8 | 919 | | | |
| **固原市** | **Guyuan** | **16579** | **2341** | **2107** | **767** | **48** | **1292** | | **61** | **55** |
| 原州区 | Yuanzhou | 20648 | 2630 | 2058 | 647 | 1 | 1410 | | 200 | 200 |
| 西吉县 | Xiji | 14461 | 1793 | 1727 | 925 | | 802 | | 18 | |
| 隆德县 | Longde | 17145 | 2105 | 1909 | 653 | 8 | 1249 | | | |
| 泾源县 | Jingyuan | 17802 | 2581 | 2196 | 298 | 491 | 1407 | | | |
| 彭阳县 | Pengyang | 12740 | 2334 | 2290 | 930 | 3 | 1357 | | 22 | 22 |
| **中卫市** | **Zhongwei** | **16867** | **2839** | **2262** | **1340** | **0** | **922** | | **58** | **9** |
| 沙坡头区 | Shapotou | 23532 | 5484 | 4525 | 2509 | | 2016 | | 96 | |
| 中宁县 | Zhongning | 19752 | 3175 | 2172 | 1497 | | 676 | | 128 | 24 |
| 海原县 | Haiyuan | 12279 | 1376 | 1178 | 675 | 1 | 502 | | 7 | 7 |

## 2-25 续表 1 continued

单位：元/人 (yuan/person)

| 市县 | Region | 建筑业生产费用支出 Construction | 第三产业生产费用支出 Tertiary Industry | 交通运输邮电业生产费用支出 Transport, Post and Telecommunication | 批发零售和住宿餐饮业支出 Wholesale, Retail, Lodging and Catering | 社会服务业生产费用支出 Social Service | 其他行业生产费用支出 Others | 二、购置生产性固定资产支出 Expenditure for Purchasing Productive Fixed Assets |
|---|---|---|---|---|---|---|---|---|
| **全区** | **Total** | **138** | **1030** | **721** | **194** | **108** | **6** | **870** |
| **沿黄地区** | **Plain** | **52** | **1234** | **1008** | **101** | **126** | **0** | **840** |
| **中南部地区** | **Mountain Area** | **3** | **257** | **161** | **54** | **31** | **11** | **526** |
| **银川市** | **Yinchuan** | **60** | **1132** | **968** | **45** | **118** | | **511** |
| 兴庆区 | Xingqing | 379 | 430 | 237 | 21 | 173 | | 149 |
| 西夏区 | Xixia | 285 | 795 | 497 | 99 | 199 | | 236 |
| 金凤区 | Jinfeng | | 448 | 270 | 104 | 74 | | 140 |
| 永宁县 | Yongning | 16 | 1011 | 854 | 9 | 149 | | 512 |
| 贺兰县 | Helan | 33 | 1594 | 1483 | 7 | 104 | | 894 |
| 灵武市 | Lingwu | 10 | 1513 | 1315 | 84 | 114 | | 548 |
| **石嘴山市** | **Shizuishan** | **6** | **307** | **162** | **8** | **137** | | **306** |
| 大武口区 | Dawukou | | 807 | 807 | | | | 6 |
| 惠农区 | Huinong | | 279 | 279 | | | | 97 |
| 平罗县 | Pingluo | 10 | 273 | 21 | 14 | 239 | | 490 |
| **吴忠市** | **Wuzhong** | **5** | **1222** | **913** | **167** | **119** | **22** | **1031** |
| 利通区 | Litong | 19 | 1824 | 1381 | 392 | 51 | | 2122 |
| 红寺堡区 | Hongsipu | 4 | 198 | 165 | 7 | 27 | | 607 |
| 盐池县 | Yanchi | | 1047 | 754 | 221 | 72 | | 1166 |
| 同心县 | Tongxin | | 428 | 102 | 160 | 99 | 67 | 219 |
| 青铜峡市 | Qingtongxia | | 2660 | 2319 | 24 | 316 | | 1402 |
| **固原市** | **Guyuan** | **6** | **173** | **117** | **34** | **21** | **0** | **747** |
| 原州区 | Yuanzhou | | 371 | 280 | 37 | 53 | 2 | 647 |
| 西吉县 | Xiji | 18 | 48 | 36 | | 12 | | 1033 |
| 隆德县 | Longde | | 195 | 151 | 35 | 10 | | 916 |
| 泾源县 | Jingyuan | | 385 | 158 | 216 | 11 | | 112 |
| 彭阳县 | Pengyang | | 22 | 12 | 4 | 5 | | 625 |
| **中卫市** | **Zhongwei** | **49** | **520** | **430** | **57** | **33** | **0** | **342** |
| 沙坡头区 | Shapotou | 96 | 862 | 754 | 34 | 74 | | 396 |
| 中宁县 | Zhongning | 105 | 875 | 617 | 203 | 53 | 1 | 910 |
| 海原县 | Haiyuan | | 191 | 183 | 5 | 2 | | 67 |

## 2-25 续表 2 continued

单位：元/人 (yuan/person)

| 市 县 | Region | 三、生活消费支出 Living Expenditure | 1.食品烟酒 Food Tobacco Liquor | A.食品 Food | 谷物 Grain | 薯类 Tubers | 豆类 Soybeans | 食用油 Edible Oil |
|---|---|---|---|---|---|---|---|---|
| **全 区** | **Total** | **9982** | **2522** | **1963** | **386** | **75** | **16** | **119** |
| **沿黄地区** | **Plain** | **10883** | **2969** | **2311** | **466** | **21** | **23** | **146** |
| **中南部地区** | **Mountain Area** | **7676** | **2215** | **1858** | **429** | **112** | **8** | **121** |
| **银川市** | **Yinchuan** | **11507** | **3218** | **2469** | **413** | **27** | **20** | **157** |
| 兴庆区 | Xingqing | 12469 | 3703 | 2743 | 358 | 27 | 33 | 169 |
| 西夏区 | Xixia | 10938 | 2808 | 1840 | 220 | 17 | 13 | 92 |
| 金凤区 | Jinfeng | 10983 | 3124 | 2423 | 370 | 58 | 20 | 117 |
| 永宁县 | Yongning | 10094 | 3111 | 2584 | 471 | 23 | 27 | 200 |
| 贺兰县 | Helan | 13278 | 3803 | 2786 | 490 | 32 | 24 | 200 |
| 灵武市 | Lingwu | 11338 | 2994 | 2458 | 702 | 15 | 10 | 112 |
| **石嘴山市** | **Shizuishan** | **10845** | **3286** | **2658** | **462** | **22** | **34** | **185** |
| 大武口区 | Dawukou | 9706 | 3018 | 2230 | 395 | 20 | 29 | 121 |
| 惠农区 | Huinong | 9500 | 3023 | 2295 | 413 | 0 | 31 | 146 |
| 平罗县 | Pingluo | 11197 | 3379 | 2781 | 528 | 28 | 33 | 197 |
| **吴忠市** | **Wuzhong** | **9023** | **2482** | **2080** | **453** | **25** | **10** | **136** |
| 利通区 | Litong | 11272 | 2859 | 2149 | 335 | 15 | 11 | 114 |
| 红寺堡区 | Hongsipu | 8134 | 2137 | 1883 | 438 | 50 | 6 | 106 |
| 盐池县 | Yanchi | 9280 | 2905 | 2199 | 400 | 50 | 10 | 93 |
| 同心县 | Tongxin | 7815 | 2337 | 2199 | 628 | 22 | 5 | 175 |
| 青铜峡市 | Qingtongxia | 8935 | 2400 | 1962 | 464 | 17 | 20 | 134 |
| **固原市** | **Guyuan** | **7678** | **2293** | **1819** | **376** | **171** | **11** | **99** |
| 原州区 | Yuanzhou | 9233 | 2272 | 1768 | 417 | 53 | 10 | 135 |
| 西吉县 | Xiji | 6665 | 2138 | 1725 | 369 | 189 | 4 | 82 |
| 隆德县 | Longde | 8986 | 2952 | 2355 | 371 | 639 | 38 | 101 |
| 泾源县 | Jingyuan | 7031 | 2212 | 1809 | 347 | 105 | 11 | 109 |
| 彭阳县 | Pengyang | 6806 | 2170 | 1677 | 340 | 44 | 6 | 79 |
| **中卫市** | **Zhongwei** | **8910** | **2271** | **1864** | **426** | **50** | **18** | **142** |
| 沙坡头区 | Shapotou | 11106 | 2632 | 1983 | 450 | 15 | 33 | 131 |
| 中宁县 | Zhongning | 10309 | 2841 | 2247 | 500 | 20 | 26 | 145 |
| 海原县 | Haiyuan | 7215 | 1871 | 1670 | 420 | 80 | 7 | 142 |

## 2-25 续表 3 continued

单位：元/人 (yuan/person)

| 市 县 | Region | 蔬菜和食用菌 Vegetables and Related Products | 肉类 Meat | 禽类 Poultry | 水产品 Aquartic Products | 蛋类 Eggs | 奶类 Milk | 干鲜瓜果类 Dried and Fresh Melon and Fruit | 糖果糕点类 Candy and Pastry | 其他类食品 Other Food |
|---|---|---|---|---|---|---|---|---|---|---|
| **全 区** | **Total** | **222** | **515** | **105** | **22** | **32** | **92** | **234** | **37** | **108** |
| **沿黄地区** | **Plain** | **282** | **635** | **123** | **29** | **36** | **112** | **262** | **52** | **124** |
| **中南部地区** | **Mountain Area** | **174** | **489** | **97** | **12** | **32** | **74** | **193** | **24** | **93** |
| **银川市** | **Yinchuan** | **302** | **701** | **163** | **38** | **41** | **106** | **303** | **55** | **143** |
| 兴庆区 | Xingqing | 359 | 744 | 171 | 32 | 58 | 143 | 385 | 78 | 184 |
| 西夏区 | Xixia | 240 | 515 | 110 | 31 | 41 | 126 | 291 | 49 | 96 |
| 金凤区 | Jinfeng | 248 | 748 | 168 | 65 | 34 | 105 | 297 | 58 | 136 |
| 永宁县 | Yongning | 338 | 617 | 192 | 49 | 47 | 110 | 315 | 65 | 130 |
| 贺兰县 | Helan | 352 | 680 | 179 | 34 | 45 | 115 | 348 | 74 | 214 |
| 灵武市 | Lingwu | 248 | 752 | 103 | 29 | 22 | 90 | 258 | 28 | 90 |
| **石嘴山市** | **Shizuishan** | **316** | **814** | **118** | **18** | **45** | **138** | **298** | **84** | **124** |
| 大武口区 | Dawukou | 307 | 510 | 121 | 25 | 60 | 125 | 315 | 66 | 137 |
| 惠农区 | Huinong | 318 | 737 | 64 | 28 | 30 | 121 | 258 | 79 | 70 |
| 平罗县 | Pingluo | 310 | 828 | 114 | 15 | 43 | 144 | 310 | 89 | 142 |
| **吴忠市** | **Wuzhong** | **221** | **643** | **127** | **17** | **28** | **95** | **201** | **28** | **96** |
| 利通区 | Litong | 209 | 803 | 152 | 26 | 30 | 97 | 231 | 37 | 89 |
| 红寺堡区 | Hongsipu | 219 | 500 | 135 | 13 | 31 | 64 | 209 | 16 | 96 |
| 盐池县 | Yanchi | 260 | 724 | 104 | 20 | 33 | 87 | 237 | 37 | 143 |
| 同心县 | Tongxin | 217 | 632 | 106 | 9 | 26 | 104 | 165 | 16 | 94 |
| 青铜峡市 | Qingtongxia | 235 | 515 | 96 | 22 | 21 | 103 | 212 | 38 | 84 |
| **固原市** | **Guyuan** | **164** | **447** | **96** | **13** | **36** | **64** | **213** | **30** | **97** |
| 原州区 | Yuanzhou | 174 | 458 | 90 | 8 | 31 | 71 | 198 | 25 | 98 |
| 西吉县 | Xiji | 138 | 433 | 96 | 15 | 35 | 57 | 193 | 34 | 80 |
| 隆德县 | Longde | 216 | 369 | 86 | 18 | 44 | 90 | 225 | 44 | 114 |
| 泾源县 | Jingyuan | 206 | 316 | 116 | 18 | 35 | 119 | 301 | 28 | 99 |
| 彭阳县 | Pengyang | 141 | 534 | 103 | 8 | 42 | 30 | 216 | 23 | 112 |
| **中卫市** | **Zhongwei** | **214** | **462** | **89** | **17** | **35** | **95** | **182** | **29** | **105** |
| 沙坡头区 | Shapotou | 280 | 440 | 88 | 24 | 42 | 110 | 204 | 47 | 119 |
| 中宁县 | Zhongning | 322 | 514 | 104 | 25 | 37 | 119 | 239 | 43 | 153 |
| 海原县 | Haiyuan | 138 | 449 | 77 | 10 | 28 | 77 | 151 | 14 | 76 |

## 2-25 续表 4 continued

单位：元/人 (yuan/person)

| 市 县 | Region | B.烟酒 Tobacco and Liquor | C.饮料 Beverage | D.饮食服务 Service for Food | 在外饮食 Dinning Outer | 2.衣着 Clothing | A.衣类 Clothing | B.鞋类 Footwear | 3.居住 Residence |
|---|---|---|---|---|---|---|---|---|---|
| **全 区** | **Total** | **217** | **57** | **285** | **252** | **719** | **551** | **168** | **1959** |
| **沿黄地区** | **Plain** | **251** | **60** | **346** | **311** | **871** | **663** | **209** | **2199** |
| **中南部地区** | **Mountain Area** | **180** | **57** | **119** | **107** | **540** | **393** | **147** | **1490** |
| **银川市** | **Yinchuan** | **252** | **62** | **435** | **415** | **979** | **740** | **239** | **2191** |
| 兴庆区 | Xingqing | 262 | 75 | 623 | 617 | 1059 | 792 | 268 | 3200 |
| 西夏区 | Xixia | 228 | 65 | 675 | 665 | 900 | 684 | 217 | 2049 |
| 金凤区 | Jinfeng | 299 | 87 | 316 | 312 | 1224 | 844 | 380 | 1887 |
| 永宁县 | Yongning | 196 | 60 | 271 | 253 | 872 | 627 | 245 | 1725 |
| 贺兰县 | Helan | 405 | 79 | 533 | 506 | 1017 | 782 | 235 | 2640 |
| 灵武市 | Lingwu | 136 | 36 | 363 | 334 | 928 | 740 | 188 | 1832 |
| **石嘴山市** | **Shizuishan** | **294** | **73** | **261** | **231** | **810** | **624** | **186** | **2151** |
| 大武口区 | Dawukou | 346 | 80 | 362 | 339 | 773 | 579 | 194 | 1802 |
| 惠农区 | Huinong | 361 | 61 | 307 | 253 | 786 | 602 | 184 | 1903 |
| 平罗县 | Pingluo | 277 | 79 | 242 | 227 | 826 | 636 | 190 | 2158 |
| **吴忠市** | **Wuzhong** | **141** | **44** | **217** | **188** | **746** | **567** | **179** | **1955** |
| 利通区 | Litong | 181 | 41 | 489 | 402 | 977 | 746 | 232 | 2326 |
| 红寺堡区 | Hongsipu | 75 | 57 | 122 | 113 | 627 | 469 | 158 | 1608 |
| 盐池县 | Yanchi | 384 | 66 | 256 | 253 | 735 | 563 | 173 | 1641 |
| 同心县 | Tongxin | 50 | 38 | 50 | 43 | 607 | 462 | 145 | 1737 |
| 青铜峡市 | Qingtongxia | 182 | 37 | 220 | 204 | 781 | 595 | 186 | 2129 |
| **固原市** | **Guyuan** | **251** | **67** | **157** | **141** | **498** | **362** | **136** | **1443** |
| 原州区 | Yuanzhou | 217 | 52 | 235 | 221 | 518 | 370 | 148 | 2084 |
| 西吉县 | Xiji | 238 | 67 | 108 | 85 | 483 | 352 | 132 | 1131 |
| 隆德县 | Longde | 363 | 76 | 159 | 140 | 426 | 317 | 109 | 1525 |
| 泾源县 | Jingyuan | 108 | 57 | 239 | 237 | 593 | 442 | 151 | 1219 |
| 彭阳县 | Pengyang | 309 | 81 | 103 | 91 | 498 | 363 | 135 | 1143 |
| **中卫市** | **Zhongwei** | **190** | **59** | **158** | **131** | **635** | **464** | **172** | **1841** |
| 沙坡头区 | Shapotou | 288 | 93 | 269 | 216 | 706 | 552 | 155 | 2774 |
| 中宁县 | Zhongning | 279 | 39 | 275 | 242 | 815 | 609 | 206 | 1766 |
| 海原县 | Haiyuan | 101 | 50 | 51 | 39 | 521 | 355 | 165 | 1399 |

## 2-25 续表 5 continued

单位：元/人 (yuan/person)

| 市 县 | Region | A.住房维修管理 Maintenance Management | B.水电燃料及其他 Water, Electricity, Fuel and Others | C.自有住房折算租金 Imputed Rent for Home-ownership | 4.生活用品及服务 Household Facilities, and Service | 5.交通和通信 Transport and Communi-cation | A.交通 Transport | 交通工具 Transport Vehicle | 交通费 Car Fare |
|---|---|---|---|---|---|---|---|---|---|
| **全 区** | **Total** | **484** | **592** | **848** | **574** | **1675** | **1229** | **621** | **136** |
| **沿黄地区** | **Plain** | **612** | **598** | **946** | **731** | **1644** | **1131** | **444** | **133** |
| **中南部地区** | **Mountain Area** | **312** | **516** | **638** | **468** | **1066** | **713** | **300** | **112** |
| **银川市** | **Yinchuan** | **382** | **717** | **1056** | **707** | **1841** | **1299** | **451** | **147** |
| 兴庆区 | Xingqing | 402 | 746 | 2011 | 711 | 1548 | 1176 | 30 | 113 |
| 西夏区 | Xixia | 195 | 649 | 1155 | 488 | 1505 | 1044 | 179 | 153 |
| 金凤区 | Jinfeng | 80 | 668 | 1101 | 859 | 1487 | 1044 | 173 | 107 |
| 永宁县 | Yongning | 266 | 783 | 676 | 656 | 1376 | 780 | 48 | 107 |
| 贺兰县 | Helan | 511 | 870 | 1215 | 762 | 2013 | 1306 | 527 | 175 |
| 灵武市 | Lingwu | 331 | 540 | 909 | 729 | 2367 | 1879 | 935 | 143 |
| **石嘴山市** | **Shizuishan** | **514** | **698** | **862** | **693** | **1212** | **698** | **139** | **169** |
| 大武口区 | Dawukou | 247 | 638 | 807 | 431 | 1571 | 889 | 160 | 203 |
| 惠农区 | Huinong | 211 | 810 | 838 | 368 | 1019 | 581 | 26 | 184 |
| 平罗县 | Pingluo | 593 | 645 | 843 | 897 | 1269 | 749 | 214 | 125 |
| **吴忠市** | **Wuzhong** | **411** | **549** | **974** | **607** | **1355** | **910** | **368** | **126** |
| 利通区 | Litong | 666 | 628 | 978 | 943 | 1973 | 1383 | 743 | 101 |
| 红寺堡区 | Hongsipu | 514 | 270 | 790 | 683 | 1202 | 838 | 264 | 204 |
| 盐池县 | Yanchi | 225 | 814 | 600 | 428 | 1378 | 971 | 93 | 123 |
| 同心县 | Tongxin | 283 | 528 | 922 | 408 | 1057 | 677 | 284 | 111 |
| 青铜峡市 | Qingtongxia | 385 | 528 | 1206 | 592 | 1264 | 792 | 278 | 125 |
| **固原市** | **Guyuan** | **276** | **522** | **614** | **454** | **1055** | **704** | **268** | **125** |
| 原州区 | Yuanzhou | 725 | 517 | 767 | 546 | 1532 | 1106 | 628 | 119 |
| 西吉县 | Xiji | 74 | 531 | 526 | 411 | 872 | 567 | 128 | 114 |
| 隆德县 | Longde | 152 | 519 | 790 | 448 | 806 | 447 | 23 | 176 |
| 泾源县 | Jingyuan | 199 | 428 | 581 | 481 | 876 | 603 | 106 | 219 |
| 彭阳县 | Pengyang | 120 | 515 | 492 | 403 | 978 | 609 | 264 | 82 |
| **中卫市** | **Zhongwei** | **737** | **479** | **593** | **597** | **1280** | **901** | **472** | **94** |
| 沙坡头区 | Shapotou | 1359 | 572 | 829 | 610 | 1659 | 1208 | 638 | 136 |
| 中宁县 | Zhongning | 802 | 270 | 623 | 826 | 1500 | 1073 | 359 | 138 |
| 海原县 | Haiyuan | 393 | 522 | 460 | 490 | 992 | 670 | 436 | 54 |

## 2-25 续表 6 continued

单位: 元/人 (yuan/person)

| 市 县 | Region | 交通工具用燃料 Fuel for Transport Vehicle | 交通工具使用及维修 Use and maintenance for Transport Vehicle | B.通信 Communication | 通信工具 Communication Tools | 通信服务 Service for Communication | 6.教育文化娱乐 Educational, Cultural, Recreational | A.教育 Education | 学前教育 Preschool |
|---|---|---|---|---|---|---|---|---|---|
| **全 区** | **Total** | **259** | **212** | **446** | **189** | **257** | **1212** | **982** | **59** |
| **沿黄地区** | **Plain** | **300** | **255** | **513** | **207** | **306** | **1103** | **822** | **73** |
| **中南部地区** | **Mountain Area** | **190** | **111** | **353** | **149** | **204** | **932** | **803** | **40** |
| **银川市** | **Yinchuan** | **388** | **313** | **542** | **188** | **354** | **1232** | **911** | **74** |
| 兴庆区 | Xingqing | 595 | 437 | 372 | 56 | 316 | 905 | 558 | 162 |
| 西夏区 | Xixia | 354 | 358 | 462 | 189 | 272 | 1664 | 1373 | 38 |
| 金凤区 | Jinfeng | 592 | 171 | 443 | 123 | 320 | 1383 | 1151 | 69 |
| 永宁县 | Yongning | 371 | 255 | 596 | 155 | 441 | 1150 | 952 | 80 |
| 贺兰县 | Helan | 365 | 239 | 707 | 263 | 444 | 1566 | 1063 | 55 |
| 灵武市 | Lingwu | 335 | 466 | 488 | 216 | 272 | 1018 | 752 | 91 |
| **石嘴山市** | **Shizuishan** | **202** | **187** | **514** | **204** | **310** | **1263** | **1012** | **55** |
| 大武口区 | Dawukou | 186 | 340 | 683 | 372 | 311 | 1100 | 904 | 35 |
| 惠农区 | Huinong | 232 | 139 | 438 | 150 | 289 | 1415 | 1217 | 48 |
| 平罗县 | Pingluo | 216 | 193 | 520 | 202 | 318 | 1149 | 874 | 81 |
| **吴忠市** | **Wuzhong** | **247** | **169** | **445** | **187** | **258** | **826** | **636** | **55** |
| 利通区 | Litong | 320 | 219 | 590 | 231 | 359 | 937 | 636 | 94 |
| 红寺堡区 | Hongsipu | 222 | 148 | 363 | 179 | 185 | 1029 | 894 | 105 |
| 盐池县 | Yanchi | 424 | 332 | 407 | 113 | 294 | 1237 | 1020 | 11 |
| 同心县 | Tongxin | 187 | 96 | 379 | 172 | 207 | 667 | 556 | 27 |
| 青铜峡市 | Qingtongxia | 207 | 182 | 472 | 209 | 263 | 673 | 449 | 50 |
| **固原市** | **Guyuan** | **198** | **113** | **351** | **135** | **216** | **1002** | **878** | **51** |
| 原州区 | Yuanzhou | 209 | 149 | 426 | 209 | 217 | 973 | 861 | 110 |
| 西吉县 | Xiji | 231 | 94 | 305 | 110 | 195 | 1003 | 888 | 24 |
| 隆德县 | Longde | 132 | 117 | 359 | 123 | 235 | 1417 | 1234 | 23 |
| 泾源县 | Jingyuan | 188 | 90 | 272 | 88 | 184 | 670 | 569 | 18 |
| 彭阳县 | Pengyang | 157 | 107 | 369 | 117 | 252 | 897 | 762 | 54 |
| **中卫市** | **Zhongwei** | **183** | **152** | **379** | **185** | **194** | **1002** | **805** | **39** |
| 沙坡头区 | Shapotou | 241 | 193 | 451 | 223 | 227 | 1061 | 885 | 65 |
| 中宁县 | Zhongning | 264 | 312 | 428 | 191 | 237 | 1151 | 789 | 76 |
| 海原县 | Haiyuan | 117 | 63 | 322 | 163 | 159 | 906 | 771 | 10 |

## 2-25 续表 7 continued

单位：元/人 (yuan/person)

| 市 县 | Region | 小学教育 Elementary | 初中教育 Junior High School | 高中教育 Senior High School | 中专职高教育 Technical and Professional High School | 大专及以上教育 College Degree or Above | 成人教育 Adult Education | B.文化娱乐 Culture Recreation |
|---|---|---|---|---|---|---|---|---|
| **全 区** | **Total** | **34** | **84** | **223** | **86** | **437** | **58** | **230** |
| **沿黄地区** | **Plain** | **48** | **99** | **146** | **87** | **319** | **51** | **280** |
| **中南部地区** | **Mountain Area** | **35** | **104** | **242** | **73** | **260** | **50** | **129** |
| **银川市** | **Yinchuan** | **64** | **150** | **197** | **43** | **303** | **78** | **322** |
| 兴庆区 | Xingqing | 140 | 27 | 23 | 1 | 157 | 49 | 347 |
| 西夏区 | Xixia | 91 | 78 | 515 | 134 | 502 | 13 | 291 |
| 金凤区 | Jinfeng | 126 | 399 | 242 | 2 | 292 | 21 | 232 |
| 永宁县 | Yongning | 60 | 158 | 235 | 39 | 337 | 43 | 197 |
| 贺兰县 | Helan | 48 | 114 | 179 | 85 | 400 | 181 | 502 |
| 灵武市 | Lingwu | 41 | 157 | 154 | 9 | 239 | 60 | 267 |
| **石嘴山市** | **Shizuishan** | **29** | **68** | **217** | **79** | **498** | **67** | **251** |
| 大武口区 | Dawukou | 46 | 127 | 197 | 93 | 328 | 77 | 196 |
| 惠农区 | Huinong | 16 | 151 | 405 | 5 | 490 | 102 | 198 |
| 平罗县 | Pingluo | 39 | 40 | 141 | 106 | 418 | 49 | 275 |
| **吴忠市** | **Wuzhong** | **32** | **99** | **152** | **76** | **201** | **23** | **189** |
| 利通区 | Litong | 47 | 81 | 96 | 105 | 198 | 14 | 301 |
| 红寺堡区 | Hongsipu | 13 | 170 | 226 | 68 | 278 | 34 | 136 |
| 盐池县 | Yanchi | 48 | 90 | 365 |  | 470 | 37 | 216 |
| 同心县 | Tongxin | 15 | 92 | 151 | 78 | 170 | 23 | 111 |
| 青铜峡市 | Qingtongxia | 45 | 69 | 83 | 84 | 96 | 21 | 224 |
| **固原市** | **Guyuan** | **48** | **112** | **262** | **72** | **270** | **63** | **124** |
| 原州区 | Yuanzhou | 74 | 127 | 162 | 147 | 175 | 68 | 111 |
| 西吉县 | Xiji | 41 | 134 | 343 | 51 | 249 | 47 | 115 |
| 隆德县 | Longde | 20 | 87 | 371 | 31 | 543 | 158 | 183 |
| 泾源县 | Jingyuan | 18 | 131 | 153 | 11 | 216 | 22 | 101 |
| 彭阳县 | Pengyang | 60 | 60 | 241 | 64 | 241 | 43 | 134 |
| **中卫市** | **Zhongwei** | **27** | **68** | **168** | **110** | **348** | **45** | **197** |
| 沙坡头区 | Shapotou | 27 | 52 | 81 | 135 | 489 | 37 | 177 |
| 中宁县 | Zhongning | 39 | 67 | 104 | 135 | 328 | 41 | 362 |
| 海原县 | Haiyuan | 22 | 76 | 240 | 86 | 285 | 51 | 135 |

## 2-25 续表 8 continued

单位：元/人 (yuan/person)

| 市　县 | Region | 7.医疗保健 Medicine and Health Care | A.医疗器具及药品 Medical Treatment and Drug | B.医疗服务 Service for Medical Treatment | 8.其他用品和服务 Other Commodities and Services | 四、财产性支出 Property Expenditure | 五、转移性支出 Transfer Expenditure |
|---|---|---|---|---|---|---|---|
| **全　区** | **Total** | **1131** | **324** | **807** | **189** | **76** | **610** |
| **沿黄地区** | **Plain** | **1126** | **365** | **760** | **241** | **79** | **635** |
| **中南部地区** | **Mountain Area** | **846** | **271** | **574** | **118** | **38** | **228** |
| **银川市** | **Yinchuan** | **1134** | **400** | **735** | **203** | **95** | **607** |
| 兴庆区 | Xingqing | 1194 | 376 | 817 | 150 | 131 | 592 |
| 西夏区 | Xixia | 1319 | 501 | 818 | 204 | 91 | 332 |
| 金凤区 | Jinfeng | 843 | 376 | 467 | 177 | 36 | 971 |
| 永宁县 | Yongning | 1018 | 357 | 661 | 184 | 6 | 618 |
| 贺兰县 | Helan | 1246 | 403 | 844 | 232 | 185 | 514 |
| 灵武市 | Lingwu | 1238 | 409 | 829 | 232 | 71 | 664 |
| **石嘴山市** | **Shizuishan** | **1196** | **403** | **793** | **234** | **35** | **568** |
| 大武口区 | Dawukou | 838 | 360 | 478 | 171 | 0 | 584 |
| 惠农区 | Huinong | 870 | 396 | 474 | 115 | | 349 |
| 平罗县 | Pingluo | 1287 | 356 | 932 | 233 | 72 | 690 |
| **吴忠市** | **Wuzhong** | **907** | **317** | **590** | **145** | **66** | **426** |
| 利通区 | Litong | 987 | 308 | 678 | 270 | 215 | 660 |
| 红寺堡区 | Hongsipu | 770 | 297 | 473 | 78 | 25 | 70 |
| 盐池县 | Yanchi | 857 | 272 | 585 | 100 | 83 | 377 |
| 同心县 | Tongxin | 943 | 364 | 580 | 58 | 16 | 374 |
| 青铜峡市 | Qingtongxia | 896 | 280 | 616 | 201 | 2 | 518 |
| **固原市** | **Guyuan** | **822** | **240** | **581** | **111** | **52** | **238** |
| 原州区 | Yuanzhou | 1119 | 308 | 811 | 191 | 125 | 248 |
| 西吉县 | Xiji | 552 | 199 | 353 | 75 | 28 | 225 |
| 隆德县 | Longde | 1313 | 265 | 1048 | 100 | 17 | 178 |
| 泾源县 | Jingyuan | 902 | 305 | 598 | 78 | 17 | 353 |
| 彭阳县 | Pengyang | 623 | 185 | 438 | 95 | 31 | 232 |
| **中卫市** | **Zhongwei** | **1038** | **328** | **710** | **246** | **34** | **403** |
| 沙坡头区 | Shapotou | 1294 | 416 | 878 | 369 | 60 | 922 |
| 中宁县 | Zhongning | 1179 | 353 | 826 | 231 | 41 | 461 |
| 海原县 | Haiyuan | 847 | 271 | 575 | 189 | 19 | 114 |

# 2-26　2017年各市县农村居民可支配收入来源情况

## Basic Statistics of Disposable Income of Rural Households by Sources by City and County (2017)

单位：元/人　　(yuan/person)

| 市　县 | Region | 一、可支配收入 Disposable Income | (一)工资性收入 Income from Wages and Salaries | (二)经营净收入 Net Business Income | 1.第一产业 Primary Industry | 农业 Farming | 林业 Forestry | 牧业 Animal Husbandry | 渔业 Fishery | 2.非农产业 Non-agriculture | 工业 Industry |
|---|---|---|---|---|---|---|---|---|---|---|---|
| **全　区** | **Total** | **10738** | **4224** | **4252** | **2837** | **2020** | **62** | **734** | **21** | **123** | **66** |
| **沿黄地区** | **Plain** | **12661** | **5839** | **5394** | **3585** | **2806** | **19** | **750** | **11** | **1809** | **26** |
| **中南部地区** | **Mountain Area** | **8347** | **3470** | **3479** | **2870** | **1382** | **87** | **1398** | **2** | **609** | **35** |
| **银川市** | **Yinchuan** | **13087** | **6103** | **5633** | **3539** | **2879** | **35** | **596** | **30** | **2095** | **21** |
| 兴庆区 | Xingqing | 14788 | 6690 | 6863 | 5651 | 5424 | 42 | 186 | | 1211 | 88 |
| 西夏区 | Xixia | 10975 | 4532 | 5146 | 2419 | 2213 | 64 | 143 | | 2727 | 93 |
| 金凤区 | Jinfeng | 11629 | 6788 | 2829 | 1015 | 737 | 55 | 224 | | 1814 | |
| 永宁县 | Yongning | 12855 | 4686 | 6672 | 3953 | 3378 | 53 | 587 | -64 | 2719 | |
| 贺兰县 | Helan | 13668 | 6873 | 5308 | 3640 | 3123 | 33 | 321 | 163 | 1667 | |
| 灵武市 | Lingwu | 13659 | 6529 | 6402 | 3856 | 2851 | 12 | 993 | | 2546 | 32 |
| **石嘴山市** | **Shizuishan** | **12880** | **4732** | **5775** | **4531** | **3580** | **1** | **947** | **1** | **1244** | **13** |
| 大武口区 | Dawukou | 11185 | 8382 | 2328 | 733 | 342 | -9 | 399 | | 1596 | 76 |
| 惠农区 | Huinong | 12857 | 5211 | 6298 | 4705 | 3992 | -1 | 714 | | 1592 | 21 |
| 平罗县 | Pingluo | 13276 | 3832 | 6545 | 5387 | 4304 | 4 | 1076 | 2 | 1158 | |
| **吴忠市** | **Wuzhong** | **10912** | **4969** | **4897** | **3497** | **1561** | **13** | **1923** | **0** | **1400** | **18** |
| 利通区 | Litong | 13675 | 7690 | 5191 | 2873 | 1185 | 2 | 1685 | | 2319 | 47 |
| 红寺堡区 | Hongsipu | 7896 | 4496 | 2222 | 1894 | 1287 | 20 | 588 | -1 | 328 | |
| 盐池县 | Yanchi | 9549 | 1237 | 6849 | 5394 | 1272 | 1 | 4122 | | 1455 | |
| 同心县 | Tongxin | 8216 | 3164 | 3957 | 3444 | 1887 | 1 | 1557 | | 513 | 21 |
| 青铜峡市 | Qingtongxia | 13135 | 6464 | 5647 | 3067 | 2542 | 45 | 480 | | 2581 | |
| **固原市** | **Guyuan** | **8579** | **3471** | **3687** | **3036** | **1350** | **161** | **1520** | **5** | **652** | **59** |
| 原州区 | Yuanzhou | 8961 | 4088 | 3296 | 2347 | 698 | 6 | 1644 | | 948 | 82 |
| 西吉县 | Xiji | 8401 | 3120 | 3970 | 3505 | 2230 | 9 | 1251 | 14 | 465 | |
| 隆德县 | Longde | 8305 | 3455 | 3096 | 2373 | 1284 | 20 | 1069 | | 724 | 3 |
| 泾源县 | Jingyuan | 7842 | 3449 | 3366 | 2882 | 391 | 1119 | 1372 | | 484 | |
| 彭阳县 | Pengyang | 8790 | 3930 | 3487 | 2834 | 1166 | 242 | 1426 | | 653 | 190 |
| **中卫市** | **Zhongwei** | **9365** | **4222** | **3523** | **2773** | **2027** | **6** | **740** | | **750** | **22** |
| 沙坡头区 | Shapotou | 11249 | 5518 | 4151 | 3295 | 2387 | 2 | 906 | | 857 | 61 |
| 中宁县 | Zhongning | 11245 | 4221 | 5354 | 4106 | 3819 | 1 | 285 | | 1248 | 13 |
| 海原县 | Haiyuan | 7658 | 3562 | 2477 | 1998 | 1177 | 10 | 812 | | 479 | 6 |

# 2-26 续表 continued

单位：元/人 (yuan/person)

| 市 县 | Region | 建筑业收 入 Construction | 交通、运输、邮电业 收 入 Transport, Post and Teleco-mmunication | 批发零售和住宿餐饮业收入 Wholesale, Retail, Lodging and Catering | 社会服务业 收 入 Social Service | 其他行业收入 Others | (三)财产净收入 Net Income from Property | (四)转移净收入 Net Income from Transfer | 二、现金可支配收入 Cash Disposable Income | 三、实物可支配收入 Matter Disposable Income |
|---|---|---|---|---|---|---|---|---|---|---|
| **全 区** | **Total** | **58** | **539** | **553** | **191** | **9** | **324** | **1938** | **10637** | **297** |
| **沿黄地区** | **Plain** | **133** | **804** | **628** | **216** | **2** | **324** | **1103** | **12381** | **279** |
| **中南部地区** | **Mountain Area** | **11** | **217** | **248** | **87** | **10** | **72** | **1325** | **8071** | **275** |
| **银川市** | **Yinchuan** | **93** | **787** | **863** | **329** | **0** | **395** | **955** | **12631** | **456** |
| 兴庆区 | Xingqing | 382 | 347 | 171 | 224 | | 1076 | 159 | 14631 | 157 |
| 西夏区 | Xixia | 537 | 556 | 885 | 657 | | 477 | 820 | 9578 | 1398 |
| 金凤区 | Jinfeng | | 771 | 766 | 277 | | 726 | 1286 | 11609 | 20 |
| 永宁县 | Yongning | 154 | 1242 | 1233 | 90 | | 769 | 728 | 12939 | -83 |
| 贺兰县 | Helan | 2 | 989 | 226 | 451 | | 177 | 1310 | 13180 | 488 |
| 灵武市 | Lingwu | -2 | 602 | 1576 | 338 | 1 | 43 | 686 | 12039 | 1620 |
| **石嘴山市** | **Shizuishan** | **127** | **358** | **647** | **99** | | **400** | **1973** | **12999** | **-119** |
| 大武口区 | Dawukou | | 1522 | -6 | 4 | | 75 | 399 | 11494 | -310 |
| 惠农区 | Huinong | | 714 | 857 | | | 562 | 786 | 12759 | 98 |
| 平罗县 | Pingluo | 240 | 63 | 722 | 134 | | 454 | 2446 | 12740 | 536 |
| **吴忠市** | **Wuzhong** | **107** | **790** | **264** | **195** | **26** | **95** | **951** | **10902** | **11** |
| 利通区 | Litong | 470 | 964 | 438 | 400 | | 6 | 788 | 13581 | 94 |
| 红寺堡区 | Hongsipu | 14 | 189 | 123 | 2 | | 16 | 1162 | 8136 | -240 |
| 盐池县 | Yanchi | | 394 | 795 | 265 | | 206 | 1257 | 9025 | 524 |
| 同心县 | Tongxin | | 147 | 154 | 111 | 80 | 16 | 1078 | 7761 | 454 |
| 青铜峡市 | Qingtongxia | | 2253 | 117 | 211 | | 309 | 714 | 13086 | 49 |
| **固原市** | **Guyuan** | **20** | **212** | **258** | **106** | **-4** | **65** | **1356** | **8497** | **82** |
| 原州区 | Yuanzhou | | 443 | 217 | 195 | 11 | 45 | 1533 | 9167 | -207 |
| 西吉县 | Xiji | 59 | 80 | 246 | 80 | | 105 | 1206 | 8042 | 358 |
| 隆德县 | Longde | | 177 | 389 | 220 | -65 | 26 | 1728 | 7977 | 328 |
| 泾源县 | Jingyuan | | 176 | 266 | 42 | | 42 | 985 | 7959 | -117 |
| 彭阳县 | Pengyang | | 186 | 267 | 9 | | 65 | 1308 | 8827 | -37 |
| **中卫市** | **Zhongwei** | **31** | **274** | **385** | **35** | **3** | **217** | **1404** | **9083** | **282** |
| 沙坡头区 | Shapotou | 76 | 160 | 516 | 44 | | 180 | 1401 | 11180 | 69 |
| 中宁县 | Zhongning | 50 | 468 | 632 | 72 | 13 | 501 | 1169 | 11491 | -246 |
| 海原县 | Haiyuan | | 248 | 211 | 14 | 0 | 112 | 1508 | 6967 | 691 |

# 2-27 2017年各市县农村居民家庭现金收入来源情况

# Basic Statistics of Cash Income of Rural Households by Sources and City and County (2017)

单位：元/人 (yuan/person)

| 市 县 | Region | 一、现金收入 Total Cash Income | (一)工资性收入 Income from Wages and Salaries | (二)现金经营性收入 Household Business Income | 第一产业现金收入 Primary Industry | 农业现金收入 Farming | 林业现金收入 Forestry | 牧业现金收入 Animal Husbandry | 渔业现金收入 Fishery |
|---|---|---|---|---|---|---|---|---|---|
| **全 区** | **Total** | **15386** | **4210** | **8547** | **5591** | **3007** | **82** | **2392** | **110** |
| **沿黄地区** | **Plain** | **17851** | **5819** | **10103** | **6573** | **4333** | **22** | **2143** | **74** |
| **中南部地区** | **Mountain Area** | **10238** | **3470** | **5295** | **4232** | **1555** | **110** | **2563** | **2** |
| **银川市** | **Yinchuan** | **18381** | **6094** | **10412** | **6771** | **4818** | **40** | **1705** | **208** |
| 兴庆区 | Xingqing | 20431 | 6663 | 11953 | 8985 | 8254 | 42 | 689 | |
| 西夏区 | Xixia | 11789 | 4528 | 5577 | 1483 | 1231 | 65 | 187 | |
| 金凤区 | Jinfeng | 13768 | 6788 | 4157 | 1866 | 1286 | 55 | 525 | |
| 永宁县 | Yongning | 18449 | 4671 | 11759 | 7476 | 5083 | 70 | 1507 | 816 |
| 贺兰县 | Helan | 20550 | 6873 | 11804 | 8307 | 7123 | 33 | 926 | 225 |
| 灵武市 | Lingwu | 17020 | 6515 | 9169 | 4664 | 2419 | 19 | 2226 | |
| **石嘴山市** | **Shizuishan** | **18981** | **4714** | **11528** | **9609** | **7257** | **3** | **2348** | **1** |
| 大武口区 | Dawukou | 14565 | 8380 | 5247 | 1447 | 675 | | 772 | |
| 惠农区 | Huinong | 16499 | 5210 | 9685 | 7608 | 5385 | | 2222 | |
| 平罗县 | Pingluo | 19939 | 3820 | 12726 | 11014 | 7976 | 4 | 3032 | 2 |
| **吴忠市** | **Wuzhong** | **15546** | **4944** | **9235** | **6169** | **2239** | **16** | **3914** | |
| 利通区 | Litong | 20011 | 7596 | 10968 | 6517 | 1584 | 7 | 4926 | |
| 红寺堡区 | Hongsipu | 10084 | 4496 | 4406 | 3505 | 2320 | 22 | 1164 | |
| 盐池县 | Yanchi | 14249 | 1237 | 11204 | 8401 | 1661 | 1 | 6740 | |
| 同心县 | Tongxin | 10798 | 3164 | 6312 | 5212 | 2208 | 1 | 3002 | |
| 青铜峡市 | Qingtongxia | 18658 | 6460 | 10871 | 4436 | 3003 | 54 | 1380 | |
| **固原市** | **Guyuan** | **10454** | **3470** | **5469** | **4433** | **1349** | **206** | **2874** | **5** |
| 原州区 | Yuanzhou | 11495 | 4084 | 5784 | 4051 | 892 | 7 | 3152 | |
| 西吉县 | Xiji | 9315 | 3120 | 4798 | 4126 | 2020 | 7 | 2085 | 14 |
| 隆德县 | Longde | 9615 | 3455 | 4379 | 3230 | 810 | 14 | 2407 | |
| 泾源县 | Jingyuan | 10457 | 3449 | 5796 | 4856 | 267 | 1612 | 2978 | |
| 彭阳县 | Pengyang | 10818 | 3930 | 5359 | 4574 | 1613 | 238 | 2723 | |
| **中卫市** | **Zhongwei** | **12282** | **4216** | **6253** | **4740** | **3116** | **4** | **1619** | |
| 沙坡头区 | Shapotou | 17395 | 5506 | 9606 | 7591 | 4649 | 2 | 2940 | |
| 中宁县 | Zhongning | 15102 | 4208 | 8940 | 6350 | 5424 | | 926 | |
| 海原县 | Haiyuan | 8450 | 3562 | 3375 | 2586 | 1332 | 7 | 1247 | |

## 2-27 续表 1 continued

单位：元/人 (yuan/person)

| 市 县 | Region | 第二产业现金收入 Secondary Industry | 工业收入 Industry | 建筑业收入 Construction | 第三产业现金收入 Tertiary Industry | 交通、运输、邮电业收入 Transport, Post and Telecommunication | 批发零售和住宿餐饮业收入 Wholesale, Retail, Lodging and Catering |
|---|---|---|---|---|---|---|---|
| **全 区** | **Total** | **311** | **111** | **200** | **2644** | **1480** | **686** |
| **沿黄地区** | **Plain** | **266** | **60** | **206** | **3264** | **2077** | **786** |
| **中南部地区** | **Mountain Area** | **100** | **85** | **15** | **963** | **460** | **346** |
| **银川市** | **Yinchuan** | **224** | **41** | **183** | **3416** | **1946** | **1010** |
| 兴庆区 | Xingqing | 1253 | 103 | 1150 | 1716 | 782 | 537 |
| 西夏区 | Xixia | 928 | 99 | 829 | 3166 | 1099 | 1171 |
| 金凤区 | Jinfeng | | | | 2290 | 1067 | 872 |
| 永宁县 | Yongning | 183 | | 183 | 4100 | 2371 | 1466 |
| 贺兰县 | Helan | 40 | | 40 | 3457 | 2637 | 254 |
| 灵武市 | Lingwu | 108 | 100 | 7 | 4397 | 2208 | 1725 |
| **石嘴山市** | **Shizuishan** | **315** | **156** | **159** | **1604** | **573** | **702** |
| 大武口区 | Dawukou | 1195 | 1195 | | 2605 | 2601 | |
| 惠农区 | Huinong | 101 | 101 | | 1976 | 1093 | 883 |
| 平罗县 | Pingluo | 299 | | 299 | 1413 | 86 | 796 |
| **吴忠市** | **Wuzhong** | **143** | **26** | **116** | **2923** | **2028** | **475** |
| 利通区 | Litong | 552 | 50 | 502 | 3898 | 2577 | 857 |
| 红寺堡区 | Hongsipu | 26 | | 26 | 874 | 639 | 138 |
| 盐池县 | Yanchi | | | | 2803 | 1305 | 1136 |
| 同心县 | Tongxin | 46 | 46 | | 1055 | 291 | 387 |
| 青铜峡市 | Qingtongxia | | | | 6434 | 5575 | 151 |
| **固原市** | **Guyuan** | **171** | **144** | **26** | **866** | **383** | **343** |
| 原州区 | Yuanzhou | 370 | 370 | | 1363 | 822 | 271 |
| 西吉县 | Xiji | 78 | | 78 | 594 | 138 | 358 |
| 隆德县 | Longde | 4 | 4 | | 1144 | 453 | 460 |
| 泾源县 | Jingyuan | | | | 940 | 379 | 503 |
| 彭阳县 | Pengyang | 250 | 250 | | 535 | 214 | 282 |
| **中卫市** | **Zhongwei** | **120** | **35** | **85** | **1393** | **834** | **460** |
| 沙坡头区 | Shapotou | 246 | 65 | 181 | 1769 | 1083 | 567 |
| 中宁县 | Zhongning | 220 | 51 | 169 | 2371 | 1225 | 884 |
| 海原县 | Haiyuan | 13 | 13 | | 776 | 537 | 221 |

# 2-27 续表 2 continued

单位：元/人 (yuan/person)

| 市 县 | Region | 社会服务业收入 Social Service | 其他行业收入 Other | (三)财产性收入 Property Income | (四)转移性收入 Transfer Income | 二、非收入所得 Non-income Cash | 三、借贷性所得 Loans from Bank and Credit Association |
|---|---|---|---|---|---|---|---|
| **全 区** | **Total** | **337** | **21** | **400** | **2230** | **41853** | **3442** |
| **沿黄地区** | **Plain** | **279** | **2** | **403** | **1527** | **4206** | **3455** |
| **中南部地区** | **Mountain Area** | **66** | **25** | **110** | **1363** | **2159** | **3272** |
| **银川市** | **Yinchuan** | **318** | **1** | **491** | **1384** | **3275** | **2788** |
| 兴庆区 | Xingqing | 397 | | 1207 | 608 | 3518 | 2421 |
| 西夏区 | Xixia | 896 | | 568 | 1116 | 2222 | 4288 |
| 金凤区 | Jinfeng | 351 | | 763 | 2061 | 1276 | 272 |
| 永宁县 | Yongning | 228 | | 775 | 1243 | 4040 | 5274 |
| 贺兰县 | Helan | 461 | | 362 | 1511 | 2428 | 707 |
| 灵武市 | Lingwu | 56 | 2 | 114 | 1223 | 4808 | 4198 |
| **石嘴山市** | **Shizuishan** | **286** | | **435** | **2304** | **2400** | **1144** |
| 大武口区 | Dawukou | 4 | | 75 | 863 | 1308 | 1444 |
| 惠农区 | Huinong | | | 562 | 1043 | 699 | 276 |
| 平罗县 | Pingluo | 463 | | 526 | 2866 | 3353 | 1144 |
| **吴忠市** | **Wuzhong** | **260** | **49** | **162** | **1206** | **4746** | **3955** |
| 利通区 | Litong | 202 | | 221 | 1226 | 3701 | 5368 |
| 红寺堡区 | Hongsipu | 95 | | 40 | 1142 | 1384 | 2701 |
| 盐池县 | Yanchi | 35 | | 289 | 1519 | 1614 | 4939 |
| 同心县 | Tongxin | 194 | 150 | 32 | 1290 | 1063 | 2154 |
| 青铜峡市 | Qingtongxia | 655 | | 311 | 1016 | 14999 | 5791 |
| **固原市** | **Guyuan** | **48** | **3** | **117** | **1398** | **3349** | **4196** |
| 原州区 | Yuanzhou | 12 | 13 | 170 | 1457 | 2623 | 5354 |
| 西吉县 | Xiji | 99 | | 133 | 1264 | 6182 | 4036 |
| 隆德县 | Longde | 11 | | 43 | 1739 | 846 | 3649 |
| 泾源县 | Jingyuan | 26 | | 59 | 1152 | 2976 | 3707 |
| 彭阳县 | Pengyang | 39 | | 96 | 1433 | 1035 | 3226 |
| **中卫市** | **Zhongwei** | **53** | **3** | **251** | **1563** | **1089** | **2651** |
| 沙坡头区 | Shapotou | 105 | | 239 | 2044 | 1185 | 3095 |
| 中宁县 | Zhongning | 75 | 15 | 542 | 1411 | 2482 | 3932 |
| 海原县 | Haiyuan | 18 | | 130 | 1383 | 434 | 1868 |

# 2-28 2017年各市县农村居民家庭现金支出情况

# Basic Statistics of Cash Expenditure of Rural Households by City and County (2017)

单位：元/人 (yuan/person)

| 市 县 | Region | 一、现金支出 Annual Cash Expenditure | (一)生产经营费用支出 Expenditure for Business | 第一产业生产费用支出 Primary Industry | 农业生产费用 Farming | 林业生产费用 Forestry | 牧业生产费用 Animal Husbandry | 渔业生产费用 Fishery |
|---|---|---|---|---|---|---|---|---|
| **全 区** | **Total** | **20712** | **4063** | **2865** | **1401** | **21** | **1354** | **90** |
| **沿黄地区** | **Plain** | **22788** | **4756** | **3439** | **2116** | **3** | **1256** | **63** |
| **中南部地区** | **Mountain Area** | **13829** | **1900** | **1608** | **735** | **25** | **848** | **0** |
| **银川市** | **Yinchuan** | **22385** | **5047** | **3837** | **2717** | **5** | **937** | **178** |
| 兴庆区 | Xingqing | 20960 | 5078 | 4261 | 3917 | | 344 | |
| 西夏区 | Xixia | 15028 | 1788 | 707 | 687 | 1 | 19 | |
| 金凤区 | Jinfeng | 13375 | 1152 | 704 | 463 | | 241 | |
| 永宁县 | Yongning | 20013 | 4886 | 3859 | 2115 | 17 | 851 | 876 |
| 贺兰县 | Helan | 28891 | 6671 | 5043 | 4425 | 0 | 557 | 62 |
| 灵武市 | Lingwu | 22529 | 4246 | 2657 | 1665 | 7 | 985 | |
| **石嘴山市** | **Shizuishan** | **20886** | **5379** | **4929** | **3544** | **1** | **1384** | |
| 大武口区 | Dawukou | 16588 | 2486 | 577 | 222 | 9 | 345 | |
| 惠农区 | Huinong | 15641 | 3391 | 3055 | 1672 | 1 | 1383 | |
| 平罗县 | Pingluo | 23414 | 6437 | 6154 | 4305 | | 1849 | |
| **吴忠市** | **Wuzhong** | **20680** | **4152** | **2922** | **1097** | **3** | **1822** | **0** |
| 利通区 | Litong | 28486 | 5555 | 3710 | 743 | 4 | 2963 | |
| 红寺堡区 | Hongsipu | 14227 | 1853 | 1651 | 1187 | 2 | 461 | 1 |
| 盐池县 | Yanchi | 20663 | 4764 | 3717 | 1485 | | 2232 | |
| 同心县 | Tongxin | 13007 | 2647 | 2209 | 836 | | 1373 | |
| 青铜峡市 | Qingtongxia | 26756 | 5052 | 2391 | 1532 | 8 | 851 | |
| **固原市** | **Guyuan** | **14663** | **1667** | **1433** | **608** | **48** | **777** | |
| 原州区 | Yuanzhou | 18665 | 1955 | 1383 | 574 | 1 | 808 | |
| 西吉县 | Xiji | 12519 | 1019 | 953 | 606 | | 348 | |
| 隆德县 | Longde | 14534 | 1444 | 1248 | 499 | 8 | 741 | |
| 泾源县 | Jingyuan | 16585 | 2127 | 1742 | 197 | 491 | 1055 | |
| 彭阳县 | Pengyang | 11050 | 1728 | 1684 | 905 | 3 | 776 | |
| **中卫市** | **Zhongwei** | **15702** | **2761** | **2184** | **1334** | **0** | **850** | |
| 沙坡头区 | Shapotou | 21884 | 5234 | 4275 | 2508 | | 1767 | |
| 中宁县 | Zhongning | 18584 | 3109 | 2106 | 1491 | | 615 | |
| 海原县 | Haiyuan | 11298 | 1351 | 1153 | 667 | 1 | 485 | |

## 2-28 续表 1 continued

单位：元/人 (yuan/person)

| 市　县 | Region | 第二产业生产费用支　出 Secondary Industry | 工业生产费用 Industry | 建筑业生产费用 Construction | 第三产业生产费用支　出 Tertiary Industry | 交通运输邮电业生产费用 Transport, Post and Telecommunication | 批发零售和住宿餐饮业支出 Wholesale, Retail, Lodging and Catering | 社会服务业生产费用 Social Service | 其他行业生产费用支　出 Others |
|---|---|---|---|---|---|---|---|---|---|
| **全　区** | **Total** | **168** | **30** | **138** | **1030** | **721** | **194** | **108** | **6** |
| **沿黄地区** | **Plain** | **83** | **30** | **52** | **1234** | **1008** | **101** | **126** | **0** |
| **中南部地区** | **Mountain Area** | **35** | **32** | **3** | **257** | **161** | **54** | **31** | **11** |
| **银川市** | **Yinchuan** | **78** | **18** | **60** | **1132** | **968** | **45** | **118** | |
| 兴庆区 | Xingqing | 386 | 7 | 379 | 430 | 237 | 21 | 173 | |
| 西夏区 | Xixia | 286 | 1 | 285 | 795 | 497 | 99 | 199 | |
| 金凤区 | Jinfeng | | | | 448 | 270 | 104 | 74 | |
| 永宁县 | Yongning | 16 | | 16 | 1011 | 854 | 9 | 149 | |
| 贺兰县 | Helan | 33 | | 33 | 1594 | 1483 | 7 | 104 | |
| 灵武市 | Lingwu | 76 | 66 | 10 | 1513 | 1315 | 84 | 114 | |
| **石嘴山市** | **Shizuishan** | **142** | **136** | **6** | **307** | **162** | **8** | **137** | |
| 大武口区 | Dawukou | 1102 | 1102 | | 807 | 807 | | | |
| 惠农区 | Huinong | 57 | 57 | | 279 | 279 | | | |
| 平罗县 | Pingluo | 10 | | 10 | 273 | 21 | 14 | 239 | |
| **吴忠市** | **Wuzhong** | **8** | **3** | **5** | **1222** | **913** | **167** | **119** | **22** |
| 利通区 | Litong | 20 | 2 | 19 | 1824 | 1381 | 392 | 51 | |
| 红寺堡区 | Hongsipu | 4 | | 4 | 198 | 165 | 7 | 27 | |
| 盐池县 | Yanchi | | | | 1047 | 754 | 221 | 72 | |
| 同心县 | Tongxin | 9 | 9 | | 428 | 102 | 160 | 99 | 67 |
| 青铜峡市 | Qingtongxia | | | | 2660 | 2319 | 24 | 316 | |
| **固原市** | **Guyuan** | **61** | **55** | **6** | **173** | **117** | **34** | **21** | **0** |
| 原州区 | Yuanzhou | 200 | 200 | | 371 | 280 | 37 | 53 | 2 |
| 西吉县 | Xiji | 18 | | 18 | 48 | 36 | | 12 | |
| 隆德县 | Longde | | | | 195 | 151 | 35 | 10 | |
| 泾源县 | Jingyuan | | | | 385 | 158 | 216 | 11 | |
| 彭阳县 | Pengyang | 22 | 22 | | 22 | 12 | 4 | 5 | |
| **中卫市** | **Zhongwei** | **58** | **9** | **49** | **520** | **430** | **57** | **33** | **0** |
| 沙坡头区 | Shapotou | 96 | | 96 | 862 | 754 | 34 | 74 | |
| 中宁县 | Zhongning | 128 | 24 | 105 | 875 | 617 | 203 | 53 | 1 |
| 海原县 | Haiyuan | 7 | 7 | | 191 | 183 | 5 | 2 | |

## 2-28 续表 2 continued

单位：元/人 (yuan/person)

| 市 县 | Region | (二)购置资产支出 Expenditure for Purchasing Fixed Assets | 建造住房支出 Expenditure for Building Housing | 购建第一产业生产性固定资产 Purchasing and Construction for Primary Industry Productive Fixed Assets | 购建第二三产业生产性固定资产 Purchasing and Construction for Secondary and Service Industry Productive Fixed Assets | 购建其他资产 Other Productive Fixed Assets |
|---|---|---|---|---|---|---|
| **全 区** | **Total** | **3428** | **800** | **401** | **469** | **6** |
| **沿黄地区** | **Plain** | **3118** | **36** | **252** | **587** | **12** |
| **中南部地区** | **Mountain Area** | **2241** | **1232** | **365** | **161** | **1** |
| **银川市** | **Yinchuan** | **1546** | **21** | **208** | **302** | **7** |
| 兴庆区 | Xingqing | 276 | | 34 | 115 | |
| 西夏区 | Xixia | 263 | | | 236 | 27 |
| 金凤区 | Jinfeng | 145 | 4 | 114 | 27 | |
| 永宁县 | Yongning | 1804 | | 512 | | 27 |
| 贺兰县 | Helan | 3590 | 44 | 239 | 655 | |
| 灵武市 | Lingwu | 890 | | 145 | 403 | |
| **石嘴山市** | **Shizuishan** | **1688** | **33** | **211** | **95** | **47** |
| 大武口区 | Dawukou | 2788 | | 6 | | 88 |
| 惠农区 | Huinong | 1263 | 162 | 97 | | |
| 平罗县 | Pingluo | 1824 | | 336 | 153 | 60 |
| **吴忠市** | **Wuzhong** | **4026** | **610** | **255** | **776** | **4** |
| 利通区 | Litong | 5101 | 9 | 251 | 1871 | |
| 红寺堡区 | Hongsipu | 1320 | 661 | 607 | | |
| 盐池县 | Yanchi | 2923 | 1437 | 624 | 542 | |
| 同心县 | Tongxin | 1396 | 1177 | 143 | 76 | |
| 青铜峡市 | Qingtongxia | 9574 | | 45 | 1358 | 19 |
| **固原市** | **Guyuan** | **3001** | **1354** | **512** | **236** | **2** |
| 原州区 | Yuanzhou | 4370 | 672 | 626 | 21 | |
| 西吉县 | Xiji | 2849 | 1815 | 407 | 625 | 2 |
| 隆德县 | Longde | 3705 | 2125 | 774 | 141 | |
| 泾源县 | Jingyuan | 1364 | 1252 | 102 | 9 | |
| 彭阳县 | Pengyang | 1313 | 652 | 615 | 10 | 8 |
| **中卫市** | **Zhongwei** | **1716** | **717** | **215** | **127** | |
| 沙坡头区 | Shapotou | 1895 | 63 | 396 | | |
| 中宁县 | Zhongning | 2077 | 125 | 377 | 534 | |
| 海原县 | Haiyuan | 1468 | 1308 | 53 | 14 | |

## 2-28 续表 3 continued

单位：元/人 (yuan/person)

| 市 县 | Region | (三)生活消费支出 Living Expenditure | 1.食品烟酒 Food Tobacco Liquor | 2.衣着 Clothing | 3.居住 Residence | 4.生活用品及服务 Household Facilities, and Service | 5.交通通信 Transport and Communication | 6.教育文化娱乐 Educational, Cultural, Recreational |
|---|---|---|---|---|---|---|---|---|
| **全 区** | **Total** | **8558** | **2228** | **718** | **1109** | **561** | **1675** | **1212** |
| **沿黄地区** | **Plain** | **9400** | **2638** | **871** | **1238** | **714** | **1644** | **1103** |
| **中南部地区** | **Mountain Area** | **6506** | **1866** | **540** | **849** | **463** | **1066** | **932** |
| **银川市** | **Yinchuan** | **10062** | **2995** | **979** | **1115** | **706** | **1840** | **1232** |
| 兴庆区 | Xingqing | 10154 | 3536 | 1059 | 1189 | 711 | 1548 | 905 |
| 西夏区 | Xixia | 9676 | 2736 | 900 | 894 | 488 | 1505 | 1664 |
| 金凤区 | Jinfeng | 9642 | 3079 | 1224 | 692 | 859 | 1487 | 1383 |
| 永宁县 | Yongning | 9068 | 2866 | 872 | 1049 | 656 | 1373 | 1148 |
| 贺兰县 | Helan | 11454 | 3467 | 1017 | 1400 | 760 | 2013 | 1566 |
| 灵武市 | Lingwu | 9805 | 2502 | 928 | 915 | 728 | 2367 | 1018 |
| **石嘴山市** | **Shizuishan** | **9256** | **2793** | **810** | **1289** | **692** | **1212** | **1263** |
| 大武口区 | Dawukou | 8646 | 2884 | 773 | 995 | 431 | 1571 | 1100 |
| 惠农区 | Huinong | 8329 | 2779 | 786 | 1066 | 368 | 1019 | 1415 |
| 平罗县 | Pingluo | 9556 | 2843 | 826 | 1315 | 896 | 1269 | 1149 |
| **吴忠市** | **Wuzhong** | **7582** | **2187** | **746** | **966** | **582** | **1355** | **826** |
| 利通区 | Litong | 9620 | 2407 | 977 | 1284 | 908 | 1973 | 937 |
| 红寺堡区 | Hongsipu | 6935 | 1818 | 627 | 818 | 662 | 1202 | 1029 |
| 盐池县 | Yanchi | 8028 | 2367 | 735 | 1041 | 428 | 1378 | 1237 |
| 同心县 | Tongxin | 6587 | 2194 | 607 | 815 | 408 | 1057 | 667 |
| 青铜峡市 | Qingtongxia | 7210 | 2096 | 781 | 922 | 527 | 1264 | 673 |
| **固原市** | **Guyuan** | **6437** | **1846** | **498** | **825** | **446** | **1055** | **1002** |
| 原州区 | Yuanzhou | 7926 | 2047 | 518 | 1317 | 521 | 1532 | 973 |
| 西吉县 | Xiji | 5497 | 1645 | 483 | 603 | 411 | 872 | 1003 |
| 隆德县 | Longde | 7037 | 1977 | 426 | 720 | 438 | 806 | 1417 |
| 泾源县 | Jingyuan | 6268 | 2133 | 593 | 638 | 481 | 876 | 670 |
| 彭阳县 | Pengyang | 5721 | 1675 | 497 | 644 | 402 | 978 | 897 |
| **中卫市** | **Zhongwei** | **7822** | **2021** | **635** | **1246** | **589** | **1280** | **1002** |
| 沙坡头区 | Shapotou | 9708 | 2338 | 705 | 1945 | 581 | 1659 | 1061 |
| 中宁县 | Zhongning | 9206 | 2581 | 815 | 1141 | 824 | 1500 | 1151 |
| 海原县 | Haiyuan | 6259 | 1617 | 521 | 935 | 490 | 992 | 906 |

## 2-28 续表 4 continued

单位：元/人 (yuan/person)

| 市 县 | Region | 7.医疗保健 Medicine and Health Care | 8.其他用品和服务 Other Commodities and Services | (四)财产性支出 Property Expenditure | (五)转移性支出 Transfer Expenditure | (六)非经常性转移及借贷性支出 Expenditure for Occasional and Lending | 婚丧嫁娶礼金支出 Marriage and Funeral | 归还贷款 Repayment Loans | 存款 Deposit |
|---|---|---|---|---|---|---|---|---|---|
| **全 区** | **Total** | **873** | **181** | **76** | **610** | **3854** | **1401** | **655** | **88** |
| **沿黄地区** | **Plain** | **954** | **238** | **79** | **635** | **4596** | **1748** | **991** | **177** |
| **中南部地区** | **Mountain Area** | **681** | **108** | **38** | **228** | **2877** | **1218** | **474** | **5** |
| **银川市** | **Yinchuan** | **997** | **196** | **95** | **607** | **4815** | **1589** | **1086** | **308** |
| 兴庆区 | Xingqing | 1060 | 146 | 131 | 592 | 4255 | 1617 | 662 | 74 |
| 西夏区 | Xixia | 1284 | 204 | 91 | 332 | 2616 | 728 | 431 | |
| 金凤区 | Jinfeng | 742 | 177 | 36 | 971 | 1395 | 104 | 167 | |
| 永宁县 | Yongning | 920 | 183 | 6 | 618 | 3364 | 1517 | 331 | 498 |
| 贺兰县 | Helan | 1003 | 228 | 185 | 514 | 6343 | 1285 | 2852 | |
| 灵武市 | Lingwu | 1135 | 212 | 71 | 664 | 6649 | 2774 | 679 | 786 |
| **石嘴山市** | **Shizuishan** | **963** | **234** | **35** | **568** | **3715** | **2453** | **428** | **91** |
| 大武口区 | Dawukou | 720 | 171 | 0 | 584 | 1975 | 1105 | | 84 |
| 惠农区 | Huinong | 780 | 115 | | 349 | 1992 | 1091 | 436 | |
| 平罗县 | Pingluo | 1025 | 233 | 72 | 690 | 4623 | 3153 | 591 | 95 |
| **吴忠市** | **Wuzhong** | **776** | **145** | **66** | **426** | **4306** | **1981** | **733** | **81** |
| 利通区 | Litong | 867 | 267 | 215 | 660 | 7061 | 3393 | 1112 | 171 |
| 红寺堡区 | Hongsipu | 701 | 78 | 25 | 70 | 4009 | 2261 | 389 | |
| 盐池县 | Yanchi | 742 | 100 | 83 | 377 | 4433 | 1793 | 719 | |
| 同心县 | Tongxin | 781 | 58 | 16 | 374 | 1973 | 1518 | 76 | |
| 青铜峡市 | Qingtongxia | 746 | 201 | 2 | 518 | 4167 | 1057 | 688 | 165 |
| **固原市** | **Guyuan** | **670** | **94** | **52** | **238** | **3214** | **1073** | **682** | **9** |
| 原州区 | Yuanzhou | 892 | 126 | 125 | 248 | 3890 | 973 | 748 | 19 |
| 西吉县 | Xiji | 405 | 74 | 28 | 225 | 2889 | 727 | 795 | |
| 隆德县 | Longde | 1156 | 97 | 17 | 178 | 2133 | 775 | 311 | 38 |
| 泾源县 | Jingyuan | 799 | 78 | 17 | 353 | 6406 | 4370 | 490 | |
| 彭阳县 | Pengyang | 533 | 94 | 31 | 232 | 2001 | 395 | 680 | |
| **中卫市** | **Zhongwei** | **805** | **244** | **34** | **403** | **2879** | **1014** | **698** | **28** |
| 沙坡头区 | Shapotou | 1050 | 369 | 60 | 922 | 3931 | 915 | 1648 | |
| 中宁县 | Zhongning | 962 | 231 | 41 | 461 | 3512 | 1331 | 611 | 126 |
| 海原县 | Haiyuan | 612 | 185 | 19 | 114 | 2069 | 926 | 251 | |

# 2-29 2017年各市县农村居民家庭主要食物消费情况

# Consumption of Major Foods of Rural Households by City and County (2017)

单位：公斤/人 (kg/person)

| 市 县 | Region | 粮食消费量 Grain | 谷物消费量 Cereal | 小麦 Wheat | 稻谷 Rice | 薯类消费量 Tubers | 豆类消费量 Beans | 油脂类消费量 Grease |
|---|---|---|---|---|---|---|---|---|
| **全 区** | **Total** | **128.15** | **121.23** | **74.74** | **43.90** | **4.13** | **2.79** | **7.72** |
| **沿黄地区** | **Plain** | **153.88** | **149.45** | **71.61** | **75.96** | **0.80** | **3.63** | **9.01** |
| **中南部地区** | **Mountain Area** | **144.12** | **136.09** | **97.66** | **34.51** | **6.49** | **1.54** | **8.10** |
| **银川市** | **Yinchuan** | **166.94** | **162.57** | **66.27** | **93.26** | **1.16** | **3.22** | **9.52** |
| 兴庆区 | Xingqing | 106.81 | 100.77 | 34.66 | 64.71 | 0.86 | 5.18 | 10.91 |
| 西夏区 | Xixia | 58.81 | 56.34 | 40.07 | 15.47 | 0.58 | 1.89 | 5.58 |
| 金凤区 | Jinfeng | 99.12 | 91.53 | 57.27 | 33.04 | 4.18 | 3.41 | 7.33 |
| 永宁县 | Yongning | 144.04 | 139.20 | 64.05 | 74.33 | 0.46 | 4.38 | 11.86 |
| 贺兰县 | Helan | 175.56 | 170.60 | 95.62 | 72.72 | 1.18 | 3.78 | 12.01 |
| 灵武市 | Lingwu | 242.15 | 239.95 | 53.54 | 178.93 | 0.52 | 1.68 | 6.84 |
| **石嘴山市** | **Shizuishan** | **163.62** | **157.90** | **110.77** | **44.80** | **0.66** | **5.05** | **10.84** |
| 大武口区 | Dawukou | 105.36 | 100.44 | 79.94 | 19.24 | 0.65 | 4.28 | 6.73 |
| 惠农区 | Huinong | 117.06 | 111.58 | 80.23 | 28.31 | 0.00 | 5.48 | 9.42 |
| 平罗县 | Pingluo | 189.68 | 184.13 | 130.76 | 51.56 | 0.85 | 4.71 | 11.43 |
| **吴忠市** | **Wuzhong** | **152.43** | **149.36** | **78.93** | **68.62** | **1.42** | **1.65** | **8.57** |
| 利通区 | Litong | 112.77 | 110.62 | 43.17 | 66.28 | 0.50 | 1.66 | 7.02 |
| 红寺堡区 | Hongsipu | 144.32 | 138.93 | 98.93 | 34.87 | 4.37 | 1.03 | 6.94 |
| 盐池县 | Yanchi | 108.82 | 104.53 | 46.35 | 56.84 | 2.68 | 1.60 | 5.05 |
| 同心县 | Tongxin | 189.21 | 187.29 | 112.96 | 72.54 | 1.10 | 0.82 | 11.43 |
| 青铜峡市 | Qingtongxia | 162.49 | 158.56 | 68.46 | 89.32 | 0.55 | 3.39 | 8.34 |
| **固原市** | **Guyuan** | **135.88** | **124.37** | **104.33** | **15.41** | **9.46** | **2.05** | **7.08** |
| 原州区 | Yuanzhou | 129.88 | 125.36 | 101.23 | 20.30 | 2.88 | 1.64 | 9.35 |
| 西吉县 | Xiji | 143.40 | 132.40 | 114.30 | 13.86 | 10.36 | 0.64 | 5.76 |
| 隆德县 | Longde | 170.10 | 125.81 | 106.24 | 10.89 | 35.32 | 8.97 | 7.08 |
| 泾源县 | Jingyuan | 99.55 | 91.34 | 67.96 | 22.74 | 6.44 | 1.77 | 6.98 |
| 彭阳县 | Pengyang | 122.51 | 119.42 | 102.99 | 10.29 | 2.26 | 0.83 | 6.44 |
| **中卫市** | **Zhongwei** | **145.54** | **139.50** | **78.56** | **58.44** | **3.19** | **2.86** | **9.05** |
| 沙坡头区 | Shapotou | 143.97 | 138.26 | 64.12 | 72.82 | 0.50 | 5.22 | 8.81 |
| 中宁县 | Zhongning | 156.10 | 151.30 | 83.88 | 66.70 | 1.03 | 3.77 | 9.15 |
| 海原县 | Haiyuan | 141.75 | 135.00 | 83.61 | 47.52 | 5.50 | 1.26 | 9.12 |

## 2-29 续表 1 continued

单位：公斤/人 (kg/person)

| 市 县 | Region | 蔬菜及菜制品消费量 Vegetable and Processed Products | 干鲜瓜果类 Dried and Fresh Melons and Fruits | 饮料 Beverage | 糖果糕点类 Candy and Pastry | 肉类 Meat and Processed Products | 猪肉 Pork | 牛肉 Beef |
|---|---|---|---|---|---|---|---|---|
| **全　区** | **Total** | **76.89** | **63.88** | **0.23** | **2.48** | **14.06** | **5.99** | **3.27** |
| **沿黄地区** | **Plain** | **100.75** | **75.55** | **0.17** | **3.67** | **17.17** | **7.03** | **3.39** |
| **中南部地区** | **Mountain Area** | **59.79** | **52.48** | **0.31** | **1.53** | **13.29** | **6.09** | **3.98** |
| **银川市** | **Yinchuan** | **91.43** | **74.72** | **0.24** | **3.84** | **17.07** | **5.73** | **4.37** |
| 兴庆区 | Xingqing | 116.17 | 94.01 | 0.48 | 5.76 | 15.59 | 3.07 | 4.80 |
| 西夏区 | Xixia | 79.76 | 60.66 | 0.17 | 2.67 | 14.03 | 7.78 | 2.75 |
| 金凤区 | Jinfeng | 78.57 | 68.29 | 0.34 | 2.96 | 15.34 | 2.79 | 8.65 |
| 永宁县 | Yongning | 86.73 | 57.83 | 0.32 | 4.37 | 16.06 | 8.13 | 2.48 |
| 贺兰县 | Helan | 97.90 | 73.67 | 0.30 | 5.57 | 18.35 | 9.01 | 2.55 |
| 灵武市 | Lingwu | 86.13 | 89.51 | 0.07 | 2.03 | 17.01 | 1.33 | 5.95 |
| **石嘴山市** | **Shizuishan** | **101.34** | **85.94** | **0.39** | **6.99** | **24.18** | **11.50** | **2.81** |
| 大武口区 | Dawukou | 98.68 | 65.34 | 0.25 | 4.03 | 15.74 | 10.79 | 0.74 |
| 惠农区 | Huinong | 90.41 | 72.45 | 0.21 | 5.98 | 22.47 | 11.94 | 2.27 |
| 平罗县 | Pingluo | 100.80 | 92.36 | 0.50 | 7.77 | 24.28 | 10.24 | 3.28 |
| **吴忠市** | **Wuzhong** | **75.78** | **59.22** | **0.11** | **1.99** | **16.53** | **4.05** | **5.61** |
| 利通区 | Litong | 75.17 | 69.73 | 0.10 | 2.75 | 20.26 | 1.16 | 7.69 |
| 红寺堡区 | Hongsipu | 97.83 | 77.54 | 0.15 | 1.49 | 13.81 | 4.98 | 4.33 |
| 盐池县 | Yanchi | 91.49 | 44.51 | 0.02 | 1.56 | 23.18 | 8.80 | 0.33 |
| 同心县 | Tongxin | 59.07 | 48.27 | 0.16 | 1.35 | 14.26 | 2.40 | 8.06 |
| 青铜峡市 | Qingtongxia | 84.00 | 61.32 | 0.06 | 2.60 | 13.98 | 7.22 | 2.14 |
| **固原市** | **Guyuan** | **56.94** | **54.47** | **0.41** | **1.80** | **13.06** | **7.80** | **2.75** |
| 原州区 | Yuanzhou | 60.53 | 60.50 | 0.33 | 1.61 | 12.26 | 6.31 | 3.89 |
| 西吉县 | Xiji | 45.95 | 48.09 | 0.42 | 1.87 | 12.98 | 8.50 | 2.30 |
| 隆德县 | Longde | 74.38 | 48.84 | 0.53 | 2.55 | 12.71 | 9.37 | 0.89 |
| 泾源县 | Jingyuan | 58.94 | 70.81 | 0.31 | 1.57 | 5.93 | 0.48 | 4.31 |
| 彭阳县 | Pengyang | 59.02 | 52.24 | 0.41 | 1.63 | 16.86 | 11.31 | 2.08 |
| **中卫市** | **Zhongwei** | **90.90** | **62.33** | **0.19** | **1.85** | **13.05** | **6.99** | **2.96** |
| 沙坡头区 | Shapotou | 114.45 | 71.82 | 0.06 | 2.69 | 13.93 | 9.45 | 0.80 |
| 中宁县 | Zhongning | 157.00 | 90.64 | 0.04 | 2.72 | 15.87 | 10.03 | 1.39 |
| 海原县 | Haiyuan | 50.13 | 45.19 | 0.33 | 1.03 | 11.36 | 4.41 | 4.74 |

## 2-29 续表 2 continued

单位：公斤/人 (kg/person)

| 市 县 | Region | 羊肉 Mutton | 其他肉类及制品 Others | 禽类 Poultry and Processed Products | 蛋类及蛋制品 Eggs and Processed Products | 奶和奶制品 Milk and Dairy Products | 水产品 Aquatic Products | 酒类 Liquor |
|---|---|---|---|---|---|---|---|---|
| **全 区** | **Total** | **4.19** | **0.61** | **5.88** | **4.08** | **7.54** | **1.28** | **3.06** |
| **沿黄地区** | **Plain** | **5.93** | **0.83** | **6.95** | **4.84** | **10.58** | **1.71** | **3.00** |
| **中南部地区** | **Mountain Area** | **2.90** | **0.33** | **5.41** | **3.65** | **5.68** | **0.69** | **3.14** |
| **银川市** | **Yinchuan** | **6.08** | **0.88** | **8.33** | **5.20** | **11.29** | **2.16** | **2.04** |
| 兴庆区 | Xingqing | 7.25 | 0.47 | 9.62 | 7.93 | 9.07 | 1.87 | 1.03 |
| 西夏区 | Xixia | 2.88 | 0.62 | 4.86 | 5.44 | 11.25 | 1.63 | 2.01 |
| 金凤区 | Jinfeng | 2.03 | 1.87 | 8.08 | 4.12 | 15.70 | 2.60 | 0.83 |
| 永宁县 | Yongning | 4.67 | 0.79 | 9.73 | 5.80 | 11.76 | 3.05 | 2.72 |
| 贺兰县 | Helan | 5.56 | 1.23 | 10.49 | 6.22 | 11.32 | 2.04 | 3.94 |
| 灵武市 | Lingwu | 9.45 | 0.28 | 5.58 | 3.06 | 10.57 | 1.86 | 0.10 |
| **石嘴山市** | **Shizuishan** | **9.39** | **0.48** | **6.19** | **5.24** | **13.86** | **1.03** | **4.08** |
| 大武口区 | Dawukou | 3.14 | 1.07 | 5.80 | 7.35 | 13.03 | 1.20 | 7.67 |
| 惠农区 | Huinong | 7.73 | 0.53 | 3.57 | 3.73 | 11.25 | 1.63 | 6.32 |
| 平罗县 | Pingluo | 10.41 | 0.35 | 6.91 | 5.57 | 14.47 | 0.86 | 2.90 |
| **吴忠市** | **Wuzhong** | **6.56** | **0.30** | **7.10** | **3.33** | **8.64** | **1.11** | **1.55** |
| 利通区 | Litong | 11.23 | 0.18 | 9.64 | 4.29 | 8.58 | 1.86 | 0.35 |
| 红寺堡区 | Hongsipu | 3.89 | 0.60 | 8.18 | 4.08 | 6.08 | 0.83 | 2.72 |
| 盐池县 | Yanchi | 13.76 | 0.29 | 5.38 | 3.80 | 6.24 | 1.18 | 5.18 |
| 同心县 | Tongxin | 3.75 | 0.05 | 6.38 | 2.64 | 9.41 | 0.50 | 0.39 |
| 青铜峡市 | Qingtongxia | 4.02 | 0.59 | 5.37 | 2.75 | 9.70 | 1.38 | 2.18 |
| **固原市** | **Guyuan** | **2.00** | **0.51** | **5.47** | **4.12** | **4.05** | **0.82** | **3.96** |
| 原州区 | Yuanzhou | 1.73 | 0.33 | 5.21 | 3.73 | 4.80 | 0.48 | 2.95 |
| 西吉县 | Xiji | 1.74 | 0.45 | 5.72 | 3.55 | 4.36 | 1.03 | 4.09 |
| 隆德县 | Longde | 1.72 | 0.73 | 4.63 | 4.85 | 4.00 | 1.14 | 7.24 |
| 泾源县 | Jingyuan | 0.72 | 0.42 | 6.04 | 4.46 | 8.84 | 1.16 | 0.56 |
| 彭阳县 | Pengyang | 2.97 | 0.49 | 5.72 | 5.02 | 0.37 | 0.48 | 4.92 |
| **中卫市** | **Zhongwei** | **2.34** | **0.76** | **4.50** | **4.24** | **7.86** | **0.94** | **4.03** |
| 沙坡头区 | Shapotou | 2.57 | 1.12 | 4.75 | 5.92 | 8.53 | 1.40 | 5.83 |
| 中宁县 | Zhongning | 2.73 | 1.72 | 5.90 | 4.81 | 9.94 | 1.59 | 4.63 |
| 海原县 | Haiyuan | 2.05 | 0.16 | 3.76 | 3.13 | 6.62 | 0.42 | 2.84 |

# 2-30 2017年各市县农村居民家庭耐用消费品拥有情况

# Ownership of Durable Consumer Goods of Rural Households by City and County (2017)

单位：百户均 (per 100 household)

| 市 县 | Region | 洗衣机 (台) Washing Machine (unit) | 电冰箱 (台) Refrigerator (unit) | 空调机 (台) Air Conditioner (unit) | 抽油烟机 (台) Ventilator (unit) | 微波炉 (台) Microwave Oven (unit) |
|---|---|---|---|---|---|---|
| **全 区** | **Total** | **101.57** | **95.19** | **1.73** | **17.62** | **9.67** |
| **沿黄地区** | **Plain** | **103.66** | **97.81** | **1.39** | **24.81** | **15.24** |
| **中南部地区** | **Mountain Area** | **97.47** | **86.10** | **1.34** | **7.56** | **6.65** |
| **银川市** | **Yinchuan** | **104.54** | **101.82** | **1.09** | **36.01** | **19.78** |
| 兴庆区 | Xingqing | **110.52** | **104.78** | | **59.74** | **51.11** |
| 西夏区 | Xixia | 104.15 | 100.16 | 5.79 | 24.19 | 16.69 |
| 金凤区 | Jinfeng | 104.85 | 99.63 | 0.96 | 24.60 | 25.19 |
| 永宁县 | Yongning | 102.37 | 96.46 | | 37.06 | 20.00 |
| 贺兰县 | Helan | 99.76 | 97.82 | | 32.95 | 15.65 |
| 灵武市 | Lingwu | 111.27 | 108.59 | 2.80 | 37.68 | 14.69 |
| **石嘴山市** | **Shizuishan** | **98.10** | **92.97** | **1.85** | **9.37** | **8.41** |
| 大武口区 | Dawukou | **100.00** | **90.80** | **1.81** | **5.28** | **8.76** |
| 惠农区 | Huinong | 100.00 | 98.34 | | 3.87 | 6.28 |
| 平罗县 | Pingluo | 96.95 | 92.54 | 2.24 | 10.08 | 10.56 |
| **吴忠市** | **Wuzhong** | **100.02** | **94.89** | **2.16** | **24.50** | **9.97** |
| 利通区 | Litong | **111.63** | **111.06** | **0.80** | **33.33** | **14.16** |
| 红寺堡区 | Hongsipu | 99.49 | 94.80 | 1.28 | 19.77 | 1.28 |
| 盐池县 | Yanchi | 97.88 | 98.30 | 1.69 | 24.37 | 16.97 |
| 同心县 | Tongxin | 92.42 | 87.61 | 3.86 | 10.31 | 2.26 |
| 青铜峡市 | Qingtongxia | 100.82 | 85.33 | 2.00 | 36.98 | 17.01 |
| **固原市** | **Guyuan** | **98.80** | **82.53** | **0.74** | **4.59** | **8.25** |
| 原州区 | Yuanzhou | **102.67** | **93.31** | **1.18** | **2.39** | **11.29** |
| 西吉县 | Xiji | 97.86 | 81.81 | | 7.70 | 9.97 |
| 隆德县 | Longde | 100.37 | 75.43 | 1.68 | 4.87 | 3.78 |
| 泾源县 | Jingyuan | 103.04 | 64.97 | | 3.15 | 4.17 |
| 彭阳县 | Pengyang | 92.61 | 81.11 | 1.11 | 3.97 | 6.63 |
| **中卫市** | **Zhongwei** | **101.24** | **93.24** | **1.15** | **8.94** | **8.96** |
| 沙坡头区 | Shapotou | **101.18** | **92.09** | **1.04** | **17.42** | **15.18** |
| 中宁县 | Zhongning | 108.22 | 103.92 | 1.88 | 7.44 | 9.68 |
| 海原县 | Haiyuan | 97.38 | 88.08 | 0.81 | 3.81 | 4.18 |

## 2-30 续表 1 continued

单位：百户均 (per 100 household)

| 市 县 | Region | 热水器 (台) Water Heater (unit) | 助力车 (辆) Moped (unit) | 摩托车 (辆) Motorcycle (unit) | 家用汽车 (辆) Car (unit) | 电话机 (部) Telephone (set) |
|---|---|---|---|---|---|---|
| **全 区** | **Total** | **82.79** | **66.18** | **72.23** | **27.82** | **4.68** |
| **沿黄地区** | **Plain** | **88.63** | **92.98** | **70.58** | **29.16** | **3.09** |
| **中南部地区** | **Mountain Area** | **70.76** | **41.05** | **82.21** | **22.38** | **6.69** |
| **银川市** | **Yinchuan** | **88.23** | **79.36** | **68.64** | **38.20** | **5.80** |
| 兴庆区 | Xingqing | 105.15 | 99.95 | 39.40 | 59.02 | |
| 西夏区 | Xixia | 90.87 | 81.50 | 40.81 | 45.29 | |
| 金凤区 | Jinfeng | 63.71 | 74.54 | 49.33 | 47.04 | 4.88 |
| 永宁县 | Yongning | 77.91 | 79.19 | 62.01 | 41.41 | 2.47 |
| 贺兰县 | Helan | 79.23 | 77.91 | 70.31 | 31.38 | 5.56 |
| 灵武市 | Lingwu | 114.85 | 75.94 | 90.04 | 35.95 | 14.07 |
| **石嘴山市** | **Shizuishan** | **85.99** | **80.18** | **62.83** | **16.40** | **0.77** |
| 大武口区 | Dawukou | 71.92 | 150.12 | 6.35 | 23.19 | |
| 惠农区 | Huinong | 98.16 | 86.95 | 54.61 | 23.94 | 3.99 |
| 平罗县 | Pingluo | 85.28 | 76.49 | 75.06 | 15.08 | |
| **吴忠市** | **Wuzhong** | **76.40** | **76.59** | **79.13** | **24.17** | **1.08** |
| 利通区 | Litong | 121.05 | 104.33 | 70.12 | 33.10 | 3.79 |
| 红寺堡区 | Hongsipu | 99.10 | 88.79 | 66.50 | 30.04 | |
| 盐池县 | Yanchi | 45.28 | 48.45 | 68.82 | 33.48 | 0.75 |
| 同心县 | Tongxin | 56.58 | 48.95 | 97.92 | 16.79 | 0.68 |
| 青铜峡市 | Qingtongxia | 66.33 | 91.53 | 72.82 | 20.46 | |
| **固原市** | **Guyuan** | **83.57** | **36.11** | **77.31** | **23.68** | **6.09** |
| 原州区 | Yuanzhou | 57.93 | 58.52 | 75.22 | 22.06 | |
| 西吉县 | Xiji | 102.49 | 25.25 | 86.94 | 31.03 | 16.80 |
| 隆德县 | Longde | 99.24 | 23.59 | 66.48 | 20.11 | 0.99 |
| 泾源县 | Jingyuan | 92.96 | 39.07 | 61.17 | 17.13 | |
| 彭阳县 | Pengyang | 73.45 | 33.23 | 76.76 | 20.64 | 3.31 |
| **中卫市** | **Zhongwei** | **70.95** | **75.23** | **84.32** | **22.58** | **8.48** |
| 沙坡头区 | Shapotou | 93.04 | 104.45 | 63.61 | 27.66 | |
| 中宁县 | Zhongning | 81.13 | 118.44 | 96.88 | 25.53 | 4.51 |
| 海原县 | Haiyuan | 49.70 | 30.51 | 91.88 | 17.35 | 16.67 |

## 2-30 续表 2 continued

单位：百户均 (per 100 household)

| 市　县 | Region | 移动电话(部) Mobile Telephone (set) | 彩色电视机(台) Color TV Set (unit) | 摄像机(台) Video Camera (unit) | 照相机(台) Camera (unit) | 家用计算机(台) Computer (set) |
|---|---|---|---|---|---|---|
| **全　区** | **Total** | **290.78** | **112.90** | | **1.59** | **23.30** |
| **沿黄地区** | **Plain** | **283.01** | **117.05** | | **2.99** | **25.42** |
| **中南部地区** | **Mountain Area** | **293.03** | **111.68** | | **1.26** | **15.89** |
| **银川市** | **Yinchuan** | **279.08** | **115.49** | | **5.43** | **30.82** |
| 兴庆区 | Xingqing | 259.86 | 124.82 | | 15.17 | 46.09 |
| 西夏区 | Xixia | 309.54 | 126.46 | | 6.36 | 39.65 |
| 金凤区 | Jinfeng | 269.02 | 105.83 | | 22.47 | 52.16 |
| 永宁县 | Yongning | 273.40 | 105.15 | | 4.79 | 23.09 |
| 贺兰县 | Helan | 261.16 | 106.00 | | | 18.29 |
| 灵武市 | Lingwu | 310.28 | 135.04 | | 4.10 | 35.50 |
| **石嘴山市** | **Shizuishan** | **252.55** | **106.99** | | **1.79** | **17.69** |
| 大武口区 | Dawukou | 262.48 | 108.81 | | | 34.44 |
| 惠农区 | Huinong | 249.76 | 106.24 | | 5.72 | 25.56 |
| 平罗县 | Pingluo | 250.44 | 109.38 | | 1.07 | 11.39 |
| **吴忠市** | **Wuzhong** | **287.18** | **114.84** | | **1.98** | **19.65** |
| 利通区 | Litong | 297.33 | 129.54 | | 2.83 | 36.25 |
| 红寺堡区 | Hongsipu | 277.68 | 115.43 | | | 13.57 |
| 盐池县 | Yanchi | 275.78 | 101.69 | | 4.56 | 14.72 |
| 同心县 | Tongxin | 276.42 | 105.75 | | 1.33 | 15.59 |
| 青铜峡市 | Qingtongxia | 304.70 | 120.78 | | 1.86 | 13.94 |
| **固原市** | **Guyuan** | **309.62** | **110.61** | | **1.19** | **17.29** |
| 原州区 | Yuanzhou | 288.53 | 115.84 | | 0.77 | 18.12 |
| 西吉县 | Xiji | 343.16 | 112.52 | | 1.01 | 17.71 |
| 隆德县 | Longde | 297.64 | 110.26 | | 3.33 | 24.36 |
| 泾源县 | Jingyuan | 297.86 | 106.84 | | 4.67 | 13.07 |
| 彭阳县 | Pengyang | 291.75 | 103.60 | | | 12.55 |
| **中卫市** | **Zhongwei** | **285.06** | **119.11** | | **0.59** | **20.88** |
| 沙坡头区 | Shapotou | 283.40 | 109.96 | | | 24.46 |
| 中宁县 | Zhongning | 301.47 | 127.28 | | 1.86 | 28.38 |
| 海原县 | Haiyuan | 277.07 | 120.99 | | 0.30 | 14.17 |

# 2-31 2017年全区农村居民家庭按人均可支配收入五等份分组资料

| 指标名称 | Item | 单位 | unit |
|---|---|---|---|
| **农村住户家庭基本情况(绝对数)** | **Basic Statistics of Rural Households (absolute)** | -- | -- |
| 一、调查户数 | Number of Households Surveyed | 户 | household |
| 调查户经营情况 | Basic Statistics of Business of Households Surveyed | -- | -- |
| (一)生产经营户 | Production Households | 户 | household |
| 1.农业户 | Agriculture Households | 户 | household |
| 2.农业兼业户 | Agriculture with Combined Occupations | 户 | household |
| 3.非农业兼业户 | Non-agriculture with Combined Occupations | 户 | household |
| 4.非农业户 | Non-agriculture Households | 户 | household |
| (二)非生产经营户 | Non-production Households | 户 | household |
| 二、生产性固定资产原值(人均) | Original Value of Productive Fixed Assets (per person) | 元 | yuan |
| **农村住户居住情况(人均)** | **Basic Statistics of Residence of Rurai Households (per person)** | -- | -- |
| (一)自有现住房面积 | Floor Space of Living Houses | 平方米 | sq.m |
| (二)自有现住房市场估值 | Value of Living Houses | 元 | yuan |
| **调查户人口与劳动力情况(绝对数)** | **Number of Households Surveyed and Basic Statistics of Labours (absolute)** | -- | -- |
| 一、农村住户人口与劳动力状况 | Number of Households and Basic Statistics of Labours of Rural Households | -- | -- |
| (一)家庭常住人口 | Number of Permanent Residents in the Households | 人 | person |
| (二)整半劳动力数 | Number of Able-bodied and Semi-able-bodied Labours | 人 | person |
| 其中：男劳动力人数 | Number of Male Labours | 人 | person |
| 其中：整劳动力 | Number of Able-bodied Labours | 人 | person |
| (三)就业劳动力人数 | Number of Employed | 人 | person |
| 其中：男劳动力人数 | Number of Male Labour | 人 | person |
| 一产业就业劳动力 | Primary Industry | 人 | person |
| 非农产业就业劳动力 | Non-agriculture | 人 | person |
| (四)就业劳动力文化程度 | Culture Level of Employed Labours | -- | -- |
| 1.不识字或识字很少 | Illiterate and Semi-illiterate | 人 | person |
| 2.小学程度 | Primary School | 人 | person |
| 3.初中程度 | Junior Middle School | 人 | person |
| 4.高中程度 | Senior Middle School | 人 | person |
| 5.大专及以上 | College and Higher | 人 | person |
| **农村住户食品消费情况(人均)** | **Basic Statistics of Consumption of Major Foods of Rural Households (per person)** | -- | -- |
| 一、粮食消费量 | Grain Crops | 公斤 | kg |
| (一)谷物消费量 | Cereal | 公斤 | kg |
| #1.小麦 | Wheat | 公斤 | kg |
| 2.稻谷 | Rice | 公斤 | kg |
| (二)薯类消费量 | Tubers | 公斤 | kg |
| (三)豆类消费量 | Soybeans | 公斤 | kg |
| 二、油脂类消费量 | Oil and Fat | 公斤 | kg |
| 三、蔬菜及菜制品消费量 | Vegetables and Related Products | 公斤 | kg |
| 四、干鲜瓜果类 | Dried and Fresh Melons and Fruits | 公斤 | kg |
| 五、肉类 | Meat and Related Products | 公斤 | kg |
| 1.猪肉 | Pork | 公斤 | kg |
| 2.牛肉 | Beef | 公斤 | kg |
| 3.羊肉 | Mutton | 公斤 | kg |
| 4.其他肉类及制品 | Others | 公斤 | kg |
| 六、禽类 | Poultry | 公斤 | kg |
| 七、蛋类及蛋制品 | Eggs and Related Products | 公斤 | kg |
| 八、奶和奶制品 | Milk and Dairy Products | 公斤 | kg |
| 九、水产品 | Aquatic Products | 公斤 | kg |
| 十、糖果糕点类 | Sugar and Pastry | 公斤 | kg |
| 十一、饮料 | Beverage | 公斤 | kg |
| 十二、酒 | Liquor | 公斤 | kg |

# Basic Statistics Grouped by per Capita Disposable Income Quintile of Rural Households (2017)

| 总计<br>Total | 20%低收入户<br>20% Low Income | 20%中低收入户<br>20% Lower-middle Income | 20%中等收入户<br>20% Middle Income | 20%中上收入户<br>20% Upper-middle Income | 20%高收入户<br>20% High Income |
|---|---|---|---|---|---|
| -- | -- | -- | -- | -- | -- |
| 1005 | 200 | 201 | 201 | 201 | 202 |
| -- | -- | -- | -- | -- | -- |
| 832 | 149 | 170 | 167 | 174 | 172 |
| 602 | 109 | 137 | 123 | 115 | 118 |
| 84 | 8 | 11 | 19 | 23 | 23 |
| 90 | 14 | 12 | 19 | 23 | 22 |
| 154 | 33 | 23 | 23 | 38 | 37 |
| 338 | 84 | 91 | 63 | 54 | 46 |
| 10580.8 | 11862.2 | 7447.9 | 7675.4 | 13669.4 | 13655.9 |
| -- | -- | -- | -- | -- | -- |
| 32.3 | 26.2 | 29.4 | 30.6 | 33.9 | 47.3 |
| 29387.6 | 24689.0 | 24351.5 | 30046.6 | 30899.8 | 41795.8 |
| -- | -- | -- | -- | -- | -- |
| | | | | | |
| -- | -- | -- | -- | -- | -- |
| 3903 | 933 | 874 | 798 | 717 | 582 |
| 2464 | 508 | 510 | 511 | 485 | 450 |
| 1271 | 263 | 260 | 264 | 248 | 235 |
| 1506 | 364 | 341 | 308 | 283 | 210 |
| 2167 | 443 | 438 | 444 | 432 | 410 |
| 1182 | 238 | 241 | 246 | 231 | 225 |
| 1119 | 262 | 214 | 220 | 212 | 211 |
| 1048 | 181 | 224 | 224 | 220 | 199 |
| -- | -- | -- | -- | -- | -- |
| 233 | 61 | 51 | 48 | 34 | 39 |
| 690 | 166 | 168 | 131 | 128 | 97 |
| 945 | 176 | 189 | 208 | 197 | 175 |
| 204 | 31 | 21 | 43 | 58 | 51 |
| 95 | 9 | 9 | 14 | 15 | 48 |
| -- | -- | -- | -- | -- | -- |
| | | | | | |
| 128.1 | 117.8 | 117.9 | 125.3 | 128.3 | 164.7 |
| 121.2 | 111.8 | 112.9 | 117.5 | 121.8 | 154.0 |
| 74.7 | 71.3 | 71.6 | 71.6 | 76.2 | 87.8 |
| 43.9 | 38.8 | 39.0 | 42.7 | 42.7 | 63.0 |
| 4.1 | 4.2 | 3.1 | 4.3 | 3.9 | 5.7 |
| 2.8 | 1.9 | 1.9 | 3.5 | 2.6 | 4.9 |
| 7.7 | 7.1 | 6.9 | 7.2 | 8.1 | 10.2 |
| 76.9 | 63.8 | 65.8 | 75.8 | 85.3 | 105.9 |
| 63.9 | 50.2 | 54.2 | 63.4 | 73.6 | 89.1 |
| 14.1 | 10.1 | 12.0 | 12.9 | 16.7 | 22.0 |
| 6.0 | 4.1 | 5.8 | 5.3 | 7.0 | 9.0 |
| 3.3 | 2.9 | 2.8 | 3.0 | 3.8 | 4.3 |
| 4.2 | 2.7 | 3.0 | 4.0 | 5.1 | 7.6 |
| 0.6 | 0.4 | 0.5 | 0.6 | 0.7 | 1.1 |
| 5.9 | 5.3 | 5.2 | 5.9 | 6.2 | 7.3 |
| 4.1 | 3.3 | 3.6 | 4.0 | 4.3 | 5.9 |
| 7.5 | 6.5 | 7.4 | 7.3 | 7.8 | 9.4 |
| 1.3 | 0.7 | 0.9 | 1.6 | 1.5 | 2.0 |
| 2.5 | 1.8 | 1.8 | 2.3 | 2.8 | 4.5 |
| 0.2 | 0.2 | 0.2 | 0.2 | 0.2 | 0.4 |
| 3.1 | 1.7 | 3.0 | 3.1 | 3.0 | 5.4 |

## 2-31 续表

| 指标名称 | Item | 单位 | unit |
|---|---|---|---|
| **农村住户总收入与总支出(人均)** | **Total Revenue and Expenditure of Rural Households (per person)** | -- | -- |
| 一、总收入 | Total Revenue | 元 | yuan |
| (一)工资性收入 | Wage Income | 元 | yuan |
| (二)经营性收入 | Household Business Income | 元 | yuan |
| 1.第一产业经营收入 | Primary Industry | 元 | yuan |
| (1)农业收入 | Farming | 元 | yuan |
| (2)林业收入 | Forestry | 元 | yuan |
| (3)牧业收入 | Animal Husbandry | 元 | yuan |
| (4)渔业收入 | Fishery | 元 | yuan |
| 2.第二产业经营收入 | Secondary Industry | 元 | yuan |
| 3.第三产业经营收入 | Tertiary Industry | 元 | yuan |
| (三)财产性收入 | Property Income | 元 | yuan |
| (四)转移性收入 | Transfer Income | 元 | yuan |
| 二、总支出 | Total Expenditure | 元 | yuan |
| (一)生产经营费用支出 | Expenditure for Household Business | 元 | yuan |
| 1.第一产业生产费用支出 | Primary Industry | 元 | yuan |
| (1)农业生产费用支出 | Farming | 元 | yuan |
| (2)林业生产费用支出 | Forestry | 元 | yuan |
| (3)牧业生产费用支出 | Animal Husbandry | 元 | yuan |
| (4)渔业生产费用支出 | Fishery | 元 | yuan |
| 2.第二产业生产费用支出 | Secondary Industry | 元 | yuan |
| 3.第三产业生产费用支出 | Tertiary Industry | 元 | yuan |
| (二)购置生产性固定资产支出 | Expenditure for Purchasing Productive Fixed Assets | 元 | yuan |
| (三)生活消费支出 | Living Expenditure | 元 | yuan |
| 1.食品消费支出 | Food | 元 | yuan |
| 2.衣着消费支出 | Clothing | 元 | yuan |
| 3.居住消费支出 | Residence | 元 | yuan |
| 4.家庭设备、用品消费支出 | Household Facilities, Article and Service | 元 | yuan |
| 5.交通和通讯消费支出 | Transport and Telecommunication | 元 | yuan |
| 6.文化教育、娱乐消费支出 | Cultural, Educational, Recreational Article and Services | 元 | yuan |
| 7.医疗保健消费支出 | Medicine and Health Care | 元 | yuan |
| 8.其他商品和服务消费支出 | Other Commodities and Services | 元 | yuan |
| (四)财产性支出 | Property Expenditure | 元 | yuan |
| (五)转移性支出 | Transfer Expenditure | 元 | yuan |
| **农村住户可支配收入来源(人均)** | **Basic Statistics of Disposable Income of Rural Households (per person)** | -- | -- |
| 一、全年可支配收入 | Annual Disposable Income | 元 | yuan |
| (一)工资性收入 | Wage Income | 元 | yuan |
| (二)经营净收入 | Household Business Income | 元 | yuan |
| 1.第一产业经营净收入 | Primary Industry | 元 | yuan |
| (1)农业收入 | Farming | 元 | yuan |
| (2)林业收入 | Forestry | 元 | yuan |
| (3)牧业收入 | Animal Husbandry | 元 | yuan |
| (4)渔业收入 | Fishery | 元 | yuan |
| 2.非农产业经营净收入 | Non-agriculture | 元 | yuan |
| A.第二产业经营净收入 | Secondary Industry | 元 | yuan |
| B.第三产业经营净收入 | Tertiary Industry | 元 | yuan |
| (三)财产净收入 | Net Income from Property | 元 | yuan |
| (四)转移净收入 | Net Income from Transfer | 元 | yuan |
| 二、全年现金可支配收入 | Annual Cash Disposable Income | 元 | yuan |
| 三、全年实物可支配收入 | Annual Disposable Income in Kind | 元 | yuan |

continued

| 总计<br>Total | 20%低收入户<br>20% Low Income | 20%中低收入户<br>20% Lower-middle Income | 20%中等收入户<br>20% Middle Income | 20%中上收入户<br>20% Upper-middle Income | 20%高收入户<br>20% High Income |
|---|---|---|---|---|---|
| -- | -- | -- | -- | -- | -- |
| 16533 | 8572 | 10653 | 14050 | 21331 | 35952 |
| 4224 | 2356 | 3627 | 4728 | 4845 | 6621 |
| 9361 | 4769 | 5308 | 6974 | 12634 | 22339 |
| 6406 | 2671 | 4014 | 5039 | 7787 | 16360 |
| 3728 | 1456 | 2612 | 3262 | 3896 | 9583 |
| 83 | 25 | 76 | 127 | 133 | 61 |
| 2484 | 1190 | 1326 | 1650 | 3267 | 6579 |
| 111 | | | | 491 | 136 |
| 311 | 70 | 150 | 70 | 1008 | 415 |
| 2644 | 2027 | 1144 | 1864 | 3840 | 5565 |
| 400 | 149 | 184 | 230 | 646 | 1074 |
| 2548 | 1298 | 1533 | 2119 | 3205 | 5918 |
| 22513 | 18457 | 15711 | 18783 | 25058 | 41745 |
| 4440 | 3940 | 2664 | 2898 | 5584 | 8783 |
| 3242 | 2276 | 2135 | 2301 | 3660 | 7352 |
| 1488 | 847 | 1115 | 1331 | 1429 | 3401 |
| 21 | 7 | 20 | 33 | 27 | 21 |
| 1643 | 1423 | 1000 | 937 | 1776 | 3859 |
| 90 | | | 0 | 428 | 71 |
| 168 | 28 | 79 | 31 | 715 | 36 |
| 1030 | 1635 | 450 | 566 | 1209 | 1395 |
| 870 | 1060 | 521 | 390 | 1627 | 838 |
| 9982 | 7717 | 7882 | 9385 | 11369 | 15972 |
| 2522 | 1962 | 2071 | 2453 | 2865 | 3783 |
| 719 | 561 | 593 | 685 | 818 | 1089 |
| 1959 | 1661 | 1472 | 1828 | 2053 | 3258 |
| 574 | 503 | 461 | 587 | 536 | 895 |
| 1675 | 1283 | 1313 | 1451 | 1785 | 3055 |
| 1212 | 900 | 1114 | 1206 | 1464 | 1557 |
| 1131 | 709 | 711 | 988 | 1654 | 2001 |
| 189 | 138 | 147 | 187 | 195 | 333 |
| 76 | 57 | 60 | 109 | 84 | 74 |
| 610 | 698 | 372 | 514 | 598 | 988 |
| -- | -- | -- | -- | -- | -- |
| 10738 | 3085 | 7111 | 10076 | 14199 | 25226 |
| **4224** | 2356 | 3627 | 4728 | 4845 | 6621 |
| 4252 | 38 | 2198 | 3622 | 6183 | 12675 |
| 2837 | 134 | 1644 | 2450 | 3691 | 8517 |
| 2020 | 455 | 1345 | 1708 | 2206 | 5807 |
| 62 | 18 | 55 | 94 | 106 | 40 |
| 734 | -340 | 244 | 648 | 1319 | 2604 |
| 20 | | | 0 | 60 | 65 |
| 1415 | -96 | 554 | 1172 | 2493 | 4159 |
| 123 | 12 | 60 | 38 | 256 | 358 |
| 1292 | -108 | 494 | 1134 | 2237 | 3801 |
| 324 | 92 | 125 | 120 | 562 | 1000 |
| 1938 | 598 | 1161 | 1605 | 2607 | 4930 |
| 10637 | 3460 | 6983 | 9867 | 14277 | 24332 |
| 101 | -376 | 129 | 209 | -78 | 895 |

# 2-32 2017年全区农村居民家庭按人均可支配收入分组资料

| 指标名称 | Item | 单位 | unit |
|---|---|---|---|
| **农村住户家庭基本情况(绝对数)** | **Basic Statistics of Rural Households(absolute)** | -- | -- |
| 一、调查户数 | Number of Households Surveyed | 户 | household |
| 调查户经营情况 | Basic Statistics of Business of Households Surveyed | -- | -- |
| (一)生产经营户 | Production Households | 户 | household |
| 1.农业户 | Agriculture Households | 户 | household |
| 2.农业兼业户 | Agriculture with Combined Occupations | 户 | household |
| 3.非农业兼业户 | Non-agriculture with Combined Occupations | 户 | household |
| 4.非农业户 | Non-agriculture Households | 户 | household |
| (二)非生产经营户 | Non-production Households | 户 | household |
| 二、生产性固定资产原值(人均) | Original Value of Productive Fixed Assets (per person) | 元 | yuan |
| **农村住户居住情况(人均)** | **Basic Statistics of Residence of Rural Households (per person)** | -- | -- |
| (一)自有现住房面积 | Floor Space of Living Houses | 平方米 | sq.m |
| (二)自有现住房市场估值 | Value of Living Houses | 元 | yuan |
| **调查户人口与劳动力情况(绝对数)** | **Number of Households Surveyed and Basic Statistics of Labours (absolute)** | -- | -- |
| 一、农村住户人口与劳动力状况 | Number of Households and Basic Statistics of Labours of Rural Households | -- | -- |
| (一)家庭常住人口 | Number of Permanent Residents in the Households | 人 | person |
| (二)整半劳动力数 | Number of Able-bodied and Semi-able-bodied Labours | 人 | person |
| 其中：男劳动力人数 | Number of Male Labours | 人 | person |
| 其中：整劳动力 | Number of Able-bodied Labours | 人 | person |
| (三)就业劳动力人数 | Number of Employed | 人 | person |
| 其中：1.第一产业 | Primary Industry | 人 | person |
| 2.第二产业 | Secondary Industry | 人 | person |
| 3.第三产业 | Tertiary Industry | 人 | person |
| (四)就业劳动力文化程度 | Culture Level of Employed Labours | -- | -- |
| 1.不识字或识字很少 | Illiterate and Semi-illiterate | 人 | person |
| 2.小学程度 | Primary School | 人 | person |
| 3.初中程度 | Junior Middle School | 人 | person |
| 4.高中程度 | Senior Middle School | 人 | person |
| 5.大专及以上 | College and Higher | 人 | person |
| 6.大学本科 | Bachelor Degree | 人 | person |
| 7.研究生 | Postgraduate | 人 | person |
| **农村住户食品消费情况(人均)** | **Basic Statistics of Consumption of Major Foods of Rural Households (per person)** | -- | -- |
| 一、粮食消费量 | Grain Crops | 公斤 | kg |
| (一)谷物消费量 | Cereal | 公斤 | kg |
| #1.小麦 | Wheat | 公斤 | kg |
| 2.稻谷 | Rice | 公斤 | kg |
| (二)薯类消费量 | Tubers | 公斤 | kg |
| (三)豆类消费量 | Soybeans | 公斤 | kg |
| 二、油脂类消费量 | Oil and Fat | 公斤 | kg |
| 三、蔬菜及菜制品消费量 | Vegetables and Related Products | 公斤 | kg |
| 四、肉类 | Meat and Related Products | 公斤 | kg |
| 1.猪肉 | Pork | 公斤 | kg |
| 2.牛肉 | Beef | 公斤 | kg |
| 3.羊肉 | Mutton | 公斤 | kg |
| 4.其他肉类及制品 | Others | 公斤 | kg |
| 五、禽类 | Poultry | 公斤 | kg |
| 六、水产品 | Aquatic Products | 公斤 | kg |
| 七、蛋类及蛋制品 | Eggs and Related Products | 公斤 | kg |
| 八、奶和奶制品 | Milk and Dairy Products | 公斤 | kg |
| 九、干鲜瓜果类 | Dried and Fresh Melons and Fruits | 公斤 | kg |
| 十、糖果糕点类 | Sugar and Pastry | 公斤 | kg |
| 十一、饮料 | Beverage | 公斤 | kg |
| 十二、烟叶消费量 | Tobacco | 公斤 | kg |
| 十三、酒 | Liquor | 公斤 | kg |

# Basic Statistics Grouped by per Capita Disposable Income of Rural Households (2017)

| 总 计<br>Total | 3000元以下<br>3000 yuan and Below | 3000–4500元<br>3000-4500 yuan | 4500–6000元<br>4500-6000 yuan | 6000–8000元<br>6000-8000 yuan | 8000–10000元<br>8000-10000 yuan |
|---|---|---|---|---|---|
| -- | -- | -- | -- | -- | -- |
| 1005 | 69 | 63 | 85 | 133 | 138 |
| -- | -- | -- | -- | -- | -- |
| 832 | 46 | 44 | 73 | 115 | 111 |
| 602 | 32 | 35 | 53 | 90 | 88 |
| 84 | 1 | 2 | 6 | 10 | 5 |
| 90 | 6 | 4 | 4 | 8 | 13 |
| 154 | 14 | 6 | 16 | 18 | 14 |
| 338 | 26 | 33 | 32 | 59 | 54 |
| 10581 | 21807 | 6568 | 6222 | 8119 | 6671 |
| | | | | | |
| 32 | 26 | 27 | 25 | 29 | 31 |
| 29388 | 26147 | 22958 | 23908 | 23665 | 29460 |
| -- | -- | -- | -- | -- | -- |
| | | | | | |
| -- | -- | -- | -- | -- | -- |
| 3826 | 310 | 281 | 387 | 576 | 553 |
| 2432 | 184 | 148 | 215 | 336 | 349 |
| 1251 | 97 | 78 | 110 | 173 | 171 |
| 1397 | 120 | 104 | 139 | 226 | 199 |
| 2096 | 155 | 129 | 178 | 292 | 294 |
| 1076 | 90 | 70 | 85 | 163 | 137 |
| 456 | 27 | 35 | 49 | 78 | 76 |
| 564 | 37 | 24 | 44 | 51 | 81 |
| 2432 | 184 | 148 | 215 | 336 | 349 |
| 307 | 33 | 22 | 34 | 46 | 39 |
| 760 | 50 | 50 | 86 | 116 | 112 |
| 1022 | 72 | 61 | 76 | 140 | 150 |
| 237 | 22 | 11 | 15 | 27 | 38 |
| 66 | 4 | 4 | 4 | 5 | 5 |
| 39 | 2 | | | 2 | 4 |
| 1 | | | | | 1 |
| -- | -- | -- | -- | -- | -- |
| | | | | | |
| 128 | 117 | 122 | 115 | 122 | 119 |
| 121 | 111 | 115 | 110 | 116 | 112 |
| 75 | 70 | 76 | 68 | 76 | 72 |
| 44 | 40 | 37 | 40 | 37 | 37 |
| 4 | 4 | 5 | 3 | 4 | 4 |
| 3 | 2 | 2 | 2 | 2 | 4 |
| 8 | 7 | 7 | 7 | 7 | 7 |
| 77 | 63 | 65 | 61 | 65 | 77 |
| 14 | 11 | 9 | 10 | 11 | 13 |
| 6 | 4 | 4 | 4 | 6 | 6 |
| 3 | 3 | 3 | 3 | 3 | 3 |
| 4 | 3 | 2 | 3 | 3 | 4 |
| 1 | 0 | 1 | 0 | 0 | 1 |
| 6 | 6 | 5 | 5 | 5 | 6 |
| 1 | 1 | 1 | 1 | 1 | 1 |
| 4 | 3 | 3 | 3 | 3 | 4 |
| 8 | 7 | 6 | 6 | 8 | 8 |
| 64 | 50 | 51 | 48 | 51 | 62 |
| 2 | 2 | 2 | 1 | 2 | 2 |
| 0 | 0 | 0 | 0 | 0 | 0 |
| 20 | 14 | 16 | 12 | 15 | 17 |
| 3 | 1 | 2 | 2 | 3 | 3 |

## 2-32 续表 1

| 指 标 名 称 | Item | 单位 | unit |
|---|---|---|---|
| **农村住户总收入与总支出(人均)** | **Total Revenue and Expenditure of Rural Households (per person)** | -- | -- |
| 一、总收入 | Total Revenue | 元 | yuan |
| (一)工资性收入 | Wage Income | 元 | yuan |
| (二)经营性收入 | Household Business Income | 元 | yuan |
| 1.第一产业经营收入 | Primary Industry | 元 | yuan |
| (1)农业收入 | Farming | 元 | yuan |
| (2)林业收入 | Forestry | 元 | yuan |
| (3)牧业收入 | Animal Husbandry | 元 | yuan |
| (4)渔业收入 | Fishery | 元 | yuan |
| 2.第二产业经营收入 | Secondary Industry | 元 | yuan |
| 3.第三产业经营收入 | Tertiary Industry | 元 | yuan |
| (三)财产性收入 | Property Income | 元 | yuan |
| (四)转移性收入 | Transfer Income | 元 | yuan |
| 二、总支出 | Total Expenditure | 元 | yuan |
| (一)生产经营费用支出 | Expenditure for Household Business | 元 | yuan |
| 1.第一产业生产费用支出 | Primary Industry | 元 | yuan |
| (1)农业生产费用支出 | Farming | 元 | yuan |
| (2)林业生产费用支出 | Forestry | 元 | yuan |
| (3)牧业生产费用支出 | Animal Husbandry | 元 | yuan |
| (4)渔业生产费用支出 | Fishery | 元 | yuan |
| 2.第二产业生产费用支出 | Secondary Industry | 元 | yuan |
| 3.第三产业生产费用支出 | Tertiary Industry | 元 | yuan |
| (二)购置生产性固定资产支出 | Expenditure for Purchasing Productive Fixed Assets | 元 | yuan |
| (三)生活消费支出 | Living Expenditure | 元 | yuan |
| 1.食品消费支出 | Food | 元 | yuan |
| 2.衣着消费支出 | Clothing | 元 | yuan |
| 3.居住消费支出 | Residence | 元 | yuan |
| 4.家庭设备、用品消费支出 | Household Facilities,Article and Service | 元 | yuan |
| 5.交通和通讯消费支出 | Transport and Telecommunication | 元 | yuan |
| 6.文化教育、娱乐消费支出 | Cultural,Educational,Recreational Article and Services | 元 | yuan |
| 7.医疗保健消费支出 | Medicine and Health Care | 元 | yuan |
| 8.其他商品和服务消费支出 | Other Commodities and Services | 元 | yuan |
| (四)财产性支出 | Property Expenditure | 元 | yuan |
| (五)转移性支出 | Transfer Expenditure | 元 | yuan |
| **农村住户可支配收入来源(人均)** | **Basic Statistics of Disposable Income of Rural Households (per person)** | -- | -- |
| 一、全年可支配收入 | Annual Disposable Income | 元 | yuan |
| (一)工资性收入 | Wage Income | 元 | yuan |
| (二)经营净收入 | Household Business Income | 元 | yuan |
| 1.第一产业经营净收入 | Primary Industry | 元 | yuan |
| (1)农业收入 | Farming | 元 | yuan |
| (2)林业收入 | Forestry | 元 | yuan |
| (3)牧业收入 | Animal Husbandry | 元 | yuan |
| (4)渔业收入 | Fishery | 元 | yuan |
| 2.非农产业经营净收入 | Non-agriculture | 元 | yuan |
| A.第二产业经营净收入 | Secondary Industry | 元 | yuan |
| B.第三产业经营净收入 | Tertiary Industry | 元 | yuan |
| (三)财产净收入 | Net Income from Property | 元 | yuan |
| (四)转移净收入 | Net Income from Transfer | 元 | yuan |
| 二、全年现金可支配收入 | Annual Cash Disposable Income | 元 | yuan |
| 三、全年实物可支配收入 | Annual Disposable Income in Kind | 元 | yuan |

continued

| 总　计<br>Total | 3000元以下<br>3000 yuan<br>and Below | 3000-4500元<br>3000-<br>4500 yuan | 4500-6000元<br>4500-<br>6000 yuan | 6000-8000元<br>6000-<br>8000 yuan | 8000-10000元<br>8000-<br>10000 yuan |
|---|---|---|---|---|---|
| -- | -- | -- | -- | -- | -- |
| 16533 | 10742 | 6677 | 8061 | 10757 | 12427 |
| 4224 | 1803 | 2653 | 2708 | 3447 | 4688 |
| 9361 | 7725 | 2576 | 3760 | 5539 | 5692 |
| 6406 | 3179 | 2114 | 2816 | 4020 | 4298 |
| 3728 | 1363 | 1290 | 1828 | 2738 | 2748 |
| 83 | 3 | 59 | 38 | 78 | 44 |
| 2484 | 1813 | 764 | 951 | 1204 | 1507 |
| 111 | | | | | |
| 311 | 155 | 40 | 74 | 173 | 102 |
| 2644 | 4391 | 422 | 870 | 1346 | 1292 |
| 400 | 153 | 172 | 142 | 171 | 166 |
| 2548 | 1061 | 1276 | 1451 | 1600 | 1880 |
| 22513 | 22204 | 14680 | 16929 | 16361 | 16928 |
| 4440 | 7465 | 1942 | 1948 | 2868 | 2398 |
| 3242 | 3287 | 1726 | 1727 | 2172 | 2038 |
| 1488 | 788 | 780 | 962 | 1176 | 1199 |
| 21 | 0 | 20 | 1 | 27 | 9 |
| 1643 | 2498 | 926 | 765 | 969 | 829 |
| 90 | | | | | 1 |
| 168 | 68 | 12 | 4 | 113 | 45 |
| 1030 | 4110 | 205 | 217 | 583 | 315 |
| 870 | 1099 | 185 | 1392 | 713 | 278 |
| 9982 | 7678 | 7866 | 7448 | 7939 | 9259 |
| 2522 | 2013 | 1947 | 1854 | 2055 | 2465 |
| 719 | 621 | 536 | 507 | 586 | 677 |
| 1959 | 1770 | 1466 | 1615 | 1468 | 1772 |
| 574 | 534 | 497 | 426 | 473 | 487 |
| 1675 | 967 | 1362 | 1666 | 1307 | 1448 |
| 1212 | 793 | 1130 | 809 | 1120 | 1193 |
| 1131 | 781 | 790 | 506 | 770 | 1003 |
| 189 | 197 | 138 | 65 | 158 | 214 |
| 76 | 54 | 70 | 37 | 81 | 76 |
| 610 | 1135 | 394 | 441 | 310 | 700 |
| -- | -- | -- | | | |
| 10738 | 632 | 3832 | 5262 | 7001 | 8885 |
| 4224 | 1803 | 2653 | 2708 | 3447 | 4688 |
| 4252 | -1193 | 196 | 1440 | 2174 | 2927 |
| 2837 | -399 | 144 | 860 | 1587 | 2041 |
| 2020 | 414 | 368 | 722 | 1392 | 1385 |
| 62 | 3 | 39 | 37 | 51 | 35 |
| 734 | -816 | -263 | 101 | 144 | 622 |
| 20 | | | | | -1 |
| 1415 | -794 | 52 | 580 | 587 | 885 |
| 123 | 29 | 1 | 55 | 53 | 55 |
| 1292 | -823 | 50 | 525 | 534 | 830 |
| 324 | 98 | 101 | 105 | 90 | 90 |
| 1938 | -76 | 882 | 1009 | 1291 | 1180 |
| 10637 | 1628 | 3752 | 5274 | 7041 | 8401 |
| 101 | -996 | 80 | -12 | -40 | 485 |

## 2-32 续表 2

| 指标名称 | Item | 单位 | unit |
|---|---|---|---|
| **农村住户家庭基本情况(绝对数)** | **Basic Statistics of Rural Households(absolute)** | -- | -- |
| 一、调查户数 | Number of Households Surveyed | 户 | household |
| 调查户经营情况 | Basic Statistics of Business of Households Surveyed | -- | -- |
| (一)生产经营户 | Production Households | 户 | household |
| 1.农业户 | Agriculture Households | 户 | household |
| 2.农业兼业户 | Agriculture with Combined Occupations | 户 | household |
| 3.非农业兼业户 | Non-agriculture with Combined Occupations | 户 | household |
| 4.非农业户 | Non-agriculture Households | 户 | household |
| (二)非生产经营户 | Non-production Households | 户 | household |
| 二、生产性固定资产原值(人均) | Original Value of Productive Fixed Assets (per person) | 元 | yuan |
| **农村住户居住情况(人均)** | **Basic Statistics of Residence of Rural Households (per person)** | -- | -- |
| (一)自有现住房面积 | Floor Space of Living Houses | 平方米 | sq.m |
| (二)自有现住房市场估值 | Value of Living Houses | 元 | yuan |
| **调查户人口与劳动力情况(绝对数)** | **Number of Households Surveyed and Basic Statistics of Labours (absolute)** | -- | -- |
| 一、农村住户人口与劳动力状况 | Number of Households and Basic Statistics of Labours of Rural Households | -- | -- |
| (一)家庭常住人口 | Number of Permanent Residents in the Households | 人 | person |
| (二)整半劳动力数 | Number of Able-bodied and Semi-able-bodied Labours | 人 | person |
| 其中：男劳动力人数 | Number of Male Labours | 人 | person |
| 其中：整劳动力 | Number of Able-bodied Labours | 人 | person |
| (三)就业劳动力人数 | Number of Employed | 人 | person |
| 其中：1.第一产业 | Primary Industry | 人 | person |
| 2.第二产业 | Secondary Industry | 人 | person |
| 3.第三产业 | Tertiary Industry | 人 | person |
| (四)就业劳动力文化程度 | Culture Level of Employed Labours | -- | -- |
| 1.不识字或识字很少 | Illiterate and Semi-illiterate | 人 | person |
| 2.小学程度 | Primary School | 人 | person |
| 3.初中程度 | Junior Middle School | 人 | person |
| 4.高中程度 | Senior Middle School | 人 | person |
| 5.大专及以上 | College and Higher | 人 | person |
| 6.大学本科 | Bachelor Degree | 人 | person |
| 7.研究生 | Postgraduate | 人 | person |
| **农村住户食品消费情况(人均)** | **Basic Statistics of Consumption of Major Foods of Rural Households (per person)** | -- | -- |
| 一、粮食消费量 | Grain Crops | 公斤 | kg |
| (一)谷物消费量 | Cereal | 公斤 | kg |
| #1.小麦 | Wheat | 公斤 | kg |
| 2.稻谷 | Rice | 公斤 | kg |
| (二)薯类消费量 | Tubers | 公斤 | kg |
| (三)豆类消费量 | Soybeans | 公斤 | kg |
| 二、油脂类消费量 | Oil and Fat | 公斤 | kg |
| 三、蔬菜及菜制品消费量 | Vegetables and Related Products | 公斤 | kg |
| 四、肉类 | Meat and Related Products | 公斤 | kg |
| 1.猪肉 | Pork | 公斤 | kg |
| 2.牛肉 | Beef | 公斤 | kg |
| 3.羊肉 | Mutton | 公斤 | kg |
| 4.其他肉类及制品 | Others | 公斤 | kg |
| 五、禽类 | Poultry | 公斤 | kg |
| 六、水产品 | Aquatic Products | 公斤 | kg |
| 七、蛋类及蛋制品 | Eggs and Related Products | 公斤 | kg |
| 八、奶和奶制品 | Milk and Dairy Products | 公斤 | kg |
| 九、干鲜瓜果类 | Dried and Fresh Melons and Fruits | 公斤 | kg |
| 十、糖果糕点类 | Sugar and Pastry | 公斤 | kg |
| 十一、饮料 | Beverage | 公斤 | kg |
| 十二、烟叶消费量 | Tobacco | 公斤 | kg |
| 十三、酒 | Liquor | 公斤 | kg |

continued

| 10000–13000元<br>10000-<br>13000 yuan | 13000–16000元<br>13000-<br>16000 yuan | 16000–19000元<br>16000-<br>19000 yuan | 19000–22000元<br>19000-<br>22000 yuan | 22000–25000元<br>22000-<br>25000 yuan |
|---:|---:|---:|---:|---:|
| -- | -- | -- | -- | -- |
| 162 | 105 | 60 | 57 | 47 |
| | | | | |
| 141 | 89 | 51 | 50 | 39 |
| 102 | 55 | 37 | 34 | 30 |
| 24 | 8 | 7 | 4 | 5 |
| 13 | 15 | 6 | 10 | 2 |
| 17 | 25 | 9 | 12 | 7 |
| 44 | 28 | 21 | 13 | 8 |
| 9685 | 16977 | 7403 | 13012 | 11389 |
| -- | -- | -- | -- | -- |
| 32 | 34 | 36 | 48 | 44 |
| 28545 | 34097 | 32311 | 42546 | 41931 |
| -- | -- | -- | -- | -- |
| | | | | |
| -- | -- | -- | -- | -- |
| 642 | 364 | 192 | 170 | 131 |
| 404 | 245 | 144 | 127 | 98 |
| 205 | 128 | 75 | 64 | 52 |
| 227 | 134 | 71 | 58 | 43 |
| 356 | 211 | 126 | 109 | 82 |
| 185 | 95 | 59 | 54 | 52 |
| 78 | 48 | 19 | 19 | 11 |
| 93 | 68 | 48 | 36 | 19 |
| -- | -- | -- | -- | -- |
| 46 | 28 | 20 | 12 | 14 |
| 125 | 80 | 42 | 40 | 21 |
| 182 | 107 | 57 | 53 | 40 |
| 38 | 20 | 17 | 15 | 15 |
| 11 | 5 | 4 | 6 | 3 |
| 2 | 5 | 4 | 1 | 5 |
| | | | | |
| -- | -- | -- | -- | -- |
| | | | | |
| 127 | 128 | 132 | 171 | 157 |
| 121 | 123 | 123 | 160 | 148 |
| 69 | 77 | 78 | 87 | 94 |
| 48 | 43 | 44 | 71 | 48 |
| 3 | 3 | 7 | 7 | 6 |
| 3 | 3 | 2 | 5 | 3 |
| 7 | 8 | 9 | 11 | 10 |
| 82 | 81 | 89 | 104 | 96 |
| 14 | 17 | 17 | 20 | 20 |
| 6 | 6 | 7 | 9 | 9 |
| 3 | 4 | 3 | 3 | 5 |
| 4 | 6 | 5 | 7 | 6 |
| 1 | 1 | 1 | 1 | 1 |
| 6 | 6 | 6 | 6 | 8 |
| 2 | 1 | 2 | 1 | 2 |
| 4 | 4 | 5 | 5 | 5 |
| 7 | 8 | 7 | 8 | 11 |
| 70 | 80 | 68 | 83 | 89 |
| 2 | 3 | 3 | 4 | 5 |
| 0 | 0 | 0 | 0 | 1 |
| 19 | 26 | 26 | 29 | 29 |
| 3 | 4 | 3 | 3 | 6 |

## 2-32 续表 3

| 指 标 名 称 | Item | 单位 | unit |
|---|---|---|---|
| **农村住户总收入与总支出(人均)** | **Total Revenue and Expenditure of Rural Households (per person)** | -- | -- |
| 一、总收入 | Total Revenue | 元 | yuan |
| (一)工资性收入 | Wage Income | 元 | yuan |
| (二)经营性收入 | Household Business Income | 元 | yuan |
| 1.第一产业经营收入 | Primary Industry | 元 | yuan |
| (1)农业收入 | Farming | 元 | yuan |
| (2)林业收入 | Forestry | 元 | yuan |
| (3)牧业收入 | Animal Husbandry | 元 | yuan |
| (4)渔业收入 | Fishery | 元 | yuan |
| 2.第二产业经营收入 | Secondary Industry | 元 | yuan |
| 3.第三产业经营收入 | Tertiary Industry | 元 | yuan |
| (三)财产性收入 | Property Income | 元 | yuan |
| (四)转移性收入 | Transfer Income | 元 | yuan |
| 二、总支出 | Total Expenditure | 元 | yuan |
| (一)生产经营费用支出 | Expenditure for Household Business | 元 | yuan |
| 1.第一产业生产费用支出 | Primary Industry | 元 | yuan |
| (1)农业生产费用支出 | Farming | 元 | yuan |
| (2)林业生产费用支出 | Forestry | 元 | yuan |
| (3)牧业生产费用支出 | Animal Husbandry | 元 | yuan |
| (4)渔业生产费用支出 | Fishery | 元 | yuan |
| 2.第二产业生产费用支出 | Secondary Industry | 元 | yuan |
| 3.第三产业生产费用支出 | Tertiary Industry | 元 | yuan |
| (二)购置生产性固定资产支出 | Expenditure for Purchasing Productive Fixed Assets | 元 | yuan |
| (三)生活消费支出 | Living Expenditure | 元 | yuan |
| 1.食品消费支出 | Food | 元 | yuan |
| 2.衣着消费支出 | Clothing | 元 | yuan |
| 3.居住消费支出 | Residence | 元 | yuan |
| 4.家庭设备、用品消费支出 | Household Facilities,Article and Service | 元 | yuan |
| 5.交通和通讯消费支出 | Transport and Telecommunication | 元 | yuan |
| 6.文化教育、娱乐消费支出 | Cultural,Educational,Recreational Article and Services | 元 | yuan |
| 7.医疗保健消费支出 | Medicine and Health Care | 元 | yuan |
| 8.其他商品和服务消费支出 | Other Commodities and Services | 元 | yuan |
| (四)财产性支出 | Property Expenditure | 元 | yuan |
| (五)转移性支出 | Transfer Expenditure | 元 | yuan |
| **农村住户可支配收入来源(人均)** | **Basic Statistics of Disposable Income of Rural Households (per person)** | -- | -- |
| 一、全年可支配收入 | Annual Disposable Income | 元 | yuan |
| (一)工资性收入 | Wage Income | 元 | yuan |
| (二)经营净收入 | Household Business Income | 元 | yuan |
| 1.第一产业经营净收入 | Primary Industry | 元 | yuan |
| (1)农业收入 | Farming | 元 | yuan |
| (2)林业收入 | Forestry | 元 | yuan |
| (3)牧业收入 | Animal Husbandry | 元 | yuan |
| (4)渔业收入 | Fishery | 元 | yuan |
| 2.非农产业经营净收入 | Non-agriculture | 元 | yuan |
| A.第二产业经营净收入 | Secondary Industry | 元 | yuan |
| B.第三产业经营净收入 | Tertiary Industry | 元 | yuan |
| (三)财产净收入 | Net Income from Property | 元 | yuan |
| (四)转移净收入 | Net Income from Transfer | 元 | yuan |
| 二、全年现金可支配收入 | Annual Cash Disposable Income | 元 | yuan |
| 三、全年实物可支配收入 | Annual Disposable Income in Kind | 元 | yuan |

continued

| 10000–13000元<br>10000-<br>13000 yuan | 13000–16000元<br>13000-<br>16000 yuan | 16000–19000元<br>16000-<br>19000 yuan | 19000–22000元<br>19000-<br>22000 yuan | 22000–25000元<br>22000-<br>25000 yuan |
|---|---|---|---|---|
| -- | -- | -- | -- | -- |
| 16601 | 21510 | 24187 | 28191 | 29710 |
| 4525 | 5384 | 5431 | 6343 | 6263 |
| 9305 | 12660 | 13382 | 14960 | 14447 |
| 7124 | 5962 | 8945 | 8644 | 11602 |
| 3825 | 3474 | 4852 | 6083 | 8510 |
| 193 | 146 | 105 | 65 | 12 |
| 3106 | 2342 | 2235 | 2496 | 3080 |
| | | 1754 | | |
| 16 | 1956 | | | |
| 2165 | 4742 | 4437 | 6316 | 2845 |
| 385 | 702 | 536 | 1396 | 675 |
| 2386 | 2765 | 4838 | 5492 | 8325 |
| 21116 | 25937 | 27238 | 32227 | 38829 |
| 4063 | 5421 | 5532 | 6009 | 4401 |
| 3351 | 2488 | 4290 | 3652 | 3664 |
| 1451 | 1316 | 1726 | 2142 | 2701 |
| 51 | 28 | 20 | 18 | 8 |
| 1849 | 1144 | 1014 | 1470 | 955 |
| | | 1530 | 22 | |
| 15 | 1381 | | | |
| 697 | 1553 | 1242 | 2356 | 737 |
| 815 | 1574 | 1298 | 837 | 630 |
| 9888 | 11740 | 13339 | 14185 | 13837 |
| 2463 | 3094 | 2896 | 3315 | 3840 |
| 678 | 915 | 920 | 826 | 1084 |
| 1908 | 2064 | 3194 | 2573 | 2961 |
| 628 | 550 | 788 | 528 | 719 |
| 1369 | 2154 | 2048 | 2957 | 1684 |
| 1381 | 1354 | 1683 | 1259 | 1444 |
| 1319 | 1399 | 1597 | 2535 | 1715 |
| 142 | 211 | 212 | 192 | 389 |
| 91 | 114 | 74 | 110 | 41 |
| 420 | 565 | 742 | 835 | 1253 |
| -- | -- | -- | -- | -- |
| 11389 | 14366 | 17345 | 20472 | 23255 |
| 4525 | 5384 | 5431 | 6343 | 6263 |
| 4603 | 6194 | 7356 | 8187 | 9287 |
| 3349 | 3075 | 4380 | 4635 | 7375 |
| 2123 | 1855 | 2946 | 3633 | 5347 |
| 142 | 118 | 84 | 47 | 4 |
| 1084 | 1102 | 1134 | 978 | 2024 |
| | | 216 | -23 | |
| 1254 | 3119 | 2976 | 3552 | 1912 |
| -8 | 519 | | | |
| 1263 | 2600 | 2976 | 3552 | 1912 |
| 294 | 588 | 462 | 1286 | 634 |
| 1966 | 2200 | 4096 | 4657 | 7072 |
| 11423 | 14719 | 16603 | 19605 | 22510 |
| -34 | -353 | 742 | 868 | 745 |

## 2-32 续表 4

| 指 标 名 称 | Item | 单位 | unit |
|---|---|---|---|
| **农村住户家庭基本情况(绝对数)** | **Basic Statistics of Rural Households(absolute)** | -- | -- |
| 一、调查户数 | Number of Households Surveyed | 户 | household |
| 调查户经营情况 | Basic Statistics of Business of Households Surveyed | -- | -- |
| (一)生产经营户 | Production Households | 户 | household |
| 1.农业户 | Agriculture Households | 户 | household |
| 2.农业兼业户 | Agriculture with Combined Occupations | 户 | household |
| 3.非农业兼业户 | Non-agriculture with Combined Occupations | 户 | household |
| 4.非农业户 | Non-agriculture Households | 户 | household |
| (二)非生产经营户 | Non-production Households | 户 | household |
| 二、生产性固定资产原值(人均) | Original Value of Productive Fixed Assets (per person) | 元 | yuan |
| **农村住户居住情况(人均)** | **Basic Statistics of Residence of Rural Households (per person)** | -- | -- |
| (一)自有现住房面积 | Floor Space of Living Houses | 平方米 | sq.m |
| (二)自有现住房市场估值 | Value of Living Houses | 元 | yuan |
| **调查户人口与劳动力情况(绝对数** | **Number of Households Surveyed and Basic Statistics of Labours (absolute)** | -- | -- |
| 一、农村住户人口与劳动力状况 | Number of Households and Basic Statistics of Labours of Rural Households | -- | -- |
| (一)家庭常住人口 | Number of Permanent Residents in the Households | 人 | person |
| (二)整半劳动力数 | Number of Able-bodied and Semi-able-bodied Labours | 人 | person |
| 其中：男劳动力人数 | Number of Male Labours | 人 | person |
| 其中：整劳动力 | Number of Able-bodied Labours | 人 | person |
| (三)就业劳动力人数 | Number of Employed | 人 | person |
| 其中：1.第一产业 | Primary Industry | 人 | person |
| 2.第二产业 | Secondary Industry | 人 | person |
| 3.第三产业 | Tertiary Industry | 人 | person |
| (四)就业劳动力文化程度 | Culture Level of Employed Labours | -- | -- |
| 1.不识字或识字很少 | Illiterate and Semi-illiterate | 人 | person |
| 2.小学程度 | Primary School | 人 | person |
| 3.初中程度 | Junior Middle School | 人 | person |
| 4.高中程度 | Senior Middle School | 人 | person |
| 5.大专及以上 | College and Higher | 人 | person |
| 6.大学本科 | Bachelor Degree | 人 | person |
| 7.研究生 | Postgraduate | 人 | person |
| **农村住户食品消费情况(人均)** | **Basic Statistics of Consumption of Major Foods of Rural Households (per person)** | -- | -- |
| 一、粮食消费量 | Grain Crops | 公斤 | kg |
| (一)谷物消费量 | Cereal | 公斤 | kg |
| #1.小麦 | Wheat | 公斤 | kg |
| 2.稻谷 | Rice | 公斤 | kg |
| (二)薯类消费量 | Tubers | 公斤 | kg |
| (三)豆类消费量 | Soybeans | 公斤 | kg |
| 二、油脂类消费量 | Oil and Fat | 公斤 | kg |
| 三、蔬菜及菜制品消费量 | Vegetables and Related Products | 公斤 | kg |
| 四、肉类 | Meat and Related Products | 公斤 | kg |
| 1.猪肉 | Pork | 公斤 | kg |
| 2.牛肉 | Beef | 公斤 | kg |
| 3.羊肉 | Mutton | 公斤 | kg |
| 4.其他肉类及制品 | Others | 公斤 | kg |
| 五、禽类 | Poultry | 公斤 | kg |
| 六、水产品 | Aquatic Products | 公斤 | kg |
| 七、蛋类及蛋制品 | Eggs and Related Products | 公斤 | kg |
| 八、奶和奶制品 | Milk and Dairy Products | 公斤 | kg |
| 九、干鲜瓜果类 | Dried and Fresh Melons and Fruits | 公斤 | kg |
| 十、糖果糕点类 | Sugar and Pastry | 公斤 | kg |
| 十一、饮料 | Beverage | 公斤 | kg |
| 十二、烟叶消费量 | Tobacco | 公斤 | kg |
| 十三、酒 | Liquor | 公斤 | kg |

continued

| 25000-30000元<br>25000-<br>30000 yuan | 30000-35000元<br>30000-<br>35000 yuan | 35000-40000元<br>35000-<br>40000 yuan | 40000-50000元<br>40000-<br>50000 yuan | 50000元以上<br>50000 yuan<br>and Over |
|---:|---:|---:|---:|---:|
| -- | -- | -- | -- | -- |
| 34 | 22 | 19 | 8 | 3 |
| -- | -- | -- | -- | -- |
| 25 | 20 | 18 | 7 | 3 |
| 15 | 12 | 14 | 2 | 3 |
| 2 | 6 | 3 | 1 | |
| 3 | 2 | 1 | 3 | |
| 7 | 4 | 3 | 2 | |
| 9 | 5 | 3 | 3 | |
| 10311 | 23716 | 21205 | 20820 | 23993 |
| -- | -- | -- | -- | -- |
| 51 | 46 | 59 | 56 | 58 |
| 47701 | 36066 | 42016 | 50535 | 43004 |
| -- | -- | -- | -- | -- |
| | | | | |
| -- | -- | -- | -- | -- |
| 92 | 59 | 44 | 22 | 6 |
| 74 | 49 | 39 | 15 | 6 |
| 39 | 26 | 20 | 10 | 3 |
| 29 | 25 | 15 | 7 | 1 |
| 64 | 45 | 36 | 14 | 6 |
| 29 | 23 | 25 | 5 | 4 |
| 10 | 4 | 2 | | |
| 25 | 18 | 9 | 9 | 2 |
| -- | -- | -- | -- | -- |
| 8 | 2 | 1 | 1 | 1 |
| 12 | 10 | 11 | 3 | 2 |
| 32 | 26 | 17 | 6 | 3 |
| 10 | 4 | 5 | | |
| 6 | 4 | 3 | 2 | |
| 6 | 3 | 2 | 3 | |
| | | | | |
| -- | -- | -- | -- | -- |
| | | | | |
| 143 | 210 | 196 | 156 | 213 |
| 136 | 201 | 179 | 118 | 198 |
| 69 | 107 | 92 | 72 | 169 |
| 64 | 91 | 86 | 35 | 23 |
| 2 | 3 | 5 | 27 | 8 |
| 5 | 6 | 12 | 11 | 6 |
| 8 | 13 | 11 | 8 | 12 |
| 103 | 111 | 149 | 111 | 126 |
| 23 | 29 | 27 | 30 | 36 |
| 10 | 12 | 9 | 6 | 6 |
| 4 | 4 | 5 | 8 | 7 |
| 8 | 13 | 12 | 15 | 16 |
| 1 | 1 | 1 | 1 | 7 |
| 9 | 11 | 7 | 8 | 4 |
| 3 | 3 | 2 | 3 | 2 |
| 6 | 8 | 7 | 6 | 5 |
| 10 | 14 | 6 | 7 | 12 |
| 78 | 106 | 105 | 140 | 87 |
| 4 | 5 | 6 | 3 | 4 |
| 0 | 0 | 1 | 0 | 1 |
| 39 | 23 | 75 | 19 | 145 |
| 4 | 8 | 12 | 5 | 17 |

## 2-32 续表 5

| 指 标 名 称 | Item | 单位 | unit |
|---|---|---|---|
| **农村住户总收入与总支出(人均)** | **Total Revenue and Expenditure of Rural Households (per person)** | -- | -- |
| 一、总收入 | Total Revenue | 元 | yuan |
| (一)工资性收入 | Wage Income | 元 | yuan |
| (二)经营性收入 | Household Business Income | 元 | yuan |
| 1.第一产业经营收入 | Primary Industry | 元 | yuan |
| (1)农业收入 | Farming | 元 | yuan |
| (2)林业收入 | Forestry | 元 | yuan |
| (3)牧业收入 | Animal Husbandry | 元 | yuan |
| (4)渔业收入 | Fishery | 元 | yuan |
| 2.第二产业经营收入 | Secondary Industry | 元 | yuan |
| 3.第三产业经营收入 | Tertiary Industry | 元 | yuan |
| (三)财产性收入 | Property Income | 元 | yuan |
| (四)转移性收入 | Transfer Income | 元 | yuan |
| 二、总支出 | Total Expenditure | 元 | yuan |
| (一)生产经营费用支出 | Expenditure for Household Business | 元 | yuan |
| 1.第一产业生产费用支出 | Primary Industry | 元 | yuan |
| (1)农业生产费用支出 | Farming | 元 | yuan |
| (2)林业生产费用支出 | Forestry | 元 | yuan |
| (3)牧业生产费用支出 | Animal Husbandry | 元 | yuan |
| (4)渔业生产费用支出 | Fishery | 元 | yuan |
| 2.第二产业生产费用支出 | Secondary Industry | 元 | yuan |
| 3.第三产业生产费用支出 | Tertiary Industry | 元 | yuan |
| (二)购置生产性固定资产支出 | Expenditure for Purchasing Productive Fixed Assets | 元 | yuan |
| (三)生活消费支出 | Living Expenditure | 元 | yuan |
| 1.食品消费支出 | Food | 元 | yuan |
| 2.衣着消费支出 | Clothing | 元 | yuan |
| 3.居住消费支出 | Residence | 元 | yuan |
| 4.家庭设备、用品消费支出 | Household Facilities,Article and Service | 元 | yuan |
| 5.交通和通讯消费支出 | Transport and Telecommunication | 元 | yuan |
| 6.文化教育、娱乐消费支出 | Cultural,Educational,Recreational Article and Services | 元 | yuan |
| 7.医疗保健消费支出 | Medicine and Health Care | 元 | yuan |
| 8.其他商品和服务消费支出 | Other Commodities and Services | 元 | yuan |
| (四)财产性支出 | Property Expenditure | 元 | yuan |
| (五)转移性支出 | Transfer Expenditure | 元 | yuan |
| **农村住户可支配收入来源(人均)** | **Basic Statistics of Disposable Income of Rural Households (per person)** | -- | -- |
| 一、全年可支配收入 | Annual Disposable Income | 元 | yuan |
| (一)工资性收入 | Wage Income | 元 | yuan |
| (二)经营净收入 | Household Business Income | 元 | yuan |
| 1.第一产业经营净收入 | Primary Industry | 元 | yuan |
| (1)农业收入 | Farming | 元 | yuan |
| (2)林业收入 | Forestry | 元 | yuan |
| (3)牧业收入 | Animal Husbandry | 元 | yuan |
| (4)渔业收入 | Fishery | 元 | yuan |
| 2.非农产业经营净收入 | Non-agriculture | 元 | yuan |
| A.第二产业经营净收入 | Secondary Industry | 元 | yuan |
| B.第三产业经营净收入 | Tertiary Industry | 元 | yuan |
| (三)财产净收入 | Net Income from Property | 元 | yuan |
| (四)转移净收入 | Net Income from Transfer | 元 | yuan |
| 二、全年现金可支配收入 | Annual Cash Disposable Income | 元 | yuan |
| 三、全年实物可支配收入 | Annual Disposable Income in Kind | 元 | yuan |

continued

| 25000–30000元<br>25000-<br>30000 yuan | 30000–35000元<br>30000-<br>35000 yuan | 35000–40000元<br>35000-<br>40000 yuan | 40000–50000元<br>40000-<br>50000 yuan | 50000元以上<br>50000 yuan<br>and Over |
|---|---|---|---|---|
| -- | -- | -- | -- | -- |
| 36576 | 48131 | 71430 | 61098 | 137345 |
| 9321 | 4511 | 6144 | 5112 | 7816 |
| 19216 | 38359 | 60217 | 49756 | 124842 |
| 13039 | 26621 | 55250 | 27952 | 124842 |
| 7710 | 15962 | 24890 | 14434 | 42854 |
| | 123 | 24 | | 3 |
| 5315 | 10537 | 28175 | 13518 | 81985 |
| 14 | | 2161 | | |
| 914 | 3266 | | | |
| 5264 | 8472 | 4967 | 21804 | |
| 1224 | 1350 | 736 | 4588 | 34 |
| 6815 | 3911 | 4333 | 1642 | 4652 |
| 55111 | 44605 | 57734 | 56072 | 117268 |
| 7529 | 13193 | 31474 | 13860 | 69769 |
| 6894 | 11196 | 30844 | 9383 | 69769 |
| 2382 | 7303 | 8877 | 4929 | 12575 |
| 45 | | | 1 | |
| 4467 | 3893 | 20922 | 4452 | 57194 |
| | | 1044 | | |
| 57 | 321 | | | |
| 578 | 1676 | 630 | 4478 | |
| 713 | 2584 | 1378 | 375 | |
| 20245 | 16932 | 14133 | 15471 | 21789 |
| 4061 | 4347 | 4553 | 4541 | 5735 |
| 1448 | 1099 | 1132 | 2029 | 821 |
| 3236 | 2912 | 3108 | 2884 | 6522 |
| 1502 | 892 | 479 | 867 | 4826 |
| 5793 | 2432 | 2310 | 2447 | 2769 |
| 1899 | 1869 | 1141 | 1998 | 27 |
| 1698 | 2831 | 1208 | 540 | 562 |
| 607 | 550 | 202 | 163 | 527 |
| 32 | 137 | 33 | 135 | |
| 989 | 743 | 1217 | 560 | 1620 |
| -- | -- | -- | -- | -- |
| 27339 | 32477 | 37293 | 45154 | 64356 |
| 9321 | 4511 | 6144 | 5112 | 7816 |
| 11000 | 23585 | 27330 | 34508 | 53473 |
| 5786 | 14841 | 23195 | 18168 | 53473 |
| 5037 | 8376 | 14936 | 9233 | 29780 |
| -45 | 123 | 24 | -1 | 3 |
| 781 | 6343 | 7118 | 8936 | 23690 |
| 14 | | 1117 | | |
| 5214 | 8743 | 4135 | 16340 | |
| 809 | 2779 | | | |
| 4405 | 5964 | 4135 | 16340 | |
| 1192 | 1213 | 703 | 4453 | 34 |
| 5827 | 3169 | 3117 | 1081 | 3033 |
| 26693 | 31200 | 37588 | 40563 | 61006 |
| 645 | 1277 | -295 | 4591 | 3350 |

# 2-33 主要年份各市县农村居民人均可支配收入

单位：元，%

| 地 区 | Region | 2010 | | 2011 | | 2012 | | 2013 | |
|---|---|---|---|---|---|---|---|---|---|
| | | 收入水平 Income | 比上年增长 Growth | 收入水平 Income | 比上年增长 Growth | 收入水平 Income | 比上年增长 Growth | 收入水平 Income | 比上年增长 Growth |
| **全 区** | **Total** | **5125** | **15.5** | **5931** | **15.7** | **6776** | **14.2** | **7599** | **12.1** |
| **沿黄地区** | **Plain** | **6222** | **14.3** | **7149** | **14.9** | **8143** | **13.9** | **9104** | **11.8** |
| **中南部地区** | **Mountain Area** | **3612** | **17.1** | **4193** | **16.1** | **4856** | **15.8** | **5550** | **14.3** |
| **银川市** | **Yinchuan** | **6369** | **14.3** | **7309** | **14.8** | **8341** | **14.1** | **9341** | **12.0** |
| 兴庆区 | Xingqing | 7363 | 12.9 | 8425 | 14.4 | 9538 | 13.2 | 10663 | 11.8 |
| 西夏区 | Xixia | 4970 | 18.7 | 5787 | 16.4 | 6678 | 15.4 | 7827 | 17.2 |
| 金凤区 | Jinfeng | 5691 | 13.2 | 6535 | 14.8 | 7450 | 14.0 | 8359 | 12.2 |
| 永宁县 | Yongning | 6247 | 15.0 | 7195 | 15.2 | 8225 | 14.3 | 9223 | 12.1 |
| 贺兰县 | Helan | 6585 | 13.4 | 7591 | 15.3 | 8692 | 14.5 | 9694 | 11.5 |
| 灵武市 | Lingwu | 6650 | 14.8 | 7649 | 15.0 | 8707 | 13.8 | 9752 | 12.0 |
| **石嘴山市** | **Shizuishan** | **6298** | **14.0** | **7248** | **15.1** | **8279** | **14.2** | **9278** | **12.1** |
| 大武口区 | Dawukou | 5537 | 13.3 | 6354 | 14.8 | 7252 | 14.1 | 8124 | 12.0 |
| 惠农区 | Huinong | 6344 | 14.9 | 7298 | 15.0 | 8321 | 14.0 | 9325 | 12.1 |
| 平罗县 | Pingluo | 6428 | 13.9 | 7420 | 15.4 | 8486 | 14.4 | 9530 | 12.3 |
| **吴忠市** | **Wuzhong** | **5153** | **10.5** | **5921** | **14.9** | **6767** | **14.3** | **7605** | **12.4** |
| 利通区 | Litong | 6736 | 16.0 | 7741 | 14.9 | 8770 | 13.3 | 9823 | 12.0 |
| 红寺堡区 | Hongsipu | 3443 | 15.5 | 3956 | 14.9 | 4533 | 14.6 | 5211 | 14.9 |
| 盐池县 | Yanchi | 4128 | 11.6 | 4668 | 13.1 | 5392 | 15.5 | 6211 | 15.2 |
| 同心县 | Tongxin | 3610 | 17.4 | 4159 | 15.2 | 4783 | 15.0 | 5457 | 14.1 |
| 青铜峡市 | Qingtongxia | 6464 | 12.3 | 7466 | 15.5 | 8542 | 14.4 | 9457 | 10.7 |
| **固原市** | **Guyuan** | **3695** | **17.4** | **4297** | **16.3** | **4984** | **16.0** | **5695** | **14.3** |
| 原州区 | Yuanzhou | 3857 | 18.0 | 4501 | 16.7 | 5214 | 15.8 | 5944 | 14.0 |
| 西吉县 | Xiji | 3613 | 17.5 | 4195 | 16.1 | 4866 | 16.0 | 5539 | 13.8 |
| 隆德县 | Longde | 3598 | 17.5 | 4174 | 16.0 | 4834 | 15.8 | 5535 | 14.5 |
| 泾源县 | Jingyuan | 3325 | 16.2 | 3861 | 16.1 | 4529 | 17.3 | 5176 | 14.3 |
| 彭阳县 | Pengyang | 3743 | 16.8 | 4363 | 16.6 | 5050 | 15.7 | 5807 | 15.0 |
| **中卫市** | **Zhongwei** | **4510** | **15.2** | **5260** | **16.6** | **6021** | **14.5** | **6681** | **11.0** |
| 沙坡头区 | Shapotou | 5628 | 14.0 | 6499 | 15.5 | 7353 | 13.1 | 8146 | 10.8 |
| 中宁县 | Zhongning | 5434 | 14.5 | 6243 | 14.9 | 7148 | 14.5 | 7945 | 11.1 |
| 海原县 | Haiyuan | 3304 | 17.8 | 3852 | 16.6 | 4488 | 16.5 | 5139 | 14.5 |

注：根据2013年城乡一体化住户调查新口径测算方法，按照年度间收入增幅不变的原则，对2010-2015年的农民人均纯收入统一调整为农民人均可支配收入。

# Per Capita Annual Disposable Income of Rural Households by City and County in Main Years

(yuan, %)

| 2014 | | 2015 | | 2016 | | 2017 | |
|---|---|---|---|---|---|---|---|
| 收入水平 Income | 比上年增长 Growth | 收入水平 Income | 比上年增长 Growth | 收入水平 Income | 比上年增长 Growth | 收入水平 Income | 比上年增长 Growth |
| **8410** | **10.7** | **9119** | **8.4** | **9852** | **8.0** | **10738** | **9.0** |
| **10023** | **10.1** | **10821** | **8.0** | **11661** | **7.8** | **12661** | **8.6** |
| **6227** | **12.2** | **6818** | **9.5** | **7505** | **10.1** | **8347** | **11.2** |
| **10275** | **10.0** | **11148** | **8.5** | **12037** | **8.0** | **13087** | **8.7** |
| 11677 | 9.5 | 12625 | 8.1 | 13600 | 7.7 | 14788 | 8.7 |
| 8618 | 10.1 | 9334 | 8.3 | 10112 | 8.3 | 10975 | 8.5 |
| 9187 | 9.9 | 9941 | 8.2 | 10746 | 8.1 | 11629 | 8.2 |
| 10130 | 9.8 | 10995 | 8.5 | 11865 | 7.9 | 12855 | 8.3 |
| 10667 | 10.0 | 11628 | 9.0 | 12560 | 8.0 | 13668 | 8.8 |
| 10756 | 10.3 | 11650 | 8.3 | 12546 | 7.7 | 13659 | 8.9 |
| **10215** | **10.1** | **10995** | **7.6** | **11829** | **7.6** | **12880** | **8.9** |
| 8896 | 9.5 | 9563 | 7.5 | 10261 | 7.3 | 11185 | 9.0 |
| 10269 | 10.1 | 11074 | 7.8 | 11850 | 7.0 | 12857 | 8.5 |
| 10502 | 10.2 | 11300 | 7.6 | 12196 | 7.9 | 13276 | 8.9 |
| **8442** | **11.0** | **9150** | **8.4** | **9938** | **8.6** | **10912** | **9.8** |
| 10787 | 9.8 | 11589 | 7.4 | 12576 | 8.5 | 13675 | 8.7 |
| 5837 | 12.0 | 6408 | 9.8 | 7081 | 10.5 | 7896 | 11.5 |
| 6975 | 12.3 | 7674 | 10.0 | 8532 | 11.2 | 9549 | 11.9 |
| 6123 | 12.2 | 6711 | 9.6 | 7388 | 10.1 | 8216 | 11.2 |
| 10435 | 10.3 | 11200 | 7.3 | 12040 | 7.5 | 13135 | 9.1 |
| **6395** | **12.3** | **7002** | **9.5** | **7714** | **10.2** | **8579** | **11.2** |
| 6693 | 12.6 | 7296 | 9.0 | 8070 | 10.6 | 8961 | 11.0 |
| 6222 | 12.3 | 6857 | 10.2 | 7566 | 10.3 | 8401 | 11.0 |
| 6199 | 12.0 | 6769 | 9.2 | 7462 | 10.2 | 8305 | 11.3 |
| 5805 | 12.1 | 6375 | 9.8 | 7032 | 10.3 | 7842 | 11.5 |
| 6530 | 12.4 | 7158 | 9.6 | 7861 | 9.8 | 8790 | 11.8 |
| **7403** | **10.8** | **8002** | **8.1** | **8626** | **7.8** | **9365** | **8.6** |
| 8971 | 10.1 | 9669 | 7.8 | 10375 | 7.3 | 11249 | 8.4 |
| 8819 | 11.0 | 9580 | 8.6 | 10356 | 8.1 | 11245 | 8.6 |
| 5765 | 12.2 | 6258 | 8.5 | 6872 | 9.8 | 7658 | 11.4 |

Note: According to the integration of urban and rural household survey in 2013 new caliber and the principle of annual revenue growth, per capita net income from 2010 to 2015 unified adjust per capita disposable income.

# 2-34 主要年份各市县农村居民家庭人均可支配收入

# Per Capita Disposable Income of Rural Households by City and County in Main Years

单位：元 (yuan)

| 市 县 | Region | 1983 | 1984 | 1985 | 1986 | 1987 | 1988 | 1989 | 1990 | 1991 | 1992 | 1993 |
|---|---|---|---|---|---|---|---|---|---|---|---|---|
| **全 区** | **Total** | **289** | **313** | **321** | **374** | **383** | **472** | **522** | **578** | **590** | **591** | **636** |
| **沿黄地区** | **Plain** | **354** | **370** | **434** | **503** | **539** | **645** | **742** | **833** | **845** | **872** | **917** |
| **中南部地区** | **Mountain Area** | **188** | **214** | **211** | **244** | **215** | **290** | **317** | **383** | **407** | **376** | **454** |
| **银川市** | **Yinchuan** | | | **482** | **593** | **628** | **734** | **888** | **1012** | **1004** | **986** | **1050** |
| 兴庆区 | Xingqing | | | | | | | | | | | |
| 西夏区 | Xixia | | | | | | | | | | | |
| 金凤区 | Jinfeng | | | | | | | | | | | |
| 永宁县 | Yongning | 538 | 597 | 495 | 585 | 607 | 740 | 861 | 1035 | 1017 | 949 | 1002 |
| 贺兰县 | Helan | 432 | 446 | 432 | 545 | 621 | 690 | 927 | 1053 | 1043 | 998 | 1057 |
| 灵武市 | Lingwu | 348 | 373 | 438 | 481 | 514 | 606 | 697 | 777 | 798 | 803 | 898 |
| **石嘴山市** | **Shizuishan** | | | **451** | **485** | **515** | **678** | **723** | **845** | **824** | **899** | **882** |
| 大武口区 | Dawukou | | | | | | | | | | | |
| 惠农区 | Huinong | 344 | 378 | 402 | 441 | 492 | 621 | 672 | 775 | 762 | 866 | 883 |
| 平罗县 | Pingluo | 388 | 378 | 478 | 507 | 518 | 687 | 735 | 871 | 817 | 864 | 821 |
| **吴忠市** | **Wuzhong** | | | **377** | **452** | **471** | **583** | **629** | **689** | **716** | **771** | **814** |
| 利通区 | Litong | 282 | 316 | 353 | 418 | 447 | 575 | 604 | 723 | 754 | 791 | 874 |
| 红寺堡区 | Hongsipu | | | | | | | | | | | |
| 盐池县 | Yanchi | 275 | 347 | 411 | 477 | 467 | 682 | 578 | 601 | 576 | 799 | 718 |
| 同心县 | Tongxin | 192 | 213 | 233 | 333 | 285 | 444 | 396 | 451 | 539 | 561 | 598 |
| 青铜峡市 | Qingtongxia | 436 | 437 | 409 | 506 | 534 | 578 | 720 | 743 | 729 | 777 | 816 |
| **固原市** | **Guyuan** | | | **208** | **230** | **204** | **265** | **305** | **374** | **386** | **345** | **431** |
| 原州区 | Yuanzhou | 179 | 237 | 270 | 291 | 226 | 300 | 351 | 429 | 425 | 379 | 481 |
| 西吉县 | Xiji | 201 | 227 | 174 | 223 | 200 | 244 | 275 | 353 | 367 | 308 | 431 |
| 隆德县 | Longde | 206 | 183 | 193 | 213 | 261 | 274 | 314 | 396 | 410 | 380 | 461 |
| 泾源县 | Jingyuan | 111 | 135 | 226 | 166 | 150 | 177 | 204 | 259 | 273 | 249 | 320 |
| 彭阳县 | Pengyang | | | 164 | 185 | 201 | 260 | 303 | 388 | 367 | 369 | 429 |
| **中卫市** | **Zhongwei** | | | | | | | | | | | |
| 沙坡头区 | Shapotou | 304 | 323 | 358 | 427 | 473 | 592 | 661 | 737 | 838 | 830 | 848 |
| 中宁县 | Zhongning | 362 | 385 | 380 | 440 | 485 | 527 | 603 | 650 | 688 | 733 | 843 |
| 海原县 | Haiyuan | 189 | 221 | 213 | 258 | 156 | 289 | 332 | 353 | 415 | 344 | 412 |

注：1.2003年、2004年部分市县(区)数据按最新区划调整重新进行了测算，具体包括川区、山区、银川市、石嘴山市、吴忠市、固原市、中卫市、平罗县、中宁县、同心县。2003年以前市县(区)数是原区划数未作调整。

2.2008年，因区划调整，原州区黑城镇、甘城乡划归海原县；海原县兴隆乡划归同心县，徐套乡划归中宁县，兴仁乡划归沙坡头区，因此对原州区、海原县、同心县、中宁县、沙坡头区的数据进行了调整，同时对川区、山区、吴忠市、固原市、中卫市的数据也进行了相应调整。2009年以后数据按新区划调整口径。

3.2013年实施城乡一体化住户调查改革，按照年度间收入增速不变原则，将农民人均纯收入全部调整为新口径的农民人均可支配收入。

Note: a)2003 and 2004, data were adjusted according newly division of some county and city, including Plain, Mountain Area, Yinchuan, Shizuishan, Wuzhong, Guyuan, Zhongwei, Pingluo, Zhongning and Tongxin. Data were not adjusted on original division before 2003.

b)2008, Heicheng town, Gancheng town of County Yuanzhou were allocated County Haiyuan, Xinglong town of County Haiyuan were allocated County Tongxin, Xutao town of County Haiyuan were allocated County Zhongning, Xingren town of County Haiyuan were allocated County Shapotou, data of County Yuanzhou, County Haiyuan, County Tongxin, County Zhongning and County Shapotou were adjusted, at the same time, data of Plain, Mountain area, Wuzhong, Guyuan, Zhongwei were adjusted. From 2009, data are newly division.

c)According to the integration of urban and rural household survey in 2013 new caliber, according to the principle of annual revenue growth, per capita net income unified adjust per capita disposable income.

## 2-34 续表 1 continued

单位：元 (yuan)

| 市 县 | Region | 1994 | 1995 | 1996 | 1997 | 1998 | 1999 | 2000 | 2001 | 2002 | 2003 | 2004 | 2005 |
|---|---|---|---|---|---|---|---|---|---|---|---|---|---|
| **全 区** | **Total** | **867** | **999** | **1398** | **1513** | **1734** | **1779** | **1760** | **1873** | **1984** | **2129** | **2435** | **2651** |
| **沿黄地区** | **Plain** | **1238** | **1584** | **2056** | **2432** | **2701** | **2719** | **2796** | **2940** | **3033** | **3147** | **3527** | **3710** |
| **中南部地区** | **Mountain Area** | **626** | **634** | **967** | **948** | **1114** | **1171** | **1044** | **1140** | **1274** | **1369** | **1573** | **1784** |
| **银川市** | **Yinchuan** | **1381** | **1740** | **2328** | **2666** | **2906** | **2747** | **2804** | **2948** | **3031** | **3085** | **3503** | **3611** |
| 兴庆区 | Xingqing | | | | | | | | | | | 4182 | 4337 |
| 西夏区 | Xixia | | | | | | | | | | | 2590 | 2673 |
| 金凤区 | Jinfeng | | | | | | | | | | | 3227 | 3303 |
| 永宁县 | Yongning | 1303 | 1746 | 2347 | 2666 | 2842 | 2645 | 2694 | 2873 | 2999 | 3152 | 3658 | 3575 |
| 贺兰县 | Helan | 1304 | 1726 | 2328 | 2586 | 2841 | 2660 | 2714 | 2824 | 2944 | 3114 | 3572 | 3745 |
| 灵武市 | Lingwu | 1258 | 1529 | 1886 | 2355 | 2519 | 2567 | 2733 | 2867 | 2892 | 3040 | 3390 | 3635 |
| **石嘴山市** | **Shizuishan** | **1186** | **1594** | **1893** | **2305** | **2679** | **2733** | **2826** | **2939** | **3019** | **3154** | **3589** | **3695** |
| 大武口区 | Dawukou | | | | | | | | | | | | |
| 惠农区 | Huinong | 1143 | 1482 | 1798 | 2195 | 2586 | 2654 | 2740 | 2884 | 2958 | 3081 | 3484 | 3660 |
| 平罗县 | Pingluo | 1115 | 1542 | 1851 | 2224 | 2560 | 2598 | 2703 | 2848 | 2925 | 3135 | 3574 | 3782 |
| **吴忠市** | **Wuzhong** | **1121** | **1289** | **1811** | **1990** | **2190** | **2261** | **2331** | **2488** | **2522** | **2520** | **2868** | **3072** |
| 利通区 | Litong | 1101 | 1379 | 1870 | 2314 | 2617 | 2664 | 2842 | 3028 | 3138 | 3354 | 3760 | 3959 |
| 红寺堡区 | Hongsipu | | | | | | | | | | | | |
| 盐池县 | Yanchi | 1049 | 924 | 1394 | 1302 | 1512 | 1506 | 1278 | 1469 | 1608 | 1763 | 1983 | 2256 |
| 同心县 | Tongxin | 797 | 857 | 1467 | 1283 | 1396 | 1468 | 1260 | 1295 | 1388 | 1440 | 1652 | 1804 |
| 青铜峡市 | Qingtongxia | 1172 | 1509 | 2101 | 2360 | 2517 | 2667 | 2775 | 2970 | 3060 | 3218 | 3745 | 3967 |
| **固原市** | **Guyuan** | **602** | **588** | **861** | **841** | **1009** | **1071** | **986** | **1099** | **1241** | **1371** | **1583** | **1823** |
| 原州区 | Yuanzhou | 637 | 683 | 909 | 887 | 1121 | 1134 | 1015 | 1152 | 1317 | 1453 | 1664 | 1879 |
| 西吉县 | Xiji | 587 | 467 | 863 | 785 | 924 | 1024 | 942 | 1082 | 1192 | 1320 | 1547 | 1818 |
| 隆德县 | Longde | 645 | 653 | 908 | 897 | 1069 | 1072 | 1119 | 1168 | 1273 | 1345 | 1554 | 1755 |
| 泾源县 | Jingyuan | 488 | 480 | 646 | 734 | 812 | 993 | 1019 | 1076 | 1129 | 1204 | 1371 | 1583 |
| 彭阳县 | Pengyang | 634 | 691 | 888 | 916 | 1100 | 1096 | 943 | 1141 | 1298 | 1395 | 1598 | 1857 |
| **中卫市** | **Zhongwei** | | | | | | | | | | **2180** | **2396** | **2578** |
| 沙坡头区 | Shapotou | 1160 | 1450 | 1964 | 2352 | 2579 | 2666 | 2620 | 2853 | 2947 | 3088 | 3348 | 3517 |
| 中宁县 | Zhongning | 1184 | 1510 | 1940 | 2228 | 2539 | 2639 | 2721 | 2785 | 2889 | 2857 | 3122 | 3398 |
| 海原县 | Haiyuan | 563 | 499 | 902 | 762 | 946 | 1048 | 932 | 972 | 1165 | 1225 | 1394 | 1536 |

## 2-34 续表 2 continued

单位：元 (yuan)

| 市 县 | Region | 2006 | 2007 | 2008 | 2009 | 2010 | 2011 | 2012 | 2013 | 2014 | 2015 | 2016 | 2017 |
|---|---|---|---|---|---|---|---|---|---|---|---|---|---|
| **全 区** | **Total** | **2938** | **3411** | **3978** | **4405** | **5125** | **5931** | **6776** | **7599** | **8410** | **9119** | **9852** | **10738** |
| **沿黄地区** | **Plain** | **4020** | **4523** | **5035** | **5445** | **6222** | **7149** | **8143** | **9104** | **10023** | **10821** | **11661** | **12661** |
| **中南部地区** | **Mountain Area** | **1991** | **2316** | **2731** | **3084** | **3612** | **4193** | **4856** | **5550** | **6227** | **6818** | **7505** | **8347** |
| **银川市** | **Yinchuan** | **3928** | **4448** | **5083** | **5571** | **6369** | **7309** | **8341** | **9341** | **10275** | **11148** | **12037** | **13087** |
| 兴庆区 | Xingqing | 4792 | 5392 | 6066 | 6521 | 7363 | 8425 | 9538 | 10663 | 11677 | 12625 | 13600 | 14788 |
| 西夏区 | Xixia | 2925 | 3267 | 3791 | 4189 | 4970 | 5787 | 6678 | 7827 | 8618 | 9334 | 10112 | 10975 |
| 金凤区 | Jinfeng | 3568 | 4042 | 4628 | 5026 | 5691 | 6535 | 7450 | 8359 | 9187 | 9941 | 10746 | 11629 |
| 永宁县 | Yongning | 3897 | 4442 | 5029 | 5432 | 6247 | 7195 | 8225 | 9223 | 10130 | 10995 | 11865 | 12855 |
| 贺兰县 | Helan | 4112 | 4606 | 5204 | 5808 | 6585 | 7591 | 8692 | 9694 | 10667 | 11628 | 12560 | 13668 |
| 灵武市 | Lingwu | 3933 | 4472 | 5238 | 5792 | 6650 | 7649 | 8707 | 9752 | 10756 | 11650 | 12546 | 13659 |
| **石嘴山市** | **Shizuishan** | **4008** | **4521** | **5074** | **5524** | **6298** | **7248** | **8279** | **9278** | **10215** | **10995** | **11829** | **12880** |
| 大武口区 | Dawukou | 3485 | 3959 | 4525 | 4887 | 5537 | 6354 | 7252 | 8124 | 8896 | 9563 | 10261 | 11185 |
| 惠农区 | Huinong | 3964 | 4491 | 4971 | 5523 | 6344 | 7298 | 8321 | 9325 | 10269 | 11074 | 11850 | 12857 |
| 平罗县 | Pingluo | 4112 | 4630 | 5200 | 5643 | 6428 | 7420 | 8486 | 9530 | 10502 | 11300 | 12196 | 13276 |
| **吴忠市** | **Wuzhong** | **3331** | **3836** | **4344** | **4665** | **5153** | **5921** | **6767** | **7605** | **8442** | **9150** | **9938** | **10912** |
| 利通区 | Litong | 4300 | 4966 | 5592 | 5805 | 6736 | 7741 | 8770 | 9823 | 10787 | 11589 | 12576 | 13675 |
| 红寺堡区 | Hongsipu | | | | 2981 | 3443 | 3956 | 4533 | 5211 | 5837 | 6408 | 7081 | 7896 |
| 盐池县 | Yanchi | 2518 | 2952 | 3378 | 3699 | 4128 | 4668 | 5392 | 6211 | 6975 | 7674 | 8532 | 9549 |
| 同心县 | Tongxin | 2005 | 2336 | 2747 | 3075 | 3610 | 4159 | 4783 | 5457 | 6123 | 6711 | 7388 | 8216 |
| 青铜峡市 | Qingtongxia | 4343 | 4873 | 5373 | 5755 | 6464 | 7466 | 8542 | 9457 | 10435 | 11200 | 12040 | 13135 |
| **固原市** | **Guyuan** | **2046** | **2354** | **2761** | **3147** | **3695** | **4297** | **4984** | **5695** | **6395** | **7002** | **7714** | **8579** |
| 原州区 | Yuanzhou | 2110 | 2438 | 2845 | 3269 | 3857 | 4501 | 5214 | 5944 | 6693 | 7296 | 8070 | 8961 |
| 西吉县 | Xiji | 2027 | 2314 | 2706 | 3075 | 3613 | 4195 | 4866 | 5539 | 6222 | 6857 | 7566 | 8401 |
| 隆德县 | Longde | 1971 | 2250 | 2693 | 3061 | 3598 | 4174 | 4834 | 5535 | 6199 | 6769 | 7462 | 8305 |
| 泾源县 | Jingyuan | 1824 | 2166 | 2544 | 2861 | 3325 | 3861 | 4529 | 5176 | 5805 | 6375 | 7032 | 7842 |
| 彭阳县 | Pengyang | 2082 | 2385 | 2803 | 3205 | 3743 | 4363 | 5050 | 5807 | 6530 | 7158 | 7861 | 8790 |
| **中卫市** | **Zhongwei** | **2806** | **3174** | **3512** | **3914** | **4510** | **5260** | **6021** | **6681** | **7403** | **8002** | **8626** | **9365** |
| 沙坡头区 | Shapotou | 3816 | 4156 | 4538 | 4936 | 5628 | 6499 | 7353 | 8146 | 8971 | 9669 | 10375 | 11249 |
| 中宁县 | Zhongning | 3700 | 4107 | 4262 | 4746 | 5434 | 6243 | 7148 | 7945 | 8819 | 9580 | 10356 | 11245 |
| 海原县 | Haiyuan | 1683 | 2039 | 2496 | 2804 | 3304 | 3852 | 4488 | 5138 | 5765 | 6258 | 6872 | 7658 |

# 2-35 主要年份各市县农村居民家庭平均每人生活消费支出
# Per Capita Living Expenditure of Rural Households by City and County in Main Years

单位：元　　(yuan)

| 地　区 | Region | 1978 | 1979 | 1980 | 1981 | 1982 | 1983 | 1984 | 1985 | 1986 | 1987 |
|---|---|---|---|---|---|---|---|---|---|---|---|
| **全　区** | **Total** | **91** | **102** | **135** | **142** | **179** | **209** | **232** | **265** | **301** | **335** |
| **沿黄地区** | **Plain** | | **105** | **150** | **174** | **227** | **258** | **278** | **320** | **366** | **409** |
| **中南部地区** | **Mountain Area** | | **95** | **109** | **94** | **102** | **131** | **171** | **186** | **210** | **218** |
| **银川市** | **Yinchuan** | | | | | | | | | **427** | **487** |
| 兴庆区 | Xingqing | | | | **191** | **274** | **277** | **304** | **383** | **457** | **536** |
| 西夏区 | Xixia | | | | | | | | | | |
| 金凤区 | Jinfeng | | | | | | | | | | |
| 永宁县 | Yongning | | | 162 | 164 | 265 | 300 | 340 | 384 | 430 | 484 |
| 贺兰县 | Helan | | | | 211 | 262 | 310 | 315 | 331 | 397 | 444 |
| 灵武市 | Lingwu | | | | | 247 | 177 | 262 | 319 | 380 | 420 |
| **石嘴山市** | **Shizuishan** | | | | | | | | **312** | **347** | **391** |
| 大武口区 | Dawukou | | | | | | | | | | |
| 惠农区 | Huinong | | | | | 195 | 268 | 239 | 299 | 350 | 405 |
| 平罗县 | Pingluo | | 82 | 130 | 155 | 222 | 242 | 290 | 324 | 349 | 372 |
| **吴忠市** | **Wuzhong** | | | | | | | | **275** | **325** | **352** |
| 利通区 | Litong | | **115** | **147** | **137** | **223** | **236** | **266** | **286** | **315** | **361** |
| 红寺堡区 | Hongsipu | | | | | | | | | | |
| 盐池县 | Yanchi | | 146 | 114 | 207 | 177 | 211 | 207 | 317 | 351 | 378 |
| 同心县 | Tongxin | | | | | 93 | 115 | 158 | 188 | 231 | 226 |
| 青铜峡市 | Qingtongxia | | | | 228 | 270 | 314 | 284 | 294 | 352 | 409 |
| **固原市** | **Guyuan** | | | | | | | | **186** | **206** | **217** |
| 原州区 | Yuanzhou | | **61** | **117** | **47** | **73** | **118** | **156** | **227** | **260** | **274** |
| 西吉县 | Xiji | | | | 103 | 91 | 133 | 160 | 181 | 199 | 206 |
| 隆德县 | Longde | | | 95 | 124 | 131 | 150 | 194 | 185 | 206 | 242 |
| 泾源县 | Jingyuan | | | | | 93 | 98 | 121 | 164 | 171 | 134 |
| 彭阳县 | Pengyang | | | | | | | | 164 | 166 | 196 |
| **中卫市** | **Zhongwei** | | | | | | | | | | |
| 沙坡头区 | Shapotou | | **113** | **143** | **123** | **198** | **226** | **219** | **256** | **323** | **366** |
| 中宁县 | Zhongning | | | | 214 | 236 | 235 | 270 | 282 | 335 | 319 |
| 海原县 | Haiyuan | | | | 75 | 87 | 130 | 150 | 176 | 211 | 209 |

## 2-35 续表 1 continued

单位：元 (yuan)

| 地　区 | Region | 1988 | 1989 | 1990 | 1991 | 1992 | 1993 | 1994 | 1995 | 1996 | 1997 |
|---|---|---|---|---|---|---|---|---|---|---|---|
| 全　区 | **Total** | **398** | **461** | **484** | **508** | **545** | **557** | **807** | **1063** | **1236** | **1250** |
| 沿黄地区 | **Plain** | **473** | **552** | **657** | **686** | **729** | **789** | **1074** | **1395** | **1731** | **1860** |
| 中南部地区 | **Mountain Area** | **228** | **255** | **295** | **337** | **369** | **404** | **569** | **743** | **797** | **817** |
| 银川市 | **Yinchuan** | **576** | **727** | **810** | **848** | **858** | **955** | **1169** | **1449** | **2055** | **2363** |
| 兴庆区 | Xingqing | 741 | 863 | 809 | 830 | 969 | 997 | 1059 | 1290 | 2525 | 2813 |
| 西夏区 | Xixia | | | | | | | | | | |
| 金凤区 | Jinfeng | | | | | | | | | | |
| 永宁县 | Yongning | 528 | 707 | 887 | 849 | 858 | 1011 | 1274 | 1446 | 1821 | 2065 |
| 贺兰县 | Helan | 474 | 616 | 682 | 864 | 743 | 823 | 1122 | 1620 | 1952 | 2350 |
| 灵武市 | Lingwu | 551 | 579 | 594 | 619 | 672 | 800 | 943 | 1374 | 1311 | 1557 |
| 石嘴山市 | **Shizuishan** | **498** | **574** | **656** | **692** | **742** | **823** | **1185** | **1438** | **1716** | **1732** |
| 大武口区 | Dawukou | | | | | | | | | | |
| 惠农区 | Huinong | 462 | 527 | 735 | 609 | 783 | 950 | 1371 | 1361 | 1626 | 1809 |
| 平罗县 | Pingluo | 568 | 657 | 656 | 723 | 691 | 715 | 1058 | 1391 | 1762 | 1782 |
| 吴忠市 | **Wuzhong** | **452** | **500** | **531** | **549** | **612** | **672** | **886** | **1201** | **1365** | **1418** |
| 利通区 | Litong | 491 | 564 | 694 | 651 | 530 | 661 | 1002 | 1310 | 1548 | 1613 |
| 红寺堡区 | Hongsipu | | | | | | | | | | |
| 盐池县 | Yanchi | 509 | 481 | 469 | 459 | 592 | 608 | 790 | 1038 | 1074 | 1082 |
| 同心县 | Tongxin | 310 | 339 | 342 | 399 | 431 | 629 | 575 | 901 | 970 | 965 |
| 青铜峡市 | Qingtongxia | 503 | 598 | 622 | 634 | 763 | 702 | 1095 | 1566 | 2130 | 1910 |
| 固原市 | **Guyuan** | **229** | **259** | **288** | **326** | **359** | **367** | **568** | **709** | **759** | **749** |
| 原州区 | Yuanzhou | 266 | 272 | 330 | 386 | 453 | 381 | 600 | 692 | 764 | 722 |
| 西吉县 | Xiji | 236 | 243 | 270 | 316 | 355 | 347 | 489 | 622 | 647 | 803 |
| 隆德县 | Longde | 236 | 311 | 324 | 386 | 390 | 421 | 617 | 857 | 932 | 934 |
| 泾源县 | Jingyuan | 146 | 180 | 221 | 225 | 244 | 382 | 464 | 540 | 613 | 603 |
| 彭阳县 | Pengyang | 222 | 247 | 297 | 322 | 365 | 397 | 676 | 824 | 857 | 792 |
| 中卫市 | **Zhongwei** | | | | | | | | | | |
| 沙坡头区 | Shapotou | 399 | 479 | 495 | 546 | 681 | 641 | 862 | 1351 | 1429 | 1549 |
| 中宁县 | Zhongning | 424 | 452 | 472 | 581 | 674 | 704 | 997 | 1065 | 1362 | 1753 |
| 海原县 | Haiyuan | 224 | 269 | 254 | 286 | 311 | 291 | 535 | 683 | 721 | 625 |

## 2-35 续表 2 continued

单位：元 (yuan)

| 地　区 | Region | 1998 | 1999 | 2000 | 2001 | 2002 | 2003 | 2004 | 2005 | 2006 | 2007 |
|---|---|---|---|---|---|---|---|---|---|---|---|
| 全　区 | **Total** | **1331** | **1276** | **1429** | **1404** | **1438** | **1665** | **1965** | **2143** | **2305** | **2602** |
| 沿黄地区 | **Plain** | **1889** | **1855** | **1989** | **2012** | **2000** | **2139** | **2649** | **2712** | **2985** | **3397** |
| 中南部地区 | **Mountain Area** | **906** | **902** | **906** | **949** | **985** | **1152** | **1377** | **1624** | **1762** | **2028** |
| 银川市 | **Yinchuan** | **2100** | **2111** | **1886** | **2009** | **2050** | **2224** | **2510** | **2836** | **2902** | **3377** |
| 兴庆区 | Xingqing | 1789 | 2015 | 2022 | 2057 | 1966 | 2561 | 2384 | 2699 | 3105 | 3630 |
| 西夏区 | Xixia | | | | | | | 2692 | 2175 | 2279 | 2577 |
| 金凤区 | Jinfeng | | | | | | | 3161 | 2749 | 3359 | 4010 |
| 永宁县 | Yongning | 2116 | 1850 | 1666 | 1709 | 2284 | 2129 | 2444 | 2871 | 2553 | 3001 |
| 贺兰县 | Helan | 2422 | 2610 | 2095 | 2287 | 1867 | 1967 | 2553 | 3164 | 3153 | 3798 |
| 灵武市 | Lingwu | 1544 | 1512 | 1770 | 2066 | 1553 | 2322 | 2347 | 2757 | 2981 | 3268 |
| 石嘴山市 | **Shizuishan** | **2075** | **2196** | **2102** | **2096** | **2130** | **1918** | **2570** | **3187** | **3274** | **3628** |
| 大武口区 | Dawukou | | | | | | | | | 3112 | 3653 |
| 惠农区 | Huinong | 2486 | 2502 | 2469 | 2207 | 2134 | 2313 | 2499 | 3425 | 3254 | 3717 |
| 平罗县 | Pingluo | 1744 | 1943 | 2027 | 2036 | 2046 | 1790 | 2588 | 3126 | 3308 | 3601 |
| 吴忠市 | **Wuzhong** | **1447** | **1354** | **1641** | **1666** | **1700** | **1805** | **2133** | **2107** | **2582** | **2804** |
| 利通区 | Litong | 1442 | 1485 | 2345 | 2221 | 2521 | 2136 | 2849 | 2494 | 2804 | 3353 |
| 红寺堡区 | Hongsipu | | | | | | | | | | |
| 盐池县 | Yanchi | 1303 | 1152 | 1231 | 1174 | 1274 | 1463 | 1682 | 2513 | 2610 | 2777 |
| 同心县 | Tongxin | 885 | 898 | 958 | 870 | 1102 | 1215 | 1464 | 1384 | 1731 | 2179 |
| 青铜峡市 | Qingtongxia | 2165 | 1833 | 1849 | 2114 | 2183 | 2175 | 2567 | 2470 | 3739 | 3175 |
| 固原市 | **Guyuan** | **857** | **868** | **854** | **947** | **943** | **1122** | **1363** | **1680** | **1800** | **2070** |
| 原州区 | Yuanzhou | 787 | 886 | 985 | 1138 | 970 | 1245 | 1429 | 1716 | 1644 | 1917 |
| 西吉县 | Xiji | 783 | 826 | 965 | 987 | 990 | 1147 | 1406 | 1653 | 1857 | 2077 |
| 隆德县 | Longde | 992 | 826 | 1110 | 1109 | 972 | 1073 | 1164 | 1680 | 1958 | 2191 |
| 泾源县 | Jingyuan | 770 | 782 | 804 | 804 | 877 | 1040 | 1265 | 1835 | 2192 | 2432 |
| 彭阳县 | Pengyang | 933 | 927 | 753 | 803 | 1034 | 1008 | 1362 | 1592 | 1658 | 2073 |
| 中卫市 | **Zhongwei** | | | | | | | **2146** | **1986** | **2142** | **2587** |
| 沙坡头区 | Shapotou | 1623 | 1437 | 1600 | 1685 | 1636 | 1909 | 2892 | 2142 | 2353 | 2994 |
| 中宁县 | Zhongning | 1772 | 1699 | 1982 | 2034 | 1987 | 2245 | 2700 | 2898 | 3142 | 3813 |
| 海原县 | Haiyuan | 850 | 752 | 678 | 700 | 792 | 1085 | 1241 | 1288 | 1341 | 1466 |

## 2-35 续表 3 continued

单位：元 (yuan)

| 地 区 | Region | 2008 | 2009 | 2010 | 2011 | 2012 | 2013 | 2014 | 2015 | 2016 | 2017 |
|---|---|---|---|---|---|---|---|---|---|---|---|
| **全 区** | **Total** | **3195** | **3466** | **4168** | **4909** | **5558** | **6465** | **7676** | **8415** | **9138** | **9982** |
| **沿黄地区** | **Plain** | **4005** | **4474** | **4914** | **6008** | **6851** | **7581** | **8651** | **9431** | **10236** | **10883** |
| **中南部地区** | **Mountain Area** | **2411** | **2585** | **3003** | **3827** | **4316** | **5086** | **5985** | **6646** | **7010** | **7676** |
| **银川市** | **Yinchuan** | **4119** | **4817** | **5394** | **6707** | **7089** | **8637** | **9334** | **10119** | **11061** | **11507** |
| 兴庆区 | Xingqing | 4360 | 4696 | 5923 | 7007 | 7055 | 8878 | 9148 | 10184 | 11550 | 12469 |
| 西夏区 | Xixia | 3443 | 4385 | 5021 | 6203 | 7169 | 8811 | 8362 | 9142 | 10069 | 10938 |
| 金凤区 | Jinfeng | 4924 | 5800 | 6562 | 6922 | 8073 | 8972 | 10613 | 9873 | 10472 | 10983 |
| 永宁县 | Yongning | 3973 | 4196 | 4520 | 5757 | 6392 | 7213 | 7773 | 8554 | 9285 | 10094 |
| 贺兰县 | Helan | 4387 | 5105 | 6003 | 8006 | 8147 | 9688 | 10727 | 11865 | 13007 | 13278 |
| 灵武市 | Lingwu | 3813 | 5063 | 5277 | 6504 | 6561 | 8535 | 9165 | 10475 | 10335 | 11338 |
| **石嘴山市** | **Shizuishan** | **4345** | **4542** | **4930** | **6041** | **7222** | **8210** | **8753** | **9551** | **9910** | **10845** |
| 大武口区 | Dawukou | 4132 | 4985 | 5109 | 6061 | 7261 | 9144 | 7533 | 8359 | 8961 | 9706 |
| 惠农区 | Huinong | 4330 | 4535 | 4753 | 5849 | 6464 | 7241 | 8089 | 8698 | 9079 | 9500 |
| 平罗县 | Pingluo | 4388 | 4462 | 4941 | 6081 | 7389 | 8331 | 9274 | 10036 | 10660 | 11197 |
| **吴忠市** | **Wuzhong** | **3191** | **3410** | **3763** | **4604** | **5410** | **6574** | **7373** | **8022** | **8487** | **9023** |
| 利通区 | Litong | 3511 | 3764 | 4255 | 5099 | 6274 | 7674 | 9029 | 9707 | 10718 | 11272 |
| 红寺堡区 | Hongsipu | | | | 5209 | 5699 | 6186 | 6197 | 6594 | 7155 | 8134 |
| 盐池县 | Yanchi | 2979 | 3322 | 3496 | 4658 | 5122 | 5846 | 7334 | 7850 | 8786 | 9280 |
| 同心县 | Tongxin | 2621 | 2723 | 3149 | 3770 | 4347 | 5003 | 6006 | 6899 | 7411 | 7815 |
| 青铜峡市 | Qingtongxia | 3906 | 4185 | 4363 | 5499 | 6330 | 7146 | 7548 | 8211 | 8107 | 8935 |
| **固原市** | **Guyuan** | **2463** | **2563** | **3085** | **3793** | **4248** | **4731** | **5863** | **6521** | **6884** | **7678** |
| 原州区 | Yuanzhou | 2298 | 2519 | 3002 | 4160 | 4209 | 5075 | 6175 | 7760 | 8268 | 9233 |
| 西吉县 | Xiji | 2370 | 2479 | 3332 | 3651 | 3869 | 4501 | 5507 | 5781 | 6120 | 6665 |
| 隆德县 | Longde | 2743 | 2793 | 2969 | 3802 | 4384 | 5181 | 6540 | 6884 | 7594 | 8986 |
| 泾源县 | Jingyuan | 2940 | 2723 | 3202 | 4114 | 4982 | 3946 | 5439 | 6014 | 6492 | 7031 |
| 彭阳县 | Pengyang | 2519 | 2560 | 2767 | 3469 | 4549 | 4673 | 5758 | 6130 | 6296 | 6806 |
| **中卫市** | **Zhongwei** | **3060** | **3590** | **3877** | **4916** | **5670** | **6286** | **7133** | **7676** | **8271** | **8910** |
| 沙坡头区 | Shapotou | 3781 | 4161 | 4775 | 6065 | 7035 | 7301 | 8387 | 8997 | 9920 | 11106 |
| 中宁县 | Zhongning | 4100 | 4815 | 4932 | 5541 | 6574 | 7081 | 7512 | 8484 | 9328 | 10309 |
| 海原县 | Haiyuan | 1829 | 2284 | 2422 | 3453 | 3797 | 4802 | 5957 | 6469 | 6670 | 7215 |

# 2-36 主要年份全区城镇居民家庭人口和收支情况
## Household Size and Income and Expenditure of Urban Households in Main Years

| 年份 Year | 平均每户家庭人口（人） Average Household Size (person) | 平均每户就业人口（人） Average Number of Employed Persons per Household (person) | 每一就业者负担系数 Number of Dependents per Employee | 人均家庭总收入（元） Per Capita Total Income (yuan) | 工资性收入（元） Income from Wages and Salaries (yuan) | 经营性收入（元） Business Income (yuan) | 财产性收入（元） Income from Properties (yuan) | 转移性收入（元） Income from Transfer (yuan) | 人均可支配收入（元） Per Capita Disposable Income (yuan) |
|---|---|---|---|---|---|---|---|---|---|
| 1985 | 4.16 | 2.16 | 1.93 | 735 | 640 | 4 | | 91 | 697 |
| 1990 | 3.64 | 1.86 | 1.96 | 1434 | 1113 | 12 | 8 | 302 | 1421 |
| 1991 | 3.44 | 1.85 | 1.86 | 1574 | 1265 | 7 | 13 | 289 | 1565 |
| 1992 | 3.41 | 1.92 | 1.78 | 1821 | 1595 | 7 | 20 | 199 | 1821 |
| 1993 | 3.36 | 1.93 | 1.74 | 2171 | 1861 | 16 | 23 | 271 | 2171 |
| 1994 | 3.24 | 1.88 | 1.72 | 2986 | 2498 | 28 | 33 | 427 | 2986 |
| 1995 | 3.22 | 1.84 | 1.75 | 3383 | 2778 | 54 | 39 | 511 | 3383 |
| 1996 | 3.19 | 1.76 | 1.81 | 3612 | 2940 | 61 | 32 | 578 | 3612 |
| 1997 | 3.20 | 1.59 | 2.01 | 3855 | 2732 | 230 | 42 | 851 | 3837 |
| 1998 | 3.18 | 1.53 | 2.08 | 4144 | 2925 | 224 | 49 | 945 | 4107 |
| 1999 | 3.13 | 1.52 | 2.06 | 4505 | 3078 | 208 | 82 | 1138 | 4462 |
| 2000 | 3.08 | 1.50 | 2.05 | 4945 | 3459 | 305 | 41 | 1140 | 4894 |
| 2001 | 3.08 | 1.48 | 2.08 | 5566 | 3908 | 365 | 40 | 1253 | 5516 |
| 2002 | 3.02 | 1.40 | 2.16 | 6409 | 4367 | 405 | 41 | 1597 | 6030 |
| 2003 | 2.95 | 1.37 | 2.15 | 6991 | 4671 | 441 | 82 | 1797 | 6482 |
| 2004 | 2.91 | 1.35 | 2.16 | 7749 | 5166 | 495 | 60 | 2027 | 7155 |
| 2005 | 2.89 | 1.33 | 2.17 | 8745 | 5772 | 957 | 64 | 1952 | 8013 |
| 2006 | 2.85 | 1.32 | 2.16 | 10002 | 6451 | 979 | 89 | 2483 | 9074 |
| 2007 | 2.86 | 1.36 | 2.10 | 11793 | 7668 | 1183 | 147 | 2795 | 10723 |
| 2008 | 2.92 | 1.36 | 2.15 | 14119 | 8794 | 1857 | 183 | 3285 | 12751 |
| 2009 | 2.90 | 1.34 | 2.16 | 15551 | 9597 | 2036 | 281 | 3636 | 13813 |
| 2010 | 2.87 | 1.37 | 2.09 | 17537 | 10821 | 2238 | 190 | 4288 | 15093 |
| 2011 | 2.79 | 1.34 | 2.08 | 19655 | 12397 | 2367 | 198 | 4692 | 17291 |
| 2012 | 2.82 | 1.36 | 2.07 | 21902 | 13966 | 2523 | 161 | 5253 | 19507 |
| 2013 | 2.88 | 1.37 | 2.10 | 23767 | 15364 | 2626 | 196 | 5580 | 21476 |
| 2014 | 2.95 | 1.50 | 1.97 | 26369 | 15736 | 4220 | 1191 | 5223 | 23285 |
| 2015 | 2.97 | 1.43 | 2.07 | 28640 | 16885 | 4273 | 1302 | 6181 | 25186 |
| 2016 | 2.98 | 1.44 | 2.07 | 30967 | 18033 | 4364 | 1487 | 7083 | 27153 |
| 2017 | 2.99 | 1.42 | 2.10 | 33583 | 19569 | 4646 | 1485 | 7884 | 29472 |

## 2-36 续表 continued

| 年 份 Year | 人均消费性支出(元) Per Capita Consumption Expenditure (yuan) | 食 品(元) Food (yuan) | 衣 着(元) Clothing (yuan) | 居 住(元) Residence (yuan) | 家庭设备用品及服务(元) Household Facilities, Articles and Services (yuan) | 交通和通 讯(元) Transport and Communi-cation (yuan) | 教育文化娱乐服务(元) Education, Cultural and Recreation Service (yuan) | 医疗保健(元) Health Care and Medical (yuan) | 其他商品和服务(元) Other Goods and Services (yuan) |
|---|---|---|---|---|---|---|---|---|---|
| 1985 | 645 | 304 | 112 | 30 | 51 | 18 | 86 | 8 | 36 |
| 1990 | 1212 | 640 | 180 | 58 | 113 | 27 | 90 | 33 | 71 |
| 1991 | 1347 | 655 | 233 | 59 | 123 | 33 | 123 | 48 | 71 |
| 1992 | 1506 | 707 | 259 | 86 | 137 | 43 | 142 | 56 | 73 |
| 1993 | 1877 | 822 | 306 | 124 | 195 | 72 | 198 | 77 | 83 |
| 1994 | 2478 | 1131 | 445 | 128 | 181 | 146 | 223 | 125 | 100 |
| 1995 | 2868 | 1336 | 491 | 153 | 195 | 195 | 261 | 131 | 106 |
| 1996 | 3039 | 1384 | 527 | 152 | 195 | 229 | 275 | 172 | 105 |
| 1997 | 3271 | 1423 | 542 | 218 | 209 | 209 | 330 | 233 | 109 |
| 1998 | 3387 | 1415 | 516 | 208 | 241 | 231 | 374 | 247 | 156 |
| 1999 | 3564 | 1375 | 480 | 240 | 277 | 251 | 426 | 324 | 191 |
| 2000 | 4231 | 1496 | 559 | 312 | 397 | 370 | 538 | 339 | 220 |
| 2001 | 4639 | 1551 | 566 | 374 | 481 | 434 | 545 | 430 | 258 |
| 2002 | 5166 | 1741 | 566 | 588 | 351 | 547 | 709 | 478 | 187 |
| 2003 | 5407 | 1868 | 568 | 713 | 372 | 571 | 641 | 479 | 195 |
| 2004 | 5919 | 2082 | 612 | 878 | 374 | 628 | 646 | 472 | 227 |
| 2005 | 6527 | 2135 | 739 | 985 | 431 | 681 | 761 | 579 | 216 |
| 2006 | 7362 | 2312 | 821 | 1286 | 495 | 739 | 830 | 627 | 254 |
| 2007 | 8006 | 2598 | 928 | 1370 | 498 | 817 | 847 | 709 | 239 |
| 2008 | 9815 | 3137 | 1093 | 1686 | 622 | 1038 | 1023 | 907 | 309 |
| 2009 | 10580 | 3190 | 1159 | 1852 | 666 | 1284 | 1052 | 1034 | 343 |
| 2010 | 11694 | 3494 | 1299 | 2028 | 755 | 1481 | 1261 | 1011 | 365 |
| 2011 | 13305 | 4136 | 1550 | 2234 | 939 | 1537 | 1413 | 1124 | 372 |
| 2012 | 14513 | 4411 | 1711 | 2238 | 998 | 1987 | 1497 | 1245 | 427 |
| 2013 | 15321 | 4895 | 1737 | 1498 | 1002 | 2504 | 1868 | 1159 | 658 |
| 2014 | 17216 | 4795 | 1729 | 3028 | 1095 | 2553 | 1958 | 1617 | 442 |
| 2015 | 18984 | 4883 | 1787 | 3608 | 1185 | 2510 | 2390 | 2016 | 605 |
| 2016 | 20364 | 4889 | 1727 | 3770 | 1245 | 3896 | 2416 | 1874 | 547 |
| 2017 | 20219 | 4952 | 1768 | 3680 | 1257 | 3471 | 2630 | 1937 | 525 |

# 2-37 主要年份全区城镇居民家庭消费支出构成情况

## Composition of Consumption Expenditure of Urban Households in Main Years

| 年 份<br>Year | 各项消费支出占消费支出的比重 (%)<br>Each Consumption as Percentage Total Consumption Expenditure (%) | 食 品 (%)<br>Food (%) | 衣 着 (%)<br>Clothing (%) | 居 住 (%)<br>Residence (%) | 家庭设备用品及服务 (%)<br>Household Facilities, Articles and Services (%) | 交通和通信 (%)<br>Transport and Communication (%) | 教育文化娱乐服务 (%)<br>Education, Culture and Recreation Service (%) | 医疗保健 (%)<br>Health Care and Medical (%) | 其他商品和服务 (%)<br>Other Goods and Services (%) |
|---|---|---|---|---|---|---|---|---|---|
| 1985 | 100.0 | 47.1 | 17.4 | 4.7 | 7.9 | 2.7 | 13.3 | 1.3 | 5.6 |
| 1990 | 100.0 | 52.8 | 14.9 | 4.8 | 9.3 | 2.3 | 7.4 | 2.7 | 5.8 |
| 1991 | 100.0 | 48.6 | 17.3 | 4.4 | 9.2 | 2.5 | 9.2 | 3.6 | 5.3 |
| 1992 | 100.0 | 47.0 | 17.2 | 5.7 | 9.1 | 2.9 | 9.4 | 3.7 | 4.9 |
| 1993 | 100.0 | 43.8 | 16.3 | 6.6 | 10.4 | 3.8 | 10.5 | 4.1 | 4.4 |
| 1994 | 100.0 | 45.7 | 18.0 | 5.2 | 7.3 | 5.9 | 9.0 | 5.1 | 4.0 |
| 1995 | 100.0 | 46.6 | 17.1 | 5.3 | 6.8 | 6.8 | 9.1 | 4.6 | 3.7 |
| 1996 | 100.0 | 45.5 | 17.3 | 5.0 | 6.4 | 7.5 | 9.1 | 5.7 | 3.5 |
| 1997 | 100.0 | 43.5 | 16.6 | 6.7 | 6.4 | 6.4 | 10.1 | 7.1 | 3.3 |
| 1998 | 100.0 | 41.8 | 15.2 | 6.2 | 7.1 | 6.8 | 11.0 | 7.3 | 4.6 |
| 1999 | 100.0 | 38.6 | 13.5 | 6.7 | 7.8 | 7.0 | 11.9 | 9.1 | 5.4 |
| 2000 | 100.0 | 35.4 | 13.2 | 7.4 | 9.4 | 8.8 | 12.7 | 8.0 | 5.2 |
| 2001 | 100.0 | 33.4 | 12.2 | 8.1 | 10.4 | 9.4 | 11.7 | 9.3 | 5.6 |
| 2002 | 100.0 | 33.7 | 10.9 | 11.4 | 6.8 | 10.6 | 13.7 | 9.2 | 3.6 |
| 2003 | 100.0 | 34.5 | 10.5 | 13.2 | 6.9 | 10.6 | 11.9 | 8.9 | 3.6 |
| 2004 | 100.0 | 35.2 | 10.3 | 14.8 | 6.3 | 10.6 | 10.9 | 8.0 | 3.8 |
| 2005 | 100.0 | 32.7 | 11.3 | 15.1 | 6.6 | 10.4 | 11.7 | 8.9 | 3.3 |
| 2006 | 100.0 | 31.4 | 11.1 | 17.5 | 6.7 | 10.0 | 11.3 | 8.5 | 3.4 |
| 2007 | 100.0 | 32.5 | 11.6 | 17.1 | 6.2 | 10.2 | 10.6 | 8.9 | 3.0 |
| 2008 | 100.0 | 32.0 | 11.1 | 17.2 | 6.3 | 10.6 | 10.4 | 9.2 | 3.2 |
| 2009 | 100.0 | 30.2 | 11.0 | 17.5 | 6.3 | 12.1 | 9.9 | 9.8 | 3.2 |
| 2010 | 100.0 | 29.9 | 11.1 | 17.3 | 6.5 | 12.7 | 10.8 | 8.6 | 3.1 |
| 2011 | 100.0 | 31.1 | 11.6 | 16.8 | 7.1 | 11.6 | 10.6 | 8.4 | 2.8 |
| 2012 | 100.0 | 30.4 | 11.8 | 15.4 | 6.9 | 13.7 | 10.3 | 8.6 | 2.9 |
| 2013 | 100.0 | 32.0 | 11.3 | 9.8 | 6.5 | 16.3 | 12.2 | 7.6 | 4.3 |
| 2014 | 100.0 | 27.9 | 10.0 | 17.6 | 6.4 | 14.8 | 11.4 | 9.4 | 2.6 |
| 2015 | 100.0 | 25.7 | 9.4 | 19.0 | 6.2 | 13.2 | 12.6 | 10.6 | 3.2 |
| 2016 | 100.0 | 24.0 | 8.5 | 18.5 | 6.1 | 19.1 | 11.9 | 9.2 | 2.7 |
| 2017 | 100.0 | 24.5 | 8.7 | 18.2 | 6.2 | 17.2 | 13.0 | 9.6 | 2.6 |

# 2-38 主要年份全区城镇居民家庭居住情况

| 指　　标 | Item | 1985 | 1990 | 1995 |
| --- | --- | --- | --- | --- |
| 平均每户住房面积(平方米/户) | Average Floor Space per Household (sq.m/household) | -- | -- | -- |
| 建筑面积 | Building Space | 69.58 | 66.56 | 66.36 |
| 使用面积 | Living Space | 52.20 | 49.93 | 49.78 |
| 按房屋产权分的家庭比重(%) | Percentage of Household by House Property Right (%) | 100.00 | 100.00 | 100.00 |
| 租赁公房 | Public House Leasing | | | |
| 租赁私房 | Private House Leasing | | | |
| 原有私房 | Inhered Private House | | | |
| 房改私房 | Reformed Private House | | | |
| 商品房 | Commercial Residential Building | | | |
| 其他 | Others | | | |
| 按用水情况分的家庭比重(%) | Percentage of Household by Water Using(%) | 100.00 | 100.00 | 100.00 |
| 无自来水 | No Tap Water | 8.25 | 3.82 | 1.64 |
| 独用自来水 | Private Tap Water | 82.75 | 90.18 | 94.91 |
| 公用自来水 | Public Tap Water | 9.00 | 6.00 | 3.65 |
| 按卫生设备分的家庭比重(%) | Percentage of Household by Sanitary Equipment (%) | 100.00 | 100.00 | 100.00 |
| 无卫生设备 | No Sanitary Equipment | 33.75 | 48.36 | 18.91 |
| 有厕所浴室 | Having Bathroom | 2.00 | 8.36 | 20.36 |
| 有厕所无浴室 | Having Toilet but No Shower | 26.50 | 37.64 | 52.36 |
| 公有卫生设备 | Public Sanitary Equipment | 37.75 | 5.64 | 8.37 |
| 按取暖设备分的家庭比重(%) | Percentage of Household by Heating Installation (%) | 100.00 | 100.00 | 100.00 |
| #有取暖设备户(暖气) | Having Heating Installation (heater) | 17.75 | 37.82 | 62.18 |
| 按炊用燃料使用情况分的家庭比重(%) | Percentage of Household by Fuel Using (%) | 100.00 | 100.00 | 100.00 |
| 管道煤气(天然气) | Piped Gas (Natural Gas) | | | 3.28 |
| 液化石油气 | Liquefied Petroleum Gas | 1.52 | 15.27 | 56.73 |
| 煤 | Coal | 98.48 | 83.82 | 37.09 |
| 其 他 | Others | | 0.91 | 2.90 |
| 家庭通讯设备使用情况 | Using of Household Communication Apparatus | -- | -- | -- |
| 每百户拥有固定电话(部/百户) | Number of Fixed Phone per 100 Households (set/100 households) | | | 38.91 |
| 每百户拥有移动电话(部/百户) | Number of Mobile Phone per 100 Households (set/100 households) | | | |
| 每百户接入互联网的计算机(台/百户) | Number of Computers Accessed to Internet per 100 Households (set/100 households) | | | |

# Housing Conditions of Urban Households in Main Years

| 2000 | 2004 | 2005 | 2006 | 2007 | 2008 | 2009 | 2010 | 2011 | 2012 | 2013 | 2014 | 2015 | 2016 | 2017 |
|---|---|---|---|---|---|---|---|---|---|---|---|---|---|---|
| -- | -- | -- | -- | -- | -- | -- | -- | -- | -- | -- | -- | -- | -- | -- |
| 77.03 | 72.40 | 75.45 | 76.33 | 77.53 | 80.85 | 82.25 | 82.96 | 84.21 | 85.39 | 88.78 | 94.18 | 90.90 | 93.31 | 93.83 |
| 57.79 | 54.52 | 56.83 | 57.45 | | | | | | | | | | | |
| 100.00 | 100.00 | 100.00 | 100.00 | 100.00 | 100.00 | 100.00 | 100.00 | 100.00 | 100.00 | 100.00 | 100.00 | 100.00 | 100.00 | 100.00 |
| | 9.38 | 5.37 | 6.30 | 5.58 | 2.88 | 3.05 | 2.99 | 2.52 | 2.96 | 0.91 | 0.94 | 1.42 | 1.87 | 1.57 |
| | 1.79 | 3.67 | 2.44 | 2.83 | 8.72 | 7.56 | 6.78 | 7.25 | 6.74 | 8.98 | 6.70 | 4.75 | 4.19 | 3.49 |
| | 6.48 | 4.60 | 4.47 | 4.71 | 3.60 | 3.89 | 4.71 | 6.43 | 5.93 | 14.07 | 10.05 | 9.13 | 21.44 | 8.06 |
| | 60.57 | 53.26 | 51.83 | 45.98 | 35.32 | 33.70 | 30.19 | 22.1 | 20.33 | 15.92 | 14.69 | 14.37 | 11.06 | 14.03 |
| | 18.92 | 30.67 | 33.13 | 39.50 | 48.90 | 51.13 | 54.97 | 61.52 | 62.18 | 57.38 | 52.54 | 54.71 | 49.49 | 58.09 |
| | 2.85 | 2.42 | 1.83 | 1.41 | 0.58 | 0.66 | 0.37 | 0.19 | 1.86 | 2.74 | 15.08 | 15.63 | 11.95 | 14.76 |
| 100.00 | 100.00 | 100.00 | 100.00 | 100.00 | 100.00 | 100.00 | 100.00 | 100.00 | 100.00 | 100.00 | 100.00 | 100.00 | 100.00 | 100.00 |
| 1.80 | 1.15 | 0.69 | 0.60 | 1.15 | 1.21 | 1.01 | 1.02 | 1.35 | 1.52 | 1.30 | 3.89 | 2.11 | 4.97 | 1.10 |
| 97.20 | 98.31 | 99.03 | 99.04 | 98.68 | 98.67 | 98.94 | 98.93 | 98.59 | 98.42 | 98.56 | 95.94 | 97.89 | 95.03 | 98.90 |
| 1.00 | 0.54 | 0.29 | 0.36 | 0.17 | 0.12 | 0.05 | 0.05 | 0.06 | 0.06 | 0.14 | 0.17 | | | |
| 100.00 | 100.00 | 100.00 | 100.00 | 100.00 | 100.00 | 100.00 | 100.00 | 100.00 | 100.00 | 100.00 | 100.00 | 100.00 | 100.00 | 100.00 |
| 15.30 | 12.05 | 9.46 | 8.67 | 9.29 | 7.34 | 6.00 | 5.36 | 2.09 | 1.98 | 1.71 | 0.71 | 0.43 | 0.40 | 0.20 |
| 21.20 | 53.14 | 61.73 | 64.06 | 63.01 | 67.21 | 71.47 | 74.5 | 81.45 | 83.97 | 87.90 | 74.45 | 90.36 | 87.11 | 78.05 |
| 60.40 | 32.67 | 27.29 | 25.77 | 25.86 | 24.92 | 22.19 | 19.8 | 15.4 | 12.48 | 8.04 | 23.41 | 8.35 | 11.24 | 21.55 |
| 3.10 | 2.14 | 1.52 | 1.50 | 1.83 | 0.53 | 0.34 | 0.35 | 1.06 | 1.57 | 2.18 | 1.43 | 0.85 | 1.25 | 0.20 |
| 100.00 | 100.00 | 100.00 | 100.00 | 100.00 | 100.00 | 100.00 | 100.00 | 100.00 | 100.00 | 100.00 | 100.00 | 100.00 | 100.00 | 100.00 |
| 76.70 | 81.29 | 88.57 | 88.66 | 84.06 | 88.02 | 87.62 | 88.88 | 90.43 | 89.65 | 99.42 | 97.96 | 99.62 | 99.60 | 99.86 |
| 100.00 | 100.00 | 100.00 | 100.00 | 100.00 | 100.00 | 100.00 | 100.00 | 100.00 | 100.00 | 100.00 | 100.00 | 100.00 | 100.00 | 100.00 |
| 5.78 | 7.19 | 11.78 | 13.28 | 15.66 | 28.87 | 36.50 | 40.72 | 48.39 | 53.16 | 50.92 | 44.01 | 60.37 | 47.90 | 64.70 |
| 73.48 | 76.30 | 75.63 | 74.11 | 69.43 | 56.31 | 48.30 | 45.66 | 35.41 | 31.20 | 23.65 | 15.48 | 14.62 | 13.76 | 11.92 |
| 16.21 | 14.39 | 10.17 | 9.81 | 11.89 | 5.94 | 4.26 | 3.23 | 2.69 | 2.75 | 3.59 | 11.89 | 5.36 | 9.97 | 3.10 |
| 4.53 | 2.12 | 2.42 | 2.80 | 3.01 | 8.87 | 10.94 | 10.4 | 13.52 | 12.89 | 21.67 | 28.62 | 19.66 | 28.37 | 20.29 |
| -- | -- | -- | -- | -- | -- | -- | -- | -- | -- | -- | -- | -- | -- | -- |
| 85.42 | 91.29 | 85.10 | 84.08 | 78.28 | 64.01 | 64.55 | 63 | 56.31 | 54.86 | 49.40 | 40.31 | 34.81 | 21.66 | 13.18 |
| 13.56 | 90.44 | 122.67 | 136.83 | 149.50 | 163.47 | 175.46 | 185.48 | 197.05 | 203.23 | 213.34 | 239.73 | 237.27 | 248.79 | 253.46 |
| | 0.25 | 14.49 | 18.14 | 21.00 | 27.32 | 36.66 | 39.67 | 45.78 | 51.70 | 53.71 | 44.18 | 53.22 | 58.37 | 61.15 |

# 2-39 主要年份全区城镇居民家庭分类平均每人全年消费性支出

单位：元

| 指　　标 | Item | 1996 | 1998 | 2000 | 2002 | 2004 | 2005 |
|---|---|---|---|---|---|---|---|
| **消费性支出** | **Consumption Expenditure** | **3039** | **3387** | **4231** | **5166** | **5919** | **6527** |
| **食 品** | **Food** | **1384** | **1415** | **1496** | **1741** | **2082** | **2135** |
| #粮　食 | Grain | 247 | 226 | 187 | 184 | 245 | 237 |
| 油　脂 | Oil and Fats | 79 | 81 | 66 | 67 | 81 | 78 |
| 肉禽及制品 | Meat, Poultry and Processed Products | 281 | 278 | 282 | 308 | 359 | 362 |
| 蛋 | Eggs | 45 | 40 | 37 | 35 | 42 | 43 |
| 水产品 | Aquatic Products | 38 | 41 | 41 | 41 | 46 | 53 |
| 蔬　菜 | Vegetables | 164 | 163 | 159 | 191 | 221 | 198 |
| 烟　草 | Tobacco | 90 | 78 | 95 | 105 | 128 | 126 |
| 酒和饮料 | Liquor and Beverages | 55 | 61 | 69 | 75 | 81 | 98 |
| 奶及奶制品 | Milk and Processed Products | 26 | 36 | 59 | 86 | 117 | 124 |
| **衣 着** | **Clothing** | **527** | **516** | **559** | **566** | **612** | **739** |
| #服　装 | Garments | 301 | 326 | 377 | 406 | 448 | 567 |
| **居 住** | **Residence** | **152** | **208** | **312** | **588** | **878** | **985** |
| #住　房 | Housing | 34 | 57 | 73 | 148 | 267 | 191 |
| 水电燃料及其他 | Water, Electricity, Fuels and Others | 99 | 151 | 210 | 307 | 358 | 483 |
| **家庭设备用品及服务** | **Household Facilities, Articles and Services** | **195** | **241** | **397** | **351** | **374** | **431** |
| #耐用消费品 | Durable Consumer Goods | 108 | 120 | 228 | 192 | 196 | 226 |
| 室内装饰品 | Articles for Interior Decoration | 13 | 14 | 21 | 21 | 20 | 23 |
| 床上用品 | Bed Articles | 12 | 14 | 19 | 22 | 23 | 26 |
| 家庭日用杂品 | Household Articles for Daily Use | 57 | 56 | 74 | 90 | 105 | 121 |
| **交通和通信** | **Transport and Communications** | **229** | **231** | **370** | **547** | **628** | **681** |
| 交　通 | Transport | 79 | 38 | 143 | 233 | 243 | 291 |
| 通　信 | Communications | 131 | 138 | 228 | 324 | 404 | 414 |
| **教育文化娱乐服务** | **Education, Culture and Recreation Services** | **275** | **374** | **538** | **709** | **646** | **761** |
| #文化娱乐用品 | Recreation Articles | 54 | 133 | 168 | 206 | 215 | 220 |
| 教　育 | Education | 137 | 151 | 256 | 386 | 315 | 388 |
| **医疗保健** | **Health Care and Medical Services** | **172** | **247** | **339** | **478** | **472** | **579** |
| #药品费 | Drug Charges | 134 | 198 | 259 | 316 | 311 | 365 |
| **其他商品和服务** | **Other Goods and Services** | **105** | **156** | **220** | **187** | **227** | **216** |

# Per Capita Annual Expenditure for Consumption of Urban Households in Main Years

(yuan)

| 2006 | 2007 | 2008 | 2009 | 2010 | 2011 | 2012 | 2013 | 2014 | 2015 | 2016 | 2017 |
|---|---|---|---|---|---|---|---|---|---|---|---|
| **7362** | **8006** | **9815** | **10580** | **11694** | **13305** | **14513** | **15321** | **17216** | **18984** | **20364** | **20219** |
| **2312** | **2598** | **3137** | **3190** | **3494** | **4136** | **4411** | **4895** | **4795** | **4883** | **4889** | **4952** |
| 243 | 269 | 306 | 306 | 343 | 395 | 389 | 390 | 526 | 517 | 497 | 497 |
| 80 | 109 | 143 | 123 | 112 | 126 | 124 | 139 | 148 | 141 | 135 | 124 |
| 371 | 454 | 591 | 574 | 626 | 783 | 982 | 904 | 843 | 865 | 868 | 853 |
| 40 | 53 | 54 | 53 | 57 | 66 | 66 | 63 | 66 | 69 | 64 | 59 |
| 54 | 58 | 62 | 59 | 70 | 80 | 81 | 90 | 80 | 82 | 92 | 91 |
| 230 | 258 | 294 | 333 | 371 | 402 | 423 | 502 | 428 | 414 | 438 | 414 |
| 141 | 165 | 204 | 196 | 240 | 268 | 260 | 259 | 232 | 255 | 275 | 290 |
| 111 | 125 | 139 | 141 | 166 | 187 | 193 | 209 | 190 | 101 | 186 | 180 |
| 135 | 155 | 199 | 179 | 177 | 218 | 243 | 262 | 253 | 249 | 228 | 255 |
| **821** | **928** | **1093** | **1159** | **1299** | **1550** | **1711** | **1737** | **1729** | **1787** | **1727** | **1768** |
| 632 | 731 | 869 | 930 | 1052 | 1266 | 1399 | 1280 | 1346 | 1419 | 1384 | 1416 |
| **1286** | **1370** | **1686** | **1852** | **2028** | **2234** | **2238** | **1498** | **3028** | **3608** | **3770** | **1937** |
| 310 | 288 | 363 | 369 | 320 | 356 | 304 | 557 | 497 | 780 | 880 | 763 |
| 538 | 561 | 637 | 692 | 782 | 799 | 797 | 807 | 846 | 918 | 876 | 902 |
| **495** | **498** | **622** | **666** | **755** | **939** | **998** | **1002** | **1095** | **1185** | **1245** | **3680** |
| 261 | 229 | 304 | 329 | 318 | 370 | 373 | 502 | 272 | 271 | 297 | 322 |
| 24 | 29 | 31 | 39 | 22 | 42 | 40 | 39 | 182 | 248 | 255 | 225 |
| 32 | 32 | 40 | 45 | 51 | 66 | 69 | 54 | 96 | 105 | 105 | 107 |
| 142 | 160 | 190 | 194 | 289 | 366 | 401 | 364 | 270 | 235 | 236 | 243 |
| **739** | **817** | **1038** | **1284** | **1481** | **1537** | **1987** | **2504** | **2553** | **2510** | **3896** | **3471** |
| 324 | 419 | 592 | 885 | 1030 | 1041 | 1468 | 1787 | 1843 | 1700 | 3008 | 2657 |
| 224 | 440 | 504 | 478 | 545 | 596 | 642 | 716 | 710 | 809 | 888 | 814 |
| **830** | **847** | **1023** | **1052** | **1261** | **1413** | **1497** | **1868** | **1958** | **2390** | **2416** | **2630** |
| 284 | 264 | 301 | 352 | 371 | 422 | 387 | 411 | 321 | 318 | 1064 | 1019 |
| 326 | 376 | 465 | 438 | 484 | 567 | 581 | 898 | 1080 | 1398 | 1352 | 1611 |
| **627** | **709** | **907** | **1034** | **1011** | **1124** | **1245** | **1159** | **1617** | **2016** | **1874** | **1257** |
| 381 | 428 | 532 | 606 | 559 | 589 | 603 | 527 | 682 | 706 | 712 | 738 |
| **254** | **239** | **309** | **343** | **365** | **372** | **427** | **658** | **442** | **605** | **547** | **525** |

# 2-40 主要年份全区城镇居民家庭平均每人购买主要商品数量

| 品 种 | Item | 单位 | Unit | 1985 | 1990 | 1997 | 1998 | 1999 | 2000 | 2001 | 2002 |
|---|---|---|---|---|---|---|---|---|---|---|---|
| 粮食 | Grain | 公斤 | kg | 137.00 | 160.0 | 94.8 | 90.9 | 86.3 | 80.2 | 79.7 | 79.7 |
| 鲜菜 | Fresh Vegetables | 公斤 | kg | 152.00 | 164.2 | 113.7 | 116.8 | 112.9 | 114.9 | 115.3 | 120.3 |
| 食用植物油 | Edible Vegetable Oil | 公斤 | kg | 7.40 | 9.7 | 8.3 | 8.1 | 8.0 | 7.7 | 8.1 | 8.5 |
| 猪肉 | Pork | 公斤 | kg | 9.00 | 10.6 | 7.4 | 7.5 | 7.6 | 8.3 | 7.5 | 8.1 |
| 牛羊肉 | Beef and Mutton | 公斤 | kg | 7.10 | 10.4 | 9.6 | 8.6 | 7.6 | 10.2 | 8.2 | 11.3 |
| 禽类 | Poultry | 公斤 | kg | 1.40 | 2.3 | 3.5 | 3.4 | 4.0 | 4.5 | 5.3 | 6.0 |
| 鲜蛋 | Fresh Eggs | 公斤 | kg | 4.50 | 3.5 | 7.5 | 6.5 | 7.7 | 8.3 | 7.8 | 7.4 |
| 鱼 | Fish | 公斤 | kg | 2.90 | 4.9 | 3.3 | 3.5 | 4.0 | 3.5 | 4.9 | 4.3 |
| 食糖 | Sugar | 公斤 | kg | 3.60 | 3.4 | 1.6 | 1.8 | 1.9 | 1.7 | 1.8 | -- |
| 卷烟 | Cigarette | 盒 | pack | 47.00 | 52.7 | 29.8 | 28.1 | 26.0 | 33.4 | 35.4 | -- |
| 酒类 | Liquor | 公斤 | kg | 3.70 | 5.6 | 3.9 | 4.1 | 4.2 | 4.6 | 5.6 | 5.0 |
| 水 | Water | 吨 | ton | -- | -- | 22.1 | 20.8 | 21.7 | 22.3 | 24.0 | 25.5 |
| 电 | Electricity | 度 | kwh | -- | -- | 155.7 | 172.5 | 187.6 | 205.9 | 232.5 | 246.6 |
| 煤炭 | Coal | 公斤 | kg | 544.00 | 384.7 | 132.6 | 120.6 | 130.7 | 137.6 | 159.4 | 194.1 |
| 液化石油气 | Liquefied Petroleum Gas | 公斤 | kg | 0.70 | 5.3 | 11.7 | 12.1 | 14.5 | 13.2 | 12.9 | 14.6 |
| 管道天燃气 | Pipeline Natural Gas | 立方米 | cm.q | -- | -- | 1.4 | 1.8 | 1.1 | 2.3 | 3.4 | 3.5 |

注：1. 从2010年起粮食包括大米、面粉和其他粮食及制品。
2. 从2010年起禽类包括鸡、鸭和其他禽类及制品。
3. 从2010年起鲜蛋不包含蛋制品。
4. 从2010年起酒类包括白酒、果酒、啤酒和其他酒。

# Per Capita Annual Purchases of Major Commodities of Urban Households in Main Years

| 2003 | 2004 | 2005 | 2006 | 2007 | 2008 | 2009 | 2010 | 2011 | 2012 | 2013 | 2014 | 2015 | 2016 | 2017 |
|---|---|---|---|---|---|---|---|---|---|---|---|---|---|---|
| 85.3 | 84.5 | 77.3 | 76.8 | 56.7 | 56.7 | 50.6 | 79.5 | 81.8 | 77.1 | 77.4 | 94.0 | 114.2 | 82.8 | 72.4 |
| 125.4 | 126.4 | 115.5 | 112.8 | 113.1 | 114.0 | 111.6 | 110.9 | 111.0 | 101.8 | 107.9 | 101.8 | 99.3 | 99.2 | 95.0 |
| 9.0 | 8.6 | 8.2 | 8.3 | 8.9 | 8.2 | 8.6 | 7.8 | 7.9 | 7.6 | 8.6 | 9.0 | 8.8 | 8.2 | 7.6 |
| 8.3 | 7.7 | 6.9 | 8.0 | 6.9 | 6.5 | 7.1 | 7.3 | 6.5 | 7.3 | 8.1 | 7.2 | 7.4 | 6.7 | 6.5 |
| 9.4 | 12.5 | 12.4 | 12.8 | 9.1 | 8.9 | 9.2 | 9.4 | 10.3 | 9.5 | 9.1 | 8.3 | 9.9 | 9.3 | 8.8 |
| 6.3 | 5.3 | 5.7 | 4.8 | 4.2 | 4.7 | 4.8 | 6.6 | 7.1 | 6.6 | 6.2 | 6.0 | 6.2 | 6.2 | 5.8 |
| 8.8 | 7.6 | 7.2 | 7.6 | 4.2 | 7.3 | 6.9 | 6.7 | 6.5 | 7.3 | 6.2 | 6.3 | 7.2 | 6.9 | 6.8 |
| 4.5 | 3.7 | 4.2 | 4.3 | 4.3 | 3.8 | 3.3 | 3.6 | 3.6 | 3.3 | 3.9 | 3.2 | 3.9 | 3.0 | 2.6 |
| -- | -- | 1.7 | -- | -- | -- | -- | -- | -- | -- | -- | 1.4 | 5.5 | 5.2 | 4.8 |
| -- | -- | 27.4 | -- | -- | -- | -- | -- | -- | -- | -- | 22.2 | 20.1 | 21.3 | 21.5 |
| 4.9 | 4.8 | 4.0 | 4.4 | 4.2 | 4.3 | 4.2 | 4.4 | 4.4 | 4.0 | 3.6 | 3.5 | 3.6 | 3.2 | 2.7 |
| 24.9 | 23.7 | 21.6 | 23.1 | 19.8 | 18.9 | 20.2 | 22.3 | 22.3 | 21.5 | 26.3 | 28.3 | 29.8 | 28.0 | 26.8 |
| 240.9 | 264.2 | 278.2 | 311.6 | 353.5 | 388.7 | 362.3 | 408.9 | 433.0 | 450.4 | 499.8 | 489.2 | 489.0 | 476.1 | 496.0 |
| 179.9 | 143.9 | 110.9 | 107.8 | 125.6 | 70.2 | 48.0 | 46.1 | 38.6 | 35.2 | 25.6 | 74.8 | 77.5 | 65.6 | 52.4 |
| 15.1 | 14.3 | 12.2 | 10.6 | 10.1 | 7.9 | 6.7 | 6.8 | 5.3 | 3.8 | 4.5 | 3.4 | 3.5 | 2.7 | 2.7 |
| 5.5 | 7.3 | 8.1 | 12.1 | 16.1 | 4.2 | 3.7 | 3.8 | 1.4 | 0.7 | 35.5 | 38.2 | 42.2 | 56.4 | 56.7 |

Notes: a)Data in the table of Grain includes rice and flour since 2010.
b)Data in the table of Poultry includes chickens and ducks since 2010.
c)Data in the table of Fresh Eggs does not include egg products since 2010.
d)Data in the table of Liquor includes liquor, fruit wine and beer since 2010.

# 2-41 主要年份全区城镇居民家庭主要耐用消费品百户期末拥有情况

## Ownership of Major Durable Consumer Goods per 100 Urban Households in Main Years

| 年 份 Year | 摩托车 (辆) Motorcycle (unit) | 自行车 (辆) Bicycle (unit) | 助力车 (辆) Powered Bicycle | 家用汽车 (辆) Automobile (unit) | 洗衣机 (台) Washing Machine (set) | 电风扇 (台) Electric Fans (set) | 电冰箱 (台) Refrigerator (set) |
|---|---|---|---|---|---|---|---|
| 1997 | -- | 195.00 | -- | -- | 88.00 | 61.00 | 65.00 |
| 1998 | -- | 207.00 | -- | -- | 90.00 | 63.00 | 67.00 |
| 1999 | 11.21 | 202.00 | -- | -- | 90.00 | 65.00 | 69.00 |
| 2000 | 15.48 | 181.00 | -- | -- | 87.00 | 63.00 | 72.00 |
| 2001 | 17.60 | 183.00 | -- | -- | 90.00 | 67.00 | 75.00 |
| 2002 | 19.75 | 171.84 | 0.60 | 0.64 | 90.20 | 75.07 | 77.54 |
| 2003 | 16.24 | 176.64 | 1.73 | 0.52 | 91.82 | 77.88 | 79.53 |
| 2004 | 17.57 | 180.43 | 2.50 | 0.36 | 93.70 | 77.53 | 80.48 |
| 2005 | 18.59 | 130.34 | 2.83 | 1.27 | 89.61 | 64.19 | 79.48 |
| 2006 | 19.44 | 131.87 | 4.90 | 0.93 | 92.95 | 66.13 | 81.22 |
| 2007 | 20.77 | -- | 7.08 | 1.60 | 93.74 | -- | 81.04 |
| 2008 | 18.05 | -- | 13.06 | 2.57 | 90.85 | -- | 82.50 |
| 2009 | 20.35 | -- | 19.99 | 5.30 | 93.92 | -- | 86.22 |
| 2010 | 19.19 | -- | 24.71 | 7.00 | 94.32 | -- | 88.65 |
| 2011 | 20.86 | -- | 26.68 | 12.40 | 93.32 | -- | 89.64 |
| 2012 | 21.86 | -- | 28.08 | 16.67 | 95.42 | -- | 92.06 |
| 2013 | 14.83 | -- | 32.02 | 18.48 | 93.48 | -- | 89.33 |
| 2014 | 25.95 | -- | 40.15 | 25.65 | 95.25 | -- | 92.38 |
| 2015 | 21.38 | -- | 42.57 | 30.04 | 95.30 | -- | 93.43 |
| 2016 | 16.23 | -- | 48.28 | 35.66 | 98.16 | -- | 96.58 |
| 2017 | 14.52 | -- | 52.50 | 37.64 | 99.11 | -- | 96.97 |

## 2-41 续表 1 continued

| 年 份 Year | 彩 色 电视机 (台) Color Television (set) | 影碟机 (台) Video Disc Player (set) | 录音机 (台) Recorder (set) | 录放像机 (台) Video Tape Recorder (set) | 家用电脑 (台) Computer (set) | 组合音响 (套) Hi-Fi Stereo Component System (set) | 摄像机 (架) Video Camera (set) | 照相机 (架) Camera (set) | 钢 琴 (架) Piano (unit) |
|---|---|---|---|---|---|---|---|---|---|
| 1997 | 102.00 | 6.00 | 15.00 | 1.00 | 1.00 | 13.00 | | 28.00 | |
| 1998 | 106.00 | 14.00 | 52.00 | 15.00 | 1.00 | 15.00 | | 29.00 | |
| 1999 | 111.00 | 22.00 | 53.00 | 14.00 | 2.00 | 16.00 | | 29.00 | 1.00 |
| 2000 | 109.00 | 34.00 | 37.00 | 10.00 | 4.00 | 19.00 | 0.50 | 28.00 | 0.70 |
| 2001 | 113.00 | 42.00 | 41.00 | 9.00 | 7.00 | 22.00 | 0.40 | 31.00 | 0.80 |
| 2002 | 110.72 | 44.94 | 38.11 | 8.20 | 10.07 | 20.62 | 0.62 | 27.40 | 0.99 |
| 2003 | 113.83 | 50.00 | 42.62 | 9.15 | 12.86 | 20.27 | 0.72 | 25.37 | 0.87 |
| 2004 | 116.00 | 53.78 | 43.55 | 8.65 | 15.04 | 20.59 | 1.12 | 26.94 | 0.70 |
| 2005 | 108.64 | 63.27 | 24.55 | 6.53 | 23.15 | 21.76 | 0.67 | 28.08 | 0.92 |
| 2006 | 109.75 | 64.18 | 25.04 | 5.70 | 26.41 | 19.89 | 1.34 | 28.68 | 1.32 |
| 2007 | 107.34 | -- | -- | -- | 29.57 | 17.21 | 2.24 | 23.43 | 0.89 |
| 2008 | 104.14 | -- | -- | -- | 38.56 | 19.19 | 4.17 | 19.01 | 0.76 |
| 2009 | 104.27 | -- | -- | -- | 48.47 | 19.56 | 3.27 | 19.39 | 1.36 |
| 2010 | 105.24 | -- | -- | -- | 51.32 | 17.81 | 3.24 | 20.31 | 1.31 |
| 2011 | 102.74 | -- | -- | -- | 59.39 | 12.97 | 4.55 | 22.76 | 0.93 |
| 2012 | 102.11 | -- | -- | -- | 64.43 | 12.52 | 5.49 | 22.58 | 1.11 |
| 2013 | 99.22 | -- | -- | -- | 66.30 | 5.75 | 5.70 | 25.39 | -- |
| 2014 | 102.72 | -- | -- | -- | 70.02 | 5.33 | 5.56 | 25.92 | -- |
| 2015 | 101.84 | -- | -- | -- | 65.64 | 4.17 | 5.78 | 21.63 | -- |
| 2016 | 102.42 | -- | -- | -- | 71.22 | 3.50 | 4.58 | 21.27 | -- |
| 2017 | 103.53 | -- | -- | -- | 72.68 | -- | -- | 20.02 | -- |

## 2-41 续表 2 continued

| 年 份 Year | 其他中高档乐器 (件) Secondary and Top Grade Musical Instrument (set) | 微波炉 (台) Microwave Oven (unit) | 空调器 (台) Air Conditioner (unit) | 电炊具 (台) Electric Cooking Utensils (unit) | 淋浴热水器 (台) Water Heater for Shower (unit) | 排油烟机 (台) Ventilator (unit) | 消毒碗柜 (台) Disinfection Cupboard (unit) | 洗碗机 (台) Dishwasher (unit) |
|---|---|---|---|---|---|---|---|---|
| 1997 | 5.00 | 1.00 | -- | 120.00 | 29.00 | 35.00 | -- | -- |
| 1998 | 7.00 | 1.00 | -- | 126.00 | 30.00 | 40.00 | -- | -- |
| 1999 | 7.00 | 3.00 | 1.00 | 130.00 | 30.00 | 41.00 | -- | -- |
| 2000 | 4.00 | 7.00 | 1.00 | 137.00 | 40.00 | 44.00 | -- | -- |
| 2001 | 4.00 | 9.00 | 2.00 | 136.00 | 39.00 | 47.00 | -- | -- |
| 2002 | 4.51 | 15.64 | 1.52 | 126.67 | 48.09 | 54.38 | 1.29 | -- |
| 2003 | 5.64 | 20.63 | 2.58 | 136.37 | 50.88 | 57.40 | 1.26 | -- |
| 2004 | 6.32 | 23.05 | 2.95 | 144.44 | 55.32 | 60.46 | 1.89 | 0.10 |
| 2005 | 4.24 | 30.91 | 6.68 | 127.31 | 60.87 | 64.59 | 2.82 | 0.13 |
| 2006 | 4.92 | 33.07 | 5.86 | 135.63 | 64.74 | 67.48 | 3.43 | |
| 2007 | 4.67 | 35.70 | 7.23 | -- | 63.94 | -- | 3.06 | 0.12 |
| 2008 | 4.76 | 38.08 | 8.43 | -- | 67.33 | -- | 2.07 | 0.37 |
| 2009 | 5.18 | 40.35 | 10.47 | -- | 71.47 | -- | 2.05 | 0.31 |
| 2010 | 5.37 | 42.10 | 10.19 | -- | 75.07 | -- | 2.16 | 0.43 |
| 2011 | 3.10 | 43.83 | 12.04 | -- | 81.56 | -- | 3.67 | 0.55 |
| 2012 | 3.57 | 42.73 | 10.87 | -- | 84.15 | -- | 3.28 | 0.31 |
| 2013 | 4.39 | 47.20 | 12.28 | -- | 86.84 | -- | 2.32 | 0.37 |
| 2014 | 5.23 | 47.22 | 13.43 | -- | 85.96 | 74.81 | 2.34 | 0.37 |
| 2015 | 4.03 | 48.21 | 13.10 | -- | 87.41 | 74.54 | 1.87 | 0.19 |
| 2016 | 5.01 | 52.02 | 14.00 | -- | 91.52 | 77.32 | 1.75 | 0.33 |
| 2017 | 6.95 | 54.64 | 14.90 | -- | 93.57 | 80.71 | -- | 0.48 |

## 2-41 续表 3 continued

| 年 份 Year | 饮水机 (台) Machine for Drink (unit) | 吸尘器 (台) Dust Collector (unit) | 空气净化器(含新风系统) (台) Air Cleaner (unit) | 健身器材 (套) Body-building Apparatus (unit) | 固定电话 (部) Telephone (unit) | 移动电话 (部) Mobile Telephone (set) | 接入有线电视网络的电视机 (台) Television of Lined Network (set) | 接入互连网的计算机 (台) Internet Computer (set) | 接入互连网的移动电话 (部) Internet Mobile Telephone (set) |
|---|---|---|---|---|---|---|---|---|---|
| 1997 | -- | 8.00 | -- | -- | 68.00 | -- | -- | -- | -- |
| 1998 | -- | 9.00 | -- | 1.00 | 75.00 | 2.00 | -- | -- | -- |
| 1999 | -- | 8.00 | -- | 1.00 | 82.00 | 4.00 | -- | -- | -- |
| 2000 | -- | 8.00 | -- | 6.00 | 85.00 | 14.00 | -- | -- | -- |
| 2001 | -- | 8.00 | -- | 0.20 | 90.00 | 36.00 | -- | -- | -- |
| 2002 | 24.89 | 6.48 | -- | 0.59 | 92.57 | 56.80 | -- | -- | -- |
| 2003 | 27.75 | 6.09 | -- | 0.87 | 92.91 | 73.20 | -- | -- | -- |
| 2004 | 30.32 | 6.32 | -- | 1.00 | 91.29 | 90.49 | -- | -- | -- |
| 2005 | 35.60 | 7.66 | -- | 2.49 | 85.10 | 122.67 | 99.27 | 14.49 | 0.27 |
| 2006 | 36.10 | 7.10 | -- | 1.67 | 84.08 | 136.83 | 94.24 | 18.28 | 0.14 |
| 2007 | -- | -- | -- | 1.78 | 78.28 | 149.50 | 97.79 | 21.00 | 0.44 |
| 2008 | -- | -- | -- | 2.67 | 64.01 | 163.47 | 94.58 | 27.32 | 0.25 |
| 2009 | -- | -- | -- | 2.22 | 64.55 | 175.46 | 95.73 | 36.66 | 0.57 |
| 2010 | -- | -- | -- | 1.52 | 63.00 | 185.48 | 95.88 | 39.67 | 1.36 |
| 2011 | -- | -- | -- | 1.40 | 56.31 | 197.05 | 92.25 | 45.78 | 12.08 |
| 2012 | -- | -- | -- | 1.25 | 54.86 | 203.23 | 92.89 | 51.70 | 26.69 |
| 2013 | -- | -- | -- | 1.57 | 49.40 | 213.34 | 88.28 | 53.71 | 85.97 |
| 2014 | -- | -- | -- | 2.15 | 46.04 | 230.36 | 73.04 | 50.01 | 106.41 |
| 2015 | -- | -- | -- | 2.19 | 34.81 | 237.27 | 77.82 | 53.22 | 140.72 |
| 2016 | -- | -- | -- | 3.39 | 21.66 | 248.79 | 73.82 | 58.37 | 174.54 |
| 2017 | -- | 0.04 | 0.47 | 4.05 | 13.18 | 253.46 | 73.04 | 61.15 | 195.51 |

# 2-42 2017年各市县城镇居民家庭基本情况

## Basic Statistics of Urban Households by City and County (2017)

单位：人 (person)

| 市 县 | Region | 家庭常住人口 Permanent Residents | 就业人口数 Number of Employed | 雇主 Employer | 公职人员 Civil Servants | 事业单位人员 Public Institution Officers | 国有企业雇员 State-owned Enterprise Employees |
|---|---|---|---|---|---|---|---|
| **全 区** | **Total** | **3170** | **1503** | **2** | **55** | **180** | **140** |
| **沿黄地区** | **Plain** | **3104** | **1525** | **3** | **62** | **137** | **197** |
| **中南部地区** | **Mountain Area** | **1493** | **630** | **2** | **46** | **172** | **17** |
| **银川市** | **Yinchuan** | **1622** | **803** | **3** | **31** | **57** | **129** |
| 兴庆区 | Xingqing | 511 | 231 | | 7 | 10 | 36 |
| 西夏区 | Xixia | 271 | 131 | | 1 | 16 | 27 |
| 金凤区 | Jinfeng | 281 | 134 | 3 | 4 | 9 | 29 |
| 永宁县 | Yongning | 174 | 103 | | 5 | 14 | 1 |
| 贺兰县 | Helan | 143 | 81 | | 11 | 3 | 3 |
| 灵武市 | Lingwu | 243 | 123 | | 3 | 5 | 33 |
| **石嘴山市** | **Shizuishan** | **683** | **328** | | **16** | **17** | **37** |
| 大武口区 | Dawukou | 302 | 145 | | 8 | 13 | 35 |
| 惠农区 | Huinong | 218 | 91 | | 3 | | 2 |
| 平罗县 | Pingluo | 163 | 92 | | 5 | 4 | |
| **吴忠市** | **Wuzhong** | **812** | **367** | **1** | **20** | **65** | **12** |
| 利通区 | Litong | 210 | 92 | | 5 | 14 | 8 |
| 红寺堡区 | Hongsipu | 181 | 93 | | | 28 | 1 |
| 盐池县 | Yanchi | 159 | 70 | 1 | 5 | 10 | |
| 同心县 | Tongxin | 125 | 41 | | 5 | 9 | 1 |
| 青铜峡市 | Qingtongxia | 137 | 72 | | 5 | 4 | 2 |
| **固原市** | **Guyuan** | **858** | **360** | **1** | **33** | **103** | **15** |
| 原州区 | Yuanzhou | 265 | 110 | 1 | 5 | 20 | 9 |
| 西吉县 | Xiji | 185 | 72 | | 15 | 15 | 5 |
| 隆德县 | Longde | 98 | 49 | | 5 | 19 | |
| 泾源县 | Jingyuan | 133 | 58 | | 4 | 22 | |
| 彭阳县 | Pengyang | 177 | 71 | | 4 | 27 | 1 |
| **中卫市** | **Zhongwei** | **622** | **297** | | **8** | **67** | **21** |
| 沙坡头区 | Shapotou | 295 | 153 | | 2 | 15 | 14 |
| 中宁县 | Zhongning | 158 | 77 | | 3 | 30 | 7 |
| 海原县 | Haiyuan | 170 | 67 | | 3 | 22 | |

# 2-42 续表 continued

单位：人 (person)

| 市 县 | Region | 其他雇员 Other Employees | 农业自营 Self-employed of Agriculture | 非农自营 Self-employed of Non-agriculture | 由本户供养的在校学生 Number of Students in School | 每一就业劳动力负担系数 Coefficient of Dependents |
|---|---|---|---|---|---|---|
| **全 区** | **Total** | **777** | **139** | **210** | **738** | **2.10** |
| **沿黄地区** | **Plain** | **568** | **47** | **148** | **449** | **2.10** |
| **中南部地区** | **Mountain Area** | **126** | **13** | **48** | **173** | **2.41** |
| **银川市** | **Yinchuan** | **439** | **34** | **110** | **313** | **2.09** |
| 兴庆区 | Xingqing | 132 | 6 | 40 | 98 | 2.25 |
| 西夏区 | Xixia | 68 | | 19 | 46 | 2.07 |
| 金凤区 | Jinfeng | 68 | 10 | 11 | 54 | 2.11 |
| 永宁县 | Yongning | 67 | 3 | 14 | 34 | 1.69 |
| 贺兰县 | Helan | 44 | 1 | 19 | 30 | 1.79 |
| 灵武市 | Lingwu | 61 | 14 | 7 | 51 | 2.13 |
| **石嘴山市** | **Shizuishan** | **212** | **8** | **38** | **128** | **2.11** |
| 大武口区 | Dawukou | 68 | 6 | 15 | 51 | 2.12 |
| 惠农区 | Huinong | 76 | | 10 | 46 | 2.27 |
| 平罗县 | Pingluo | 68 | 2 | 13 | 31 | 1.76 |
| **吴忠市** | **Wuzhong** | **186** | **27** | **56** | **211** | **2.29** |
| 利通区 | Litong | 52 | | 13 | 39 | 2.41 |
| 红寺堡区 | Hongsipu | 43 | 9 | 12 | 58 | 1.94 |
| 盐池县 | Yanchi | 33 | 7 | 14 | 29 | 2.31 |
| 同心县 | Tongxin | 18 | | 8 | 51 | 2.88 |
| 青铜峡市 | Qingtongxia | 41 | 11 | 9 | 34 | 2.01 |
| **固原市** | **Guyuan** | **156** | **3** | **49** | | **2.42** |
| 原州区 | Yuanzhou | 55 | 2 | 18 | 61 | 2.39 |
| 西吉县 | Xiji | 28 | | 9 | 56 | 2.53 |
| 隆德县 | Longde | 12 | | 13 | 27 | 1.97 |
| 泾源县 | Jingyuan | 27 | 1 | 4 | 30 | 2.38 |
| 彭阳县 | Pengyang | 34 | | 5 | 61 | 2.60 |
| **中卫市** | **Zhongwei** | **155** | **2** | **44** | **155** | **1.97** |
| 沙坡头区 | Shapotou | 106 | 2 | 14 | 67 | 1.85 |
| 中宁县 | Zhongning | 23 | | 14 | 37 | 2.04 |
| 海原县 | Haiyuan | 26 | | 16 | 51 | 2.38 |

# 2-43 2017年各市县城镇居民家庭主要耐用消费品百户拥有情况
# Ownership of Major Durable Consumer Goods per 100 Urban Households by City and County (2017)

单位：百户均 (per 100 household)

| 市 县 | Region | 家用汽车 (辆) Automobile (unit) | 摩托车 (辆) Motorcycle (unit) | 助力车 (辆) Powered Bicycle (unit) | 洗衣机 (台) Washing Machine (set) | 电冰箱 (台) Refrigerator (set) | 微波炉 (台) Microwave Oven (unit) |
|---|---|---|---|---|---|---|---|
| **全 区** | **Total** | **37.64** | **14.52** | **52.50** | **99.11** | **96.97** | **54.64** |
| **沿黄地区** | **Plain** | **34.99** | **11.17** | **48.50** | **99.13** | **99.07** | **59.56** |
| **中南部地区** | **Mountain Area** | **45.42** | **26.20** | **56.52** | **98.84** | **90.71** | **33.60** |
| **银川市** | **Yinchuan** | **37.87** | **8.44** | **35.89** | **99.03** | **98.60** | **67.80** |
| 兴庆区 | Xingqing | 39.73 | 6.99 | 34.69 | 99.51 | 98.43 | 71.71 |
| 西夏区 | Xixia | 28.44 | 4.76 | 30.56 | 97.10 | 96.05 | 57.48 |
| 金凤区 | Jinfeng | 37.82 | 8.13 | 25.43 | 99.23 | 98.71 | 80.22 |
| 永宁县 | Yongning | 52.19 | 23.44 | 53.72 | 97.77 | 103.46 | 70.82 |
| 贺兰县 | Helan | 35.75 | 15.12 | 42.28 | 100.00 | 99.44 | 50.75 |
| 灵武市 | Lingwu | 42.94 | 13.87 | 62.78 | 100.88 | 109.39 | 53.57 |
| **石嘴山市** | **Shizuishan** | **30.91** | **11.15** | **59.09** | **97.68** | **98.06** | **35.00** |
| 大武口区 | Dawukou | 38.42 | 6.31 | 75.38 | 99.06 | 100.00 | 40.23 |
| 惠农区 | Huinong | 19.27 | 15.01 | 35.25 | 95.37 | 94.11 | 29.58 |
| 平罗县 | Pingluo | 39.20 | 17.85 | 55.28 | 98.49 | 100.73 | 36.67 |
| **吴忠市** | **Wuzhong** | **35.63** | **28.82** | **58.93** | **97.70** | **94.55** | **46.91** |
| 利通区 | Litong | 28.97 | 18.11 | 31.49 | 96.14 | 99.08 | 63.25 |
| 红寺堡区 | Hongsipu | 66.64 | 30.79 | 65.42 | 91.06 | 92.73 | 20.63 |
| 盐池县 | Yanchi | 61.88 | 25.96 | 79.01 | 97.79 | 90.72 | 36.09 |
| 同心县 | Tongxin | 21.52 | 62.22 | 84.54 | 92.56 | 69.69 | 38.08 |
| 青铜峡市 | Qingtongxia | 28.17 | 28.18 | 70.76 | 104.73 | 103.82 | 41.48 |
| **固原市** | **Guyuan** | **46.54** | **13.81** | **40.53** | **100.85** | **94.47** | **35.38** |
| 原州区 | Yuanzhou | 39.54 | 11.24 | 60.78 | 101.00 | 97.09 | 34.73 |
| 西吉县 | Xiji | 62.61 | 20.78 | 23.91 | 103.78 | 90.30 | 50.11 |
| 隆德县 | Longde | 60.77 | 19.53 | 3.41 | 100.00 | 100.00 | 53.60 |
| 泾源县 | Jingyuan | 36.71 | 22.71 | 13.09 | 100.00 | 86.96 | 19.62 |
| 彭阳县 | Pengyang | 46.03 | 3.67 | 33.79 | 97.05 | 91.65 | 11.23 |
| **中卫市** | **Zhongwei** | **36.05** | **19.33** | **102.84** | **102.63** | **98.72** | **62.22** |
| 沙坡头区 | Shapotou | 21.71 | 13.20 | 96.53 | 101.85 | 98.48 | 55.87 |
| 中宁县 | Zhongning | 55.16 | 21.76 | 117.24 | 103.82 | 100.00 | 80.04 |
| 海原县 | Haiyuan | 37.23 | 42.38 | 74.17 | 101.92 | 94.91 | 26.66 |

# 2-43 续表 1 continued

单位：百户均 (per 100 household)

| 市 县 | Region | 彩色电视机（台）Color Television (set) | 空调器（台）Air Conditioner (unit) | 淋浴热水器（台）Water Heater for Shower (unit) | 消毒碗柜（台）Disinfection Cupboard (set) | 洗碗机（台）Dishwasher (set) | 固定电话（部）Telephone (unit) |
|---|---|---|---|---|---|---|---|
| **全 区** | **Total** | **103.53** | **14.90** | **93.57** | | **0.48** | **13.18** |
| **沿黄地区** | **Plain** | **102.58** | **18.14** | **95.13** | | **0.46** | **16.00** |
| **中南部地区** | **Mountain Area** | **104.24** | **4.39** | **77.35** | | **0.38** | **14.17** |
| **银川市** | **Yinchuan** | **100.81** | **23.19** | **95.66** | | **0.40** | **19.10** |
| 兴庆区 | Xingqing | 102.08 | 28.82 | 98.00 | | 0.53 | 26.94 |
| 西夏区 | Xixia | 98.95 | 16.16 | 91.89 | | | 10.25 |
| 金凤区 | Jinfeng | 101.05 | 26.30 | 92.52 | | 1.17 | 13.22 |
| 永宁县 | Yongning | 100.00 | 7.33 | 97.77 | | | 20.94 |
| 贺兰县 | Helan | 98.65 | 10.97 | 91.80 | | | 2.99 |
| 灵武市 | Lingwu | 100.73 | 13.73 | 98.91 | | | 25.52 |
| **石嘴山市** | **Shizuishan** | **103.07** | **13.53** | **91.24** | | **0.39** | **11.33** |
| 大武口区 | Dawukou | 100.20 | 16.53 | 93.30 | | 0.80 | 6.31 |
| 惠农区 | Huinong | 106.73 | 9.90 | 87.49 | | | 23.57 |
| 平罗县 | Pingluo | 103.95 | 5.23 | 92.95 | | | |
| **吴忠市** | **Wuzhong** | **108.03** | **10.17** | **84.08** | | **0.90** | **9.82** |
| 利通区 | Litong | 103.15 | 19.04 | 95.16 | | 2.12 | 9.01 |
| 红寺堡区 | Hongsipu | 97.54 | 2.34 | 73.80 | | | 5.16 |
| 盐池县 | Yanchi | 108.97 | 10.84 | 61.00 | | | 18.22 |
| 同心县 | Tongxin | 96.87 | 5.99 | 60.62 | | | 9.06 |
| 青铜峡市 | Qingtongxia | 126.66 | | 95.08 | | | 7.50 |
| **固原市** | **Guyuan** | **105.67** | **3.72** | **86.97** | | | **10.10** |
| 原州区 | Yuanzhou | 108.57 | 6.57 | 80.78 | | | 3.27 |
| 西吉县 | Xiji | 106.18 | | 95.12 | | | 31.25 |
| 隆德县 | Longde | 103.12 | | 99.71 | | | 3.41 |
| 泾源县 | Jingyuan | 97.58 | 5.99 | 96.30 | | | 25.21 |
| 彭阳县 | Pengyang | 100.96 | | 82.84 | | | |
| **中卫市** | **Zhongwei** | **102.80** | **10.25** | **97.24** | | **0.30** | **12.02** |
| 沙坡头区 | Shapotou | 102.84 | 11.53 | 101.25 | | | 6.61 |
| 中宁县 | Zhongning | 102.12 | 11.65 | 100.00 | | | 12.31 |
| 海原县 | Haiyuan | 105.22 | 0.96 | 67.93 | | 3.17 | 40.25 |

## 2-43 续表 2 continued

单位：百户均 (per 100 household)

| 市 县 | Region | 移动电话 (部) Mobile Telephone (set) | 家用电脑 (台) Computer (set) | 摄像机 (架) Video Camera (set) | 照相机 (架) Camera (set) | 其他中高档乐器 (件) Secondary and Top Grade Musical Instrument (set) | 健身器材 (套) Body-building Apparatus (set) |
|---|---|---|---|---|---|---|---|
| **全 区** | **Total** | **253.46** | **72.68** | | **20.02** | **6.95** | **4.05** |
| **沿黄地区** | **Plain** | **247.54** | **75.00** | | **21.99** | **5.78** | **4.71** |
| **中南部地区** | **Mountain Area** | **269.92** | **70.81** | | **18.17** | **9.73** | **1.79** |
| **银川市** | **Yinchuan** | **244.54** | **81.31** | | **29.60** | **7.02** | **5.03** |
| 兴庆区 | Xingqing | 247.98 | 88.21 | | 37.97 | 10.85 | 3.56 |
| 西夏区 | Xixia | 234.23 | 82.88 | | 18.68 | 2.01 | 4.73 |
| 金凤区 | Jinfeng | 231.34 | 77.37 | | 28.51 | 5.65 | 3.39 |
| 永宁县 | Yongning | 259.48 | 84.35 | | 36.47 | 3.92 | 7.92 |
| 贺兰县 | Helan | 234.32 | 57.93 | | 10.50 | 2.77 | 7.59 |
| 灵武市 | Lingwu | 271.70 | 70.64 | | 22.13 | 5.77 | 7.71 |
| **石嘴山市** | **Shizuishan** | **237.46** | **58.89** | | **4.88** | **3.88** | **0.92** |
| 大武口区 | Dawukou | 237.88 | 70.42 | | 5.79 | 3.68 | 0.25 |
| 惠农区 | Huinong | 227.83 | 42.25 | | 2.11 | 1.03 | |
| 平罗县 | Pingluo | 263.52 | 59.10 | | 8.34 | 3.60 | 5.09 |
| **吴忠市** | **Wuzhong** | **260.93** | **59.59** | | **17.03** | **6.63** | **4.03** |
| 利通区 | Litong | 221.60 | 63.39 | | 18.19 | 5.90 | 8.05 |
| 红寺堡区 | Hongsipu | 220.58 | 65.54 | | 15.70 | 2.46 | 2.69 |
| 盐池县 | Yanchi | 316.15 | 58.44 | | 17.07 | 2.68 | |
| 同心县 | Tongxin | 242.35 | 53.16 | | 6.39 | 14.61 | |
| 青铜峡市 | Qingtongxia | 320.92 | 54.39 | | 20.92 | 6.81 | 2.26 |
| **固原市** | **Guyuan** | **261.66** | **76.41** | | **20.43** | **8.86** | **3.16** |
| 原州区 | Yuanzhou | 252.77 | 67.89 | | 18.00 | 10.03 | 4.38 |
| 西吉县 | Xiji | 282.17 | 81.53 | | 22.42 | 8.30 | 1.64 |
| 隆德县 | Longde | 274.27 | 121.92 | | 34.41 | 3.63 | |
| 泾源县 | Jingyuan | 272.05 | 60.77 | | 19.22 | 2.42 | |
| 彭阳县 | Pengyang | 250.03 | 80.73 | | 19.94 | 13.01 | 0.96 |
| **中卫市** | **Zhongwei** | **288.58** | **83.97** | | **18.23** | **6.87** | **7.13** |
| 沙坡头区 | Shapotou | 279.37 | 81.14 | | 13.46 | 5.32 | 7.35 |
| 中宁县 | Zhongning | 290.77 | 89.75 | | 24.63 | 5.83 | 8.20 |
| 海原县 | Haiyuan | 325.31 | 77.01 | | 21.49 | 19.44 | 0.96 |

注：2017年调查报表指标中不在涉及摄像机。
Note: The 2017 survey statement indicator does not include cameras.

# 2-43 续表 3 continued

单位：百户均 (per 100 household)

| 市 县 | Region | 组合音响(套) Hi-Fi Stereo Component System (set) | 信息化调查(每百户) Informationization Survey (Per 100 household) | 接入互联网的移动电话(部) Internet Mobile Telephone (set) | 接入有线电视网络的电视机(台) Lined Network Television (set) | 接入互联网的计算机(台) Internet Computer (set) |
|---|---|---|---|---|---|---|
| **全 区** | **Total** | -- | -- | **195.51** | **73.04** | **61.15** |
| **沿黄地区** | **Plain** | -- | -- | **187.45** | **74.96** | **62.30** |
| **中南部地区** | **Mountain Area** | -- | -- | **177.86** | **64.79** | **54.11** |
| **银川市** | **Yinchuan** | -- | -- | **210.34** | **80.16** | **70.87** |
| 兴庆区 | Xingqing | -- | -- | 209.54 | 83.79 | 79.34 |
| 西夏区 | Xixia | -- | -- | 203.73 | 86.02 | 76.72 |
| 金凤区 | Jinfeng | -- | -- | 221.89 | 77.53 | 68.22 |
| 永宁县 | Yongning | -- | -- | 222.56 | 68.80 | 62.23 |
| 贺兰县 | Helan | -- | -- | 160.22 | 78.43 | 33.05 |
| 灵武市 | Lingwu | -- | -- | **230.56** | **49.35** | **52.40** |
| **石嘴山市** | **Shizuishan** | -- | -- | **149.61** | **70.55** | **45.34** |
| 大武口区 | Dawukou | -- | -- | 176.15 | 81.69 | 60.00 |
| 惠农区 | Huinong | -- | -- | 92.42 | 63.90 | 33.73 |
| 平罗县 | Pingluo | -- | -- | **187.82** | **50.00** | **24.32** |
| **吴忠市** | **Wuzhong** | -- | -- | **127.34** | **74.81** | **46.65** |
| 利通区 | Litong | -- | -- | 131.24 | 77.11 | 49.31 |
| 红寺堡区 | Hongsipu | -- | -- | 33.90 | 39.17 | 48.47 |
| 盐池县 | Yanchi | -- | -- | 180.84 | 66.17 | 38.85 |
| 同心县 | Tongxin | -- | -- | 172.24 | 78.74 | 44.10 |
| 青铜峡市 | Qingtongxia | -- | -- | **99.19** | **85.90** | **45.33** |
| **固原市** | **Guyuan** | -- | -- | **196.88** | **63.13** | **56.75** |
| 原州区 | Yuanzhou | -- | -- | 184.37 | 49.96 | 47.07 |
| 西吉县 | Xiji | -- | -- | 228.83 | 78.05 | 68.45 |
| 隆德县 | Longde | -- | -- | 274.27 | 99.49 | 108.85 |
| 泾源县 | Jingyuan | -- | -- | 179.67 | 50.61 | 44.11 |
| 彭阳县 | Pengyang | -- | -- | **154.81** | **75.47** | **48.67** |
| **中卫市** | **Zhongwei** | -- | -- | **210.70** | **50.81** | **61.40** |
| 沙坡头区 | Shapotou | -- | -- | 209.49 | 20.19 | 62.72 |
| 中宁县 | Zhongning | -- | -- | 220.30 | 88.55 | 57.84 |
| 海原县 | Haiyuan | -- | -- | 177.15 | 69.43 | 69.04 |

## 2-44 2017年各市县城镇居民家庭收支基本情况
## Basic Statistics of Income and Expenditure of Urban Households by City and County (2017)

单位：元/人 (yuan/person)

| 市 县 | Region | 一、家庭总收入 Total Income | (一)工资性收入 Income from Wages and Salaries | 工资 Wages | 实物福利及其他 Benefit in Kind and Other Income | (二)经营性收入 Business Income | (三)财产性收入 Income from Property | 1.利息收入 Interest |
|---|---|---|---|---|---|---|---|---|
| **全 区** | **Total** | **33583** | **19569** | **18249** | **32** | **4646** | **1485** | **142** |
| **沿黄地区** | **Plain** | **33984** | **19977** | **18709** | **24** | **3571** | **1680** | **154** |
| **中南部地区** | **Mountain Area** | **25684** | **17434** | **16453** | **36** | **3426** | **1081** | **61** |
| **银川市** | **Yinchuan** | **36428** | **21322** | **19928** | **21** | **4152** | **2144** | **169** |
| 兴庆区 | Xingqing | 38645 | 21896 | 20344 | 9 | 3614 | 2501 | 160 |
| 西夏区 | Xixia | 29816 | 18365 | 17091 | 25 | 1609 | 1450 | 260 |
| 金凤区 | Jinfeng | 39182 | 23508 | 21997 | 38 | 3399 | 2750 | 90 |
| 永宁县 | Yongning | 32514 | 21737 | 20521 | 95 | 4536 | 1503 | 119 |
| 贺兰县 | Helan | 33394 | 19928 | 19301 | | 5484 | 1696 | 27 |
| 灵武市 | Lingwu | 34138 | 25570 | 23896 | 17 | 3268 | 768 | 101 |
| **石嘴山市** | **Shizuishan** | **32159** | **18064** | **16813** | **20** | **4261** | **829** | **61** |
| 大武口区 | Dawukou | 36597 | 19974 | 18274 | 15 | 5025 | 1089 | 94 |
| 惠农区 | Huinong | 27625 | 16474 | 15474 | 21 | 2745 | 470 | 8 |
| 平罗县 | Pingluo | 27664 | 15999 | 15563 | 29 | 5144 | 688 | 72 |
| **吴忠市** | **Wuzhong** | **28389** | **16681** | **15847** | **17** | **4471** | **1204** | **143** |
| 利通区 | Litong | 31290 | 15847 | 15032 | 28 | 4036 | 1467 | 242 |
| 红寺堡区 | Hongsipu | 22719 | 16020 | 15295 | 2 | 4662 | 480 | 18 |
| 盐池县 | Yanchi | 27352 | 16322 | 15466 | 1 | 5054 | 1358 | 93 |
| 同心县 | Tongxin | 24555 | 15668 | 14867 | | 5075 | 1165 | |
| 青铜峡市 | Qingtongxia | 28466 | 17904 | 17053 | 30 | 4272 | 1017 | 189 |
| **固原市** | **Guyuan** | **27123** | **18468** | **17352** | **66** | **2977** | **1070** | **93** |
| 原州区 | Yuanzhou | 29602 | 18050 | 16973 | 139 | 3542 | 1505 | 161 |
| 西吉县 | Xiji | 24864 | 19198 | 17847 | 3 | 3267 | 561 | 49 |
| 隆德县 | Longde | 24685 | 18408 | 17506 | | 1660 | 695 | 11 |
| 泾源县 | Jingyuan | 24085 | 18576 | 17924 | 0 | 1842 | 824 | 9 |
| 彭阳县 | Pengyang | 24924 | 19755 | 18438 | 0 | 2110 | 796 | 32 |
| **中卫市** | **Zhongwei** | **28388** | **18822** | **17892** | **34** | **3071** | **1436** | **111** |
| 沙坡头区 | Shapotou | 29864 | 19635 | 18869 | 39 | 2931 | 1380 | 48 |
| 中宁县 | Zhongning | 28419 | 18251 | 17025 | 46 | 3831 | 1620 | 228 |
| 海原县 | Haiyuan | 23749 | 18271 | 17423 | | 1435 | 1115 | |

## 2-44 续表 1 continued

单位：元/人 (yuan/person)

| 市 县 | Region | 2.红利收入 Bonus | 3.保险净收益 Insurance Profit | 4.转让承包土地经营权租金净收入 Rental Income for Land Contractual Management Right | 5.出租房屋收入 Lease House Income | 6.出租其他资产净收入 Rent Other Assets Income | 7.其他财产性收入 Other Properties | 8.房屋虚拟租金 Virtual Rent of House |
|---|---|---|---|---|---|---|---|---|
| **全 区** | **Total** | **18** | **2** | **26** | **296** | **14** | **1** | **985** |
| **沿黄地区** | **Plain** | **14** | **2** | **46** | **281** | **50** | **6** | **1127** |
| **中南部地区** | **Mountain Area** | **29** | **4** | **3** | **399** | **0** | **0** | **584** |
| **银川市** | **Yinchuan** | **8** | **1** | **28** | **489** | **40** | **9** | **1401** |
| 兴庆区 | Xingqing | 7 | | 8 | 488 | 41 | | 1797 |
| 西夏区 | Xixia | | | | 69 | | | 1121 |
| 金凤区 | Jinfeng | 10 | | | 890 | 31 | 54 | 1674 |
| 永宁县 | Yongning | 19 | | 23 | 586 | | | 756 |
| 贺兰县 | Helan | | | 385 | 138 | 202 | | 944 |
| 灵武市 | Lingwu | 31 | 8 | 3 | 142 | | 14 | 469 |
| **石嘴山市** | **Shizuishan** | **3** | **5** | **4** | **64** | **20** | **3** | **669** |
| 大武口区 | Dawukou | | 10 | 5 | 93 | 41 | 6 | 839 |
| 惠农区 | Huinong | | | | | | | 462 |
| 平罗县 | Pingluo | 19 | | 8 | 106 | | | 484 |
| **吴忠市** | **Wuzhong** | **78** | **4** | **119** | **170** | **50** | | **641** |
| 利通区 | Litong | 116 | 9 | 168 | 118 | 139 | | 674 |
| 红寺堡区 | Hongsipu | | | 44 | 16 | | | 402 |
| 盐池县 | Yanchi | 269 | | 1 | 305 | 1 | | 688 |
| 同心县 | Tongxin | | | | 430 | | | 735 |
| 青铜峡市 | Qingtongxia | | 4 | 247 | 15 | | | 562 |
| **固原市** | **Guyuan** | **0** | **7** | | **451** | | **0** | **520** |
| 原州区 | Yuanzhou | | 15 | | 882 | | | 447 |
| 西吉县 | Xiji | | | | 50 | | | 463 |
| 隆德县 | Longde | | | | 9 | | | 675 |
| 泾源县 | Jingyuan | 1 | | | 20 | | 4 | 791 |
| 彭阳县 | Pengyang | | | | 157 | | | 606 |
| **中卫市** | **Zhongwei** | **7** | **1** | **70** | **184** | **139** | | **924** |
| 沙坡头区 | Shapotou | 2 | 2 | 6 | 136 | 272 | | 914 |
| 中宁县 | Zhongning | 17 | | 177 | 169 | | | 1030 |
| 海原县 | Haiyuan | | | | 434 | | | 681 |

# 2-44 续表 2 continued

单位：元/人 (yuan/person)

| 市 县 | Region | (四)转移性收入 Income from Transfer | 1.养老金或离退休金 Annuities and Pension | 2.社会救济收入 Social Relief | 3.政策性生活补贴 Policy-related Subsidies | 4.赡养收入 Maintenance Income | 5.报销医疗费 Medical Fee for Reimbursement | 6.其他转移性收入 Other Transfer |
|---|---|---|---|---|---|---|---|---|
| **全 区** | **Total** | **7884** | **7120** | **84** | **32** | **74** | **465** | **31** |
| **沿黄地区** | **Plain** | **8756** | **8020** | **95** | **11** | **46** | **473** | **59** |
| **中南部地区** | **Mountain Area** | **3744** | **3080** | **230** | **37** | **73** | **172** | **42** |
| **银川市** | **Yinchuan** | **8809** | **8135** | **91** | **10** | **31** | **454** | **74** |
| 兴庆区 | Xingqing | 10635 | 9802 | 106 | 9 | | 645 | 65 |
| 西夏区 | Xixia | 8393 | 7870 | 57 | 13 | 33 | 312 | 101 |
| 金凤区 | Jinfeng | 9526 | 9044 | 10 | 4 | 57 | 397 | 1 |
| 永宁县 | Yongning | 4738 | 4159 | | 13 | 55 | 221 | 207 |
| 贺兰县 | Helan | 6286 | 5324 | 522 | 4 | 179 | 173 | 77 |
| 灵武市 | Lingwu | 4532 | 4009 | | 25 | 26 | 323 | 104 |
| **石嘴山市** | **Shizuishan** | **9005** | **8566** | **106** | **7** | **48** | **210** | **15** |
| 大武口区 | Dawukou | 10509 | 9918 | 100 | 6 | 100 | 310 | 26 |
| 惠农区 | Huinong | 7936 | 7740 | 79 | 8 | | 102 | 6 |
| 平罗县 | Pingluo | 5833 | 5397 | 175 | 9 | | 91 | 3 |
| **吴忠市** | **Wuzhong** | **6032** | **5389** | **68** | **13** | **130** | **202** | **51** |
| 利通区 | Litong | 9940 | 9291 | | 2 | 165 | 303 | 76 |
| 红寺堡区 | Hongsipu | 1556 | 1163 | 125 | 71 | 37 | 78 | 5 |
| 盐池县 | Yanchi | 4617 | 3955 | 4 | 8 | 55 | 210 | 7 |
| 同心县 | Tongxin | 2647 | 1769 | 259 | 23 | 155 | 53 | 121 |
| 青铜峡市 | Qingtongxia | 5273 | 4746 | 35 | 2 | 140 | 196 | |
| **固原市** | **Guyuan** | **4608** | **3854** | **300** | **50** | **77** | **243** | **42** |
| 原州区 | Yuanzhou | 6506 | 5738 | 369 | 46 | 91 | 246 | 12 |
| 西吉县 | Xiji | 1837 | 1611 | 59 | 11 | 51 | 50 | |
| 隆德县 | Longde | 3921 | 2793 | 205 | 197 | 57 | 667 | |
| 泾源县 | Jingyuan | 2843 | 2132 | 192 | 58 | | 127 | |
| 彭阳县 | Pengyang | 2263 | 961 | 551 | 39 | 123 | 325 | 247 |
| **中卫市** | **Zhongwei** | **5058** | **4308** | **165** | **29** | **13** | **323** | **57** |
| 沙坡头区 | Shapotou | 5918 | 5185 | 101 | 29 | 26 | 342 | 40 |
| 中宁县 | Zhongning | 4718 | 3782 | 255 | 37 | | 380 | 97 |
| 海原县 | Haiyuan | 2927 | 2737 | 146 | 0 | | 41 | |

## 2-44 续表 3 continued

单位：元/人 (yuan/person)

| 市 县 | Region | 二、出售资产所得 Proceeds from Sales of Belongings | 1.出售住房收入 Sale of Housing | 2.出售其他物品收入 Sale of Other | 三、借贷性所得 Credit Income | 1.提取储蓄存款 Draw Saving Deposits | 2.借入款 Borrowed | 3.收回借出款 Recover Loans |
|---|---|---|---|---|---|---|---|---|
| **全 区** | **Total** | **1353** | **532** | **29** | **2067** | **570** | **409** | **324** |
| **沿黄地区** | **Plain** | **1505** | **372** | **59** | **1632** | **502** | **413** | **129** |
| **中南部地区** | **Mountain Area** | **7999** | **73** | **97** | **4250** | **2111** | **685** | **448** |
| **银川市** | **Yinchuan** | **1426** | **1071** | **5** | **1525** | **290** | **447** | **140** |
| 兴庆区 | Xingqing | 367 | | 6 | 1638 | 417 | 214 | 53 |
| 西夏区 | Xixia | 1 | | 1 | 222 | 126 | 96 | |
| 金凤区 | Jinfeng | 4578 | 4577 | 1 | 1361 | 100 | 1248 | |
| 永宁县 | Yongning | 142 | | | 2911 | 520 | 110 | 1502 |
| 贺兰县 | Helan | | | | 2619 | 18 | 2110 | 166 |
| 灵武市 | Lingwu | 75 | | 17 | 2954 | 453 | 320 | 304 |
| **石嘴山市** | **Shizuishan** | **1224** | | **234** | **530** | **294** | **110** | **43** |
| 大武口区 | Dawukou | 283 | | 283 | 173 | 3 | 11 | 2 |
| 惠农区 | Huinong | 0 | | 0 | 17 | | 17 | 1 |
| 平罗县 | Pingluo | 6269 | | 556 | 2541 | 1690 | 574 | 242 |
| **吴忠市** | **Wuzhong** | **5720** | **91** | **114** | **1804** | **678** | **727** | **176** |
| 利通区 | Litong | 434 | | 2 | 2094 | 330 | 1301 | 463 |
| 红寺堡区 | Hongsipu | 1762 | | 74 | 707 | | 212 | |
| 盐池县 | Yanchi | 4475 | 679 | 476 | 2623 | 912 | 380 | |
| 同心县 | Tongxin | 3033 | | | 422 | | 404 | 18 |
| 青铜峡市 | Qingtongxia | 19221 | | 192 | 2534 | 1981 | 524 | 30 |
| **固原市** | **Guyuan** | **12839** | | **74** | **7109** | **3722** | **1052** | **824** |
| 原州区 | Yuanzhou | 18708 | | 77 | 13946 | 7764 | 1909 | 1740 |
| 西吉县 | Xiji | 1986 | | | 605 | | 21 | |
| 隆德县 | Longde | 2172 | | 1 | 1709 | 133 | 328 | 21 |
| 泾源县 | Jingyuan | 13 | | 13 | 781 | 312 | 288 | |
| 彭阳县 | Pengyang | 23383 | | 256 | 1435 | 238 | 674 | 27 |
| **中卫市** | **Zhongwei** | **29** | | **2** | **3185** | **1394** | **196** | **57** |
| 沙坡头区 | Shapotou | 2 | | 2 | 2783 | 231 | 7 | |
| 中宁县 | Zhongning | 75 | | 2 | 4657 | 3383 | 511 | 150 |
| 海原县 | Haiyuan | | | | 75 | | | |

## 2-44 续表 4 continued

单位：元/人 (yuan/person)

| 市 县 | Region | 4.收回保险本金 Recouping Insurance Principal | 5.住房贷款 Repayment of House Loan | 6.汽车贷款 Repayment of Auto Loan | 7.教育贷款 Repayment of Education Loan | 8.其他贷款 Repayment of Other Loans | 9.其他借贷收入 Other Credit Income |
|---|---|---|---|---|---|---|---|
| **全 区** | **Total** | **0** | **562** | **42** | **9** | **113** | **38** |
| **沿黄地区** | **Plain** | **1** | **487** | **58** | **3** | **39** | **0** |
| **中南部地区** | **Mountain Area** | | **686** | | **41** | **169** | **109** |
| **银川市** | **Yinchuan** | **0** | **582** | **22** | **2** | **41** | **0** |
| 兴庆区 | Xingqing | | 948 | 6 | | | 1 |
| 西夏区 | Xixia | | | | | | |
| 金凤区 | Jinfeng | | | | 12 | | |
| 永宁县 | Yongning | | | | | 780 | |
| 贺兰县 | Helan | | | 325 | | | |
| 灵武市 | Lingwu | 5 | 1873 | | | | |
| **石嘴山市** | **Shizuishan** | | | **76** | **6** | | |
| 大武口区 | Dawukou | | | 157 | | | |
| 惠农区 | Huinong | | | | | | |
| 平罗县 | Pingluo | | | | 35 | | |
| **吴忠市** | **Wuzhong** | | | | **2** | **85** | **137** |
| 利通区 | Litong | | | | | | |
| 红寺堡区 | Hongsipu | | | | 18 | 317 | 159 |
| 盐池县 | Yanchi | | | | | 419 | 912 |
| 同心县 | Tongxin | | | | | | |
| 青铜峡市 | Qingtongxia | | | | | | |
| **固原市** | **Guyuan** | | **1269** | | **74** | **168** | |
| 原州区 | Yuanzhou | | 2445 | | 88 | | |
| 西吉县 | Xiji | | 510 | | 75 | | |
| 隆德县 | Longde | | 112 | | | 1116 | |
| 泾源县 | Jingyuan | | | | | 181 | |
| 彭阳县 | Pengyang | | | | 110 | 387 | |
| **中卫市** | **Zhongwei** | **3** | **1167** | **232** | **10** | **127** | |
| 沙坡头区 | Shapotou | | 2287 | 6 | 19 | 232 | |
| 中宁县 | Zhongning | 7 | | 606 | | | |
| 海原县 | Haiyuan | | | | | 75 | |

## 2-44 续表 5 continued

单位：元/人 (yuan/person)

| 市 县 | Region | 四、家庭总支出 Total Expenditure | (一)消费性支出 Consumption Expenditure | (二)生产费用支出 Expenditure for Household Business | (三)财产性支出 Property Expenditures | 1.生活贷款利息支出 Interest of Life Loans | 2.其他 Other | (四)转移性支出 Transfer Expenditures | 1.交纳所得税 Individual Income-tax |
|---|---|---|---|---|---|---|---|---|---|
| **全 区** | **Total** | **31729** | **20219** | **1333** | **215** | **213** | **2** | **2313** | **121** |
| **沿黄地区** | **Plain** | **30833** | **20955** | **864** | **172** | **171** | **1** | **2120** | **96** |
| **中南部地区** | **Mountain Area** | **27404** | **15869** | **509** | **120** | **118** | **2** | **1363** | **41** |
| **银川市** | **Yinchuan** | **33242** | **23124** | **565** | **219** | **218** | **1** | **2258** | **127** |
| 兴庆区 | Xingqing | 34954 | 24885 | 193 | 257 | 256 | 1 | 2479 | 126 |
| 西夏区 | Xixia | 28842 | 21023 | 106 | 281 | 281 | | 2297 | 157 |
| 金凤区 | Jinfeng | 33153 | 24724 | 595 | 142 | 142 | 0 | 2463 | 172 |
| 永宁县 | Yongning | 35105 | 21052 | 1121 | 110 | 110 | | 1887 | 42 |
| 贺兰县 | Helan | 29270 | 18375 | 2753 | 349 | 347 | 2 | 1109 | 1 |
| 灵武市 | Lingwu | 28651 | 19415 | 916 | 52 | 45 | 7 | 2325 | 149 |
| **石嘴山市** | **Shizuishan** | **25690** | **16947** | **1777** | **60** | **60** | | **1885** | **32** |
| 大武口区 | Dawukou | 29199 | 18646 | 2507 | 89 | 89 | | 2508 | 51 |
| 惠农区 | Huinong | 20304 | 14202 | 855 | | | | 1346 | 19 |
| 平罗县 | Pingluo | 26227 | 17620 | 1539 | 98 | 98 | | 1062 | 5 |
| **吴忠市** | **Wuzhong** | **27050** | **16299** | **1184** | **54** | **52** | **1** | **1522** | **32** |
| 利通区 | Litong | 26433 | 17829 | 1620 | 84 | 84 | | 2096 | 31 |
| 红寺堡区 | Hongsipu | 20478 | 14596 | 243 | 18 | 16 | 2 | 1058 | 84 |
| 盐池县 | Yanchi | 23764 | 15040 | 984 | 126 | 126 | | 1086 | 22 |
| 同心县 | Tongxin | 21635 | 15216 | 1201 | 27 | 21 | 6 | 1112 | 15 |
| 青铜峡市 | Qingtongxia | 37565 | 16220 | 1004 | | | | 1351 | 31 |
| **固原市** | **Guyuan** | **32002** | **16565** | **383** | **186** | **185** | **0** | **1555** | **45** |
| 原州区 | Yuanzhou | 45487 | 19546 | 690 | 308 | 308 | | 1930 | 58 |
| 西吉县 | Xiji | 18747 | 13268 | 118 | 90 | 90 | | 1108 | 32 |
| 隆德县 | Longde | 27697 | 16526 | 120 | 172 | 172 | | 2249 | 93 |
| 泾源县 | Jingyuan | 18974 | 13935 | 244 | 47 | 41 | 6 | 852 | 14 |
| 彭阳县 | Pengyang | 17769 | 13284 | 23 | 22 | 22 | | 1052 | 13 |
| **中卫市** | **Zhongwei** | **28751** | **18960** | **513** | **199** | **199** | **0** | **1888** | **86** |
| 沙坡头区 | Shapotou | 28894 | 18145 | 811 | 313 | 313 | | 1879 | 47 |
| 中宁县 | Zhongning | 30918 | 21393 | 262 | 104 | 104 | | 2152 | 157 |
| 海原县 | Haiyuan | 21821 | 15117 | 2 | 3 | | 3 | 1202 | 42 |

# 2-44 续表 6 continued

单位：元/人 (yuan/person)

| 市 县 | Region | 2.社会保障支出 Social Security Expenditures | 个人交纳的养老保险 Annuities | 个人交纳的医疗保险 Medical Accumulation Fund | 个人交纳的失业保险 Disemployed Accumulation Fund | 其他社会保障支出 Others | 3.赡养支出 Support Expenditures | 4. 其他转移性支出 Others |
|---|---|---|---|---|---|---|---|---|
| **全 区** | **Total** | **2044** | **1557** | **392** | **66** | **29** | **42** | **105** |
| **沿黄地区** | **Plain** | **1872** | **1362** | **408** | **74** | **28** | **70** | **82** |
| **中南部地区** | **Mountain Area** | **1217** | **888** | **243** | **40** | **46** | **23** | **82** |
| **银川市** | **Yinchuan** | **1981** | **1387** | **465** | **94** | **35** | **62** | **88** |
| 兴庆区 | Xingqing | 2126 | 1550 | 483 | 86 | 6 | 86 | 141 |
| 西夏区 | Xixia | 2076 | 1449 | 526 | 101 | | 31 | 33 |
| 金凤区 | Jinfeng | 2185 | 1480 | 498 | 96 | 110 | 70 | 36 |
| 永宁县 | Yongning | 1743 | 1147 | 383 | 70 | 143 | 31 | 71 |
| 贺兰县 | Helan | 1025 | 735 | 242 | 33 | 14 | 56 | 27 |
| 灵武市 | Lingwu | 2031 | 1240 | 501 | 194 | 96 | 40 | 105 |
| **石嘴山市** | **Shizuishan** | **1731** | **1321** | **328** | **55** | **27** | **54** | **68** |
| 大武口区 | Dawukou | 2264 | 1775 | 369 | 64 | 56 | 99 | 94 |
| 惠农区 | Huinong | 1296 | 869 | 353 | 74 | | | 31 |
| 平罗县 | Pingluo | 1006 | 777 | 217 | 11 | 2 | 1 | 50 |
| **吴忠市** | **Wuzhong** | **1285** | **967** | **286** | **21** | **12** | **118** | **86** |
| 利通区 | Litong | 1771 | 1384 | 357 | 22 | 8 | 237 | 57 |
| 红寺堡区 | Hongsipu | 910 | 603 | 236 | 69 | 2 | 18 | 47 |
| 盐池县 | Yanchi | 1005 | 710 | 290 | 4 | 2 | 38 | 21 |
| 同心县 | Tongxin | 830 | 628 | 181 | 20 | 1 | 11 | 256 |
| 青铜峡市 | Qingtongxia | 1159 | 862 | 247 | 11 | 39 | 112 | 49 |
| **固原市** | **Guyuan** | **1424** | **1092** | **268** | **45** | **20** | **23** | **63** |
| 原州区 | Yuanzhou | 1812 | 1481 | 301 | 30 | | 6 | 54 |
| 西吉县 | Xiji | 982 | 615 | 287 | 77 | 3 | 47 | 48 |
| 隆德县 | Longde | 1940 | 1386 | 275 | 83 | 197 | 88 | 128 |
| 泾源县 | Jingyuan | 766 | 485 | 192 | 78 | 12 | 6 | 66 |
| 彭阳县 | Pengyang | 956 | 760 | 180 | 10 | 7 | 15 | 68 |
| **中卫市** | **Zhongwei** | **1673** | **1321** | **279** | **42** | **31** | **37** | **92** |
| 沙坡头区 | Shapotou | 1742 | 1462 | 238 | 40 | 2 | | 90 |
| 中宁县 | Zhongning | 1793 | 1386 | 367 | 40 | 0 | 90 | 111 |
| 海原县 | Haiyuan | 1098 | 613 | 171 | 54 | 259 | 25 | 36 |

## 2-44 续表 7 continued

单位：元/人 (yuan/person)

| 市 县 | Region | (五)部分商业保险支出 Commercial Insurance | (六)购房与建房支出 Expenditures of Purchasing and Building Houses | 1.购房 Purchasing Houses | 2.建房 Building Houses | (七)借贷支出 Credit Expenditures | 1.存入储蓄款 Saving Deposits | 2.借出款 Lending | 3.归还借款 Repayment of Loans |
|---|---|---|---|---|---|---|---|---|---|
| **全 区** | **Total** | **362** | **2318** | **2250** | **68** | **1474** | **106** | **13** | **179** |
| **沿黄地区** | **Plain** | **423** | **1513** | **1502** | **11** | **1390** | **91** | **122** | **112** |
| **中南部地区** | **Mountain Area** | **92** | **4142** | **4035** | **107** | **1315** | **16** | **2** | **315** |
| **银川市** | **Yinchuan** | **440** | **1127** | **1127** | **1** | **1483** | **29** | **184** | **110** |
| 兴庆区 | Xingqing | 562 | 1309 | 1307 | 1 | 1225 | 60 | 2 | 71 |
| 西夏区 | Xixia | 419 | 15 | 15 | | 1550 | 2 | | 117 |
| 金凤区 | Jinfeng | 102 | 843 | 843 | | 1967 | | 1253 | |
| 永宁县 | Yongning | 588 | 4981 | 4981 | | 2078 | 44 | | 88 |
| 贺兰县 | Helan | 103 | 2657 | 2657 | | 1030 | | | 152 |
| 灵武市 | Lingwu | 579 | 118 | 118 | | 2159 | | 117 | 468 |
| **石嘴山市** | **Shizuishan** | **367** | **465** | **465** | | **886** | **185** | **61** | **58** |
| 大武口区 | Dawukou | 503 | 511 | 511 | | 965 | | 1 | 96 |
| 惠农区 | Huinong | 220 | | | | 657 | 543 | 10 | 11 |
| 平罗县 | Pingluo | 272 | 1251 | 1251 | | 1109 | | 330 | 40 |
| **吴忠市** | **Wuzhong** | **312** | **3385** | **3210** | **175** | **1219** | **42** | | **126** |
| 利通区 | Litong | 279 | | | | 1065 | | | 109 |
| 红寺堡区 | Hongsipu | 204 | 341 | | 341 | 2364 | | | 499 |
| 盐池县 | Yanchi | 89 | 2245 | 1606 | 640 | 1129 | 149 | | 167 |
| 同心县 | Tongxin | 178 | | | | 393 | | | |
| 青铜峡市 | Qingtongxia | 676 | 13844 | 13578 | 266 | 1758 | 102 | | 89 |
| **固原市** | **Guyuan** | **51** | **6777** | **6751** | **26** | **1598** | **0** | **3** | **482** |
| 原州区 | Yuanzhou | 79 | 13885 | 13885 | | 1666 | | | 570 |
| 西吉县 | Xiji | 29 | 252 | 132 | 119 | 1333 | | 7 | 68 |
| 隆德县 | Longde | 58 | 2209 | 2208 | 1 | 2143 | | | 1159 |
| 泾源县 | Jingyuan | 29 | | | | 1861 | | | 465 |
| 彭阳县 | Pengyang | 3 | | | | 1323 | 0 | 12 | 421 |
| **中卫市** | **Zhongwei** | **363** | **1932** | **1932** | | **1673** | **261** | **6** | **197** |
| 沙坡头区 | Shapotou | 291 | 3425 | 3425 | | 1389 | | | 59 |
| 中宁县 | Zhongning | 537 | | | | 2346 | 691 | 17 | 440 |
| 海原县 | Haiyuan | 100 | 1593 | 1593 | | 780 | | | 8 |

# 2-44 续表 8 continued

单位：元/人 (yuan/person)

| 市 县 | Region | 4.购买有价证券 Purchase of Securities | 5.其他投资支出 Other Investment Expenditure | 6.归还住房贷款 Repayment of House Loan | 7.归还汽车贷款 Repayment of Auto Loan | 8.归还教育贷款 Repayment of Education Loan | 9.归还其他贷款 Repayment of Other Loans | 10.其他借贷支出 Other Credit Expenditures |
|---|---|---|---|---|---|---|---|---|
| **全 区** | **Total** | **8** | **3** | **843** | **192** | **5** | **112** | **13** |
| **沿黄地区** | **Plain** | **16** | **6** | **774** | **205** | | **60** | **5** |
| **中南部地区** | **Mountain Area** | **26** | **4** | **698** | **98** | **19** | **88** | **49** |
| **银川市** | **Yinchuan** | **24** | **9** | **851** | **215** | | **57** | **3** |
| 兴庆区 | Xingqing | | 14 | 824 | 248 | | | 7 |
| 西夏区 | Xixia | 120 | | 937 | 253 | | 122 | |
| 金凤区 | Jinfeng | | | 627 | 88 | | | |
| 永宁县 | Yongning | | | 887 | 440 | | 619 | |
| 贺兰县 | Helan | | | 872 | | | | 6 |
| 灵武市 | Lingwu | | 37 | 1300 | 235 | | | 3 |
| **石嘴山市** | **Shizuishan** | **8** | | **461** | **111** | | | **1** |
| 大武口区 | Dawukou | 16 | | 675 | 175 | | | 2 |
| 惠农区 | Huinong | | | 84 | 7 | | | 2 |
| 平罗县 | Pingluo | | | 600 | 138 | | | |
| **吴忠市** | **Wuzhong** | **33** | | **543** | **264** | **4** | **145** | **63** |
| 利通区 | Litong | | | 421 | 326 | | 201 | 8 |
| 红寺堡区 | Hongsipu | | | 725 | 390 | 50 | 190 | 512 |
| 盐池县 | Yanchi | 242 | | 268 | 303 | | | |
| 同心县 | Tongxin | | | 35 | 81 | | 207 | 70 |
| 青铜峡市 | Qingtongxia | | | 1228 | 254 | | 79 | 5 |
| **固原市** | **Guyuan** | | **7** | **942** | **48** | **29** | **81** | **4** |
| 原州区 | Yuanzhou | | | 914 | 36 | | 145 | |
| 西吉县 | Xiji | | 16 | 1205 | 10 | 26 | | |
| 隆德县 | Longde | | 41 | 458 | 335 | | 104 | 46 |
| 泾源县 | Jingyuan | | | 1348 | | | 48 | |
| 彭阳县 | Pengyang | | | 731 | | 159 | | |
| **中卫市** | **Zhongwei** | | | **924** | **191** | | **80** | **14** |
| 沙坡头区 | Shapotou | | | 1036 | 154 | | 116 | 25 |
| 中宁县 | Zhongning | | | 811 | 328 | | 57 | 3 |
| 海原县 | Haiyuan | | | 772 | | | | |

# 2-45　2017年各市县城镇居民家庭消费支出情况
# Basic Statistics of Consumption Expenditure of Urban Households by City and County (2017)

单位：元/人　　　　(yuan/person)

| 市　县 | Region | 消费支出 Consumption Expenditure | 一、食品烟酒 Food Tobacco Liquor | A.食品 Food | 谷物 Grain | 薯类 Tubers | 豆类 Soybeans | 食用油 Edible Oil | 蔬菜和食用菌 Vegetables and Related Products |
|---|---|---|---|---|---|---|---|---|---|
| **全　区** | **Total** | **20219** | **4952** | **3110** | **430** | **27** | **39** | **124** | **414** |
| **沿黄地区** | **Plain** | **20955** | **5476** | **3436** | **481** | **26** | **45** | **132** | **460** |
| **中南部地区** | **Mountain Area** | **15869** | **3971** | **2735** | **431** | **39** | **21** | **143** | **317** |
| **银川市** | **Yinchuan** | **23124** | **5942** | **3476** | **389** | **29** | **44** | **128** | **479** |
| 兴庆区 | Xingqing | 24885 | 6135 | 3510 | 370 | 28 | 46 | 113 | 499 |
| 西夏区 | Xixia | 21023 | 6178 | 3650 | 419 | 29 | 53 | 139 | 511 |
| 金凤区 | Jinfeng | 24724 | 5770 | 3325 | 328 | 36 | 31 | 116 | 453 |
| 永宁县 | Yongning | 21052 | 5285 | 3413 | 448 | 17 | 39 | 161 | 451 |
| 贺兰县 | Helan | 18375 | 5112 | 3415 | 414 | 39 | 48 | 179 | 495 |
| 灵武市 | Lingwu | 19415 | 4480 | 3135 | 451 | 21 | 33 | 148 | 372 |
| **石嘴山市** | **Shizuishan** | **16947** | **5210** | **3517** | **630** | **14** | **45** | **134** | **435** |
| 大武口区 | Dawukou | 18646 | 5741 | 3747 | 791 | 19 | 49 | 123 | 391 |
| 惠农区 | Huinong | 14202 | 5218 | 3678 | 453 | 0 | 38 | 163 | 556 |
| 平罗县 | Pingluo | 17620 | 3968 | 2743 | 535 | 28 | 42 | 114 | 347 |
| **吴忠市** | **Wuzhong** | **16299** | **4307** | **3087** | **585** | **23** | **22** | **148** | **350** |
| 利通区 | Litong | 17829 | 4872 | 3373 | 682 | 20 | 24 | 119 | 371 |
| 红寺堡区 | Hongsipu | 14596 | 3576 | 2444 | 409 | 49 | 15 | 103 | 240 |
| 盐池县 | Yanchi | 15040 | 3889 | 2716 | 308 | 26 | 22 | 99 | 338 |
| 同心县 | Tongxin | 15216 | 4190 | 3526 | 754 | 17 | 9 | 285 | 394 |
| 青铜峡市 | Qingtongxia | 16220 | 4045 | 2741 | 557 | 19 | 35 | 128 | 331 |
| **固原市** | **Guyuan** | **16565** | **4129** | **2599** | **371** | **41** | **25** | **110** | **320** |
| 原州区 | Yuanzhou | 19546 | 4321 | 2577 | 389 | 28 | 29 | 117 | 331 |
| 西吉县 | Xiji | 13268 | 3782 | 2569 | 328 | 74 | 13 | 123 | 258 |
| 隆德县 | Longde | 16526 | 5430 | 3206 | 376 | 85 | 43 | 64 | 465 |
| 泾源县 | Jingyuan | 13935 | 3565 | 2597 | 578 | 46 | 20 | 139 | 301 |
| 彭阳县 | Pengyang | 13284 | 3535 | 2367 | 273 | 10 | 18 | 78 | 286 |
| **中卫市** | **Zhongwei** | **18960** | **4612** | **3190** | **520** | **38** | **60** | **153** | **447** |
| 沙坡头区 | Shapotou | 18145 | 4291 | 2866 | 477 | 25 | 64 | 145 | 460 |
| 中宁县 | Zhongning | 21393 | 5476 | 3866 | 621 | 51 | 67 | 157 | 496 |
| 海原县 | Haiyuan | 15117 | 3369 | 2563 | 417 | 55 | 23 | 181 | 253 |

## 2-45 续表 1 continued

单位：元／人 (yuan/person)

| 市 县 | Region | 肉类 Meat | 禽类 Poultry | 水产品 Aquartic Products | 蛋类 Eggs | 奶类 Milk | 干鲜瓜果类 Dried and Fresh Melon Fruits | 糖果糕点类 Candy and Pastry | 其他类食 品 Other Food | B.烟酒 Tobacco and Liquor |
|---|---|---|---|---|---|---|---|---|---|---|
| **全 区** | **Total** | **711** | **142** | **91** | **59** | **255** | **490** | **105** | **224** | **375** |
| **沿黄地区** | **Plain** | **773** | **154** | **113** | **64** | **280** | **546** | **118** | **246** | **402** |
| **中南部地区** | **Mountain Area** | **732** | **115** | **30** | **43** | **175** | **443** | **68** | **177** | **320** |
| **银川市** | **Yinchuan** | **807** | **159** | **128** | **70** | **298** | **558** | **122** | **265** | **444** |
| 兴庆区 | Xingqing | 748 | 157 | 129 | 72 | 328 | 605 | 136 | 280 | 359 |
| 西夏区 | Xixia | 816 | 151 | 177 | 87 | 321 | 558 | 139 | 251 | 629 |
| 金凤区 | Jinfeng | 866 | 164 | 140 | 60 | 220 | 514 | 112 | 286 | 406 |
| 永宁县 | Yongning | 699 | 194 | 98 | 48 | 325 | 601 | 114 | 218 | 341 |
| 贺兰县 | Helan | 802 | 195 | 71 | 59 | 231 | 512 | 95 | 275 | 561 |
| 灵武市 | Lingwu | 810 | 153 | 67 | 59 | 285 | 434 | 75 | 227 | 272 |
| **石嘴山市** | **Shizuishan** | **816** | **140** | **120** | **64** | **232** | **543** | **136** | **209** | **462** |
| 大武口区 | Dawukou | 848 | 136 | 139 | 72 | 229 | 539 | 142 | 269 | 532 |
| 惠农区 | Huinong | 916 | 165 | 147 | 67 | 270 | 629 | 141 | 132 | 472 |
| 平罗县 | Pingluo | 571 | 105 | 32 | 36 | 196 | 456 | 101 | 179 | 298 |
| **吴忠市** | **Wuzhong** | **799** | **149** | **45** | **37** | **229** | **437** | **68** | **195** | **211** |
| 利通区 | Litong | 865 | 160 | 66 | 43 | 273 | 441 | 64 | 244 | 285 |
| 红寺堡区 | Hongsipu | 623 | 93 | 24 | 34 | 286 | 398 | 54 | 116 | 232 |
| 盐池县 | Yanchi | 827 | 125 | 37 | 45 | 220 | 410 | 73 | 185 | 228 |
| 同心县 | Tongxin | 990 | 151 | 17 | 17 | 241 | 426 | 43 | 182 | 82 |
| 青铜峡市 | Qingtongxia | 562 | 168 | 50 | 36 | 130 | 474 | 92 | 159 | 188 |
| **固原市** | **Guyuan** | **669** | **108** | **32** | **51** | **137** | **476** | **77** | **182** | **438** |
| 原州区 | Yuanzhou | 664 | 100 | 34 | 53 | 129 | 476 | 84 | 143 | 497 |
| 西吉县 | Xiji | 736 | 131 | 26 | 56 | 162 | 401 | 82 | 177 | 336 |
| 隆德县 | Longde | 652 | 137 | 64 | 47 | 207 | 653 | 127 | 286 | 768 |
| 泾源县 | Jingyuan | 454 | 90 | 30 | 34 | 200 | 429 | 51 | 226 | 156 |
| 彭阳县 | Pengyang | 706 | 92 | 15 | 48 | 61 | 510 | 38 | 232 | 315 |
| **中卫市** | **Zhongwei** | **635** | **128** | **48** | **53** | **287** | **507** | **87** | **225** | **307** |
| 沙坡头区 | Shapotou | 541 | 110 | 47 | 45 | 217 | 442 | 82 | 211 | 329 |
| 中宁县 | Zhongning | 756 | 163 | 56 | 68 | 423 | 642 | 102 | 265 | 292 |
| 海原县 | Haiyuan | 685 | 105 | 35 | 41 | 151 | 378 | 62 | 179 | 251 |

## 2-45 续表 2 continued

单位：元/人 (yuan/person)

| 市 县 | Region | C.饮料 Beverage | D.饮食服务 Service for Food | 在外饮食 Dinning Outer | 二、衣着 Clothing | A.衣类 Clothing | B.鞋类 Footwear | 三、居住 Residence | A.租赁房房租 Rent | B.住房维修管理 Maintenance Management |
|---|---|---|---|---|---|---|---|---|---|---|
| **全 区** | **Total** | **95** | **1372** | **1310** | **1768** | **1416** | **352** | **3680** | **97** | **763** |
| **沿黄地区** | **Plain** | **103** | **1535** | **1502** | **1871** | **1500** | **371** | **3729** | **94** | **614** |
| **中南部地区** | **Mountain Area** | **101** | **815** | **725** | **1581** | **1261** | **320** | **3328** | **97** | **1042** |
| **银川市** | **Yinchuan** | **109** | **1913** | **1886** | **2001** | **1598** | **403** | **4264** | **130** | **707** |
| 兴庆区 | Xingqing | 114 | 2152 | 2141 | 2204 | 1790 | 414 | 4888 | 109 | 1073 |
| 西夏区 | Xixia | 114 | 1785 | 1752 | 1607 | 1221 | 386 | 3326 | 167 | 207 |
| 金凤区 | Jinfeng | 98 | 1942 | 1918 | 1834 | 1459 | 375 | 5440 | 237 | 825 |
| 永宁县 | Yongning | 104 | 1428 | 1350 | 2188 | 1724 | 464 | 3067 | | 382 |
| 贺兰县 | Helan | 109 | 1027 | 977 | 2012 | 1526 | 486 | 3700 | 119 | 449 |
| 灵武市 | Lingwu | 92 | 981 | 921 | 1936 | 1616 | 321 | 2522 | 40 | 401 |
| **石嘴山市** | **Shizuishan** | **93** | **1138** | **1102** | **1641** | **1306** | **335** | **2580** | **50** | **265** |
| 大武口区 | Dawukou | 106 | 1356 | 1310 | 1986 | 1605 | 381 | 2861 | 31 | 156 |
| 惠农区 | Huinong | 89 | 979 | 942 | 1298 | 1005 | 293 | 1955 | 61 | 190 |
| 平罗县 | Pingluo | 76 | 851 | 847 | 1499 | 1194 | 305 | 2766 | 82 | 681 |
| **吴忠市** | **Wuzhong** | **76** | **933** | **923** | **1730** | **1421** | **309** | **2965** | **87** | **580** |
| 利通区 | Litong | 79 | 1134 | 1123 | 1702 | 1438 | 264 | 3160 | 16 | 529 |
| 红寺堡区 | Hongsipu | 90 | 810 | 782 | 1515 | 1203 | 312 | 2353 | 85 | 641 |
| 盐池县 | Yanchi | 65 | 880 | 879 | 1652 | 1294 | 359 | 2803 | 111 | 677 |
| 同心县 | Tongxin | 73 | 509 | 509 | 1984 | 1628 | 356 | 2708 | 262 | 511 |
| 青铜峡市 | Qingtongxia | 75 | 1042 | 1024 | 1651 | 1349 | 302 | 3233 | 44 | 660 |
| **固原市** | **Guyuan** | **105** | **987** | **825** | **1398** | **1123** | **275** | **3836** | **48** | **1410** |
| 原州区 | Yuanzhou | 81 | 1166 | 823 | 1285 | 1019 | 266 | 5202 | 49 | 2541 |
| 西吉县 | Xiji | 115 | 763 | 761 | 1449 | 1145 | 304 | 2668 | 22 | 551 |
| 隆德县 | Longde | 192 | 1263 | 1263 | 1724 | 1378 | 346 | 2512 | 192 | 540 |
| 泾源县 | Jingyuan | 115 | 697 | 697 | 1536 | 1280 | 256 | 2962 | 5 | 394 |
| 彭阳县 | Pengyang | 117 | 735 | 730 | 1453 | 1216 | 237 | 2387 | 24 | 122 |
| **中卫市** | **Zhongwei** | **111** | **1005** | **940** | **1815** | **1440** | **375** | **3519** | **76** | **747** |
| 沙坡头区 | Shapotou | 110 | 985 | 940 | 1625 | 1266 | 358 | 3697 | 49 | 980 |
| 中宁县 | Zhongning | 101 | 1217 | 1105 | 2092 | 1702 | 390 | 3489 | 102 | 466 |
| 海原县 | Haiyuan | 149 | 406 | 404 | 1827 | 1399 | 427 | 2931 | 105 | 642 |

## 2-45 续表 3 continued

单位：元/人 (yuan/person)

| 市 县 | Region | C.水电燃料及其他 Water, Electricity, Fuel and Others | D.自有住房折算租金 Imputed Rent for Home-ownership | 四、生活用品及服务 Household Facilities, and Service | A.家具及室内装饰品 Furniture, Articles for Interior Decoration | B.家用器具 Implement | C.家用纺织品 Textile | D.家庭日用杂品 Household Articles for Daily Use | E.个人用品 Personal Articles | F.家庭服务 Family Services |
|---|---|---|---|---|---|---|---|---|---|---|
| **全 区** | **Total** | **902** | **1918** | **1257** | **322** | **225** | **107** | **243** | **315** | **46** |
| **沿黄地区** | **Plain** | **940** | **2081** | **1325** | **273** | **266** | **119** | **264** | **349** | **55** |
| **中南部地区** | **Mountain Area** | **758** | **1431** | **992** | **248** | **159** | **107** | **177** | **265** | **37** |
| **银川市** | **Yinchuan** | **957** | **2469** | **1429** | **306** | **268** | **135** | **276** | **385** | **58** |
| 兴庆区 | Xingqing | 860 | 2846 | 1432 | 200 | 261 | 126 | 303 | 465 | 77 |
| 西夏区 | Xixia | 1048 | 1904 | 1345 | 306 | 253 | 116 | 285 | 349 | 36 |
| 金凤区 | Jinfeng | 1080 | 3298 | 1454 | 497 | 274 | 141 | 220 | 251 | 72 |
| 永宁县 | Yongning | 943 | 1742 | 1175 | 154 | 241 | 128 | 179 | 454 | 19 |
| 贺兰县 | Helan | 1356 | 1775 | 1684 | 501 | 358 | 190 | 235 | 366 | 34 |
| 灵武市 | Lingwu | 848 | 1232 | 1760 | 552 | 349 | 183 | 324 | 314 | 38 |
| **石嘴山市** | **Shizuishan** | **863** | **1402** | **972** | **129** | **219** | **66** | **243** | **280** | **35** |
| 大武口区 | Dawukou | 964 | 1710 | 997 | 158 | 226 | 61 | 222 | 292 | 38 |
| 惠农区 | Huinong | 745 | 958 | 835 | 105 | 127 | 48 | 297 | 249 | 9 |
| 平罗县 | Pingluo | 790 | 1213 | 1179 | 93 | 402 | 105 | 212 | 344 | 23 |
| **吴忠市** | **Wuzhong** | **837** | **1460** | **1072** | **212** | **162** | **112** | **222** | **296** | **68** |
| 利通区 | Litong | 895 | 1720 | 1246 | 375 | 212 | 73 | 267 | 286 | 31 |
| 红寺堡区 | Hongsipu | 632 | 995 | 878 | 197 | 79 | 91 | 180 | 306 | 26 |
| 盐池县 | Yanchi | 837 | 1177 | 854 | 105 | 81 | 133 | 184 | 225 | 126 |
| 同心县 | Tongxin | 653 | 1283 | 937 | 113 | 137 | 140 | 177 | 345 | 25 |
| 青铜峡市 | Qingtongxia | 981 | 1547 | 1127 | 113 | 193 | 141 | 226 | 306 | 147 |
| **固原市** | **Guyuan** | **800** | **1577** | **967** | **302** | **148** | **88** | **160** | **240** | **29** |
| 原州区 | Yuanzhou | 882 | 1730 | 1258 | 520 | 165 | 107 | 161 | 281 | 24 |
| 西吉县 | Xiji | 707 | 1389 | 755 | 141 | 166 | 65 | 156 | 217 | 10 |
| 隆德县 | Longde | 425 | 1355 | 766 | 55 | 151 | 97 | 201 | 202 | 61 |
| 泾源县 | Jingyuan | 917 | 1646 | 763 | 131 | 69 | 99 | 221 | 227 | 17 |
| 彭阳县 | Pengyang | 831 | 1411 | 591 | 80 | 111 | 53 | 119 | 177 | 51 |
| **中卫市** | **Zhongwei** | **894** | **1801** | **1340** | **275** | **316** | **151** | **220** | **307** | **70** |
| 沙坡头区 | Shapotou | 970 | 1697 | 1351 | 253 | 374 | 136 | 240 | 273 | 76 |
| 中宁县 | Zhongning | 857 | 2065 | 1347 | 290 | 248 | 177 | 196 | 360 | 76 |
| 海原县 | Haiyuan | 712 | 1471 | 1319 | 320 | 329 | 135 | 229 | 286 | 20 |

## 2-45 续表 4 continued

单位：元/人 (yuan/person)

| 市 县 | Region | 五、交通和通信 Transport and Communi-cation | A.交通 Transport | 交通工具 Transport Vehicle | 交通费 Car Fare | 交通工具用燃料 Fuel for Transport Vehicle | 交通工具使用及维修 Use and maintenance for Transport Vehicle | B.通信 Communi-cation | 通信工具 Communi-cation Tools | 通信服务 Service for Communi-cation |
|---|---|---|---|---|---|---|---|---|---|---|
| **全 区** | **Total** | **3471** | **2657** | **1263** | **375** | **533** | **486** | **814** | **266** | **548** |
| **沿黄地区** | **Plain** | **2991** | **2115** | **724** | **414** | **489** | **487** | **877** | **271** | **606** |
| **中南部地区** | **Mountain Area** | **2357** | **1743** | **609** | **252** | **496** | **385** | **615** | **229** | **386** |
| **银川市** | **Yinchuan** | **3385** | **2379** | **767** | **488** | **563** | **563** | **1006** | **295** | **711** |
| 兴庆区 | Xingqing | 3208 | 2236 | 502 | 582 | 617 | 534 | 973 | 252 | 721 |
| 西夏区 | Xixia | 2582 | 1471 | 67 | 486 | 482 | 435 | 1112 | 359 | 753 |
| 金凤区 | Jinfeng | 3892 | 2901 | 1348 | 410 | 529 | 614 | 991 | 232 | 759 |
| 永宁县 | Yongning | 4595 | 3595 | 1736 | 319 | 592 | 947 | 1001 | 359 | 641 |
| 贺兰县 | Helan | 2374 | 1422 | 177 | 270 | 401 | 574 | 952 | 266 | 686 |
| 灵武市 | Lingwu | 5089 | 4186 | 2714 | 385 | 578 | 510 | 903 | 384 | 519 |
| **石嘴山市** | **Shizuishan** | **2445** | **1752** | **624** | **330** | **377** | **421** | **692** | **240** | **453** |
| 大武口区 | Dawukou | 2602 | 1833 | 479 | 355 | 519 | 480 | 769 | 293 | 476 |
| 惠农区 | Huinong | 1758 | 1111 | 207 | 366 | 202 | 336 | 647 | 211 | 436 |
| 平罗县 | Pingluo | 3569 | 2935 | 1849 | 187 | 366 | 533 | 635 | 187 | 448 |
| **吴忠市** | **Wuzhong** | **2237** | **1621** | **535** | **244** | **460** | **382** | **616** | **232** | **384** |
| 利通区 | Litong | 2349 | 1662 | 574 | 358 | 395 | 336 | 687 | 255 | 432 |
| 红寺堡区 | Hongsipu | 2867 | 2097 | 351 | 149 | 865 | 731 | 770 | 430 | 340 |
| 盐池县 | Yanchi | 2935 | 2373 | 1197 | 120 | 528 | 528 | 562 | 137 | 425 |
| 同心县 | Tongxin | 2117 | 1640 | 716 | 201 | 369 | 354 | 477 | 202 | 275 |
| 青铜峡市 | Qingtongxia | 1462 | 882 | 11 | 207 | 424 | 240 | 581 | 207 | 374 |
| **固原市** | **Guyuan** | **2356** | **1720** | **607** | **314** | **478** | **321** | **635** | **216** | **419** |
| 原州区 | Yuanzhou | 2822 | 2134 | 1004 | 336 | 450 | 344 | 687 | 216 | 471 |
| 西吉县 | Xiji | 1853 | 1248 | 205 | 239 | 569 | 236 | 605 | 203 | 402 |
| 隆德县 | Longde | 2311 | 1642 | 189 | 277 | 705 | 472 | 668 | 241 | 427 |
| 泾源县 | Jingyuan | 2448 | 1789 | 869 | 287 | 286 | 346 | 658 | 256 | 403 |
| 彭阳县 | Pengyang | 1566 | 1099 | 41 | 379 | 408 | 271 | 467 | 181 | 286 |
| **中卫市** | **Zhongwei** | **2760** | **2019** | **885** | **264** | **432** | **438** | **741** | **262** | **479** |
| 沙坡头区 | Shapotou | 2723 | 1991 | 1170 | 183 | 298 | 340 | 732 | 244 | 488 |
| 中宁县 | Zhongning | 3076 | 2299 | 715 | 385 | 599 | 600 | 777 | 278 | 499 |
| 海原县 | Haiyuan | 1900 | 1247 | 156 | 225 | 489 | 377 | 653 | 285 | 368 |

# 2-45 续表 5 continued

单位：元/人 (yuan/person)

| 市 县 | Region | 六、教育文化娱乐 Educational, Cultural, Recreational | A.教育 Education | 学前教育 Preschool | 小学教育 Elementary | 初中教育 Junior High School | 高中教育 Senior High School | 中专职高教育 Technical and Professional High School | 大专及以上教育 College Degree or Above | 成人教育 Adult Education |
|---|---|---|---|---|---|---|---|---|---|---|
| **全 区** | **Total** | **2630** | **1611** | **119** | **158** | **180** | **209** | **62** | **751** | **131** |
| **沿黄地区** | **Plain** | **2837** | **1557** | **117** | **164** | **179** | **201** | **36** | **748** | **111** |
| **中南部地区** | **Mountain Area** | **2207** | **1568** | **72** | **65** | **120** | **174** | **109** | **878** | **149** |
| **银川市** | **Yinchuan** | **3268** | **1669** | **123** | **200** | **227** | **206** | **49** | **740** | **125** |
| 兴庆区 | Xingqing | 3608 | 1950 | 124 | 290 | 318 | 263 | 29 | 823 | 102 |
| 西夏区 | Xixia | 3081 | 1455 | 100 | 117 | 135 | 126 | 113 | 801 | 64 |
| 金凤区 | Jinfeng | 3758 | 1829 | 153 | 127 | 156 | 168 | 40 | 900 | 285 |
| 永宁县 | Yongning | 2532 | 1590 | 282 | 204 | 273 | 251 | 47 | 413 | 119 |
| 贺兰县 | Helan | 2020 | 1206 | 58 | 47 | 128 | 114 | 46 | 747 | 68 |
| 灵武市 | Lingwu | 1922 | 1021 | 99 | 146 | 142 | 250 | 33 | 283 | 68 |
| **石嘴山市** | **Shizuishan** | **2138** | **1190** | **130** | **133** | **94** | **211** | **22** | **537** | **64** |
| 大武口区 | Dawukou | 2383 | 1310 | 95 | 182 | 101 | 231 | 40 | 595 | 64 |
| 惠农区 | Huinong | 1410 | 719 | 93 | 85 | 77 | 155 | 6 | 240 | 63 |
| 平罗县 | Pingluo | 2528 | 1635 | 155 | 88 | 108 | 261 | | 959 | 65 |
| **吴忠市** | **Wuzhong** | **2093** | **1344** | **123** | **90** | **157** | **137** | **39** | **661** | **137** |
| 利通区 | Litong | 2443 | 1408 | 126 | 95 | 167 | 40 | | 916 | 64 |
| 红寺堡区 | Hongsipu | 1763 | 1293 | 217 | 49 | 127 | 217 | 119 | 391 | 174 |
| 盐池县 | Yanchi | 1694 | 1007 | 84 | 68 | 49 | 149 | | 582 | 76 |
| 同心县 | Tongxin | 1943 | 1579 | 130 | 146 | 214 | 204 | 119 | 559 | 206 |
| 青铜峡市 | Qingtongxia | 2075 | 1319 | 105 | 67 | 178 | 199 | 27 | 524 | 219 |
| **固原市** | **Guyuan** | **2398** | **1653** | **51** | **59** | **119** | **177** | **93** | **1043** | **111** |
| 原州区 | Yuanzhou | 2947 | 2082 | 69 | 83 | 77 | 95 | 189 | 1463 | 107 |
| 西吉县 | Xiji | 1797 | 1133 | 5 | 36 | 153 | 164 | 13 | 638 | 123 |
| 隆德县 | Longde | 1689 | 911 | 47 | 23 | 146 | 126 | 5 | 307 | 256 |
| 泾源县 | Jingyuan | 1274 | 921 | 63 | 56 | 27 | 217 | 3 | 492 | 62 |
| 彭阳县 | Pengyang | 2560 | 1894 | 57 | 39 | 242 | 468 | 5 | 1036 | 48 |
| **中卫市** | **Zhongwei** | **2740** | **1894** | **89** | **111** | **102** | **227** | **39** | **1139** | **188** |
| 沙坡头区 | Shapotou | 2009 | 1316 | 68 | 121 | 106 | 161 | 20 | 662 | 177 |
| 中宁县 | Zhongning | 3860 | 2686 | 140 | 129 | 104 | 345 | | 1796 | 172 |
| 海原县 | Haiyuan | 2368 | 1799 | 7 | 7 | 72 | 122 | 247 | 1059 | 286 |

# 2-45 续表 6 continued

单位：元/人 (yuan/person)

| 市 县 | Region | B.文化娱乐 Culture Recreation | 文娱耐用消费品 Durable Consumer Goods | 其他文娱用品 Recreation Articles | 文化娱乐服务 Recreation Services | 七、医疗保健 Medicine and Health Care | A.医疗器具及药品 Medical Treatment and Drug | B.医疗服务 Service for Medical Treatment | 八、其他用品和服务 Other Commodities and Services |
|---|---|---|---|---|---|---|---|---|---|
| **全 区** | **Total** | **1019** | **145** | **181** | **694** | **1937** | **738** | **1198** | **525** |
| **沿黄地区** | **Plain** | **1280** | **189** | **193** | **899** | **2137** | **861** | **1276** | **589** |
| **中南部地区** | **Mountain Area** | **639** | **153** | **150** | **336** | **1057** | **493** | **564** | **376** |
| **银川市** | **Yinchuan** | **1599** | **202** | **226** | **1171** | **2198** | **966** | **1232** | **638** |
| 兴庆区 | Xingqing | 1658 | 180 | 252 | 1226 | 2661 | 1092 | 1569 | 749 |
| 西夏区 | Xixia | 1626 | 264 | 208 | 1154 | 2291 | 1075 | 1215 | 614 |
| 金凤区 | Jinfeng | 1929 | 327 | 251 | 1351 | 2178 | 891 | 1288 | 397 |
| 永宁县 | Yongning | 942 | 77 | 173 | 692 | 1577 | 878 | 699 | 633 |
| 贺兰县 | Helan | 814 | 43 | 116 | 655 | 1061 | 534 | 527 | 413 |
| 灵武市 | Lingwu | 900 | 123 | 237 | 541 | 1078 | 501 | 578 | 628 |
| **石嘴山市** | **Shizuishan** | **948** | **170** | **151** | **626** | **1599** | **609** | **990** | **362** |
| 大武口区 | Dawukou | 1074 | 104 | 165 | 805 | 1658 | 691 | 967 | 418 |
| 惠农区 | Huinong | 691 | 151 | 175 | 364 | 1439 | 464 | 975 | 289 |
| 平罗县 | Pingluo | 892 | 347 | 100 | 445 | 1730 | 642 | 1088 | 382 |
| **吴忠市** | **Wuzhong** | **749** | **143** | **139** | **466** | **1304** | **517** | **787** | **591** |
| 利通区 | Litong | 1035 | 122 | 141 | 772 | 1446 | 556 | 890 | 611 |
| 红寺堡区 | Hongsipu | 470 | 88 | 223 | 159 | 1089 | 491 | 598 | 554 |
| 盐池县 | Yanchi | 687 | 307 | 122 | 257 | 904 | 338 | 566 | 309 |
| 同心县 | Tongxin | 365 | 98 | 135 | 132 | 822 | 413 | 409 | 514 |
| 青铜峡市 | Qingtongxia | 757 | 146 | 116 | 495 | 1800 | 665 | 1135 | 827 |
| **固原市** | **Guyuan** | **745** | **129** | **140** | **476** | **1175** | **497** | **677** | **306** |
| 原州区 | Yuanzhou | 864 | 212 | 133 | 520 | 1426 | 638 | 788 | 285 |
| 西吉县 | Xiji | 664 | 82 | 167 | 414 | 694 | 292 | 402 | 270 |
| 隆德县 | Longde | 778 | 41 | 254 | 483 | 1554 | 697 | 858 | 541 |
| 泾源县 | Jingyuan | 353 | 36 | 98 | 219 | 1129 | 399 | 730 | 258 |
| 彭阳县 | Pengyang | 666 | 37 | 79 | 550 | 873 | 288 | 586 | 319 |
| **中卫市** | **Zhongwei** | **846** | **202** | **135** | **509** | **1632** | **785** | **846** | **542** |
| 沙坡头区 | Shapotou | 693 | 187 | 124 | 381 | 1770 | 914 | 856 | 681 |
| 中宁县 | Zhongning | 1174 | 213 | 134 | 827 | 1659 | 649 | 1010 | 395 |
| 海原县 | Haiyuan | 569 | 221 | 188 | 160 | 945 | 684 | 261 | 459 |

# 2-46 2017年调查市县城镇居民家庭住房情况
## Basic Statistics of Housing Conditions of Urban Households by City and County (2017)

单位：%

| 市 县 | Region | 家庭常住人口 (人/户) Permanent Residents (person/household) | 现住房建筑面积 (平方米/人) Floor Space of Current Housing (sq.m/person) | 房屋来源 (合计) House Property Right (Total) | 租赁公房 Public House Leasing | 租赁私房 Private House Leasing | 自建住房 Inhered Private House |
|---|---|---|---|---|---|---|---|
| **全 区** | **Total** | **2.99** | **31.35** | **100.00** | **1.57** | **3.49** | **8.06** |
| **沿黄地区** | **Plain** | **2.83** | **31.19** | **100.00** | **1.37** | **3.45** | **1.47** |
| **中南部地区** | **Mountain Area** | **3.60** | **31.96** | **100.00** | **2.66** | **8.20** | **21.47** |
| **银川市** | **Yinchuan** | **2.80** | **31.50** | **100.00** | **1.23** | **4.23** | **1.92** |
| 兴庆区 | Xingqing | 2.79 | 31.22 | 100.00 | 1.80 | 5.71 | 0.98 |
| 西夏区 | Xixia | 2.71 | 24.95 | 100.00 | 2.10 | 5.03 | |
| 金凤区 | Jinfeng | 2.64 | 41.32 | 100.00 | | 3.30 | 4.46 |
| 永宁县 | Yongning | 3.07 | 33.77 | 100.00 | | | 13.48 |
| 贺兰县 | Helan | 2.76 | 30.25 | 100.00 | | 1.09 | |
| 灵武市 | Lingwu | 3.46 | 28.74 | 100.00 | | 1.92 | 0.88 |
| **石嘴山市** | **Shizuishan** | **2.74** | **29.87** | **100.00** | **1.95** | **3.05** | **1.85** |
| 大武口区 | Dawukou | 2.72 | 31.50 | 100.00 | 3.77 | 1.68 | 2.51 |
| 惠农区 | Huinong | 2.68 | 26.62 | 100.00 | 0.30 | 3.71 | 0.90 |
| 平罗县 | Pingluo | 3.02 | 29.21 | 100.00 | | 5.92 | 1.97 |
| **吴忠市** | **Wuzhong** | **3.16** | **32.86** | **100.00** | **1.14** | **6.84** | **10.41** |
| 利通区 | Litong | 2.83 | 34.50 | 100.00 | 1.12 | 2.38 | |
| 红寺堡区 | Hongsipu | 3.52 | 27.67 | 100.00 | | 16.79 | 10.08 |
| 盐池县 | Yanchi | 3.46 | 34.40 | 100.00 | | 6.62 | 38.70 |
| 同心县 | Tongxin | 4.08 | 32.66 | 100.00 | | 21.30 | 33.25 |
| 青铜峡市 | Qingtongxia | 2.95 | 31.16 | 100.00 | 2.93 | 1.37 | |
| **固原市** | **Guyuan** | **3.44** | **32.94** | **100.00** | **4.06** | **3.48** | **14.04** |
| 原州区 | Yuanzhou | 3.29 | 37.87 | 100.00 | 1.72 | 3.22 | 17.62 |
| 西吉县 | Xiji | 3.73 | 28.07 | 100.00 | | 6.94 | 4.93 |
| 隆德县 | Longde | 3.25 | 27.58 | 100.00 | 3.12 | | 6.25 |
| 泾源县 | Jingyuan | 3.34 | 33.94 | 100.00 | 2.42 | 4.05 | 33.29 |
| 彭阳县 | Pengyang | 3.81 | 26.74 | 100.00 | 20.64 | 1.44 | 8.23 |
| **中卫市** | **Zhongwei** | **3.23** | **30.51** | **100.00** | **0.68** | **1.95** | **3.21** |
| 沙坡头区 | Shapotou | 3.14 | 29.76 | 100.00 | 0.76 | 1.52 | |
| 中宁县 | Zhongning | 3.15 | 32.66 | 100.00 | | | |
| 海原县 | Haiyuan | 4.01 | 27.65 | 100.00 | 3.01 | 12.27 | 34.23 |

## 2-46 续表 1 continued

单位：%

| 市 县 | Region | 购买商品房 Commercial Residential Building | 购买房改住房 Reformed Private House | 购买保障性住房 Indemnificatory Housing | 拆迁安置房 Demolition Resettlement | 继承或获赠住房 Inheritance or Gift | 免费借用房 Borrowing House | 其他 Others |
|---|---|---|---|---|---|---|---|---|
| **全 区** | **Total** | **58.09** | **14.03** | **4.27** | **6.82** | **0.66** | **1.60** | **1.41** |
| **沿黄地区** | **Plain** | **58.11** | **18.25** | **4.06** | **9.96** | **0.93** | **1.58** | **0.83** |
| **中南部地区** | **Mountain Area** | **55.49** | **5.97** | **0.19** | **3.41** | | **2.03** | **0.58** |
| **银川市** | **Yinchuan** | **51.37** | **24.55** | **4.98** | **7.36** | **1.53** | **2.05** | **0.79** |
| 兴庆区 | Xingqing | 45.25 | 21.40 | 11.07 | 9.24 | 0.59 | 2.86 | **1.11** |
| 西夏区 | Xixia | 31.53 | 58.29 | | | 1.01 | 2.04 | |
| 金凤区 | Jinfeng | 62.37 | 13.37 | 1.04 | 14.34 | 1.12 | | |
| 永宁县 | Yongning | 86.52 | | | | | | |
| 贺兰县 | Helan | 78.91 | 9.86 | | 3.30 | 3.18 | 3.66 | |
| 灵武市 | Lingwu | 67.70 | 6.94 | | 13.95 | 2.31 | 2.10 | **4.19** |
| **石嘴山市** | **Shizuishan** | **60.68** | **14.68** | **5.14** | **9.86** | **1.08** | **1.70** | |
| 大武口区 | Dawukou | 62.76 | 9.69 | 10.50 | 6.58 | | 2.50 | |
| 惠农区 | Huinong | 46.39 | 29.89 | | 17.32 | 1.49 | | |
| 平罗县 | Pingluo | 79.98 | 1.85 | | 3.70 | 3.58 | 2.99 | |
| **吴忠市** | **Wuzhong** | **61.90** | **3.87** | **0.11** | **12.61** | **0.69** | **0.44** | **1.97** |
| 利通区 | Litong | 59.98 | 3.72 | | 27.88 | | | **4.93** |
| 红寺堡区 | Hongsipu | 62.37 | | 1.40 | 9.35 | | | |
| 盐池县 | Yanchi | 54.68 | | | | | | |
| 同心县 | Tongxin | 26.01 | 16.39 | | | | 3.05 | |
| 青铜峡市 | Qingtongxia | 89.85 | | | 2.93 | 2.93 | | |
| **固原市** | **Guyuan** | **64.08** | **5.44** | **0.16** | **4.83** | | **2.88** | **1.03** |
| 原州区 | Yuanzhou | 59.56 | 1.34 | | 8.61 | | 5.84 | **2.09** |
| 西吉县 | Xiji | 72.05 | 16.08 | | | | | |
| 隆德县 | Longde | 90.63 | | | | | | |
| 泾源县 | Jingyuan | 56.21 | 2.01 | 2.01 | | | | |
| 彭阳县 | Pengyang | 54.46 | 10.79 | | 4.44 | | | |
| **中卫市** | **Zhongwei** | **80.13** | **1.62** | | **12.00** | | | **0.40** |
| 沙坡头区 | Shapotou | 72.09 | 2.00 | | 22.87 | | | **0.76** |
| 中宁县 | Zhongning | 100.00 | | | | | | |
| 海原县 | Haiyuan | 44.40 | 6.08 | | | | | |

## 2-46 续表 2 continued

单位：%

| 市 县 | Region | 间样式（合计） House Construction Style (Total) | 单栋楼房 Single Building | 单栋平房 Single Bungalow | 四居室 House with Four Bedrooms | 三居室 House with Three Bedrooms | 二居室 House with Two Bedrooms | 一居室 House with One Bedrooms | 平房及其他 Bungalow and Others |
|---|---|---|---|---|---|---|---|---|---|
| **全 区** | **Total** | **100.00** | **2.45** | **10.68** | **3.15** | **32.77** | **48.88** | **1.80** | **0.27** |
| **沿黄地区** | **Plain** | **100.00** | **1.92** | **2.28** | **2.29** | **33.12** | **58.69** | **0.98** | **0.73** |
| **中南部地区** | **Mountain Area** | **100.00** | **8.46** | **28.55** | **3.51** | **40.54** | **13.91** | **3.25** | **1.79** |
| **银川市** | **Yinchuan** | **100.00** | **1.05** | **2.44** | **2.84** | **31.09** | **61.46** | **0.38** | **0.74** |
| 兴庆区 | Xingqing | 100.00 | 0.10 | 1.34 | 0.52 | 35.42 | 62.61 | | |
| 西夏区 | Xixia | 100.00 | 1.10 | | | 9.50 | 88.26 | 1.13 | |
| 金凤区 | Jinfeng | 100.00 | | 4.46 | 13.56 | 32.98 | 49.01 | | |
| 永宁县 | Yongning | 100.00 | 2.28 | 13.48 | 2.28 | 47.57 | 34.40 | | |
| 贺兰县 | Helan | 100.00 | 9.85 | | | 34.34 | 49.23 | | 6.58 |
| 灵武市 | Lingwu | 100.00 | 0.88 | 5.82 | | 54.27 | 32.48 | 1.92 | 4.62 |
| **石嘴山市** | **Shizuishan** | **100.00** | **4.99** | **3.97** | **3.75** | **31.30** | **53.53** | **1.70** | **0.76** |
| 大武口区 | Dawukou | 100.00 | 7.86 | 3.91 | 4.48 | 44.10 | 35.26 | 2.83 | 1.56 |
| 惠农区 | Huinong | 100.00 | | 5.89 | 1.16 | 5.52 | 87.43 | | |
| 平罗县 | Pingluo | 100.00 | 7.22 | | | 49.43 | 41.37 | 1.97 | |
| **吴忠市** | **Wuzhong** | **100.00** | **4.09** | **17.92** | **3.94** | **32.64** | **38.59** | **2.27** | **0.56** |
| 利通区 | Litong | 100.00 | 3.63 | | 4.26 | 22.59 | 65.87 | 3.65 | |
| 红寺堡区 | Hongsipu | 100.00 | 16.49 | 15.22 | 1.40 | 36.12 | 22.39 | 1.40 | 6.98 |
| 盐池县 | Yanchi | 100.00 | 0.97 | 52.82 | 3.13 | 43.08 | | | |
| 同心县 | Tongxin | 100.00 | 6.10 | 67.90 | 11.60 | 12.42 | 1.99 | | |
| 青铜峡市 | Qingtongxia | 100.00 | | 1.37 | | 55.14 | 40.56 | 2.93 | |
| **固原市** | **Guyuan** | **100.00** | **10.59** | **11.41** | **2.70** | **48.24** | **19.92** | **5.56** | **1.59** |
| 原州区 | Yuanzhou | 100.00 | 16.43 | 13.72 | 0.89 | 46.50 | 18.65 | 3.82 | |
| 西吉县 | Xiji | 100.00 | 5.14 | 8.05 | 8.56 | 55.44 | 15.22 | 4.30 | 3.29 |
| 隆德县 | Longde | 100.00 | 3.12 | 3.12 | | 60.14 | 29.99 | | 3.63 |
| 泾源县 | Jingyuan | 100.00 | 3.70 | 26.07 | 6.85 | 35.29 | 14.62 | 6.07 | 7.40 |
| 彭阳县 | Pengyang | 100.00 | 6.69 | 4.79 | | 42.43 | 28.40 | 17.69 | |
| **中卫市** | **Zhongwei** | **100.00** | **0.28** | **4.83** | **0.78** | **40.90** | **51.18** | **0.53** | **1.50** |
| 沙坡头区 | Shapotou | 100.00 | | | | 31.91 | 64.80 | 1.01 | 2.28 |
| 中宁县 | Zhongning | 100.00 | | | 2.01 | 55.16 | 42.83 | | |
| 海原县 | Haiyuan | 100.00 | 3.01 | 51.46 | | 36.14 | 6.21 | | 3.17 |

## 2-46 续表 3 continued

单位：%

| 市　县 | Region | 现有住房按市场价估计值（元/户）Estimate Value of Current Housing by Market Price (yuan/household) | 租赁房房租（元/户）Rent (yuan/household) | 租赁公房房租（元/户）Rent of Public (yuan/household) | 租赁私房房租（元/户）Rent of Private (yuan/household) | 现住房房租折算（元/户）Corrected Rent of Current Housing (yuan/household) | 购房总金额（万元/户）Amount of Purchase (10 000 yuan/household) |
|---|---|---|---|---|---|---|---|
| **全　区** | **Total** | **291348.82** | **37.68** | **3.81** | **23.31** | **782.23** | **1.45** |
| **沿黄地区** | **Plain** | **299741.69** | **41.58** | **3.22** | **31.74** | **800.03** | **1.76** |
| **中南部地区** | **Mountain Area** | **266366.91** | **58.00** | **3.61** | **40.10** | **706.32** | **4.92** |
| **银川市** | **Yinchuan** | **350764.37** | **60.46** | **4.55** | **45.87** | **969.58** | **1.93** |
| 兴庆区 | Xingqing | 396796.16 | 84.19 | 5.41 | 72.51 | 1112.69 | 1.20 |
| 西夏区 | Xixia | 270285.40 | 51.86 | 10.52 | 41.34 | 778.28 | 2.14 |
| 金凤区 | Jinfeng | 435200.32 | 78.27 | | 28.30 | 1082.11 | 1.33 |
| 永宁县 | Yongning | 266758.76 | | | | 741.10 | 3.71 |
| 贺兰县 | Helan | 247385.69 | 9.98 | | 9.98 | 599.34 | 6.41 |
| 灵武市 | Lingwu | 241007.57 | 11.54 | | 11.54 | 712.97 | 1.38 |
| **石嘴山市** | **Shizuishan** | **193130.49** | **17.35** | **1.35** | **12.97** | **498.91** | **1.15** |
| 大武口区 | Dawukou | 234163.25 | 10.95 | 2.55 | 8.40 | 500.63 | 0.89 |
| 惠农区 | Huinong | 109971.81 | 14.55 | 0.30 | 14.25 | 496.81 | 0.56 |
| 平罗县 | Pingluo | 222488.05 | 43.88 | | 24.63 | 432.94 | 3.26 |
| **吴忠市** | **Wuzhong** | **250446.02** | **36.92** | **1.33** | **35.60** | **545.05** | **2.39** |
| 利通区 | Litong | 276631.38 | 11.19 | 0.72 | 10.48 | 639.85 | 2.46 |
| 红寺堡区 | Hongsipu | 179717.27 | 115.68 | | 115.68 | 551.07 | 0.64 |
| 盐池县 | Yanchi | 210081.33 | 17.64 | | 17.64 | 564.79 | 3.27 |
| 同心县 | Tongxin | 261733.11 | 103.08 | | 103.08 | 334.08 | |
| 青铜峡市 | Qingtongxia | 247509.44 | 9.89 | 4.39 | 5.50 | 501.10 | 3.99 |
| **固原市** | **Guyuan** | **282718.22** | **39.18** | **4.47** | **22.03** | **768.52** | **6.27** |
| 原州区 | Yuanzhou | 297603.26 | 34.38 | 0.83 | 16.78 | 911.69 | 9.35 |
| 西吉县 | Xiji | 278948.38 | 33.53 | | 33.53 | 429.94 | 5.21 |
| 隆德县 | Longde | 214099.38 | 72.70 | 24.99 | | 572.17 | 4.96 |
| 泾源县 | Jingyuan | 274769.74 | 80.62 | 4.84 | 75.79 | 730.74 | 1.60 |
| 彭阳县 | Pengyang | 277587.46 | 17.52 | 10.32 | 7.20 | 876.26 | 0.28 |
| **中卫市** | **Zhongwei** | **289533.26** | **17.20** | **0.99** | **10.61** | **795.23** | **1.82** |
| 沙坡头区 | Shapotou | 265501.80 | 14.98 | 0.27 | 14.72 | 782.51 | 2.03 |
| 中宁县 | Zhongning | 319911.52 | | | | 748.92 | |
| 海原县 | Haiyuan | 304774.49 | 99.43 | 9.04 | 30.74 | 1067.47 | 8.06 |

## 2-46 续表 4 continued

单位：%

| 市 县 | Region | 饮水情况（合计） Drinking Condition (Total) | 自来水 Tap Water | 井、河水 Well and River Water | 其他 Others | 厕所使用情况（合计） Mode of Occupation of Toilet | 本住户独用 Sole Use | 几户合用 Share | 公用 Public |
|---|---|---|---|---|---|---|---|---|---|
| **全 区** | **Total** | **100.00** | **98.90** | **0.97** | **0.13** | **100.00** | **98.46** | **0.94** | **0.60** |
| **沿黄地区** | **Plain** | **100.00** | **99.22** | **0.64** | **0.14** | **100.00** | **98.82** | **0.73** | **0.46** |
| **中南部地区** | **Mountain Area** | **100.00** | **95.74** | **3.40** | **0.86** | **100.00** | **90.64** | **4.19** | **5.17** |
| **银川市** | **Yinchuan** | **100.00** | **99.06** | **0.94** | | **100.00** | **98.51** | **1.10** | **0.38** |
| 兴庆区 | Xingqing | 100.00 | 99.80 | 0.20 | | 100.00 | 98.70 | 1.21 | 0.10 |
| 西夏区 | Xixia | 100.00 | 100.00 | | | 100.00 | 100.00 | | |
| 金凤区 | Jinfeng | 100.00 | 95.54 | 4.46 | | 100.00 | 100.00 | | |
| 永宁县 | Yongning | 100.00 | 100.00 | | | 100.00 | 91.91 | 8.09 | |
| 贺兰县 | Helan | 100.00 | 100.00 | | | 100.00 | 100.00 | | |
| 灵武市 | Lingwu | 100.00 | 97.20 | 2.80 | | 100.00 | 94.50 | 0.88 | 4.62 |
| **石嘴山市** | **Shizuishan** | **100.00** | **99.23** | **0.39** | **0.38** | **100.00** | **98.46** | **0.46** | **1.08** |
| 大武口区 | Dawukou | 100.00 | 98.43 | 0.79 | 0.78 | 100.00 | 97.50 | 0.94 | 1.56 |
| 惠农区 | Huinong | 100.00 | 100.00 | | | 100.00 | 99.10 | | 0.90 |
| 平罗县 | Pingluo | 100.00 | 100.00 | | | 100.00 | 100.00 | | |
| **吴忠市** | **Wuzhong** | **100.00** | **99.25** | **0.75** | | **100.00** | **93.99** | **2.21** | **3.79** |
| 利通区 | Litong | 100.00 | 100.00 | | | 100.00 | 100.00 | | |
| 红寺堡区 | Hongsipu | 100.00 | 90.69 | 9.31 | | 100.00 | 90.69 | | 9.31 |
| 盐池县 | Yanchi | 100.00 | 100.00 | | | 100.00 | 87.54 | | 12.46 |
| 同心县 | Tongxin | 100.00 | 100.00 | | | 100.00 | 74.35 | 15.24 | 10.41 |
| 青铜峡市 | Qingtongxia | 100.00 | 100.00 | | | 100.00 | 100.00 | | |
| **固原市** | **Guyuan** | **100.00** | **93.67** | **4.81** | **1.52** | **100.00** | **96.34** | **3.19** | **0.47** |
| 原州区 | Yuanzhou | 100.00 | 89.30 | 8.58 | 2.12 | 100.00 | 96.11 | 3.89 | |
| 西吉县 | Xiji | 100.00 | 97.61 | | 2.39 | 100.00 | 95.75 | 1.86 | 2.39 |
| 隆德县 | Longde | 100.00 | 100.00 | | | 100.00 | 100.00 | | |
| 泾源县 | Jingyuan | 100.00 | 100.00 | | | 100.00 | 100.00 | | |
| 彭阳县 | Pengyang | 100.00 | 95.57 | 4.43 | | 100.00 | 93.18 | 6.82 | |
| **中卫市** | **Zhongwei** | **100.00** | **99.46** | | **0.54** | **100.00** | **98.15** | **0.70** | **1.15** |
| 沙坡头区 | Shapotou | 100.00 | 98.97 | | 1.03 | 100.00 | 99.24 | 0.76 | |
| 中宁县 | Zhongning | 100.00 | 100.00 | | | 100.00 | 100.00 | | |
| 海原县 | Haiyuan | 100.00 | 100.00 | | | 100.00 | 84.56 | 3.17 | 12.27 |

## 2-46 续表 5 continued

单位：%

| 市 县 | Region | 取暖设备（合计） Heating Equipment (Total) | 集中供暖 Central Heating | 自行供暖 Self Heating | 无取暖设备 Without Heating Equipment |
|---|---|---|---|---|---|
| **全 区** | **Total** | **100.00** | **84.37** | **15.50** | **0.14** |
| **沿黄地区** | **Plain** | **100.00** | **92.49** | **7.28** | **0.23** |
| **中南部地区** | **Mountain Area** | **100.00** | **69.26** | **29.78** | **0.96** |
| **银川市** | **Yinchuan** | **100.00** | **91.50** | **8.37** | **0.13** |
| 兴庆区 | Xingqing | 100.00 | 94.32 | 5.68 | |
| 西夏区 | Xixia | 100.00 | 100.00 | | |
| 金凤区 | Jinfeng | 100.00 | 95.54 | 4.46 | |
| 永宁县 | Yongning | 100.00 | 44.38 | 52.86 | 2.76 |
| 贺兰县 | Helan | 100.00 | 92.68 | 7.32 | |
| 灵武市 | Lingwu | 100.00 | 71.40 | 28.60 | |
| **石嘴山市** | **Shizuishan** | **100.00** | **89.52** | **10.24** | **0.25** |
| 大武口区 | Dawukou | 100.00 | 95.32 | 4.17 | 0.50 |
| 惠农区 | Huinong | 100.00 | 92.51 | 7.49 | |
| 平罗县 | Pingluo | 100.00 | 71.84 | 28.16 | |
| **吴忠市** | **Wuzhong** | **100.00** | **79.45** | **20.23** | **0.33** |
| 利通区 | Litong | 100.00 | 98.78 | 1.22 | |
| 红寺堡区 | Hongsipu | 100.00 | 55.70 | 44.30 | |
| 盐池县 | Yanchi | 100.00 | 63.05 | 36.95 | |
| 同心县 | Tongxin | 100.00 | 29.00 | 71.00 | |
| 青铜峡市 | Qingtongxia | 100.00 | 94.33 | 4.30 | 1.37 |
| **固原市** | **Guyuan** | **100.00** | **85.36** | **13.57** | **1.07** |
| 原州区 | Yuanzhou | 100.00 | 83.73 | 16.27 | |
| 西吉县 | Xiji | 100.00 | 85.63 | 14.37 | |
| 隆德县 | Longde | 100.00 | 93.75 | 6.25 | |
| 泾源县 | Jingyuan | 100.00 | 64.70 | 22.19 | 13.11 |
| 彭阳县 | Pengyang | 100.00 | 97.60 | 2.40 | |
| **中卫市** | **Zhongwei** | **100.00** | **93.22** | **6.10** | **0.68** |
| 沙坡头区 | Shapotou | 100.00 | 97.39 | 1.85 | 0.76 |
| 中宁县 | Zhongning | 100.00 | 97.74 | 2.26 | |
| 海原县 | Haiyuan | 100.00 | 51.74 | 45.25 | 3.01 |

# 2-46 续表 6 continued

单位：%

| 市　县 | Region | 炊用能源状况(合计) Energy Using Condition for Cooking (Total) | 罐装液化石油气 Liquefied Petroleum Gas of Can Pack | 管道液化石油气 Liquefied Petroleum Gas of Pipeline | 管道天然气 Natural Gas of Pipeline | 电 Electricity | 其他 Other |
|---|---|---|---|---|---|---|---|
| **全　区** | **Total** | **100.00** | **11.76** | **0.16** | **64.57** | **19.66** | |
| **沿黄地区** | **Plain** | **100.00** | **11.69** | **0.46** | **75.66** | **11.16** | **0.10** |
| **中南部地区** | **Mountain Area** | **100.00** | **20.42** | **0.46** | **7.30** | **64.74** | |
| **银川市** | **Yinchuan** | **100.00** | **11.73** | **0.64** | **80.24** | **6.19** | **0.17** |
| 兴庆区 | Xingqing | 100.00 | 12.84 | | 83.62 | 2.43 | |
| 西夏区 | Xixia | 100.00 | 11.21 | | 78.89 | 9.90 | |
| 金凤区 | Jinfeng | 100.00 | 1.04 | | 94.50 | 2.23 | |
| 永宁县 | Yongning | 100.00 | 8.09 | 5.05 | 84.17 | 1.35 | |
| 贺兰县 | Helan | 100.00 | 42.28 | 6.37 | 37.99 | 13.36 | |
| 灵武市 | Lingwu | 100.00 | 7.69 | | 66.02 | 21.87 | 2.31 |
| **石嘴山市** | **Shizuishan** | **100.00** | **11.15** | **0.38** | **81.81** | **5.52** | |
| 大武口区 | Dawukou | 100.00 | 10.62 | 0.78 | 83.07 | 4.27 | |
| 惠农区 | Huinong | 100.00 | 0.90 | | 90.18 | 7.43 | |
| 平罗县 | Pingluo | 100.00 | 35.80 | | 58.88 | 5.32 | |
| **吴忠市** | **Wuzhong** | **100.00** | **8.93** | | **59.67** | **26.13** | |
| 利通区 | Litong | 100.00 | 10.34 | | 77.50 | 10.97 | |
| 红寺堡区 | Hongsipu | 100.00 | 26.72 | | 3.86 | 66.16 | |
| 盐池县 | Yanchi | 100.00 | 8.82 | | 44.01 | 12.88 | |
| 同心县 | Tongxin | 100.00 | | | | 100.00 | |
| 青铜峡市 | Qingtongxia | 100.00 | 5.20 | | 93.43 | 1.37 | |
| **固原市** | **Guyuan** | **100.00** | **30.82** | **0.82** | **4.25** | **60.25** | |
| 原州区 | Yuanzhou | 100.00 | 30.43 | 1.66 | 7.52 | 60.39 | |
| 西吉县 | Xiji | 100.00 | 30.22 | | | 64.85 | |
| 隆德县 | Longde | 100.00 | 36.59 | | | 63.41 | |
| 泾源县 | Jingyuan | 100.00 | 34.22 | | | 30.55 | |
| 彭阳县 | Pengyang | 100.00 | 28.24 | | | 71.76 | |
| **中卫市** | **Zhongwei** | **100.00** | **10.03** | | **28.12** | **61.19** | |
| 沙坡头区 | Shapotou | 100.00 | 9.66 | | 44.18 | 46.16 | |
| 中宁县 | Zhongning | 100.00 | 13.35 | | 12.73 | 73.92 | |
| 海原县 | Haiyuan | 100.00 | | | | 93.01 | |

# 2-47 2017年各市县城镇居民主要消费品购买情况

# Purchases of Major Consumer Goods of Urban Households by City and County (2017)

| 市 县 | Region | 大米 (公斤/人) Rice (kg/person) | 面粉 (公斤/人) Flour (kg/person) | 食用植物油 (公斤/人) Edible Vegetable Oil (kg/person) | 猪肉 (公斤/人) Pork (kg/person) | 牛肉 (公斤/人) Beef (kg/person) |
|---|---|---|---|---|---|---|
| **全 区** | **Total** | **22.26** | **20.52** | **7.61** | **6.54** | **3.91** |
| **沿黄地区** | **Plain** | **24.00** | **20.17** | **7.88** | **7.44** | **3.82** |
| **中南部地区** | **Mountain Area** | **27.37** | **33.78** | **9.02** | **4.52** | **6.95** |
| **银川市** | **Yinchuan** | **22.62** | **18.19** | **7.98** | **7.29** | **4.15** |
| 兴庆区 | Xingqing | 18.47 | 16.10 | 7.14 | 7.50 | 2.98 |
| 西夏区 | Xixia | 22.80 | 14.88 | 9.01 | 10.32 | 3.68 |
| 金凤区 | Jinfeng | 20.69 | 16.74 | 6.70 | 4.53 | 6.28 |
| 永宁县 | Yongning | 32.02 | 20.28 | 9.32 | 6.40 | 3.23 |
| 贺兰县 | Helan | 32.70 | 33.32 | 10.56 | 6.81 | 3.98 |
| 灵武市 | Lingwu | 30.29 | 26.78 | 9.06 | 4.37 | 4.79 |
| **石嘴山市** | **Shizuishan** | **23.68** | **25.67** | **7.86** | **9.28** | **3.47** |
| 大武口区 | Dawukou | 21.33 | 21.07 | 6.89 | 10.07 | 2.90 |
| 惠农区 | Huinong | 22.42 | 24.98 | 10.26 | 10.25 | 5.27 |
| 平罗县 | Pingluo | 33.08 | 39.87 | 6.44 | 5.88 | 2.24 |
| **吴忠市** | **Wuzhong** | **32.52** | **25.63** | **8.47** | **3.35** | **7.06** |
| 利通区 | Litong | 20.00 | 11.40 | 5.63 | 1.87 | 8.17 |
| 红寺堡区 | Hongsipu | 21.60 | 31.96 | 6.18 | 3.18 | 4.66 |
| 盐池县 | Yanchi | 22.60 | 16.72 | 5.30 | 7.36 | 1.65 |
| 同心县 | Tongxin | 72.38 | 63.84 | 18.63 | | 15.43 |
| 青铜峡市 | Qingtongxia | 29.64 | 19.81 | 7.41 | 6.06 | 2.58 |
| **固原市** | **Guyuan** | **15.64** | **29.81** | **7.32** | **6.02** | **5.64** |
| 原州区 | Yuanzhou | 16.06 | 28.89 | 8.07 | 5.69 | 6.11 |
| 西吉县 | Xiji | 20.08 | 31.45 | 7.51 | 4.88 | 6.77 |
| 隆德县 | Longde | 12.32 | 19.57 | 3.87 | 9.32 | 3.36 |
| 泾源县 | Jingyuan | 13.45 | 39.07 | 8.21 | 1.92 | 5.47 |
| 彭阳县 | Pengyang | 11.03 | 31.63 | 6.09 | 9.09 | 3.66 |
| **中卫市** | **Zhongwei** | **33.26** | **25.85** | **8.71** | **7.47** | **2.92** |
| 沙坡头区 | Shapotou | 27.51 | 17.91 | 8.02 | 6.65 | 2.28 |
| 中宁县 | Zhongning | 41.65 | 35.24 | 9.41 | 10.29 | 2.20 |
| 海原县 | Haiyuan | 31.41 | 30.84 | 9.74 | 1.86 | 8.42 |

## 2-47 续表 1 continued

| 市县 | Region | 羊肉 (公斤/人) Mutton (kg/person) | 鸡 (公斤/人) Fowl (kg/person) | 鲜蛋 (公斤/人) Fresh Egg (kg/person) | 鱼 (公斤/人) Fish (kg/person) | 虾 (公斤/人) Shrimp (kg/person) |
|---|---|---|---|---|---|---|
| **全 区** | **Total** | **4.84** | **4.38** | **6.56** | **2.62** | **0.45** |
| **沿黄地区** | **Plain** | **5.61** | **4.88** | **7.24** | **3.35** | **0.54** |
| **中南部地区** | **Mountain Area** | **3.23** | **3.87** | **4.76** | **1.08** | **0.10** |
| **银川市** | **Yinchuan** | **5.56** | **4.93** | **7.70** | **3.30** | **0.68** |
| 兴庆区 | Xingqing | 5.30 | 4.66 | 7.61 | 2.94 | 0.64 |
| 西夏区 | Xixia | 4.18 | 5.29 | 9.26 | 4.58 | 1.02 |
| 金凤区 | Jinfeng | 5.65 | 4.29 | 6.66 | 3.44 | 0.66 |
| 永宁县 | Yongning | 5.93 | 6.49 | 5.66 | 3.47 | 0.39 |
| 贺兰县 | Helan | 7.25 | 8.29 | 7.46 | 2.46 | 0.32 |
| 灵武市 | Lingwu | 8.30 | 3.71 | 7.70 | 2.52 | 0.51 |
| **石嘴山市** | **Shizuishan** | **5.98** | **4.29** | **7.19** | **4.59** | **0.53** |
| 大武口区 | Dawukou | 6.52 | 3.85 | 7.66 | 4.99 | 0.60 |
| 惠农区 | Huinong | 5.37 | 5.86 | 7.99 | 6.25 | 0.65 |
| 平罗县 | Pingluo | 5.77 | 2.84 | 4.62 | 1.08 | 0.12 |
| **吴忠市** | **Wuzhong** | **6.10** | **5.69** | **4.31** | **1.73** | **0.15** |
| 利通区 | Litong | 7.83 | 5.75 | 5.20 | 2.18 | 0.22 |
| 红寺堡区 | Hongsipu | 3.88 | 3.91 | 4.45 | 0.93 | 0.03 |
| 盐池县 | Yanchi | 9.57 | 5.35 | 4.74 | 1.53 | 0.12 |
| 同心县 | Tongxin | 2.65 | 7.63 | 1.64 | 0.83 | 0.04 |
| 青铜峡市 | Qingtongxia | 4.52 | 4.97 | 4.53 | 2.26 | 0.20 |
| **固原市** | **Guyuan** | **2.25** | **2.74** | **5.75** | **1.06** | **0.09** |
| 原州区 | Yuanzhou | 1.32 | 2.66 | 6.11 | 1.11 | 0.07 |
| 西吉县 | Xiji | 4.35 | 3.92 | 5.77 | 0.97 | 0.13 |
| 隆德县 | Longde | 2.23 | 2.46 | 5.15 | 1.73 | 0.26 |
| 泾源县 | Jingyuan | 0.18 | 2.17 | 4.33 | 1.00 | 0.06 |
| 彭阳县 | Pengyang | 3.37 | 1.73 | 5.49 | 0.56 | 0.04 |
| **中卫市** | **Zhongwei** | **3.92** | **4.57** | **6.40** | **1.88** | **0.19** |
| 沙坡头区 | Shapotou | 3.64 | 4.56 | 5.54 | 1.74 | 0.12 |
| 中宁县 | Zhongning | 4.80 | 5.12 | 8.15 | 2.30 | 0.27 |
| 海原县 | Haiyuan | 2.38 | 3.06 | 4.51 | 1.24 | 0.19 |

| 市　县 | Reg | 斤/人)<br>Fresh<br>Vegetables<br>(kg/person) | 白酒<br>(公斤/人)<br>White<br>Spirit<br>(kg/person) | 果酒<br>(公斤/人)<br>Fruit<br>Wine<br>(kg/person) | 啤酒<br>(公斤/人)<br>Beer<br>(kg/person) | 茶叶<br>(公斤/人)<br>Tea<br>(kg/person) |
|---|---|---|---|---|---|---|
| **全　区** | **Total** | **92.30** | **0.61** | **0.11** | **1.97** | **0.23** |
| **沿黄地区** | **Plain** | **101.54** | **0.74** | **0.14** | **1.92** | **0.24** |
| **中南部地区** | **Mountain Area** | **69.63** | **0.40** | **0.03** | **2.00** | **0.30** |
| **银川市** | **Yinchuan** | **99.29** | **0.77** | **0.14** | **1.90** | **0.29** |
| 兴庆区 | Xingqing | 98.14 | 0.49 | 0.14 | 1.64 | 0.23 |
| 西夏区 | Xixia | 107.42 | 0.85 | 0.11 | 3.92 | 0.27 |
| 金凤区 | Jinfeng | 98.02 | 0.95 | 0.12 | 0.90 | 0.30 |
| 永宁县 | Yongning | 94.23 | 0.32 | 0.22 | 1.95 | 0.25 |
| 贺兰县 | Helan | 111.36 | 1.61 | 0.29 | 0.75 | 0.48 |
| 灵武市 | Lingwu | 82.31 | 0.86 | 0.01 | 1.32 | 0.50 |
| **石嘴山市** | **Shizuishan** | **103.50** | **1.00** | **0.15** | **2.44** | **0.23** |
| 大武口区 | Dawukou | 101.31 | 1.31 | 0.13 | 2.94 | 0.22 |
| 惠农区 | Huinong | 111.26 | 0.73 | 0.20 | 1.72 | 0.30 |
| 平罗县 | Pingluo | 93.65 | 0.67 | 0.11 | 1.75 | 0.13 |
| **吴忠市** | **Wuzhong** | **81.34** | **0.28** | **0.10** | **1.09** | **0.16** |
| 利通区 | Litong | 88.78 | 0.31 | 0.17 | 0.55 | 0.13 |
| 红寺堡区 | Hongsipu | 46.31 | 0.30 | 0.10 | 3.96 | 0.32 |
| 盐池县 | Yanchi | 67.27 | 0.36 | 0.05 | 1.67 | 0.06 |
| 同心县 | Tongxin | 90.07 | 0.02 |  | 0.09 | 0.20 |
| 青铜峡市 | Qingtongxia | 84.94 | 0.38 | 0.10 | 1.32 | 0.16 |
| **固原市** | **Guyuan** | **68.84** | **0.56** | **0.02** | **2.35** | **0.30** |
| 原州区 | Yuanzhou | 71.48 | 0.51 | 0.02 | 3.01 | 0.28 |
| 西吉县 | Xiji | 57.74 | 0.39 | 0.01 | 1.26 | 0.35 |
| 隆德县 | Longde | 92.92 | 1.04 | 0.05 | 4.26 | 0.44 |
| 泾源县 | Jingyuan | 61.07 | 0.17 |  | 0.53 | 0.37 |
| 彭阳县 | Pengyang | 64.28 | 0.88 | 0.06 | 1.72 | 0.20 |
| **中卫市** | **Zhongwei** | **114.54** | **0.65** | **0.09** | **2.05** | **0.12** |
| 沙坡头区 | Shapotou | 115.63 | 0.80 | 0.12 | 2.62 | 0.06 |
| 中宁县 | Zhongning | 128.99 | 0.57 | 0.06 | 1.30 | 0.05 |
| 海原县 | Haiyuan | 65.59 | 0.24 | 0.06 | 1.92 | 0.57 |

| 市　县 | Region | 鲜瓜果 (公斤/人) Fresh Fruits and Melons (kg/person) | 糖果糕点 (公斤/人) Candy and Cake (kg/person) | (公斤/人) Fresh Milk (kg/person) | Po[illegible] Milk (kg/person) | [illegible]ion Milk (kg/person) |
|---|---|---|---|---|---|---|
| **全　区** | **Total** | **72.07** | **4.79** | **12.04** | **0.38** | **5.39** |
| **沿黄地区** | **Plain** | **75.83** | **5.34** | **12.92** | **0.36** | **6.84** |
| **中南部地区** | **Mountain Area** | **69.47** | **3.46** | **9.00** | **0.31** | **3.99** |
| **银川市** | **Yinchuan** | **69.15** | **5.06** | **14.65** | **0.46** | **6.06** |
| 兴庆区 | Xingqing | 65.97 | 4.76 | 14.05 | 0.38 | 6.90 |
| 西夏区 | Xixia | 68.89 | 5.65 | 21.67 | 0.43 | 5.56 |
| 金凤区 | Jinfeng | 70.10 | 5.60 | 16.72 | 0.22 | 7.13 |
| 永宁县 | Yongning | 86.97 | 4.86 | 13.23 | 0.80 | 4.42 |
| 贺兰县 | Helan | 70.29 | 5.65 | 13.49 | 0.19 | 6.47 |
| 灵武市 | Lingwu | 73.92 | 4.58 | 2.23 | 1.30 | 3.09 |
| **石嘴山市** | **Shizuishan** | **88.81** | **7.20** | **12.30** | **0.16** | **7.03** |
| 大武口区 | Dawukou | 87.91 | 7.72 | 14.55 | 0.15 | 7.69 |
| 惠农区 | Huinong | 87.52 | 7.11 | 7.37 | 0.13 | 8.91 |
| 平罗县 | Pingluo | 95.77 | 5.68 | 15.85 | 0.22 | 2.01 |
| **吴忠市** | **Wuzhong** | **77.75** | **3.24** | **11.58** | **0.38** | **3.04** |
| 利通区 | Litong | 75.10 | 3.38 | 8.95 | 0.50 | 2.87 |
| 红寺堡区 | Hongsipu | 82.33 | 2.51 | 5.13 | 0.72 | 3.06 |
| 盐池县 | Yanchi | 58.96 | 2.77 | 7.01 | 0.44 | 3.76 |
| 同心县 | Tongxin | 85.65 | 2.71 | 16.49 | 0.37 | 2.36 |
| 青铜峡市 | Qingtongxia | 84.79 | 3.94 | 17.23 | 0.02 | 3.20 |
| **固原市** | **Guyuan** | **66.09** | **3.67** | **7.07** | **0.22** | **3.34** |
| 原州区 | Yuanzhou | 66.03 | 3.86 | 8.20 | 0.16 | 3.95 |
| 西吉县 | Xiji | 60.18 | 4.17 | 7.15 | 0.31 | 3.80 |
| 隆德县 | Longde | 72.05 | 5.11 | 8.08 | 0.41 | 3.70 |
| 泾源县 | Jingyuan | 54.55 | 3.06 | 7.80 | 0.40 | 4.14 |
| 彭阳县 | Pengyang | 77.82 | 1.90 | 2.55 | 0.12 | 0.12 |
| **中卫市** | **Zhongwei** | **80.90** | **4.34** | **5.72** | **0.22** | **12.16** |
| 沙坡头区 | Shapotou | 70.98 | 3.66 | 8.40 | 0.04 | 4.58 |
| 中宁县 | Zhongning | 98.96 | 5.23 | 0.13 | 0.48 | 23.51 |
| 海原县 | Haiyuan | 66.56 | 4.42 | 11.94 | 0.21 | 9.08 |

## 2-47 续表 4 continued

2-47 续表 2 continued

| 市 县 | Region | 水 (吨/人) Water (ton/person) | (度/人) Electricity (degree/person) | Co... (kg/person) | (kg/person) | Pipeline (cu.m/person) |
|---|---|---|---|---|---|---|
| **全 区** | **Total** | **26.79** | **495.99** | **52.39** | **2.70** | **56.73** |
| **沿黄地区** | **Plain** | **29.62** | **524.10** | **13.09** | **2.25** | **69.38** |
| **中南部地区** | **Mountain Area** | **17.09** | **465.48** | **135.69** | **4.05** | **3.53** |
| **银川市** | **Yinchuan** | **31.72** | **564.76** | **15.70** | **2.15** | **77.78** |
| 兴庆区 | Xingqing | 25.66 | 523.08 | 4.02 | 1.38 | 74.27 |
| 西夏区 | Xixia | 29.79 | 701.06 | | 2.79 | 66.49 |
| 金凤区 | Jinfeng | 42.41 | 570.21 | 26.81 | 0.47 | 80.66 |
| 永宁县 | Yongning | 35.43 | 427.73 | 110.98 | 1.86 | 157.66 |
| 贺兰县 | Helan | 51.68 | 688.93 | 69.39 | 9.47 | 62.06 |
| 灵武市 | Lingwu | 34.61 | 448.72 | 1.87 | 2.66 | 89.81 |
| **石嘴山市** | **Shizuishan** | **24.90** | **458.05** | **14.51** | **2.26** | **76.65** |
| 大武口区 | Dawukou | 26.99 | 460.81 | 20.29 | 2.15 | 60.63 |
| 惠农区 | Huinong | 26.23 | 483.58 | 7.85 | 0.72 | 80.30 |
| 平罗县 | Pingluo | 16.46 | 385.44 | 11.36 | 5.60 | 119.85 |
| **吴忠市** | **Wuzhong** | **24.05** | **428.52** | **90.69** | **1.93** | **26.58** |
| 利通区 | Litong | 27.33 | 465.82 | 3.37 | 1.25 | 38.33 |
| 红寺堡区 | Hongsipu | 19.63 | 394.37 | 127.87 | 4.04 | 4.34 |
| 盐池县 | Yanchi | 23.02 | 481.32 | 227.50 | 2.71 | 18.66 |
| 同心县 | Tongxin | 10.51 | 430.12 | 242.00 | 1.96 | |
| 青铜峡市 | Qingtongxia | 32.93 | 347.67 | 8.25 | 1.62 | 44.39 |
| **固原市** | **Guyuan** | **16.99** | **438.68** | **72.17** | **5.19** | **2.42** |
| 原州区 | Yuanzhou | 18.33 | 481.71 | 58.81 | 4.04 | 4.27 |
| 西吉县 | Xiji | 13.37 | 397.06 | 109.02 | 7.20 | |
| 隆德县 | Longde | 22.14 | 455.71 | 64.34 | 5.71 | |
| 泾源县 | Jingyuan | 20.09 | 465.35 | 186.72 | 8.78 | 2.08 |
| 彭阳县 | Pengyang | 13.63 | 341.54 | 3.47 | 3.72 | 0.58 |
| **中卫市** | **Zhongwei** | **25.50** | **514.43** | **26.29** | **3.25** | **28.06** |
| 沙坡头区 | Shapotou | 28.81 | 502.00 | 4.82 | 2.99 | 37.86 |
| 中宁县 | Zhongning | 23.53 | 500.51 | | 3.73 | 23.56 |
| 海原县 | Haiyuan | 18.49 | 636.55 | 204.71 | 2.80 | |

## 2-47 续表 5 continued

| 市 县 | Region | 洗衣机 (台/百户) Washing Machine (set/ 100 household) | 电冰箱 (台/百户) Refrigerator (set/ 100 household) | 微波炉 (台/百户) Microwave Oven (set/ 100 household) | 空调器 (台/百户) Air Conditioner (set/ 100 household) | 淋浴热水器 (台/百户) Water Heater for Shower (set/ 100 household) | 摩托车 (辆/百户) Motorcycle (unit/ 100 household) |
|---|---|---|---|---|---|---|---|
| **全 区** | **Total** | **99.11** | **96.97** | **54.64** | **14.90** | **93.57** | **14.52** |
| **沿黄地区** | **Plain** | **99.13** | **99.07** | **59.56** | **18.14** | **95.13** | **11.17** |
| **中南部地区** | **Mountain Area** | **98.84** | **90.71** | **33.60** | **4.39** | **77.35** | **26.20** |
| **银川市** | **Yinchuan** | **99.03** | **98.60** | **67.80** | **23.19** | **95.66** | **8.44** |
| 兴庆区 | Xingqing | 99.51 | 98.43 | 71.71 | 28.82 | 98.00 | 6.99 |
| 西夏区 | Xixia | 97.10 | 96.05 | 57.48 | 16.16 | 91.89 | 4.76 |
| 金凤区 | Jinfeng | 99.23 | 98.71 | 80.22 | 26.30 | 92.52 | 8.13 |
| 永宁县 | Yongning | 97.77 | 103.46 | 70.82 | 7.33 | 97.77 | 23.44 |
| 贺兰县 | Helan | 100.00 | 99.44 | 50.75 | 10.97 | 91.80 | 15.12 |
| 灵武市 | Lingwu | 100.88 | 109.39 | 53.57 | 13.73 | 98.91 | 13.87 |
| **石嘴山市** | **Shizuishan** | **97.68** | **98.06** | **35.00** | **13.53** | **91.24** | **11.15** |
| 大武口区 | Dawukou | 99.06 | 100.00 | 40.23 | 16.53 | 93.30 | 6.31 |
| 惠农区 | Huinong | 95.37 | 94.11 | 29.58 | 9.90 | 87.49 | 15.01 |
| 平罗县 | Pingluo | 98.49 | 100.73 | 36.67 | 5.23 | 92.95 | 17.85 |
| **吴忠市** | **Wuzhong** | **97.70** | **94.55** | **46.91** | **10.17** | **84.08** | **28.82** |
| 利通区 | Litong | 96.14 | 99.08 | 63.25 | 19.04 | 95.16 | 18.11 |
| 红寺堡区 | Hongsipu | 91.06 | 92.73 | 20.63 | 2.34 | 73.80 | 30.79 |
| 盐池县 | Yanchi | 97.79 | 90.72 | 36.09 | 10.84 | 61.00 | 25.96 |
| 同心县 | Tongxin | 92.56 | 69.69 | 38.08 | 5.99 | 60.62 | 62.22 |
| 青铜峡市 | Qingtongxia | 104.73 | 103.82 | 41.48 | | 95.08 | 28.18 |
| **固原市** | **Guyuan** | **100.85** | **94.47** | **35.38** | **3.72** | **86.97** | **13.81** |
| 原州区 | Yuanzhou | 101.00 | 97.09 | 34.73 | 6.57 | 80.78 | 11.24 |
| 西吉县 | Xiji | 103.78 | 90.30 | 50.11 | | 95.12 | 20.78 |
| 隆德县 | Longde | 100.00 | 100.00 | 53.60 | | 99.71 | 19.53 |
| 泾源县 | Jingyuan | 100.00 | 86.96 | 19.62 | 5.99 | 96.30 | 22.71 |
| 彭阳县 | Pengyang | 97.05 | 91.65 | 11.23 | | 82.84 | 3.67 |
| **中卫市** | **Zhongwei** | **102.63** | **98.72** | **62.22** | **10.25** | **97.24** | **19.33** |
| 沙坡头区 | Shapotou | 101.85 | 98.48 | 55.87 | 11.53 | 101.25 | 13.20 |
| 中宁县 | Zhongning | 103.82 | 100.00 | 80.04 | 11.65 | 100.00 | 21.76 |
| 海原县 | Haiyuan | 101.92 | 94.91 | 26.66 | 0.96 | 67.93 | 42.38 |

## 2-47 续表 6 continued

| 市 县 | Region | 助力车 (辆/百户) Moped (unit/ 100 household) | 家用汽车 (辆/百户) Automobile (unit/ 100 household) | 电话机 (部/百户) Telephone (unit/ 100 household) | 移动电话 (部/百户) Mobile Telephone (set/ 100 household) | 彩色电视机 (台/百户) Color TV Set (set/ 100 household) | 照相机 (架/百户) Camera (set/ 100 household) |
|---|---|---|---|---|---|---|---|
| **全 区** | **Total** | **52.50** | **37.64** | **13.18** | **253.46** | **103.53** | **20.02** |
| **沿黄地区** | **Plain** | **48.50** | **34.99** | **16.00** | **247.54** | **102.58** | **21.99** |
| **中南部地区** | **Mountain Area** | **56.52** | **45.42** | **14.17** | **269.92** | **104.24** | **18.17** |
| **银川市** | **Yinchuan** | **35.89** | **37.87** | **19.10** | **244.54** | **100.81** | **29.60** |
| 兴庆区 | Xingqing | 34.69 | 39.73 | 26.94 | 247.98 | 102.08 | 37.97 |
| 西夏区 | Xixia | 30.56 | 28.44 | 10.25 | 234.23 | 98.95 | 18.68 |
| 金凤区 | Jinfeng | 25.43 | 37.82 | 13.22 | 231.34 | 101.05 | 28.51 |
| 永宁县 | Yongning | 53.72 | 52.19 | 20.94 | 259.48 | 100.00 | 36.47 |
| 贺兰县 | Helan | 42.28 | 35.75 | 2.99 | 234.32 | 98.65 | 10.50 |
| 灵武市 | Lingwu | 62.78 | 42.94 | 25.52 | 271.70 | 100.73 | 22.13 |
| **石嘴山市** | **Shizuishan** | **59.09** | **30.91** | **11.33** | **237.46** | **103.07** | **4.88** |
| 大武口区 | Dawukou | 75.38 | 38.42 | 6.31 | 237.88 | 100.20 | 5.79 |
| 惠农区 | Huinong | 35.25 | 19.27 | 23.57 | 227.83 | 106.73 | 2.11 |
| 平罗县 | Pingluo | 55.28 | 39.20 |  | 263.52 | 103.95 | 8.34 |
| **吴忠市** | **Wuzhong** | **58.93** | **35.63** | **9.82** | **260.93** | **108.03** | **17.03** |
| 利通区 | Litong | 31.49 | 28.97 | 9.01 | 221.60 | 103.15 | 18.19 |
| 红寺堡区 | Hongsipu | 65.42 | 66.64 | 5.16 | 220.58 | 97.54 | 15.70 |
| 盐池县 | Yanchi | 79.01 | 61.88 | 18.22 | 316.15 | 108.97 | 17.07 |
| 同心县 | Tongxin | 84.54 | 21.52 | 9.06 | 242.35 | 96.87 | 6.39 |
| 青铜峡市 | Qingtongxia | 70.76 | 28.17 | 7.50 | 320.92 | 126.66 | 20.92 |
| **固原市** | **Guyuan** | **40.53** | **46.54** | **10.10** | **261.66** | **105.67** | **20.43** |
| 原州区 | Yuanzhou | 60.78 | 39.54 | 3.27 | 252.77 | 108.57 | 18.00 |
| 西吉县 | Xiji | 23.91 | 62.61 | 31.25 | 282.17 | 106.18 | 22.42 |
| 隆德县 | Longde | 3.41 | 60.77 | 3.41 | 274.27 | 103.12 | 34.41 |
| 泾源县 | Jingyuan | 13.09 | 36.71 | 25.21 | 272.05 | 97.58 | 19.22 |
| 彭阳县 | Pengyang | 33.79 | 46.03 |  | 250.03 | 100.96 | 19.94 |
| **中卫市** | **Zhongwei** | **102.84** | **36.05** | **12.02** | **288.58** | **102.80** | **18.23** |
| 沙坡头区 | Shapotou | 96.53 | 21.71 | 6.61 | 279.37 | 102.84 | 13.46 |
| 中宁县 | Zhongning | 117.24 | 55.16 | 12.31 | 290.77 | 102.12 | 24.63 |
| 海原县 | Haiyuan | 74.17 | 37.23 | 40.25 | 325.31 | 105.22 | 21.49 |

# 2-48 2017年全区城镇居民家庭按可支配收入等距五组分组资料

| 指标名称 | Indicator | 单位 | unit |
|---|---|---|---|
| **调查户数** | **Number of Households Surveyed** | **户** | **household** |
| **家庭基本情况** | **Basic Statistics of Urban Households** | -- | -- |
| 一、住房情况 | Basic Statistics of Housing | -- | -- |
| 1.家庭常住人口 | Permanent Residents | 人/户 | person/household |
| 2.现住房总建筑面积 | Floor Space of Current Housing | 平方米/人 | sq.m/person |
| 3.房屋产权(合计) | House Property Right (Total) | % | % |
| 租赁公房 | Public House Leasing | % | % |
| 租赁私房 | Private House Leasing | % | % |
| 自建住房 | Inhered Private House | % | % |
| 购买商品房 | Commercial Residential Building | % | % |
| 购买房改住房 | Reformed Private House | % | % |
| 购买保障性住房 | Indemnificatory House | % | % |
| 拆迁安置房 | Demolition Resettlement | % | % |
| 继承或获赠住房 | Inheritance or Gift | % | % |
| 免费借用房 | Borrowing House | % | % |
| 其他 | Others | % | % |
| 4.住宅建筑式样(合计) | House Construction Style (Total) | % | % |
| 单栋楼房 | Single Building | % | % |
| 单栋平房 | Single Bungalow | % | % |
| 四居室 | House with Four Bedrooms | % | % |
| 三居室 | House with Three Bedrooms | % | % |
| 二居室 | House with Two Bedrooms | % | % |
| 一居室 | House with One Bedrooms | % | % |
| 平房及其他 | Bungalow and Others | % | % |
| 5.现有住房按市场价估计值 | Estimate Value of Current Housing by Market Price | 元/户 | yuan/household |
| 6.租赁房房租 | Rent | 元/户 | yuan/household |
| (1)租赁公房房租 | Rent of Public | 元/户 | yuan/household |
| (2)租赁私房房租 | Rent of Private | 元/户 | yuan/household |
| 7.自有房房租折算 | Corrected Rent of Self-Housing | 元/户 | yuan/household |
| 8.购房总金额 | Amount of Purchase | 元/户 | yuan/household |
| 9.饮水情况(合计) | Drinking Condition (Total) | % | % |
| 自来水 | Tap Water | % | % |
| 井、河水 | Well and River Water | % | % |
| 其他 | Others | % | % |
| 10.厕所使用情况(合计) | Health Equipment (Total) | % | % |
| 本住户独用 | Sole Use | % | % |
| 几户合用 | Share | % | % |
| 公用 | Public Toilet | % | % |

# Basic Statistics Grouped by Disposable Income Quintile of Urban Households (2017)

| 合　计<br>Average | 低收入户20%<br>20% Low Income Households | 较低收入户20%<br>20% Lower Income Households | 中等收入户20%<br>20% Middle Income Households | 较高收入户20%<br>20% Higher Income Households | 高收入户20%<br>20% High Income Households |
|---:|---:|---:|---:|---:|---:|
| **995.50** | **198.00** | **198.50** | **200.00** | **199.50** | **199.50** |
| -- | -- | -- | -- | -- | -- |
| -- | -- | -- | -- | -- | -- |
| 3.18 | 3.91 | 3.64 | 3.14 | 2.84 | 2.40 |
| 31.35 | 25.42 | 27.21 | 30.84 | 34.08 | 43.91 |
| 100.00 | 100.00 | 100.00 | 100.00 | 100.00 | 100.00 |
| 1.57 | 0.85 | 2.19 | 3.19 | 0.86 | 0.78 |
| 3.49 | 8.72 | 3.07 | 2.69 | 2.99 | |
| 8.06 | 22.60 | 9.08 | 5.18 | 2.28 | 1.20 |
| 58.09 | 44.23 | 56.19 | 56.45 | 62.65 | 70.84 |
| 14.03 | 8.34 | 8.29 | 15.98 | 22.32 | 15.14 |
| 4.27 | 0.98 | 3.39 | 5.21 | 2.80 | 9.00 |
| 6.82 | 10.36 | 11.70 | 7.69 | 2.18 | 2.22 |
| 0.66 | | 1.90 | 1.40 | | |
| 1.60 | 1.70 | 3.36 | 2.20 | 0.76 | |
| 1.41 | 2.22 | 0.83 | | 3.16 | 0.83 |
| 100.00 | 100.00 | 100.00 | 100.00 | 100.00 | 100.00 |
| 2.45 | 5.78 | 0.97 | 3.65 | 1.09 | 0.79 |
| 10.68 | 28.75 | 12.80 | 7.93 | 2.88 | 1.11 |
| 3.15 | 2.00 | 1.38 | 3.08 | 1.55 | 7.72 |
| 32.77 | 19.09 | 32.16 | 29.80 | 35.93 | 46.77 |
| 48.88 | 41.67 | 48.91 | 52.73 | 58.25 | 42.79 |
| 1.80 | 2.19 | 3.23 | 2.81 | | 0.82 |
| 0.27 | 0.52 | 0.55 | | 0.29 | |
| 270253.34 | 166074.41 | 219386.23 | 256946.50 | 306175.44 | 401679.20 |
| 39.61 | 59.60 | 32.57 | 44.93 | 38.26 | 22.81 |
| 3.54 | 5.05 | 2.44 | 3.93 | 2.26 | 4.01 |
| 23.17 | 42.42 | 17.98 | 29.50 | 24.81 | 1.25 |
| 697.21 | 425.86 | 602.84 | 630.80 | 821.10 | 1003.11 |
| 15818.68 | 3080.81 | 11249.37 | 11165.00 | 16458.65 | 37032.58 |
| 100.00 | 100.00 | 100.00 | 100.00 | 100.00 | 100.00 |
| 95.91 | 88.55 | 94.46 | 98.00 | 99.00 | 99.50 |
| 3.48 | 9.93 | 4.53 | 2.00 | 0.50 | 0.50 |
| 0.60 | 1.52 | 1.01 | | 0.50 | |
| 100.00 | 100.00 | 100.00 | 100.00 | 100.00 | 100.00 |
| 97.62 | 93.77 | 96.81 | 99.00 | 99.00 | 99.50 |
| 1.07 | 2.69 | 0.67 | 0.50 | 1.00 | 0.50 |
| 1.31 | 3.54 | 2.52 | 0.50 | | |

## 2-48 续表 1

| 指标名称 | Indicator | 单位 | unit |
|---|---|---|---|
| 11.取暖设备(合计) | Heating Equipment(Total) | % | % |
| 集中供暖 | Central Heating | % | % |
| 自行供暖 | Self Heating | % | % |
| 无取暖设备 | Without Heating Equipment | % | % |
| 12.炊用能源使用情况(合计) | Fuel Using Condition for Cooking(Total) | % | % |
| 罐装液化石油气 | Liquefied Petroleum Gas of Can Pack | % | % |
| 管道液化石油气 | Liquefied Petroleum Gas of Pipeline | % | % |
| 管道天然气 | Natural Gas of Pipeline | % | % |
| 电 | Electricity | % | % |
| 其他 | Other | % | % |
| 二、人口情况 | Basic Statistics of Population | -- | -- |
| (一)家庭劳动力人数 | Household Labor | 人/户 | person/household |
| 1.就业人口数 | Number of Employed | 人/户 | person/household |
| ①雇主 | Employer | % | % |
| ②公职人员 | Civil Servants | % | % |
| ③事业单位人员 | Institution Officers | % | % |
| ④国有企业雇员 | State-owned Enterprises Employees | % | % |
| ⑤其他雇员 | Other Employees | % | % |
| ⑥农业自营 | Self-employed of Agriculture | % | % |
| ⑦非农业自营 | Self-employed of Non-agriculture | % | % |
| (二)负担系数 | Dependents Coefficient | -- | -- |
| 三、耐用消费品 | Durable Consumer Goods | -- | -- |
| 1.家用汽车 | Automobile | 辆/百户 | unit/100 household |
| 2.摩托车 | Motorcycle | 辆/百户 | unit/100 household |
| 3.助力车 | Powered Bicycle | 辆/百户 | unit/100 household |
| 4.洗衣机 | Washing Machine | 台/百户 | set/100 household |
| 5.电冰箱 | Refrigerator | 台/百户 | set/100 household |
| 6.微波炉 | Microwave Oven | 台/百户 | set/100 household |
| 7.彩色电视机 | Color Television | 台/百户 | set/100 household |
| 8.空调器 | Air Conditioner | 台/百户 | set/100 household |
| 9.淋浴热水器 | Water Heater for Shower | 台/百户 | set/100 household |
| 10.排油烟机 | Ventilator | 台/百户 | set/100 household |
| 11.洗碗机 | Dishwasher | 台/百户 | set/100 household |

continued

| 合 计<br>Average | 低收入户20%<br>20% Low Income Households | 较低收入户20%<br>20% Lower Income Households | 中等收入户20%<br>20% Middle Income Households | 较高收入户20%<br>20% Higher Income Households | 高收入户20%<br>20% High Income Households |
|---|---|---|---|---|---|
| 1.00 | 1.00 | 1.00 | 1.00 | 1.00 | 1.00 |
| 0.71 | 0.37 | 0.61 | 0.74 | 0.90 | 0.93 |
| 0.29 | 0.63 | 0.38 | 0.26 | 0.10 | 0.07 |
| 0.00 | | 0.01 | 0.01 | | |
| 100.00 | 100.00 | 100.00 | 100.00 | 100.00 | 100.00 |
| 13.33 | 10.44 | 16.62 | 14.00 | 13.53 | 12.03 |
| 0.20 | | 1.01 | | | |
| 48.60 | 23.74 | 41.23 | 52.50 | 61.40 | 63.91 |
| 28.10 | 42.93 | 27.08 | 25.50 | 22.56 | 22.56 |
| 9.77 | 22.90 | 14.06 | 8.00 | 2.51 | 1.50 |
| -- | -- | -- | -- | -- | -- |
| 2.13 | 2.18 | 2.29 | 2.19 | 2.06 | 1.96 |
| 1.51 | 1.62 | 1.71 | 1.59 | 1.37 | 1.26 |
| 0.13 | | | | 0.37 | 0.40 |
| 3.66 | | | 1.26 | 6.59 | 13.10 |
| 11.98 | 0.31 | 1.77 | 4.40 | 22.71 | 38.49 |
| 9.32 | 0.62 | 2.06 | 7.55 | 17.95 | 23.02 |
| 51.72 | 60.04 | 68.17 | 61.01 | 40.84 | 19.05 |
| 9.25 | 21.85 | 10.90 | 7.55 | 1.83 | 1.19 |
| 13.94 | 17.17 | 17.09 | 18.24 | 9.71 | 4.76 |
| 2.11 | 2.41 | 2.13 | 1.97 | 2.08 | 1.90 |
| -- | -- | -- | -- | -- | -- |
| 37.64 | 115.7 | 72.5 | 54.7 | 53.5 | 45.6 |
| 14.52 | 387.7 | 133.3 | 60.2 | 28.7 | 12.7 |
| 52.50 | 345.6 | 164.2 | 113.4 | 77.2 | 38.1 |
| 99.11 | 544.0 | 257.9 | 171.7 | 128.2 | 102.4 |
| 96.97 | 482.9 | 245.9 | 166.8 | 126.7 | 102.8 |
| 54.64 | 54.5 | 46.5 | 53.6 | 66.4 | 69.7 |
| 103.53 | 606.0 | 283.7 | 184.0 | 134.0 | 105.9 |
| 14.90 | 12.0 | 4.6 | 8.1 | 15.9 | 26.5 |
| 93.57 | 421.5 | 224.1 | 152.7 | 117.3 | 102.3 |
| 80.71 | 111.9 | 90.3 | 94.2 | 91.1 | 92.2 |
| 0.48 | | | | 0.5 | 1.0 |

# 2-48 续表 2

| 指标名称 | Indicator | 单位 | unit |
|---|---|---|---|
| 12.固定电话 | Telephone | 部/百户 | unit/100 household |
| 13.移动电话 | Mobile Telephone | 部/百户 | set/100 household |
| 14.家用电脑 | Computer | 台/百户 | set/100 household |
| 15.照相机 | Camera | 架/百户 | set/100 household |
| 16.中高档乐器 | Secondary and Top Grade Musical Instrument | 件/百户 | set/100 household |
| 17.健身器材 | Body-building Apparatus | 套/百户 | set/100 household |
| 18.空气净化器(含新风系统) | Air Body-building | 台/百户 | set/100 household |
| 19.吸尘器 | Cleaner Apparatus | 台/百户 | set/100 household |
| 四、信息化调查 | Informationization Survey | -- | -- |
| 1.接入互联网的移动电话 | Internet Mobile Telephone | 部/百户 | set/100 household |
| 2.接入有线电视网络的电视机 | Lined Netwok Television | 台/百户 | set/100 household |
| 3.接入互联网的计算机 | Internet Computer | 台/百户 | set/100 household |
| **总收入与总支出(人均)** | **Total Revenue and Expenditure (per person)** | -- | -- |
| 一、家庭总收入 | Total Income | 元/人 | yuan/person |
| (一)工资性收入 | Income from Wages and Salaries | 元/人 | yuan/person |
| 1.工资 | Laborage and Allowance Income | 元/人 | yuan/person |
| 2.实物福利及其他 | Benefit in kind and Other | 元/人 | yuan/person |
| (二)经营性收入 | Business Income | 元/人 | yuan/person |
| (三)财产性收入 | Income from Properties | 元/人 | yuan/person |
| 1.利息收入 | Interest | 元/人 | yuan/person |
| 2.红利收入 | Bonus | 元/人 | yuan/person |
| 3.保险净收益 | Insurance Profit | 元/人 | yuan/person |
| 4.转让土地承包经营权租金净收入 | Rental Income for Land Contractual Management Right | 元/人 | yuan/person |
| 5.出租房屋收入 | Lease House Income | 元/人 | yuan/person |
| 6.出租其他资产净收入 | Rent other Assets Income | 元/人 | yuan/person |
| 7.其他财产性收入 | Other Properties | 元/人 | yuan/person |
| 8.房屋虚拟租金 | Virtual Rent of House | 元/人 | yuan/person |
| (四)转移性收入 | Income from Transfer | 元/人 | yuan/person |
| 1.养老金或离退休金 | Annuities and Pension | 元/人 | yuan/person |
| 2.社会救济收入 | Social Relief | 元/人 | yuan/person |
| 3.政策性的生活补贴 | Policy-related Subsidies | 元/人 | yuan/person |
| 4.赡养收入 | Maintenance Income | 元/人 | yuan/person |
| 5.报销医疗费 | Medical Fee for Reimbursement | 元/人 | yuan/person |
| 6.其他转移性收入 | Other Transfer | 元/人 | yuan/person |

continued

| 合　计 Average | 低收入户20% 20% Low Income Households | 较低收入户20% 20% Lower Income Households | 中等收入户20% 20% Middle Income Households | 较高收入户20% 20% Higher Income Households | 高收入户20% 20% High Income Households |
|---:|---:|---:|---:|---:|---:|
| 13.2 | 21.1 | 14.0 | 15.0 | 9.2 | 23.4 |
| 253.5 | 1551.3 | 758.4 | 473.0 | 327.5 | 238.7 |
| 72.7 | 123.6 | 90.7 | 90.2 | 83.5 | 86.4 |
| 20.0 | 12.1 | 7.1 | 11.5 | 28.2 | 28.6 |
| 7.0 | 4.0 | 7.7 | 5.7 | 10.4 | 7.3 |
| 4.0 | 2.5 | 0.9 | 3.6 | 5.0 | 5.7 |
| 0.5 | | 0.6 | | 0.6 | 0.9 |
| 4.2 | 1.8 | 0.6 | 1.8 | 6.9 | 5.6 |
| -- | -- | -- | -- | -- | -- |
| 195.5 | 879.5 | 501.3 | 315.0 | 244.6 | 193.9 |
| 73.0 | 110.5 | 90.6 | 80.1 | 81.9 | 80.9 |
| 61.1 | 61.2 | 56.9 | 65.3 | 69.9 | 75.7 |
| -- | -- | -- | -- | -- | -- |
| 33583 | 13036 | 21064 | 31802 | 45012 | 72343 |
| 19569 | 6895 | 13230 | 17864 | 25957 | 43001 |
| 18249 | 6785 | 12809 | 16801 | 23819 | 39143 |
| 1320 | 109 | 421 | 1063 | 2138 | 3858 |
| 4646 | 4273 | 4682 | 6302 | 3177 | 4765 |
| 1485 | 659 | 1085 | 1602 | 1830 | 2788 |
| 142 | 8 | 12 | 145 | 178 | 489 |
| 18 | 0 | 43 | 5 | 43 | |
| 2 | 4 | | | | 8 |
| 26 | 16 | 26 | 17 | 74 | |
| 296 | 171 | 216 | 483 | 315 | 346 |
| 14 | 4 | 25 | | | 49 |
| 1 | 1 | 1 | 0 | | 4 |
| 985 | 456 | 762 | 953 | 1220 | 1891 |
| 7884 | 1209 | 2068 | 6034 | 14048 | 21789 |
| 7120 | 544 | 1706 | 5432 | 13450 | 19912 |
| 84 | 241 | 41 | 62 | 11 | 14 |
| 32 | 36 | 12 | 25 | 13 | 87 |
| 74 | 76 | 50 | 89 | 60 | 102 |
| 465 | 174 | 135 | 301 | 444 | 1613 |
| 31 | 40 | 14 | 69 | 17 | 13 |

## 2-48 续表 3

| 指标名称 | Indicator | 单位 | unit |
|---|---|---|---|
| 二、出售资产所得 | Proceeds from Sales of Belongings | 元/人 | yuan/person |
| 1.出售住房收入 | Sale of Housing | 元/人 | yuan/person |
| 2.出售其他物品收入 | Sale of Other | 元/人 | yuan/person |
| 三、借贷收入 | Credit Income | 元/人 | yuan/person |
| 1.提取储蓄存款 | Draw Saving Deposits | 元/人 | yuan/person |
| 2.借入款 | Borrowed | 元/人 | yuan/person |
| 3.收回借出款 | Recover Loans | 元/人 | yuan/person |
| 4.收回保险本金 | Recover of Principal Insurance Savings | 元/人 | yuan/person |
| 5.住房贷款 | Repayment of House Loan | 元/人 | yuan/person |
| 6.汽车贷款 | Repayment of Auto Loan | 元/人 | yuan/person |
| 7.教育贷款 | Repayment of Education Loan | 元/人 | yuan/person |
| 8.其他贷款 | Repayment of Other Loans | 元/人 | yuan/person |
| 9.其他借贷收入 | Other Credit Income | 元/人 | yuan/person |
| 四、家庭总支出 | Total Expenditure | 元/人 | yuan/person |
| (一)消费性支出 | Consumption Expenditure | 元/人 | yuan/person |
| (二)生产经营费用支出 | Expenditure for Household Business | 元/人 | yuan/person |
| (三)财产性支出 | Property Expenditure | 元/人 | yuan/person |
| 1.生活贷款利息支出 | Interest of Life Loans | 元/人 | yuan/person |
| 2.其他 | Other | 元/人 | yuan/person |
| (四)转移性支出 | Transfer Expenditures | 元/人 | yuan/person |
| 1.交纳所得税 | Individual Income-tax | 元/人 | yuan/person |
| 2.社会保障支出 | Social Security Expenditure | 元/人 | yuan/person |
| (1)个人交纳的养老保险 | Annuities | 元/人 | yuan/person |
| (2)个人交纳的医疗保险 | Medical Accumulation Fund | 元/人 | yuan/person |
| (3)个人交纳的失业保险 | Disemployed Accumulation Fund | 元/人 | yuan/person |
| (4)其他社会保障支出 | Others | 元/人 | yuan/person |
| 3.赡养支出 | Support Expenditures | 元/人 | yuan/person |
| 4.其他转移性支出 | Others | 元/人 | yuan/person |
| (五)部分商业保险支出 | Commercial Insurance | 元/人 | yuan/person |
| (六)购房与建房支出 | Expenditures of Purchasing and Building Houses | 元/人 | yuan/person |
| 1.购房 | Purchasing Houses | 元/人 | yuan/person |
| 2.建房 | Building Houses | 元/人 | yuan/person |
| (七)借贷支出 | Credit Expenditures | 元/人 | yuan/person |
| 1.存入储蓄款 | Saving Deposits | 元/人 | yuan/person |
| 2.借出款 | Lending | 元/人 | yuan/person |

continued

| 合　计<br>Average | 低收入户20%<br>20% Low Income Households | 较低收入户20%<br>20% Lower Income Households | 中等收入户20%<br>20% Middle Income Households | 较高收入户20%<br>20% Higher Income Households | 高收入户20%<br>20% High Income Households |
|---|---|---|---|---|---|
| 1352.7 | 919.5 | 950.7 | 693.1 | 2490.4 | 2128.3 |
| 532.2 | 80.6 | | | 1308.0 | 1772.2 |
| 29.4 | 50.5 | 14.7 | 60.7 | 4.7 | 7.0 |
| 2066.8 | 1354.0 | 988.4 | 3270.8 | 1454.2 | 3896.3 |
| 570.4 | 700.0 | 357.3 | 631.5 | 215.7 | 1000.1 |
| 408.9 | 276.3 | 140.5 | 474.9 | 992.4 | 255.0 |
| 323.8 | 27.1 | 326.9 | 721.9 | 90.9 | 542.9 |
| 0.4 | | | | 2.5 | |
| 561.5 | | | 1433.6 | 5.6 | 1769.0 |
| 42.5 | 31.3 | 103.4 | 5.8 | | 66.1 |
| 8.9 | 9.4 | 4.0 | 3.1 | 14.2 | 16.1 |
| 112.6 | 154.7 | 56.1 | | 131.7 | 247.2 |
| 37.8 | 155.2 | | | 1.3 | |
| 31729.1 | 18334.2 | 21532.8 | 30982.2 | 40181.1 | 58258.7 |
| 20219.5 | 10784.2 | 15566.8 | 20279.6 | 25912.8 | 34856.9 |
| 1333.4 | 1977.0 | 851.4 | 1515.5 | 543.5 | 1698.7 |
| 214.7 | 79.8 | 161.4 | 335.9 | 192.7 | 372.5 |
| 15.3 | 17.8 | 6.1 | 2.6 | 30.6 | 23.2 |
| 2.1 | 1.0 | 4.8 | 0.6 | 0.6 | 3.6 |
| 2312.6 | 1024.6 | 1581.9 | 1892.9 | 3052.2 | 5022.0 |
| 121.5 | 1.1 | 8.8 | 60.8 | 229.7 | 420.6 |
| 2044.4 | 967.8 | 1515.1 | 1711.5 | 2631.3 | 4205.5 |
| 1557.2 | 751.7 | 1206.9 | 1245.0 | 1953.9 | 3235.5 |
| 391.7 | 196.0 | 270.7 | 378.0 | 527.5 | 729.0 |
| 66.1 | 19.9 | 35.4 | 71.7 | 105.7 | 129.4 |
| 29.3 | 0.1 | 2.1 | 16.8 | 44.2 | 111.6 |
| 41.8 | 5.0 | 13.3 | 36.1 | 86.3 | 96.1 |
| 104.9 | 50.8 | 44.8 | 84.5 | 104.9 | 299.7 |
| 361.8 | 173.0 | 260.1 | 273.8 | 402.9 | 860.4 |
| 2317.5 | 352.2 | 292.6 | 2020.4 | 4640.5 | 5976.2 |
| 2249.5 | 283.3 | 209.9 | 1996.2 | 4484.0 | 5976.2 |
| 68.0 | 68.9 | 82.7 | 24.1 | 156.5 | |
| 1473.8 | 622.0 | 868.9 | 1727.7 | 1874.7 | 2878.0 |
| 106.0 | 56.8 | 71.1 | 139.8 | 213.7 | 67.7 |
| 12.7 | 6.4 | 5.1 | 1.8 | | 61.2 |

## 2-48 续表 4

| 指标名称 | Indicator | 单位 | unit |
|---|---|---|---|
| 3.归还借款 | Repayment of Loans | 元/人 | yuan/person |
| 4.购买有价证券 | Purchase of Securities | 元/人 | yuan/person |
| 5.其他投资支出 | Other Investment Expenditure | 元/人 | yuan/person |
| 6.归还住房贷款 | Repayment of House Loan | 元/人 | yuan/person |
| 7.归还汽车贷款 | Repayment of Auto Loan | 元/人 | yuan/person |
| 8.归还教育贷款 | Repayment of Education Loan | 元/人 | yuan/person |
| 9.归还其他贷款 | Repayment of Other Loans | 元/人 | yuan/person |
| 10.其他借贷支出 | Other Credit Expenditures | 元/人 | yuan/person |
| **消费支出情况** | **Consumption Expenditure** | **元/人** | **yuan/person** |
| 1.食品消费支出 | Food | 元/人 | yuan/person |
| 2.衣着消费支出 | Clothing | 元/人 | yuan/person |
| 3.居住消费支出 | Residence | 元/人 | yuan/person |
| 4.家庭设备、用品消费支出 | Household Facilities, Article and Service | 元/人 | kg/person |
| 5.交通和通讯消费支出 | Transport and Telecommunication | 元/人 | yuan/person |
| 6.文化教育、娱乐消费支出 | Cultural, Educational, Recreational | 元/人 | kg/person |
| 7.医疗保健消费支出 | Medicine and Health Care | 元/人 | yuan/person |
| 8.其他商品和服务消费支出 | Other Commodities and Services | 元/人 | yuan/person |
| **可支配收入来源** | **Basic Statistics of Disposable Income** | -- | -- |
| 一、全年可支配收入 | Annual Disposable Income | 元/人 | yuan/person |
| (一)工资性收入 | Wage Income | 元/人 | yuan/person |
| (二)经营净收入 | Household Business Income | 元/人 | yuan/person |
| 1.第一产业经营净收入 | Primary Industry | 元/人 | yuan/person |
| 2.第二产业经营净收入 | Secondary Industry | 元/人 | yuan/person |
| 3.第三产业经营净收入 | Tertiary Industry | 元/人 | yuan/person |
| (三)财产净收入 | Net Income from Property | 元/人 | yuan/person |
| (四)转移净收入 | Net Income from Transfer | 元/人 | yuan/person |
| 二、全年现金可支配收入 | Annual Cash Disposable Income | 元/人 | yuan/person |
| 三、全年实物可支配收入 | Annual Disposable Income in Kind | 元/人 | yuan/person |

continued

| 合　计<br>Average | 低收入户20%<br>20% Low Income Households | 较低收入户20%<br>20% Lower Income Households | 中等收入户20%<br>20% Middle Income Households | 较高收入户20%<br>20% Higher Income Households | 高收入户20%<br>20% High Income Households |
|---|---|---|---|---|---|
| 178.8 | 226.3 | 39.4 | 167.4 | 80.1 | 430.9 |
| 8.0 | | | 40.5 | | |
| 3.2 | | | | | 20.1 |
| 843.1 | 188.9 | 553.0 | 1119.1 | 1051.8 | 1683.2 |
| 192.5 | 62.7 | 151.4 | 156.5 | 307.3 | 365.5 |
| 4.5 | 14.9 | | | 5.0 | |
| 111.9 | 53.9 | 44.5 | 74.3 | 205.6 | 238.2 |
| 13.2 | 12.0 | 4.4 | 28.3 | 11.2 | 11.1 |
| **20219.5** | **10784.2** | **15566.8** | **20279.6** | **25912.8** | **34856.9** |
| 4952.2 | 2881.3 | 4145.1 | 5018.2 | 6428.4 | 7537.3 |
| 1768.1 | 903.1 | 1400.2 | 1894.8 | 2207.3 | 2968.6 |
| 3680.3 | 2114.3 | 2757.9 | 3559.7 | 4837.7 | 6247.1 |
| 1257.1 | 525.8 | 741.0 | 1259.5 | 1807.3 | 2493.5 |
| 3470.9 | 1647.5 | 3267.7 | 3673.9 | 4243.3 | 5437.3 |
| 2629.7 | 1535.3 | 2044.9 | 2447.0 | 3139.6 | 4798.0 |
| 1936.6 | 1018.3 | 908.4 | 1839.8 | 2529.9 | 4267.0 |
| 524.5 | 158.6 | 301.6 | 586.7 | 719.2 | 1108.0 |
| | | | | | -- |
| 29472.3 | 9535.1 | 18284.0 | 27792.7 | 41104.1 | 65038.4 |
| 19568.7 | 6894.9 | 13229.6 | 17864.0 | 25957.1 | 43000.9 |
| 3062.3 | 1876.4 | 3644.8 | 4521.4 | 2514.2 | 2854.9 |
| 237.9 | 284.0 | 285.3 | 224.9 | 278.4 | 69.6 |
| 571.3 | 192.4 | 396.1 | 665.2 | 829.2 | 995.4 |
| 2253.1 | 1400.0 | 2963.4 | 3631.4 | 1406.7 | 1789.8 |
| 1269.8 | 579.2 | 923.3 | 1266.4 | 1637.1 | 2415.1 |
| 5571.6 | 184.6 | 486.3 | 4140.8 | 10995.7 | 16767.5 |
| 28188.2 | 9130.9 | 17554.7 | 26732.4 | 39492.2 | 61701.9 |
| 1284.1 | 404.2 | 729.2 | 1060.3 | 1611.9 | 3336.5 |

## 2-48 续表 5

| 指标名称 | Indicator | 单位 | unit |
| --- | --- | --- | --- |
| **食品消费情况** | **Basic Statistics of Consumption of Major Goods** | -- | -- |
| 一、粮食消费量 | Grain Crops | 公斤/人 | kg/person |
| (一)谷物消费量 | Cereal | 公斤/人 | kg/person |
| #1.小麦 | Wheat | 公斤/人 | kg/person |
| 2.稻谷 | Rice | 公斤/人 | kg/person |
| (二)薯类消费量 | Tubers | 公斤/人 | kg/person |
| (三)豆类消费量 | Soybeans | 公斤/人 | kg/person |
| 二、油脂类消费量 | Oil and Fat | 公斤/人 | kg/person |
| 三、蔬菜及菜制品消费量 | Vegetables and Related Products | 公斤/人 | kg/person |
| 四、干鲜瓜果类 | Dried and Fresh Melons and Fruits | 公斤/人 | kg/person |
| 五、肉类 | Meat and Related Products | 公斤/人 | kg/person |
| 1.猪肉 | Pork | 公斤/人 | kg/person |
| 2.牛肉 | Beef | 公斤/人 | kg/person |
| 3.羊肉 | Mutton | 公斤/人 | kg/person |
| 4.其他肉类及制品 | Others | 公斤/人 | kg/person |
| 六、禽类 | Poultry | 公斤/人 | kg/person |
| 七、蛋类及蛋制品 | Eggs and Related Products | 公斤/人 | kg/person |
| 八、奶和奶制品 | Milk and Dairy Products | 公斤/人 | kg/person |
| 九、水产品 | Aquatic Products | 公斤/人 | kg/person |
| 十、糖果糕点类 | Sugar and Pastry | 公斤/人 | kg/person |
| 十一、饮料 | Beverage | 公斤/人 | kg/person |
| 十二、酒 | Liquor | 公斤/人 | kg/person |

continued

| 合　计<br>Average | 低收入户20%<br>20% Low Income Households | 较低收入户20%<br>20% Lower Income Households | 中等收入户20%<br>20% Middle Income Households | 较高收入户20%<br>20% Higher Income Households | 高收入户20%<br>20% High Income Households |
|---|---|---|---|---|---|
| -- | -- | -- | -- | -- | -- |
| 95.90 | 96.09 | 91.94 | 90.13 | 105.63 | 97.43 |
| 89.20 | 90.61 | 86.28 | 83.41 | 97.63 | 88.89 |
| 51.32 | 52.19 | 49.03 | 47.95 | 56.68 | 51.42 |
| 35.06 | 36.38 | 34.70 | 32.73 | 37.46 | 33.74 |
| 1.10 | 1.18 | 0.87 | 0.94 | 1.34 | 1.22 |
| 5.60 | 4.29 | 4.80 | 5.79 | 6.66 | 7.32 |
| 7.63 | 6.42 | 6.95 | 7.45 | 9.20 | 8.90 |
| 96.60 | 81.96 | 88.00 | 93.38 | 110.39 | 119.84 |
| 77.88 | 58.34 | 68.92 | 80.50 | 92.83 | 100.57 |
| 17.13 | 12.16 | 14.75 | 18.41 | 21.56 | 21.54 |
| 6.59 | 5.19 | 5.33 | 7.11 | 8.03 | 8.29 |
| 3.91 | 3.02 | 3.64 | 4.01 | 4.81 | 4.52 |
| 5.07 | 3.31 | 4.74 | 5.65 | 6.62 | 5.80 |
| 1.55 | 0.64 | 1.05 | 1.64 | 2.10 | 2.92 |
| 6.10 | 4.51 | 5.74 | 6.11 | 7.45 | 7.52 |
| 6.84 | 5.36 | 5.68 | 6.25 | 8.87 | 9.20 |
| 18.74 | 11.65 | 16.51 | 19.77 | 24.17 | 25.40 |
| 3.79 | 1.89 | 2.99 | 4.22 | 4.79 | 6.19 |
| 4.79 | 3.19 | 4.68 | 5.12 | 5.07 | 6.70 |
| 0.23 | 0.16 | 0.27 | 0.16 | 0.33 | 0.26 |
| 2.69 | 2.28 | 2.69 | 2.65 | 2.41 | 3.68 |

# 2-49 2017年全区城镇居民家庭按人均可支配收入分组资料

| 指标名称 | Item | 单位 | unit |
|---|---|---|---|
| **城镇住户家庭基本情况(绝对数)** | **Basic Statistics of Urban Households(absolute)** | -- | -- |
| 一、调查户数 | Number of Households Surveyed | 户 | household |
| 调查户经营情况 | Basic Statistics of Business of Households Surveyed | -- | -- |
| (一)生产经营户 | Production Households | 户 | household |
| 1.农业户 | Agriculture Households | 户 | household |
| 2.农业兼业户 | Agriculture with Combined Occupations | 户 | household |
| 3.非农业兼业户 | Non-agriculture with Combined Occupations | 户 | household |
| 4.非农业户 | Non-agriculture Households | 户 | household |
| (二)非生产经营户 | Non-production Households | 户 | household |
| 二、生产性固定资产原值(人均) | Original Value of Productive Fixed Assets (per person) | 元 | yuan |
| **城镇住户居住情况(人均)** | **Basic Statistics of Residence of Urban Households (per person)** | -- | -- |
| (一)自有现住房面积 | Floor Space of Living Houses | 平方米 | sq.m |
| (二)自有现住房市场估值 | Value of Living Houses | 元 | yuan |
| **调查户人口与劳动力情况(绝对数)** | **Number of Households Surveyed and Basic Statistics of Labours (absolute)** | -- | -- |
| 一、城镇住户人口与劳动力状况 | Number of Households and Basic Statistics of Labours of Urban Households | -- | -- |
| (一)家庭常住人口 | Number of Permanent Residents in the Households | 人 | person |
| (二)整半劳动力数 | Number of Able-bodied and Semi-able-bodied Labours | 人 | person |
| 其中：男劳动力人数 | Number of Male Labours | 人 | person |
| 其中：整劳动力 | Number of Able-bodied Labours | 人 | person |
| (三)就业劳动力人数 | Number of Employed | 人 | person |
| 其中：1.第一产业 | Primary Industry | 人 | person |
| 2.第二产业 | Secondary Industry | 人 | person |
| 3.第三产业 | Tertiary Industry | 人 | person |
| (四)就业劳动力文化程度 | Culture Level of Employed Labours | -- | -- |
| 1.不识字或识字很少 | Illiterate and Semi-illiterate | 人 | person |
| 2.小学程度 | Primary School | 人 | person |
| 3.初中程度 | Junior Middle School | 人 | person |
| 4.高中程度 | Senior Middle School | 人 | person |
| 5.大专及以上 | College and Higher | 人 | person |
| 6.大学本科 | Bachelor Degree | 人 | person |
| 7.研究生 | Postgraduate | 人 | person |
| **城镇住户食品消费情况(人均)** | **Basic Statistics of Consumption of Major Foods of Urban Households (per person)** | -- | -- |
| 一、粮食消费量 | Grain Crops | 公斤 | kg |
| (一)谷物消费量 | Cereal | 公斤 | kg |
| #1.小麦 | Wheat | 公斤 | kg |
| 2.稻谷 | Rice | 公斤 | kg |
| (二)薯类消费量 | Tubers | 公斤 | kg |
| (三)豆类消费量 | Soybeans | 公斤 | kg |
| 二、油脂类消费量 | Oil and Fat | 公斤 | kg |
| 三、蔬菜及菜制品消费量 | Vegetables and Related Products | 公斤 | kg |
| 四、肉类 | Meat and Related Products | 公斤 | kg |
| 1.猪肉 | Pork | 公斤 | kg |
| 2.牛肉 | Beef | 公斤 | kg |
| 3.羊肉 | Mutton | 公斤 | kg |
| 4.其他肉类及制品 | Others | 公斤 | kg |
| 五、禽类 | Poultry | 公斤 | kg |
| 六、水产品 | Aquatic Products | 公斤 | kg |
| 七、蛋类及蛋制品 | Eggs and Related Products | 公斤 | kg |
| 八、奶和奶制品 | Milk and Dairy Products | 公斤 | kg |
| 九、干鲜瓜果类 | Dried and Fresh Melons and Fruits | 公斤 | kg |
| 十、糖果糕点类 | Sugar and Pastry | 公斤 | kg |
| 十一、饮料 | Beverage | 公斤 | kg |
| 十二、烟叶消费量 | Tobacco | 公斤 | kg |
| 十三、酒 | Liquor | 公斤 | kg |

# Basic Statistics Grouped by Per Capita Disposable Income of Urban Households (2017)

| 总计<br>Total | 5000元以下<br>5000 yuan<br>and Blow | 5000-8000元<br>5000-<br>8000 yuan | 8000-11000元<br>8000-<br>11000 yuan | 11000-14000元<br>11000-<br>14000 yuan | 14000-20000元<br>14000-<br>20000 yuan |
|---|---|---|---|---|---|
| -- | -- | -- | -- | -- | -- |
| 996 | 32 | 52 | 83 | 98 | 149 |
| -- | -- | -- | -- | -- | -- |
| 308 | 17 | 28 | 44 | 46 | 69 |
| 123 | 10 | 17 | 24 | 23 | 23 |
| 14 | 2 | 1 | 4 | 2 | 3 |
| 24 | 1 | 1 | 9 | 3 | 3 |
| 164 | 5 | 11 | 14 | 20 | 40 |
| 587 | 19 | 25 | 44 | 63 | 80 |
| 3877 | 4864 | 5533 | 3045 | 9741 | 3577 |
| 30 | 23 | 23 | 22 | 25 | 25 |
| 10 | 4 | 5 | 5 | 6 | 7 |
| -- | -- | -- | -- | -- | -- |
| -- | -- | -- | -- | -- | -- |
| 3170 | 120 | 212 | 340 | 353 | 532 |
| 2125 | 71 | 110 | 188 | 215 | 343 |
| 1054 | 38 | 57 | 95 | 102 | 171 |
| 1229 | 43 | 81 | 139 | 150 | 243 |
| 1503 | 53 | 79 | 141 | 160 | 259 |
| 164 | 17 | 23 | 29 | 28 | 24 |
| 398 | 17 | 22 | 45 | 48 | 68 |
| 941 | 19 | 34 | 67 | 84 | 167 |
| -- | -- | -- | -- | -- | -- |
| 113 | 17 | 7 | 18 | 9 | 22 |
| 323 | 25 | 36 | 45 | 47 | 58 |
| 680 | 21 | 47 | 77 | 89 | 149 |
| 412 | 5 | 13 | 30 | 44 | 72 |
| 343 | 2 | 6 | 17 | 21 | 32 |
| 245 | 1 | 1 | 2 | 5 | 10 |
| 9 | | | | | |
| -- | -- | -- | -- | -- | -- |
| 96 | 116 | 90 | 102 | 89 | 94 |
| 89 | 111 | 85 | 97 | 83 | 89 |
| 51 | 66 | 47 | 54 | 49 | 51 |
| 35 | 44 | 35 | 41 | 31 | 35 |
| 1 | 1 | 2 | 1 | 1 | 1 |
| 6 | 4 | 3 | 4 | 5 | 5 |
| 8 | 9 | 6 | 7 | 6 | 7 |
| 97 | 104 | 73 | 81 | 81 | 85 |
| 17 | 9 | 11 | 13 | 13 | 14 |
| 7 | 5 | 3 | 5 | 6 | 5 |
| 4 | 3 | 3 | 3 | 3 | 3 |
| 5 | 1 | 4 | 4 | 3 | 4 |
| 2 | 0 | 1 | 1 | 1 | 1 |
| 6 | 5 | 5 | 4 | 4 | 6 |
| 4 | 1 | 2 | 2 | 2 | 3 |
| 7 | 5 | 4 | 5 | 7 | 5 |
| 19 | 10 | 11 | 10 | 14 | 17 |
| 78 | 44 | 57 | 59 | 61 | 69 |
| 5 | 2 | 3 | 3 | 4 | 5 |
| 0 | 0 | 0 | 0 | 0 | 0 |
| 21 | 8 | 10 | 13 | 23 | 18 |
| 3 | 4 | 1 | 2 | 2 | 3 |

2-49 续表 1

| 指 标 名 称 | Item | 单位 | unit |
|---|---|---|---|
| **城镇住户总收入与总支出(人均)** | **Total Revenue and Expenditure of Urban Households (per person)** | -- | -- |
| 一、总收入 | Total Revenue | 元 | yuan |
| (一)工资性收入 | Wage Income | 元 | yuan |
| (二)经营性收入 | Household Business Income | 元 | yuan |
| 1.第一产业经营收入 | Primary Industry | 元 | yuan |
| (1)农业收入 | Farming | 元 | yuan |
| (2)林业收入 | Forestry | 元 | yuan |
| (3)牧业收入 | Animal Husbandry | 元 | yuan |
| (4)渔业收入 | Fishery | 元 | yuan |
| 2.第二产业经营收入 | Secondary Industry | 元 | yuan |
| 3.第三产业经营收入 | Tertiary Industry | 元 | yuan |
| (三)财产性收入 | Property Income | 元 | yuan |
| (四)转移性收入 | Transfer Income | 元 | yuan |
| 二、总支出 | Total Expenditure | 元 | yuan |
| (一)生产经营费用支出 | Expenditure for Household Business | 元 | yuan |
| 1.第一产业生产费用支出 | Primary Industry | 元 | yuan |
| (1)农业生产费用支出 | Farming | 元 | yuan |
| (2)林业生产费用支出 | Forestry | 元 | yuan |
| (3)牧业生产费用支出 | Animal Husbandry | 元 | yuan |
| (4)渔业生产费用支出 | Fishery | 元 | yuan |
| 2.第二产业生产费用支出 | Secondary Industry | 元 | yuan |
| 3.第三产业生产费用支出 | Tertiary Industry | 元 | yuan |
| (二)购置生产性固定资产支出 | Expenditure for Purchasing Productive Fixed Assets | 元 | yuan |
| (三)生活消费支出 | Living Expenditure | 元 | yuan |
| 1.食品消费支出 | Food | 元 | yuan |
| 2.衣着消费支出 | Clothing | 元 | yuan |
| 3.居住消费支出 | Residence | 元 | yuan |
| 4.家庭设备、用品消费支出 | Household Facilities,Article and Service | 元 | yuan |
| 5.交通和通讯消费支出 | Transport and Telecommunication | 元 | yuan |
| 6.文化教育、娱乐消费支出 | Cultural,Educational,Recreational Article and Services | 元 | yuan |
| 7.医疗保健消费支出 | Medicine and Health Care | 元 | yuan |
| 8.其他商品和服务消费支出 | Other Commodities and Services | 元 | yuan |
| (四)财产性支出 | Property Expenditure | 元 | yuan |
| (五)转移性支出 | Transfer Expenditure | 元 | yuan |
| **城镇住户可支配收入来源(人均)** | **Basic Statistics of Disposable Income of Urban Households (per person)** | -- | -- |
| 一、全年可支配收入 | Annual Disposable Income | 元 | yuan |
| (一)工资性收入 | Wage Income | 元 | yuan |
| (二)经营净收入 | Household Business Income | 元 | yuan |
| 1.第一产业经营净收入 | Primary Industry | 元 | yuan |
| (1)农业收入 | Farming | 元 | yuan |
| (2)林业收入 | Forestry | 元 | yuan |
| (3)牧业收入 | Animal Husbandry | 元 | yuan |
| (4)渔业收入 | Fishery | 元 | yuan |
| 2.非农产业经营净收入 | Non-agriculture | 元 | yuan |
| A.第二产业经营净收入 | Secondary Industry | 元 | yuan |
| B.第三产业经营净收入 | Tertiary Industry | 元 | yuan |
| (三)财产净收入 | Net Income from Property | 元 | yuan |
| (四)转移净收入 | Net Income from Transfer | 元 | yuan |
| 二、全年现金可支配收入 | Annual Cash Disposable Income | 元 | yuan |
| 三、全年实物可支配收入 | Annual Disposable Income in Kind | 元 | yuan |

continued

| 总计<br>Total | 5000元以下<br>5000 yuan<br>and Blow | 5000-8000元<br>5000-<br>8000 yuan | 8000-11000元<br>8000-<br>11000 yuan | 11000-14000元<br>11000-<br>14000 yuan | 14000-20000元<br>14000-<br>20000 yuan |
|---|---|---|---|---|---|
| -- | -- | -- | -- | -- | -- |
| 33583 | 6394 | 14564 | 11956 | 14863 | 19991 |
| 19569 | 3209 | 4189 | 6597 | 9368 | 12466 |
| 4646 | 2195 | 8087 | 3301 | 3771 | 4771 |
| 590 | 1599 | 745 | 826 | 661 | 729 |
| 363 | 742 | 568 | 644 | 442 | 370 |
| 9 | 1 | 10 | 43 | 8 | 6 |
| 218 | 856 | 167 | 139 | 210 | 353 |
| | | | | | |
| 817 | 287 | | 752 | 128 | 545 |
| 3239 | 309 | 7342 | 1723 | 2983 | 3497 |
| 1485 | 329 | 968 | 392 | 813 | 1067 |
| 7884 | 662 | 1320 | 1666 | 911 | 1687 |
| 31729 | 16577 | 21109 | 14985 | 20186 | 21565 |
| 1333 | 1562 | 6678 | 1031 | 713 | 1022 |
| 328 | 1510 | 389 | 366 | 397 | 356 |
| 165 | 317 | 251 | 260 | 200 | 151 |
| 3 | | 4 | 14 | 2 | 2 |
| 160 | 1193 | 135 | 92 | 195 | 204 |
| | | | | | |
| 230 | | | 358 | 11 | 64 |
| 775 | 52 | 6288 | 308 | 305 | 601 |
| 618 | 917 | 8 | 196 | 4434 | 266 |
| 20219 | 9229 | 10133 | 10224 | 11895 | 15185 |
| 4952 | 2520 | 2408 | 2745 | 3292 | 3989 |
| 1768 | 540 | 876 | 808 | 1069 | 1357 |
| 3680 | 2881 | 2170 | 1725 | 2223 | 2614 |
| 1257 | 900 | 454 | 472 | 511 | 765 |
| 3471 | 941 | 1911 | 1468 | 1815 | 3462 |
| 2630 | 757 | 1484 | 1636 | 1697 | 1829 |
| 1937 | 567 | 690 | 1209 | 1113 | 881 |
| 525 | 124 | 140 | 161 | 175 | 286 |
| 1485 | 329 | 968 | 392 | 813 | 1067 |
| 7884 | 662 | 1320 | 1666 | 911 | 1687 |
| -- | -- | -- | | | |
| 29472 | 2121 | 6626 | 9642 | 12582 | 17021 |
| 19569 | 3209 | 4189 | 6597 | 9368 | 12466 |
| 3062 | 309 | 1079 | 2067 | 2409 | 3523 |
| 238 | -102 | 329 | 428 | 232 | 335 |
| 182 | 384 | 297 | 359 | 219 | 192 |
| 7 | 1 | 6 | 29 | 6 | 5 |
| 50 | -487 | 26 | 39 | 7 | 139 |
| | | | | | |
| 2824 | 410 | 750 | 1639 | 2177 | 3188 |
| 571 | 271 | | 379 | 104 | 462 |
| 2253 | 139 | 750 | 1260 | 2073 | 2726 |
| 1270 | 250 | 918 | 308 | 725 | 873 |
| 5572 | -1645 | 440 | 671 | 81 | 159 |
| 28188 | 1939 | 6272 | 8956 | 12315 | 16468 |
| 1284 | 183 | 354 | 686 | 268 | 553 |

## 2-49 续表 2

| 指标名称 | Item | 单位 | unit |
|---|---|---|---|
| **城镇住户家庭基本情况(绝对数)** | **Basic Statistics of Urban Households(absolute)** | -- | -- |
| 一、调查户数 | Number of Households Surveyed | 户 | household |
| 调查户经营情况 | Basic Statistics of Business of Households Surveyed | -- | -- |
| (一)生产经营户 | Production Households | 户 | household |
| 1.农业户 | Agriculture Households | 户 | household |
| 2.农业兼业户 | Agriculture with Combined Occupations | 户 | household |
| 3.非农业兼业户 | Non-agriculture with Combined Occupations | 户 | household |
| 4.非农业户 | Non-agriculture Households | 户 | household |
| (二)非生产经营户 | Non-production Households | 户 | household |
| 二、生产性固定资产原值(人均) | Original Value of Productive Fixed Assets (per person) | 元 | yuan |
| **城镇住户居住情况(人均)** | **Basic Statistics of Residence of Urban Households (per person)** | -- | -- |
| (一)自有现住房面积 | Floor Space of Living Houses | 平方米 | sq.m |
| (二)自有现住房市场估值 | Value of Living Houses | 元 | yuan |
| **调查户人口与劳动力情况(绝对数)** | **Number of Households Surveyed and Basic Statistics of Labours (absolute)** | -- | -- |
| 一、城镇住户人口与劳动力状况 | Number of Households and Basic Statistics of Labours of Urban Households | -- | -- |
| (一)家庭常住人口 | Number of Permanent Residents in the Households | 人 | person |
| (二)整半劳动力数 | Number of Able-bodied and Semi-able-bodied Labours | 人 | person |
| 其中：男劳动力人数 | Number of Male Labours | 人 | person |
| 其中：整劳动力 | Number of Able-bodied Labours | 人 | person |
| (三)就业劳动力人数 | Number of Employed | 人 | person |
| 其中：1.第一产业 | Primary Industry | 人 | person |
| 2.第二产业 | Secondary Industry | 人 | person |
| 3.第三产业 | Tertiary Industry | 人 | person |
| (四)就业劳动力文化程度 | Culture Level of Employed Labours | -- | -- |
| 1.不识字或识字很少 | Illiterate and Semi-illiterate | 人 | person |
| 2.小学程度 | Primary School | 人 | person |
| 3.初中程度 | Junior Middle School | 人 | person |
| 4.高中程度 | Senior Middle School | 人 | person |
| 5.大专及以上 | College and Higher | 人 | person |
| 6.大学本科 | Bachelor Degree | 人 | person |
| 7.研究生 | Postgraduate | 人 | person |
| **城镇住户食品消费情况(人均)** | **Basic Statistics of Consumption of Major Foods of Urban Households (per person)** | -- | -- |
| 一、粮食消费量 | Grain Crops | 公斤 | kg |
| (一)谷物消费量 | Cereal | 公斤 | kg |
| #1.小麦 | Wheat | 公斤 | kg |
| 2.稻谷 | Rice | 公斤 | kg |
| (二)薯类消费量 | Tubers | 公斤 | kg |
| (三)豆类消费量 | Soybeans | 公斤 | kg |
| 二、油脂类消费量 | Oil and Fat | 公斤 | kg |
| 三、蔬菜及菜制品消费量 | Vegetables and Related Products | 公斤 | kg |
| 四、肉类 | Meat and Related Products | 公斤 | kg |
| 1.猪肉 | Pork | 公斤 | kg |
| 2.牛肉 | Beef | 公斤 | kg |
| 3.羊肉 | Mutton | 公斤 | kg |
| 4.其他肉类及制品 | Others | 公斤 | kg |
| 五、禽类 | Poultry | 公斤 | kg |
| 六、水产品 | Aquatic Products | 公斤 | kg |
| 七、蛋类及蛋制品 | Eggs and Related Products | 公斤 | kg |
| 八、奶和奶制品 | Milk and Dairy Products | 公斤 | kg |
| 九、干鲜瓜果类 | Dried and Fresh Melons and Fruits | 公斤 | kg |
| 十、糖果糕点类 | Sugar and Pastry | 公斤 | kg |
| 十一、饮料 | Beverage | 公斤 | kg |
| 十二、烟叶消费量 | Tobacco | 公斤 | kg |
| 十三、酒 | Liquor | 公斤 | kg |

continued

| 20000–26000元<br>20000-<br>26000 yuan | 26000–32000元<br>26000-<br>32000 yuan | 32000–38000元<br>32000-<br>38000 yuan | 38000–44000元<br>38000-<br>44000 yuan | 44000–50000元<br>44000-<br>50000 yuan |
|---|---|---|---|---|
| -- | -- | -- | -- | -- |
| 124 | 85 | 80 | 66 | 67 |
| -- | -- | -- | -- | -- |
| 37 | 21 | 21 | 7 | 5 |
| 8 | 7 | 5 | 2 | 2 |
| 1 | | | 1 | |
| 2 | 4 | | 1 | |
| 29 | 11 | 16 | 4 | 3 |
| 76 | 53 | 44 | 42 | 38 |
| 3000 | 1797 | 5665 | 512 | 2366 |
| | | | | |
| 27 | 30 | 30 | 29 | 34 |
| 9 | 10 | 11 | 11 | 13 |
| -- | -- | -- | -- | -- |
| | | | | |
| -- | -- | -- | -- | -- |
| 401 | 248 | 239 | 178 | 169 |
| 277 | 180 | 167 | 132 | 134 |
| 135 | 89 | 84 | 66 | 66 |
| 171 | 101 | 92 | 66 | 55 |
| 201 | 130 | 111 | 86 | 82 |
| 18 | 12 | 8 | 1 | 3 |
| 59 | 51 | 24 | 26 | 11 |
| 124 | 67 | 80 | 59 | 68 |
| -- | -- | -- | -- | -- |
| 13 | 6 | 6 | 6 | 6 |
| 29 | 23 | 20 | 13 | 13 |
| 108 | 62 | 45 | 25 | 25 |
| 55 | 45 | 33 | 29 | 31 |
| 40 | 30 | 31 | 31 | 35 |
| 30 | 14 | 32 | 28 | 20 |
| 2 | | 1 | | 4 |
| -- | -- | -- | -- | -- |
| | | | | |
| 88 | 88 | 96 | 112 | 100 |
| 82 | 81 | 90 | 104 | 92 |
| 45 | 49 | 52 | 57 | 55 |
| 34 | 30 | 35 | 43 | 34 |
| 1 | 1 | 1 | 1 | 1 |
| 5 | 6 | 6 | 6 | 7 |
| 7 | 7 | 8 | 10 | 9 |
| 94 | 92 | 97 | 114 | 123 |
| 16 | 19 | 18 | 24 | 22 |
| 6 | 8 | 7 | 9 | 8 |
| 4 | 4 | 4 | 5 | 5 |
| 5 | 6 | 6 | 8 | 6 |
| 1 | 2 | 1 | 2 | 3 |
| 5 | 6 | 7 | 9 | 7 |
| 4 | 5 | 4 | 5 | 6 |
| 6 | 7 | 7 | 10 | 9 |
| 18 | 19 | 19 | 26 | 27 |
| 74 | 78 | 89 | 85 | 100 |
| 5 | 5 | 4 | 6 | 5 |
| 0 | 0 | 0 | 0 | 0 |
| 19 | 23 | 16 | 31 | 30 |
| 2 | 4 | 2 | 2 | 3 |

# 2-49 续表 3

| 指标名称 | Item | 单位 | unit |
|---|---|---|---|
| **城镇住户总收入与总支出(人均)** | **Total Revenue and Expenditure of Urban Households (per person)** | -- | -- |
| 一、总收入 | Total Revenue | 元 | yuan |
| (一)工资性收入 | Wage Income | 元 | yuan |
| (二)经营性收入 | Household Business Income | 元 | yuan |
| 1.第一产业经营收入 | Primary Industry | 元 | yuan |
| (1)农业收入 | Farming | 元 | yuan |
| (2)林业收入 | Forestry | 元 | yuan |
| (3)牧业收入 | Animal Husbandry | 元 | yuan |
| (4)渔业收入 | Fishery | 元 | yuan |
| 2.第二产业经营收入 | Secondary Industry | 元 | yuan |
| 3.第三产业经营收入 | Tertiary Industry | 元 | yuan |
| (三)财产性收入 | Property Income | 元 | yuan |
| (四)转移性收入 | Transfer Income | 元 | yuan |
| 二、总支出 | Total Expenditure | 元 | yuan |
| (一)生产经营费用支出 | Expenditure for Household Business | 元 | yuan |
| 1.第一产业生产费用支出 | Primary Industry | 元 | yuan |
| (1)农业生产费用支出 | Farming | 元 | yuan |
| (2)林业生产费用支出 | Forestry | 元 | yuan |
| (3)牧业生产费用支出 | Animal Husbandry | 元 | yuan |
| (4)渔业生产费用支出 | Fishery | 元 | yuan |
| 2.第二产业生产费用支出 | Secondary Industry | 元 | yuan |
| 3.第三产业生产费用支出 | Tertiary Industry | 元 | yuan |
| (二)购置生产性固定资产支出 | Expenditure for Purchasing Productive Fixed Assets | 元 | yuan |
| (三)生活消费支出 | Living Expenditure | 元 | yuan |
| 1.食品消费支出 | Food | 元 | yuan |
| 2.衣着消费支出 | Clothing | 元 | yuan |
| 3.居住消费支出 | Residence | 元 | yuan |
| 4.家庭设备、用品消费支出 | Household Facilities,Article and Service | 元 | yuan |
| 5.交通和通讯消费支出 | Transport and Telecommunication | 元 | yuan |
| 6.文化教育、娱乐消费支出 | Cultural,Educational,Recreational Article and Services | 元 | yuan |
| 7.医疗保健消费支出 | Medicine and Health Care | 元 | yuan |
| 8.其他商品和服务消费支出 | Other Commodities and Services | 元 | yuan |
| (四)财产性支出 | Property Expenditure | 元 | yuan |
| (五)转移性支出 | Transfer Expenditure | 元 | yuan |
| **城镇住户可支配收入来源(人均)** | **Basic Statistics of Disposable Income of Urban Households (per person)** | -- | -- |
| 一、全年可支配收入 | Annual Disposable Income | 元 | yuan |
| (一)工资性收入 | Wage Income | 元 | yuan |
| (二)经营净收入 | Household Business Income | 元 | yuan |
| 1.第一产业经营净收入 | Primary Industry | 元 | yuan |
| (1)农业收入 | Farming | 元 | yuan |
| (2)林业收入 | Forestry | 元 | yuan |
| (3)牧业收入 | Animal Husbandry | 元 | yuan |
| (4)渔业收入 | Fishery | 元 | yuan |
| 2.非农产业经营净收入 | Non-agriculture | 元 | yuan |
| A.第二产业经营净收入 | Secondary Industry | 元 | yuan |
| B.第三产业经营净收入 | Tertiary Industry | 元 | yuan |
| (三)财产净收入 | Net Income from Property | 元 | yuan |
| (四)转移净收入 | Net Income from Transfer | 元 | yuan |
| 二、全年现金可支配收入 | Annual Cash Disposable Income | 元 | yuan |
| 三、全年实物可支配收入 | Annual Disposable Income in Kind | 元 | yuan |

continued

| 20000–26000元<br>20000-<br>26000 yuan | 26000–32000元<br>26000-<br>32000 yuan | 32000–38000元<br>32000-<br>38000 yuan | 38000–44000元<br>38000-<br>44000 yuan | 44000–50000元<br>44000-<br>50000 yuan |
|---:|---:|---:|---:|---:|
| -- | -- | -- | -- | -- |
| 26469 | 32063 | 39098 | 44658 | 50954 |
| 16310 | 18073 | 23855 | 26117 | 27955 |
| 5851 | 4584 | 5747 | 2355 | 3260 |
| 522 | 717 | 323 | 122 | 1274 |
| 228 | 298 | 56 | 43 | 1274 |
| 0 | 35 | 1 | 5 | |
| 293 | 384 | 266 | 73 | |
| | | | | |
| 607 | 976 | 825 | 1248 | |
| 4723 | 2891 | 4598 | 985 | 1986 |
| 1107 | 2128 | 1712 | 1475 | 1976 |
| 3201 | 7279 | 7783 | 14711 | 17763 |
| 25208 | 31448 | 42414 | 35794 | 39070 |
| 1531 | 653 | 904 | 354 | 746 |
| 325 | 372 | 135 | 99 | 746 |
| 101 | 120 | 21 | 33 | 745 |
| 4 | 1 | | 1 | |
| 221 | 252 | 114 | 65 | 1 |
| | | | | |
| 95 | 95 | 1 | 36 | |
| 1111 | 186 | 768 | 218 | |
| 16 | 295 | 46 | | |
| 17823 | 19378 | 25947 | 24133 | 27751 |
| 4491 | 5158 | 5523 | 6530 | 7296 |
| 1643 | 1705 | 2318 | 2270 | 2219 |
| 3414 | 3596 | 5118 | 4100 | 4437 |
| 818 | 1346 | 2311 | 1323 | 1487 |
| 3574 | 2768 | 4726 | 4378 | 4251 |
| 2275 | 2615 | 3103 | 2756 | 3565 |
| 1185 | 1592 | 2215 | 2369 | 3359 |
| 422 | 598 | 632 | 407 | 1137 |
| 1107 | 2128 | 1712 | 1475 | 1976 |
| 3201 | 7279 | 7783 | 14711 | 17763 |
| | | | | |
| 22777 | 28990 | 34999 | 40866 | 46448 |
| 16310 | 18073 | 23855 | 26117 | 27955 |
| 4142 | 3811 | 4483 | 1967 | 2356 |
| 182 | 333 | 179 | 12 | 491 |
| 120 | 168 | 32 | 3 | 491 |
| -3 | 34 | 1 | 3 | |
| 65 | 131 | 146 | 6 | -1 |
| | | | | |
| 3961 | 3478 | 4304 | 1955 | 1866 |
| 505 | 836 | 796 | 1205 | |
| 3456 | 2642 | 3508 | 750 | 1866 |
| 903 | 1685 | 1467 | 1402 | 1756 |
| 1422 | 5421 | 5194 | 11380 | 14380 |
| 21750 | 27723 | 34016 | 39257 | 44508 |
| 1027 | 1267 | 982 | 1610 | 1940 |

## 2-49 续表 4

| 指 标 名 称 | Item | 单位 | unit |
|---|---|---|---|
| **城镇住户家庭基本情况(绝对数)** | **Basic Statistics of Urban Households(absolute)** | -- | -- |
| 一、调查户数 | Number of Households Surveyed | 户 | household |
| 调查户经营情况 | Basic Statistics of Business of Households Surveyed | -- | -- |
| (一)生产经营户 | Production Households | 户 | household |
| 1.农业户 | Agriculture Households | 户 | household |
| 2.农业兼业户 | Agriculture with Combined Occupations | 户 | household |
| 3.非农业兼业户 | Non-agriculture with Combined Occupations | 户 | household |
| 4.非农业户 | Non-agriculture Households | 户 | household |
| (二)非生产经营户 | Non-production Households | 户 | household |
| 二、生产性固定资产原值(人均) | Original Value of Productive Fixed Assets (per person) | 元 | yuan |
| **城镇住户居住情况(人均)** | **Basic Statistics of Residence of Urban Households (per person)** | -- | -- |
| (一)自有现住房面积 | Floor Space of Living Houses | 平方米 | sq.m |
| (二)自有现住房市场估值 | Value of Living Houses | 元 | yuan |
| **调查户人口与劳动力情况(绝对数)** | **Number of Households Surveyed and Basic Statistics of Labours (absolute)** | -- | -- |
| 一、城镇住户人口与劳动力状况 | Number of Households and Basic Statistics of Labours of Urban Households | -- | -- |
| (一)家庭常住人口 | Number of Permanent Residents in the Households | 人 | person |
| (二)整半劳动力数 | Number of Able-bodied and Semi-able-bodied Labours | 人 | person |
| 其中：男劳动力人数 | Number of Male Labours | 人 | person |
| 其中：整劳动力 | Number of Able-bodied Labours | 人 | person |
| (三)就业劳动力人数 | Number of Employed | 人 | person |
| 其中：1.第一产业 | Primary Industry | 人 | person |
| 2.第二产业 | Secondary Industry | 人 | person |
| 3.第三产业 | Tertiary Industry | 人 | person |
| (四)就业劳动力文化程度 | Culture Level of Employed Labours | -- | -- |
| 1.不识字或识字很少 | Illiterate and Semi-illiterate | 人 | person |
| 2.小学程度 | Primary School | 人 | person |
| 3.初中程度 | Junior Middle School | 人 | person |
| 4.高中程度 | Senior Middle School | 人 | person |
| 5.大专及以上 | College and Higher | 人 | person |
| 6.大学本科 | Bachelor Degree | 人 | person |
| 7.研究生 | Postgraduate | 人 | person |
| **城镇住户食品消费情况(人均)** | **Basic Statistics of Consumption of Major Foods of Urban Households (per person)** | -- | -- |
| 一、粮食消费量 | Grain Crops | 公斤 | kg |
| (一)谷物消费量 | Cereal | 公斤 | kg |
| #1.小麦 | Wheat | 公斤 | kg |
| 2.稻谷 | Rice | 公斤 | kg |
| (二)薯类消费量 | Tubers | 公斤 | kg |
| (三)豆类消费量 | Soybeans | 公斤 | kg |
| 二、油脂类消费量 | Oil and Fat | 公斤 | kg |
| 三、蔬菜及菜制品消费量 | Vegetables and Related Products | 公斤 | kg |
| 四、肉类 | Meat and Related Products | 公斤 | kg |
| 1.猪肉 | Pork | 公斤 | kg |
| 2.牛肉 | Beef | 公斤 | kg |
| 3.羊肉 | Mutton | 公斤 | kg |
| 4.其他肉类及制品 | Others | 公斤 | kg |
| 五、禽类 | Poultry | 公斤 | kg |
| 六、水产品 | Aquatic Products | 公斤 | kg |
| 七、蛋类及蛋制品 | Eggs and Related Products | 公斤 | kg |
| 八、奶和奶制品 | Milk and Dairy Products | 公斤 | kg |
| 九、干鲜瓜果类 | Dried and Fresh Melons and Fruits | 公斤 | kg |
| 十、糖果糕点类 | Sugar and Pastry | 公斤 | kg |
| 十一、饮料 | Beverage | 公斤 | kg |
| 十二、烟叶消费量 | Tobacco | 公斤 | kg |
| 十三、酒 | Liquor | 公斤 | kg |

continued

| 50000–60000元<br>50000-<br>60000 yuan | 60000–70000元<br>60000-<br>70000 yuan | 70000–80000元<br>70000-<br>80000 yuan | 80000–100000元<br>80000-<br>100000 yuan | 100000元以上<br>100000 yuan<br>and Over |
|---:|---:|---:|---:|---:|
| -- | -- | -- | -- | -- |
| 66 | 44 | 28 | 14 | 8 |
| -- | -- | -- | -- | -- |
| 6 | 4 | 1 | | 2 |
| 2 | | | | |
| | | | | |
| | | | | |
| 4 | 4 | 1 | | 2 |
| 43 | 27 | 14 | 13 | 6 |
| 1537 | 2395 | 64 | | 42374 |
| -- | -- | -- | -- | -- |
| 41 | 48 | 41 | 50 | 67 |
| 14 | 22 | 17 | 20 | 20 |
| -- | -- | -- | -- | -- |
| | | | | |
| -- | -- | -- | -- | -- |
| 167 | 104 | 60 | 31 | 16 |
| 126 | 83 | 56 | 28 | 15 |
| 62 | 40 | 28 | 14 | 7 |
| 54 | 26 | 7 | 1 | 1 |
| 83 | 55 | 29 | 22 | 11 |
| 1 | | | | |
| 13 | 10 | 1 | 1 | 2 |
| 69 | 45 | 28 | 21 | 9 |
| -- | -- | -- | -- | -- |
| 3 | | | | |
| 9 | 1 | 3 | | 2 |
| 16 | 8 | 4 | 3 | 1 |
| 21 | 16 | 13 | 6 | |
| 45 | 22 | 17 | 7 | 7 |
| 32 | 35 | 18 | 12 | 5 |
| | 1 | 1 | | |
| -- | -- | -- | -- | -- |
| | | | | |
| 99 | 85 | 117 | 96 | 139 |
| 89 | 79 | 105 | 92 | 133 |
| 52 | 47 | 58 | 57 | 65 |
| 33 | 28 | 43 | 32 | 64 |
| 1 | 1 | 2 | 1 | 1 |
| 9 | 5 | 11 | 4 | 5 |
| 8 | 7 | 14 | 10 | 10 |
| 109 | 109 | 154 | 111 | 145 |
| 21 | 19 | 27 | 23 | 32 |
| 7 | 8 | 12 | 8 | 11 |
| 5 | 3 | 5 | 4 | 6 |
| 5 | 6 | 6 | 8 | 12 |
| 3 | 3 | 4 | 4 | 3 |
| 8 | 6 | 9 | 7 | 6 |
| 5 | 6 | 10 | 3 | 8 |
| 9 | 9 | 10 | 7 | 9 |
| 22 | 27 | 35 | 16 | 24 |
| 100 | 86 | 128 | 126 | 119 |
| 7 | 6 | 8 | 6 | 4 |
| 0 | 0 | 0 | 0 | 0 |
| 26 | 36 | 29 | 20 | 45 |
| 2 | 7 | 3 | 3 | 4 |

## 2-49 续表 5

| 指 标 名 称 | Item | 单位 | unit |
|---|---|---|---|
| **城镇住户总收入与总支出(人均)** | **Total Revenue and Expenditure of Urban Households (per person)** | -- | -- |
| 一、总收入 | Total Revenue | 元 | yuan |
| (一)工资性收入 | Wage Income | 元 | yuan |
| (二)经营性收入 | Household Business Income | 元 | yuan |
| 1.第一产业经营收入 | Primary Industry | 元 | yuan |
| (1)农业收入 | Farming | 元 | yuan |
| (2)林业收入 | Forestry | 元 | yuan |
| (3)牧业收入 | Animal Husbandry | 元 | yuan |
| (4)渔业收入 | Fishery | 元 | yuan |
| 2.第二产业经营收入 | Secondary Industry | 元 | yuan |
| 3.第三产业经营收入 | Tertiary Industry | 元 | yuan |
| (三)财产性收入 | Property Income | 元 | yuan |
| (四)转移性收入 | Transfer Income | 元 | yuan |
| 二、总支出 | Total Expenditure | 元 | yuan |
| (一)生产经营费用支出 | Expenditure for Household Business | 元 | yuan |
| 1.第一产业生产费用支出 | Primary Industry | 元 | yuan |
| (1)农业生产费用支出 | Farming | 元 | yuan |
| (2)林业生产费用支出 | Forestry | 元 | yuan |
| (3)牧业生产费用支出 | Animal Husbandry | 元 | yuan |
| (4)渔业生产费用支出 | Fishery | 元 | yuan |
| 2.第二产业生产费用支出 | Secondary Industry | 元 | yuan |
| 3.第三产业生产费用支出 | Tertiary Industry | 元 | yuan |
| (二)购置生产性固定资产支出 | Expenditure for Purchasing Productive Fixed Assets | 元 | yuan |
| (三)生活消费支出 | Living Expenditure | 元 | yuan |
| 1.食品消费支出 | Food | 元 | yuan |
| 2.衣着消费支出 | Clothing | 元 | yuan |
| 3.居住消费支出 | Residence | 元 | yuan |
| 4.家庭设备、用品消费支出 | Household Facilities,Article and Service | 元 | yuan |
| 5.交通和通讯消费支出 | Transport and Telecommunication | 元 | yuan |
| 6.文化教育、娱乐消费支出 | Cultural,Educational,Recreational Article and Services | 元 | yuan |
| 7.医疗保健消费支出 | Medicine and Health Care | 元 | yuan |
| 8.其他商品和服务消费支出 | Other Commodities and Services | 元 | yuan |
| (四)财产性支出 | Property Expenditure | 元 | yuan |
| (五)转移性支出 | Transfer Expenditure | 元 | yuan |
| **城镇住户可支配收入来源(人均)** | **Basic Statistics of Disposable Income of Urban Households (per person)** | -- | -- |
| 一、全年可支配收入 | Annual Disposable Income | 元 | yuan |
| (一)工资性收入 | Wage Income | 元 | yuan |
| (二)经营净收入 | Household Business Income | 元 | yuan |
| 1.第一产业经营净收入 | Primary Industry | 元 | yuan |
| (1)农业收入 | Farming | 元 | yuan |
| (2)林业收入 | Forestry | 元 | yuan |
| (3)牧业收入 | Animal Husbandry | 元 | yuan |
| (4)渔业收入 | Fishery | 元 | yuan |
| 2.非农产业经营净收入 | Non-agriculture | 元 | yuan |
| A.第二产业经营净收入 | Secondary Industry | 元 | yuan |
| B.第三产业经营净收入 | Tertiary Industry | 元 | yuan |
| (三)财产净收入 | Net Income from Property | 元 | yuan |
| (四)转移净收入 | Net Income from Transfer | 元 | yuan |
| 二、全年现金可支配收入 | Annual Cash Disposable Income | 元 | yuan |
| 三、全年实物可支配收入 | Annual Disposable Income in Kind | 元 | yuan |

continued

| 50000–60000元 50000-60000 yuan | 60000–70000元 60000-70000 yuan | 70000–80000元 70000-80000 yuan | 80000–100000元 80000-100000 yuan | 100000元以上 100000 yuan and Over |
|---|---|---|---|---|
| -- | -- | -- | -- | -- |
| 59761 | 70877 | 78948 | 95429 | 160442 |
| 39237 | 43496 | 35689 | 69204 | 58586 |
| 2720 | 2131 | 636 | | 66231 |
| 233 | | | | |
| 228 | | | | |
| | | | | |
| 5 | | | | |
| | | | | |
| | | | | 45144 |
| 2487 | 2131 | 636 | | 21087 |
| 1939 | 3641 | 3474 | 1866 | 6608 |
| 15865 | 21610 | 39149 | 24359 | 29017 |
| 47238 | 62437 | 56406 | 58022 | 168946 |
| 527 | 601 | 52 | | 29048 |
| 54 | | 11 | | |
| 53 | | | | |
| | | 11 | | |
| 1 | | | | |
| | | | | |
| | | | | 23070 |
| 474 | 601 | 40 | | 5978 |
| 1137 | | | | |
| 30191 | 39853 | 39984 | 35000 | 41145 |
| 7081 | 7241 | 8676 | 7565 | 10198 |
| 2932 | 3105 | 2903 | 4276 | 2596 |
| 5128 | 8248 | 6368 | 6313 | 6294 |
| 2106 | 3333 | 2377 | 3860 | 2034 |
| 3880 | 8514 | 3890 | 3711 | 8502 |
| 5630 | 4354 | 3811 | 3459 | 6465 |
| 2432 | 4069 | 10362 | 4996 | 3060 |
| 1002 | 990 | 1597 | 820 | 1996 |
| 1939 | 3641 | 3474 | 1866 | 6608 |
| 15865 | 21610 | 39149 | 24359 | 29017 |
| | | | | |
| 54696 | 64264 | 74585 | 86913 | 119128 |
| 39237 | 43496 | 35689 | 69204 | 58586 |
| 2090 | 1370 | 580 | | 34358 |
| 178 | | -11 | | |
| 174 | | | | |
| | | -11 | | |
| 4 | | | | |
| | | | | |
| 1912 | 1370 | 591 | | 34358 |
| | | | | 21841 |
| 1912 | 1370 | 591 | | 12517 |
| 1743 | 3139 | 3028 | 1425 | 5744 |
| 11626 | 16259 | 35288 | 16284 | 20441 |
| 52575 | 60751 | 66724 | 84014 | 118874 |
| 2121 | 3513 | 7862 | 2899 | 254 |

# 2-50 2017年各市县城镇居民人均可支配收入

# Per Capita Annual Disposable Income of Urban Households by City and County (2017)

单位：元 (yuan)

| 市 县 | Region | 2017 | 2016 | 增 量<br>Increment | 增 长<br>Growth(%) |
|---|---|---|---|---|---|
| **全 区** | **Total** | **29472** | **27153** | **2319** | **8.5** |
| **沿黄地区** | **Plain** | **30540** | **28172** | **2368** | **8.4** |
| **中南部地区** | **Mountain Area** | **23383** | **21534** | **1850** | **8.6** |
| **银川市** | **Yinchuan** | **32981** | **30478** | **2503** | **8.2** |
| 兴庆区 | Xingqing | 35452 | 32781 | 2671 | 8.1 |
| 西夏区 | Xixia | 26985 | 24976 | 2009 | 8.0 |
| 金凤区 | Jinfeng | 35560 | 32734 | 2826 | 8.6 |
| 永宁县 | Yongning | 29211 | 26948 | 2263 | 8.4 |
| 贺兰县 | Helan | 28641 | 26468 | 2173 | 8.2 |
| 灵武市 | Lingwu | 30624 | 28329 | 2295 | 8.1 |
| **石嘴山市** | **Shizuishan** | **28186** | **25970** | **2216** | **8.5** |
| 大武口区 | Dawukou | 31365 | 28855 | 2510 | 8.7 |
| 惠农区 | Huinong | 25056 | 23110 | 1946 | 8.4 |
| 平罗县 | Pingluo | 24606 | 22738 | 1868 | 8.2 |
| **吴忠市** | **Wuzhong** | **25364** | **23351** | **2012** | **8.6** |
| 利通区 | Litong | 27387 | 25303 | 2084 | 8.2 |
| 红寺堡区 | Hongsipu | 21195 | 19412 | 1783 | 9.2 |
| 盐池县 | Yanchi | 24677 | 22673 | 2004 | 8.8 |
| 同心县 | Tongxin | 22101 | 20277 | 1824 | 9.0 |
| 青铜峡市 | Qingtongxia | 25547 | 23633 | 1914 | 8.1 |
| **固原市** | **Guyuan** | **24628** | **22717** | **1911** | **8.4** |
| 原州区 | Yuanzhou | 26258 | 24154 | 2105 | 8.7 |
| 西吉县 | Xiji | 23240 | 21411 | 1829 | 8.5 |
| 隆德县 | Longde | 21732 | 20047 | 1684 | 8.4 |
| 泾源县 | Jingyuan | 22918 | 21158 | 1759 | 8.3 |
| 彭阳县 | Pengyang | 23345 | 21612 | 1733 | 8.0 |
| **中卫市** | **Zhongwei** | **25344** | **23277** | **2068** | **8.9** |
| 沙坡头区 | Shapotou | 26488 | 24339 | 2149 | 8.8 |
| 中宁县 | Zhongning | 25293 | 23141 | 2152 | 9.3 |
| 海原县 | Haiyuan | 22346 | 20592 | 1755 | 8.5 |

# 2-51 主要年份各市县城镇居民人均可支配收入

# Per Capita Annual Disposable Income of Urban Households by City and County in Main Years

单位：元，% (yuan, %)

| 地 区 | Region | 2010 | | 2011 | | 2012 | | 2013 | |
|---|---|---|---|---|---|---|---|---|---|
| | | 收入水平 Income | 比上年增长 Growth | 收入水平 Income | 比上年增长 Growth | 收入水平 Income | 比上年增长 Growth | 收入水平 Income | 比上年增长 Growth |
| **全　区** | **Total** | **15093** | **9.4** | **17291** | **14.6** | **19507** | **12.8** | **21476** | **10.1** |
| **沿黄地区** | **Plain** | **15716** | **--** | **18011** | **14.6** | **20262** | **12.5** | **22288** | **10.0** |
| **中南部地区** | **Mountain Area** | **11935** | **--** | **13618** | **14.1** | **15430** | **13.3** | **17003** | **10.2** |
| **银川市** | **Yinchuan** | **16958** | **8.9** | **19335** | **14.0** | **21769** | **12.6** | **23940** | **10.0** |
| 兴庆区 | Xingqing | 18523 | -- | 21120 | 14.0 | 23680 | 12.1 | 25835 | 9.1 |
| 西夏区 | Xixia | 13660 | -- | 15575 | 14.0 | 17641 | 13.3 | 19563 | 10.9 |
| 金凤区 | Jinfeng | 17736 | -- | 20222 | 14.0 | 22795 | 12.7 | 25530 | 12.0 |
| 永宁县 | Yongning | 15023 | -- | 16959 | 12.9 | 19252 | 13.5 | 21177 | 10.0 |
| 贺兰县 | Helan | 14796 | -- | 16890 | 14.2 | 19117 | 13.2 | 20906 | 9.4 |
| 灵武市 | Lingwu | 15637 | -- | 17867 | 14.3 | 20300 | 13.6 | 22405 | 10.4 |
| **石嘴山市** | **Shizuishan** | **14408** | **9.6** | **16702** | **15.9** | **18906** | **13.2** | **20703** | **9.5** |
| 大武口区 | Dawukou | 15871 | -- | 18397 | 15.9 | 20800 | 13.1 | 22734 | 9.3 |
| 惠农区 | Huinong | 12883 | -- | 14934 | 15.9 | 16777 | 12.3 | 18437 | 9.9 |
| 平罗县 | Pingluo | 13009 | -- | 14769 | 13.5 | 16719 | 13.2 | 18308 | 9.5 |
| **吴忠市** | **Wuzhong** | **12940** | **9.5** | **14720** | **13.7** | **16674** | **13.3** | **18298** | **9.7** |
| 利通区 | Litong | 14084 | -- | 16122 | 14.5 | 18206 | 12.9 | 19953 | 9.6 |
| 红寺堡区 | Hongsipu | 10354 | -- | 11879 | 14.7 | 13528 | 13.9 | 15223 | 12.5 |
| 盐池县 | Yanchi | 12494 | -- | 14217 | 13.8 | 16055 | 12.9 | 17653 | 10.0 |
| 同心县 | Tongxin | 10867 | -- | 12337 | 13.5 | 14127 | 14.5 | 15774 | 11.7 |
| 青铜峡市 | Qingtongxia | 12874 | -- | 15112 | 17.4 | 17107 | 13.2 | 18713 | 9.4 |
| **固原市** | **Guyuan** | **12556** | **10.6** | **14322** | **14.1** | **16223** | **13.3** | **18085** | **11.5** |
| 原州区 | Yuanzhou | 13136 | -- | 15029 | 14.4 | 17001 | 13.1 | 19009 | 11.8 |
| 西吉县 | Xiji | 11742 | -- | 13425 | 14.3 | 15207 | 13.3 | 17107 | 12.5 |
| 隆德县 | Longde | 11008 | -- | 12605 | 14.5 | 14348 | 13.8 | 15970 | 11.3 |
| 泾源县 | Jingyuan | 11668 | -- | 13393 | 14.8 | 15189 | 13.4 | 17027 | 12.1 |
| 彭阳县 | Pengyang | 11831 | -- | 13521 | 14.3 | 15361 | 13.6 | 17128 | 11.5 |
| **中卫市** | **Zhongwei** | **12997** | **9.1** | **14750** | **13.5** | **16610** | **12.6** | **18421** | **10.9** |
| 沙坡头区 | Shapotou | 13596 | -- | 15495 | 14.0 | 17487 | 12.9 | 19293 | 10.3 |
| 中宁县 | Zhongning | 13303 | -- | 14689 | 10.4 | 16487 | 12.2 | 18395 | 11.6 |
| 海原县 | Haiyuan | 11062 | -- | 12788 | 15.6 | 14348 | 12.2 | 16223 | 13.1 |

注：1.根据2013年城乡一体化住户调查新口径测算方法，按照年度间收入增幅不变的原则，对2010—2015年的城镇居民收入统一调整为新口径的城镇居民人均可支配收入。

2.2010年以前城镇住户调查主要在五市开展，所辖县区没有开展城镇住户抽样调查，所以2010年各县、区与上年没有对比基数。

Note: 1.According to the integration of urban and rural household survey in 2013 new caliber and the principle of annual revenue growth, urban residents income from 2010 to 2015 unified adjust for the new urban per capita disposible income.

2.Before 2010 the urban household survey mainly carried out in five cities, didn't carry out in county area, so counties and districts base of no comparision with the previous year in 2010.

## 2-51 续表 continued

单位：元，% (yuan, %)

| 市　县 | Region | 2014 收入水平 Income | 2014 比上年增长 Growth | 2015 收入水平 Income | 2015 比上年增长 Growth | 2016 收入水平 Income | 2016 比上年增长 Growth | 2017 收入水平 Income | 2017 比上年增长 Growth |
|---|---|---|---|---|---|---|---|---|---|
| **全　区** | **Total** | **23285** | **8.4** | **25186** | **8.2** | **27153** | **7.8** | **29472** | **8.5** |
| **沿黄地区** | **Plain** | **24160** | **8.4** | **26154** | **8.3** | **28172** | **7.7** | **30540** | **8.4** |
| **中南部地区** | **Mountain Area** | **18449** | **8.5** | **19920** | **8.0** | **21534** | **8.1** | **23383** | **8.6** |
| **银川市** | **Yinchuan** | **26118** | **9.1** | **28261** | **8.2** | **30478** | **7.8** | **32981** | **8.2** |
| 兴庆区 | Xingqing | 28246 | 9.3 | 30514 | 8.0 | 32781 | 7.4 | **35452** | **8.1** |
| 西夏区 | Xixia | 21347 | 9.1 | 23125 | 8.3 | 24976 | 8.0 | 26985 | **8.0** |
| 金凤区 | Jinfeng | 27957 | 9.5 | 30361 | 8.6 | 32734 | 7.8 | 35560 | **8.6** |
| 永宁县 | Yongning | 23017 | 8.7 | 25091 | 9.0 | 26948 | 7.4 | 29211 | **8.4** |
| 贺兰县 | Helan | 22791 | 9.0 | 24548 | 7.7 | 26468 | 7.8 | 28641 | **8.2** |
| 灵武市 | Lingwu | 24310 | 8.5 | 26255 | 8.0 | 28329 | 7.9 | 30624 | **8.1** |
| **石嘴山市** | **Shizuishan** | **22380** | **8.1** | **24168** | **8.0** | **25970** | **7.5** | **28186** | **8.5** |
| 大武口区 | Dawukou | 24671 | 8.5 | 26768 | 8.5 | 28855 | 7.8 | **31365** | **8.7** |
| 惠农区 | Huinong | 19914 | 8.0 | 21495 | 7.9 | 23110 | 7.5 | 25056 | **8.4** |
| 平罗县 | Pingluo | 19736 | 7.8 | 21216 | 7.5 | 22738 | 7.2 | 24606 | **8.2** |
| **吴忠市** | **Wuzhong** | **19853** | **8.5** | **21553** | **8.6** | **23351** | **8.3** | **25364** | **8.6** |
| 利通区 | Litong | 21710 | 8.8 | 23582 | 8.6 | 25303 | 7.3 | **27387** | **8.2** |
| 红寺堡区 | Hongsipu | 16489 | 8.3 | 17875 | 8.4 | 19412 | 8.6 | 21195 | **9.2** |
| 盐池县 | Yanchi | 19157 | 8.5 | 20919 | 9.2 | 22673 | 8.4 | 24677 | **8.8** |
| 同心县 | Tongxin | 17131 | 8.6 | 18758 | 9.5 | 20277 | 8.1 | 22101 | **9.0** |
| 青铜峡市 | Qingtongxia | 20292 | 8.4 | 22003 | 8.4 | 23633 | 7.4 | 25547 | **8.1** |
| **固原市** | **Guyuan** | **19677** | **8.8** | **21144** | **7.5** | **22717** | **7.4** | **24628** | **8.4** |
| 原州区 | Yuanzhou | 20680 | 8.8 | 22463 | 8.6 | 24154 | 7.5 | **26258** | **8.7** |
| 西吉县 | Xiji | 18601 | 8.7 | 19965 | 7.3 | 21411 | 7.2 | 23240 | **8.5** |
| 隆德县 | Longde | 17441 | 9.2 | 18632 | 6.8 | 20047 | 7.6 | 21732 | **8.4** |
| 泾源县 | Jingyuan | 18565 | 9.0 | 19735 | 6.3 | 21158 | 7.2 | 22918 | **8.3** |
| 彭阳县 | Pengyang | 18591 | 8.5 | 20049 | 7.8 | 21612 | 7.8 | 23345 | **8.0** |
| **中卫市** | **Zhongwei** | **19931** | **8.2** | **21604** | **8.4** | **23277** | **7.7** | **25344** | **8.9** |
| 沙坡头区 | Shapotou | 20920 | 8.4 | 22703 | 8.5 | 24339 | 7.2 | **26488** | **8.8** |
| 中宁县 | Zhongning | 19831 | 7.8 | 21481 | 8.3 | 23141 | 7.7 | 25293 | **9.3** |
| 海原县 | Haiyuan | 17570 | 8.3 | 19046 | 8.4 | 20592 | 8.1 | 22346 | **8.5** |

# 主要指标解释

**可支配收入**　指城乡住户可用于最终消费支出和储蓄的总和，即住户可以用来自由支配的收入。可支配收入既包括现金，也包括实物收入。按照收入来源，可支配收入包含四项，分别为：工资性收入、经营净收入、财产净收入、转移净收入。计算公式为：

可支配收入=工资性收入+经营净收入+财产净收入+转移净收入

其中：经营净收入=经营收入-经营费用-生产性固定资产折旧-生产税净额（生产税-生产补贴）

财产净收入=财产性收入-财产性支出

转移净收入=转移性收入-转移性支出

**工资性收入**　指就业人员通过各种途径得到的全部劳动报酬和各种福利，包括受雇于单位或个人、从事各种自由职业、兼职和零星劳动得到的全部劳动报酬和福利。

**经营净收入**　指住户或住户成员从事生产经营活动所获得的净收入，是全部经营收入中扣除经营费用、生产性固定资产折旧和生产税净额（生产税减去生产补贴）之后得到的净收入。

**财产净收入**　指住户或住户成员将其所拥有的金融资产和自然资源交由其他机构单位、住户或个人支配而获得的回报并扣除相关的费用之后得到的净收入。财产净收入包括利息净收入、红利收入、储蓄性保险净收益和转让承包土地经营权租金净收入等。

**转移净收入**　指住户或住户成员当年得到的转移性收入减去转移性支出后的净额。转移性收入指国家、单位、社会团体对住户的各种经常性转移支付和住户之间的经常性收入转移。包括政府、非行政事业单位、社会团体对居民转移的养老金或退休金、社会救济和补助、政策性生活补贴、救灾款、经常性捐赠和赔偿以及报销医疗费等；住户之间的赡养收入、经常性捐赠和赔偿以及农村地区（村委会）在外（含国外）工作的本住户非常住成员寄回带回的收入等。

**消费支出**　指住户用于满足家庭日常生活消费需要的全部支出，包括用于消费品的支出和用于服务性消费的支出。根据用途不同，消费支出可划分为食品烟酒、衣着、居住、生活用品及服务、交通通信、教育文化娱乐、医疗保健、其他用品及服务八大类。根据来源不同，消费支出可划分为现金消费支出、实物消费支出（含自产自用、来自单位、来自政府和其他社会组织）。

**转移性支出**　指调查户对国家、单位、住户或个人的经常性或义务性转移支付。包括缴纳的税款、各项社会保障支出、赡养支出、经常性捐赠和赔偿支出以及其他经常转移支出等。

个人所得税是指调查对象被扣缴的工资薪金所得、对企事业单位的承包经营承租经营所得、个体工商户的生产经营所得、劳务报酬所得、稿酬所得、特许权使用费所得、利息股息红利所得、财产租赁所得、财产转让所得、偶然所得、经国务院财政部门确定征税的其他所得等个人所得的税款。生产税、消费税不在其内。

社会保障支出是指调查户家庭成员参加国家法律、法规规定的社会保障项目中由单位和个人共同缴纳的保障支出。包括养老保险、医疗保险、失业保险、工伤保险、生育保险以及其他社会保障支出。

农村外来从业人员寄给家人的支出是指外地农业户籍的从业人员寄回带回其户口登记地家庭的支出。

赡养支出是指调查户因赡养和抚养义务而付给亲友的经常性现金和定期的实物支出。

其他经常转移支出是指除缴纳的税款、社会保障支出、赡养支出以外的其他经常性转移支出。如经常性捐赠、经常性赔偿、各种罚款及政府部门向居民提供服务收取的服务费等。

**财产性支出**　是指调查户支付的生活贷款利息以及其他财产性支出等。

住房贷款利息支出是指住户由于购买住房向金融机构贷款所支付的利息，包括商业贷款利息和公积金贷款利息。

其他生活贷款利息支出是指住户由于向金融机构申请汽车贷款、教育贷款以及其他消费贷款而支付的利息。

其他财产性支出是指住户支付的除生活贷款利息以外的其他财产性支出，如宅基地使用费等。

**城镇居民人均可支配收入（老口径）** 指城镇家庭总收入扣除交纳的个人所得税和个人交纳的各项社会保障支出之后，按照城镇居民家庭人口平均的收入水平。其中家庭总收入是指该家庭中生活在一起的所有家庭人员从各种渠道得到的所有收入之和。

**农民纯收入（老口径）** 指农村住户当年从各个来源得到的总收入相应地扣除所发生的费用后的收入总和。纯收入主要用于再生产投入和当年生活消费支出，也可用于储蓄和各种非义务性支出。"农民人均纯收入"按人口平均的纯收入水平，反映的是一个地区或一个农户农村居民的平均收入水平。计算方法：

纯收入＝总收入-家庭经营费用支出-税费支出-生产性固定资产折旧-赠送农村内部亲友

**农民现金收入** 指农村住户和住户成员在调查期内得到以现金形态表现的各项现金收入总和，是现金总收入的概念，未扣除费用性支出。按来源分成工资性收入、家庭经营现金收入、财产性收入、转移性收入。

# Explanatory Notes on Main Statistical Indicators

**Disposable Income** means the total income of households earned in the survey period, which can be used for consumption and saving, including cash income and physical income. According to the source of income, it can be classified as income of wages and salaries, net business income, net income from property and net income from transfer. Calculation formula:

Disposable income = income of wages and salaries + net business income + net income from property + net income from transfer

Where:

Net business income = business income – business expenses depreciation of productive fixed assets – production taxes

Net income from property = property income – property expenses

Net income from transfer = transfer income – transfer expenses

**Wages Income** means the total remuneration and benefits earned by employees who are employed by units or individuals, freelances and part-time workers.

**Net Business Income** means net income earned by business activities, which are operated by households and their members. Business expenses, depreciation of productive fixed assets and production taxes should be deducted from income. It includes net income of primary, secondary and tertiary industries.

**Net Income from Property** means the net income obtained by authorizing other institutional units, households or individuals to dominate the financial assets, housing, other non-financial assets and natural resources owned by households and their members. Expenses should be deducted. Net income from property includes net interest income, bonus income, net income of saving insurance, net rent income from the transfer of land management right, net rent housing income, net rent other assets income and net conversion rental of private housing.

**Net Income from Transfer** means recurrent income transfers from the state, units, social groups and households. Including the pension, social benefits and subsidies, agricultural subsidies, policy living subsidies relief funds, regular donation and compensation and reimbursement of medical expenses from government, institutions, social groups; alimony, regular donation and compensation from other households, and the income sent back by non-permanent members working nonlocal.

**Consumption Expenditure** means all the expenditures of households for consumption in daily life, including expenditure on consumer goods and services consumption. It includes on eight categories by function: food; clothing; housing; household appliances and services; transport and communication; education and culture, recreational activities; medical care; other commodities and services. It includes expenditure in cash and in kinds (includes self-made and consumed products from units, government and other social organizations) by source.

**Transferred Expenditure** means regular or voluntary transfer payment from the survey household to the nation, the unit, the household or the individual. Including the payment of the tax, the social security expenses, maintenance expenses, regular donations and compensation expenses, and other frequent transfer expenses, etc.

Personal income tax means the survey object is the withholding of wages and salaries income, contracted leased operation of enterprises or institutions of income, individual industrial and commercial production income, labor remuneration, royalties, interest, dividends, bonuses, lease of property income, transfer of property income, contingent income, by the financial department of the state council shall determine the tax of individual income tax. The production tax, consumption tax are not.

Social security expenditure means residents' family members to participate in the national laws, rules and regulations of social security in the project by the unit and the safeguard of the individual is collective pay expenses. Including endowment insurance, medical insurance, unemployment insurance, industrial injury insurance, birth insurance and other social security.

Rural migrant workers sent to family expenses means employees outward of agricultural census register sent back to the account that the family expenses.

Support spending means residents paid to relatives and friends for support and provide for cash and in kind regularly.

Other regularly transfer spending means other regular payments in addition to the payment of taxes, social security expenditure and support spending. Such as regular donations, regular compensation, all kinds of fine and service fees of government departments provide service for residents, etc.

**Property expenditure** means residents pay interest on loans and other property, etc.

Interest expenditure of housing loan means residents paid interest to financial institutions for buying housing, including commercial loan interest and accumulation fund loan interest.

Other loan interest expenditure means residents paid interest to financial institutions due to apply for a car loan, education loans and other consumer loans.

Other property expenditure means residents paid other property expenditure in addition to life interest on loans, such as land use fees, etc.

**Per Capita Disposable Income of Urban Households (old size)** means the level of income averaged by population of urban households, it equals to total income minus income tax and personal contribution to various social security expenditure. Total income of households means the sum of income earned from various sources by the urban households and their members.

**Net Income of Rural Households (old size)** means the total income of rural households from all sources minus all corresponding expenses. Net income is mainly used as input for reproduction and as consumption expenditure of the year, and also used for saving and non-compulsory expenses of various forms. “Per capita net income of farmers” is the level of net income averaged by population which reflects the average income level of rural households in a given area or a rural household. The formula for calculation is as follows:

Net income = total income – household operation expenses – taxes and fees – depreciation of fixed assets for production – present rural internal relatives and friends

**Cash Income of Farmers** means income received by rural households and their members in the form of cash during the reference period, it is the total cash income, not deduct costs. It is classified by source of income, wages income, business cash income, income from properties and income from transfers.

# 第三篇
# 价格调查
Price Survey

# 简要说明

居民消费价格指数是根据抽样方法抽取，在银川市、石嘴山市、吴忠市、固原市、中卫市、海原县、平罗县等 7 个市县选取 1199 个具有代表性的调查点（其中农贸市场 19 个、商场超市零售商店 593 个、服务网点 587 个），共 6365 个代表规格品，由专人定期到调查点采集实际成交价加权计算得到的。

商品零售价格指数是根据抽样方法抽取，在银川市、石嘴山市、吴忠市、固原市、中卫市、海原县、平罗县 7 个市县选取 972 个调查点、5396 个代表规格品，由专人定期到调查点采集实际成交价加权计算。

农业生产资料价格指数是根据抽样方法抽取，在海原县、平罗县 2 个市县选取 29 个调查点、132 个代表规格品由专人定期到调查点采集实际成交价加权计算。

农产品生产价格指数是根据抽样方法抽取的，在全区 10 个市县（区）的 222 家农产品生产企业、规模户和 109 个普通农户，选择 16 个大类 34 个代表规格品进行调查的资料计算。

工业生产者价格指数是根据分布在全区 5 个地级市 500 多家样本企业上报的月度统计报表资料加权计算得到。

固定资产投资价格指数是根据分布在全区 5 个地级市 100 多家样本企业上报的月度、季度统计报表资料加权计算得到。

# Brief Introduction

Data of consumer price indices are collected according to the sampling method. This method chooses 1199 representative survey points at Yinchuan, Shizuishan, Wuzhong, Guyuan, Zhongwei, Haiyuan, Pingluo 7 cities and counties, which include 19 agricultural markets, 593 shopping malls, supermarkets and retail stores, 587 service stations. Representative commodities sum to 6365, which are taken the practical records of the prices from the survey point by specially-assigned person and weighting calculated.

Data of retail price indices are collected according to the sampling method. This method chooses 972 representative survey points at Yinchuan, Shizuishan, Wuzhong, Guyuan, Zhongwei, Haiyuan, Pingluo 7 cities and counties. Representative commodities sum to 5396, which are taken the practical records of the prices from the survey point by specially-assigned person and weighting calculated.

Data of price indices for means of agricultural production are collected according to the sampling method. This method chooses 29 representative survey points at Haiyuan and Pingluo. Representative commodities sum to 132, which are taken the practical records of the prices from the survey point by specially-assigned person and weighting calculated.

Data of price indices for farm products are collected according to the sampling method. This method chooses 222 major agricultural productive enterprises and 109 ordinary agricultural producers at 10 cities and counties in Ningxia. Representative commodities sum to 34 of 16 major categories, which are surveyed and calculated.

Data of producer price indices for industrial products are taken from monthly statistical report of more than 500 sample enterprises in 5 prefecture-level city and weighting calculated.

Data of price indices for investment in fixed assets are taken from monthly and quarterly statistical report of more than 100 sample enterprises in 5 prefecture-level city and weighting calculated.

# 2017 年宁夏居民消费价格平稳温和上升

2017 年，宁夏居民消费价格保持平稳温和上涨的运行态势，价格总水平同比上涨 1.6%，涨幅较上年扩大 0.1 个百分点。其中，城市上涨 1.7%，农村上涨 1.3%；食品价格下降 1.0%，非食品价格上涨 2.3%，消费品价格上涨 1.2%，服务项目价格上涨 2.5%。

## 一、居民消费价格运行特点

### （一）价格总水平总体平稳，月度同比起伏较大

2017 年，宁夏居民消费价格总水平同比上涨 1.6%，总体保持平稳运行。从月度间走势来看，同比指数受对比基期和工业品价格传导增强影响，呈现两头高中间低的运行态势，环比运行总体平稳。

以各月同比指数来看，1-12 月份居民消费价格涨幅在 0.3%-2.6%之间，波动跨度 2.3 个百分点，起伏波动较大。1 月份，受翘尾因素、“季节性回升”、“节日需求拉动”、工业品原材料价格上涨、医疗价格改革、国际大宗商品价格调整等综合因素的影响，宁夏居民消费价格总水平首月涨幅高企，同比上涨 2.6%，为 2014 年 4 月份以来涨幅最高月份。2 月-3 月，由于春节错月及上年雨雪寒潮天气影响同期基数较高，翘尾因素由正变负，价格总水平同比涨幅大幅回落，分别上涨 0.3%和 0.7%。4 月-10 月宁夏居民消费价格同比指数开始回稳，分别上涨 1.3%、1.8%、1.7%、1.3%、1.6%、1.4%、1.9%。11 月份以后，受工业品价格传导增强，羊肉价格上行助推，同比涨幅突破 2%，11 月、12 月均上涨 2.3%。

**图 1　2016、2017 年宁夏 CPI、核心 CPI 各月同比涨跌幅**

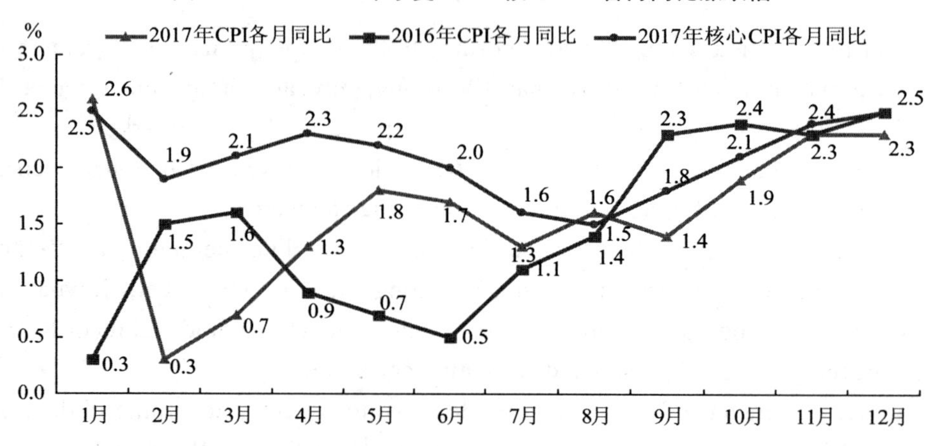


从环比情况看，各月价格总水平较为平稳，详见下图。

**图 2　2016、2017 年宁夏 CPI、核心 CPI 各月环比涨跌幅**

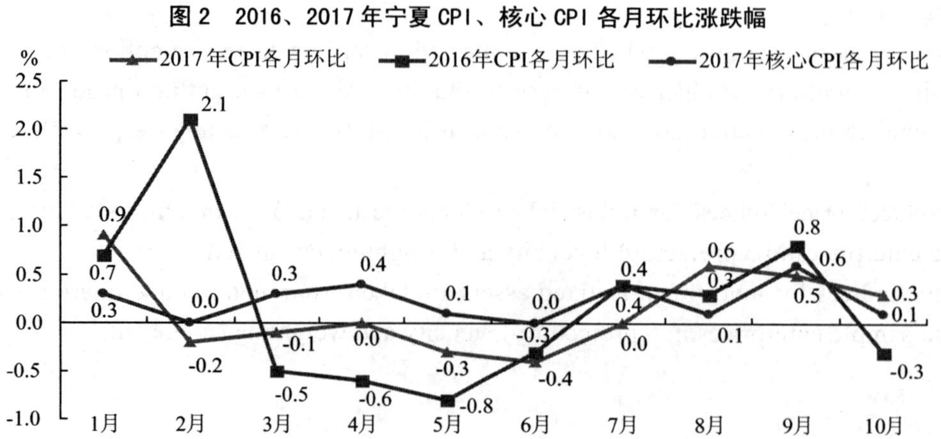

## （二）八大类商品及服务价格呈“七涨一降”态势

2017年，构成居民消费价格的八大类商品及服务项目价格同比呈“七涨一降”态势。食品烟酒类价格呈现下降态势，同比下降0.5%。医疗保健、交通通信、居住三大类领涨CPI，分别上涨4.8%、2.7%和2.3%，共同影响CPI上涨约1.19个百分点，其余类别涨幅在1.2%至2.4%之间。

图3　2017年宁夏CPI八大类商品和服务项目同比指数图

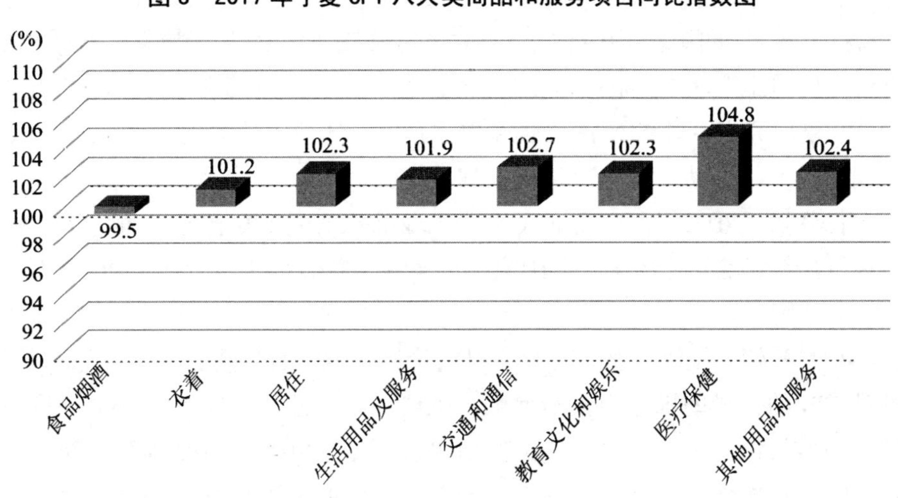


1. 医疗保健、居住、交通通信三大类价格领涨CPI

2017年，宁夏医疗保健类价格同比上涨4.8%，影响居民消费价格总水平上涨约0.48个百分点，涨幅及影响程度均位居八大类商品和服务项目第一位。其中，药品及医疗器具、医疗服务价格分别上涨3.3%和6.4%。

居住类价格同比上涨2.3%，影响居民消费价格总水平上涨约0.39个百分点，影响程度位居八大类商品和服务项目第二位。其中，租赁房房租、住房保养维修及管理、水电燃料、自有住房价格分别上涨1.1%、3.3%、2.9%和1.7%。

交通通信类价格同比上涨2.7%，影响居民消费价格总水平上涨约0.32个百分点，影响程度位居八大类商品和服务项目第三位。其中，交通、通信类价格分别上涨3.5%和1.4%。

2. 食品类价格低位平稳运行

2017年，宁夏食品类价格同比下降1.0%，影响居民消费价格总水平回落0.21个百分点。其中，食品价格受鲜菜、猪肉价格回落带动，累计同比指数始终运行在100%以下，是2017年居民消费价格总水平平稳运行的主要因素，全年鲜菜、猪肉价格下行共同影响CPI回落约0.45个百分点。

## （三）服务项目和工业消费品价格明显上涨

2017年，宁夏居民消费服务项目价格上涨2.5%，涨幅比上年扩大0.4个百分点。工业消费品价格上行动力不断增强，上涨2.6%，涨幅比上年扩大2.4个百分点。

## （四）宁夏CPI涨幅与全国平均水平持平

2017年，宁夏CPI同比上涨1.6%，与全国平均涨幅持平。

从全国排位看，2017年宁夏CPI同比涨幅在全国31个省（区、市）中，与吉林、广西、西藏、陕西并列居第11位。其中海南省涨幅最高，上涨2.8%，居第1位；贵州、云南涨幅最小，上涨0.9%，并列居第30位。从西北5省（区）排位看，宁夏CPI同比涨幅与陕西并列居第2位，比新疆（2.2%）低0.6个百分点，比青海（1.5%）、甘肃（1.4%）分别高0.1个百分点、0.2个百分点。

从八大类商品及服务项目看，2017年宁夏生活用品及服务、交通和通信类同比累计涨幅分别高于全国平均涨幅0.8个百分点和1.6个百分点；食品烟酒、衣着、居住、教育文化和娱乐、医疗保健类涨幅分别低于全国平均涨幅0.1、0.1、0.3、0.1、1.2个百分点，其他用品和服务类涨幅与全国平均水平持平。

## 二、居民消费价格变动原因分析

### （一）综合因素推动 CPI 上行

1.政策性因素推动。一是 2017 年宁夏全面推开公立医院综合改革，全部取消药品加成，全面落实医疗服务价格改革政策，自治区物价局先后出台新增医疗服务价格管理办法、放开药品价格监管办法等政策，直接影响医疗服务和药品价格趋涨。其中，治疗类、综合医疗类、诊断类、中医医疗服务类价格分别上涨 12.6%、6.9%、3.1%和 5.5%，受国家放开对低价药的价格管制，加之药企为满足 GMP 认证标准的提高，生产成本增加，西药价格同比上涨 2.7%。二是受城市扩容、污水处理成本增加，以及为提高水资源节约利用水平等因素影响，宁夏部分市县陆续调整了居民用水价格，致使水价同比上涨 8.8%。三是宁夏部分市县公办、民办幼儿园调整收费，带动学前教育价格上涨 5.4%。

2.工业品价格助推增强。2017 年，宁夏居民消费工业品价格受 PPI 传导助推，国际大宗商品价格回暖反弹，国家环保治理升级等综合因素影响，同比上涨 2.6%，带动 CPI 上升约 0.96 个百分点，影响程度达 60%，是 CPI 上行的主要因素。

一是 PPI 自去年 9 月开始呈上涨走势，工业原材料价格快速上行，叠加去年的低基数效应，助推了 PPI 的持续上涨，同时对 CPI 的传导助推作用逐渐增强，主要体现在建材、家具、家电等领域，其中住房装潢材料、家具、大型家用器具价格上涨 4.7%、3.3%、3.3%。二是 2016 年以来国际大宗商品价格回暖反弹，原油、煤炭、铁矿石以及有色金属等产品价格均出现不同程度的上涨，持续带动国内相关行业产品价格有力回升，逐渐传导至居民消费领域的能源类生活资料，其中其他燃料、汽油、柴油价格分别上涨 14.1%、11.6%、12.5%。三是在国家环保政策不断加严和环保成本持续上涨的背景下，纺织印染、车辆生产、废纸回收等行业生产成本增加，产品价格逐步上涨，其中服装价格上涨 1.1%，服装材料价格上涨 1.8%，鞋类价格上涨 1.5%，电动自行车价格上涨 7.4%。

3.服务需求拉动。随着居民消费转型升级，服务型消费需求持续增加，加之人力成本不断增大，推动相关服务价格逐步上涨。如停车费上涨 16.6%，养老服务费上涨 7.8%，其他保险费上涨 9.5%，旅行社收费上涨 7.6%，家政服务费上涨 5.6%，物业管理费上涨 4.2%。受房租、人力成本及各种教学设备的价格上涨拉动，英语、奥数、电子琴、美术、舞蹈等各类课外补习和兴趣班价格连续上涨，教育服务费逐年走高，其中民办小学初中教育费、课外教育费分别上涨 4.0%、5.3%。另外，受城市改造、学区房需求紧俏的影响，私房房租价格上涨 1.2%。

### （二）鲜菜、猪肉价格回落是 CPI 平稳运行主要因素

今年以来，宁夏气候较为稳定，极端天气较少，有效抑制鲜菜价格的涨幅，全年鲜菜价格同比下降 10.6%。其中，除 1 月份为春节期间鲜菜价格环比涨幅较高，2 月份大部分鲜菜价格回落明显，3 月份各地气温回升，大棚新菜陆续上市，蔬菜价格随着气温上升呈季节性回落，价格明显低于上年，4-10 月份温棚大地蔬菜生产供应衔接顺畅，鲜菜价格运行平稳，11 月、12 月鲜菜价格受运输、存贮、生产成本上升带动有所上涨，但涨幅都在正常范围之内。

2016 年 5 月，猪肉价格在触顶之后开始缓慢向下调整，2017 年春节期间猪肉价格因节日效应略涨，3 月份起持续缓慢下行，对物价水平的带动作用由升转降，8 月、9 月猪肉价格震荡调整，10 到 12 月价格再次回稳，但与上年同期相比仍处偏低水平，全年猪肉价格同比下降 7.6%。

## 三、居民消费价格后期趋势预测

后期既面临稳定物价的有利因素，也存在物价上涨的动力，同时还存在价格变化的不确定性。宏观经济稳中向好，但仍处于结构调整的关键期。在稳增长、调结构的经济政策影响下，前三季度国民经济运行总体平稳，结构不断优化，新兴动能加快成长，质量效益明显提高，稳中向好态势持续发展。工业品和服务业成本上升。上游原材料价格传导将会持续延伸至居民消费领域的工业消费品价格，形成一定的上行动力。劳动力成本上升趋势长期存在，将直接或间接地持续助推农产品、劳动密集型产品和服务项目价格攀

升。主要农产品价格波动不确定性。2017 年蔬菜价格总体呈低位平稳运行，将形成较低对比基期，加之低菜价使部分农户种植积极性受挫，预计 2018 年蔬菜价格将总体高于 2017 年。环保治理、进口肉增加、饲料成本涨价等因素将给 2018 年猪价走势增加更多的不确定性。羊只供给短期内仍将处于总体偏紧状态，羊肉价格高位运行压力依然存在。翘尾因素影响较大。据测算，2017 年价格变动对总指数的滞后影响为 1.5 个百分点，对 2018 年的价格运行形成了有力支撑。

综上判断，2018 年宁夏居民消费价格总水平仍将维持在相对温和上升的运行状态。

（张兰天）

# 2017年宁夏工业生产者价格大幅上涨

2017年，宁夏工业经济平稳运行，结构调整深入推进，工业产品市场供求关系得到改善，有效拉动了工业生产者价格上涨。工业生产者出厂价格（PPI）结束了连续5年的下降态势，同比累计上涨12.1%，工业生产者购进价格同比累计上涨12.9%。

## 一、工业生产者价格走势特征

### （一）同比价格持续上涨，环比价格涨多降少

同比看，宁夏工业生产者出厂价格自2016年9月份开始持续上涨，2017年3月份价格大幅上涨，4-7月份涨幅逐月回落，8月份涨幅又有扩大，9月份涨幅达到近年来最高点，10-12月份涨幅再度回落，12月份涨幅为全年最低；购进价格2月份达到近年来最高点，涨幅为16.7%，3-7月份涨幅逐月回落，8、9月份涨幅快速上升，10-12月份涨幅回落。

**图1　宁夏工业生产者价格同比涨跌幅（%）**

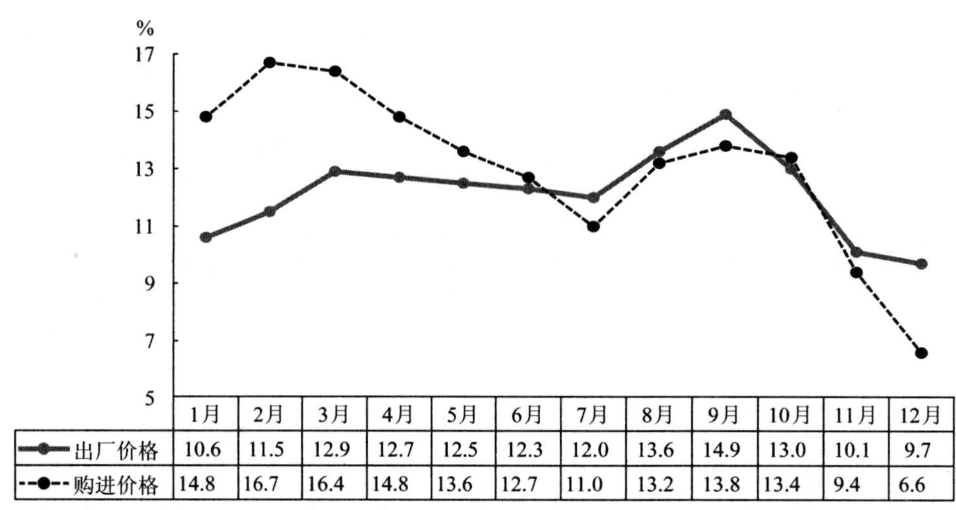


| | 1月 | 2月 | 3月 | 4月 | 5月 | 6月 | 7月 | 8月 | 9月 | 10月 | 11月 | 12月 |
|---|---|---|---|---|---|---|---|---|---|---|---|---|
| 出厂价格 | 10.6 | 11.5 | 12.9 | 12.7 | 12.5 | 12.3 | 12.0 | 13.6 | 14.9 | 13.0 | 10.1 | 9.7 |
| 购进价格 | 14.8 | 16.7 | 16.4 | 14.8 | 13.6 | 12.7 | 11.0 | 13.2 | 13.8 | 13.4 | 9.4 | 6.6 |

环比看，1-9月份，工业生产者出厂价格除6月份价格下降外，其余各月价格均呈上涨态势，特别是8月

**图2　宁夏工业生产者价格环比涨跌幅（%）**

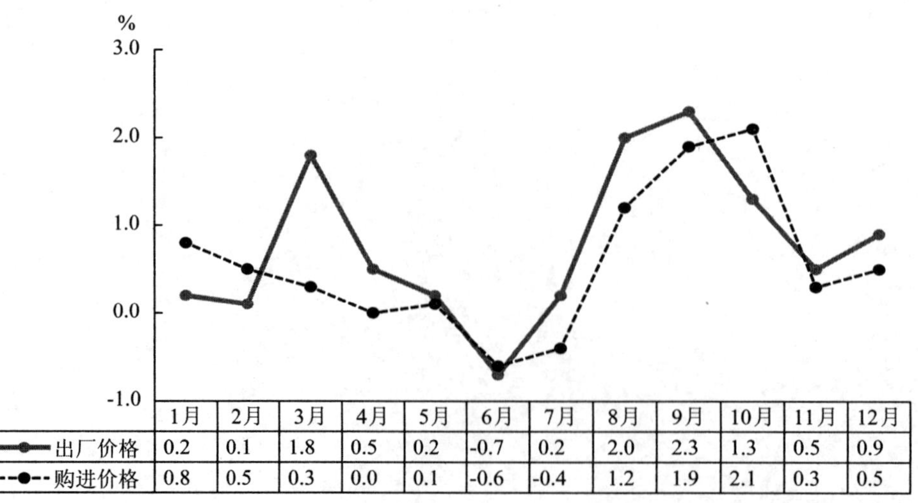


| | 1月 | 2月 | 3月 | 4月 | 5月 | 6月 | 7月 | 8月 | 9月 | 10月 | 11月 | 12月 |
|---|---|---|---|---|---|---|---|---|---|---|---|---|
| 出厂价格 | 0.2 | 0.1 | 1.8 | 0.5 | 0.2 | -0.7 | 0.2 | 2.0 | 2.3 | 1.3 | 0.5 | 0.9 |
| 购进价格 | 0.8 | 0.5 | 0.3 | 0.0 | 0.1 | -0.6 | -0.4 | 1.2 | 1.9 | 2.1 | 0.3 | 0.5 |

份以来，受大宗商品价格上涨影响，环比价格大幅上涨，9 月份达到全年最高，上涨 2.3%。购进价格走势与出厂价格较为一致，除 6、7 月份价格下降之外，其余各月均为上涨。

### （二）生产资料价格变化主导 PPI 走势

2017 年，生产资料类价格同比上涨 13.4%，影响出厂价格总水平上涨 12.0 个百分点。其中，采掘工业价格上涨 19.0%，原材料工业价格上涨 14.7%，加工工业价格上涨 9.3%。生活资料类价格同比上涨 0.9%，影响出厂价格总水平上涨 0.1 个百分点。其中，食品价格上涨 0.7%，衣着价格下降 1.0%，一般日用品价格上涨 2.0%，耐用消费品价格上涨 0.1%。

### （三）重点工业行业出厂价格上涨起主要拉动作用

2017 年，在调查的 29 个工业生产者大类行业出厂价格中，19 个行业上涨，上涨面为 65.0%，5 个行业下降，5 个行业持平。其中，煤炭、石油加工、化学原料及化学制品、黑色、有色金属压延加工、电力生产供应业等 6 个重点行业产品出厂价格影响出厂价格总水平上涨约 11.0 个百分点，对 PPI 的影响程度达 90.9%。

### （四）九大类原材料购进价格全面上涨

2017 年，九大类原材料购进价格同比全面上涨。其中：黑色金属材料类价格同比上涨 19.0%，燃料动力类价格同比上涨 16.1%，有色金属材料及电线类价格同比上涨 14.9%，化工原料类价格同比上涨 14.3%，建筑材料及非金属类价格同比上涨 10.5%，木材及纸浆类价格同比上涨 6.0%，农副产品类价格同比上涨 4.8%，纺织原料类价格同比上涨 3.7%，其他工业原材料及半成品类价格同比上涨 2.8%。

### （五）宁夏 PPI 涨幅高于全国平均水平

2017 年，宁夏工业生产者出厂价格（PPI）同比累计上涨 12.1%，比全国平均水平（6.3%）高出 5.8 个百分点，涨幅在全国 31 个省（市、自治区）中居第 6 位。在西北五省中，宁夏 PPI 涨幅居第 4 位，低于青海（16.7%）4.6 个百分点、甘肃（14.5%）2.4 个百分点、新疆（13.7%）1.6 个百分点，高于陕西（10.8%）1.3 个百分点。

## 二、主要工业行业价格变动情况

### （一）煤炭价格大幅上涨

2017 年，受需求增加拉动影响，煤炭价格大幅上涨。全年宁夏煤炭开采和洗选业产品出厂价格同比上涨 27.2%，影响出厂价格总水平上涨 3.6 个百分点。其中，烟煤、洗煤、筛选煤价格同比分别上涨 19.1%、38.2%、38.6%。

### （二）成品油价格持续上涨

2017 年，受国际原油价格波动上涨的影响，我国成品油价格持续上涨，特别是进入 7 月份后成品油价格“六连涨”。全年宁夏石油加工及炼焦业产品出厂价格同比上涨 18.2%，其中，汽油、煤油、柴油价格同比分别上涨 10.8%、9.6%、16.1%。

### （三）黑色金属价格波动较大

2017 年，受生铁、矿石等原材料价格上涨以及环保限产的影响，宁夏黑色金属价格保持总体呈上涨态势。全年黑色金属冶炼和压延加工业产品出厂价格同比上涨 18.4%，涨幅比前三季度回落 5.9 个百分点。分季度来看，一季度价格同比上涨 31.7%，二季度价格同比上涨 20.6%，三季度同比上涨 21.3%，四季度价格同比上涨 4.3%。

### （四）有色金属价格大幅攀升

由于国际有色金属市场持续波动，以及国内加强环保督查和环境整治力度，关停、限制部分企业产能，市场供应减少，有色金属产品价格大幅攀升。2017 年，宁夏有色金属冶炼和压延加工业产品出厂价格同比上涨 13.0%，其中，铝冶炼价格同比上涨 16.5%，镁冶炼价格同比上涨 4.0%，铅价格同比上涨 29.8%，铝压延加工价格同比上涨 13.0%。

## 三、工业生产者价格上涨的主要原因

### （一）宏观经济运行稳中向好

2017年，我国经济运行保持在合理区间，供给侧结构性改革取得重要进展，新旧动能的转换加快进行，质量和效益得到提升，国民经济保持了稳中向好的发展态势。全年全国规模以上工业增加值比上年增长6.6%。1-11月份，宁夏规模以上工业增加值同比增长8.6%，增速比上年同期加快1.1个百分点，居全国第7位。经济发展稳中向好，在很大程度上增加了对生产资料的需求，进而带动PPI高位运行。

### （二）“去产能”政策以及环保督查助推价格上涨

随着“去产能”政策的深入实施，市场供求关系改善，2017年煤炭、钢铁、水泥等行业价格不断回升，价格出现恢复性上涨。同时，因为环保督查一批环保不达标和安全生产不合规的企业关停整改，导致产量下降，进一步助推价格上涨。

### （三）国际大宗商品价格震荡上行

2017年，国际原油市场呈现“V”字走势，上半年震荡下行，下半年市场出现逆转，随着欧佩克减产以及市场需求的恢复，原油市场步入上行轨道，截止12月底，WTI涨至60美元/桶左右，WTI原油全年涨幅11.53%，布伦特原油全年涨幅16.87%。黑色金属宽幅震荡，普氏62%铁矿石价格年内最高涨至95美元/吨，最低下跌至53美元/吨。有色金属震荡上行，截至2017年12月上旬，伦敦金属交易所（LME）铜现货结算价报收6547.5美元/吨，谷峰差达到1597美元/吨，累计上涨17.5%；铝现货结算价报收1991.5美元/吨，年内高点为2164美元/吨，累计上涨17.0%。国际大宗商品价格总体震荡上行，成为影响PPI持续上涨的因素之一。

### （四）自身产业结构的影响

从宁夏工业结构看，全区工业产品中，资源性产品占主要地位，煤炭、石油加工、有色金属、黑色金属等产品是宁夏工业经济的主要支撑力量，其价格的变动直接影响PPI走势。2017年以来，煤炭、黑色金属及有色金属价格的快速上行，是拉动宁夏PPI大幅上涨的主要原因。

（郭樑）

# 2017年宁夏农产品生产者价格降幅收窄

据对全区10个市县区332家农业生产经营单位和农户的农产品生产者价格调查结果显示：受市场环境好转、农业结构调整持续推进、农产品季节性及周期性波动等因素影响，2017年宁夏农产品生产者价格稳中微降，与上年相比下降0.7%，降幅与2016年相比减少0.6个百分点。与全国平均水平相比高2.8个百分点，降幅居西北五省第3位。

## 一、农产品生产者价格全年呈“V”字形走势，与2014年以来相比降幅逐年收窄

2017年宁夏农产品生产者价格稳中微降，与2016年相比下降0.7%，分季度看，一季度上涨0.4%，二、三季度分别下跌4.4%和1.3%，四季度上涨2.8%，全年价格呈“V”字型走势。与2014年-2016年各年相比，降幅呈逐年收窄趋势。

## 二、种植业产品价格下降0.9%，与2016年同期相比降幅减少2.7个百分点

分品种看，谷物类价格与2016年相比上涨2%，其中玉米价格涨幅居首，上涨3.1%；小麦、水稻价格分别上涨1.6%和0.6%；薯类价格比2016年下跌了10.9%，呈现大幅跳水；受硒砂瓜、枸杞价格下降影响，水果、中药材价格与2016年同期相比分别下降7.4%和9.4%。

## 三、畜牧业产品价格下降0.8%，分品种看涨跌互现

2017年宁夏牛、羊、活禽及禽蛋生产者价格回升明显，其中：活羊价格涨势明显，与2016年相比累计上涨13.0%，绵羊、山羊价格全年累计分别上涨14.1%和8.2%，受活羊价格大幅上涨、市场需求增加等因素影响，绵羊毛价格全年累计上涨29.9%；活牛价格一至三季度跌幅逐季缩小，价格稳中有升，全年累计上涨1.7%；活禽、禽蛋价格呈现前低后高走势，截止四季度，活鸡、鸡蛋价格与2016年四季度相比分别上涨12.5%和20.5%，但全年平均价格仍低于上年同期水平；生猪价格继续保持低位运行，一至三季度与上年同期相比分别下降2.9%、21.7%和24.2%，与2016年同期相比下降16.2%；牛奶价格一至四季度均低于上年同期，呈小幅下跌，全年累计下降2.8%。

## 四、渔业产品价格向好，全年累计上涨3.2%

一季度宁夏淡水鱼类养殖价格与2016年同期相比下降6.2%，其中鲤鱼、鲢鱼价格与2016年相比分别下降11.9%和18.2%，二季度受草鱼、鲫鱼生产价格快速回升带动，渔业产品价格同比上涨11%，与一季度相比涨幅增加了17.2个百分点，三、四季度涨幅与二季度相比虽然有所回落，但与2016年同期相比仍分别上涨了4.4%和4.5%，渔业产品生产整体向好，产品价格全年累计上涨3.2%。

## 五、影响农产品价格波动的主要因素

### （一）种植结构调整、量增价减等多因素影响农业产品价格走势

1.受种植结构调整和干旱病虫害影响，2017年宁夏玉米种植面积、单产和总产同降；同时受活羊活牛养殖效益提高拉动饲料玉米和青储需求旺盛，部分种植户将籽粒玉米转为青储销售，养殖大户和农户自产自用比重提高，供给偏紧促使玉米价格一路看涨。

2.受主产区丰收和区内马铃薯增产影响，2017年马铃薯市场供给宽松。受各地加大环保治理力度，宁夏西吉、隆德等地部分不符合生产要求及环保标准的淀粉厂停业或关闭，造成马铃薯市场需求大幅减少，价格大幅下挫。

3.受经济效益向好等因素影响，近年来青海、甘肃等周边省区增加硒砂瓜、枸杞等产品种植量，造成整体市场供过于求，对宁夏硒砂瓜、枸杞等特色产品价格产生较大冲击影响。

**（二）供需矛盾及疫情造成畜牧业产品价格波动**

1.生猪供大于求，价格回落。受生猪产能持续上升、养殖户出栏量增加、冬季猪肉消费相对减少等因素影响，生猪市场供应充足，供大于求，导致生猪价格持续低位运行。

2.活羊数量减少，价格持续走高。受前两年活羊价格持续走低、饲养成本上涨、部分养殖户减少养殖数量影响，2017年以来，市场对羊肉制品需求旺盛，活羊生产者价格回暖明显，价格持续上涨。

3.疫情影响家禽及禽蛋价格波动频繁。上半年受外省H7N9疫情影响，家禽、禽蛋消费需求锐减，价格大幅下滑，同时养殖户为规避市场风险，减少养殖损失，纷纷收缩养殖规模，减少饲养量，活鸡、蛋鸡存栏数量大幅减少。下半年随着疫情的结束，居民对禽、蛋的消费需求增加，三、四季度以来，家禽、禽蛋价格迅速飙升，均已超过上年同期价格水平。

**（三）环保政策和外销需求旺盛影响渔业产品价格**

今年以来，随着国内经济逐步触底反弹，回暖向好，社会消费增加，以及国家进一步加大对环保要求的执行力度，多地取缔水库网箱养殖，减少新增鱼塘审批，国内淡水鱼养殖规模缩减等因素影响，2017年宁夏草鱼、花鲢、鲫鱼等鱼类品种外销持续增加，推动生产者出售价格回升。

（白文娟）

# 3-1 主要年份全区居民消费价格总指数
## Consumer Price Indices in Main Years

| 年 份<br>Year | 以1957年价格为100<br>Year of 1957=100 | 以1965年价格为100<br>Year of 1965=100 | 以1970年价格为100<br>Year of 1970=100 | 以1978年价格为100<br>Year of 1978=100 | 以1980年价格为100<br>Year of 1980=100 | 以1985年价格为100<br>Year of 1985=100 | 以1990年价格为100<br>Year of 1990=100 | 以1995年价格为100<br>Year of 1995=100 | 以2000年价格为100<br>Year of 2000=100 | 以2005年价格为100<br>Year of 2005=100 | 以上年价格为100<br>Preceding Year=100 |
|---|---|---|---|---|---|---|---|---|---|---|---|
| 1958 | 102.4 | | | | | | | | | | 102.4 |
| 1959 | 105.4 | | | | | | | | | | 102.9 |
| 1960 | 109.9 | | | | | | | | | | 104.3 |
| 1961 | 132.1 | | | | | | | | | | 120.2 |
| 1962 | 125.6 | | | | | | | | | | 95.1 |
| 1963 | 111.7 | | | | | | | | | | 88.9 |
| 1964 | 106.0 | | | | | | | | | | 94.9 |
| 1965 | 103.5 | | | | | | | | | | 97.7 |
| 1966 | 101.7 | 98.2 | | | | | | | | | 98.2 |
| 1967 | 104.2 | 100.7 | | | | | | | | | 102.5 |
| 1968 | 105.6 | 102.0 | | | | | | | | | 101.3 |
| 1969 | 108.2 | 104.5 | | | | | | | | | 102.5 |
| 1970 | 109.1 | 105.3 | | | | | | | | | 100.8 |
| 1971 | 108.9 | 105.1 | 99.8 | | | | | | | | 99.8 |
| 1972 | 109.3 | 105.6 | 100.2 | | | | | | | | 100.4 |
| 1973 | 109.6 | 105.9 | 100.5 | | | | | | | | 100.3 |
| 1974 | 110.1 | 106.3 | 100.9 | | | | | | | | 100.4 |
| 1975 | 110.7 | 106.9 | 101.5 | | | | | | | | 100.6 |
| 1976 | 111.7 | 107.9 | 102.4 | | | | | | | | 100.9 |
| 1977 | 120.9 | 116.7 | 110.8 | | | | | | | | 108.2 |
| 1978 | 121.6 | 117.4 | 111.5 | | | | | | | | 100.6 |
| 1979 | 123.6 | 119.3 | 113.3 | 101.6 | | | | | | | 101.6 |
| 1980 | 133.6 | 129.0 | 122.4 | 109.8 | | | | | | | 108.1 |
| 1981 | 136.4 | 131.7 | 125.0 | 112.1 | 102.1 | | | | | | 102.1 |
| 1982 | 140.3 | 135.5 | 128.6 | 115.4 | 105.1 | | | | | | 102.9 |
| 1983 | 142.6 | 137.7 | 130.7 | 117.2 | 106.7 | | | | | | 101.6 |
| 1984 | 146.4 | 141.4 | 134.2 | 120.4 | 109.6 | | | | | | 102.7 |
| 1985 | 159.0 | 153.6 | 145.8 | 130.8 | 119.1 | | | | | | 108.6 |
| 1986 | 168.2 | 162.5 | 154.2 | 138.3 | 126.0 | 105.8 | | | | | 105.8 |
| 1987 | 180.5 | 174.3 | 165.5 | 148.4 | 135.2 | 113.5 | | | | | 107.3 |
| 1988 | 211.4 | 204.1 | 193.8 | 173.8 | 158.3 | 132.9 | | | | | 117.1 |
| 1989 | 247.8 | 239.3 | 227.1 | 203.7 | 185.5 | 155.8 | | | | | 117.2 |
| 1990 | 265.3 | 256.2 | 243.2 | 218.2 | 198.7 | 166.9 | | | | | 107.1 |
| 1991 | 282.1 | 272.4 | 258.6 | 231.9 | 211.2 | 177.4 | 106.3 | | | | 106.3 |
| 1992 | 305.5 | 295.0 | 280.0 | 251.2 | 228.7 | 192.1 | 115.1 | | | | 108.3 |
| 1993 | 349.1 | 337.2 | 320.1 | 287.1 | 261.4 | 219.6 | 131.6 | | | | 114.3 |
| 1994 | 429.8 | 415.1 | 394.0 | 353.4 | 321.8 | 270.3 | 162.0 | | | | 123.1 |
| 1995 | 503.3 | 486.0 | 461.4 | 413.8 | 376.8 | 316.5 | 189.7 | | | | 117.1 |
| 1996 | 537.5 | 519.1 | 492.7 | 442.0 | 402.4 | 338.0 | 202.6 | 106.8 | | | 106.8 |
| 1997 | 557.9 | 538.8 | 511.5 | 458.8 | 417.7 | 350.9 | 210.3 | 110.9 | | | 103.8 |
| 1998 | 557.9 | 538.8 | 511.5 | 458.8 | 417.7 | 350.9 | 210.3 | 110.9 | | | 100.0 |
| 1999 | 550.7 | 531.8 | 504.8 | 452.8 | 412.3 | 346.3 | 207.5 | 109.4 | | | 98.7 |
| 2000 | 548.5 | 529.7 | 502.8 | 451.0 | 410.6 | 344.9 | 206.7 | 109.0 | | | 99.6 |
| 2001 | 557.3 | 538.2 | 510.8 | 458.2 | 417.2 | 350.4 | 210.0 | 110.7 | 101.6 | | 101.6 |
| 2002 | 553.9 | 534.9 | 507.8 | 455.5 | 414.7 | 348.3 | 208.8 | 110.1 | 101.0 | | 99.4 |
| 2003 | 563.3 | 544.0 | 516.4 | 463.2 | 421.8 | 354.3 | 212.3 | 111.9 | 102.7 | | 101.7 |
| 2004 | 584.2 | 564.2 | 535.5 | 480.4 | 437.4 | 367.4 | 220.2 | 116.1 | 106.5 | | 103.7 |
| 2005 | 592.9 | 572.6 | 543.6 | 487.6 | 443.9 | 372.9 | 223.5 | 117.8 | 108.1 | | 101.5 |
| 2006 | 604.2 | 583.5 | 553.9 | 496.8 | 452.4 | 380.0 | 227.7 | 120.1 | 110.2 | 101.9 | 101.9 |
| 2007 | 636.8 | 615.0 | 583.8 | 523.7 | 476.8 | 400.5 | 240.0 | 126.5 | 116.1 | 107.4 | 105.4 |
| 2008 | 691.0 | 667.3 | 633.4 | 568.2 | 517.3 | 434.5 | 260.4 | 137.3 | 126.0 | 116.5 | 108.5 |
| 2009 | 695.8 | 672.0 | 637.8 | 572.1 | 520.9 | 437.6 | 262.2 | 138.2 | 126.9 | 117.3 | 100.7 |
| 2010 | 724.3 | 699.5 | 664.0 | 595.6 | 542.3 | 455.5 | 273.0 | 143.9 | 132.1 | 122.2 | 104.1 |
| 2011 | 770.0 | 743.6 | 705.8 | 633.1 | 576.5 | 484.2 | 290.2 | 153.0 | 140.4 | 129.9 | 106.3 |
| 2012 | 785.4 | 758.5 | 719.9 | 645.8 | 588.0 | 493.9 | 296.0 | 156.0 | 143.2 | 132.5 | 102.0 |
| 2013 | 812.1 | 784.2 | 744.4 | 667.7 | 608.0 | 510.7 | 306.1 | 161.4 | 148.1 | 137.0 | 103.4 |
| 2014 | 827.5 | 799.1 | 758.6 | 680.4 | 619.5 | 520.4 | 311.9 | 164.4 | 150.9 | 139.6 | 101.9 |
| 2015 | 836.6 | 807.9 | 766.9 | 687.9 | 626.3 | 526.1 | 315.3 | 166.2 | 152.5 | 141.1 | 101.1 |
| 2016 | 849.2 | 820.0 | 778.4 | 698.2 | 635.7 | 534.0 | 320.0 | 168.7 | 154.8 | 143.2 | 101.5 |
| 2017 | 862.8 | 833.1 | 790.9 | 709.4 | 645.9 | 542.5 | 325.1 | 171.4 | 157.3 | 145.5 | 101.6 |

## 3-2 主要年份全区城市居民消费价格总指数
## Consumer Price Indices of Urban Households in Main Years

| 年 份 Year | 以1957年价格为100 Year of 1957=100 | 以1965年价格为100 Year of 1965=100 | 以1970年价格为100 Year of 1970=100 | 以1978年价格为100 Year of 1978=100 | 以1985年价格为100 Year of 1985=100 | 以1990年价格为100 Year of 1990=100 | 以1995年价格为100 Year of 1995=100 | 以2000年价格为100 Year of 2000=100 | 以2005年价格为100 Year of 2005=100 | 以上年价格为100 Preceding Year=100 |
|---|---|---|---|---|---|---|---|---|---|---|
| 1958 | 102.4 | | | | | | | | | 102.4 |
| 1959 | 105.4 | | | | | | | | | 102.9 |
| 1960 | 109.9 | | | | | | | | | 104.3 |
| 1961 | 132.1 | | | | | | | | | 120.2 |
| 1962 | 125.6 | | | | | | | | | 95.1 |
| 1963 | 111.7 | | | | | | | | | 88.9 |
| 1964 | 106.0 | | | | | | | | | 94.9 |
| 1965 | 103.5 | | | | | | | | | 97.7 |
| 1966 | 101.7 | 98.2 | | | | | | | | 98.2 |
| 1967 | 104.2 | 100.7 | | | | | | | | 102.5 |
| 1968 | 105.6 | 102.0 | | | | | | | | 101.3 |
| 1969 | 108.2 | 104.5 | | | | | | | | 102.5 |
| 1970 | 109.1 | 105.3 | | | | | | | | 100.8 |
| 1971 | 108.9 | 105.1 | 99.8 | | | | | | | 99.8 |
| 1972 | 109.3 | 105.6 | 100.2 | | | | | | | 100.4 |
| 1973 | 109.6 | 105.9 | 100.5 | | | | | | | 100.3 |
| 1974 | 110.1 | 106.3 | 100.9 | | | | | | | 100.4 |
| 1975 | 110.7 | 106.9 | 101.5 | | | | | | | 100.6 |
| 1976 | 111.7 | 107.9 | 102.4 | | | | | | | 100.9 |
| 1977 | 120.9 | 116.7 | 110.8 | | | | | | | 108.2 |
| 1978 | 121.6 | 117.4 | 111.5 | | | | | | | 100.6 |
| 1979 | 123.6 | 119.3 | 113.3 | 101.6 | | | | | | 101.6 |
| 1980 | 133.6 | 129.0 | 122.4 | 109.8 | | | | | | 108.1 |
| 1981 | 136.4 | 131.7 | 125.0 | 112.1 | | | | | | 102.1 |
| 1982 | 140.3 | 135.5 | 128.6 | 115.4 | | | | | | 102.9 |
| 1983 | 142.6 | 137.7 | 130.7 | 117.2 | | | | | | 101.6 |
| 1984 | 147.3 | 142.2 | 135.0 | 121.1 | | | | | | 103.3 |
| 1985 | 159.9 | 154.5 | 146.6 | 131.5 | | | | | | 108.6 |
| 1986 | 169.5 | 163.7 | 155.4 | 139.4 | 106.0 | | | | | 106.0 |
| 1987 | 186.3 | 179.9 | 170.8 | 153.2 | 116.5 | | | | | 109.9 |
| 1988 | 219.3 | 211.8 | 201.0 | 180.3 | 137.1 | | | | | 117.7 |
| 1989 | 254.8 | 246.1 | 233.6 | 209.5 | 159.3 | | | | | 116.2 |
| 1990 | 268.9 | 259.6 | 246.5 | 221.1 | 168.1 | | | | | 105.5 |
| 1991 | 287.4 | 277.6 | 263.5 | 236.3 | 179.7 | 106.9 | | | | 106.9 |
| 1992 | 314.1 | 303.4 | 288.0 | 258.3 | 196.4 | 116.8 | | | | 109.3 |
| 1993 | 361.9 | 349.5 | 331.7 | 297.6 | 226.3 | 134.6 | | | | 115.2 |
| 1994 | 451.6 | 436.1 | 414.0 | 371.4 | 282.4 | 168.0 | | | | 124.8 |
| 1995 | 529.8 | 511.6 | 485.6 | 435.6 | 331.2 | 197.0 | | | | 117.3 |
| 1996 | 564.7 | 545.4 | 517.7 | 464.3 | 353.1 | 210.0 | 106.6 | | | 106.6 |
| 1997 | 586.7 | 566.6 | 537.9 | 482.5 | 366.8 | 218.2 | 110.8 | | | 103.9 |
| 1998 | 586.7 | 566.6 | 537.9 | 482.5 | 366.8 | 218.2 | 110.8 | | | 100.0 |
| 1999 | 581.5 | 561.5 | 533.0 | 478.1 | 363.5 | 216.3 | 109.8 | | | 99.1 |
| 2000 | 579.7 | 559.8 | 531.4 | 476.7 | 362.4 | 215.6 | 109.4 | | | 99.7 |
| 2001 | 587.3 | 567.1 | 538.3 | 482.9 | 367.2 | 218.4 | 110.9 | 101.3 | | 101.3 |
| 2002 | 583.7 | 563.7 | 535.1 | 480.0 | 365.0 | 217.1 | 110.2 | 100.7 | | 99.4 |
| 2003 | 592.5 | 572.2 | 543.1 | 487.2 | 370.4 | 220.4 | 111.8 | 102.2 | | 101.5 |
| 2004 | 612.0 | 591.1 | 561.1 | 503.3 | 382.7 | 227.6 | 115.5 | 105.6 | | 103.3 |
| 2005 | 621.8 | 600.5 | 570.0 | 511.3 | 388.8 | 231.3 | 117.4 | 107.3 | | 101.6 |
| 2006 | 632.4 | 610.7 | 579.7 | 520.0 | 395.4 | 235.2 | 119.4 | 109.1 | 101.7 | 101.7 |
| 2007 | 664.7 | 641.9 | 609.3 | 546.5 | 415.5 | 247.2 | 125.5 | 114.7 | 106.9 | 105.1 |
| 2008 | 717.2 | 692.6 | 657.4 | 589.7 | 448.4 | 266.8 | 135.4 | 123.7 | 115.3 | 107.9 |
| 2009 | 719.3 | 694.7 | 659.4 | 591.5 | 449.7 | 267.6 | 135.8 | 124.1 | 115.7 | 100.3 |
| 2010 | 746.3 | 720.7 | 684.1 | 613.6 | 466.6 | 277.6 | 140.9 | 128.7 | 120.0 | 103.7 |
| 2011 | 789.6 | 762.5 | 723.8 | 649.2 | 493.6 | 293.7 | 149.0 | 136.2 | 127.0 | 105.8 |
| 2012 | 806.9 | 779.3 | 739.7 | 663.5 | 504.5 | 300.1 | 152.3 | 139.2 | 129.8 | 102.2 |
| 2013 | 833.5 | 805.0 | 764.1 | 685.4 | 521.1 | 310.0 | 157.3 | 143.8 | 134.0 | 103.3 |
| 2014 | 850.2 | 821.1 | 779.4 | 699.1 | 531.6 | 316.2 | 160.5 | 146.7 | 136.7 | 102.0 |
| 2015 | 860.4 | 830.9 | 788.7 | 707.5 | 537.9 | 320.0 | 162.4 | 148.4 | 138.4 | 101.2 |
| 2016 | 874.2 | 844.2 | 801.4 | 718.8 | 546.6 | 325.2 | 165.0 | 150.8 | 140.6 | 101.6 |
| 2017 | 889.1 | 858.6 | 815.0 | 731.0 | 555.9 | 330.7 | 167.8 | 153.4 | 143.0 | 101.7 |

# 3-3 主要年份全区农村居民消费价格总指数
## Consumer Price Indices of Rural Households in Main Years

| 年 份<br>Year | 以1957年价格为100<br>Year of 1957=100 | 以1965年价格为100<br>Year of 1965=100 | 以1970年价格为100<br>Year of 1970=100 | 以1978年价格为100<br>Year of 1978=100 | 以1980年价格为100<br>Year of 1980=100 | 以1985年价格为100<br>Year of 1985=100 | 以1990年价格为100<br>Year of 1990=100 | 以1995年价格为100<br>Year of 1995=100 | 以2000年价格为100<br>Year of 2000=100 | 以2005年价格为100<br>Year of 2005=100 | 以上年价格为100<br>Preceding Year=100 |
|---|---|---|---|---|---|---|---|---|---|---|---|
| 1958 | 102.4 | | | | | | | | | | 102.4 |
| 1959 | 105.4 | | | | | | | | | | 102.9 |
| 1960 | 109.9 | | | | | | | | | | 104.3 |
| 1961 | 132.1 | | | | | | | | | | 120.2 |
| 1962 | 125.6 | | | | | | | | | | 95.1 |
| 1963 | 111.7 | | | | | | | | | | 88.9 |
| 1964 | 106.0 | | | | | | | | | | 94.9 |
| 1965 | 103.5 | | | | | | | | | | 97.7 |
| 1966 | 101.7 | 98.2 | | | | | | | | | 98.2 |
| 1967 | 104.2 | 100.7 | | | | | | | | | 102.5 |
| 1968 | 105.6 | 102.0 | | | | | | | | | 101.3 |
| 1969 | 108.2 | 104.5 | | | | | | | | | 102.5 |
| 1970 | 109.1 | 105.3 | | | | | | | | | 100.8 |
| 1971 | 108.9 | 105.1 | 99.8 | | | | | | | | 99.8 |
| 1972 | 109.3 | 105.6 | 100.2 | | | | | | | | 100.4 |
| 1973 | 109.6 | 105.9 | 100.5 | | | | | | | | 100.3 |
| 1974 | 110.1 | 106.3 | 100.9 | | | | | | | | 100.4 |
| 1975 | 110.7 | 106.9 | 101.5 | | | | | | | | 100.6 |
| 1976 | 111.7 | 107.9 | 102.4 | | | | | | | | 100.9 |
| 1977 | 120.9 | 116.7 | 110.8 | | | | | | | | 108.2 |
| 1978 | 121.6 | 117.4 | 111.5 | | | | | | | | 100.6 |
| 1979 | 123.6 | 119.3 | 113.3 | 101.6 | | | | | | | 101.6 |
| 1980 | 133.6 | 129.0 | 122.4 | 109.8 | | | | | | | 108.1 |
| 1981 | 136.4 | 131.7 | 125.0 | 112.1 | | | | | | | 102.1 |
| 1982 | 140.3 | 135.5 | 128.6 | 115.4 | | | | | | | 102.9 |
| 1983 | 142.6 | 137.7 | 130.7 | 117.2 | | | | | | | 101.6 |
| 1984 | 144.9 | 139.9 | 132.8 | 119.1 | | | | | | | 101.6 |
| 1985 | 156.9 | 151.5 | 143.8 | 129.0 | 108.3 | | | | | | 108.3 |
| 1986 | 164.9 | 159.2 | 151.1 | 135.6 | 113.8 | 105.1 | | | | | 105.1 |
| 1987 | 173.6 | 167.7 | 159.2 | 142.8 | 119.9 | 110.7 | | | | | 105.3 |
| 1988 | 200.9 | 194.0 | 184.1 | 165.2 | 138.7 | 128.0 | | | | | 115.7 |
| 1989 | 238.0 | 229.9 | 218.2 | 195.7 | 164.3 | 151.7 | | | | | 118.5 |
| 1990 | 259.5 | 250.6 | 237.8 | 213.3 | 179.1 | 165.4 | | | | | 109.0 |
| 1991 | 273.2 | 263.8 | 250.5 | 224.7 | 188.6 | 174.2 | 105.3 | | | | 105.3 |
| 1992 | 291.0 | 281.0 | 266.7 | 239.3 | 200.9 | 185.5 | 112.1 | | | | 106.5 |
| 1993 | 331.1 | 319.8 | 303.5 | 272.3 | 228.6 | 211.1 | 127.6 | | | | 113.8 |
| 1994 | 402.7 | 388.8 | 369.1 | 331.1 | 278.0 | 256.7 | 155.2 | | | | 121.6 |
| 1995 | 468.7 | 452.6 | 429.6 | 385.4 | 323.6 | 298.8 | 180.6 | | | | 116.4 |
| 1996 | 501.0 | 483.9 | 459.3 | 412.0 | 345.9 | 319.4 | 193.1 | 106.9 | | | 106.9 |
| 1997 | 518.6 | 500.8 | 475.4 | 426.4 | 358.0 | 330.5 | 199.9 | 110.6 | | | 103.5 |
| 1998 | 517.5 | 499.8 | 474.4 | 425.5 | 357.3 | 329.9 | 199.5 | 110.4 | | | 99.8 |
| 1999 | 507.7 | 490.3 | 465.4 | 417.5 | 350.5 | 323.6 | 195.7 | 108.3 | | | 98.1 |
| 2000 | 505.2 | 487.8 | 463.1 | 415.4 | 348.7 | 322.0 | 194.7 | 107.8 | | | 99.5 |
| 2001 | 516.3 | 498.6 | 473.3 | 424.5 | 356.4 | 329.1 | 199.0 | 110.2 | 102.2 | | 102.2 |
| 2002 | 513.7 | 496.1 | 470.9 | 422.4 | 354.6 | 327.4 | 198.0 | 109.6 | 101.7 | | 99.5 |
| 2003 | 524.0 | 506.0 | 480.3 | 430.8 | 361.7 | 334.0 | 201.9 | 111.8 | 103.7 | | 102.0 |
| 2004 | 547.5 | 528.8 | 501.9 | 450.2 | 378.0 | 349.0 | 211.0 | 116.8 | 108.4 | | 104.5 |
| 2005 | 554.1 | 535.1 | 507.9 | 455.6 | 382.5 | 353.2 | 213.6 | 118.2 | 109.7 | | 101.2 |
| 2006 | 566.9 | 547.4 | 519.6 | 466.1 | 391.3 | 361.3 | 218.5 | 120.9 | 112.2 | 102.3 | 102.3 |
| 2007 | 600.3 | 579.7 | 550.3 | 493.6 | 414.4 | 382.6 | 231.4 | 128.1 | 118.8 | 108.3 | 105.9 |
| 2008 | 659.7 | 637.1 | 604.8 | 542.5 | 455.4 | 420.5 | 254.3 | 140.8 | 130.6 | 119.1 | 109.9 |
| 2009 | 669.6 | 646.7 | 613.8 | 550.6 | 462.3 | 426.8 | 258.1 | 142.9 | 132.6 | 120.8 | 101.5 |
| 2010 | 700.7 | 676.7 | 642.3 | 576.1 | 483.7 | 446.6 | 270.0 | 149.5 | 138.7 | 126.5 | 104.6 |
| 2011 | 751.8 | 726.1 | 689.2 | 618.2 | 519.0 | 479.2 | 289.8 | 160.4 | 148.8 | 135.7 | 107.3 |
| 2012 | 764.6 | 738.4 | 700.9 | 628.7 | 527.8 | 487.4 | 294.7 | 163.1 | 151.4 | 138.0 | 101.7 |
| 2013 | 793.7 | 766.5 | 727.5 | 652.6 | 547.9 | 505.9 | 305.9 | 169.3 | 157.1 | 143.2 | 103.8 |
| 2014 | 806.4 | 778.7 | 739.2 | 663.0 | 556.7 | 514.0 | 310.8 | 172.0 | 159.6 | 145.5 | 101.6 |
| 2015 | 814.4 | 786.5 | 746.6 | 669.7 | 562.2 | 519.1 | 313.9 | 173.8 | 161.2 | 147.0 | 101.0 |
| 2016 | 824.2 | 795.9 | 755.5 | 677.7 | 569.0 | 525.4 | 317.7 | 175.9 | 163.2 | 148.7 | 101.2 |
| 2017 | 834.9 | 806.2 | 765.3 | 686.5 | 576.4 | 532.2 | 321.8 | 178.2 | 165.3 | 150.6 | 101.3 |

# 3-4 主要年份全区商品零售价格总指数
## Retail Price Indices in Main Years

| 年 份 Year | 以1957年价格为100 Year of 1957=100 | 以1965年价格为100 Year of 1965=100 | 以1970年价格为100 Year of 1970=100 | 以1978年价格为100 Year of 1978=100 | 以1980年价格为100 Year of 1980=100 | 以1985年价格为100 Year of 1985=100 | 以1990年价格为100 Year of 1990=100 | 以1995年价格为100 Year of 1995=100 | 以2000年价格为100 Year of 2000=100 | 以2005年价格为100 Year of 2005=100 | 以上年价格为100 Preceding Year=100 |
|---|---|---|---|---|---|---|---|---|---|---|---|
| 1958 | 101.0 | | | | | | | | | | 101.0 |
| 1959 | 102.5 | | | | | | | | | | 101.5 |
| 1960 | 105.6 | | | | | | | | | | 103.0 |
| 1961 | 124.4 | | | | | | | | | | 117.8 |
| 1962 | 119.8 | | | | | | | | | | 96.3 |
| 1963 | 107.1 | | | | | | | | | | 89.4 |
| 1964 | 102.5 | | | | | | | | | | 95.7 |
| 1965 | 100.0 | | | | | | | | | | 97.6 |
| 1966 | 98.1 | 98.1 | | | | | | | | | 98.1 |
| 1967 | 100.0 | 100.0 | | | | | | | | | 101.9 |
| 1968 | 100.8 | 100.8 | | | | | | | | | 100.8 |
| 1969 | 102.3 | 102.3 | | | | | | | | | 101.5 |
| 1970 | 102.8 | 102.8 | | | | | | | | | 100.5 |
| 1971 | 101.8 | 101.8 | 99.0 | | | | | | | | 99.0 |
| 1972 | 101.9 | 101.9 | 99.1 | | | | | | | | 100.1 |
| 1973 | 102.2 | 102.2 | 99.4 | | | | | | | | 100.3 |
| 1974 | 102.3 | 102.3 | 99.5 | | | | | | | | 100.1 |
| 1975 | 102.6 | 102.6 | 99.8 | | | | | | | | 100.3 |
| 1976 | 103.0 | 103.0 | 100.2 | | | | | | | | 100.4 |
| 1977 | 110.7 | 110.7 | 107.7 | | | | | | | | 107.5 |
| 1978 | 110.7 | 110.7 | 107.7 | | | | | | | | 100.0 |
| 1979 | 112.2 | 112.1 | 109.1 | 101.3 | | | | | | | 101.3 |
| 1980 | 118.7 | 118.7 | 115.4 | 107.2 | | | | | | | 105.8 |
| 1981 | 121.1 | 121.0 | 117.7 | 109.3 | 102.0 | | | | | | 102.0 |
| 1982 | 124.1 | 124.1 | 120.7 | 112.1 | 104.6 | | | | | | 102.5 |
| 1983 | 125.4 | 125.4 | 122.0 | 113.3 | 105.7 | | | | | | 101.1 |
| 1984 | 129.5 | 129.4 | 125.9 | 116.9 | 109.1 | | | | | | 103.2 |
| 1985 | 139.6 | 139.5 | 135.7 | 126.0 | 117.6 | | | | | | 107.8 |
| 1986 | 146.4 | 146.4 | 142.4 | 132.2 | 123.4 | 104.9 | | | | | 104.9 |
| 1987 | 158.1 | 158.1 | 153.8 | 142.8 | 133.2 | 113.3 | | | | | 108.0 |
| 1988 | 185.8 | 185.7 | 180.7 | 167.8 | 156.5 | 133.1 | | | | | 117.5 |
| 1989 | 218.8 | 218.8 | 212.9 | 197.6 | 184.4 | 156.8 | | | | | 117.8 |
| 1990 | 228.0 | 228.0 | 221.8 | 205.9 | 192.1 | 163.4 | | | | | 104.2 |
| 1991 | 241.5 | 241.4 | 234.9 | 218.1 | 203.5 | 173.0 | 105.9 | | | | 105.9 |
| 1992 | 261.0 | 261.0 | 253.9 | 235.7 | 220.0 | 187.1 | 114.5 | | | | 108.1 |
| 1993 | 292.6 | 292.6 | 284.6 | 264.3 | 246.6 | 209.7 | 128.3 | | | | 112.1 |
| 1994 | 351.5 | 351.4 | 341.9 | 317.4 | 296.1 | 251.8 | 154.1 | | | | 120.1 |
| 1995 | 405.2 | 405.1 | 394.2 | 365.9 | 341.4 | 290.4 | 177.7 | | | | 115.3 |
| 1996 | 432.4 | 432.3 | 420.6 | 390.5 | 364.3 | 309.8 | 189.6 | 106.7 | | | 106.7 |
| 1997 | 441.9 | 441.8 | 429.8 | 399.1 | 372.3 | 316.6 | 193.8 | 109.0 | | | 102.2 |
| 1998 | 430.8 | 430.7 | 419.1 | 389.1 | 363.0 | 308.7 | 188.9 | 106.3 | | | 97.5 |
| 1999 | 421.8 | 421.7 | 410.3 | 380.9 | 355.4 | 302.2 | 185.0 | 104.1 | | | 97.9 |
| 2000 | 411.7 | 411.6 | 400.4 | 371.8 | 346.9 | 295.0 | 180.5 | 101.6 | | | 97.6 |
| 2001 | 411.7 | 411.6 | 400.4 | 371.8 | 346.9 | 295.0 | 180.5 | 101.6 | 100.0 | | 100.0 |
| 2002 | 405.5 | 405.4 | 394.4 | 366.2 | 341.7 | 290.6 | 177.8 | 100.1 | 98.5 | | 98.5 |
| 2003 | 403.5 | 403.4 | 392.4 | 364.4 | 340.0 | 289.1 | 176.9 | 99.6 | 98.0 | | 99.5 |
| 2004 | 414.8 | 414.7 | 403.4 | 374.6 | 349.5 | 297.2 | 181.9 | 102.4 | 100.8 | | 102.8 |
| 2005 | 416.4 | 416.3 | 405.0 | 376.1 | 350.9 | 298.4 | 182.6 | 102.8 | 101.2 | | 100.4 |
| 2006 | 421.8 | 421.7 | 410.3 | 380.9 | 355.4 | 302.3 | 185.0 | 104.1 | 102.5 | 101.3 | 101.3 |
| 2007 | 439.1 | 439.0 | 427.1 | 396.6 | 370.0 | 314.7 | 192.6 | 108.4 | 106.7 | 105.5 | 104.1 |
| 2008 | 476.5 | 476.4 | 463.4 | 430.3 | 401.5 | 341.4 | 208.9 | 117.6 | 115.7 | 114.4 | 108.5 |
| 2009 | 474.1 | 474.0 | 461.1 | 428.1 | 399.5 | 339.7 | 207.9 | 117.0 | 115.2 | 113.8 | 99.5 |
| 2010 | 489.2 | 489.1 | 475.9 | 441.8 | 412.2 | 350.6 | 214.5 | 120.7 | 118.8 | 117.5 | 103.2 |
| 2011 | 515.1 | 515.0 | 501.1 | 465.2 | 434.1 | 369.1 | 225.9 | 127.1 | 125.1 | 123.7 | 105.3 |
| 2012 | 520.3 | 520.2 | 506.1 | 469.9 | 438.4 | 372.8 | 228.2 | 128.4 | 126.4 | 124.9 | 101.0 |
| 2013 | 532.8 | 532.7 | 518.2 | 481.1 | 448.9 | 381.8 | 233.6 | 131.5 | 129.4 | 127.9 | 102.4 |
| 2014 | 537.6 | 537.5 | 522.9 | 485.5 | 453.0 | 385.2 | 235.7 | 132.7 | 130.6 | 129.1 | 100.9 |
| 2015 | 538.1 | 538.0 | 523.4 | 486.0 | 453.4 | 385.6 | 236.0 | 132.8 | 130.7 | 129.2 | 100.1 |
| 2016 | 541.9 | 541.8 | 527.1 | 489.4 | 456.6 | 388.3 | 237.6 | 133.7 | 131.6 | 130.1 | 100.7 |
| 2017 | 551.7 | 551.6 | 536.6 | 498.2 | 464.8 | 395.3 | 241.9 | 136.1 | 134.0 | 132.4 | 101.8 |

# 3-5 主要年份全区城市商品零售价格总指数
# Retail Price Indices of Urban in Main Years

| 年份<br>Year | 以1957年价格为100<br>Year of 1957=100 | 以1965年价格为100<br>Year of 1965=100 | 以1970年价格为100<br>Year of 1970=100 | 以1978年价格为100<br>Year of 1978=100 | 以1980年价格为100<br>Year of 1980=100 | 以1985年价格为100<br>Year of 1985=100 | 以1990年价格为100<br>Year of 1990=100 | 以1995年价格为100<br>Year of 1995=100 | 以2000年价格为100<br>Year of 2000=100 | 以2005年价格为100<br>Year of 2005=100 | 以上年价格为100<br>Preceding Year=100 |
|---|---|---|---|---|---|---|---|---|---|---|---|
| 1958 | 101.7 | | | | | | | | | | 101.7 |
| 1959 | 103.7 | | | | | | | | | | 102.0 |
| 1960 | 106.8 | | | | | | | | | | 103.0 |
| 1961 | 128.9 | | | | | | | | | | 120.6 |
| 1962 | 122.8 | | | | | | | | | | 95.3 |
| 1963 | 109.4 | | | | | | | | | | 89.1 |
| 1964 | 104.7 | | | | | | | | | | 95.7 |
| 1965 | 102.1 | | | | | | | | | | 97.5 |
| 1966 | 100.2 | 98.1 | | | | | | | | | 98.1 |
| 1967 | 102.7 | 100.6 | | | | | | | | | 102.5 |
| 1968 | 104.0 | 101.9 | | | | | | | | | 101.3 |
| 1969 | 106.6 | 104.4 | | | | | | | | | 102.5 |
| 1970 | 107.4 | 105.2 | | | | | | | | | 100.8 |
| 1971 | 107.1 | 104.9 | 99.7 | | | | | | | | 99.7 |
| 1972 | 107.5 | 105.3 | 100.1 | | | | | | | | 100.4 |
| 1973 | 107.9 | 105.7 | 100.4 | | | | | | | | 100.3 |
| 1974 | 108.3 | 106.1 | 100.8 | | | | | | | | 100.4 |
| 1975 | 109.1 | 106.8 | 101.5 | | | | | | | | 100.7 |
| 1976 | 110.3 | 108.0 | 102.6 | | | | | | | | 101.1 |
| 1977 | 119.5 | 117.1 | 111.2 | | | | | | | | 108.4 |
| 1978 | 120.4 | 117.9 | 112.0 | | | | | | | | 100.7 |
| 1979 | 122.4 | 119.9 | 113.9 | 101.7 | | | | | | | 101.7 |
| 1980 | 132.4 | 129.7 | 123.3 | 110.0 | | | | | | | 108.2 |
| 1981 | 135.1 | 132.3 | 125.7 | 112.2 | 102.0 | | | | | | 102.0 |
| 1982 | 139.1 | 136.3 | 129.5 | 115.6 | 105.1 | | | | | | 103.0 |
| 1983 | 141.2 | 138.3 | 131.4 | 117.3 | 106.6 | | | | | | 101.5 |
| 1984 | 145.8 | 142.8 | 135.7 | 121.1 | 110.0 | | | | | | 103.2 |
| 1985 | 158.1 | 154.9 | 147.2 | 131.4 | 119.4 | | | | | | 108.5 |
| 1986 | 167.2 | 163.7 | 155.6 | 138.9 | 126.2 | 105.7 | | | | | 105.7 |
| 1987 | 184.9 | 181.1 | 172.1 | 153.6 | 139.6 | 116.9 | | | | | 110.6 |
| 1988 | 218.9 | 214.4 | 203.7 | 181.9 | 165.3 | 138.4 | | | | | 118.4 |
| 1989 | 255.2 | 250.0 | 237.5 | 212.1 | 192.7 | 161.4 | | | | | 116.6 |
| 1990 | 261.1 | 255.7 | 243.0 | 216.9 | 197.1 | 165.1 | | | | | 102.3 |
| 1991 | 278.3 | 272.6 | 259.0 | 231.2 | 210.1 | 176.0 | 106.6 | | | | 106.6 |
| 1992 | 303.7 | 297.4 | 282.6 | 252.3 | 229.3 | 192.0 | 116.3 | | | | 109.1 |
| 1993 | 341.3 | 334.3 | 317.7 | 283.6 | 257.7 | 215.8 | 130.7 | | | | 112.4 |
| 1994 | 409.6 | 401.2 | 381.2 | 340.3 | 309.2 | 259.0 | 156.9 | | | | 120.0 |
| 1995 | 469.8 | 460.2 | 437.2 | 390.3 | 354.7 | 297.1 | 179.9 | | | | 114.7 |
| 1996 | 499.4 | 489.1 | 464.8 | 414.9 | 377.0 | 315.8 | 191.3 | 106.3 | | | 106.3 |
| 1997 | 510.4 | 499.9 | 475.0 | 424.0 | 385.3 | 322.7 | 195.5 | 108.6 | | | 102.2 |
| 1998 | 496.6 | 486.4 | 462.2 | 412.6 | 374.9 | 314.0 | 190.2 | 105.7 | | | 97.3 |
| 1999 | 488.6 | 478.6 | 454.8 | 406.0 | 368.9 | 309.0 | 187.1 | 104.0 | | | 98.4 |
| 2000 | 477.9 | 468.1 | 444.8 | 397.0 | 360.8 | 302.2 | 183.0 | 101.7 | | | 97.8 |
| 2001 | 479.3 | 469.5 | 446.1 | 398.2 | 361.9 | 303.1 | 183.6 | 102.0 | 100.3 | | 100.3 |
| 2002 | 472.6 | 462.9 | 439.9 | 392.7 | 356.8 | 298.9 | 181.0 | 100.6 | 98.9 | | 98.6 |
| 2003 | 468.8 | 459.2 | 436.3 | 389.5 | 354.0 | 296.5 | 179.6 | 99.8 | 98.1 | | 99.2 |
| 2004 | 478.7 | 468.9 | 445.5 | 397.7 | 361.4 | 302.7 | 183.3 | 101.9 | 100.2 | | 102.1 |
| 2005 | 481.1 | 471.2 | 447.7 | 399.7 | 363.2 | 304.2 | 184.2 | 102.4 | 100.7 | | 100.5 |
| 2006 | 486.8 | 476.9 | 453.1 | 404.5 | 367.6 | 307.9 | 186.5 | 103.6 | 101.9 | 101.2 | 101.2 |
| 2007 | 504.9 | 494.5 | 469.9 | 419.5 | 381.2 | 319.2 | 193.4 | 107.5 | 105.6 | 104.9 | 103.7 |
| 2008 | 540.7 | 529.6 | 503.2 | 449.2 | 408.2 | 341.9 | 207.1 | 115.1 | 113.1 | 112.4 | 107.1 |
| 2009 | 537.5 | 526.4 | 500.2 | 446.5 | 405.8 | 339.9 | 205.8 | 114.4 | 112.5 | 111.7 | 99.4 |
| 2010 | 552.2 | 540.9 | 514.0 | 458.8 | 417.0 | 349.2 | 211.5 | 117.6 | 115.6 | 114.8 | 102.7 |
| 2011 | 579.8 | 568.0 | 539.7 | 481.8 | 437.8 | 366.7 | 222.1 | 123.4 | 121.3 | 120.5 | 105.0 |
| 2012 | 585.1 | 573.1 | 544.5 | 486.1 | 441.7 | 370.0 | 224.1 | 124.5 | 122.4 | 121.6 | 100.9 |
| 2013 | 599.1 | 586.8 | 557.6 | 497.8 | 452.3 | 378.8 | 229.5 | 127.5 | 125.4 | 124.5 | 102.4 |
| 2014 | 604.5 | 592.1 | 562.6 | 502.2 | 456.4 | 382.2 | 231.5 | 128.7 | 126.5 | 125.7 | 100.9 |
| 2015 | 605.1 | 592.7 | 563.2 | 502.7 | 456.9 | 382.6 | 231.8 | 128.8 | 126.6 | 125.8 | 100.1 |
| 2016 | 609.3 | 596.8 | 567.1 | 506.3 | 460.1 | 385.3 | 233.4 | 129.7 | 127.5 | 126.7 | 100.7 |
| 2017 | 619.7 | 606.9 | 576.7 | 514.9 | 467.9 | 391.9 | 237.4 | 131.9 | 129.7 | 128.9 | 101.7 |

# 3-6　主要年份全区农村商品零售价格总指数
# Retail Price Indices of Rural in Main Years

| 年　份 Year | 以1957年价格为100 Year of 1957=100 | 以1965年价格为100 Year of 1965=100 | 以1970年价格为100 Year of 1970=100 | 以1978年价格为100 Year of 1978=100 | 以1980年价格为100 Year of 1980=100 | 以1985年价格为100 Year of 1985=100 | 以1990年价格为100 Year of 1990=100 | 以1995年价格为100 Year of 1995=100 | 以2000年价格为100 Year of 2000=100 | 以2005年价格为100 Year of 2005=100 | 以上年价格为100 Preceding Year=100 |
|---|---|---|---|---|---|---|---|---|---|---|---|
| 1958 | 100.0 | | | | | | | | | | 100.0 |
| 1959 | 100.8 | | | | | | | | | | 100.8 |
| 1960 | 101.8 | | | | | | | | | | 101.0 |
| 1961 | 115.6 | | | | | | | | | | 113.5 |
| 1962 | 119.8 | | | | | | | | | | 103.7 |
| 1963 | 116.7 | | | | | | | | | | 97.4 |
| 1964 | 114.5 | | | | | | | | | | 98.1 |
| 1965 | 111.9 | | | | | | | | | | 97.7 |
| 1966 | 110.2 | 98.5 | | | | | | | | | 98.5 |
| 1967 | 111.6 | 99.8 | | | | | | | | | 101.3 |
| 1968 | 111.6 | 99.8 | | | | | | | | | 100.0 |
| 1969 | 111.6 | 99.8 | | | | | | | | | 100.0 |
| 1970 | 111.6 | 99.8 | | | | | | | | | 100.0 |
| 1971 | 109.4 | 97.8 | 98.0 | | | | | | | | 98.0 |
| 1972 | 109.2 | 97.6 | 97.8 | | | | | | | | 99.8 |
| 1973 | 109.5 | 97.9 | 98.1 | | | | | | | | 100.3 |
| 1974 | 109.4 | 97.8 | 98.0 | | | | | | | | 99.9 |
| 1975 | 109.4 | 97.8 | 98.0 | | | | | | | | 100.0 |
| 1976 | 109.4 | 97.8 | 98.0 | | | | | | | | 100.0 |
| 1977 | 116.9 | 104.5 | 104.8 | | | | | | | | 106.9 |
| 1978 | 116.6 | 104.2 | 104.4 | | | | | | | | 99.7 |
| 1979 | 117.9 | 105.4 | 105.6 | 101.1 | | | | | | | 101.1 |
| 1980 | 122.6 | 109.6 | 109.8 | 105.1 | | | | | | | 104.0 |
| 1981 | 124.8 | 111.6 | 111.8 | 107.0 | 101.8 | | | | | | 101.8 |
| 1982 | 127.4 | 113.9 | 114.1 | 109.3 | 103.9 | | | | | | 102.1 |
| 1983 | 128.3 | 114.7 | 114.9 | 110.0 | 104.7 | | | | | | 100.7 |
| 1984 | 131.9 | 117.9 | 118.2 | 113.1 | 107.6 | | | | | | 102.8 |
| 1985 | 139.9 | 125.1 | 125.3 | 120.0 | 114.1 | | | | | | 106.1 |
| 1986 | 145.5 | 130.1 | 130.4 | 124.8 | 118.7 | 104.0 | | | | | 104.0 |
| 1987 | 154.5 | 138.1 | 138.4 | 132.5 | 126.1 | 110.4 | | | | | 106.2 |
| 1988 | 179.4 | 160.4 | 160.7 | 153.9 | 146.4 | 128.2 | | | | | 116.1 |
| 1989 | 213.3 | 190.7 | 191.1 | 183.0 | 174.0 | 152.5 | | | | | 118.9 |
| 1990 | 225.5 | 201.6 | 202.0 | 193.4 | 183.9 | 161.2 | | | | | 105.7 |
| 1991 | 236.5 | 211.4 | 211.9 | 202.9 | 193.0 | 169.1 | 104.9 | | | | 104.9 |
| 1992 | 251.2 | 224.5 | 225.0 | 215.5 | 204.9 | 179.5 | 111.4 | | | | 106.2 |
| 1993 | 281.1 | 251.3 | 251.8 | 241.1 | 229.3 | 200.9 | 124.7 | | | | 111.9 |
| 1994 | 338.1 | 302.3 | 302.9 | 290.0 | 275.8 | 241.7 | 150.0 | | | | 120.3 |
| 1995 | 391.9 | 350.3 | 351.1 | 336.2 | 319.7 | 280.1 | 173.8 | | | | 115.9 |
| 1996 | 420.9 | 376.3 | 377.1 | 361.0 | 343.4 | 300.8 | 186.7 | 107.4 | | | 107.4 |
| 1997 | 429.7 | 384.2 | 385.0 | 368.6 | 350.6 | 307.2 | 190.6 | 109.7 | | | 102.1 |
| 1998 | 420.7 | 376.1 | 376.9 | 360.9 | 343.2 | 300.7 | 186.6 | 107.4 | | | 97.9 |
| 1999 | 408.1 | 364.8 | 365.6 | 350.0 | 332.9 | 291.7 | 181.0 | 104.1 | | | 97.0 |
| 2000 | 397.5 | 355.3 | 356.1 | 340.9 | 324.3 | 284.1 | 176.3 | 101.4 | | | 97.4 |
| 2001 | 395.9 | 353.9 | 354.7 | 339.6 | 323.0 | 283.0 | 175.6 | 101.0 | 99.6 | | 99.6 |
| 2002 | 389.5 | 348.2 | 349.0 | 334.1 | 317.8 | 278.4 | 172.8 | 99.4 | 98.0 | | 98.4 |
| 2003 | 389.9 | 348.6 | 349.4 | 334.5 | 318.1 | 278.7 | 172.9 | 99.5 | 98.1 | | 100.1 |
| 2004 | 406.3 | 363.2 | 364.0 | 348.5 | 331.5 | 290.4 | 180.2 | 103.7 | 102.2 | | 104.2 |
| 2005 | 406.7 | 363.6 | 364.4 | 348.9 | 331.8 | 290.7 | 180.4 | 103.8 | 102.3 | | 100.1 |
| 2006 | 414.0 | 370.1 | 371.0 | 355.2 | 337.8 | 295.9 | 183.6 | 105.7 | 104.2 | 101.8 | 101.8 |
| 2007 | 436.4 | 390.1 | 391.0 | 374.3 | 356.0 | 311.9 | 193.6 | 111.4 | 109.8 | 107.3 | 105.4 |
| 2008 | 490.9 | 438.9 | 439.9 | 421.1 | 400.5 | 350.9 | 217.7 | 125.3 | 123.5 | 120.7 | 112.5 |
| 2009 | 490.9 | 438.9 | 439.9 | 421.1 | 400.5 | 350.9 | 217.7 | 125.3 | 123.5 | 120.7 | 100.0 |
| 2010 | 512.9 | 458.5 | 459.5 | 439.9 | 418.4 | 366.6 | 227.5 | 130.9 | 129.0 | 126.1 | 104.5 |
| 2011 | 552.9 | 494.3 | 495.4 | 474.3 | 451.1 | 395.2 | 245.2 | 141.1 | 139.1 | 135.9 | 107.8 |
| 2012 | 562.3 | 502.7 | 503.8 | 482.3 | 458.7 | 401.9 | 249.4 | 143.5 | 141.5 | 138.2 | 101.7 |
| 2013 | 578.6 | 517.2 | 518.4 | 496.3 | 472.0 | 413.6 | 256.6 | 147.6 | 145.6 | 142.3 | 102.9 |
| 2014 | 580.3 | 518.8 | 519.9 | 497.8 | 473.4 | 414.8 | 257.4 | 148.1 | 146.0 | 142.7 | 100.3 |
| 2015 | 579.7 | 518.3 | 519.4 | 497.3 | 473.0 | 414.4 | 257.1 | 147.9 | 145.9 | 142.5 | 99.9 |
| 2016 | 579.7 | 518.3 | 519.4 | 497.3 | 473.0 | 414.4 | 257.1 | 147.9 | 145.9 | 142.5 | 100.0 |
| 2017 | 591.9 | 529.2 | 530.3 | 507.7 | 482.9 | 423.1 | 262.5 | 151.0 | 149.0 | 145.5 | 102.1 |

# 3-7 主要年份全区农业生产资料价格总指数

## Price Indices for Means of Agricultural Production in Main Years

| 年 份<br>Year | 以1957年价格为100<br>Year of 1957=100 | 以1965年价格为100<br>Year of 1965=100 | 以1970年价格为100<br>Year of 1970=100 | 以1978年价格为100<br>Year of 1978=100 | 以1980年价格为100<br>Year of 1980=100 | 以1985年价格为100<br>Year of 1985=100 | 以1990年价格为100<br>Year of 1990=100 | 以1995年价格为100<br>Year of 1995=100 | 以2000年价格为100<br>Year of 2000=100 | 以2005年价格为100<br>Year of 2005=100 | 以上年价格为100<br>Preceding Year=100 |
|---|---|---|---|---|---|---|---|---|---|---|---|
| 1978 | 92.7 | 91.8 | 99.7 | | | | | | | | 99.7 |
| 1979 | 93.4 | 92.5 | 100.5 | 100.8 | | | | | | | 100.8 |
| 1980 | 94.8 | 93.9 | 102.0 | 102.3 | 101.5 | | | | | | 101.5 |
| 1981 | 95.4 | 94.5 | 102.6 | 102.9 | 102.1 | | | | | | 100.6 |
| 1982 | 95.8 | 94.9 | 103.0 | 103.3 | 102.5 | | | | | | 100.4 |
| 1983 | 99.1 | 98.2 | 106.6 | 107.0 | 106.1 | | | | | | 103.5 |
| 1984 | 104.6 | 103.6 | 112.5 | 112.8 | 111.9 | | | | | | 105.5 |
| 1985 | 108.6 | 107.5 | 116.8 | 117.1 | 116.2 | | | | | | 103.8 |
| 1986 | 110.5 | 109.5 | 118.9 | 119.2 | 118.3 | 101.8 | | | | | 101.8 |
| 1987 | 118.9 | 117.8 | 127.9 | 128.3 | 127.3 | 109.5 | | | | | 107.6 |
| 1988 | 136.8 | 135.4 | 149.8 | 150.2 | 149.0 | 128.3 | | | | | 117.1 |
| 1989 | 162.0 | 160.3 | 177.3 | 177.9 | 176.5 | 151.9 | | | | | 118.4 |
| 1990 | 171.0 | 169.3 | 187.3 | 187.8 | 186.3 | 160.4 | | | | | 105.6 |
| 1991 | 178.9 | 177.1 | 195.9 | 196.5 | 194.9 | 167.8 | 104.6 | | | | 104.6 |
| 1992 | 186.1 | 184.2 | 203.7 | 204.3 | 202.7 | 174.5 | 108.8 | | | | 104.0 |
| 1993 | 216.4 | 214.2 | 236.9 | 237.6 | 235.8 | 202.9 | 126.5 | | | | 116.3 |
| 1994 | 266.8 | 264.1 | 292.1 | 293.0 | 290.7 | 250.2 | 156.0 | | | | 123.3 |
| 1995 | 347.9 | 344.4 | 380.9 | 382.1 | 379.1 | 326.2 | 203.4 | | | | 130.4 |
| 1996 | 379.2 | 375.4 | 415.2 | 416.5 | 413.2 | 355.6 | 221.7 | 109.0 | | | 109.0 |
| 1997 | 372.4 | 368.6 | 407.8 | 409.0 | 405.7 | 349.2 | 217.7 | 107.0 | | | 98.2 |
| 1998 | 357.9 | 354.2 | 391.9 | 393.0 | 389.9 | 335.6 | 209.2 | 102.9 | | | 96.1 |
| 1999 | 334.3 | 330.8 | 366.0 | 367.1 | 364.2 | 313.4 | 195.4 | 96.1 | | | 93.4 |
| 2000 | 320.9 | 317.6 | 351.4 | 352.4 | 349.6 | 300.9 | 187.6 | 92.2 | | | 96.0 |
| 2001 | 327.3 | 324.0 | 358.4 | 359.5 | 356.6 | 306.9 | 191.4 | 94.1 | 102.0 | | 102.0 |
| 2002 | 338.8 | 335.3 | 370.9 | 372.0 | 369.1 | 317.6 | 198.1 | 97.4 | 105.6 | | 103.5 |
| 2003 | 336.7 | 333.3 | 368.7 | 369.8 | 366.9 | 315.7 | 196.9 | 96.8 | 104.9 | | 99.4 |
| 2004 | 382.2 | 378.3 | 418.5 | 419.7 | 416.4 | 358.4 | 223.5 | 109.9 | 119.1 | | 113.5 |
| 2005 | 417.7 | 413.5 | 457.4 | 458.8 | 455.1 | 391.7 | 244.2 | 120.1 | 130.2 | | 109.3 |
| 2006 | 421.1 | 416.8 | 461.0 | 462.4 | 458.8 | 394.8 | 246.2 | 121.0 | 131.2 | 100.8 | 100.8 |
| 2007 | 472.5 | 467.6 | 517.3 | 518.9 | 514.7 | 443.0 | 276.2 | 135.8 | 147.2 | 113.1 | 112.2 |
| 2008 | 596.2 | 590.1 | 652.8 | 654.8 | 649.6 | 559.1 | 348.6 | 171.4 | 185.8 | 142.7 | 126.2 |
| 2009 | 574.2 | 568.3 | 628.7 | 630.6 | 625.6 | 538.4 | 335.7 | 165.0 | 178.9 | 137.4 | 96.3 |
| 2010 | 599.5 | 593.4 | 656.4 | 658.4 | 653.1 | 562.1 | 350.5 | 172.3 | 186.8 | 143.5 | 104.4 |
| 2011 | 683.4 | 676.4 | 748.3 | 750.5 | 744.6 | 640.8 | 399.6 | 196.4 | 213.0 | 163.6 | 114.0 |
| 2012 | 735.4 | 727.8 | 805.1 | 807.6 | 801.2 | 689.5 | 429.9 | 211.4 | 229.2 | 176.0 | 107.6 |
| 2013 | 747.1 | 739.5 | 818.0 | 820.5 | 814.0 | 700.5 | 436.8 | 214.7 | 232.8 | 178.8 | 101.6 |
| 2014 | 724.0 | 716.5 | 792.7 | 795.0 | 788.7 | 678.8 | 423.3 | 208.1 | 225.6 | 173.3 | 96.9 |
| 2015 | 714.5 | 707.2 | 782.4 | 784.7 | 778.5 | 670.0 | 417.8 | 205.4 | 222.7 | 171.0 | 98.7 |
| 2016 | 702.4 | 695.2 | 769.1 | 771.4 | 765.2 | 658.6 | 410.7 | 201.9 | 218.9 | 168.1 | 98.3 |
| 2017 | 724.2 | 716.8 | 792.9 | 795.3 | 788.9 | 679.0 | 423.4 | 208.2 | 225.7 | 173.3 | 103.1 |

# 3-8 2017年城乡居民消费价格分类指数
# Consumer Price Indices by Category (2017)

(以上年价格为100) (preceding year=100)

| 项目名称 | Item | 全区 General | 城市 Urban Household | 农村 Rural Household |
|---|---|---|---|---|
| **居民消费价格总指数** | **Consumer Price Index** | **101.6** | **101.7** | **101.3** |
| **服务价格指数** | **Service Items Price Index** | **102.5** | **103.0** | **101.1** |
| **消费品价格指数** | **Consumer Goods Price Index** | **101.2** | **101.1** | **101.3** |
| 一、食品烟酒 | Food, Cigarettes and Wine | 99.5 | 99.4 | 99.5 |
| 1.食品 | Food | 99.0 | 98.8 | 99.3 |
| (1)粮食 | Grain | 100.6 | 100.6 | 100.5 |
| 大　米 | Rice | 100.2 | 99.9 | 100.5 |
| 面　粉 | Flour | 100.7 | 100.8 | 100.7 |
| 其他粮食 | Other Grain | 98.1 | 97.5 | 99.6 |
| 粮食制品 | Cereal Product | 101.9 | 102.8 | 100.0 |
| (2)薯类 | Tubers | 94.2 | 94.5 | 93.8 |
| 薯　类 | Tubers | 94.2 | 94.5 | 93.8 |
| (3)豆类 | Beans | 100.2 | 100.3 | 100.1 |
| 干　豆 | Beans | 100.0 | 99.6 | 100.4 |
| 豆制品 | Bean Products | 100.2 | 100.3 | 100.0 |
| (4)食用油 | Edible Oil | 99.4 | 99.5 | 99.4 |
| 食用植物油 | Edible Vegetable Oil | 99.5 | 99.5 | 99.5 |
| 食用动物油 | Edible Animal Oil | 97.6 | 99.0 | 87.6 |
| (5)菜 | Vegetables | 89.8 | 90.8 | 87.6 |
| 鲜　菜 | Fresh Vegetables | 89.4 | 90.4 | 87.0 |
| 干菜及菜制品 | Dried Vegetables and Processed Products | 102.1 | 101.4 | 103.5 |
| (6)畜肉类 | Livestock Meat | 100.4 | 99.5 | 102.6 |
| 猪　肉 | Pork | 92.4 | 93.0 | 90.6 |
| 牛　肉 | Beef | 98.3 | 99.8 | 95.6 |
| 羊　肉 | Mutton | 109.8 | 105.6 | 118.8 |
| 畜肉副产品 | Byproducts | 97.5 | 98.5 | 95.1 |
| 其他畜肉及制品 | Other Livestock Meat Processed Products | 100.4 | 100.4 | 100.4 |
| (7)禽肉类 | Poultry | 98.5 | 98.9 | 97.5 |
| 鸡 | Chicken | 98.2 | 99.1 | 96.7 |
| 鸭 | Duck | 98.6 | 98.1 | 100.0 |
| 其他禽肉及制品 | Other Poultry Meat Processed Products | 99.2 | 98.7 | 101.4 |
| (8)水产品 | Aquatic Products | 103.6 | 104.5 | 99.9 |
| 淡水鱼 | Freshwater Fish | 101.7 | 102.6 | 99.0 |
| 海水鱼 | Seawater Fish | 108.8 | 109.2 | 106.8 |
| 虾蟹类 | Shrimp and Crab | 104.0 | 104.6 | 100.0 |
| 其他水产品及制品 | Others Aquatic and Processed Products | 106.3 | 107.2 | 100.0 |
| (9)蛋类 | Eggs | 101.6 | 99.6 | 106.4 |
| 鸡　蛋 | Fresh Egg | 101.7 | 99.7 | 106.6 |
| 其他蛋及制品 | Other Egg and Processed Products | 98.9 | 98.5 | 100.4 |
| (10)奶类 | Milk | 100.4 | 100.2 | 100.9 |
| 鲜　奶 | Fresh Milk | 99.9 | 99.2 | 101.9 |

## 3-8 续表 1 continued

(以上年价格为100) (preceding year=100)

| 项目名称 | Item | 全 区<br>General | 城 市<br>Urban Household | 农 村<br>Rural Household |
|---|---|---|---|---|
| 酸 奶 | Yoghourt | 101.3 | 101.7 | 100.3 |
| 奶 粉 | Milk Powder | 100.2 | 100.3 | 100.0 |
| 其他奶制品 | Other Milk Products | 100.9 | 101.3 | 100.0 |
| (11)干鲜瓜果类 | Dried and Fresh Melons and Fruits | 102.8 | 102.9 | 102.7 |
| 鲜 瓜 果 | Fresh Melons and Fruits | 104.4 | 104.8 | 103.5 |
| 坚 果 | Nuts | 98.7 | 98.4 | 99.8 |
| 瓜果制品 | Melons and Fruits Products | 98.4 | 98.0 | 99.6 |
| (12)糖果糕点类 | Candy and Cake | 101.4 | 100.5 | 104.1 |
| 食 糖 | Sugar | 104.8 | 100.3 | 109.7 |
| 糖 果 | Candy | 100.7 | 100.8 | 100.2 |
| 糕 点 | Cake | 100.7 | 100.5 | 102.1 |
| 其他糖果糕点 | Other Candy and Cake | 100.3 | 100.5 | 100.0 |
| (13)调味品 | Flavoring | 104.2 | 103.6 | 105.5 |
| 食 用 盐 | Salt | 109.3 | 105.9 | 113.8 |
| 酱 油 | Soy | 103.4 | 104.4 | 100.0 |
| 食 醋 | Vinegar | 101.5 | 102.3 | 100.0 |
| 调 味 酱 | Bechamel | 101.8 | 101.9 | 101.3 |
| 味 精 | Aginomoto | 100.0 | 100.0 | 100.0 |
| 其他调味品 | Others | 104.2 | 104.2 | 104.1 |
| (14)其他食品类 | Other Food | 99.8 | 99.8 | 100.0 |
| 方便食品 | Convenient Food | 100.3 | 100.6 | 99.4 |
| 淀粉及制品 | Starch and Products | 98.4 | 97.6 | 100.6 |
| 膨化食品 | Puffed Food | 100.7 | 100.8 | 100.3 |
| 2.茶及饮料 | Tea and Beverages | 100.5 | 100.3 | 100.9 |
| 茶 叶 | Tea | 99.7 | 99.5 | 100.0 |
| 固体咖啡 | Solid Coffee | 102.6 | 102.9 | 100.0 |
| 其他固体饮料 | Other Solid Beverages | 100.1 | 99.0 | 104.2 |
| 饮 用 水 | Potable Water | 101.0 | 99.7 | 105.3 |
| 果汁饮料 | Juice Beverage | 102.6 | 103.5 | 100.0 |
| 其他液体饮料 | Other Liquid Beverages | 98.6 | 97.5 | 100.6 |
| 3.烟酒 | Cigarettes and Wine | 100.1 | 100.2 | 100.0 |
| (1)烟草 | Tobacco | 100.0 | 100.0 | 100.0 |
| 烟 草 | Tobacco | 100.0 | 100.0 | 100.0 |
| (2)酒类 | Liquor | 100.5 | 100.6 | 100.0 |
| 白 酒 | Spirit | 100.8 | 101.0 | 100.0 |
| 葡 萄 酒 | Wine | 99.3 | 99.2 | 100.0 |
| 啤 酒 | Beer | 100.3 | 100.6 | 100.0 |
| 其他酒类 | Others | 98.4 | 97.9 | 100.8 |
| 4.在外餐饮 | Dining Out | 100.6 | 100.6 | 100.3 |
| 正 餐 | Dinner | 100.0 | 100.2 | 99.3 |
| 快 餐 | Fast Food | 102.2 | 101.9 | 103.7 |
| 地方小吃 | Local Snack | 100.6 | 100.7 | 100.0 |
| 其他在外餐饮 | Others | 100.7 | 100.9 | 100.0 |

## 3-8 续表 2 continued

(以上年价格为100) (preceding year=100)

| 项目名称 | Item | 全 区 General | 城 市 Urban Household | 农 村 Rural Household |
|---|---|---|---|---|
| 二、衣着 | Clothing | 101.2 | 101.4 | 100.3 |
| 1.服装 | Garments | 101.1 | 101.2 | 100.7 |
| (1)男式服装 | Men's | 101.4 | 101.6 | 100.8 |
| 男式西服 | Men's Western-style Clothes | 102.6 | 103.0 | 100.6 |
| 男式冬衣 | Men's Winter Clothes | 103.6 | 104.1 | 102.0 |
| 男式夹克衫 | Men's Jacket | 100.7 | 100.8 | 100.4 |
| 男式毛线衣 | Men's Sweater | 99.4 | 99.0 | 100.8 |
| 男式运动装 | Men's Sportswear | 101.8 | 100.9 | 106.7 |
| 男式衬衫T恤 | Men's Shirt and T-shirt | 100.6 | 101.3 | 98.4 |
| 男式裤子 | Men's Trousers | 101.5 | 101.7 | 101.0 |
| 男式内衣 | Men's Underclothes | 99.8 | 99.5 | 102.0 |
| (2)女式服装 | Women's | 100.7 | 100.9 | 99.9 |
| 女式外套 | Women's Coat | 100.5 | 100.4 | 100.7 |
| 女式冬衣 | Women's Winter Clothes | 98.6 | 99.5 | 95.7 |
| 女式毛线衣 | Women's Sweater | 98.6 | 98.8 | 97.8 |
| 女式运动装 | Women's Sportswear | 101.7 | 100.1 | 107.8 |
| 女式衬衫T恤 | Women's Shirt and T-shirt | 103.4 | 104.8 | 98.1 |
| 女式裤子 | Women's Trousers | 102.0 | 102.5 | 100.2 |
| 女式裙子 | Women's Skirt | 102.4 | 102.3 | 103.1 |
| 女式内衣 | Women's Underclothes | 99.3 | 98.5 | 102.0 |
| (3)儿童服装 | Children's | 102.3 | 101.0 | 105.5 |
| 婴幼服装 | Infant's Wear | 104.7 | 103.4 | 107.6 |
| 儿童上衣 | Children's Coat | 101.1 | 99.2 | 106.2 |
| 儿童裤子 | Children's Trousers | 100.2 | 98.0 | 105.1 |
| 儿童裙子 | Children's Skirt | 105.5 | 106.8 | 101.9 |
| 2.服装材料 | Clothing Material | 101.8 | 102.5 | 100.1 |
| 服装材料 | Clothing Material | 101.8 | 102.5 | 100.1 |
| 3.其他衣着及配件 | Other Clothing and Accessories | 99.7 | 99.2 | 101.1 |
| 袜 子 | Socks | 100.3 | 100.2 | 100.4 |
| 帽 子 | Hats | 100.5 | 99.4 | 103.7 |
| 其他衣着配件 | Other Clothing and Accessories | 98.4 | 98.0 | 100.0 |
| 4.衣着加工服务费 | Service Fee for Dressing | 101.7 | 101.5 | 102.9 |
| 衣着洗涤保养 | Washing and Maintenance for Dressing | 102.7 | 102.2 | 106.8 |
| 衣着加工 | Processing for Dressing | 100.0 | 100.0 | 100.0 |
| 5.鞋类 | Shoes | 101.5 | 102.4 | 98.8 |
| (1)鞋 | Shoes | 101.5 | 102.4 | 98.8 |
| 男 鞋 | Shoes of Men | 100.2 | 100.5 | 99.1 |
| 女 鞋 | Shoes of Women | 100.7 | 101.6 | 98.2 |
| 童 鞋 | Shoes of Children | 106.5 | 108.3 | 100.2 |
| (2)鞋类加工服务 | Shoes Processing Services | 101.8 | 102.3 | 99.7 |
| 鞋类加工服务 | Shoes Processing Services | 101.8 | 102.3 | 99.7 |

## 3-8 续表 3 continued

(以上年价格为100) (preceding year=100)

| 项目名称 | Item | 全区 General | 城市 Urban Household | 农村 Rural Household |
|---|---|---|---|---|
| 三、居住 | Residence | 102.3 | 102.3 | 102.4 |
| 1.租赁房房租 | Renting | 101.1 | 100.9 | 102.7 |
| 公房房租 | Public Rent | 100.0 | 100.0 | 100.0 |
| 私房房租 | Private Rent | 101.2 | 101.0 | 102.9 |
| 2.住房保养维修及管理 | Housing Maintenance and Management | 103.3 | 103.9 | 102.2 |
| (1)住房装潢材料 | Building Decoration Materials | 104.7 | 105.2 | 103.9 |
| 木地板 | Wooden Floor | 104.2 | 105.3 | 101.0 |
| 瓷砖 | Brick | 105.1 | 107.1 | 101.5 |
| 水泥 | Cement | 115.2 | 114.5 | 116.1 |
| 涂料 | Dope | 101.0 | 100.8 | 101.2 |
| 板材 | Veneer | 107.6 | 106.6 | 109.3 |
| 管材 | Tubular Product | 107.4 | 109.5 | 104.3 |
| 厨卫设备 | Kitchen Equipment | 102.2 | 103.4 | 99.7 |
| 门窗 | Doors and Windows | 102.7 | 105.6 | 97.0 |
| 其他住房装潢材料 | Other Building Decoration Materials | 103.8 | 99.2 | 107.3 |
| (2)物业管理费 | Estate Management Fees | 104.2 | 105.1 | 100.0 |
| 物业管理费 | Estate Management Fees | 104.2 | 105.1 | 100.0 |
| (3)住房装潢维修 | Housing Decoration and Maintenance | 100.3 | 100.5 | 100.0 |
| 装潢维修费 | Fees of Decoration and Maintenance | 100.4 | 100.7 | 100.0 |
| 其他住房费用 | Other Housing Fees | 100.0 | 100.0 | 100.0 |
| 3.水电燃料 | Water, Electricity and Fuels | 102.9 | 101.8 | 105.7 |
| (1)水 | Water | 108.8 | 107.9 | 112.9 |
| 水 | Water | 108.8 | 107.9 | 112.9 |
| (2)电 | Electricity | 100.0 | 100.0 | 99.9 |
| 电 | Electricity | 100.0 | 100.0 | 99.9 |
| (3)燃气 | Fuel Gas | 99.6 | 100.0 | 98.2 |
| 管道燃气 | Pipeline Fuel Gas | 99.8 | 100.0 | 98.3 |
| 液化石油气 | Liquefied Petroleum Gas | 99.2 | 100.0 | 98.1 |
| (4)取暖费 | Heating Fees | 100.0 | 100.0 | 100.0 |
| 取暖费 | Heating Fees | 100.0 | 100.0 | 100.0 |
| (5)其他燃料 | Other Fuels | 114.1 | 111.3 | 115.9 |
| 其他燃料 | Other Fuels | 114.1 | 111.3 | 115.9 |
| 4.自有住房 | Private Housing | 101.7 | 102.3 | 100.0 |
| 自有住房 | Private Housing | 101.7 | 102.3 | 100.0 |
| 四、生活用品及服务 | Supplies and Services | 101.9 | 102.0 | 101.8 |
| 1.家具及室内装饰品 | Furniture and Interior Decorations | 103.2 | 103.8 | 102.3 |
| (1)家具 | Furniture | 103.3 | 103.5 | 103.0 |
| 柜 | Cupboard | 102.5 | 103.6 | 100.4 |
| 床 | Bed | 102.3 | 102.8 | 101.4 |
| 桌 | Desk | 101.1 | 101.3 | 100.8 |
| 椅 | Chair | 101.4 | 101.6 | 101.0 |
| 沙发 | Sofa | 106.3 | 105.7 | 107.0 |
| 其他家具 | Others | 101.9 | 103.4 | 100.2 |

## 3-8 续表 4 continued

(以上年价格为100) (preceding year=100)

| 项目名称 | Item | 全　区<br>General | 城　市<br>Urban Household | 农　村<br>Rural Household |
|---|---|---|---|---|
| (2)室内装饰品 | Interior Decorations | 102.2 | 105.4 | 98.9 |
| 灯　　具 | Lamp | 102.8 | 106.6 | 98.4 |
| 其他室内装饰品 | Other Interior Decorations | 100.4 | 100.9 | 100.0 |
| 2.家用器具 | Household Appliances | 103.2 | 103.9 | 101.8 |
| (1)大型家用器具 | Big Household Appliances | 103.3 | 103.9 | 102.3 |
| 洗 衣 机 | Washing Machine | 103.8 | 103.0 | 104.9 |
| 电冰箱(柜) | Refrigerator | 104.5 | 105.3 | 103.0 |
| 抽油烟机 | Ventilator | 101.8 | 101.8 | 101.8 |
| 空 调 器 | Air Conditioner | 106.8 | 107.7 | 100.9 |
| 热 水 器 | Water Heater for Shower | 102.2 | 103.7 | 100.1 |
| 炉具灶具 | Stove and Oven | 100.6 | 101.1 | 100.0 |
| 微 波 炉 | Microwave Oven | 101.6 | 102.8 | 99.0 |
| 其他大型家用器具 | Other Big Household Appliances | 100.5 | 101.5 | 99.5 |
| (2)小家电 | Small Household Appliances | 102.5 | 103.8 | 98.1 |
| 厨房小家电 | Kitchen Small Household Appliances | 103.5 | 105.4 | 97.4 |
| 生活小家电 | Living Small Household Appliances | 101.1 | 101.5 | 99.4 |
| 3.家用纺织品 | Housing Textiles | 101.1 | 101.2 | 101.1 |
| (1)床上用品 | Bed Articles | 101.1 | 101.3 | 100.7 |
| 被　　子 | Quilt | 100.7 | 100.7 | 100.8 |
| 床单被套 | Bed Sheet and Cover | 101.9 | 102.3 | 100.7 |
| 其他床上用品 | Other Bed Articles | 100.5 | 100.5 | 100.5 |
| (2)窗帘门帘 | Curtain | 102.5 | 102.5 | 102.6 |
| 窗帘门帘 | Curtain | 102.5 | 102.5 | 102.6 |
| (3)其他家用纺织品 | Other Housing Textile | 98.7 | 98.4 | 100.3 |
| 其他家用纺织品 | Other Housing Textile | 98.7 | 98.4 | 100.3 |
| 4.家庭日用杂品 | Daily Use Household Articles | 99.9 | 99.3 | 101.6 |
| (1)洗涤卫生用品 | Washing Hygiene Articles | 98.8 | 98.1 | 100.8 |
| 清洗用品 | Cleaning Supplies | 99.5 | 99.3 | 100.1 |
| 清洁用具 | Cleaning Equipment | 98.4 | 97.4 | 102.9 |
| 清洁用纸 | Hygiene Paper | 98.4 | 97.6 | 100.4 |
| (2)厨具餐具茶具 | Kitchen Utensils and Tableware | 100.8 | 100.0 | 103.5 |
| 厨　　具 | Kitchen Ware | 100.6 | 99.5 | 105.3 |
| 餐　　具 | Tableware | 101.5 | 101.0 | 103.6 |
| 茶　　具 | Tea Set | 99.9 | 99.8 | 100.0 |
| (3)家用手工工具 | Hand Tools | 100.3 | 100.0 | 101.7 |
| 家用手工工具 | Hand Tools | 100.3 | 100.0 | 101.7 |
| (4)其他家庭日用杂品 | Other Daily Use Household Articles | 100.4 | 100.2 | 101.1 |
| 配电附件 | Electricity Distribution Accessory | 101.8 | 102.0 | 101.3 |
| 雨　　具 | Rain Gear | 98.5 | 98.1 | 100.0 |
| 其他日用杂品 | Other Daily Use Household Articles | 100.4 | 100.1 | 101.2 |

## 3-8 续表 5 continued

(以上年价格为100) (preceding year=100)

| 项目名称 | Item | 全 区<br>General | 城 市<br>Urban Household | 农 村<br>Rural Household |
|---|---|---|---|---|
| 5.个人护理用品 | Personal-Care Supplies | 100.9 | 100.9 | 100.8 |
| (1)化妆品 | Cosmetics | 101.1 | 101.1 | 101.0 |
| 清洁化妆品 | Cleansing Cosmetics | 100.2 | 100.0 | 100.8 |
| 护肤化妆品 | Skin-Care Cosmetics | 100.9 | 100.8 | 101.1 |
| 彩妆化妆品 | Make-Up Cosmetics | 102.5 | 102.7 | 101.2 |
| 化妆器具 | Make-Up Appliances | 101.0 | 101.2 | 100.0 |
| (2)其他护理用品类 | Other Nursing materials | 100.5 | 100.5 | 100.4 |
| 清洁类护理用品 | Nursing Materials | 99.8 | 99.5 | 101.6 |
| 护发美发用品 | Hair Care Products | 100.4 | 100.6 | 99.2 |
| 护理器具 | Nursing Appliances | 102.1 | 102.4 | 100.0 |
| 其他护理用品 | Other Nursing Materials | 100.1 | 100.0 | 100.2 |
| 6.家庭服务 | Family Services | 105.1 | 105.5 | 103.4 |
| 家政服务 | Housekeeping Services | 105.6 | 105.9 | 102.5 |
| 家庭维修服务 | Maintenance Services | 104.5 | 104.7 | 104.0 |
| 五、交通和通信 | Transportation and Communication | 102.7 | 102.7 | 102.9 |
| 1.交通 | Transportation | 103.5 | 103.4 | 103.8 |
| (1)交通工具 | Transportation Facility | 101.1 | 100.8 | 101.6 |
| 小型汽车 | Car | 100.1 | 100.1 | 100.1 |
| 电动自行车 | Electric Bicycle | 107.4 | 106.6 | 108.3 |
| 自 行 车 | Bicycle | 104.1 | 103.0 | 105.2 |
| 其他交通工具 | Other Transportation Facility | 94.3 | 98.9 | 92.3 |
| (2)交通工具用燃料 | Transportation Fuels | 110.5 | 110.4 | 110.6 |
| 汽 油 | Gasoline | 111.6 | 111.6 | 111.6 |
| 柴 油 | Diesel Oil | 112.5 | 112.8 | 111.7 |
| 其他车用能源 | Other Transportation Fuels | 100.8 | 100.1 | 102.5 |
| (3)交通工具使用和维修 | Transportation Use and Maintenance | 106.6 | 107.0 | 105.3 |
| 停 车 费 | Parking Fee | 116.6 | 118.2 | 100.0 |
| 车辆使用费 | Vehicle Usage Fee | 107.5 | 109.5 | 100.0 |
| 交通工具零配件 | Transportation Parts | 106.0 | 101.2 | 119.1 |
| 车辆修理与保养 | Vehicles Repair and Maintenance | 99.9 | 99.8 | 100.0 |
| (4)交通费 | Traffic Fare | 100.0 | 99.8 | 100.7 |
| 市内公共交通 | Bus Ticket | 100.0 | 100.0 | 100.0 |
| 出租汽车 | Taxi | 100.0 | 100.0 | 99.8 |
| 飞 机 票 | Plane Ticket | 99.3 | 98.9 | 103.4 |
| 火 车 票 | Train Ticket | 100.0 | 100.0 | 100.0 |
| 长途汽车 | Long-distance Bus | 100.5 | 100.0 | 101.5 |
| 其他交通费 | Other Traffic Fare | 102.8 | 106.3 | 100.0 |
| 2.通信 | Communication | 101.4 | 101.4 | 101.2 |
| (1)通信工具 | Communication Tools | 102.8 | 102.9 | 102.8 |
| 固定电话机 | Telephone | 108.9 | 110.4 | 102.7 |
| 移动电话机 | Mobile Telephone | 102.8 | 102.7 | 102.9 |
| 通信工具零配件 | Communication Tools Spare Parts | 100.2 | 100.4 | 100.0 |

## 3-8 续表 6 continued

(以上年价格为100) (preceding year=100)

| 项目名称 | Item | 全 区<br>General | 城 市<br>Urban Household | 农 村<br>Rural Household |
|---|---|---|---|---|
| (2)通信服务 | Communication Service | 100.5 | 100.7 | 100.0 |
| 固定电话费 | Fixed Telephone Fee | 100.0 | 100.0 | 100.0 |
| 移动通信费 | Mobile Telephone Communication Expenses | 99.9 | 99.8 | 100.0 |
| 上 网 费 | Internet Fee | 102.1 | 102.6 | 100.0 |
| 其他通信服务 | Other Communication Service | 110.7 | 113.5 | 100.0 |
| (3)邮递服务 | Postal Service | 102.6 | 102.0 | 107.0 |
| 邮政邮寄 | Post | 100.0 | 100.0 | 100.0 |
| 快递服务 | Express Services | 103.8 | 102.9 | 110.1 |
| 六、教育文化和娱乐 | Education, Culture and Entertainment | 102.3 | 102.5 | 101.6 |
| 1.教育 | Education | 102.1 | 102.7 | 100.9 |
| (1)教育用品 | Education Articles | 102.9 | 102.9 | 103.0 |
| 工 具 书 | Reference Books | 102.4 | 102.7 | 100.5 |
| 教 材 | Teaching Materials | 102.8 | 102.5 | 105.4 |
| 参考资料 | Reference Books | 103.8 | 104.0 | 102.5 |
| 其他教育用品 | Other Education Articles | 99.6 | 99.6 | 99.2 |
| (2)教育服务 | Tuition and Child Care | 102.0 | 102.7 | 100.8 |
| 学前教育 | Preschool Education | 105.4 | 108.3 | 98.8 |
| 小学初中教育 | Primary and Junior High School Education | 104.0 | 104.5 | 102.3 |
| 高中中职教育 | Senior High School and Vocational School Education | 100.0 | 100.0 | 100.0 |
| 高等教育 | Higher Education | 101.5 | 100.9 | 102.4 |
| 课外教育 | Extracurricular Education | 105.3 | 105.4 | 105.2 |
| 专业技能培训 | Professional Skill Training | 97.4 | 99.3 | 94.2 |
| 2.文化娱乐 | Cultural and Recreational | 102.5 | 102.3 | 103.5 |
| (1)文娱耐用消费品 | Durable Consumer Goods for Cultural and Recreational Use | 101.7 | 101.5 | 102.2 |
| 电 视 机 | TV Set | 101.3 | 101.0 | 102.3 |
| 照 相 机 | Camera | 99.6 | 99.6 | 99.7 |
| 台式计算机 | Desktop Computer | 103.0 | 103.2 | 102.1 |
| 笔记本平板 | Notebook Tablet | 101.0 | 100.8 | 102.1 |
| 乐 器 | Musical Instrument | 103.3 | 102.7 | 108.5 |
| 音 响 | Sound Equipment | 100.9 | 101.1 | 99.6 |
| 其他文娱耐用消费品 | Other Durable Consumer Goods | 101.5 | 102.0 | 99.4 |
| (2)其他文娱用品 | Other Goods for Cultural and Recreational Use | 102.2 | 101.2 | 105.4 |
| 书报杂志 | Newspapers and Magazines | 102.9 | 103.5 | 100.8 |
| 纸张文具 | Paper and Stationery | 101.0 | 101.2 | 100.6 |
| 体育户外用品 | Sports and Outdoor Articles | 100.0 | 100.0 | 100.2 |
| 游戏用品和玩具 | Games Supplies and Toys | 100.1 | 100.1 | 100.0 |
| 园艺花卉及用品 | Horticulture and Flower Articles | 100.0 | 100.3 | 98.5 |
| 宠物及用品 | Pet Articles | 101.2 | 101.4 | 100.0 |
| 其他文化娱乐用品 | Other Goods for Cultural and Recreational Use | 107.9 | 100.7 | 119.9 |
| (3)文化娱乐服务 | Cultural and Entertainment Services | 99.8 | 99.6 | 101.4 |
| 电 影 票 | Movie Ticket | 100.1 | 100.0 | 102.6 |

## 3-8 续表 7 continued

(以上年价格为100) (preceding year=100)

| 项目名称 | Item | 全 区 General | 城 市 Urban Household | 农 村 Rural Household |
|---|---|---|---|---|
| 景点门票 | Scenery Spot Entrance Ticket | 99.7 | 99.9 | 98.8 |
| 有线电视 | Wired TV | 100.2 | 100.3 | 100.1 |
| 健身活动 | Fitness Activities | 98.4 | 98.3 | 100.0 |
| 其他文娱服务 | Others Cultural and Entertainment Services | 100.7 | 99.5 | 107.0 |
| (4)旅游 | Touring and Outing | 106.6 | 106.6 | 106.3 |
| 旅行社收费 | Travel Agency Fees | 107.6 | 107.7 | 106.9 |
| 其他旅游 | Others | 101.7 | 101.6 | 102.6 |
| 七、医疗保健 | Health Care | 104.8 | 105.7 | 102.5 |
| 1.药品及医疗器具 | Medicines and Medical Instruments | 103.3 | 103.2 | 103.6 |
| (1)中药 | Traditional Chinese Medicine | 102.7 | 102.3 | 103.9 |
| 中 药 材 | Traditional Chinese Medicinal Materials | 102.4 | 100.6 | 106.2 |
| 中 成 药 | Chinese Patent Medicine | 102.9 | 103.0 | 102.6 |
| (2)西药 | Western Medicine | 102.7 | 102.2 | 104.0 |
| 抗微生物药 | Antimicrobial Drugs | 98.6 | 98.0 | 99.7 |
| 消化系统用药 | Digest System Drugs | 103.0 | 102.7 | 103.6 |
| 呼吸系统用药 | Breathe System Drugs | 102.5 | 102.1 | 103.7 |
| 解热镇痛药 | Antipyretic and Analgesic | 107.0 | 104.0 | 114.0 |
| 抗肿瘤药 | Antineoplastic Drugs | 98.9 | 98.9 | 98.7 |
| 激素及影响内分泌药 | Hormone Drugs | 102.7 | 101.9 | 104.9 |
| 心血管系统用药 | Cardiovascular System Drugs | 103.4 | 101.9 | 106.2 |
| 血液系统用药 | Blood System Drugs | 98.6 | 98.3 | 99.5 |
| 治疗精神障碍药 | Dysphrenia Drugs | 110.8 | 113.7 | 99.8 |
| 神经系统用药 | Central Nervous System Drugs | 103.7 | 99.2 | 114.9 |
| 消毒防腐及创伤外科用药 | Disinfection and Trauma Drugs | 101.4 | 101.6 | 101.0 |
| 泌尿系统用药 | Urinary System Drugs | 107.1 | 108.3 | 101.6 |
| 维生素、矿物质类药 | Professional Drugs | 105.0 | 104.9 | 105.3 |
| 调节水、电解质及酸碱平衡药 | Adjust Water, Electrolyte and Acid-Base Balance Drugs | 102.8 | 104.0 | 99.5 |
| (3)滋补保健品 | Health Products | 109.7 | 111.4 | 100.0 |
| 滋补保健品 | Health Products | 109.7 | 111.4 | 100.0 |
| (4)医疗卫生器具 | Medical Treatment and Public Health Appliances | 100.5 | 100.0 | 102.2 |
| 医疗卫生器具 | Medical Treatment and Public Health Appliances | 100.5 | 100.0 | 102.2 |
| (5)保健器具 | Health Care Appliances | 100.8 | 100.6 | 102.0 |
| 保健器具 | Health Care Appliances | 100.8 | 100.6 | 102.0 |
| 2.医疗服务 | Health Care Services | 106.4 | 108.8 | 101.7 |
| (1)综合医疗类 | Integrative Medical Treatment | 106.9 | 109.7 | 100.7 |
| 一般医疗服务 | General Health Care Services | 103.6 | 104.9 | 101.1 |
| 一般治疗操作 | General Cure Operation | 111.5 | 115.7 | 100.0 |
| 护 理 | Nursing | 104.8 | 106.9 | 101.4 |
| 其他综合医疗服务 | Other Integrative Medical Treatment | 102.5 | 103.0 | 100.0 |
| (2)诊断类 | Diagnosis | 103.1 | 103.8 | 102.0 |
| 病理学诊断 | Pathology Diagnosis | 120.0 | 126.8 | 100.0 |

## 3-8 续表 8 continued

(以上年价格为100) (preceding year=100)

| 项目名称 | Item | 全区 General | 城市 Urban Household | 农村 Rural Household |
|---|---|---|---|---|
| 实验室诊断 | Laboratory Diagnosis | 101.6 | 99.8 | 104.1 |
| 影像学诊断 | Imaging Diagnosis | 100.7 | 100.6 | 100.7 |
| 临床诊断 | Clinic Diagnosis | 107.3 | 111.1 | 100.0 |
| (3)治疗类 | Cure | 112.6 | 119.2 | 102.0 |
| 临床手术治疗 | Clinic Operative Treatment | 111.9 | 117.1 | 100.7 |
| 临床非手术治疗 | Clinic Non-Operative Treatment | 113.1 | 121.1 | 102.7 |
| (4)康复类 | Recovery | 100.1 | 99.6 | 103.9 |
| 康复医疗 | Recovery Medical Treatment | 100.1 | 99.6 | 103.9 |
| (5)中医医疗服务类 | Traditional Chinese Medicine Services | 105.5 | 107.0 | 99.7 |
| 中医治疗 | Traditional Chinese Medicine | 105.5 | 107.0 | 99.7 |
| (6)其他医疗服务 | Other Health Care Services | 102.6 | 101.9 | 103.4 |
| 其他医疗服务 | Other Health Care Services | 102.6 | 101.9 | 103.4 |
| 八、其他用品和服务 | Other Products and Services | 102.4 | 102.1 | 103.3 |
| 1.其他用品类 | Other Products | 101.5 | 101.9 | 100.6 |
| (1)首饰手表 | Jewelry and Watches | 102.1 | 102.6 | 100.8 |
| 金饰品 | Gold Jewelry | 103.3 | 103.7 | 102.8 |
| 银饰品 | Silver Jewelry | 100.1 | 103.5 | 94.0 |
| 铂金饰品 | Platinum Jewelry | 100.5 | 100.8 | 98.0 |
| 手表 | Watches | 101.2 | 101.7 | 98.3 |
| (2)其他杂项用品 | Other Products | 100.3 | 100.4 | 100.3 |
| 箱包 | Luggage | 100.6 | 100.8 | 100.1 |
| 母婴用品 | Mother and Baby Products | 100.5 | 100.7 | 100.0 |
| 眼镜 | Glasses | 99.7 | 99.4 | 100.7 |
| 2.其他服务类 | Other Services | 103.2 | 102.3 | 106.2 |
| (1)旅馆住宿 | Hotel Accommodation | 98.0 | 98.8 | 92.6 |
| 宾馆住宿 | Hotel Accommodation | 99.8 | 99.7 | 100.0 |
| 其他住宿 | Other Accommodation | 94.9 | 97.2 | 79.3 |
| (2)美容美发洗浴 | Beauty Hairdressing and Bath | 102.3 | 99.7 | 109.5 |
| 美容 | Beauty | 99.7 | 99.6 | 100.0 |
| 美发 | Hairdressing | 102.5 | 99.6 | 110.0 |
| 洗浴 | Bath | 106.2 | 100.2 | 124.1 |
| (3)养老服务 | Endowment Services | 107.8 | 107.4 | 111.0 |
| 养老服务 | Endowment Services | 107.8 | 107.4 | 111.0 |
| (4)金融保险 | Finance and Insurance | 105.0 | 104.4 | 106.8 |
| 金融服务 | Financial Services | 99.8 | 99.7 | 100.0 |
| 车辆保险 | Vehicle Insurance | 100.1 | 100.1 | 100.2 |
| 旅行保险 | Travel Insurance | 100.0 | 100.0 | 100.0 |
| 其他保险 | Other Insurance | 109.5 | 108.9 | 110.9 |
| (5)其他服务类 | Other Services | 101.8 | 100.0 | 105.3 |
| 中介服务 | Intermediary Services | 101.2 | 100.0 | 105.3 |
| 其他服务 | Other Services | 102.4 | 100.0 | 105.3 |

# 3-9 2017年城乡商品零售价格分类指数
# Retail Price Indices by Category of Commodities (2017)

(以上年价格为100) (preceding year=100)

| 项目名称 | Item | 全区 General | 城市 Urban Household | 农村 Rural Household |
|---|---|---|---|---|
| **商品零售价格指数** | **Retail Price Index** | **101.8** | **101.7** | **102.1** |
| 一、食品 | Food | 99.6 | 99.6 | 99.5 |
| 1.粮食 | Grain | 100.6 | 100.5 | 101.2 |
| 大　米 | Rice | 100.1 | 99.9 | 101.2 |
| 面　粉 | Flour | 100.8 | 100.6 | 101.7 |
| 其他粮食 | Others | 98.1 | 97.9 | 99.8 |
| 粮食制品 | Cereal Product | 102.2 | 102.4 | 100.0 |
| 2.薯类 | Tubers | 94.7 | 95.1 | 92.8 |
| 薯　类 | Tubers | 94.7 | 95.1 | 92.8 |
| 3.豆类 | Beans | 100.3 | 100.3 | 100.1 |
| 干　豆 | Beans | 99.6 | 99.5 | 100.5 |
| 豆制品 | Bean Products | 100.5 | 100.5 | 100.0 |
| 4.食用油 | Edible Oil | 97.7 | 97.5 | 99.2 |
| 食用植物油 | Edible Vegetable Oil | 99.3 | 99.3 | 99.5 |
| 食用动物油 | Edible Animal Oil | 92.0 | 92.1 | 81.1 |
| 5.菜 | Vegetables | 92.1 | 92.5 | 89.0 |
| 鲜　菜 | Fresh Vegetables | 90.6 | 90.9 | 88.4 |
| 干菜及菜制品 | Dried Vegetables and Processed Products | 101.2 | 101.2 | 102.1 |
| 6.畜肉类 | Livestock Meat | 100.3 | 100.1 | 101.6 |
| 猪　肉 | Pork | 92.6 | 92.8 | 90.9 |
| 牛　肉 | Beef | 99.4 | 99.8 | 97.0 |
| 羊　肉 | Mutton | 110.8 | 109.7 | 117.3 |
| 畜肉副产品 | Byproducts | 98.9 | 98.9 | 98.4 |
| 其他畜肉及制品 | Other Livestock Meat Processed Products | 100.3 | 100.3 | 100.6 |
| 7.禽肉类 | Poultry | 98.7 | 98.9 | 96.1 |
| 鸡 | Chicken | 98.4 | 98.8 | 94.8 |
| 鸭 | Duck | 98.0 | 97.9 | 100.0 |
| 其他禽肉及制品 | Other Poultry Meat Processed Products | 99.5 | 99.4 | 101.6 |
| 8.水产品 | Aquatic Products | 104.0 | 104.2 | 99.2 |
| 淡水鱼 | Freshwater Fish | 102.4 | 102.6 | 98.4 |
| 海水鱼 | Seawater Fish | 108.2 | 108.3 | 102.4 |
| 虾蟹类 | Shrimp and Crab | 104.6 | 104.8 | 100.0 |
| 其他水产品及制品 | Others Aquatic and Processed Products | 106.4 | 106.6 | 100.0 |
| 9.蛋类 | Eggs | 99.6 | 99.4 | 103.8 |
| 鸡　蛋 | Fresh Egg | 99.9 | 99.6 | 104.0 |
| 其他蛋及制品 | Other Egg and Processed Products | 98.3 | 98.2 | 100.8 |
| 10.奶类 | Milk | 100.7 | 100.6 | 101.4 |
| 鲜　奶 | Fresh Milk | 100.0 | 99.7 | 102.9 |
| 酸　奶 | Yoghourt | 101.7 | 101.8 | 100.4 |
| 奶　粉 | Milk Powder | 100.4 | 100.4 | 100.0 |
| 其他奶制品 | Other Milk Products | 101.0 | 101.1 | 100.0 |
| 11.干鲜瓜果类 | Dried and Fresh Melons and Fruits | 102.6 | 102.5 | 102.9 |
| 鲜瓜果 | Fresh Melons and Fruits | 104.7 | 104.8 | 103.7 |
| 坚　果 | Nuts | 98.8 | 98.7 | 99.8 |

## 3-9 续表 1 continued

(以上年价格为100) (preceding year=100)

| 项目名称 | Item | 全 区 General | 城 市 Urban Household | 农 村 Rural Household |
|---|---|---|---|---|
| 瓜果制品 | Melons and Fruits Products | 97.7 | 97.6 | 100.1 |
| 12.糖果糕点类 | Candy and Cake | 101.2 | 100.9 | 104.6 |
| 食 糖 | Sugar | 101.5 | 100.2 | 110.5 |
| 糖 果 | Candy | 100.8 | 100.8 | 100.2 |
| 糕 点 | Cake | 101.5 | 101.5 | 101.9 |
| 其他糖果糕点 | Other Candy and Cake | 100.4 | 100.4 | 100.0 |
| 13.调味品 | Flavoring | 104.3 | 103.9 | 106.9 |
| 食 用 盐 | Salt | 111.0 | 108.9 | 118.9 |
| 酱 油 | Soy | 104.2 | 104.5 | 100.0 |
| 食 醋 | Vinegar | 102.7 | 102.9 | 100.0 |
| 调 味 酱 | Bechamel | 102.1 | 102.2 | 100.2 |
| 味 精 | Aginomoto | 100.4 | 100.4 | 100.0 |
| 其他调味品 | Others | 102.4 | 102.3 | 102.7 |
| 14.其他食品类 | Other Food | 100.2 | 100.3 | 99.7 |
| 方便食品 | Convenient Food | 100.0 | 100.2 | 98.6 |
| 淀粉及制品 | Starch and Products | 99.8 | 99.6 | 100.5 |
| 膨化食品 | Puffed Food | 101.0 | 101.0 | 100.6 |
| 15.在外餐饮 | Dining Out | 100.8 | 100.8 | 100.1 |
| 正 餐 | Dinner | 100.3 | 100.3 | 99.7 |
| 快 餐 | Fast Food | 101.8 | 101.8 | 101.6 |
| 地方小吃 | Local Snack | 101.1 | 101.2 | 100.0 |
| 其他在外餐饮 | Others | 100.9 | 101.0 | 100.0 |
| 二、饮料、烟酒 | Beverages Tobacco and Liquor | 100.0 | 100.0 | 100.1 |
| 1.茶及饮料 | Tea and Beverages | 99.4 | 99.4 | 100.5 |
| 茶 叶 | Tea | 99.5 | 99.5 | 100.0 |
| 固体咖啡 | Solid Coffee | 101.7 | 101.7 | 100.0 |
| 其他固体饮料 | Other Solid Beverages | 99.5 | 99.3 | 105.3 |
| 饮 用 水 | Potable Water | 99.8 | 99.7 | 102.1 |
| 果汁饮料 | Juice Beverage | 103.6 | 103.7 | 100.0 |
| 其他液体饮料 | Other Liquid Beverages | 96.8 | 96.7 | 100.3 |
| 2.烟草 | Tobacco | 100.0 | 100.0 | 100.0 |
| 烟 草 | Tobacco | 100.0 | 100.0 | 100.0 |
| 3.酒类 | Liquor | 100.5 | 100.5 | 100.1 |
| 白 酒 | Spirit | 101.2 | 101.3 | 100.0 |
| 葡 萄 酒 | Wine | 99.1 | 99.1 | 100.0 |
| 啤 酒 | Beer | 100.5 | 100.5 | 100.0 |
| 其他酒类 | Others | 97.4 | 97.2 | 102.2 |
| 三、服装、鞋帽 | Garments, Shoes and Hats | 101.0 | 101.0 | 100.8 |
| 1.服装 | Garments | 101.0 | 101.0 | 101.2 |
| (1)男士服装 | Men's | 101.2 | 101.2 | 101.5 |
| 男式西服 | Men's Western-style Clothes | 102.8 | 102.9 | 100.3 |
| 男式冬衣 | Men's Winter Clothes | 103.0 | 103.1 | 101.8 |

## 3-9 续表 2 continued

(以上年价格为100) (preceding year=100)

| 项目名称 | Item | 全区 General | 城市 Urban Household | 农村 Rural Household |
|---|---|---|---|---|
| 男式夹克衫 | Men's Jacket | 100.6 | 100.5 | 101.2 |
| 男式毛线衣 | Men's Sweater | 99.4 | 99.3 | 101.1 |
| 男式运动装 | Men's Sportswear | 100.9 | 100.6 | 107.1 |
| 男式衬衫T恤 | Men's Shirt and T-shirt | 101.1 | 101.1 | 100.9 |
| 男式裤子 | Men's Trousers | 101.1 | 101.0 | 101.2 |
| 男式内衣 | Men's Underclothes | 99.8 | 99.5 | 104.2 |
| (2)女士服装 | Women's | 100.7 | 100.7 | 100.4 |
| 女式外套 | Women's Coat | 100.3 | 100.4 | 100.0 |
| 女式冬衣 | Women's Winter Clothes | 99.3 | 99.7 | 95.6 |
| 女式毛线衣 | Women's Sweater | 98.8 | 98.9 | 97.4 |
| 女式运动装 | Women's Sportswear | 100.6 | 100.2 | 107.8 |
| 女式衬衫T恤 | Women's Shirt and T-shirt | 103.5 | 103.9 | 100.1 |
| 女式裤子 | Women's Trousers | 102.0 | 101.9 | 102.6 |
| 女式裙子 | Women's Skirt | 102.0 | 101.9 | 104.6 |
| 女式内衣 | Women's Underclothes | 99.6 | 99.3 | 102.3 |
| (3)儿童服装 | Children's | 101.8 | 101.5 | 104.1 |
| 婴幼服装 | Infant's Wear | 103.5 | 103.4 | 104.8 |
| 儿童上衣 | Children's Coat | 101.1 | 100.5 | 105.2 |
| 儿童裤子 | Children's Trousers | 99.2 | 98.7 | 102.8 |
| 儿童裙子 | Children's Skirt | 105.0 | 105.2 | 102.8 |
| 2.鞋帽袜 | Footgear and Hats | 101.4 | 101.5 | 99.7 |
| (1)鞋 | Shoes | 101.7 | 101.9 | 99.4 |
| 男　鞋 | Shoes of Men | 100.5 | 100.5 | 99.8 |
| 女　鞋 | Shoes of Women | 101.1 | 101.2 | 99.5 |
| 童　鞋 | Shoes of Children | 107.3 | 108.1 | 98.3 |
| (2)袜子 | Socks | 100.1 | 100.1 | 100.2 |
| 袜　子 | Socks | 100.1 | 100.1 | 100.2 |
| (3)帽子 | Hats | 99.7 | 99.4 | 105.3 |
| 帽　子 | Hats | 99.7 | 99.4 | 105.3 |
| 3.其他衣着配件 | Other Clothing and Accessories | 97.7 | 97.6 | 100.0 |
| 其他衣着配件 | Other Clothing and Accessories | 97.7 | 97.6 | 100.0 |
| 四、纺织品 | Textiles | 101.7 | 101.8 | 100.5 |
| 1.服装材料 | Clothing Material | 102.3 | 102.7 | 100.1 |
| 服装材料 | Clothing Material | 102.3 | 102.7 | 100.1 |
| 2.床上用品 | Bed Articles | 101.5 | 101.6 | 100.6 |
| 被　子 | Quilt | 100.7 | 100.7 | 100.5 |
| 床单被套 | Bed Sheet and Cover | 102.5 | 102.6 | 100.6 |
| 其他床上用品 | Other Bed Articles | 100.6 | 100.6 | 100.8 |
| 五、家用电器及音像器材 | Household Appliances, Music and Video Equipment | 102.4 | 102.4 | 102.7 |
| 1.家庭设备 | Household Facilities | 103.7 | 103.8 | 103.0 |
| 洗衣机 | Washing Machine | 103.2 | 103.0 | 105.4 |
| 电冰箱(柜) | Refrigerator | 105.1 | 105.0 | 105.7 |
| 抽油烟机 | Ventilator | 102.0 | 102.1 | 101.5 |
| 空调器 | Air Conditioner | 107.5 | 107.8 | 101.5 |

## 3-9 续表 3 continued

(以上年价格为100) (preceding year=100)

| 项目名称 | Item | 全 区 General | 城 市 Urban Household | 农 村 Rural Household |
|---|---|---|---|---|
| 热 水 器 | Water Heater for Shower | 103.4 | 103.7 | 100.2 |
| 炉具灶具 | Stove and Oven | 100.8 | 100.9 | 100.0 |
| 微 波 炉 | Microwave Oven | 102.5 | 102.6 | 99.4 |
| 厨房小家电 | Kitchen Small Household Appliances | 104.9 | 105.4 | 97.2 |
| 生活小家电 | Living Small Household Appliances | 101.3 | 101.4 | 99.2 |
| 其他大型家用器具 | Other Big Household Appliances | 101.6 | 101.7 | 99.6 |
| 2.文娱用耐用消费品 | Durable Consumer Goods for Cultural and Recreational Use | 101.0 | 100.9 | 102.5 |
| 电 视 机 | TV Set | 101.3 | 100.9 | 104.5 |
| 照 相 机 | Camera | 100.0 | 100.0 | 98.6 |
| 音 响 | Sound Equipment | 101.0 | 101.0 | 100.6 |
| 其他文娱耐用消费品 | Other Durable Consumer Goods | 101.2 | 101.3 | 98.7 |
| 3.专业音像器材 | Special Sound and Image Facilities | 101.1 | 101.1 | 99.1 |
| 专业音响器材 | Special Sound Facilities | 101.1 | 101.1 | 101.4 |
| 专业声像器材 | Special Acoustic Image Facilities | 101.1 | 101.2 | 93.5 |
| 六、文化办公用品 | Cultural and Office Appliances | 101.3 | 101.3 | 100.5 |
| 纸张文具 | Paper and Stationery | 101.0 | 101.1 | 100.3 |
| 台式计算机 | Desktop Computer | 103.0 | 103.1 | 100.9 |
| 笔记本平板 | Notebook Tablet | 100.9 | 100.9 | 100.6 |
| 电脑附件 | Computer Parts | 100.2 | 100.2 | 100.0 |
| 打印复印机 | Print and Copy Machine | 99.6 | 99.5 | 101.2 |
| 教学设备 | Teaching Device | 100.1 | 100.2 | 97.9 |
| 七、日用品 | Articles for Daily Use | 100.9 | 100.8 | 102.1 |
| 1.日用百货 | General Merchandise for Daily Use | 102.8 | 102.5 | 104.6 |
| 电动自行车 | Electric Bicycle | 106.7 | 106.3 | 109.7 |
| 自 行 车 | Bicycle | 104.0 | 103.5 | 109.4 |
| 雨 具 | Rain Gear | 98.5 | 98.4 | 100.0 |
| 护理器具 | Nursing Appliances | 101.9 | 102.3 | 100.0 |
| 清洁用纸 | Hygiene Paper | 98.8 | 98.5 | 100.2 |
| 化妆器具 | Make-up Appliances | 100.6 | 100.6 | 100.0 |
| 2.厨具餐具茶具 | Kitchen Utensils and Tableware | 100.2 | 100.0 | 102.2 |
| 厨 具 | Kitchen Ware | 99.7 | 99.5 | 102.2 |
| 餐 具 | Tableware | 101.2 | 100.9 | 103.8 |
| 茶 具 | Tea Set | 99.8 | 99.8 | 100.0 |
| 3.清洗用品 | Cleaning Supplies | 99.4 | 99.3 | 100.1 |
| 清洗用品 | Cleaning Supplies | 99.4 | 99.3 | 100.1 |
| 4.其他日用品 | Other Articles for Daily Use | 101.2 | 101.2 | 100.8 |
| 灯 具 | Lamp | 105.8 | 106.2 | 99.3 |
| 箱 包 | Luggage | 100.8 | 100.8 | 100.2 |
| 母婴用品 | Mother and Baby Products | 100.6 | 100.6 | 100.0 |
| 眼 镜 | Glasses | 99.0 | 98.9 | 100.6 |
| 其他护理用品 | Nursing Materials | 100.0 | 100.0 | 100.1 |
| 其他日用杂品 | Other Articles for Daily Use | 100.6 | 100.3 | 101.9 |
| 八、体育娱乐用品 | Sports and Recreation Articles | 100.7 | 100.7 | 101.6 |
| 1.体育户外用品 | Sports and Outdoor Articles | 100.0 | 100.0 | 100.3 |
| 体育户外用品 | Sports and Outdoor Articles | 100.0 | 100.0 | 100.3 |

## 3-9 续表 4 continued

(以上年价格为100) (preceding year=100)

| 项目名称 | Item | 全 区 General | 城 市 Urban Household | 农 村 Rural Household |
|---|---|---|---|---|
| 2.娱乐用品 | Recreational Goods | 101.1 | 101.1 | 101.9 |
| 乐　　器 | Musical Instrument | 102.8 | 102.8 | 102.6 |
| 游戏用品和玩具 | Gamcs Supplics and Toys | 100.1 | 100.1 | 100.0 |
| 园艺花卉及用品 | Horticulture and Flower Articles | 100.3 | 100.4 | 99.0 |
| 宠物及用品 | Pet Articles | 101.1 | 101.2 | 100.0 |
| 其他文化娱乐用品 | Other Goods for Cultural and Recreational Use | 101.0 | 100.5 | 104.3 |
| 九、交通、通信用品 | Transportation and Communication Articles | 101.5 | 101.3 | 103.5 |
| 1.交通运输机械 | Transportation Machinery | 100.4 | 100.1 | 103.1 |
| 小型汽车 | Car | 100.1 | 100.1 | 100.2 |
| 大中型客车 | Large and Middle-Size Coach | 99.8 | 99.8 | 99.6 |
| 交通工具零配件 | Transportation Parts | 102.6 | 100.6 | 126.7 |
| 2.通信器材 | Communication Tools | 103.4 | 103.3 | 104.2 |
| 固定电话机 | Telephone | 109.1 | 109.4 | 100.3 |
| 移动电话机 | Mobile Telephone | 103.6 | 103.4 | 105.1 |
| 其他通信器材 | Other Communication Tools | 96.9 | 96.8 | 100.0 |
| 十、家具 | Furniture | 103.1 | 103.1 | 102.6 |
| 柜 | Cupboard | 103.3 | 103.4 | 101.0 |
| 床 | Bed | 102.6 | 102.6 | 101.4 |
| 桌 | Desk | 101.4 | 101.4 | 100.8 |
| 椅 | Chair | 101.8 | 101.9 | 100.9 |
| 沙　　发 | Sofa | 105.1 | 104.9 | 107.3 |
| 其他家具 | Others | 103.3 | 103.4 | 100.5 |
| 十一、化妆品 | Cosmetics | 100.7 | 100.7 | 101.3 |
| 清洁化妆品 | Cleansing Cosmetics | 100.2 | 100.1 | 101.6 |
| 护肤化妆品 | Skin-Care Cosmetics | 100.8 | 100.7 | 102.3 |
| 彩妆化妆品 | Make-Up Cosmetics | 102.3 | 102.4 | 100.6 |
| 清洁类护理用品 | Nursing Materials | 99.4 | 99.3 | 101.6 |
| 护发美发用品 | Hair Care Products | 100.5 | 100.6 | 99.0 |
| 十二、金银饰品 | Gold and Silver Jewelry | 102.7 | 102.8 | 101.0 |
| 金 饰 品 | Gold Jewelry | 103.6 | 103.7 | 102.6 |
| 银 饰 品 | Silver Jewelry | 103.0 | 103.5 | 96.3 |
| 铂金饰品 | Platinum Jewelry | 100.8 | 100.9 | 96.0 |
| 十三、中西药品及医疗保健用品 | Traditional Chinese and Western Medicines, Health Care Articles | 102.7 | 102.7 | 103.4 |
| 1.医疗卫生器具 | Medical Treatment and Public Health Appliances | 100.4 | 100.0 | 103.2 |
| 医疗卫生器具 | Medical Treatment and Public Health Appliances | 100.4 | 100.0 | 103.2 |
| 2.中药 | Traditional Chinese Medicine | 102.0 | 101.7 | 104.7 |
| 中 药 材 | Traditional Chinese Medicinal Materials | 100.8 | 100.2 | 107.8 |
| 中 成 药 | Chinese Patent Medicine | 102.9 | 102.9 | 103.1 |
| 3.西药 | Western Medicine | 102.5 | 102.4 | 103.4 |
| 抗微生物药 | Antimicrobial Drugs | 98.1 | 97.8 | 99.5 |
| 消化系统用药 | Digest System Drugs | 102.9 | 102.4 | 105.7 |
| 呼吸系统用药 | Breathe System Drugs | 103.4 | 103.0 | 105.8 |
| 解热镇痛药 | Antipyretic and Analgesic | 104.4 | 103.9 | 107.3 |
| 抗肿瘤药 | Antineoplastic Drugs | 99.1 | 99.1 | 99.9 |

## 3-9 续表 5 continued

(以上年价格为100) (preceding year=100)

| 项目名称 | Item | 全 区 General | 城 市 Urban Household | 农 村 Rural Household |
|---|---|---|---|---|
| 激素及影响内分泌药 | Hormone Drugs | 102.7 | 102.6 | 104.0 |
| 心血管系统用药 | Cardiovascular System Drugs | 103.3 | 103.1 | 104.5 |
| 血液系统用药 | Blood System Drugs | 98.5 | 98.4 | 99.2 |
| 治疗精神障碍药 | Dysphrenia Drugs | 114.1 | 115.4 | 99.7 |
| 神经系统用药 | Central Nervous System Drugs | 100.5 | 99.5 | 109.8 |
| 消毒防腐及创伤外科用药 | Disinfection and Trauma Drugs | 102.3 | 102.4 | 101.1 |
| 泌尿系统用药 | Urinary System Drugs | 108.7 | 109.1 | 101.6 |
| 维生素、矿物质类药 | Professional Drugs | 102.4 | 102.2 | 104.1 |
| 调节水、电解质及酸碱平衡药 | Adjust Water, Electrolyte and Acid-Base Balance Drugs | 103.8 | 104.4 | 99.4 |
| 4.保健器具及用品 | Health Care Appliances and Products | 107.9 | 108.7 | 100.3 |
| 保健器具 | Health Care Appliances | 100.6 | 100.6 | 101.4 |
| 滋补保健品 | Health Products | 110.5 | 111.6 | 100.0 |
| 十四、书报杂志及电子出版物 | Book, Newspapers, Magazines and Electronic Publications | 102.9 | 103.0 | 101.4 |
| 1.教材及参考书 | Teaching Materials and Reference Books | 102.7 | 102.8 | 102.1 |
| 工 具 书 | Reference Books | 102.2 | 102.3 | 100.8 |
| 教　　材 | Teaching Materials | 102.2 | 102.2 | 102.8 |
| 参考资料 | Reference Books | 104.0 | 104.1 | 103.2 |
| 其他教育用品 | Other Education Articles | 99.8 | 99.8 | 99.9 |
| 2.书报杂志 | Newspapers and Magazines | 103.5 | 103.7 | 100.6 |
| 书报杂志 | Newspapers and Magazines | 103.5 | 103.7 | 100.6 |
| 3.计算机办公软件 | Computer Software | 100.0 | 100.0 | 100.0 |
| 计算机办公软件 | Computer Software | 100.0 | 100.0 | 100.0 |
| 十五、燃料 | Fuels | 108.4 | 108.3 | 109.2 |
| 1.煤炭及制品 | Coal and Related Products | 114.2 | 114.3 | 113.8 |
| 原　　煤 | Coal | 112.5 | 111.1 | 114.8 |
| 煤 制 品 | Related Products | 115.9 | 116.5 | 109.4 |
| 2.石油及制品 | Oil and Products | 107.4 | 107.4 | 106.8 |
| 管道燃气 | Pipeline Fuel Gas | 99.6 | 100.0 | 94.8 |
| 液化石油气 | Liquefied Petroleum Gas | 99.8 | 100.0 | 96.1 |
| 汽　　油 | Gasoline | 111.6 | 111.6 | 111.6 |
| 柴　　油 | Diesel Oil | 112.8 | 112.8 | 112.6 |
| 十六、建筑材料及五金电料 | Building Materials and Hardware | 104.7 | 104.8 | 104.1 |
| 1.建筑装潢材料 | Building Decoration Materials | 104.6 | 104.6 | 104.4 |
| 木 地 板 | Wooden Floor | 104.2 | 104.4 | 100.9 |
| 瓷　　砖 | Brick | 103.7 | 104.3 | 100.7 |
| 水　　泥 | Cement | 113.7 | 114.4 | 111.6 |
| 涂　　料 | Dope | 101.0 | 101.0 | 101.0 |
| 板　　材 | Veneer | 106.5 | 106.3 | 108.4 |
| 管　　材 | Tubular Product | 108.5 | 109.2 | 104.2 |
| 厨卫设备 | Kitchen Equipment | 103.2 | 103.4 | 100.8 |
| 门　　窗 | Doors and Windows | 103.3 | 104.0 | 98.5 |
| 其他住房装潢材料 | Other Building Decoration Materials | 101.8 | 99.8 | 107.4 |
| 2.五金水暖 | Water and Heating Hardware | 104.9 | 105.2 | 102.1 |
| 家用手工工具 | Household Hand Tools | 100.1 | 100.0 | 101.8 |
| 配电附件 | Electricity Distribution Accessory | 102.1 | 102.1 | 101.9 |
| 水暖器材 | Heating Equipment | 109.3 | 109.9 | 102.4 |

# 3-10 2017年全区农业生产资料价格分类指数
# Price Indices for Means of Agricultural Production by Category (2017)

| 项目名称 | Item | 上年同期=100 | 2015年=100 |
|---|---|---|---|
| **农业生产资料价格指数** | **General Index** | **103.1** | **103.5** |
| 一、农用手工工具 | Farm Handtools | 100.6 | 101.2 |
| 农用手工工具 | Farm Handtools | 100.6 | 101.2 |
| 二、饲料 | Forage | 105.5 | 96.8 |
| 混合饲料 | Mix Forage | 101.7 | 95.5 |
| 其他饲料 | Others | 109.5 | 98.1 |
| 三、仔畜幼禽及产品畜 | Young Poult, Livestock and Commodity Animals | 103.4 | 117.0 |
| 仔　　畜 | Young Livestock | 92.3 | 104.3 |
| 幼　　禽 | Young Poult | 95.2 | 112.0 |
| 产 品 畜 | Commodity Livestock | 112.5 | 124.2 |
| 四、半机械化农具 | Semi-mechanized Farm Tools | 100.0 | 100.0 |
| 半机械化农具 | Semi-mechanized Farm Tools | 100.0 | 100.0 |
| 五、机械化农具 | Mechanized Farm Machinery | 102.0 | 101.3 |
| 机械化农具 | Mechanized Farm Machinery | 102.0 | 101.3 |
| 六、化学肥料 | Chemical Fertilizer | 103.7 | 103.5 |
| 氮　　肥 | Nitrogenous Fertilizer | 106.3 | 103.0 |
| 磷　　肥 | Phosphatic Fertilizer | 102.0 | 102.0 |
| 钾　　肥 | Potassic Fertilizer | 100.2 | 101.7 |
| 复合肥料 | Compound Fertilizer | 101.3 | 105.1 |
| 七、农药及农药器械 | Pesticide and Its Appliances | 99.0 | 98.3 |
| 1.化学农药 | Chemistry Pesticide | 98.7 | 97.7 |
| 杀 虫 剂 | Insecticide | 100.0 | 100.0 |
| 杀 菌 剂 | Germicide | 100.0 | 100.0 |
| 除 草 剂 | Herbicide | 95.7 | 92.7 |
| 生长调节剂 | Growth Regulator | 100.0 | 100.0 |
| 2.农药器械 | Pesticide Appliances | 102.3 | 103.5 |
| 农药器械 | Pesticide Appliances | 102.3 | 103.5 |
| 八、农机用油 | Oil for Farm Machinery | 111.2 | 116.1 |
| 农用柴油 | Agricultural Diesel Oil | 112.9 | 118.4 |
| 润 滑 油 | Lube | 100.3 | 100.8 |
| 九、其他农用生产资料 | Other Means of Agricultural Production | 99.2 | 98.7 |
| 农用种子 | Farm Seed | 96.2 | 96.1 |
| 农用薄膜 | Farm Film | 110.0 | 107.4 |
| 未列名的其他农用生产资料 | Others | 100.0 | 100.0 |
| 十、农业生产服务 | Service for Agricultural Product | 99.8 | 99.9 |
| 排 灌 费 | Drain and Irrigate Fees | 100.0 | 100.0 |
| 机械作业费 | Machinery Operating Cost | 100.0 | 100.0 |
| 农业用电 | Agricultural Electricity | 100.0 | 100.0 |
| 农业用工 | Agricultural Labor | 99.2 | 99.6 |

# 3-11 2017年全区各月居民消费价格指数
# Monthly Consumer Price Indices (2017)

(以上年同月价格为100) (the same month of preceding year=100)

| 月份 Month | | 居民消费价格总指数 Consumer Price Indices | 食品烟酒 Food Cigarettes and Wine | 衣着 Clothing | 居住 Residence | 生活用品及服务 Supplies and Services | 交通和通信 Transportation and Communication | 教育文化和娱乐 Education Culture and Entertainment | 医疗保健 Health Care | 其他用品和服务 Other Products and Services |
|---|---|---|---|---|---|---|---|---|---|---|
| 一月 | Jan. | 102.6 | 101.8 | 101.1 | 102.7 | 101.6 | 104.5 | 102.1 | 104.7 | 105.8 |
| 二月 | Feb. | 100.3 | 96.0 | 100.4 | 102.7 | 101.6 | 103.3 | 100.7 | 105.0 | 103.9 |
| 三月 | Mar. | 100.7 | 96.4 | 100.6 | 102.6 | 101.9 | 103.7 | 101.5 | 105.4 | 103.4 |
| 四月 | Apr. | 101.3 | 97.9 | 100.9 | 102.3 | 101.8 | 103.9 | 102.1 | 105.8 | 103.5 |
| 五月 | May | 101.8 | 99.8 | 100.4 | 102.3 | 101.6 | 103.7 | 102.3 | 104.9 | 103.0 |
| 六月 | June | 101.7 | 100.2 | 99.7 | 102.4 | 101.8 | 102.6 | 102.2 | 105.0 | 102.7 |
| 七月 | July | 101.3 | 99.8 | 100.1 | 102.6 | 101.9 | 100.8 | 101.8 | 104.8 | 99.8 |
| 八月 | Aug. | 101.6 | 101.0 | 100.2 | 102.2 | 101.9 | 101.3 | 101.9 | 104.5 | 100.2 |
| 九月 | Sept. | 101.4 | 99.4 | 100.3 | 102.1 | 102.2 | 101.0 | 103.8 | 104.4 | 100.8 |
| 十月 | Oct. | 101.9 | 100.5 | 101.8 | 102.0 | 102.1 | 102.4 | 103.2 | 104.2 | 101.6 |
| 十一月 | Nov. | 102.3 | 100.7 | 103.5 | 102.1 | 102.3 | 103.7 | 102.7 | 104.2 | 102.0 |
| 十二月 | Dec. | 102.3 | 100.6 | 104.8 | 102.1 | 102.4 | 102.4 | 102.7 | 104.3 | 102.2 |

# 3-12 2017年全区各月商品零售及农业生产资料价格指数

# Monthly Price Indices for Retail and Agricultural Production (2017)

(以上年同月价格为100) (the same month of preceding year=100)

| 月份 | Month | 商品零售价格总指数 Retail Price Indices | 食品 Food | 饮料、烟酒 Beverages, Tobacco, Liquor | 服装、鞋帽 Garments, Shoes and Hats | 纺织品 Textiles | 家用电器及音像器材 Household Appliances, Music and Video Equipment | 文化办公用品 Cultural and Office Appliances | 日用品 Articles for Daily Use | 体育娱乐用品 Sports and Recreation Articles |
|---|---|---|---|---|---|---|---|---|---|---|
| 一月 | Jan. | 102.9 | 102.2 | 100.1 | 101.1 | 106.0 | 101.4 | 101.1 | 101.2 | 100.4 |
| 二月 | Feb. | 101.1 | 96.0 | 100.0 | 100.5 | 105.1 | 101.7 | 101.2 | 101.2 | 102.1 |
| 三月 | Mar. | 101.1 | 96.6 | 99.6 | 100.5 | 101.4 | 102.4 | 100.8 | 101.0 | 100.5 |
| 四月 | Apr. | 101.6 | 98.3 | 99.7 | 101.0 | 101.3 | 102.6 | 101.0 | 101.1 | 100.4 |
| 五月 | May | 101.8 | 99.9 | 99.7 | 100.0 | 101.0 | 102.3 | 101.3 | 100.8 | 100.6 |
| 六月 | June | 101.5 | 100.2 | 99.4 | 99.1 | 100.6 | 102.8 | 101.7 | 100.8 | 100.7 |
| 七月 | July | 101.2 | 100.0 | 99.8 | 99.6 | 100.6 | 103.1 | 101.5 | 100.4 | 100.2 |
| 八月 | Aug. | 101.7 | 101.2 | 100.0 | 99.6 | 100.8 | 102.5 | 100.9 | 100.5 | 100.5 |
| 九月 | Sept. | 101.3 | 99.4 | 100.1 | 100.1 | 100.6 | 102.7 | 101.6 | 100.8 | 100.8 |
| 十月 | Oct. | 101.9 | 100.6 | 100.4 | 102.0 | 100.7 | 102.3 | 101.3 | 101.0 | 100.8 |
| 十一月 | Nov. | 102.5 | 100.8 | 100.5 | 103.4 | 101.0 | 102.5 | 101.3 | 101.1 | 100.8 |
| 十二月 | Dec. | 102.5 | 100.8 | 100.4 | 104.6 | 101.1 | 102.5 | 101.5 | 100.8 | 100.7 |

## 3-12 续表 continued

(以上年同月价格为100) (the same month of preceding year=100)

| 月份 | Month | 交通、通信用品 Transportation and Communication Articles | 家具 Furniture | 化妆品 Cosmetics | 金银饰品 Gold and Silver Jewelry | 中西药品及医疗保健用品 Traditional Chinese and Western Medicines and Health Care Articles | 书报杂志及电子出版物 Books, Newspapers, Magazines and Electronic Publications | 燃料 Fuels | 建筑材料及五金电料 Building Materials and Hardware | 农业生产资料价格指数 Agricultural Production Price Index |
|---|---|---|---|---|---|---|---|---|---|---|
| 一月 | Jan. | 100.8 | 101.3 | 101.9 | 112.7 | 103.4 | 103.1 | 111.9 | 103.9 | 103.1 |
| 二月 | Feb. | 100.6 | 101.6 | 101.5 | 108.8 | 102.8 | 102.8 | 112.5 | 104.0 | 103.6 |
| 三月 | Mar. | 99.6 | 102.2 | 101.7 | 106.0 | 103.0 | 102.6 | 112.3 | 105.2 | 104.3 |
| 四月 | Apr. | 100.7 | 102.3 | 101.1 | 107.0 | 103.1 | 102.6 | 111.1 | 105.2 | 103.3 |
| 五月 | May | 101.4 | 102.4 | 100.6 | 104.1 | 102.9 | 102.6 | 108.6 | 105.4 | 102.3 |
| 六月 | June | 101.6 | 102.3 | 100.6 | 103.3 | 102.7 | 102.7 | 105.4 | 105.1 | 101.3 |
| 七月 | July | 101.9 | 102.9 | 100.6 | 96.3 | 102.6 | 102.7 | 103.9 | 104.8 | 100.5 |
| 八月 | Aug. | 102.0 | 103.4 | 100.1 | 96.7 | 102.2 | 102.8 | 107.0 | 104.9 | 102.2 |
| 九月 | Sept. | 102.0 | 103.8 | 100.2 | 97.8 | 102.1 | 103.1 | 105.7 | 104.2 | 103.8 |
| 十月 | Oct. | 101.9 | 104.2 | 100.1 | 100.5 | 101.7 | 103.2 | 106.6 | 104.6 | 104.0 |
| 十一月 | Nov. | 103.3 | 105.3 | 100.0 | 99.3 | 102.7 | 103.2 | 108.9 | 104.7 | 104.3 |
| 十二月 | Dec. | 102.2 | 105.4 | 100.1 | 103.0 | 103.7 | 103.0 | 107.0 | 104.1 | 104.4 |

# 3-13 2017年调查市县居民消费价格指数
# Consumer Price Indices by City and County (2017)

(以上年价格为100) (preceding year =100)

| 分类名称 | Item | 银川市辖区 Yinchuan | 石嘴山市辖区 Shizuishan | 利通区 Litong | 原州区 Yuanzhou | 沙坡头区 Shapotou | 平罗县 Pingluo | 海原县 Haiyuan |
|---|---|---|---|---|---|---|---|---|
| **居民消费价格总指数** | **Consumer Price Index** | **101.7** | **101.7** | **101.3** | **101.9** | **101.8** | **101.8** | **100.9** |
| **消费品价格指数** | **Consumer Goods Price Index** | **100.9** | **101.4** | **101.4** | **101.6** | **101.7** | **102.0** | **100.9** |
| 一、食品烟酒 | Food, Cigarettes and Wine | 98.8 | 101.3 | 99.7 | 100.6 | 100.6 | 99.7 | 99.4 |
| 1.食品 | Food | 98.1 | 101.2 | 98.6 | 99.8 | 100.6 | 99.6 | 99.1 |
| (1)粮食 | Grain | 100.8 | 100.6 | 100.2 | 100.5 | 101.0 | 101.9 | 100.0 |
| 大　米 | Rice | 100.1 | 99.2 | 100.6 | 101.0 | 98.7 | 102.5 | 100.0 |
| 面　粉 | Flour | 100.3 | 102.5 | 100.0 | 100.0 | 101.8 | 103.0 | 100.0 |
| 其他粮食 | Other Grain | 96.6 | 99.1 | 100.0 | 100.0 | 99.8 | 100.0 | 98.5 |
| 粮食制品 | Cereal Product | 103.7 | 101.1 | 100.0 | 100.7 | 102.9 | 100.0 | 100.0 |
| (2)薯类 | Tubers | 92.5 | 91.0 | 96.8 | 105.1 | 105.8 | 91.0 | 96.2 |
| 薯　类 | Tubers | 92.5 | 91.0 | 96.8 | 105.1 | 105.8 | 91.0 | 96.2 |
| (3)豆类 | Beans | 100.3 | 100.0 | 100.0 | 99.3 | 102.5 | 100.1 | 100.0 |
| 干　豆 | Beans | 99.4 | 100.2 | 99.8 | 100.0 | 98.9 | 100.6 | 100.3 |
| 豆 制 品 | Bean Products | 100.3 | 100.0 | 100.0 | 99.2 | 103.0 | 100.0 | 100.0 |
| (4)食用油 | Edible Oil | 99.9 | 99.5 | 100.6 | 97.5 | 97.4 | 99.4 | 99.4 |
| 食用植物油 | Edible Vegetable Oil | 99.9 | 99.6 | 100.7 | 97.7 | 97.2 | 99.5 | 99.4 |
| 食用动物油 | Edible Animal Oil | 100.0 | 91.1 | 69.1 | 85.5 | 105.5 | 80.3 | 100.0 |
| (5)菜 | Vegetables | 89.3 | 96.3 | 86.7 | 93.2 | 95.7 | 90.6 | 84.9 |
| 鲜　菜 | Fresh Vegetables | 88.9 | 96.1 | 86.4 | 92.7 | 95.5 | 90.1 | 84.2 |
| 干菜及菜制品 | Dried Vegetables and Processed Products | 101.0 | 101.3 | 102.2 | 102.9 | 103.6 | 100.8 | 107.1 |
| (6)畜肉类 | Livestock Meat | 98.3 | 102.5 | 102.3 | 101.1 | 100.5 | 102.3 | 102.8 |
| 猪　肉 | Pork | 94.0 | 93.8 | 89.3 | 90.4 | 88.4 | 91.1 | 89.7 |
| 牛　肉 | Beef | 100.0 | 100.3 | 98.8 | 99.8 | 99.2 | 99.3 | 94.1 |
| 羊　肉 | Mutton | 100.7 | 114.3 | 113.5 | 115.2 | 116.4 | 115.5 | 121.8 |
| 畜肉副产品 | Byproducts | 97.4 | 100.8 | 99.8 | 95.4 | 103.7 | 100.6 | 90.9 |
| 其他畜肉及制品 | Other Livestock Meat Processed Products | 100.3 | 100.0 | 100.1 | 100.9 | 101.6 | 100.9 | 100.0 |
| (7)禽肉类 | Poultry | 98.8 | 101.0 | 96.7 | 97.6 | 100.3 | 94.3 | 100.5 |
| 鸡 | Chicken | 99.5 | 99.2 | 96.1 | 97.8 | 100.0 | 93.4 | 100.2 |
| 鸭 | Duck | 97.1 | 103.1 | 100.0 | 86.6 | 96.9 | 100.0 | 100.0 |
| 其他禽肉及制品 | Other Poultry Meat Processed Products | 97.5 | 105.3 | 100.0 | 97.3 | 101.1 | 101.9 | 101.3 |
| (8)水产品 | Aquatic Products | 104.2 | 106.7 | 102.6 | 101.6 | 106.4 | 98.7 | 101.4 |
| 淡 水 鱼 | Freshwater Fish | 102.1 | 103.2 | 102.0 | 101.6 | 107.1 | 98.2 | 100.2 |
| 海 水 鱼 | Seawater Fish | 106.2 | 125.9 | 105.3 | 98.4 | 103.4 | 100.6 | 113.7 |
| 虾 蟹 类 | Shrimp and Crab | 104.5 | 109.4 | 103.1 | 101.7 | 100.9 | 100.0 | 100.0 |
| 其他水产品及制品 | Others Aquatic and Processed Products | 108.2 | 100.0 | 103.9 | 103.2 | 108.4 | 100.0 | 100.0 |
| (9)蛋类 | Eggs | 99.7 | 101.2 | 96.5 | 101.0 | 97.9 | 101.6 | 109.4 |
| 鸡　蛋 | Fresh Egg | 99.8 | 101.3 | 96.3 | 101.1 | 97.8 | 101.7 | 109.7 |
| 其他蛋及制品 | Other Egg and Processed Products | 98.1 | 100.0 | 100.0 | 100.0 | 100.0 | 101.0 | 100.0 |
| (10)奶类 | Milk | 100.0 | 101.2 | 100.2 | 103.2 | 98.9 | 101.9 | 100.0 |
| 鲜　奶 | Fresh Milk | 98.6 | 101.7 | 100.0 | 105.7 | 95.1 | 103.9 | 100.0 |
| 酸　奶 | Yoghourt | 102.7 | 100.0 | 100.0 | 97.4 | 98.6 | 100.6 | 100.0 |
| 奶　粉 | Milk Powder | 99.8 | 100.3 | 100.4 | 103.8 | 103.4 | 100.0 | 100.0 |
| 其他奶制品 | Other Milk Products | 100.1 | 104.2 | 100.8 | 102.2 | 105.4 | 100.0 | 100.0 |

# 3-13 续表 1 continued

(以上年价格为100) (preceding year =100)

| 分类名称 | Item | 银川市辖区 Yinchuan | 石嘴山市辖区 Shizuishan | 利通区 Litong | 原州区 Yuanzhou | 沙坡头区 Shapotou | 平罗县 Pingluo | 海原县 Haiyuan |
|---|---|---|---|---|---|---|---|---|
| (11)干鲜瓜果类 | Dried and Fresh Melons and Fruits | 102.0 | 105.3 | 101.1 | 103.1 | 104.5 | 103.1 | 102.3 |
| 鲜瓜果 | Fresh Melons and Fruits | 104.6 | 106.8 | 101.7 | 103.6 | 107.0 | 104.0 | 103.1 |
| 坚果 | Nuts | 97.7 | 100.9 | 99.5 | 101.9 | 95.9 | 99.8 | 99.7 |
| 瓜果制品 | Melons and Fruits Products | 97.1 | 101.7 | 100.0 | 102.4 | 100.0 | 100.6 | 98.9 |
| (12)糖果糕点类 | Candy and Cake | 99.5 | 103.3 | 102.3 | 104.2 | 102.0 | 105.0 | 102.3 |
| 食糖 | Sugar | 99.8 | 99.1 | 106.0 | 102.3 | 100.8 | 112.7 | 100.0 |
| 糖果 | Candy | 100.8 | 99.6 | 103.8 | 101.1 | 101.2 | 100.0 | 100.6 |
| 糕点 | Cake | 98.9 | 106.1 | 101.4 | 106.8 | 102.8 | 100.0 | 107.1 |
| 其他糖果糕点 | Other Candy and Cake | 100.2 | 100.7 | 100.0 | 103.0 | 100.9 | 100.0 | 100.0 |
| (13)调味品 | Flavoring | 102.9 | 105.0 | 106.6 | 100.0 | 108.4 | 106.7 | 105.0 |
| 食用盐 | Salt | 100.0 | 122.4 | 122.4 | 100.0 | 117.7 | 121.2 | 110.2 |
| 酱油 | Soy | 105.9 | 100.0 | 101.7 | 100.0 | 102.0 | 100.0 | 100.0 |
| 食醋 | Vinegar | 104.4 | 99.8 | 100.9 | 100.0 | 100.0 | 100.0 | 100.0 |
| 调味酱 | Bechamel | 102.6 | 100.1 | 102.7 | 99.1 | 100.0 | 100.0 | 101.6 |
| 味精 | Aginomoto | 99.5 | 100.0 | 102.2 | 98.3 | 102.1 | 100.0 | 100.0 |
| 其他调味品 | Others | 102.3 | 100.7 | 103.1 | 102.3 | 120.5 | 100.0 | 106.1 |
| (14)其他食品类 | Other Food | 99.3 | 100.2 | 100.9 | 96.7 | 103.2 | 100.3 | 98.1 |
| 方便食品 | Convenient Food | 101.3 | 100.0 | 100.7 | 93.3 | 100.0 | 100.3 | 92.4 |
| 淀粉及制品 | Starch and Products | 96.2 | 100.0 | 99.3 | 98.9 | 108.0 | 100.8 | 100.0 |
| 膨化食品 | Puffed Food | 100.7 | 100.7 | 102.2 | 100.0 | 101.6 | 100.0 | 101.1 |
| 2.茶及饮料 | Tea and Beverages | 99.9 | 100.9 | 101.6 | 100.7 | 100.7 | 100.4 | 101.0 |
| 茶叶 | Tea | 99.2 | 101.0 | 100.0 | 100.0 | 100.0 | 100.0 | 100.0 |
| 固体咖啡 | Solid Coffee | 103.5 | 98.8 | 100.0 | 102.3 | 100.0 | 100.0 | 100.0 |
| 其他固体饮料 | Other Solid Beverages | 98.0 | 99.4 | 111.2 | 101.8 | 99.5 | 106.3 | 100.0 |
| 饮用水 | Potable Water | 99.4 | 99.7 | 99.9 | 100.0 | 101.6 | 100.0 | 112.8 |
| 果汁饮料 | Juice Beverage | 103.3 | 106.4 | 104.5 | 103.2 | 100.0 | 100.0 | 100.0 |
| 其他液体饮料 | Other Liquid Beverages | 95.2 | 100.0 | 99.7 | 100.0 | 101.8 | 100.0 | 100.8 |
| 3.烟酒 | Cigarettes and Wine | 99.9 | 100.9 | 100.7 | 99.9 | 100.9 | 100.0 | 100.0 |
| (1)烟草 | Tobacco | 100.0 | 100.0 | 100.0 | 100.0 | 100.0 | 100.0 | 100.0 |
| 烟草 | Tobacco | 100.0 | 100.0 | 100.0 | 100.0 | 100.0 | 100.0 | 100.0 |
| (2)酒类 | Liquor | 99.7 | 103.1 | 103.3 | 99.7 | 103.0 | 100.1 | 100.0 |
| 白酒 | Spirit | 99.8 | 104.3 | 104.0 | 99.5 | 103.4 | 100.0 | 100.0 |
| 葡萄酒 | Wine | 98.9 | 100.0 | 100.0 | 100.0 | 99.5 | 100.0 | 100.0 |
| 啤酒 | Beer | 100.4 | 100.0 | 100.0 | 100.0 | 103.1 | 100.0 | 100.0 |
| 其他酒类 | Others | 96.3 | 100.0 | 118.6 | 100.9 | 104.7 | 102.8 | 100.0 |
| 4.在外餐饮 | Dining Out | 100.1 | 101.7 | 102.0 | 103.2 | 100.8 | 100.0 | 100.7 |
| 正餐 | Dinner | 100.0 | 100.4 | 100.6 | 102.0 | 100.5 | 100.0 | 98.6 |
| 快餐 | Fast Food | 100.0 | 106.2 | 103.3 | 101.6 | 102.3 | 100.0 | 106.6 |
| 地方小吃 | Local Snack | 100.0 | 100.0 | 103.1 | 111.2 | 100.5 | 100.0 | 100.0 |
| 其他在外餐饮 | Others | 100.6 | 101.5 | 106.2 | 100.0 | 100.0 | 100.0 | 100.0 |

## 3-13 续表 2 continued

(以上年价格为100) (preceding year =100)

| 分类名称 | Item | 银川市辖区 Yinchuan | 石嘴山市辖区 Shizuishan | 利通区 Litong | 原州区 Yuanzhou | 沙坡头区 Shapotou | 平罗县 Pingluo | 海原县 Haiyuan |
|---|---|---|---|---|---|---|---|---|
| 二、衣着 | Clothing | 101.7 | 100.3 | 100.5 | 101.6 | 102.1 | 101.2 | 99.6 |
| 1.服装 | Garments | 101.6 | 99.5 | 100.5 | 102.1 | 101.3 | 101.6 | 100.1 |
| (1)男式服装 | Men's | 101.9 | 100.5 | 100.4 | 101.5 | 101.6 | 102.2 | 100.0 |
| 男式西服 | Men's Western-style Clothes | 103.5 | 104.2 | 101.2 | 100.4 | 100.0 | 100.0 | 100.9 |
| 男式冬衣 | Men's Winter Clothes | 105.6 | 97.8 | 103.2 | 104.6 | 103.3 | 101.7 | 102.1 |
| 男式夹克衫 | Men's Jacket | 101.3 | 99.5 | 96.2 | 101.0 | 102.7 | 102.0 | 99.1 |
| 男式毛线衣 | Men's Sweater | 97.0 | 102.3 | 104.5 | 101.0 | 104.7 | 101.7 | 100.4 |
| 男式运动装 | Men's Sportswear | 99.8 | 104.7 | 105.2 | 100.1 | 96.7 | 107.5 | 106.2 |
| 男式衬衫T恤 | Men's Shirt and T-shirt | 101.9 | 99.5 | 97.9 | 102.9 | 102.0 | 103.0 | 94.8 |
| 男式裤子 | Men's Trousers | 103.2 | 99.8 | 94.3 | 100.6 | 101.5 | 101.3 | 100.7 |
| 男式内衣 | Men's Underclothes | 99.4 | 98.7 | 100.6 | 99.8 | 101.2 | 106.9 | 99.7 |
| (2)女式服装 | Women's | 101.5 | 98.9 | 100.7 | 102.4 | 100.8 | 101.1 | 98.7 |
| 女式外套 | Women's Coat | 99.4 | 98.1 | 99.7 | 104.1 | 106.0 | 99.5 | 102.7 |
| 女式冬衣 | Women's Winter Clothes | 98.5 | 99.2 | 105.3 | 101.5 | 99.9 | 95.5 | 95.8 |
| 女式毛线衣 | Women's Sweater | 98.4 | 98.8 | 105.4 | 101.8 | 94.4 | 97.0 | 98.3 |
| 女式运动装 | Women's Sportswear | 99.9 | 100.1 | 102.3 | 101.8 | 98.4 | 107.7 | 108.0 |
| 女式衬衫T恤 | Women's Shirt and T-shirt | 106.7 | 98.2 | 98.6 | 101.1 | 100.3 | 101.8 | 93.1 |
| 女式裤子 | Women's Trousers | 105.8 | 98.2 | 94.5 | 102.5 | 100.3 | 106.4 | 97.4 |
| 女式裙子 | Women's Skirt | 104.2 | 98.0 | 99.0 | 105.2 | 101.1 | 106.1 | 100.3 |
| 女式内衣 | Women's Underclothes | 97.2 | 102.1 | 100.9 | 100.1 | 102.7 | 102.6 | 101.6 |
| (3)儿童服装 | Children's | 101.0 | 100.2 | 99.8 | 102.9 | 102.3 | 102.0 | 108.3 |
| 婴幼服装 | Infant's Wear | 103.3 | 104.5 | 104.4 | 100.7 | 101.9 | 100.0 | 112.8 |
| 儿童上衣 | Children's Coat | 97.3 | 99.3 | 102.6 | 104.0 | 101.5 | 103.8 | 108.1 |
| 儿童裤子 | Children's Trousers | 95.7 | 98.8 | 99.6 | 101.4 | 103.5 | 99.8 | 111.5 |
| 儿童裙子 | Children's Skirt | 112.0 | 98.6 | 93.3 | 103.1 | 102.7 | 104.6 | 100.7 |
| 2.服装材料 | Clothing Material | 102.3 | 100.0 | 102.6 | 106.9 | 107.9 | 100.0 | 100.2 |
| 服装材料 | Clothing Material | 102.3 | 100.0 | 102.6 | 106.9 | 107.9 | 100.0 | 100.2 |
| 3.其他衣着及配件 | Other Clothing and Accessories | 98.7 | 101.3 | 100.5 | 100.4 | 98.5 | 102.0 | 100.4 |
| 袜　　子 | Socks | 100.0 | 101.8 | 100.0 | 100.0 | 100.0 | 100.0 | 100.7 |
| 帽　　子 | Hats | 99.6 | 99.5 | 101.5 | 101.1 | 94.8 | 107.2 | 100.0 |
| 其他衣着配件 | Other Clothing and Accessories | 97.0 | 102.0 | 100.0 | 100.0 | 100.2 | 100.0 | 100.0 |
| 4.衣着加工服务费 | Service Fee for Dressing | 101.0 | 104.7 | 102.5 | 103.7 | 102.6 | 100.3 | 105.5 |
| 衣着洗涤保养 | Washing and Maintenance for Dressing | 101.2 | 106.3 | 104.5 | 104.9 | 104.0 | 100.7 | 113.6 |
| 衣着加工 | Processing for Dressing | 100.0 | 100.0 | 100.0 | 100.0 | 100.0 | 100.0 | 100.0 |
| 5.鞋类 | Shoes | 102.6 | 102.5 | 100.2 | 100.1 | 105.1 | 100.1 | 97.9 |
| (1)鞋 | Shoes | 102.6 | 102.5 | 100.2 | 100.1 | 105.1 | 100.1 | 97.9 |
| 男　　鞋 | Shoes of Men | 99.8 | 103.4 | 100.8 | 100.5 | 100.9 | 100.5 | 98.0 |
| 女　　鞋 | Shoes of Women | 100.7 | 102.2 | 99.7 | 100.3 | 108.0 | 101.1 | 96.6 |
| 童　　鞋 | Shoes of Children | 111.5 | 101.0 | 100.3 | 99.1 | 103.5 | 96.9 | 104.8 |
| (2)鞋类加工服务 | Shoes Processing Services | 102.7 | 100.0 | 99.7 | 100.4 | 106.8 | 99.2 | 100.0 |
| 鞋类加工服务 | Shoes Processing Services | 102.7 | 100.0 | 99.7 | 100.4 | 106.8 | 99.2 | 100.0 |

## 3-13 续表 3 continued

(以上年价格为100) (preceding year =100)

| 分类名称 | Item | 银川市辖区 Yinchuan | 石嘴山市辖区 Shizuishan | 利通区 Litong | 原州区 Yuanzhou | 沙坡头区 Shapotou | 平罗县 Pingluo | 海原县 Haiyuan |
|---|---|---|---|---|---|---|---|---|
| 三、居住 | Residence | 103.0 | 100.5 | 99.9 | 101.7 | 101.1 | 102.9 | 102.1 |
| 1.租赁房房租 | Renting | 100.7 | 103.5 | 97.9 | 101.6 | 99.4 | 107.3 | 100.0 |
| 公房房租 | Public Rent | 100.0 | 100.0 | 100.0 | 100.0 | 100.0 | 100.0 | 100.0 |
| 私房房租 | Private Rent | 100.9 | 103.9 | 97.7 | 101.9 | 99.1 | 107.8 | 100.0 |
| 2.住房保养维修及管理 | Housing Maintenance and Management | 104.7 | 101.1 | 101.6 | 102.9 | 105.0 | 101.9 | 102.6 |
| (1)住房装潢材料 | Building Decoration Materials | 105.8 | 102.3 | 103.3 | 104.7 | 106.5 | 103.3 | 104.6 |
| 木地板 | Wooden Floor | 106.0 | 103.0 | 100.0 | 107.8 | 101.8 | 100.9 | 101.0 |
| 瓷砖 | Brick | 109.5 | 100.0 | 100.0 | 103.2 | 101.5 | 100.0 | 102.7 |
| 水泥 | Cement | 114.0 | 107.9 | 107.7 | 121.1 | 129.9 | 110.6 | 117.2 |
| 涂料 | Dope | 100.0 | 100.8 | 100.0 | 109.3 | 101.7 | 100.7 | 101.9 |
| 板材 | Veneer | 106.5 | 100.7 | 105.4 | 101.0 | 119.6 | 107.4 | 111.0 |
| 管材 | Tubular Product | 112.7 | 105.6 | 105.2 | 106.9 | 100.0 | 100.0 | 108.3 |
| 厨卫设备 | Kitchen Equipment | 102.8 | 104.7 | 105.2 | 98.7 | 107.8 | 102.3 | 96.4 |
| 门窗 | Doors and Windows | 107.6 | 100.0 | 100.6 | 103.4 | 104.8 | 100.3 | 93.4 |
| 其他住房装潢材料 | Other Building Decoration Materials | 95.9 | 104.0 | 107.1 | 100.2 | 104.6 | 107.6 | 107.0 |
| (2)物业管理费 | Estate Management Fees | 106.8 | 100.0 | 100.0 | 100.0 | 100.0 | 100.0 | 100.0 |
| 物业管理费 | Estate Management Fees | 106.8 | 100.0 | 100.0 | 100.0 | 100.0 | 100.0 | 100.0 |
| (3)住房装潢维修 | Housing Decoration and Maintenance | 100.6 | 100.0 | 100.0 | 100.0 | 103.7 | 100.0 | 100.0 |
| 装潢维修费 | Fees of Decoration and Maintenance | 100.7 | 100.0 | 100.0 | 100.0 | 104.8 | 100.0 | 100.0 |
| 其他住房费用 | Other Housing Fees | 100.0 | 100.0 | 100.0 | 100.0 | 100.0 | 100.0 | 100.0 |
| 3.水电燃料 | Water, Electricity and Fuels | 102.2 | 100.3 | 100.4 | 100.1 | 102.1 | 107.4 | 104.4 |
| (1)水 | Water | 109.1 | 100.0 | 101.9 | 100.0 | 106.7 | 104.9 | 123.3 |
| 水 | Water | 109.1 | 100.0 | 101.9 | 100.0 | 106.7 | 104.9 | 123.3 |
| (2)电 | Electricity | 100.0 | 100.0 | 100.0 | 100.0 | 100.0 | 99.9 | 100.0 |
| 电 | Electricity | 100.0 | 100.0 | 100.0 | 100.0 | 100.0 | 99.9 | 100.0 |
| (3)燃气 | Fuel Gas | 100.0 | 100.5 | 100.0 | 98.4 | 100.0 | 97.9 | 98.6 |
| 管道燃气 | Pipeline Fuel Gas | 100.0 | 100.6 | 100.0 | 92.8 | 100.0 | 100.0 | 61.1 |
| 液化石油气 | Liquefied Petroleum Gas | 100.0 | 100.0 | 100.0 | 100.0 | 100.0 | 95.2 | 100.0 |
| (4)取暖费 | Heating Fees | 100.0 | 100.0 | 100.0 | 100.0 | 100.0 | 100.0 | 100.0 |
| 取暖费 | Heating Fees | 100.0 | 100.0 | 100.0 | 100.0 | 100.0 | 100.0 | 100.0 |
| (5)其他燃料 | Other Fuels | 114.5 | 107.8 | 112.3 | 102.2 | 111.5 | 124.0 | 109.8 |
| 其他燃料 | Other Fuels | 114.5 | 107.8 | 112.3 | 102.2 | 111.5 | 124.0 | 109.8 |
| 4.自有住房 | Private Housing | 103.4 | 100.0 | 98.9 | 102.6 | 98.9 | 100.0 | 100.0 |
| 自有住房 | Private Housing | 103.4 | 100.0 | 98.9 | 102.6 | 98.9 | 100.0 | 100.0 |
| 四、生活用品及服务 | Supplies and Services | 102.1 | 101.5 | 101.4 | 102.6 | 102.2 | 103.0 | 100.7 |
| 1.家具及室内装饰品 | Furniture and Interior Decorations | 104.0 | 101.2 | 104.9 | 104.8 | 104.0 | 105.1 | 99.9 |
| (1)家具 | Furniture | 103.6 | 101.2 | 104.9 | 104.9 | 104.1 | 105.8 | 100.3 |
| 柜 | Cupboard | 103.8 | 100.9 | 104.9 | 105.4 | 104.1 | 101.7 | 99.7 |
| 床 | Bed | 102.7 | 100.4 | 103.4 | 105.5 | 104.5 | 101.7 | 101.0 |
| 桌 | Desk | 101.1 | 100.4 | 103.3 | 103.0 | 101.8 | 100.9 | 100.7 |
| 椅 | Chair | 101.4 | 100.3 | 104.8 | 101.2 | 101.5 | 100.8 | 101.1 |
| 沙发 | Sofa | 106.7 | 102.5 | 106.9 | 105.8 | 104.3 | 111.8 | 100.3 |
| 其他家具 | Others | 102.8 | 100.9 | 104.1 | 105.1 | 106.9 | 101.5 | 99.5 |

## 3-13 续表 4 continued

(以上年价格为100) (preceding year =100)

| 分类名称 | Item | 银川市辖区 Yinchuan | 石嘴山市辖区 Shizuishan | 利通区 Litong | 原州区 Yuanzhou | 沙坡头区 Shapotou | 平罗县 Pingluo | 海原县 Haiyuan |
|---|---|---|---|---|---|---|---|---|
| (2)室内装饰品 | Interior Decorations | 106.7 | 101.5 | 104.2 | 103.1 | 103.5 | 100.0 | 98.4 |
| 灯　　具 | Lamp | 107.6 | 102.4 | 105.3 | 105.1 | 104.3 | 100.0 | 97.5 |
| 其他室内装饰品 | Other Interior Decorations | 101.8 | 100.0 | 100.0 | 97.8 | 100.0 | 100.0 | 100.0 |
| 2.家用器具 | Household Appliances | 104.3 | 102.7 | 102.4 | 104.6 | 103.6 | 103.4 | 100.3 |
| (1)大型家用器具 | Big Household Appliances | 104.2 | 103.1 | 102.8 | 104.9 | 104.0 | 104.1 | 100.6 |
| 洗 衣 机 | Washing Machine | 102.1 | 105.3 | 102.6 | 106.5 | 101.8 | 106.0 | 103.9 |
| 电冰箱(柜) | Refrigerator | 106.4 | 101.1 | 101.8 | 105.0 | 107.2 | 108.2 | 98.1 |
| 抽油烟机 | Ventilator | 100.7 | 103.2 | 104.1 | 106.4 | 102.5 | 101.0 | 102.6 |
| 空 调 器 | Air Conditioner | 109.5 | 101.3 | 105.5 | 101.1 | 104.2 | 101.7 | 100.0 |
| 热 水 器 | Water Heater for Shower | 103.3 | 104.1 | 104.9 | 101.4 | 106.7 | 100.2 | 100.0 |
| 炉具灶具 | Stove and Oven | 99.2 | 105.3 | 102.1 | 106.4 | 101.3 | 100.0 | 100.0 |
| 微 波 炉 | Microwave Oven | 103.2 | 101.8 | 100.0 | 103.8 | 101.7 | 100.0 | 98.3 |
| 其他大型家用器具 | Other Big Household Appliances | 102.0 | 99.2 | 100.7 | 101.4 | 100.0 | 98.5 | 100.0 |
| (2)小家电 | Small Household Appliances | 104.6 | 100.6 | 100.4 | 102.7 | 101.1 | 97.5 | 98.6 |
| 厨房小家电 | Kitchen Small Household Appliances | 107.0 | 100.8 | 100.3 | 102.6 | 100.6 | 96.9 | 97.9 |
| 生活小家电 | Living Small Household Appliances | 101.6 | 100.2 | 100.4 | 102.8 | 101.7 | 99.0 | 99.6 |
| 3.家用纺织品 | Housing Textiles | 101.4 | 100.8 | 99.7 | 101.4 | 100.9 | 101.7 | 100.6 |
| (1)床上用品 | Bed Articles | 101.8 | 100.6 | 100.0 | 101.9 | 100.7 | 100.5 | 100.8 |
| 被　　子 | Quilt | 100.8 | 100.4 | 100.0 | 101.2 | 101.0 | 100.0 | 101.4 |
| 床单被套 | Bed Sheet and Cover | 103.3 | 101.0 | 100.0 | 102.8 | 100.9 | 100.4 | 101.0 |
| 其他床上用品 | Other Bed Articles | 100.7 | 100.0 | 100.0 | 101.5 | 100.0 | 101.4 | 100.0 |
| (2)窗帘门帘 | Curtain | 103.4 | 101.6 | 98.5 | 100.4 | 101.9 | 105.4 | 100.0 |
| 窗帘门帘 | Curtain | 103.4 | 101.6 | 98.5 | 100.4 | 101.9 | 105.4 | 100.0 |
| (3)其他家用纺织品 | Other Housing Textile | 98.0 | 100.1 | 100.5 | 99.1 | 100.1 | 100.6 | 100.0 |
| 其他家用纺织品 | Other Housing Textile | 98.0 | 100.1 | 100.5 | 99.1 | 100.1 | 100.6 | 100.0 |
| 4.家庭日用杂品 | Daily Use Household Articles | 98.9 | 99.5 | 100.3 | 100.2 | 100.6 | 101.6 | 101.5 |
| (1)洗涤卫生用品 | Washing Hygiene Articles | 97.4 | 98.9 | 100.0 | 100.1 | 100.1 | 101.2 | 100.5 |
| 清洗用品 | Cleaning Supplies | 99.3 | 97.8 | 100.0 | 100.1 | 100.2 | 100.0 | 100.2 |
| 清洁用具 | Cleaning Equipment | 96.2 | 100.0 | 100.0 | 100.3 | 100.0 | 104.5 | 100.0 |
| 清洁用纸 | Hygiene Paper | 96.7 | 99.0 | 100.0 | 100.0 | 100.0 | 100.0 | 100.7 |
| (2)厨具餐具茶具 | Kitchen Utensils and Tableware | 100.1 | 100.0 | 100.0 | 100.2 | 100.0 | 101.2 | 105.0 |
| 厨　　具 | Kitchen Ware | 99.3 | 100.0 | 100.0 | 100.1 | 100.0 | 99.4 | 109.4 |
| 餐　　具 | Tableware | 101.4 | 100.0 | 100.0 | 100.4 | 100.0 | 104.0 | 103.2 |
| 茶　　具 | Tea Set | 99.7 | 100.0 | 100.0 | 100.1 | 100.0 | 100.0 | 100.0 |
| (3)家用手工工具 | Hand Tools | 100.0 | 100.0 | 100.0 | 99.7 | 100.0 | 102.0 | 101.5 |
| 家用手工工具 | Hand Tools | 100.0 | 100.0 | 100.0 | 99.7 | 100.0 | 102.0 | 101.5 |
| (4)其他家庭日用杂品 | Other Daily Use Household Articles | 99.9 | 99.8 | 101.1 | 100.4 | 101.5 | 102.3 | 100.0 |
| 配电附件 | Electricity Distribution Accessory | 103.0 | 99.3 | 102.9 | 100.3 | 102.3 | 102.7 | 100.0 |
| 雨　　具 | Rain Gear | 97.2 | 100.0 | 100.0 | 100.9 | 100.0 | 100.0 | 100.0 |
| 其他日用杂品 | Other Daily Use Household Articles | 99.9 | 100.0 | 100.0 | 100.2 | 101.5 | 102.6 | 100.0 |

## 3-13 续表 5 continued

(以上年价格为100) (preceding year =100)

| 分类名称 | Item | 银川市辖区 Yinchuan | 石嘴山市辖区 Shizuishan | 利通区 Litong | 原州区 Yuanzhou | 沙坡头区 Shapotou | 平罗县 Pingluo | 海原县 Haiyuan |
|---|---|---|---|---|---|---|---|---|
| 5.个人护理用品 | Personal-care Supplies | 100.6 | 102.7 | 100.4 | 100.5 | 101.4 | 101.2 | 100.6 |
| (1)化妆品 | Cosmetics | 100.9 | 103.4 | 100.1 | 100.0 | 101.8 | 102.1 | 100.3 |
| 清洁化妆品 | Cleansing Cosmetics | 100.0 | 98.8 | 100.6 | 100.0 | 101.6 | 102.2 | 100.0 |
| 护肤化妆品 | Skin-care Cosmetics | 100.0 | 104.0 | 100.0 | 100.0 | 101.9 | 103.0 | 100.0 |
| 彩妆化妆品 | Make-up Cosmetics | 102.9 | 103.7 | 100.0 | 100.0 | 101.4 | 100.0 | 101.9 |
| 化妆器具 | Make-up Appliances | 100.0 | 108.2 | 100.0 | 100.0 | 103.2 | 100.0 | 100.0 |
| (2)其他护理用品类 | Other Nursing Materials | 100.1 | 101.7 | 100.9 | 101.5 | 100.6 | 99.5 | 101.1 |
| 清洁类护理用品 | Nursing Materials | 97.6 | 104.3 | 101.2 | 101.5 | 100.2 | 100.0 | 102.7 |
| 护发美发用品 | Hair Care Products | 100.4 | 101.1 | 100.3 | 100.0 | 101.7 | 98.7 | 99.7 |
| 护理器具 | Nursing Appliances | 103.1 | 100.0 | 102.0 | 104.9 | 100.0 | 100.0 | 100.0 |
| 其他护理用品 | Other Nursing Materials | 100.1 | 100.0 | 100.0 | 100.0 | 100.0 | 99.5 | 100.8 |
| 6.家庭服务 | Family Services | 106.8 | 101.4 | 100.5 | 106.1 | 102.2 | 100.5 | 106.3 |
| 家政服务 | Housekeeping Services | 107.5 | 100.1 | 100.8 | 104.6 | 103.2 | 101.0 | 105.9 |
| 家庭维修服务 | Maintenance Services | 105.5 | 103.4 | 100.0 | 108.2 | 100.7 | 100.0 | 106.4 |
| 五、交通和通信 | Transportation and Communication | 102.9 | 102.6 | 103.0 | 102.9 | 101.7 | 104.0 | 101.9 |
| 1.交通 | Transportation | 103.6 | 102.2 | 102.8 | 103.9 | 103.6 | 105.3 | 102.6 |
| (1)交通工具 | Transportation Facility | 100.6 | 101.2 | 100.6 | 101.1 | 101.2 | 104.5 | 99.4 |
| 小型汽车 | Car | 100.1 | 100.0 | 100.1 | 100.4 | 100.3 | 100.2 | 100.1 |
| 电动自行车 | Electric Bicycle | 106.8 | 109.2 | 105.5 | 104.3 | 105.0 | 110.9 | 106.4 |
| 自 行 车 | Bicycle | 104.2 | 99.8 | 106.1 | 100.5 | 102.4 | 112.9 | 100.0 |
| 其他交通工具 | Other Transportation Facility | 100.0 | 100.0 | 99.2 | 98.7 | 93.4 | 100.0 | 91.9 |
| (2)交通工具用燃料 | Transportation Fuels | 110.3 | 109.1 | 109.7 | 110.7 | 110.3 | 109.8 | 110.8 |
| 汽 油 | Gasoline | 111.6 | 111.6 | 111.5 | 111.7 | 111.5 | 111.6 | 111.6 |
| 柴 油 | Diesel Oil | 112.8 | 112.8 | 112.8 | 112.9 | 112.8 | 112.8 | 111.4 |
| 其他车用能源 | Other Transportation Fuels | 102.3 | 89.2 | 99.9 | 95.9 | 99.2 | 89.2 | 106.1 |
| (3)交通工具使用和维修 | Transportation Use and Maintenance | 108.8 | 101.2 | 102.8 | 106.8 | 106.6 | 110.8 | 100.1 |
| 停 车 费 | Parking Fee | 122.5 | 107.0 | 100.0 | 100.0 | 100.0 | 100.0 | 100.0 |
| 车辆使用费 | Vehicle Usage Fee | 110.2 | 100.0 | 111.3 | 121.3 | 105.6 | 100.0 | 100.0 |
| 交通工具零配件 | Transportation Parts | 99.2 | 99.7 | 100.1 | 103.7 | 119.5 | 135.1 | 100.5 |
| 车辆修理与保养 | Vehicles Repair and Maintenance | 100.0 | 98.7 | 99.6 | 99.5 | 100.3 | 100.0 | 100.0 |
| (4)交通费 | Traffic Fare | 99.7 | 99.4 | 100.8 | 100.8 | 99.8 | 101.3 | 99.9 |
| 市内公共交通 | Bus Ticket | 100.0 | 100.0 | 100.0 | 100.0 | 100.0 | 100.0 | 100.0 |
| 出租汽车 | Taxi | 100.0 | 100.0 | 100.0 | 100.0 | 100.0 | 99.7 | 100.0 |
| 飞 机 票 | Plane Ticket | 98.7 | 97.7 | 103.1 | 98.7 | 98.7 | 107.4 | 98.7 |
| 火 车 票 | Train Ticket | 100.0 | 100.0 | 100.0 | 100.0 | 100.0 | 100.0 | 100.0 |
| 长途汽车 | Long-distance Bus | 100.0 | 100.0 | 100.0 | 100.0 | 100.0 | 103.0 | 100.0 |
| 其他交通费 | Other Traffic Fare | 102.9 | 100.0 | 100.0 | 133.3 | 96.7 | 100.0 | 100.0 |
| 2.通信 | Communication | 101.4 | 103.3 | 103.3 | 101.3 | 98.2 | 102.0 | 100.6 |
| (1)通信工具 | Communication Tools | 100.8 | 110.6 | 106.3 | 101.4 | 99.2 | 106.4 | 100.5 |
| 固定电话机 | Telephone | 112.1 | 100.0 | 100.0 | 102.2 | 100.0 | 100.0 | 103.0 |
| 移动电话机 | Mobile Telephone | 100.1 | 111.1 | 106.5 | 101.7 | 99.2 | 106.8 | 100.4 |
| 通信工具零配件 | Communication Tools Spare Parts | 100.8 | 99.3 | 100.0 | 95.7 | 100.0 | 100.0 | 100.0 |

## 3-13 续表 6 continued

(以上年价格为100) (preceding year =100)

| 分类名称 | Item | 银川市辖区 Yinchuan | 石嘴山市辖区 Shizuishan | 利通区 Litong | 原州区 Yuanzhou | 沙坡头区 Shapotou | 平罗县 Pingluo | 海原县 Haiyuan |
|---|---|---|---|---|---|---|---|---|
| (2)通信服务 | Communication Service | 101.5 | 100.0 | 102.4 | 100.2 | 97.6 | 100.0 | 100.0 |
| 固定电话费 | Fixed Telephone Fee | 100.0 | 100.0 | 100.0 | 100.0 | 100.0 | 100.0 | 100.0 |
| 移动通信费 | Mobile Telephone Communication Expenses | 100.0 | 100.0 | 100.0 | 100.0 | 97.6 | 100.0 | 100.0 |
| 上网费 | Internet Fee | 103.5 | 100.0 | 108.5 | 100.5 | 97.0 | 100.0 | 100.0 |
| 其他通信服务 | Other Communication Service | 116.7 | 100.0 | 100.0 | 100.0 | 100.0 | 100.0 | 100.0 |
| (3)邮递服务 | Postal Service | 102.2 | 100.0 | 100.0 | 107.9 | 100.0 | 100.0 | 110.4 |
| 邮政邮寄 | Post | 100.0 | 100.0 | 100.0 | 100.0 | 100.0 | 100.0 | 100.0 |
| 快递服务 | Express Services | 103.1 | 100.0 | 100.0 | 110.4 | 100.0 | 100.0 | 114.8 |
| 六、教育文化和娱乐 | Education, Culture and Entertainment | 102.7 | 102.5 | 102.0 | 102.7 | 101.8 | 101.7 | 101.4 |
| 1.教育 | Education | 103.1 | 102.6 | 101.6 | 103.0 | 101.1 | 101.7 | 100.3 |
| (1)教育用品 | Education Articles | 103.4 | 102.4 | 99.9 | 102.1 | 103.0 | 102.5 | 103.4 |
| 工具书 | Reference Books | 104.3 | 100.0 | 100.0 | 100.4 | 102.8 | 101.2 | 100.0 |
| 教材 | Teaching Materials | 103.6 | 99.3 | 98.0 | 104.4 | 100.6 | 99.1 | 110.3 |
| 参考资料 | Reference Books | 103.6 | 106.3 | 105.4 | 100.6 | 106.0 | 105.8 | 100.0 |
| 其他教育用品 | Other Education Articles | 100.0 | 100.0 | 97.9 | 101.8 | 99.7 | 100.0 | 98.6 |
| (2)教育服务 | Tuition and Child Care | 103.0 | 102.6 | 101.9 | 103.2 | 100.8 | 101.6 | 100.2 |
| 学前教育 | Preschool Education | 111.6 | 100.0 | 106.5 | 107.8 | 100.0 | 97.3 | 100.0 |
| 小学初中教育 | Primary and Junior High School Education | 104.7 | 104.7 | 104.7 | 100.0 | 104.7 | 100.0 | 104.7 |
| 高中中职教育 | Senior High School and Vocational School Education | 100.0 | 100.0 | 100.0 | 100.0 | 100.0 | 100.0 | 100.0 |
| 高等教育 | Higher Education | 100.0 | 106.3 | 100.0 | 100.0 | 100.0 | 106.3 | 100.0 |
| 课外教育 | Extracurricular Education | 106.7 | 101.8 | 106.0 | 104.1 | 102.9 | 103.2 | 107.7 |
| 专业技能培训 | Professional Skill Training | 98.5 | 100.0 | 95.6 | 109.6 | 101.6 | 93.9 | 94.3 |
| 2.文化娱乐 | Cultural and Recreational | 102.2 | 102.5 | 102.6 | 102.3 | 103.0 | 101.8 | 105.2 |
| (1)文娱耐用消费品 | Durable Consumer Goods for Cultural and Recreational Use | 101.3 | 100.4 | 103.5 | 104.0 | 102.0 | 102.9 | 101.9 |
| 电视机 | TV Set | 100.6 | 97.9 | 104.9 | 102.5 | 102.8 | 105.9 | 100.2 |
| 照相机 | Camera | 99.2 | 99.9 | 104.3 | 98.6 | 102.6 | 98.4 | 100.0 |
| 台式计算机 | Desktop Computer | 103.5 | 100.1 | 103.2 | 107.9 | 102.5 | 100.0 | 103.1 |
| 笔记本平板 | Notebook Tablet | 100.8 | 100.8 | 98.7 | 106.5 | 100.6 | 100.0 | 102.7 |
| 乐器 | Musical Instrument | 102.8 | 100.0 | 107.1 | 102.5 | 100.0 | 100.0 | 113.3 |
| 音响 | Sound Equipment | 101.1 | 99.1 | 100.6 | 104.0 | 100.0 | 101.1 | 98.7 |
| 其他文娱耐用消费品 | Other Durable Consumer Goods | 99.8 | 115.6 | 101.0 | 101.6 | 100.0 | 97.3 | 100.0 |
| (2)其他文娱用品 | Other Goods for Cultural and Recreational Use | 101.5 | 100.7 | 101.8 | 99.3 | 100.6 | 100.0 | 110.4 |
| 书报杂志 | Newspapers and Magazines | 104.6 | 100.8 | 105.5 | 100.0 | 101.5 | 100.0 | 101.8 |
| 纸张文具 | Paper and Stationery | 100.5 | 103.1 | 102.4 | 100.0 | 101.0 | 100.0 | 100.9 |
| 体育户外用品 | Sports and Outdoor Articles | 100.0 | 100.0 | 100.0 | 100.0 | 100.0 | 100.0 | 101.4 |
| 游戏用品和玩具 | Games Supplies and Toys | 100.0 | 100.1 | 100.0 | 100.1 | 100.7 | 100.0 | 100.0 |
| 园艺花卉及用品 | Horticulture and Flower Articles | 100.5 | 100.0 | 100.2 | 99.3 | 101.1 | 100.1 | 96.0 |
| 宠物及用品 | Pet Articles | 102.8 | 100.0 | 100.0 | 92.8 | 100.0 | 100.0 | 100.0 |
| 其他文化娱乐用品 | Other Goods for Cultural and Recreational Use | 101.1 | 100.0 | 100.0 | 100.0 | 100.0 | 100.0 | 122.0 |
| (3)文化娱乐服务 | Cultural and Entertainment Services | 99.4 | 100.2 | 97.3 | 101.4 | 101.1 | 99.8 | 103.9 |
| 电影票 | Movie Ticket | 100.0 | 102.3 | 89.6 | 107.9 | 106.6 | 100.0 | 106.6 |

## 3-13 续表 7 continued

(以上年价格为100) (preceding year =100)

| 分类名称 | Item | 银川市辖区 Yinchuan | 石嘴山市辖区 Shizuishan | 利通区 Litong | 原州区 Yuanzhou | 沙坡头区 Shapotou | 平罗县 Pingluo | 海原县 Haiyuan |
|---|---|---|---|---|---|---|---|---|
| 景点门票 | Scenery Spot Entrance Ticket | 100.0 | 99.4 | 100.0 | 100.0 | 100.0 | 98.2 | 100.0 |
| 有线电视 | Wired TV | 100.0 | 100.0 | 103.6 | 100.0 | 100.0 | 100.0 | 100.4 |
| 健身活动 | Fitness Activities | 97.4 | 100.0 | 100.0 | 100.3 | 103.5 | 100.0 | 100.0 |
| 其他文娱服务 | Others Cultural and Entertainment Services | 100.0 | 100.0 | 92.7 | 101.1 | 100.0 | 101.0 | 115.0 |
| (4)旅游 | Touring and Outing | 106.4 | 107.7 | 109.5 | 103.2 | 107.3 | 104.8 | 107.4 |
| 旅行社收费 | Travel Agency Fees | 107.7 | 108.9 | 107.7 | 103.4 | 107.7 | 105.6 | 107.7 |
| 其他旅游 | Others | 100.0 | 100.0 | 116.7 | 100.0 | 105.0 | 100.0 | 105.0 |
| 七、医疗保健 | Health Care | 106.3 | 104.7 | 105.9 | 104.0 | 105.2 | 103.1 | 102.2 |
| 1.药品及医疗器具 | Medicines and Medical Instruments | 104.2 | 99.7 | 109.3 | 103.2 | 101.2 | 103.7 | 103.6 |
| (1)中药 | Traditional Chinese Medicine | 101.8 | 99.3 | 106.7 | 106.6 | 102.7 | 107.1 | 100.9 |
| 中药材 | Traditional Chinese Medicinal Materials | 98.8 | 100.3 | 103.2 | 116.1 | 104.9 | 113.1 | 100.5 |
| 中成药 | Chinese Patent Medicine | 103.4 | 99.2 | 108.5 | 102.3 | 102.0 | 104.0 | 101.1 |
| (2)西药 | Western Medicine | 104.0 | 97.8 | 107.2 | 100.4 | 99.6 | 102.2 | 105.8 |
| 抗微生物药 | Antimicrobial Drugs | 100.2 | 93.8 | 98.3 | 99.8 | 95.5 | 99.4 | 100.0 |
| 消化系统用药 | Digest System Drugs | 102.1 | 108.6 | 98.1 | 90.7 | 102.6 | 108.5 | 98.9 |
| 呼吸系统用药 | Breathe System Drugs | 102.3 | 96.6 | 119.6 | 93.8 | 96.1 | 109.4 | 100.0 |
| 解热镇痛药 | Antipyretic and Analgesic | 101.7 | 97.8 | 97.9 | 122.6 | 115.7 | 99.5 | 116.7 |
| 抗肿瘤药 | Antineoplastic Drugs | 99.5 | 101.1 | 102.8 | 91.7 | 97.4 | 100.9 | 91.5 |
| 激素及影响内分泌药 | Hormone Drugs | 109.0 | 93.6 | 97.2 | 87.9 | 93.5 | 100.1 | 112.8 |
| 心血管系统用药 | Cardiovascular System Drugs | 109.5 | 94.6 | 105.8 | 88.0 | 96.1 | 101.5 | 111.2 |
| 血液系统用药 | Blood System Drugs | 98.5 | 94.3 | 98.0 | 93.7 | 101.4 | 98.9 | 100.0 |
| 治疗精神障碍药 | Dysphrenia Drugs | 112.8 | 96.9 | 132.5 | 118.7 | 102.5 | 99.5 | 100.0 |
| 神经系统用药 | Central Nervous System Drugs | 99.9 | 94.4 | 103.5 | 102.7 | 105.5 | 103.6 | 128.4 |
| 消毒防腐及创伤外科用药 | Disinfection and Trauma Drugs | 102.5 | 94.7 | 122.3 | 101.6 | 92.0 | 101.2 | 100.9 |
| 泌尿系统用药 | Urinary System Drugs | 111.1 | 97.4 | 116.9 | 108.1 | 94.2 | 101.7 | 101.5 |
| 维生素、矿物质类药 | Professional Drugs | 109.2 | 96.0 | 106.4 | 95.0 | 93.5 | 102.9 | 109.7 |
| 调节水、电解质及酸碱平衡药 | Adjust Water, Electrolyte and Acid-Base Balance Drugs | 102.7 | 108.6 | 114.7 | 109.3 | 97.4 | 99.2 | 100.0 |
| (3)滋补保健品 | Health Products | 110.6 | 109.9 | 121.8 | 113.2 | 106.4 | 100.0 | 100.0 |
| 滋补保健品 | Health Products | 110.6 | 109.9 | 121.8 | 113.2 | 106.4 | 100.0 | 100.0 |
| (4)医疗卫生器具 | Medical Treatment and Public Health Appliances | 99.7 | 100.0 | 102.2 | 100.0 | 100.7 | 104.4 | 100.0 |
| 医疗卫生器具 | Medical Treatment and Public Health Appliances | 99.7 | 100.0 | 102.2 | 100.0 | 100.7 | 104.4 | 100.0 |
| (5)保健器具 | Health Care Appliances | 100.9 | 101.8 | 97.1 | 100.8 | 100.0 | 100.0 | 104.8 |
| 保健器具 | Health Care Appliances | 100.9 | 101.8 | 97.1 | 100.8 | 100.0 | 100.0 | 104.8 |
| 2.医疗服务 | Health Care Services | 108.8 | 111.5 | 101.5 | 105.1 | 109.4 | 102.6 | 101.1 |
| (1)综合医疗类 | Integrative Medical Treatment | 107.7 | 119.0 | 101.0 | 105.4 | 119.9 | 100.0 | 101.3 |
| 一般医疗服务 | General Health Care Services | 99.4 | 125.2 | 101.1 | 103.4 | 119.6 | 100.0 | 102.1 |
| 一般治疗操作 | General Cure Operation | 118.0 | 112.5 | 100.5 | 106.9 | 118.4 | 100.0 | 100.0 |
| 护理 | Nursing | 98.7 | 131.0 | 102.6 | 104.2 | 124.2 | 100.0 | 102.4 |
| 其他综合医疗服务 | Other Integrative Medical Treatment | 100.0 | 100.0 | 100.0 | 109.1 | 120.0 | 100.0 | 100.0 |
| (2)诊断类 | Diagnosis | 107.2 | 96.1 | 100.8 | 99.1 | 100.4 | 104.2 | 100.0 |
| 病理学诊断 | Pathology Diagnosis | 150.5 | 95.3 | 100.0 | 100.0 | 96.2 | 100.0 | 100.0 |

# 3-13 续表 8 continued

(以上年价格为100) (preceding year =100)

| 分类名称 | Item | 银川市辖区 Yinchuan | 石嘴山市辖区 Shizuishan | 利通区 Litong | 原州区 Yuanzhou | 沙坡头区 Shapotou | 平罗县 Pingluo | 海原县 Haiyuan |
|---|---|---|---|---|---|---|---|---|
| 实验室诊断 | Laboratory Diagnosis | 100.0 | 99.0 | 102.5 | 99.0 | 98.9 | 108.4 | 100.0 |
| 影像学诊断 | Imaging Diagnosis | 104.8 | 87.3 | 99.0 | 96.9 | 98.2 | 101.8 | 100.0 |
| 临床诊断 | Clinic Diagnosis | 113.2 | 108.8 | 102.4 | 102.9 | 115.7 | 100.0 | 100.0 |
| (3)治疗类 | Cure | 125.9 | 118.5 | 102.0 | 108.6 | 108.7 | 103.2 | 100.9 |
| 临床手术治疗 | Clinic Operative Treatment | 124.3 | 119.0 | 101.9 | 109.1 | 110.6 | 100.0 | 101.5 |
| 临床非手术治疗 | Clinic Non-Operative Treatment | 127.1 | 118.1 | 102.3 | 107.6 | 107.5 | 105.6 | 100.6 |
| (4)康复类 | Recovery | 97.5 | 117.9 | 100.0 | 113.5 | 97.5 | 109.6 | 100.6 |
| 康复医疗 | Recovery Medical Treatment | 97.5 | 117.9 | 100.0 | 113.5 | 97.5 | 109.6 | 100.6 |
| (5)中医医疗服务类 | Traditional Chinese Medicine Services | 105.4 | 120.0 | 103.8 | 108.0 | 114.1 | 100.0 | 99.4 |
| 中医治疗 | Traditional Chinese Medicine | 105.4 | 120.0 | 103.8 | 108.0 | 114.1 | 100.0 | 99.4 |
| (6)其他医疗服务 | Other Health Care Services | 100.0 | 111.6 | 102.1 | 110.1 | 109.8 | 100.0 | 103.6 |
| 其他医疗服务 | Other Health Care Services | 100.0 | 111.6 | 102.1 | 110.1 | 109.8 | 100.0 | 103.6 |
| 八、其他用品和服务 | Other Products and Services | 102.3 | 101.6 | 102.1 | 101.4 | 102.4 | 102.6 | 104.1 |
| 1.其他用品类 | Other Products | 102.0 | 102.3 | 100.5 | 101.8 | 101.9 | 100.7 | 100.6 |
| (1)首饰手表 | Jewelry and Watches | 102.7 | 103.3 | 100.7 | 102.2 | 102.9 | 101.0 | 100.5 |
| 金 饰 品 | Gold Jewelry | 104.0 | 103.6 | 100.6 | 104.8 | 103.9 | 102.2 | 103.7 |
| 银 饰 品 | Silver Jewelry | 103.8 | 98.1 | 103.3 | 100.1 | 104.3 | 100.0 | 89.2 |
| 铂金饰品 | Platinum Jewelry | 101.3 | 100.0 | 100.0 | 98.5 | 99.0 | 94.0 | 102.5 |
| 手 表 | Watches | 101.6 | 104.3 | 100.0 | 102.0 | 102.4 | 94.5 | 100.0 |
| (2)其他杂项用品 | Other Products | 100.4 | 100.5 | 99.7 | 100.3 | 100.2 | 100.0 | 100.8 |
| 箱 包 | Luggage | 101.2 | 100.0 | 100.0 | 100.0 | 100.0 | 100.0 | 100.3 |
| 母婴用品 | Mother and Baby Products | 101.0 | 100.0 | 100.0 | 100.0 | 100.0 | 100.0 | 100.0 |
| 眼 镜 | Glasses | 98.5 | 101.2 | 97.9 | 101.0 | 100.6 | 100.0 | 101.9 |
| 2.其他服务类 | Other Services | 102.6 | 101.1 | 103.7 | 101.2 | 102.9 | 106.1 | 106.3 |
| (1)旅馆住宿 | Hotel Accommodation | 97.0 | 100.0 | 100.0 | 102.3 | 106.3 | 100.0 | 91.9 |
| 宾馆住宿 | Hotel Accommodation | 97.4 | 100.0 | 100.0 | 103.0 | 113.5 | 100.0 | 100.0 |
| 其他住宿 | Other Accommodation | 96.4 | 100.0 | 100.0 | 100.0 | 94.5 | 100.0 | 73.0 |
| (2)美容美发洗浴 | Beauty Hairdressing and Bath | 99.6 | 100.1 | 100.0 | 99.7 | 100.1 | 100.7 | 113.4 |
| 美 容 | Beauty | 99.4 | 100.0 | 100.0 | 100.0 | 100.0 | 100.0 | 100.0 |
| 美 发 | Hairdressing | 99.5 | 100.0 | 99.6 | 99.5 | 100.0 | 100.0 | 114.0 |
| 洗 浴 | Bath | 100.0 | 102.0 | 101.5 | 100.0 | 100.4 | 106.9 | 126.7 |
| (3)养老服务 | Endowment Services | 109.5 | 100.0 | 110.1 | 100.0 | 97.0 | 116.4 | 100.0 |
| 养老服务 | Endowment Services | 109.5 | 100.0 | 110.1 | 100.0 | 97.0 | 116.4 | 100.0 |
| (4)金融保险 | Finance and Insurance | 104.7 | 102.9 | 106.4 | 102.6 | 104.2 | 105.6 | 107.3 |
| 金融服务 | Financial Services | 100.0 | 100.0 | 100.0 | 95.3 | 100.0 | 100.0 | 100.0 |
| 车辆保险 | Vehicle Insurance | 100.0 | 100.6 | 100.0 | 100.0 | 100.0 | 100.6 | 100.0 |
| 旅行保险 | Travel Insurance | 100.0 | 100.0 | 100.0 | 100.0 | 100.0 | 100.0 | 100.0 |
| 其他保险 | Other Insurance | 109.6 | 105.2 | 112.9 | 107.3 | 108.5 | 108.1 | 113.1 |
| (5)其他服务类 | Other Services | 100.0 | 100.0 | 100.0 | 100.0 | 100.0 | 111.5 | 100.0 |
| 中介服务 | Intermediary Services | 100.0 | 100.0 | 100.0 | 100.0 | 100.0 | 121.5 | 100.0 |
| 其他服务 | Other Services | 100.0 | 100.0 | 100.0 | 100.0 | 100.0 | 109.1 | 100.0 |

# 3-14 2017年调查市县商品零售价格指数
# Retail Price Indices by City and County (2017)

(以上年价格为100) (preceding year =100)

| 分类名称 | Item | 银川市辖区 Yinchuan | 石嘴山市辖区 Shizuishan | 利通区 Litong | 原州区 Yuanzhou | 沙坡头区 Shapotou | 平罗县 Pingluo | 海原县 Haiyuan |
|---|---|---|---|---|---|---|---|---|
| **商品零售价格指数** | **Retail Price Index** | **101.5** | **101.8** | **102.1** | **102.0** | **102.1** | **102.3** | **101.2** |
| 一、食品 | Food | 99.1 | 101.3 | 98.7 | 100.3 | 100.6 | 99.6 | 99.0 |
| 1.粮食 | Grain | 100.5 | 100.6 | 100.2 | 100.5 | 100.8 | 102.0 | 100.0 |
| 大　米 | Rice | 100.1 | 99.2 | 100.6 | 101.0 | 98.7 | 102.5 | 100.0 |
| 面　粉 | Flour | 100.3 | 102.5 | 100.0 | 100.0 | 101.8 | 103.0 | 100.0 |
| 其他粮食 | Others | 96.6 | 99.1 | 100.0 | 100.0 | 99.8 | 100.0 | 98.5 |
| 粮食制品 | Cereal Product | 103.7 | 101.1 | 100.0 | 100.7 | 102.9 | 100.0 | 100.0 |
| 2.薯类 | Tubers | 92.5 | 91.0 | 96.8 | 105.1 | 105.8 | 91.0 | 96.2 |
| 薯　类 | Tubers | 92.5 | 91.0 | 96.8 | 105.1 | 105.8 | 91.0 | 96.2 |
| 3.豆类 | Beans | 100.0 | 100.0 | 100.0 | 99.3 | 102.9 | 100.2 | 100.0 |
| 干　豆 | Beans | 99.4 | 100.2 | 99.8 | 100.0 | 98.9 | 100.6 | 100.3 |
| 豆制品 | Bean Products | 100.3 | 100.0 | 100.0 | 99.2 | 103.0 | 100.0 | 100.0 |
| 4.食用油 | Edible Oil | 99.9 | 99.5 | 85.2 | 97.5 | 97.4 | 99.0 | 99.4 |
| 食用植物油 | Edible Vegetable Oil | 99.9 | 99.6 | 100.7 | 97.7 | 97.2 | 99.5 | 99.4 |
| 食用动物油 | Edible Animal Oil | 100.0 | 91.1 | 69.1 | 85.5 | 105.5 | 80.3 | 100.0 |
| 5.菜 | Vegetables | 91.8 | 96.3 | 87.9 | 93.2 | 95.9 | 90.6 | 84.9 |
| 鲜　菜 | Fresh Vegetables | 88.9 | 96.1 | 86.4 | 92.7 | 95.5 | 90.1 | 84.2 |
| 干菜及菜制品 | Dried Vegetables and Processed Products | 101.0 | 101.3 | 102.2 | 102.9 | 103.6 | 100.8 | 107.1 |
| 6.畜肉类 | Livestock Meat | 98.1 | 102.5 | 103.2 | 100.5 | 100.8 | 100.6 | 102.8 |
| 猪　肉 | Pork | 94.0 | 93.8 | 89.3 | 90.4 | 88.4 | 91.1 | 89.7 |
| 牛　肉 | Beef | 100.0 | 100.3 | 98.8 | 99.8 | 99.2 | 99.3 | 94.1 |
| 羊　肉 | Mutton | 100.7 | 114.3 | 113.5 | 115.2 | 116.4 | 115.5 | 121.8 |
| 畜肉副产品 | Byproducts | 97.4 | 100.8 | 99.8 | 95.4 | 103.7 | 100.6 | 90.9 |
| 其他畜肉及制品 | Other Livestock Meat Processed Products | 100.3 | 100.0 | 100.1 | 100.9 | 101.6 | 100.9 | 100.0 |
| 7.禽肉类 | Poultry | 98.8 | 101.0 | 96.8 | 97.6 | 100.2 | 94.7 | 100.5 |
| 鸡 | Chicken | 99.5 | 99.2 | 96.1 | 97.8 | 100.0 | 93.4 | 100.2 |
| 鸭 | Duck | 97.1 | 103.1 | 100.0 | 86.6 | 96.9 | 100.0 | 100.0 |
| 其他禽肉及制品 | Other Poultry Meat Processed Products | 97.5 | 105.3 | 100.0 | 97.3 | 101.1 | 101.9 | 101.3 |
| 8.水产品 | Aquatic Products | 103.9 | 106.7 | 102.8 | 101.7 | 105.8 | 98.8 | 101.4 |
| 淡水鱼 | Freshwater Fish | 102.1 | 103.2 | 102.0 | 101.6 | 107.1 | 98.2 | 100.2 |
| 海水鱼 | Seawater Fish | 106.2 | 125.9 | 105.3 | 98.4 | 103.4 | 100.6 | 113.7 |
| 虾蟹类 | Shrimp and Crab | 104.5 | 109.4 | 103.1 | 101.7 | 100.9 | 100.0 | 100.0 |
| 其他水产品及制品 | Others Aquatic and Processed Products | 108.2 | 100.0 | 103.9 | 103.2 | 108.4 | 100.0 | 100.0 |
| 9.蛋类 | Eggs | 99.3 | 101.2 | 96.6 | 101.0 | 97.9 | 101.6 | 109.4 |
| 鸡　蛋 | Fresh Egg | 99.8 | 101.3 | 96.3 | 101.1 | 97.8 | 101.7 | 109.7 |
| 其他蛋及制品 | Other Egg and Processed Products | 98.1 | 100.0 | 100.0 | 100.0 | 100.0 | 101.0 | 100.0 |
| 10.奶类 | Milk | 100.4 | 101.2 | 100.2 | 103.2 | 98.7 | 102.1 | 100.0 |
| 鲜　奶 | Fresh Milk | 98.6 | 101.7 | 100.0 | 105.7 | 95.1 | 103.9 | 100.0 |
| 酸　奶 | Yoghourt | 102.7 | 100.0 | 100.0 | 97.4 | 98.6 | 100.6 | 100.0 |
| 奶　粉 | Milk Powder | 99.8 | 100.3 | 100.4 | 103.8 | 103.4 | 100.0 | 100.0 |
| 其他奶制品 | Other Milk Products | 100.1 | 104.2 | 100.8 | 102.2 | 105.4 | 100.0 | 100.0 |
| 11.干鲜瓜果类 | Dried and Fresh Melons and Fruits | 101.5 | 105.3 | 101.1 | 103.2 | 104.5 | 103.1 | 102.3 |
| 鲜瓜果 | Fresh Melons and Fruits | 104.6 | 106.8 | 101.7 | 103.6 | 107.0 | 104.0 | 103.1 |
| 坚　果 | Nuts | 97.7 | 100.9 | 99.5 | 101.9 | 95.9 | 99.8 | 99.7 |
| 瓜果制品 | Melons and Fruits Products | 97.1 | 101.7 | 100.0 | 102.4 | 100.0 | 100.6 | 98.9 |
| 12.糖果糕点类 | Candy and Cake | 99.8 | 103.3 | 102.1 | 104.1 | 101.8 | 105.9 | 102.3 |

## 3-14 续表 1 continued

(以上年价格为100) (preceding year =100)

| 分类名称 | Item | 银 川 市辖区 Yinchuan | 石嘴山 市辖区 Shizuishan | 利通区 Litong | 原州区 Yuanzhou | 沙坡头区 Shapotou | 平罗县 Pingluo | 海原县 Haiyuan |
|---|---|---|---|---|---|---|---|---|
| 食 糖 | Sugar | 99.8 | 99.1 | 106.0 | 102.3 | 100.8 | 112.7 | 100.0 |
| 糖 果 | Candy | 100.8 | 99.6 | 103.8 | 101.1 | 101.2 | 100.0 | 100.6 |
| 糕 点 | Cake | 98.9 | 106.1 | 101.4 | 106.8 | 102.8 | 100.0 | 107.1 |
| 其他糖果糕点 | Other Candy and Cake | 100.2 | 100.7 | 100.0 | 103.0 | 100.9 | 100.0 | 100.0 |
| 13.调味品 | Flavoring | 103.6 | 105.0 | 107.1 | 99.7 | 104.4 | 107.2 | 105.0 |
| 食 用 盐 | Salt | 100.0 | 122.4 | 122.4 | 100.0 | 117.7 | 121.2 | 110.2 |
| 酱 油 | Soy | 105.9 | 100.0 | 101.7 | 100.0 | 102.0 | 100.0 | 100.0 |
| 食 醋 | Vinegar | 104.4 | 99.8 | 100.9 | 100.0 | 100.0 | 100.0 | 100.0 |
| 调 味 酱 | Bechamel | 102.6 | 100.1 | 102.7 | 99.1 | 100.0 | 100.0 | 101.6 |
| 味 精 | Aginomoto | 99.5 | 100.0 | 102.2 | 98.3 | 102.1 | 100.0 | 100.0 |
| 其他调味品 | Others | 102.3 | 100.7 | 103.1 | 102.3 | 120.5 | 100.0 | 106.1 |
| 14.其他食品类 | Other Food | 100.3 | 100.2 | 100.9 | 95.4 | 103.2 | 100.4 | 98.1 |
| 方便食品 | Convenient Food | 101.3 | 100.0 | 100.7 | 93.3 | 100.0 | 100.3 | 92.4 |
| 淀粉及制品 | Starch and Products | 96.2 | 100.0 | 99.3 | 98.9 | 108.0 | 100.8 | 100.0 |
| 膨化食品 | Puffed Food | 100.7 | 100.7 | 102.2 | 100.0 | 101.6 | 100.0 | 101.1 |
| 15.在外餐饮 | Dining Out | 100.1 | 101.7 | 102.4 | 103.3 | 100.8 | 100.0 | 100.7 |
| 正 餐 | Dinner | 100.0 | 100.4 | 100.6 | 102.0 | 100.5 | 100.0 | 98.6 |
| 快 餐 | Fast Food | 100.0 | 106.2 | 103.3 | 101.6 | 102.3 | 100.0 | 106.6 |
| 地方小吃 | Local Snack | 100.0 | 100.0 | 103.1 | 111.2 | 100.5 | 100.0 | 100.0 |
| 其他在外餐饮 | Others | 100.6 | 101.5 | 106.2 | 100.0 | 100.0 | 100.0 | 100.0 |
| 二、饮料、烟酒 | Beverages Tobacco and Liquor | 99.2 | 101.1 | 101.5 | 100.2 | 101.1 | 100.1 | 100.2 |
| 1.茶及饮料 | Tea and Beverages | 98.4 | 100.9 | 102.1 | 100.7 | 101.0 | 100.3 | 101.0 |
| 茶 叶 | Tea | 99.2 | 101.0 | 100.0 | 100.0 | 100.0 | 100.0 | 100.0 |
| 固体咖啡 | Solid Coffee | 103.5 | 98.8 | 100.0 | 102.3 | 100.0 | 100.0 | 100.0 |
| 其他固体饮料 | Other Solid Beverages | 98.0 | 99.4 | 111.2 | 101.8 | 99.5 | 106.3 | 100.0 |
| 饮 用 水 | Potable Water | 99.4 | 99.7 | 99.9 | 100.0 | 101.6 | 100.0 | 112.8 |
| 果汁饮料 | Juice Beverage | 103.3 | 106.4 | 104.5 | 103.2 | 100.0 | 100.0 | 100.0 |
| 其他液体饮料 | Other Liquid Beverages | 95.2 | 100.0 | 99.7 | 100.0 | 101.8 | 100.0 | 100.8 |
| 2.烟草 | Tobacco | 100.0 | 100.0 | 100.0 | 100.0 | 100.0 | 100.0 | 100.0 |
| 烟 草 | Tobacco | 100.0 | 100.0 | 100.0 | 100.0 | 100.0 | 100.0 | 100.0 |
| 3.酒类 | Liquor | 99.3 | 103.1 | 103.3 | 99.7 | 103.0 | 100.1 | 100.0 |
| 白 酒 | Spirit | 99.8 | 104.3 | 104.0 | 99.5 | 103.4 | 100.0 | 100.0 |
| 葡 萄 酒 | Wine | 98.9 | 100.0 | 100.0 | 100.0 | 99.5 | 100.0 | 100.0 |
| 啤 酒 | Beer | 100.4 | 100.0 | 100.0 | 100.0 | 103.1 | 100.0 | 100.0 |
| 其他酒类 | Others | 96.3 | 100.0 | 118.6 | 100.9 | 104.7 | 102.8 | 100.0 |
| 三、服装、鞋帽 | Garments, Shoes and Hats | 101.0 | 100.3 | 100.4 | 101.6 | 101.9 | 101.1 | 99.7 |
| 1.服装 | Garments | 101.4 | 99.5 | 100.5 | 102.2 | 101.2 | 101.6 | 100.3 |
| (1)男士服装 | Men's | 101.5 | 100.5 | 100.4 | 101.5 | 101.6 | 102.1 | 100.0 |
| 男式西服 | Men's Western-style Clothes | 103.5 | 104.2 | 101.2 | 100.4 | 100.0 | 100.0 | 100.9 |
| 男式冬衣 | Men's Winter Clothes | 105.6 | 97.8 | 103.2 | 104.6 | 103.3 | 101.7 | 102.1 |
| 男式夹克衫 | Men's Jacket | 101.3 | 99.5 | 96.2 | 101.0 | 102.7 | 102.0 | 99.1 |
| 男式毛线衣 | Men's Sweater | 97.0 | 102.3 | 104.5 | 101.0 | 104.7 | 101.7 | 100.4 |
| 男式运动装 | Men's Sportswear | 99.8 | 104.7 | 105.2 | 100.1 | 96.7 | 107.5 | 106.2 |
| 男式衬衫T恤 | Men's Shirt and T-shirt | 101.9 | 99.5 | 97.9 | 102.9 | 102.0 | 103.0 | 94.8 |
| 男式裤子 | Men's Trousers | 103.2 | 99.8 | 94.3 | 100.6 | 101.5 | 101.3 | 100.7 |

## 3-14 续表 2 continued

(以上年价格为100) (preceding year =100)

| 分类名称 | Item | 银　川市辖区 Yinchuan | 石嘴山市辖区 Shizuishan | 利通区 Litong | 原州区 Yuanzhou | 沙坡头区 Shapotou | 平罗县 Pingluo | 海原县 Haiyuan |
|---|---|---|---|---|---|---|---|---|
| 男式内衣 | Men's Underclothes | 99.4 | 98.7 | 100.6 | 99.8 | 101.2 | 106.9 | 99.7 |
| (2)女士服装 | Women's | 101.2 | 98.9 | 100.7 | 102.4 | 100.8 | 101.1 | 98.7 |
| 女式外套 | Women's Coat | 99.4 | 98.1 | 99.7 | 104.1 | 106.0 | 99.5 | 102.7 |
| 女式冬衣 | Women's Winter Clothes | 98.5 | 99.2 | 105.3 | 101.5 | 99.9 | 95.5 | 95.8 |
| 女式毛线衣 | Women's Sweater | 98.4 | 98.8 | 105.4 | 101.8 | 94.4 | 97.0 | 98.3 |
| 女式运动装 | Women's Sportswear | 99.9 | 100.1 | 102.3 | 101.8 | 98.4 | 107.7 | 108.0 |
| 女式衬衫T恤 | Women's Shirt and T-shirt | 106.7 | 98.2 | 98.6 | 101.1 | 100.3 | 101.8 | 93.1 |
| 女式裤子 | Women's Trousers | 105.8 | 98.2 | 94.5 | 102.5 | 100.3 | 106.4 | 97.4 |
| 女式裙子 | Women's Skirt | 104.2 | 98.0 | 99.0 | 105.2 | 101.1 | 106.1 | 100.3 |
| 女式内衣 | Women's Underclothes | 97.2 | 102.1 | 100.9 | 100.1 | 102.7 | 102.6 | 101.6 |
| (3)儿童服装 | Children's | 101.8 | 100.2 | 99.8 | 103.0 | 102.4 | 102.0 | 108.3 |
| 婴幼服装 | Infant's Wear | 103.3 | 104.5 | 104.4 | 100.7 | 101.9 | 100.0 | 112.8 |
| 儿童上衣 | Children's Coat | 97.3 | 99.3 | 102.6 | 104.0 | 101.5 | 103.8 | 108.1 |
| 儿童裤子 | Children's Trousers | 95.7 | 98.8 | 99.6 | 101.4 | 103.5 | 99.8 | 111.5 |
| 儿童裙子 | Children's Skirt | 112.0 | 98.6 | 93.3 | 103.1 | 102.7 | 104.6 | 100.7 |
| 2.鞋帽袜 | Footgear and Hats | 101.4 | 102.4 | 100.1 | 100.1 | 104.3 | 100.3 | 98.2 |
| (1)鞋 | Shoes | 101.8 | 102.5 | 100.1 | 100.1 | 105.1 | 100.1 | 97.9 |
| 男　鞋 | Shoes of Men | 99.8 | 103.4 | 100.8 | 100.5 | 100.9 | 100.5 | 98.0 |
| 女　鞋 | Shoes of Women | 100.7 | 102.2 | 99.7 | 100.3 | 108.0 | 101.1 | 96.6 |
| 童　鞋 | Shoes of Children | 111.5 | 101.0 | 100.3 | 99.1 | 103.5 | 96.9 | 104.8 |
| (2)袜子 | Socks | 100.0 | 101.8 | 100.0 | 100.0 | 100.0 | 100.0 | 100.7 |
| 袜　子 | Socks | 100.0 | 101.8 | 100.0 | 100.0 | 100.0 | 100.0 | 100.7 |
| (3)帽子 | Hats | 99.6 | 99.5 | 101.5 | 101.1 | 94.8 | 107.2 | 100.0 |
| 帽　子 | Hats | 99.6 | 99.5 | 101.5 | 101.1 | 94.8 | 107.2 | 100.0 |
| 3.其他衣着配件 | Other Clothing and Accessories | 97.0 | 102.0 | 100.0 | 100.0 | 100.2 | 100.0 | 100.0 |
| 其他衣着配件 | Other Clothing and Accessories | 97.0 | 102.0 | 100.0 | 100.0 | 100.2 | 100.0 | 100.0 |
| 四、纺织品 | Textiles | 102.0 | 100.6 | 101.0 | 102.9 | 101.0 | 100.4 | 100.7 |
| 1.服装材料 | Clothing Material | 102.3 | 100.0 | 102.6 | 106.9 | 107.9 | 100.0 | 100.2 |
| 服装材料 | Clothing Material | 102.3 | 100.0 | 102.6 | 106.9 | 107.9 | 100.0 | 100.2 |
| 2.床上用品 | Bed Articles | 102.0 | 100.6 | 100.0 | 101.9 | 100.7 | 100.5 | 100.8 |
| 被　子 | Quilt | 100.8 | 100.4 | 100.0 | 101.2 | 101.0 | 100.0 | 101.4 |
| 床单被套 | Bed Sheet and Cover | 103.3 | 101.0 | 100.0 | 102.8 | 100.9 | 100.4 | 101.0 |
| 其他床上用品 | Other Bed Articles | 100.7 | 100.0 | 100.0 | 101.5 | 100.0 | 101.4 | 100.0 |
| 五、家用电器及音像器材 | Household Appliances, Music and Video Equipment | 102.3 | 101.9 | 102.9 | 103.5 | 102.7 | 103.7 | 100.2 |
| 1.家庭设备 | Household Facilities | 104.1 | 102.7 | 102.6 | 104.8 | 103.9 | 103.9 | 100.4 |
| 洗衣机 | Washing Machine | 102.1 | 105.3 | 102.6 | 106.5 | 101.8 | 106.0 | 103.9 |
| 电冰箱(柜) | Refrigerator | 106.4 | 101.1 | 101.8 | 105.0 | 107.2 | 108.2 | 98.1 |
| 抽油烟机 | Ventilator | 100.7 | 103.2 | 104.1 | 106.4 | 102.5 | 101.0 | 102.6 |
| 空调器 | Air Conditioner | 109.5 | 101.3 | 105.5 | 101.1 | 104.2 | 101.7 | 100.0 |
| 热水器 | Water Heater for Shower | 103.3 | 104.1 | 104.9 | 101.4 | 106.7 | 100.2 | 100.0 |
| 炉具灶具 | Stove and Oven | 99.2 | 105.3 | 102.1 | 106.4 | 101.3 | 100.0 | 100.0 |
| 微波炉 | Microwave Oven | 103.2 | 101.8 | 100.0 | 103.8 | 101.7 | 100.0 | 98.3 |
| 厨房小家电 | Kitchen Small Household Appliances | 107.0 | 100.8 | 100.3 | 102.6 | 100.6 | 96.9 | 97.9 |
| 生活小家电 | Living Small Household Appliances | 101.6 | 100.2 | 100.4 | 102.8 | 101.7 | 99.0 | 99.6 |
| 其他大型家用器具 | Other Big Household Appliances | 102.0 | 99.2 | 100.7 | 101.4 | 100.0 | 98.5 | 100.0 |

## 3-14 续表 3 continued

(以上年价格为100) (preceding year =100)

| 分类名称 | Item | 银川市辖区 Yinchuan | 石嘴山市辖区 Shizuishan | 利通区 Litong | 原州区 Yuanzhou | 沙坡头区 Shapotou | 平罗县 Pingluo | 海原县 Haiyuan |
|---|---|---|---|---|---|---|---|---|
| 2.文娱用耐用消费品 | Durable Consumer Goods for Cultural and Recreational Use | 100.2 | 101.1 | 103.7 | 101.8 | 101.6 | 103.6 | 100.1 |
| 电视机 | TV Set | 100.6 | 97.9 | 104.9 | 102.5 | 102.8 | 105.9 | 100.2 |
| 照相机 | Camera | 99.2 | 99.9 | 104.3 | 98.6 | 102.6 | 98.4 | 100.0 |
| 音响 | Sound Equipment | 101.1 | 99.1 | 100.6 | 104.0 | 100.0 | 101.1 | 98.7 |
| 其他文娱耐用消费品 | Other Durable Consumer Goods | 99.8 | 115.6 | 101.0 | 101.6 | 100.0 | 97.3 | 100.0 |
| 3.专业音像器材 | Special Sound and Image Facilities | 101.2 | 100.8 | 100.5 | 102.9 | 100.0 | 99.0 | 98.1 |
| 专业音响器材 | Special Sound Facilities | 100.9 | 100.9 | 100.9 | 103.3 | 100.0 | 102.9 | 98.0 |
| 专业声像器材 | Special Acoustic Image Facilities | 101.5 | 100.7 | 99.5 | 99.3 | 100.0 | 92.6 | 98.6 |
| 六、文化办公用品 | Cultural and Office Appliances | 101.1 | 101.0 | 101.8 | 104.2 | 101.2 | 100.0 | 101.6 |
| 纸张文具 | Paper and Stationery | 100.5 | 103.1 | 102.4 | 100.0 | 101.0 | 100.0 | 100.9 |
| 台式计算机 | Desktop Computer | 103.5 | 100.1 | 103.2 | 107.9 | 102.5 | 100.0 | 103.1 |
| 笔记本平板 | Notebook Tablet | 100.8 | 100.8 | 98.7 | 106.5 | 100.6 | 100.0 | 102.7 |
| 电脑附件 | Computer Parts | 98.4 | 107.8 | 98.9 | 100.0 | 100.0 | 100.0 | 100.0 |
| 打印复印机 | Print and Copy Machine | 99.2 | 97.2 | 105.4 | 101.3 | 99.4 | 100.9 | 102.1 |
| 教学设备 | Teaching Device | 100.0 | 100.0 | 100.0 | 103.4 | 100.0 | 97.0 | 100.0 |
| 七、日用品 | Articles for Daily Use | 100.5 | 100.6 | 101.6 | 101.7 | 101.1 | 102.3 | 101.7 |
| 1.日用百货 | General Merchandise for Daily Use | 101.9 | 103.0 | 104.2 | 102.7 | 102.5 | 105.5 | 102.3 |
| 电动自行车 | Electric Bicycle | 106.8 | 109.2 | 105.5 | 104.3 | 105.0 | 110.9 | 106.4 |
| 自行车 | Bicycle | 104.2 | 99.8 | 106.1 | 100.5 | 102.4 | 112.9 | 100.0 |
| 雨具 | Rain Gear | 97.2 | 100.0 | 100.0 | 100.9 | 100.0 | 100.0 | 100.0 |
| 护理器具 | Nursing Appliances | 103.1 | 100.0 | 102.0 | 104.9 | 100.0 | 100.0 | 100.0 |
| 清洁用纸 | Hygiene Paper | 96.7 | 99.0 | 100.0 | 100.0 | 100.0 | 100.0 | 100.7 |
| 化妆器具 | Make-up Appliances | 100.0 | 108.2 | 100.0 | 100.0 | 103.2 | 100.0 | 100.0 |
| 2.厨具餐具茶具 | Kitchen Utensils and Tableware | 100.0 | 100.0 | 100.0 | 100.2 | 100.0 | 101.2 | 105.0 |
| 厨具 | Kitchen Ware | 99.3 | 100.0 | 100.0 | 100.1 | 100.0 | 99.4 | 109.4 |
| 餐具 | Tableware | 101.4 | 100.0 | 100.0 | 100.4 | 100.0 | 104.0 | 103.2 |
| 茶具 | Tea Set | 99.7 | 100.0 | 100.0 | 100.1 | 100.0 | 100.0 | 100.0 |
| 3.清洗用品 | Cleaning Supplies | 99.3 | 97.8 | 100.0 | 100.1 | 100.2 | 100.0 | 100.2 |
| 清洗用品 | Cleaning Supplies | 99.3 | 97.8 | 100.0 | 100.1 | 100.2 | 100.0 | 100.2 |
| 4.其他日用品 | Other Articles for Daily Use | 101.4 | 100.6 | 100.7 | 101.3 | 101.2 | 101.2 | 100.2 |
| 灯具 | Lamp | 107.6 | 102.4 | 105.3 | 105.1 | 104.3 | 100.0 | 97.5 |
| 箱包 | Luggage | 101.2 | 100.0 | 100.0 | 100.0 | 100.0 | 100.0 | 100.3 |
| 母婴用品 | Mother and Baby Products | 101.0 | 100.0 | 100.0 | 100.0 | 100.0 | 100.0 | 100.0 |
| 眼镜 | Glasses | 98.5 | 101.2 | 97.9 | 101.0 | 100.6 | 100.0 | 101.9 |
| 其他护理用品 | Nursing Materials | 100.1 | 100.0 | 100.0 | 100.0 | 100.0 | 99.5 | 100.8 |
| 其他日用杂品 | Other Articles for Daily Use | 99.9 | 100.0 | 100.0 | 100.2 | 101.5 | 102.6 | 100.0 |
| 八、体育娱乐用品 | Sports and Recreation Articles | 100.8 | 100.0 | 101.5 | 99.8 | 100.3 | 100.0 | 107.6 |
| 1.体育户外用品 | Sports and Outdoor Articles | 100.0 | 100.0 | 100.0 | 100.0 | 100.0 | 100.0 | 101.4 |
| 体育户外用品 | Sports and Outdoor Articles | 100.0 | 100.0 | 100.0 | 100.0 | 100.0 | 100.0 | 101.4 |
| 2.娱乐用品 | Recreational Goods | 101.4 | 100.0 | 102.8 | 99.7 | 100.4 | 100.0 | 108.8 |
| 乐器 | Musical Instrument | 102.8 | 100.0 | 107.1 | 102.5 | 100.0 | 100.0 | 113.3 |
| 游戏用品和玩具 | Games Supplies and Toys | 100.0 | 100.1 | 100.0 | 100.1 | 100.7 | 100.0 | 100.0 |
| 园艺花卉及用品 | Horticulture and Flower Articles | 100.5 | 100.0 | 100.2 | 99.3 | 101.1 | 100.1 | 96.0 |
| 宠物及用品 | Pet Articles | 102.8 | 100.0 | 100.0 | 92.8 | 100.0 | 100.0 | 100.0 |
| 其他文化娱乐用品 | Other Goods for Cultural and Recreational Use | 101.1 | 100.0 | 100.0 | 100.0 | 100.0 | 100.0 | 122.0 |

## 3-14 续表 4 continued

(以上年价格为100) (preceding year =100)

| 分类名称 | Item | 银川市辖区 Yinchuan | 石嘴山市辖区 Shizuishan | 利通区 Litong | 原州区 Yuanzhou | 沙坡头区 Shapotou | 平罗县 Pingluo | 海原县 Haiyuan |
|---|---|---|---|---|---|---|---|---|
| 九、交通、通信用品 | Transportation and Communication Articles | 100.7 | 102.9 | 102.0 | 101.2 | 101.1 | 104.8 | 100.2 |
| 1.交通运输机械 | Transportation Machinery | 99.8 | 99.9 | 100.1 | 100.8 | 102.1 | 104.3 | 100.0 |
| 小型汽车 | Car | 100.1 | 100.0 | 100.1 | 100.4 | 100.3 | 100.2 | 100.1 |
| 大中型客车 | Large and Middle-Size Coach | 99.8 | 99.6 | 100.1 | 100.0 | 99.6 | 99.6 | 99.6 |
| 交通工具零配件 | Transportation Parts | 99.2 | 99.7 | 100.1 | 103.7 | 119.5 | 135.1 | 100.5 |
| 2.通信器材 | Communication Tools | 102.1 | 109.0 | 104.7 | 101.6 | 99.4 | 105.6 | 100.5 |
| 固定电话机 | Telephone | 112.1 | 100.0 | 100.0 | 102.2 | 100.0 | 100.0 | 103.0 |
| 移动电话机 | Mobile Telephone | 100.1 | 111.1 | 106.5 | 101.7 | 99.2 | 106.8 | 100.4 |
| 其他通信器材 | Other Communication Tools | 96.1 | 97.4 | 100.0 | 100.0 | 100.0 | 100.0 | 100.0 |
| 十、家具 | Furniture | 103.1 | 101.2 | 104.8 | 104.9 | 104.3 | 103.9 | 100.3 |
| 柜 | Cupboard | 103.8 | 100.9 | 104.9 | 105.4 | 104.1 | 101.7 | 99.7 |
| 床 | Bed | 102.7 | 100.4 | 103.4 | 105.5 | 104.5 | 101.7 | 101.0 |
| 桌 | Desk | 101.1 | 100.4 | 103.3 | 103.0 | 101.8 | 100.9 | 100.7 |
| 椅 | Chair | 101.4 | 100.3 | 104.8 | 101.2 | 101.5 | 100.8 | 101.1 |
| 沙发 | Sofa | 106.7 | 102.5 | 106.9 | 105.8 | 104.3 | 111.8 | 100.3 |
| 其他家具 | Others | 102.8 | 100.9 | 104.1 | 105.1 | 106.9 | 101.5 | 99.5 |
| 十一、化妆品 | Cosmetics | 100.2 | 102.9 | 100.4 | 100.2 | 101.5 | 101.6 | 100.8 |
| 清洁化妆品 | Cleansing Cosmetics | 100.0 | 98.8 | 100.6 | 100.0 | 101.6 | 102.2 | 100.0 |
| 护肤化妆品 | Skin-care Cosmetics | 100.0 | 104.0 | 100.0 | 100.0 | 101.9 | 103.0 | 100.0 |
| 彩妆化妆品 | Make-up Cosmetics | 102.9 | 103.7 | 100.0 | 100.0 | 101.4 | 100.0 | 101.9 |
| 清洁类护理用品 | Nursing Materials | 97.6 | 104.3 | 101.2 | 101.5 | 100.2 | 100.0 | 102.7 |
| 护发美发用品 | Hair Care Products | 100.4 | 101.1 | 100.3 | 100.0 | 101.7 | 98.7 | 99.7 |
| 十二、金银饰品 | Gold and Silver Jewelry | 103.0 | 103.2 | 100.9 | 102.4 | 102.3 | 101.0 | 101.2 |
| 金饰品 | Gold Jewelry | 104.0 | 103.6 | 100.6 | 104.8 | 103.9 | 102.2 | 103.7 |
| 银饰品 | Silver Jewelry | 103.8 | 98.1 | 103.3 | 100.1 | 104.3 | 100.0 | 89.2 |
| 铂金饰品 | Platinum Jewelry | 101.3 | 100.0 | 100.0 | 98.5 | 99.0 | 94.0 | 102.5 |
| 十三、中西药品及医疗保健用品 | Traditional Chinese and Western Medicines, Health Care Articles | 102.7 | 99.7 | 107.5 | 103.1 | 101.2 | 103.3 | 103.6 |
| 1.医疗卫生器具 | Medical Treatment and Public Health | 99.7 | 100.0 | 102.2 | 100.0 | 100.7 | 104.4 | 100.0 |
| 医疗卫生器具 | Appliances Medical Treatment and Public Health Appliances | 99.7 | 100.0 | 102.2 | 100.0 | 100.7 | 104.4 | 100.0 |
| 2.中药 | Traditional Chinese Medicine | 100.4 | 99.3 | 106.1 | 106.6 | 102.7 | 106.6 | 100.9 |
| 中药材 | Traditional Chinese Medicinal Materials | 98.8 | 100.3 | 103.2 | 116.1 | 104.9 | 113.1 | 100.5 |
| 中成药 | Chinese Patent Medicine | 103.4 | 99.2 | 108.5 | 102.3 | 102.0 | 104.0 | 101.1 |
| 3.西药 | Western Medicine | 103.9 | 97.8 | 107.2 | 100.4 | 99.8 | 102.2 | 105.8 |
| 抗微生物药 | Antimicrobial Drugs | 100.2 | 93.8 | 98.3 | 99.8 | 95.5 | 99.4 | 100.0 |
| 消化系统用药 | Digest System Drugs | 102.1 | 108.6 | 98.1 | 90.7 | 102.6 | 108.5 | 98.9 |
| 呼吸系统用药 | Breathe System Drugs | 102.3 | 96.6 | 119.6 | 93.8 | 96.1 | 109.4 | 100.0 |
| 解热镇痛药 | Antipyretic and Analgesic | 101.7 | 97.8 | 97.9 | 122.6 | 115.7 | 99.5 | 116.7 |
| 抗肿瘤药 | Antineoplastic Drugs | 99.5 | 101.1 | 102.8 | 91.7 | 97.4 | 100.9 | 91.5 |
| 激素及影响内分泌药 | Hormone Drugs | 109.0 | 93.6 | 97.2 | 87.9 | 93.5 | 100.1 | 112.8 |
| 心血管系统用药 | Cardiovascular System Drugs | 109.5 | 94.6 | 105.8 | 88.0 | 96.1 | 101.5 | 111.2 |
| 血液系统用药 | Blood System Drugs | 98.5 | 94.3 | 98.0 | 93.7 | 101.4 | 98.9 | 100.0 |
| 治疗精神障碍药 | Dysphrenia Drugs | 112.8 | 96.9 | 132.5 | 118.7 | 102.5 | 99.5 | 100.0 |
| 神经系统用药 | Central Nervous System Drugs | 99.9 | 94.4 | 103.5 | 102.7 | 105.5 | 103.6 | 128.4 |
| 消毒防腐及创伤外科用药 | Disinfection and Trauma Drugs | 102.5 | 94.7 | 122.3 | 101.6 | 92.0 | 101.2 | 100.9 |
| 泌尿系统用药 | Urinary System Drugs | 111.1 | 97.4 | 116.9 | 108.1 | 94.2 | 101.7 | 101.5 |
| 维生素、矿物质类药 | Professional Drugs | 109.2 | 96.0 | 106.4 | 95.0 | 93.5 | 102.9 | 109.7 |

## 3-14 续表 5 continued

(以上年价格为100) (preceding year =100)

| 分类名称 | Item | 银川市辖区 Yinchuan | 石嘴山市辖区 Shizuishan | 利通区 Litong | 原州区 Yuanzhou | 沙坡头区 Shapotou | 平罗县 Pingluo | 海原县 Haiyuan |
|---|---|---|---|---|---|---|---|---|
| 调节水、电解质及酸碱平衡药 | Adjust Water, Electrolyte and Acid-Base Balance Drugs | 102.7 | 108.6 | 114.7 | 109.3 | 97.4 | 99.2 | 100.0 |
| 4.保健器具及用品 | Health Care Appliances and Products | 107.3 | 108.5 | 115.3 | 109.3 | 105.8 | 100.0 | 101.0 |
| 保健器具 | Health Care Appliances | 100.9 | 101.8 | 97.1 | 100.8 | 100.0 | 100.0 | 104.8 |
| 滋补保健品 | Health Products | 110.6 | 109.9 | 121.8 | 113.2 | 106.4 | 100.0 | 100.0 |
| 十四、书报杂志及电子出版物 | Book, Newspapers, Magazines and Electronic Publications | 103.7 | 101.4 | 103.1 | 100.7 | 102.2 | 100.8 | 102.6 |
| 1.教材及参考书 | Teaching Materials and Reference Books | 103.3 | 102.4 | 101.0 | 101.8 | 103.5 | 101.3 | 103.4 |
| 工 具 书 | Reference Books | 104.3 | 100.0 | 100.0 | 100.4 | 102.8 | 101.2 | 100.0 |
| 教 材 | Teaching Materials | 103.6 | 99.3 | 98.0 | 104.4 | 100.6 | 99.1 | 110.3 |
| 参考资料 | Reference Books | 103.6 | 106.3 | 105.4 | 100.6 | 106.0 | 105.8 | 100.0 |
| 其他教育用品 | Other Education Articles | 100.0 | 100.0 | 97.9 | 101.8 | 99.7 | 100.0 | 98.6 |
| 2.书报杂志 | Newspapers and Magazines | 104.6 | 100.8 | 105.5 | 100.0 | 101.5 | 100.0 | 101.8 |
| 书报杂志 | Newspapers and Magazines | 104.6 | 100.8 | 105.5 | 100.0 | 101.5 | 100.0 | 101.8 |
| 3.计算机办公软件 | Computer Software | 100.0 | 100.0 | 100.0 | 100.0 | 100.0 | 100.0 | 100.0 |
| 计算机办公软件 | Computer Software | 100.0 | 100.0 | 100.0 | 100.0 | 100.0 | 100.0 | 100.0 |
| 十五、燃料 | Fuels | 107.7 | 107.6 | 110.0 | 107.7 | 108.5 | 109.6 | 106.0 |
| 1.煤炭及制品 | Coal and Related Products | 115.2 | 115.3 | 115.7 | 102.2 | 111.4 | 120.1 | 109.5 |
| 原 煤 | Coal | 120.8 | 116.1 | 112.5 | 102.2 | 111.5 | 124.0 | 109.9 |
| 煤 制 品 | Related Products | 115.2 | 100.0 | 127.7 | 100.0 | 111.2 | 110.7 | 100.0 |
| 2.石油及制品 | Oil and Products | 107.2 | 107.2 | 107.3 | 108.7 | 107.8 | 107.6 | 101.7 |
| 管道燃气 | Pipeline Fuel Gas | 100.0 | 100.6 | 100.0 | 92.8 | 100.0 | 100.0 | 61.1 |
| 液化石油气 | Liquefied Petroleum Gas | 100.0 | 100.0 | 100.0 | 100.0 | 100.0 | 95.2 | 100.0 |
| 汽 油 | Gasoline | 111.6 | 111.6 | 111.5 | 111.7 | 111.5 | 111.6 | 111.6 |
| 柴 油 | Diesel Oil | 112.8 | 112.8 | 112.8 | 112.9 | 112.8 | 112.8 | 111.4 |
| 十六、建筑材料及五金电料 | Building Materials and Hardware | 105.9 | 102.0 | 102.6 | 104.1 | 106.0 | 104.1 | 104.5 |
| 1.建筑装潢材料 | Building Decoration Materials | 105.2 | 102.3 | 103.3 | 105.0 | 107.3 | 104.6 | 104.6 |
| 木 地 板 | Wooden Floor | 106.0 | 103.0 | 100.0 | 107.8 | 101.8 | 100.9 | 101.0 |
| 瓷 砖 | Brick | 109.5 | 100.0 | 100.0 | 103.2 | 101.5 | 100.0 | 102.7 |
| 水 泥 | Cement | 114.0 | 107.9 | 107.7 | 121.1 | 129.9 | 110.6 | 117.2 |
| 涂 料 | Dope | 100.0 | 100.8 | 100.0 | 109.3 | 101.7 | 100.7 | 101.9 |
| 板 材 | Veneer | 106.5 | 100.7 | 105.4 | 101.0 | 119.6 | 107.4 | 111.0 |
| 管 材 | Tubular Product | 112.7 | 105.6 | 105.2 | 106.9 | 100.0 | 100.0 | 108.3 |
| 厨卫设备 | Kitchen Equipment | 102.8 | 104.7 | 105.2 | 98.7 | 107.8 | 102.3 | 96.4 |
| 门 窗 | Doors and Windows | 107.6 | 100.0 | 100.6 | 103.4 | 104.8 | 100.3 | 93.4 |
| 其他住房装潢材料 | Other Building Decoration Materials | 95.9 | 104.0 | 107.1 | 100.2 | 104.6 | 107.6 | 107.0 |
| 2.五金水暖 | Water and Heating Hardware | 107.4 | 100.9 | 101.1 | 100.7 | 100.7 | 101.2 | 104.3 |
| 家用手工工具 | Household Hand Tools | 100.0 | 100.0 | 100.0 | 99.7 | 100.0 | 102.0 | 101.5 |
| 配电附件 | Electricity Distribution Accessory | 103.0 | 99.3 | 102.9 | 100.3 | 102.3 | 102.7 | 100.0 |
| 水暖器材 | Heating Equipment | 113.8 | 102.7 | 100.5 | 101.5 | 100.0 | 100.0 | 108.6 |

# 3-15 2017年调查市县农业生产资料价格指数
# Price Indices for Means of Agricultural Production by City and County (2017)

(以上年价格为100) (preceding year=100)

| 分类名称 | Item | 平罗县 Pingluo | 海原县 Haiyuan |
|---|---|---|---|
| **农业生产资料价格指数** | **General Index** | **104.1** | **101.9** |
| 一、农用手工工具 | Farm Handtools | 100.0 | 100.9 |
| 农用手工工具 | Farm Handtools | 100.0 | 100.9 |
| 二、饲料 | Forage | 106.7 | 103.8 |
| 混合饲料 | Mix Forage | 102.7 | 100.0 |
| 其他饲料 | Others | 111.9 | 106.9 |
| 三、仔畜幼禽及产品畜 | Young Poult, Livestock and Commodity Animals | 106.4 | 101.1 |
| 仔　　畜 | Young Livestock | 83.2 | 99.6 |
| 幼　　禽 | Young Poult | 100.0 | 92.0 |
| 产 品 畜 | Commodity Livestock | 124.3 | 104.9 |
| 四、半机械化农具 | Semi-mechanized Farm Tools | 100.0 | 100.0 |
| 半机械化农具 | Semi-mechanized Farm Tools | 100.0 | 100.0 |
| 五、机械化农具 | Mechanized Farm Machinery | 103.1 | 99.6 |
| 机械化农具 | Mechanized Farm Machinery | 103.1 | 99.6 |
| 六、化学肥料 | Chemical Fertilizer | 104.2 | 102.9 |
| 氮　　肥 | Nitrogenous Fertilizer | 107.3 | 103.2 |
| 磷　　肥 | Phosphatic Fertilizer | 102.6 | 100.3 |
| 钾　　肥 | Potassic Fertilizer | 100.3 | 100.0 |
| 复合肥料 | Compound Fertilizer | 100.0 | 103.7 |
| 七、农药及农药器械 | Pesticide and Its Appliances | 97.7 | 100.4 |
| 1.化学农药 | Chemistry Pesticide | 97.5 | 100.0 |
| 杀 虫 剂 | Insecticide | 100.0 | 100.0 |
| 杀 菌 剂 | Germicide | 100.0 | 100.0 |
| 除 草 剂 | Herbicide | 91.2 | 100.0 |
| 生长调节剂 | Growth Regulator | 100.0 | 100.0 |
| 2.农药器械 | Pesticide Appliances | 100.5 | 103.7 |
| 农药器械 | Pesticide Appliances | 100.5 | 103.7 |
| 八、农机用油 | Oil for Farm Machinery | 112.0 | 110.5 |
| 农用柴油 | Agricultural Diesel Oil | 112.8 | 113.1 |
| 润 滑 油 | Lube | 100.5 | 100.0 |
| 九、其他农用生产资料 | Other Means of Agricultural Production | 97.2 | 100.9 |
| 农用种子 | Farm Seed | 96.2 | 96.2 |
| 农用薄膜 | Farm Film | 100.6 | 114.3 |
| 未列名的其他农用生产资料 | Others | 100.0 | 100.0 |
| 十、农业生产服务 | Service for Agricultural Product | 99.9 | 99.9 |
| 排 灌 费 | Drain and Irrigate Fees | 100.0 | 100.0 |
| 机械作业费 | Machinery Operating Cost | 100.0 | 100.0 |
| 农业用电 | Agricultural Electricity | 100.0 | 100.0 |
| 农业用工 | Agricultural Labor | 99.4 | 98.6 |

# 3-16 主要年份全区农产品生产者价格指数

| 指　　标 | Item | 2002 | 2003 | 2004 | 2005 |
|---|---|---|---|---|---|
| **合　　计** | **Total** | **93.40** | **104.40** | **114.23** | **103.26** |
| **一、农业产品** | **Farm Products** | | **108.80** | **120.21** | **103.00** |
| 1.谷物及其他作物 | Grain and Other Crops | | | | 105.43 |
| (1)谷物(原粮) | Grain (Unprocessed) | | 101.10 | 125.85 | 106.62 |
| ①小　麦 | Wheat | | 100.00 | 129.63 | 108.51 |
| ②稻　谷 | Rice | | 100.00 | 129.29 | 108.92 |
| ③玉　米 | Corn | | 100.00 | 119.32 | 99.36 |
| ④杂　粮 | Coarse Cereals | | 100.00 | 110.47 | |
| ⑤谷物副产品 | Grain Processed Products | | | | 124.85 |
| (2)薯　类 | Tubers | | 103.80 | 97.65 | 109.32 |
| (3)油　料 | Oil-bearing | | 105.90 | 116.54 | 99.89 |
| (4)豆　类 | Soybeans | | 100.00 | 110.01 | 93.03 |
| (5)棉花(籽棉) | Cotton | | | | |
| (6)麻　类 | Bastfibreplants | | | | |
| (7)糖　料 | Sugar Material | | | | |
| (8)烟　草 | Tobacco | | | | |
| (9)其他农作物 | Other | | | | |
| 2.蔬菜、园艺作物 | Vegetables and Gardening Crops | | 122.60 | 112.08 | 93.41 |
| (1)蔬　菜 | Vegetables | | 122.60 | 112.08 | 93.41 |
| ①叶菜类 | Leaf Vegetables | | 97.80 | 106.76 | 95.23 |
| ②瓜菜类 | Melon Vegetables | | 119.00 | 101.08 | 79.28 |
| ③块根、块茎菜类 | Roots and Tubers | | 101.40 | 123.40 | 107.99 |
| ④茄果菜类 | Eggplant Fruit | | 144.50 | 104.35 | 85.11 |
| ⑤葱蒜类 | Shallot and Garlic | | 100.00 | 108.38 | 103.13 |
| ⑥菜用豆类 | Beans for Vegetable Use | | 85.90 | 148.00 | 104.71 |
| ⑦水生菜类 | Hydrophilous Vegetables | | | | |
| ⑧食用菌(干鲜混合) | Edible Fungi | | | | |
| ⑨其他蔬菜 | Other Vegetables | | | | |
| 3.水果、坚果、饮料和香料 | Fruits, Nuts, Beverage and Perfume | | 107.60 | 119.24 | 105.69 |
| ①园林水果 | Garden Fruits | | 107.60 | 119.24 | 83.60 |
| ②瓜果类 | Melon and Fruit | | | | 114.41 |
| ③坚果类 | Nuts | | | | |
| 4.中药材 | Chinese Medicinal Plant | | | | 93.96 |
| **二、牧业(畜产品)** | **Animal Husbandry (Animal Products)** | | **101.00** | **109.22** | **103.47** |
| 1.牲畜的饲养 | Feeding of Livestock | | 100.90 | 105.48 | 99.80 |
| (1)牛的饲养 | Feeding of Cattle | | 106.60 | 102.61 | 102.16 |
| (2)羊的饲养 | Feeding of Sheep | | 98.40 | 101.76 | 100.36 |
| (3)其他牲畜饲养 | Feeding of Other Livestock | | | | |
| (4)奶产品 | Milk | | | | 97.68 |
| (5)毛绒产品 | Wool Products | | | | 114.33 |
| (6)其他牲畜产品 | Other Livestock Products | | | | |
| 2.猪的饲养 | Feeding of Hog | | 90.50 | 122.59 | 104.92 |
| 3.家禽 | Poultry | | 97.10 | 109.39 | 113.24 |
| (1)肉禽(毛重) | Poultry (Gross Weight) | | | | 123.93 |
| (2)禽　蛋 | Eggs | | 97.70 | 111.02 | 109.14 |
| (3)羽　绒 | Eiderdown | | | | |
| 4.狩猎和捕捉动物 | Hunting and Catch Animal | | | | |
| 5.其他畜牧业 | Other | | | | |
| **三、渔业** | **Fishery** | | **103.20** | **132.87** | **106.33** |
| (1)淡水鱼类 | Fresh Water Fish | | 103.20 | 132.87 | 106.33 |
| (2)淡水虾蟹类 | Fresh Water Shrimp and Crab | | | | |
| (3)淡水贝类 | Fresh Water Shellfish | | | | |
| (4)其他淡水养殖产品 | Other Fresh Water Aquaculture Products | | | | |

# Producer Price Indices for Farm Products in Main Years

| 2006 | 2007 | 2008 | 2009 | 2010 | 2011 | 2012 | 2013 | 2014 | 2015 | 2016 | 2017 |
|---|---|---|---|---|---|---|---|---|---|---|---|
| **101.20** | **114.95** | **118.70** | **99.39** | **117.03** | **111.34** | **103.61** | **106.69** | **98.27** | **98.37** | **98.72** | **99.30** |
| **103.23** | **111.89** | **110.60** | **106.27** | **118.69** | **107.15** | **103.85** | **106.08** | **100.11** | **104.92** | **96.42** | **99.10** |
| 105.80 | 108.99 | 107.10 | 103.06 | 119.45 | 108.59 | 103.34 | 102.42 | 101.96 | 100.76 | 90.89 | 102.00 |
| 103.63 | 108.11 | 107.70 | 104.85 | 114.12 | 108.59 | 103.34 | 102.42 | 101.96 | 100.76 | 90.89 | 101.60 |
| 99.43 | 101.60 | 113.20 | 110.12 | 108.78 | 110.79 | 103.71 | 104.89 | 108.64 | 103.8 | 95.42 | 100.58 |
| 103.66 | 104.05 | 104.10 | 108.58 | 117.47 | 106.62 | 99.70 | 100.36 | 98.22 | 107.45 | 94.13 | 103.12 |
| 107.99 | 118.93 | 105.40 | 97.37 | 118.58 | 108.62 | 105.55 | 102.48 | 100.97 | 95.24 | 86.77 | |
| | | | | | | | | | | | |
| 105.67 | 108.95 | 104.80 | 94.15 | 105.35 | | | | | | | |
| 118.70 | 100.55 | 93.80 | 102.99 | 162.68 | 82.46 | 108.18 | 136.36 | 101.6 | 76.56 | 147.61 | 89.06 |
| 109.54 | 119.54 | 114.00 | 97.33 | 111.37 | 115.75 | 108.20 | 108.65 | 89.5 | 112.18 | 85.29 | 104.97 |
| 97.57 | 118.06 | 115.70 | 92.41 | 106.33 | | | | | | | |
| | | | | | | | | | | | |
| | | | | | | | | | | | |
| | | | | | | | | | | | |
| | | | | | | | | | | | |
| | | | | | | | | | | | |
| 103.77 | 112.05 | 113.60 | 115.88 | 114.43 | 102.67 | 107.52 | 109.39 | 90.77 | 122.30 | 99.36 | 100.14 |
| 103.77 | 112.05 | 113.60 | 115.88 | 114.43 | 102.67 | 107.52 | 109.39 | 90.77 | 122.30 | 99.36 | 100.14 |
| 100.81 | 96.80 | 120.40 | 114.01 | 110.22 | 106.60 | 115.95 | 113.09 | 77.59 | 127.55 | 106.00 | 121.78 |
| 95.57 | 102.57 | 111.80 | 123.75 | 111.19 | 106.37 | 99.86 | 114.53 | 80.43 | 114.57 | 91.86 | 108.83 |
| 112.10 | 113.25 | 130.80 | 103.82 | 125.65 | 113.01 | 90.33 | 100.38 | 92.08 | 106.79 | 91.63 | 107.55 |
| 105.40 | 140.19 | 80.20 | 122.91 | 118.31 | 104.38 | 109.88 | 96.49 | 95.07 | 107.70 | 95.85 | 97.96 |
| 113.93 | 109.41 | 120.00 | 119.47 | | 119.01 | 96.99 | 108.23 | 85.72 | 108.99 | 118.44 | 90.57 |
| 106.68 | 136.84 | 137.50 | 110.93 | 104.26 | 103.21 | 108.73 | 92.44 | 99.82 | 109.74 | 111.73 | 100.25 |
| | | | | | | | | | | | |
| | | | | | | | | | | | |
| | | | | | | | | | | | |
| 85.67 | 119.00 | 127.30 | 120.21 | 109.16 | 115.82 | 109.03 | 98.49 | 99.57 | 114.69 | 92.04 | 92.62 |
| 102.21 | 121.09 | 88.10 | 93.89 | 137.31 | 115.82 | 109.03 | 98.49 | 99.57 | 114.69 | 92.04 | 92.62 |
| 79.15 | 118.18 | 142.80 | 130.59 | 98.09 | | | | | | | |
| | | | | | | | | | | | |
| 112.26 | 144.85 | 104.00 | 69.35 | 161.25 | 113.45 | 83.26 | 99.08 | 117.2 | 112.79 | 89.82 | 90.55 |
| **99.11** | **118.36** | **127.80** | **91.78** | **115.59** | **115.84** | **102.75** | **108.93** | **96.22** | **91.28** | **101.27** | **99.19** |
| 102.20 | 114.12 | 126.40 | 89.18 | 122.21 | 115.84 | 107.17 | 109.69 | 93.13 | 95.78 | 103.63 | 100.34 |
| 101.18 | 115.53 | 133.70 | 97.65 | 103.93 | 112.48 | 113.32 | 116.86 | 98.97 | 95.4 | 96.41 | 101.66 |
| 101.62 | 116.67 | 125.80 | 97.13 | 104.10 | 115.60 | 110.91 | 110.53 | 90.22 | 82.63 | 95.42 | 113.00 |
| | | | | | | | | | | | |
| 103.02 | 111.99 | 123.20 | 78.88 | 145.79 | 106.81 | 96.90 | 110.48 | 98.12 | 82.44 | 97.70 | 97.18 |
| 106.69 | 99.55 | 114.80 | 90.61 | | | | | | | | |
| | | | | | | | | | | | |
| 91.82 | 130.05 | 146.80 | 85.46 | 99.87 | 138.80 | 93.67 | 97.99 | 87.74 | 111.46 | 123.84 | 83.83 |
| 95.23 | 122.46 | 118.50 | 103.96 | 107.34 | 111.17 | 101.29 | 105.61 | 106.44 | 95.19 | 102.6 | 91.53 |
| 102.43 | 119.47 | 115.90 | 98.53 | 106.96 | | | | | | | |
| 92.47 | 123.61 | 119.40 | 106.04 | 107.48 | 115.96 | 89.63 | 101.90 | 111.11 | 85.68 | 93.61 | 89.29 |
| | | | | | | | | | | | |
| | | | | | | | | | | | |
| | | | | | | | | | | | |
| **96.64** | **111.65** | **103.70** | **104.94** | **102.96** | **110.22** | **112.13** | **84.38** | **99.92** | **100.7** | **97.08** | **103.16** |
| 96.64 | 111.65 | 103.70 | 104.94 | 102.96 | 110.22 | 112.13 | 84.38 | 99.92 | 100.7 | 97.08 | 103.16 |

# 3-17 主要年份全区工业生产者出厂价格指数

| 指 标 | Item | 2001 | 2002 | 2003 | 2004 |
|---|---|---|---|---|---|
| **全部工业品** | **Total Industry Products** | **100.29** | **99.68** | **103.85** | **109.97** |
| 其中：轻工业 | Light Industry | 100.73 | 98.84 | 101.37 | 102.6 |
| 以农产品为原料 | Raw Material of Agricultural Products | 100.72 | 98.81 | 101.37 | 103.61 |
| 以非农产品为原料 | Raw Material of Non-agricultural Products | 100.94 | 99.08 | 101.43 | 101.73 |
| 重工业 | Heavy Industry | 100.2 | 99.84 | 104.86 | 112.72 |
| 采掘 | Mining & Quarrying | 100.99 | 108.64 | 102.05 | 128.62 |
| 原材料 | Raw Material | 100.44 | 97.65 | 105.4 | 111.55 |
| 加工 | Processing | 99.75 | 100 | 104.44 | 112.43 |
| 其中：生产资料 | Means of Production | 100.33 | 99.82 | 104.26 | 110.57 |
| 采掘 | Mining & Quarrying | 100.94 | 108.39 | 101.57 | 133.6 |
| 原材料 | Raw Material | 100.4 | 97.59 | 105.92 | 109.07 |
| 加工 | Processing | 100 | 99.98 | 102.93 | 107.4 |
| 生活资料 | Consumer Goods | 100.1 | 98.77 | 100.36 | 103.21 |
| 食品 | Food | 99.57 | 98.69 | 99.68 | 104.55 |
| 衣着 | Clothing | 103.62 | 100.42 | 103.12 | 101.02 |
| 一般日用品 | Articles for Daily Use | 101.65 | 97.73 | 97.19 | 100.35 |
| 耐用消费品 | Durable Consumer Goods | 100.69 | 92.47 | 97.16 | 97.47 |
| 按工业部门分 | By Industry Branch | | | | |
| 冶金工业 | Metallurgy Industry | 96.12 | 92.84 | 103.25 | 113.56 |
| 电力工业 | Electric Power Industry | 106.07 | 100.81 | 103.32 | 107.21 |
| 煤炭及炼焦工业 | Coal and Coking Industry | 102.02 | 112.16 | 103.02 | 133.53 |
| 石油工业 | Petroleum Industry | 99.41 | 96.58 | 116.52 | 110.72 |
| 化学工业 | Chemistry Industry | 99.39 | 101.55 | 104.5 | 106.58 |
| 机械工业 | Machinery Industry | 100.79 | 97.9 | 99.13 | 102.8 |
| 建筑材料工业 | Building Materials Industry | 99.78 | 102.16 | 100.85 | 105.36 |
| 森林工业 | Forest Industry | 100.38 | 100.54 | 97.71 | 95.12 |
| 食品工业 | Food Industry | 99.31 | 98.66 | 100.02 | 105.03 |
| 纺织工业 | Textile Industry | 98.42 | 82.01 | 101.47 | 105.15 |
| 缝纫工业 | Sewing Industry | 103.67 | 98.95 | 100.76 | 100.91 |
| 皮革工业 | Leather Industry | 101.33 | 99.34 | 113.12 | 103.76 |
| 造纸工业 | Papermaking Industry | 103.94 | 99.13 | 98.01 | 100.92 |
| 文教艺术用品工业 | Culture and Education Articles Industry | | 99.41 | 100.89 | 100.05 |
| 其他工业 | Other Industry | 113.09 | 103.14 | 101.56 | 107.65 |
| 按工业行业分 | By Industry Sector | | | | |
| 煤炭开采和洗选业 | Mining and Washing of Coal | 101.06 | 113.21 | 101.58 | 133.66 |
| 石油和天然气开采业 | Extraction of Petroleum and Natural Gas | 99.51 | 98.88 | | |
| 黑色金属矿采选业 | Mining and Dressing of Ferrous Metal | | | | |
| 有色金属矿采选业 | Mining and Dressing of Non-ferrous Metal | | | | |
| 非金属矿采选业 | Mining and Processing of Non-ferrous Metal Ores | 101.38 | 99.44 | 99.92 | 97.82 |
| 其他采矿业 | Other Mining and Dressing | | | | |
| 农副食品加工业 | Processing of Food from Agricultural Products | 100.11 | 97.68 | 101.38 | 109.92 |
| 食品制造业 | Manufacture of Foods | 99.29 | 97.74 | 98.44 | 101.43 |
| 酒、饮料和精制茶制造业 | Manufacture of Liquor, Beverages and Tea | 98.04 | 101.01 | 100.01 | 104.25 |
| 烟草制品业 | Processing of Tobacco | | 100.06 | 100 | 100.06 |

## Producer Price Indices for Industrial Products in Main Years

| 2005 | 2006 | 2007 | 2008 | 2009 | 2010 | 2011 | 2012 | 2013 | 2014 | 2015 | 2016 | 2017 |
|---|---|---|---|---|---|---|---|---|---|---|---|---|
| **106.23** | **106.17** | **103.70** | **112.85** | **93.93** | **109.13** | **109.5** | **97.4** | **96.0** | **96.3** | **93.7** | **99.1** | **112.1** |
| 102.47 | 102.48 | 103.47 | 112.07 | 97.50 | 107.14 | 114.4 | 100.4 | 99.4 | 99.9 | 98.8 | 98.1 | 100.8 |
| 104.14 | 101.09 | 102.83 | 110.46 | 93.76 | 110.71 | 114.8 | 101.3 | 100.8 | 100.4 | 98.9 | 97.9 | 100.8 |
| 100.74 | 103.92 | 104.14 | 113.89 | 101.81 | 102.77 | 111.6 | 94.7 | 89.6 | 96.2 | 98.5 | 99.7 | 100.4 |
| 107.48 | 107.38 | 103.77 | 113.12 | 92.98 | 109.78 | 108.6 | 96.9 | 95.4 | 95.6 | 92.9 | 99.3 | 114.3 |
| 123.78 | 110.21 | 105.90 | 131.66 | 100.25 | 116.13 | 107.3 | 97.8 | 91.6 | 96.1 | 92.2 | 96.7 | 119.0 |
| 108.74 | 109.21 | 103.65 | 110.33 | 92.57 | 110.17 | 109.6 | 97.4 | 95.5 | 95.5 | 92.5 | 98.2 | 114.5 |
| 99.41 | 101.66 | 103.53 | 115.29 | 91.46 | 105.46 | 106.6 | 95.3 | 96.5 | 95.8 | 94.1 | 103.1 | 111.6 |
| 106.47 | 106.60 | 103.61 | 113.39 | 93.53 | 109.37 | 109.4 | 97.4 | 95.8 | 96.1 | 93.4 | 99.2 | 113.4 |
| 128.56 | 111.29 | 106.98 | 136.30 | 93.92 | 114.37 | 107.3 | 97.8 | 91.6 | 96.1 | 92.2 | 96.7 | 119.0 |
| 106.18 | 108.80 | 103.13 | 106.87 | 93.40 | 109.65 | 109.6 | 97.5 | 95.6 | 95.4 | 92.1 | 98.2 | 114.7 |
| 100.62 | 102.26 | 103.27 | 115.33 | 93.55 | 106.52 | 109.5 | 97.2 | 97.2 | 97.3 | 95.9 | 101.8 | 109.3 |
| 103.44 | 101.75 | 104.51 | 107.74 | 98.50 | 106.56 | 110.4 | 97.9 | 98.7 | 98.5 | 98.2 | 98.1 | 100.9 |
| 104.86 | 103.61 | 106.15 | 108.33 | 99.29 | 108.1 | 108.7 | 100.4 | 102.7 | 99.8 | 97.9 | 97.9 | 100.7 |
| 98.78 | 96.15 | 100.76 | 98.02 | 96.25 | 105.61 | 124.8 | 111.4 | 105.1 | 106.6 | 95.1 | 90.5 | 99.0 |
| 102.67 | 101.21 | 102.88 | 113.10 | 97.88 | 102.39 | 114.1 | 90 | 87.0 | 92.7 | 99.4 | 99.6 | 102.0 |
| 99.55 | 99.15 | 99.79 | 105.77 | 100.25 | 112.74 | 100.6 | 99.7 | 98.6 | 100.1 | 100.3 | 99.7 | 100.1 |
| | | | | | | | | | | | | |
| 96.87 | 108.65 | 103.83 | 109.12 | 82.89 | 110.72 | 115.6 | 91.3 | 95.4 | 94.7 | 91.8 | 106.7 | 115.7 |
| 104.32 | 103.36 | 102.87 | 101.21 | 101.48 | 104.57 | 101.1 | 102.9 | 99.7 | 98.9 | 98.2 | 98.5 | 107.6 |
| 127.73 | 111.00 | 107.12 | 135.60 | 93.60 | 114.41 | 108.7 | 96.5 | 89.6 | 92.3 | 88.7 | 95.6 | 129.7 |
| 118.86 | 121.52 | 103.46 | 120.26 | 97.39 | 113.65 | 113.5 | 107.2 | 97.7 | 97.2 | 80.8 | 95.4 | 111.4 |
| 104.72 | 100.42 | 103.40 | 117.64 | 90.66 | 109.25 | 111.9 | 92.0 | 92.9 | 94.5 | 96.4 | 98.1 | 109.6 |
| 106.02 | 106.77 | 102.01 | 106.39 | 97.19 | 100.19 | 102.7 | 99.9 | 98.2 | 99.0 | 98.7 | 98.8 | 100.2 |
| 99.34 | 101.72 | 102.46 | 114.14 | 114.92 | 97.42 | 97.9 | 93.7 | 99.6 | 96.1 | 92.5 | 99.3 | 110.0 |
| 98.84 | 99.15 | 101.05 | 102.84 | 100.26 | 104.36 | 100.5 | 100.4 | 100.6 | 100.4 | 100.8 | 100.2 | 100.0 |
| 103.84 | 101.89 | 105.26 | 111.56 | 99.25 | 108.79 | 108.8 | 100.6 | 103.0 | 100.0 | 97.6 | 97.7 | 100.7 |
| 111.83 | 103.33 | 100.99 | 98.71 | 86.79 | 116.15 | 126.4 | 102.9 | 99.4 | 100.5 | 100.0 | 98.1 | 99.1 |
| 98.79 | 95.77 | 100.32 | 98.02 | 96.22 | 104.81 | 110.1 | 105.5 | 100.5 | 104.4 | 100.5 | 100.0 | 100.3 |
| 103.56 | 100.43 | 101.67 | 99.56 | 93.44 | 104.56 | 129.5 | 113.0 | 107.8 | 105.9 | 91.5 | 89.7 | 98.8 |
| 103.56 | 101.23 | 101.33 | 119.83 | 86.91 | 108.46 | 107.3 | 98.5 | 98.2 | 100.6 | 99.9 | 99.8 | 113.1 |
| 100.78 | 103.71 | 110.34 | 110.72 | 97.19 | 98.85 | 101.9 | 101.7 | 101.6 | 100.1 | 99.4 | 100.2 | 87.9 |
| 106.93 | 106.89 | 108.24 | 121.09 | 92.09 | 107.51 | 104.8 | 96.8 | 96.3 | 97.4 | 97.2 | 99.0 | 115.7 |
| | | | | | | | | | | | | |
| 128.63 | 111.34 | 107.06 | 136.70 | 93.91 | 114.48 | 110.2 | 96.9 | 89.3 | 93.1 | 91.1 | 96.5 | 127.2 |
| | | | | | | 128.9 | 113.2 | 105.3 | 97.0 | 71.0 | | |
| | | | | | | 124.4 | 88.4 | 88.2 | 99.3 | 89.3 | 100.2 | 103.0 |
| | | | | | | | | | | | | |
| 95.62 | 98.40 | 100.00 | 100.00 | 105.82 | 99.25 | 103.3 | 106.5 | 100.0 | 106.8 | 108.4 | 100.1 | 121.1 |
| | | | | | | | | | | | | |
| 103.15 | 103.61 | 110.89 | 112.77 | 96.92 | 109.85 | 113.6 | 99.2 | 104.5 | 99.9 | 98.3 | 100.3 | 101.0 |
| 106.44 | 99.89 | 101.88 | 114.25 | 99.51 | 111.09 | 110.3 | 96.6 | 94.3 | 96.5 | 93.7 | 94.7 | 100.9 |
| 101.92 | 102.11 | 101.86 | 107.99 | 103.00 | 102.45 | 106.9 | 103.4 | 100.4 | 99.5 | 100.7 | 100.3 | 100.1 |
| 100.01 | 99.97 | 100.07 | 100.50 | 98.24 | 99.58 | 100.3 | 101.1 | 100.8 | 100.6 | 106.7 | 100.3 | 100.0 |

## 3-17 续表

| 指 标 | Item | 2001 | 2002 | 2003 |
|---|---|---|---|---|
| 纺织业 | Manufacture of Textile | 99.08 | 83.72 | 101.65 |
| 纺织服装、服饰业 | Manufacture of Textile Apparel and Costume | 116.14 | 100.42 | 99.99 |
| 皮革、毛皮、羽毛及其制品和制鞋业 | Manufacture of Leather, Fur, Feather and Related Products and Shoes | 101.33 | 96.19 | 113.12 |
| 木材加工和木、竹、藤、棕、草制品业 | Processing of Timber, Manufacture of Wood, Bamboo, Rattan, Palm and Straw Products | | | |
| 家具制造业 | Manufacture of Furniture | 100.69 | 92.47 | 96.48 |
| 造纸和纸制品业 | Manufacture of Paper and Paper Products | 103.88 | 99.09 | 98.01 |
| 印刷和记录媒介复制业 | Printing, Reproduction of Recording Media | 102.98 | 102.03 | 101.07 |
| 文教体育用品制造业 | Manufacture of Articles for Culture, Education and Sport Activities | | 96.94 | 88.89 |
| 石油加工、炼焦和核燃料加工业 | Processing of Petroleum, Coking, Processing of Nuclear Fuel | 105.22 | 98.12 | 117.37 |
| 化学原料和化学制品制造业 | Manufacture of Raw Chemical Materials and Chemical Products | 99.18 | 102.58 | 105.99 |
| 医药制造业 | Manufacture of Medicines | 102.85 | 101.44 | 100.19 |
| 化学纤维制造业 | Manufacture of Chemical Fibers | 102.21 | 87.86 | 95.49 |
| 橡胶和塑料制品业 | Manufacture of Rubber and Plastic Products | | | |
| 非金属矿物制品业 | Manufacture of Non-metallic Mineral Products | 99.76 | 102.18 | 100.95 |
| 黑色金属冶炼和压延加工业 | Smelting and Pressing of Ferrous Metals | 104.99 | 99.53 | 114.58 |
| 有色金属冶炼和压延加工业 | Smelting and Pressing of Non-ferrous Metals | 89.52 | 90.65 | 99.37 |
| 金属制品业 | Manufacture of Metal Products | 98.05 | 93.09 | 106.27 |
| 通用设备制造业 | Manufacture of General Purpose Machinery | 103.06 | 96.76 | 96.97 |
| 专用设备制造业 | Manufacture of Special Purpose Machinery | 89.92 | 104.21 | 102.82 |
| 交通运输设备制造业 | Manufacture of Transport Equipment | | 104.44 | 101.31 |
| 电气机械和器材制造业 | Manufacture of Electrical Machinery and Equipment | 99.46 | 96.54 | 99.86 |
| 通信设备、计算机及其他电子设备制造业 | Manufacture of Communication Equipment, Computers and Other Electronic Equipment | | 86.83 | 100.25 |
| 仪器仪表制造业 | Manufacture of Instruments and Apparatus | 99.04 | 96.15 | 99.75 |
| 工艺品及其他制造业 | Manufacture of Artwork and Other Manufacturing | | 99.47 | 106.6 |
| 废弃资源和废旧材料回收加工业 | Recycling and Pressing of Abandoned Resources and Wasteandscrap | | | |
| 电力、热力的生产和供应业 | Production and Supply of Electric Power, Steam and Hot Water | 106.08 | 100.81 | 103.32 |
| 燃气生产和供应业 | Production and Supply of Gas | | 100.5 | 104.66 |
| 水的生产和供应业 | Production and Supply of Tap Water | 117.47 | 104.25 | 100.73 |
| **全部原材料** | **Total Raw Materials** | **102.49** | **97.81** | **106.83** |
| 燃料、动力类 | Fuels and Powers | 103.54 | 103.67 | 108.03 |
| 黑色金属材料类 | Ferrous Metals Materials | 98.92 | 97.98 | 110.15 |
| 其中：钢材 | Steels | 99 | 97.58 | 109.13 |
| 其他 | Others | 97.9 | 99.36 | 114.26 |
| 有色金属材料及电线类 | Non-Ferrous Metals Materials and Electric Wires | 84.88 | 69.99 | 108.43 |
| 化工原料类 | Chemical Rawmaterials | 98.5 | 98.61 | 103.11 |
| 木材及纸浆类 | Timbers and Pulps | 103.12 | 100.51 | 100.59 |
| 建筑材料及非金属矿类 | Building Materials and Non-metallic Mineral | 103.92 | 99.89 | 101.1 |
| 其他工业原材料及半成品类 | Other Industry Rawmaterials and Semi-manufactures | 110.57 | 98.41 | 99.45 |
| 农副产品类 | Agricultural Products | 123.65 | 97.39 | 115.05 |
| 纺织原料类 | Textile Rawmaterials | 98.07 | 79.22 | 80.52 |

continued

| 2004 | 2005 | 2006 | 2007 | 2008 | 2009 | 2010 | 2011 | 2012 | 2013 | 2014 | 2015 | 2016 | 2017 |
|---|---|---|---|---|---|---|---|---|---|---|---|---|---|
| 104.56 | 106 | 99.65 | 100.68 | 98.23 | 91.36 | 115.46 | 126.2 | 102.9 | 99.4 | 100.6 | 100.0 | 98.1 | 99.1 |
| 99.2 | 100.03 | 100.07 | 100.12 | 100.88 | 103.26 | 100.3 | 103 | 102.2 | 101.7 | 101.0 | 100.0 | 100.2 | 100.0 |
| 103.76 | 103.56 | 100.43 | 101.67 | 99.56 | 93.44 | 104.56 | 129.5 | 113 | 107.8 | 105.9 | 91.5 | 89.7 | 98.8 |
| | | | 102.50 | 100.00 | 101.34 | 101.04 | 98.9 | 100.3 | 100.7 | 100.6 | 101.1 | 100.2 | 100.0 |
| | | | | | | | | | | | | | |
| 97.25 | 99.75 | 99.15 | 99.84 | 106.14 | 100.23 | 105.87 | 102 | 100.4 | 100.6 | 100.2 | 100.4 | 100.2 | 100.0 |
| 100.92 | 103.56 | 101.23 | 101.33 | 119.83 | 86.92 | 108.46 | 107.3 | 98.5 | 98.2 | 100.6 | 99.9 | 99.8 | 113.1 |
| 100.05 | 100.78 | 103.71 | 110.34 | 110.72 | 97.12 | 97.7 | 102.2 | 101.7 | 101.6 | 100.1 | 99.4 | 100.2 | 87.9 |
| | | | | | | | | | | | | | |
| 111.71 | 118.26 | 121.33 | 103.78 | 123.14 | 96.36 | 114.07 | 110.1 | 103.2 | 95.5 | 94.2 | 78.8 | 95.3 | 118.2 |
| 112.75 | 107.44 | 96.96 | 102.93 | 122.35 | 88.52 | 110.46 | 111.1 | 93.6 | 94.4 | 95.6 | 96.6 | 97.8 | 110.4 |
| 99.11 | 98.56 | 99.16 | 106.31 | 110.49 | 98.17 | 102.72 | 106.8 | 88.7 | 93.8 | 98.0 | 102.7 | 101.8 | 106.2 |
| 115.78 | 104.11 | 98.45 | 101.67 | 99.86 | 94.10 | 90.89 | | | | | | | |
| | | | | | | | | | | | | 95.4 | 107.9 |
| 105.87 | 99.75 | 101.98 | 103.21 | 121.67 | 109.27 | 101.36 | 100.2 | 94.4 | 98.2 | 96.1 | 93.4 | 99.1 | 112.5 |
| 119.54 | 87.85 | 98.75 | 109.13 | 129.70 | 81.58 | 113.84 | 110.5 | 92.9 | 95.7 | 95.1 | 87.8 | 110.1 | 118.4 |
| 110.62 | 101.58 | 114.72 | 100.61 | 96.66 | 82.93 | 110.4 | 119 | 90.1 | 95.1 | 94.3 | 93.7 | 104.9 | 113.0 |
| 122.45 | 98.89 | 103.60 | 105.49 | 121.98 | 94.18 | 97.73 | 107.3 | 96.1 | 97.1 | 97.0 | 93.1 | 97.6 | 112.3 |
| 101.43 | 102.68 | 102.01 | 101.20 | 106.13 | 98.80 | 101.49 | 103.9 | 100.3 | 99.9 | 99.9 | 99.9 | 99.1 | 99.8 |
| 114.16 | 115.65 | 122.90 | 104.80 | 113.90 | 93.92 | 101.78 | 104.8 | 100.3 | 98.2 | 97.9 | 96.5 | 97.6 | 100.0 |
| 100 | 100 | 100.53 | 103.02 | 104.15 | 101.05 | 107.54 | 104.1 | 97.8 | 99.7 | 100.0 | 100.0 | | |
| 105.89 | 102.92 | 110.66 | 101.98 | 103.28 | 97.59 | 96.22 | 99 | 98.8 | 95.1 | 99.0 | 98.8 | 99.5 | 100.7 |
| 101.75 | 99.93 | 93.72 | 95.53 | 92.69 | 91.71 | 104.81 | 108.1 | 94 | 99.5 | 95.5 | 100.1 | | |
| | | | | | | | | | | | | | |
| 91.1 | 106.79 | 100.16 | 100.72 | 103.16 | 98.17 | 98.81 | 101.2 | 102.7 | 100.7 | 99.0 | 100.0 | 95.5 | 99.6 |
| 100.16 | 106.01 | 102.70 | 100.00 | 100.00 | | | | | | | | | |
| | | | | | | | | | | | | | |
| 107.21 | 104.32 | 103.36 | 102.87 | 101.21 | 101.48 | 104.57 | 101.1 | 102.9 | 99.7 | 98.9 | 98.2 | 98.5 | 107.6 |
| 111 | 126.37 | 103.38 | 105.12 | 105.59 | 100.33 | 99.18 | 99.4 | 111 | 104.9 | 112.0 | 102.2 | 85.8 | 117.6 |
| 104.93 | 113.2 | 113.40 | 111.82 | 102.33 | 99.94 | 100.63 | 100.5 | 100.1 | 101.3 | 101.4 | 102.1 | 100.4 | 101.7 |
| **117.29** | **109.69** | **108.48** | **107.14** | **121.80** | **94.69** | **114.06** | **112.8** | **99.5** | **97.0** | **97.0** | **92.1** | **96.9** | |
| 116.52 | 113.62 | 107.86 | 107.45 | 126.78 | 103.47 | 112.34 | 112.2 | 101.3 | 96.1 | 96.4 | 89.0 | 95.0 | 116.1 |
| 134.44 | 105.75 | 90.17 | 108.36 | 136.56 | 81.08 | 111.74 | 108.7 | 92.5 | 92.6 | 93.4 | 88.7 | 104.3 | 119.0 |
| 133.29 | 103.77 | 89.67 | 106.52 | 133.33 | 81.70 | 108.98 | 109.9 | 93 | 90.6 | 94.8 | 90.6 | 100.0 | 117.2 |
| 139.65 | 114.35 | 94.48 | 116.06 | 148.75 | 77.52 | 118.76 | 105.4 | 91.1 | 98.0 | 89.9 | 83.2 | 110.5 | 119.6 |
| 114.75 | 101.93 | 129.64 | 108.40 | 105.07 | 81.22 | 129.89 | 111.8 | 91.4 | 96.0 | 97.2 | 96.3 | 94.3 | 114.9 |
| 114.53 | 110.46 | 99.17 | 104.31 | 116.73 | 93.26 | 109.25 | 117 | 100.3 | 94.7 | 95.6 | 92.5 | 98.3 | 114.3 |
| 108.49 | 117.2 | 101.22 | 102.99 | 113.04 | 93.48 | 107.87 | 104.1 | 98.2 | 98.0 | 98.3 | 99.8 | 98.4 | 106.0 |
| 110.98 | 109.49 | 105.01 | 104.55 | 127.00 | 103.56 | 103.69 | 120.2 | 100.5 | 97.5 | 95.1 | 95.5 | 100.5 | 110.5 |
| 109.57 | 103.81 | 105.62 | 106.29 | 113.66 | 92.35 | 108.96 | 109.5 | 101.5 | 102.1 | 98.2 | 96.2 | 99.0 | 102.8 |
| 117.27 | 108.76 | 102.49 | 108.74 | 125.96 | 89.49 | 118.7 | 115.3 | 101.3 | 101.8 | 101.0 | 96.3 | 98.2 | 104.8 |
| 100.67 | 122.67 | 100.67 | 100.85 | 99.52 | 95.57 | 108.6 | 108.5 | 98.5 | 99.4 | 100.3 | 99.9 | 98.3 | 103.7 |

# 3-18 主要年份全区固定资产投资价格指数
# Price Indices for Investment in Fixed Assets in Main Years

| 指　　标 | Item | 2000 | 2001 | 2002 | 2003 | 2004 | 2005 | 2006 | 2007 |
|---|---|---|---|---|---|---|---|---|---|
| **固定资产投资** | **Investment in Fixed Assets** | **104.5** | **101.5** | **100.7** | **102.3** | **104.9** | **102.1** | **101.3** | **103.2** |
| 建筑安装、装饰工程 | Construction and Installation | 106.3 | 102.0 | 102.1 | 103.7 | 107.1 | 102.2 | 101.2 | 104.1 |
| 人工费 | Cost for Labor | 106.0 | 105.3 | 111.1 | 106.7 | 106.2 | 104.6 | 106.8 | 106.6 |
| 材料费 | Cost of Materials | 106.2 | 101.1 | 99.9 | 103.8 | 108.6 | 101.6 | 99.6 | 103.6 |
| 其中：钢材 | Steels | 109.0 | 97.9 | 100.0 | 110.4 | 122.4 | 100.3 | 95.4 | 104.3 |
| 木材 | Timbers | 98.8 | 98.7 | 98.1 | 99.6 | 106.5 | 100.3 | 103.4 | 104.9 |
| 水泥 | Cement | 101.0 | 104.0 | 100.2 | 101.7 | 101.9 | 102.3 | 100.5 | 102.3 |
| 地方建筑材料 | Local Building Materials | 108.4 | 102.9 | 100.4 | 100.1 | 101.1 | 103.0 | 101.8 | 104.0 |
| 化工材料 | Chemical Materials | 115.2 | 106.8 | 97.9 | 100.0 | 103.8 | 105.5 | 104.7 | 102.4 |
| 电料 | Electrical Materials | 100.1 | 101.0 | 99.1 | 102.4 | 102.1 | 102.5 | 102.8 | 103.3 |
| 其他材料 | Other Materials | 102.9 | 99.5 | 100.1 | 101.6 | 101.9 | 101.2 | 101.9 | 104.3 |
| 机械使用费 | Charge for Use of Machinery | 107.4 | 101.6 | 103.0 | 99.2 | 100.8 | 101.9 | 101.9 | 102.9 |
| 设备、工器具购置 | Purchase of Equipment and Instruments | 99.5 | 100.7 | 97.0 | 96.9 | 99.1 | 101.3 | 102.4 | 100.4 |
| 其他费用 | Other | 103.9 | 100.7 | 100.0 | 103.2 | 102.6 | 101.8 | 99.9 | 101.0 |

## 3-18 续表 continued

| 指　　标 | Item | 2008 | 2009 | 2010 | 2011 | 2012 | 2013 | 2014 | 2015 | 2016 | 2017 |
|---|---|---|---|---|---|---|---|---|---|---|---|
| **固定资产投资** | **Investment in Fixed Assets** | **109.0** | **100.2** | **104.2** | **107.5** | **101.5** | **99.8** | **100.8** | **97.5** | **99.6** | **105.9** |
| 建筑安装、装饰工程 | Construction and Installation | 110.6 | 100.7 | 105.3 | 109.1 | 101.9 | 99.9 | 101.1 | 96.9 | 99.5 | 107.6 |
| 人工费 | Cost for Labor | 113.9 | 109.3 | 111.7 | 122.1 | 114.1 | 106.6 | 107.4 | 106.7 | 103.6 | 102.6 |
| 材料费 | Cost of Materials | 110.4 | 98.7 | 104.8 | 107.3 | 100.4 | 98.0 | 99.0 | 93.3 | 98.3 | 109.9 |
| 其中：钢材 | Steels | 116.7 | 84.2 | 104.6 | 109.4 | 97.0 | 92.5 | 95.6 | 89.5 | 99.9 | 114.9 |
| 木材 | Timbers | 108.0 | 101.9 | 103.5 | 112.9 | 95.7 | 101.5 | 100.5 | 100.5 | 100.3 | 101.8 |
| 水泥 | Cement | 109.7 | 111.7 | 102.9 | 99.9 | 95.8 | 97.9 | 99.1 | 96.4 | 98.6 | 108.5 |
| 地方建筑材料 | Local Building Materials | 108.4 | 104.7 | 104.7 | 112.4 | 103.9 | 99.2 | 100.3 | 96.7 | 97.7 | 105.6 |
| 化工材料 | Chemical Materials | 104.1 | 98.0 | 107.7 | 108.2 | 102.4 | 100.1 | 99.6 | 84.3 | 95.9 | 105.1 |
| 电料 | Electrical Materials | 117.9 | 101.4 | 103.3 | 108.6 | 106.2 | 103.9 | 101.1 | 97.4 | 100.6 | 104.5 |
| 其他材料 | Other Materials | 105.3 | 105.5 | 102.6 | 103.9 | 103.8 | 102.8 | 104.1 | 100.4 | 96.9 | 100.0 |
| 机械使用费 | Charge for Use of Machinery | 107.1 | 101.4 | 102.8 | 104.7 | 102.4 | 102.9 | 102 | 101.7 | 99.3 | 101.0 |
| 设备、工器具购置 | Purchase of Equipment and Instruments | 101.9 | 97.4 | 100.2 | 101.5 | 99.8 | 99.1 | 99.6 | 99.1 | 99.0 | 100.3 |
| 其他费用 | Other | 106.4 | 101.1 | 100 | 102.5 | 100.0 | 100.0 | 100.0 | 100.1 | 100.8 | 100.0 |

# 主要指标解释

**居民消费价格指数（CPI）** 居民消费价格指数是度量一组代表性消费商品及服务项目价格水平随着时间而变动的相对数，反映居民家庭购买的消费品及服务价格水平的变动情况。它是宏观经济分析和决策、价格总水平监测和调控以及国民经济核算的重要指标。其按年度计算的变动率通常被用来作为反映通货膨胀（或紧缩）程度的指标。

**商品零售价格指数** 商品零售价格是商品在流通过程中最后一个环节的价格，是工业、商业、餐饮业和其他零售企业向城乡居民、机关团体出售生活消费品和办公用品的价格。商品零售价格调查的任务是系统地调查、搜集和整理市场商品零售价格资料，编制商品零售价格指数，以此反映市场商品零售价格的变动趋势和变动程度。其目的在于掌握商品价格的变动趋势，为国家宏观调控和国民经济核算提供参考依据。同时，还可以在此基础上编制其他派生价格指数。

**农业生产资料价格指数** 农业生产资料价格是农业生产资料在流通领域的最后一个环节价格，是工业、商业及其他单位和个人向农民出售农业生产资料的价格。农业生产资料价格调查的任务是系统地调查、搜集和整理市场农业生产资料价格资料，编制农业生产资料价格指数，据此测定全国市场农业生产资料价格变动趋势和变动程度。其目的在于掌握农业生产资料的平均价格水平，为国家制定经济政策提供依据；同时，为研究城乡市场流通和国民经济核算提供参考依据。

**农产品生产者价格指数** 反映一定时期内，农产品生产者出售的农产品价格水平变动趋势及幅度的相对数。农产品生产者价格是指农产品生产者第一手（直接）出售其产品时实际获得的单位产品价格。

**工业生产者出厂价格指数（PPI）** PPI是工业生产者出厂价格指数（Producer Price Index）的简称，反映工业企业产品第一次出售时的出厂价格的变化趋势和变动幅度。与CPI相比，CPI是从消费者的角度反映市场物价的变化趋势，PPI是从生产者的角度反映产品的价格变动情况。

**工业生产者购进价格指数（IPI）** IPI是工业生产者购进价格指数的简称，反映工业企业作为中间投入的原材料、燃料、动力的购进价格的变化趋势和变动幅度。

**固定资产投资价格指数** 反映全社会及各类工程固定资产投资中涉及的各类投资品和取费项目价格的变动趋势和变动幅度。

**建筑安装工程价格指数** 反映建筑安装工程产值中建筑材料、人工费以及各种费用标准变动趋势及变动幅度的相对数。

# Explanatory Notes on Main Statistical Indicators

**Consumer Price Indices (CPI)** reflect the relative change in prices of consumer goods and services in a certain period of time. Formation of consumer price index aims to study the impact of consumer price changes on the actual living cost of urban and rural residents and to provide scientific basis for central government and relevant departments to draw up consumer policy, price policy, wage policy and monetary policy and to account the nation economy. It is also a key index reflecting the inflation rate.

**Retail Price Indices** reflect the prices at which industrial, commercial, catering and other retail enterprises sell daily consumer goods to urban and rural residents and products for office use to institutions and social organizations. It reflects the general change in prices of retail commodities in a certain period of time. Formation of retail price index aims to keep abreast of price fluctuation of retail commodities and provide the reference basis for the central government to work out economic policies. At the same time, it can also compile other derived price index on this basis.

**Price Indices for Means of Agricultural Production** reflect the prices at which industrial, commercial, catering and other retail enterprises sell agricultural means of production to peasants for office use to institutions and social organizations. It reflects the general change in prices of agricultural means of production in a certain period of time. Formation of retail price index aims to keep abreast of price fluctuation of agricultural means of production and provide the reference basis for the central government to work out economic policies. At the same time, it can also provide the reference for the study of circulation of urban and rural markets and national economic accounting.

**Producer Prices Indices for Farm Products** reflect the trend and degree of changes in the prices of the means of agricultural production during a given period. It is the actual price of the unit product sold by producer of agricultural products firsthand.

**Producer Price Indices for Industrial Products (PPI)** PPI is the abbreviation of Producer Price Index for industrial products, which is reflecting the trend and degree of changes in the prices for industrial products sold firsthand. Comparing with CPI, CPI reflects the trend of market price from the consumer perspective. PPI reflects the degree of changes in the prices for industrial products from the producer perspective.

**Purchasing Price Indices for Industrial Producers (IPI)** IPI is the abbreviation of purchasing price indices for industrial producers, which is reflecting the trend and degree of changes in the intermediate input raw materials, fuel, power purchase price.

**Price Indices for Investment in Fixed Assets** reflect the trend and degree of relative changes in fixed assets involved in the various types of investment products and costs of project price of whole society and all kinds of engineering investment.

**Price Indices for Construction and Installation Engineering** reflect the trend and degree of relative changes in the building materials costs, labor costs and other costs for construction and installation engineering.

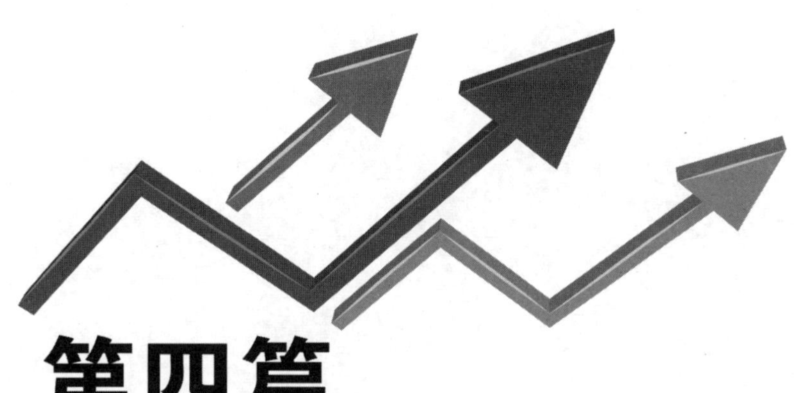

# 第四篇

# 农业调查

Agriculture Survey

# 简要说明

粮食及畜牧业生产调查数据包括粮食播种面积、粮食产量，猪、牛、羊、家禽存出栏数及产品产量等。其中粮食播种面积、粮食产量是根据抽样方法抽取的分布在全区 21 个市县（区）范围的 203 个调查村样本资料分级推算加总取得；猪、牛、羊、家禽存出栏数及产品产量调查点分布在全区 22 个市县（区），调查对象为全区范围内的所有大型养殖场（户）和抽中村内的中小型养殖场（户）以及 164 个散养户调查小区（涉及 1 万多农户），自治区、市、县（市、区）数据是根据调查样本分级推算加总取得。

# Brief Introduction

Data of agriculture and animal husbandry include sown area of crops，grain yield，number of livestock bred and slaughtered of pork，beef，mutton and poultry，output of livestock products. Data of sown area of crops and grain yield are collected according to the sampling method. This method chooses 203 survey villages at 21 cities and counties in Ningxia and amounts the data. Survey points of bred and slaughtered livestock number of pork，beef，mutton and poultry and output of livestock products distribute at 22 cities and counties in Ningxia. Survey objects include all scale households and production units，as well as 164 scattered households involving 10 thousand farmers. Data at all levels are achieved based on survey sample calculating and amounting.

# 2017 年宁夏畜牧业生产运行良好 促进农民增收日益明显

2017 年，宁夏各级党委、政府深入贯彻中央一号文件精神，坚持“稳增长、促改革、调结构、惠民生、防风险”，以推进农村供给侧结构性改革为主线，促进优势特色产业发展。全方位促进畜牧业转型升级和畜牧业产业扶贫政策落实。主要畜禽生产保持了较快增长的好势头，肉、蛋、奶产量增加，促进农民增收效果明显。

## 一、生产运行特点

2017 年，宁夏立足区情，积极调整产业结构，加大畜牧业产业扶贫力度，促进一二三产业融合，强化园区、标准化养殖场建设，推进品种改良、节本增效，畜禽养殖提质增效，综合生产能力不断提高。据主要畜禽监测调查结果显示，2017 年宁夏主要畜禽（猪牛羊禽）肉产量达 33.2 万吨，同比增长 4.0%。其中，牛、羊肉产量达 20.8 万吨，占主要畜禽肉产量的 62.8%；生牛奶产量达 160.1 万吨，同比增长 9.9%；家禽业经历了上半年的低谷期后，下半年迅速恢复，全年禽蛋产量达 15.3 万吨。

**（一）生猪价格高位回落后趋于稳定，养殖效益依然较好**。一是生猪价格下跌，降幅收窄。由于 2016 年生猪价格较高，形成较高基数，加之市场因素影响，2017 年宁夏生猪平均价格 15.4 元/公斤，同比下跌 16.2%。但分季度看，自二季度以后降幅逐渐收窄，价格逐步趋稳。调查结果显示，2017 年一季度生猪出栏价格为 17.4 元/公斤，同比下降 3.6%，5 月份价格大幅跳水出现拐点，二至四季度生猪出栏价格在 14-15 元/公斤徘徊，同比分别下降 28.1%、21.0%和 14.0%。二是产能继续扩大，存栏量增加。2016 年末，宁夏能繁母猪存栏开始呈现恢复性增长，2017 年继续保持增长势头，年末存栏为 9.4 万头，同比增长 3.2%。随着能繁母猪存栏的增加，带动生猪存栏增长，为生产稳定发展奠定了基础。2017 年末生猪存栏 81.0 万头，同比增长 2.5%。三是养殖效益较好，出栏稳增。调查结果显示，2017 年生猪出栏 113.7 万头，同比增长 3.2%；猪肉产量 8.9 万吨，同比增长 4.0%。下半年以来猪粮比为 8.3∶1 左右，高于 6∶1 的盈亏平衡点，平均每头猪能够盈利 300 元左右，养殖效益较好。

**（二）政策助推肉牛稳步发展**。一是政策发力，存栏增加。各地借力“扶贫攻坚”政策持续发力，特别是加大对贫困户的产业扶持力度，提高补贴标准，养殖户养殖积极性提高，肉牛生产保持稳步增长的势头。调查结果显示，2017 年末宁夏牛存栏 118.3 万头，同比增长 4.2%，其中，肉牛存栏 77.5 万头，同比增长 5.1%。二是产量增加。2017 年牛出栏 71.0 万头，同比增长 4.1%；牛肉产量 10.9 万吨，同比增长 4.7%。三是价格稳定效益好。调查结果显示，2017 年一至三季度宁夏牛出栏平均价格在 22-23 元/公斤之间，养殖效益相对稳定，四季度价格上涨至 23.5 元/公斤，同比上涨 8.3%，大大激发了养殖户的热情。

**（三）奶牛养殖规模持续扩大**。一是提质增效效果明显。据调查，2017 年末，宁夏奶牛存栏 40.8 万头，同比增长 2.7%；全年生牛奶产量 160.1 万吨，同比增长 9.9%，奶牛产业提质增效效果明显，单产水平不断提高。据中卫市沙坡头区某奶牛场反映，产奶牛全年单产达到每天 32 公斤/头，高产期为每天 34 公斤/头。二是规模化程度不断提高。经过前几年的行业洗牌，奶牛养殖业优胜劣汰，养殖户不断调整养殖结构、扩大养殖规模。某大型奶牛养殖场奶牛存栏由 2016 年末的 18316 头增加到 2017 年末的 21600 头，增长 17.9%。利通区调查的 24 户中小型养殖户中，5 户已扩大规模转为大型养殖户。三是奶价略降限购期缩短。受进口奶冲击和国内市场消费疲软等因素影响，鲜奶收购企业再次压价，全年生牛奶价格略有下降，由于限购期较往年缩短，养殖户不再为牛奶销路发愁，一定程度上提振了奶农的养殖积极性。据农产品价格调查显示，2017 年宁夏生牛奶平均价格下降 2.8%。据奶牛养殖大县利通区调查，2017 年 7 月初，伊利、蒙牛、夏进等乳企逐渐放开鲜奶限购政策，较往年提前一个月左右，至今未再限购，均能按合同价收购，一定程度上促进了奶牛养殖业发展。

**（四）肉羊价格大幅回升，出栏增加**。一是价格逐季上涨，养殖户积极出栏。2017 年，受肉羊供应量偏紧影响，肉羊出栏价格上涨。调查结果显示，2017 年一季度宁夏活羊出栏价格为 18.2 元/公斤，同比上涨 6.3%，二季度为 18.3 元/公斤，同比上涨 2.8%，三季度为 20.9 元/公斤，同比上涨 23.2%，四季度为 21.7 元/公斤，同比上涨 25.4%，这是近三年来少有的好形势。随着肉羊价格大幅上涨，养殖户积极出栏。2017 年肉羊出栏 560.0 万只，同比增长 4.1%。羊肉产量 9.9 万吨，同比增长 4.7%。二是存栏持续减少。受前三年活羊出栏价格持续低迷的影响，宁夏养羊业处于亏损和微利状态，部分养殖户减少养殖甚至退出养殖，造成肉羊存栏连续六个季度呈下降态势，2017 年末宁夏羊存栏 506.6 万只，同比下降 3.0%。

**（五）受疫情影响禽产品价格先跌后涨**。上半年受外省人感染 H7N9 疫情和外地同类产品低价冲击的影响，宁夏鸡蛋和淘汰蛋鸡价格下跌明显，养殖户亏损严重，快速淘汰蛋鸡。随着市场供需关系的变化，7 月中旬禽产品价格持续回升。一是鸡蛋价格先跌后涨。据农产品生产者价格调查显示，一季度鸡蛋价格 5.1 元/公斤，同比下降 32.3%，二季度 4.5 元/公斤，同比下降 35.1%，三季度 7.1 元/公斤，同比下降 7.0%，四季度 8.2 元/公斤，同比上涨 20.5%。随着秋季开学、中秋节等节日的到来，商家也积极囤货，鸡蛋价格大幅上涨。二是禽肉价格水涨船高。目前，淘汰蛋鸡价格从最低的 8 元/只升至 26-27 元/只。禽产品价格大幅上涨，养殖户补栏积极性回升。年末家禽存栏 1150.7 万只，同比下降 33.5%，全年出栏 1796.0 万只，同比增长 1.0%。

**（六）畜牧业促进农民增收作用显著**。据住户收支调查结果显示，2017 年宁夏农村居民人均畜牧业净收入为 734.3 元，同比增长 16.2%，高出农村居民人均可支配收入增速 7.2 个百分点，对农村居民可支配收入增长的贡献率为 11.6%，拉动可支配收入增长 1.0 个百分点。畜牧业发展为脱贫攻坚和农民增收提供了有力支撑。

## 二、存在的问题

**（一）畜产品价格波动频繁**。2017 年以来，猪肉、禽产品、羊肉等价格均出现了大幅波动，尤其是禽产品价格受疫情影响波动大，养殖户损失惨重。养殖户难以判断价格走势，存在盲目跟风养殖的情况，增加了养殖风险，容易造成低价时集中抛售，高价时集中饲养的局面。

**（二）环保压力大，养殖业遇到考验**。近年来，随着国家环保治理力度的加大，养殖业也被列入重点治理范围。由于缺少专项环保政策资金投入，养殖业面临考验。据调查，宁夏中小型养殖场生产污水大多数是利用三级沉淀池净化，干粪堆积发酵后集中堆放在自家地头，污粪处理无集中的场所。一些养殖户反映，自己虽然在环保方面加大了投入，但仅仅依靠自有资金投入依然是杯水车薪，很难达到环评标准要求，直接影响生产正常进行。宁夏涝河桥清真肉食品有限公司（国家级龙头企业）反映，公司已经投入 500 万元建立污水处理厂，但按照吴忠市利通区的环保标准仍然不达标。隆德县方圆养殖公司（养猪场）反映，污水处理是难题，公司花费 300 万元建设的污水处理厂，由于无法使用，目前不能按设计能力养猪，40 多座圈棚闲置了一半，造成极大浪费。

**（三）资金紧张，融资难**。据调研了解，很多养殖户希望扩大养殖规模，但资金成为瓶颈。灵武市福兴民养殖专业合作社反映，社员平均每户养羊 500 只，按上半年价格计算养一批羊需要投入资金 25 万元，而三户联保银行只给贷款 3-5 万元，额度偏低，而贷款期限仅为 1 年期，周期太短，仅办理贷款手续就需要 1 个月，无法满足需求。还有养殖户反映，“三户联保”需要找到与自己养殖规模相似的养殖户来担保，一旦有一家经营不善不能按期还款，担保户就要承担连带责任，部分养殖户因此被拖垮。

**（四）扩大养殖规模和升级改造无场地**。中卫市沙坡头区是宁夏蛋鸡养殖主产区，以传统养殖模式为主。部分养殖户希望对圈棚进行改造升级，但苦于没有合适场所。据介绍，沙坡头区宣和镇和永康镇两个养鸡大镇，有近千户养鸡户，存栏大多在2万只-5万只之间，但仅有十几户进行了现代化设备升级，场地需求很大。

**（五）缺乏技术指导**。中卫香岩集团反映，集团缺乏饲喂、配种方面的专业人才。吴忠市扁担沟镇某低保户反映，由于缺少技术支持，2016年精准扶贫中政府无偿分给他家8只羊，2017年死了2只怀孕母羊。

## 三、几点建议

**（一）推动产业融合，提升效益**。一方面继续深入推进供给侧结构性改革，用好市场“无形之手”和政府“有形之手”，加快一二三产业有效融合。适应市场需求，扩大有效供给，进一步提升畜产品的质量和效益，增加农民收入。引进培育龙头企业，提升畜产品深加工能力，确保畜产品销路，增加畜产品的产品附加值。另一方面抓好防疫防控，降低风险，提升畜牧业抵御市场风险的能力。

**（二）加大环保投入力度**。环保基础设施建设费用投入大，养殖户压力大。建议相关部门加大环保投入力度，对养殖业的“喂、养、排”统筹规划，给予政策支持，净化升级排污系统。同时强化环境监管执法，严肃查处破坏生态环境的违法行为，以实际行动保护好天蓝、地绿、水净、空气清新的良好环境。

**（三）灵活贷款政策**。实行灵活的担保政策，降低担保费率，切实为养殖户解忧。隆德县实行灵活还贷，养殖户申请贷款后先存在银行公共账户内，需要的时候取出产生利息，不用的时候不支付利息，这种做法很受养殖户欢迎，建议推广。

**（四）合理规划养殖区域**。统筹规划，合理布局养殖区域，保障畜禽养殖区水、电、路等硬件设施的建设，不仅要达到环保要求，还要方便养殖户生产经营，使养殖业可持续发展。

**（五）加大技术支持**。有针对性地给养殖户提供技术支持。对于养殖大户的需求，相关部门可协调高等院校等具有高、精、尖专业知识的群体开展结对帮助，到实地学习、指导、实践。对于有养殖意愿的贫困农户，技术推广部门可以组织开展基础技能培训，注重实效，满足需求。

（王娟）

**备注**：2017年主要畜禽生产数据已根据第三次农业普查结果重新修订。

# 宁夏调优种植结构　粮食产量稳中略减

2017年宁夏自治区党委、政府紧紧围绕推进农业供给侧结构性改革的主线，恢复优质小麦面积，提升水稻品质，调减籽粒玉米，稳定马铃薯面积，进一步调优粮食种植结构，全年粮食总产量稳中略减。

## 一、2017年宁夏粮食生产情况及特点

**（一）粮食面积增，单产、总产减。**据国家统计局宁夏调查总队对全区22个市（县、区）抽样调查和农业生产经营单位的全面统计数据显示：2017年宁夏粮食播种面积1083.8万亩，比上年增加6.9万亩，增0.6%。粮食单位面积产量341公斤/亩，比上年减少3公斤/亩，减0.8%。粮食总产量370.1万吨，比上年减少0.6万吨，减0.2%。

**（二）夏粮面积恢复性增长，粮食产量"夏秋同减"。**在农户满足口粮需求和麦套菀丝子收益较好等因素拉动下，农户小麦种植积极性提高。2017年宁夏夏粮面积比上年增加7.7万亩，其中小麦播种面积184.7万亩，比上年增加8.7万亩，增长4.9%。但受气候因素影响，小麦、夏杂减产，夏粮产量比上年微减0.2万吨。秋粮受玉米、马铃薯面积下降影响，产量比上年减少0.4万吨，减0.1%。

**（三）四大作物产量"两增两减"。**2017年宁夏小麦、水稻、玉米、马铃薯产量分别为37.8万吨、68.9万吨、214.9万吨、35.2万吨。其中，水稻、马铃薯产量分别比上年增1.4%和2.9%；小麦、玉米产量分别比上年减少0.5%和2.5%。

## 二、影响粮食产量变化的主要因素

**（一）种植结构调整是影响粮食产量的重要原因。**一是在国家推进玉米收储制度改革和继续调整"镰刀弯"等非优势产区面积的政策导向下，玉米播种面积连续两年减少，2017年宁夏玉米播种面积调减至459.5万亩，比上年减少10.4万亩，影响全区粮食减产0.6万吨。二是自治区党委、政府根据区情，在稳定粮食产能的基础上，积极发展优质粮食产业，加大"宁夏大米"等区域公用品牌宣传，推动粮食生产提质增效，种植效益提高促使种植者主动调整种植结构，目前，宁夏水稻呈规模化种植、区域化布局的良好态势。

**（二）阶段性不利气候条件对单产水平影响较大。**从2017年宁夏粮食单产水平来看，不利气候条件及病虫害仍是影响粮食产量的主要因素之一。2017年宁夏小麦单位面积产量205公斤/亩，比上年减少11公斤，减5.1%;玉米单位面积产量468公斤/亩，比上年减少1公斤，减0.2%。主要原因一是干热风及干旱造成小麦灌浆期缩短，千粒重降低，局部地区如盐池、红寺堡、同心、原州区等地单产降幅超过15%。二是今年春播期间，中南部山区降水偏少，土壤缺墒明显，作物播种期普遍推迟；而在玉米生长发育期持续高温少雨天气又影响了玉米的拔节、抽雄吐丝及灌浆，使得玉米产量下降。

**（三）水资源约束更加突出，部分区域产量受影响。**受龙羊峡水库蓄水量减少和黄河流域来水偏少影响，黄河水利委员会分配宁夏2016年7月至2017年6月的耗水量为31.35亿立方米，仅为正常年份40亿立方米的78%，较上一调度年减少了1.08亿立方米，与近年平均实际耗水34亿立方米相比，少2.65亿立方米。来水总量不足，导致春夏均衡灌溉用水吃紧。同时，部分地区农田水利基础设施薄弱，早期农田灌溉用水不足，产量收到一定影响。

**（四）粮食价格波动影响生产行为。**由于多数粮食生产者的粮食生产决策行为符合"蛛网模型"的基本假定，即本期产量决定于上期价格，本期价格决定下期产量。农户通常都会根据上一年粮食价格变动情况决定下一年粮食播种面积，粮食价格变动对粮食产量的影响较大。2015年以来，玉米价格持续跳水，种

植收益大幅下滑，而小麦、水稻价格稳中有升，不少生产者调减高产作物玉米的种植面积，2016年、2017年宁夏粮食总产量连续两年出现结构性减产。

（白文娟）

# 4-1 主要年份全区粮食生产情况
# Basic Statistics of Grain Production in Main Years

单位：万亩、公斤、万吨 (10000 mu,kg,10000 ton)

| 年 份 Year | 粮食 Grain | | | 一、夏粮 Summer Harvest | | | #小麦 Wheat | | | 二、秋粮 Autumn Harvest | | |
|---|---|---|---|---|---|---|---|---|---|---|---|---|
| | 播种面积 Sown Area | 亩产 Yield per Unit | 总产量 Total Output | 播种面积 Sown Area | 亩产 Yield per Unit | 总产量 Total Output | 播种面积 Sown Area | 亩产 Yield per Unit | 总产量 Total Output | 播种面积 Sown Area | 亩产 Yield per Unit | 总产量 Total Output |
| 1984 | 1021.21 | 151 | 154.50 | 540.01 | 149 | 80.31 | 462.18 | 162 | 74.90 | 481.21 | 154 | 73.91 |
| 1985 | 968.90 | 148 | 143.00 | 496.70 | 137 | 68.00 | 426.80 | 146 | 62.50 | 472.20 | 159 | 75.00 |
| 1986 | 985.40 | 158 | 155.50 | 519.20 | 151 | 78.10 | 438.80 | 164 | 71.80 | 466.20 | 166 | 77.40 |
| 1987 | 1008.10 | 142 | 143.00 | 433.70 | 121 | 52.30 | 363.30 | 132 | 47.90 | 574.40 | 158 | 90.70 |
| 1988 | 1055.21 | 156 | 164.86 | 523.09 | 132 | 69.09 | 433.60 | 148 | 64.10 | 532.12 | 180 | 95.77 |
| 1989 | 1058.86 | 167 | 176.54 | 542.37 | 143 | 77.36 | 448.90 | 158 | 71.10 | 516.49 | 192 | 99.17 |
| 1990 | 1083.21 | 177 | 191.70 | 555.90 | 150 | 83.08 | 460.70 | 169 | 78.00 | 527.31 | 206 | 108.62 |
| 1991 | 1088.22 | 184 | 199.78 | 560.63 | 164 | 92.18 | 470.72 | 182 | 85.46 | 527.59 | 204 | 107.60 |
| 1992 | 1094.57 | 171 | 186.81 | 460.10 | 163 | 75.13 | 372.75 | 186 | 69.28 | 634.47 | 176 | 111.68 |
| 1993 | 1096.35 | 187 | 205.28 | 579.46 | 164 | 94.95 | 470.03 | 183 | 86.01 | 516.89 | 213 | 110.33 |
| 1994 | 1105.05 | 182 | 201.22 | 555.84 | 148 | 82.42 | 435.72 | 159 | 69.23 | 549.21 | 216 | 118.81 |
| 1995 | 1142.65 | 178 | 203.25 | 526.87 | 142 | 74.71 | 441.52 | 156 | 68.87 | 615.77 | 209 | 128.54 |
| 1996 | 1172.85 | 220 | 257.87 | 562.87 | 173 | 97.20 | 470.84 | 185 | 87.29 | 609.98 | 263 | 160.66 |
| 1997 | 1172.75 | 219 | 256.60 | 564.28 | 160 | 90.05 | 468.55 | 175 | 82.16 | 608.47 | 274 | 166.55 |
| 1998 | 1226.07 | 241 | 294.86 | 561.24 | 181 | 101.58 | 475.24 | 197 | 93.83 | 664.83 | 291 | 193.28 |
| 1999 | 1255.03 | 234 | 293.28 | 465.05 | 181 | 84.12 | 402.60 | 194 | 78.21 | 789.97 | 265 | 209.16 |
| 2000 | 1210.61 | 209 | 252.74 | 498.39 | 156 | 77.66 | 438.88 | 170 | 74.46 | 712.22 | 246 | 175.08 |
| 2001 | 1172.11 | 234 | 274.80 | 532.73 | 164 | 87.25 | 448.88 | 186 | 83.60 | 639.38 | 293 | 187.55 |
| 2002 | 1321.70 | 228 | 301.91 | 673.84 | 158 | 106.32 | 556.31 | 173 | 96.12 | 647.86 | 302 | 195.60 |
| 2003 | 1207.98 | 224 | 270.17 | 619.13 | 135 | 83.70 | 478.92 | 158 | 75.61 | 588.85 | 317 | 186.47 |
| 2004 | 1187.48 | 245 | 290.49 | 515.29 | 170 | 87.70 | 418.54 | 192 | 80.42 | 672.20 | 302 | 202.79 |
| 2005 | 1163.87 | 258 | 299.81 | 492.79 | 172 | 84.60 | 414.03 | 192 | 79.41 | 671.08 | 321 | 215.21 |
| 2006 | 1193.42 | 261 | 310.94 | 398.15 | 202 | 80.24 | 322.10 | 216 | 69.45 | 795.27 | 290 | 230.70 |
| 2007 | 1266.65 | 255 | 323.49 | 371.73 | 169 | 62.96 | 350.60 | 176 | 61.60 | 894.92 | 291 | 260.53 |
| 2008 | 1212.39 | 272 | 329.22 | 360.24 | 183 | 66.06 | 306.43 | 209 | 64.07 | 852.15 | 309 | 263.16 |
| 2009 | 1207.73 | 282 | 340.61 | 371.03 | 202 | 75.05 | 327.69 | 224 | 73.56 | 836.70 | 317 | 265.56 |
| 2010 | 1222.48 | 292 | 356.39 | 360.91 | 199 | 71.82 | 317.06 | 222 | 70.33 | 861.57 | 330 | 284.58 |
| 2011 | 1224.19 | 293 | 358.84 | 338.14 | 190 | 64.17 | 303.15 | 208 | 62.98 | 886.05 | 333 | 294.67 |
| 2012 | 1181.70 | 317 | 374.97 | 300.83 | 210 | 63.14 | 268.47 | 231 | 62.04 | 880.87 | 354 | 311.83 |
| 2013 | 1133.68 | 329 | 373.29 | 249.60 | 190 | 47.32 | 223.24 | 207 | 46.32 | 884.08 | 369 | 325.97 |
| 2014 | 1092.47 | 345 | 376.59 | 216.78 | 191 | 41.49 | 191.20 | 212 | 40.55 | 875.70 | 383 | 335.10 |
| 2015 | 1092.22 | 341 | 372.60 | 209.00 | 194 | 40.46 | 183.68 | 216 | 39.64 | 883.22 | 376 | 332.14 |
| 2016 | 1076.89 | 344 | 370.65 | 193.00 | 202 | 39.00 | 176.00 | 216 | 38.00 | 883.89 | 375 | 331.65 |
| 2017 | 1083.77 | 341 | 370.05 | 200.70 | 193 | 38.82 | 184.70 | 205 | 37.82 | 883.07 | 375 | 331.23 |

注：根据全国第三次农业普查反馈数据对宁夏2007-2017年全区及分县区粮食数据进行了修订。
Note: Data of grain by city and county 2007-2017 had been revised according to the feedback data from the third national agricultural census.

# 4-1 续表 continued

单位：万亩、公斤、万吨 (10000 mu,kg,10000 ton)

| 年 份 Year | #1.水稻 Rice | | | 2.玉米 Corn | | | 3.马铃薯 Tubers | | |
|---|---|---|---|---|---|---|---|---|---|
| | 播种面积 Sown Area | 亩产 Yield per Unit | 总产量 Total Output | 播种面积 Sown Area | 亩产 Yield per Unit | 总产量 Total Output | 播种面积 Sown Area | 亩产 Yield per Unit | 总产量 Total Output |
| 1984 | 76.25 | 548 | 41.77 | 48.41 | 237 | 11.47 | | | |
| 1985 | 73.80 | 569 | 42.00 | 53.17 | 267 | 14.21 | | | |
| 1986 | 76.10 | 552 | 42.00 | 69.48 | 249 | 17.31 | | | |
| 1987 | 78.50 | 558 | 43.80 | 94.55 | 307 | 29.05 | | | |
| 1988 | 81.50 | 558 | 45.30 | 112.70 | 259 | 29.20 | | | |
| 1989 | 85.20 | 567 | 48.30 | 99.60 | 334 | 33.30 | | | |
| 1990 | 90.40 | 601 | 54.30 | 113.20 | 332 | 37.60 | | | |
| 1991 | 90.71 | 618 | 56.06 | 113.84 | 327 | 37.23 | | | |
| 1992 | 93.68 | 462 | 43.26 | 107.73 | 380 | 40.98 | | | |
| 1993 | 93.99 | 463 | 43.52 | 105.16 | 415 | 43.61 | | | |
| 1994 | 85.38 | 545 | 46.51 | 118.20 | 419 | 49.47 | | | |
| 1995 | 93.15 | 496 | 46.15 | 142.52 | 427 | 60.85 | | | |
| 1996 | 96.07 | 562 | 53.99 | 182.29 | 437 | 79.67 | | | |
| 1997 | 100.84 | 594 | 59.93 | 197.65 | 421 | 83.19 | | | |
| 1998 | 99.74 | 630 | 62.86 | 214.79 | 464 | 99.58 | | | |
| 1999 | 106.28 | 619 | 65.75 | 244.04 | 441 | 107.62 | | | |
| 2000 | 115.09 | 542 | 62.38 | 196.62 | 417 | 81.95 | 114.62 | 154 | 17.65 |
| 2001 | 111.33 | 555 | 61.82 | 221.63 | 428 | 94.77 | 121.74 | 164 | 19.92 |
| 2002 | 114.55 | 573 | 65.67 | 232.59 | 448 | 104.27 | 113.81 | 143 | 16.22 |
| 2003 | 70.07 | 529 | 37.04 | 264.50 | 453 | 119.93 | 131.53 | 172 | 22.61 |
| 2004 | 96.57 | 543 | 52.46 | 281.78 | 418 | 117.69 | 155.35 | 170 | 26.42 |
| 2005 | 106.87 | 571 | 61.06 | 267.58 | 454 | 121.42 | 175.90 | 157 | 27.52 |
| 2006 | 122.50 | 579 | 70.94 | 261.77 | 464 | 121.54 | 280.36 | 116 | 32.46 |
| 2007 | 115.50 | 524 | 60.50 | 309.00 | 474 | 146.60 | 291.75 | 142 | 41.40 |
| 2008 | 120.43 | 551 | 66.38 | 312.79 | 479 | 149.94 | 326.06 | 130 | 42.28 |
| 2009 | 117.37 | 550 | 64.55 | 322.62 | 485 | 156.38 | 297.00 | 132 | 39.06 |
| 2010 | 124.74 | 561 | 69.99 | 335.11 | 495 | 165.80 | 293.40 | 145 | 42.50 |
| 2011 | 125.91 | 562 | 70.76 | 346.66 | 497 | 172.43 | 287.70 | 155 | 44.52 |
| 2012 | 126.51 | 564 | 71.33 | 368.84 | 518 | 191.18 | 267.90 | 158 | 42.24 |
| 2013 | 123.22 | 559 | 68.89 | 393.03 | 525 | 206.24 | 259.20 | 170 | 44.00 |
| 2014 | 117.07 | 528 | 61.83 | 433.13 | 517 | 224.08 | 206.85 | 204 | 42.11 |
| 2015 | 111.51 | 545 | 60.75 | 452.66 | 501 | 226.88 | 192.75 | 193 | 37.20 |
| 2016 | 121.29 | 560 | 67.88 | 469.84 | 469 | 220.47 | 185.00 | 185 | 34.20 |
| 2017 | 121.63 | 566 | 68.85 | 459.49 | 468 | 214.87 | 178.00 | 198 | 35.20 |

# 4-2 主要年份各市县粮食产量
# Output of Grain by City and County in Main Years

单位：万吨 (10000 ton)

| 地 区 | Region | 2007 | 2008 | 2009 | 2010 | 2011 | 2012 | 2013 | 2014 | 2015 | 2016 | 2017 |
|---|---|---|---|---|---|---|---|---|---|---|---|---|
| **全 区** | **Total** | **323.49** | **329.22** | **340.61** | **356.39** | **358.84** | **374.97** | **373.29** | **376.58** | **372.60** | **370.65** | **370.05** |
| **沿黄地区** | **Plain** | **202.62** | **214.73** | **220.01** | **216.06** | **217.83** | **225.39** | **221.48** | **214.19** | **218.95** | **221.47** | **220.76** |
| **中南部地区** | **Mountain Area** | **120.87** | **114.49** | **120.61** | **140.33** | **141.01** | **149.59** | **151.79** | **162.38** | **153.62** | **149.18** | **149.29** |
| **银川市** | **Yinchuan** | **63.55** | **71.40** | **71.98** | **69.14** | **69.33** | **70.85** | **66.26** | **61.85** | **63.96** | **64.80** | **65.00** |
| 银川市辖区 | District | 11.48 | 12.39 | 11.61 | 11.84 | 12.73 | 12.86 | 10.58 | 10.29 | 10.30 | 11.00 | 10.00 |
| 永宁县 | Yongning | 16.83 | 21.87 | 22.41 | 21.25 | 21.52 | 22.56 | 23.18 | 22.27 | 22.73 | 24.00 | 23.00 |
| 贺兰县 | Helan | 23.52 | 21.51 | 21.34 | 20.90 | 20.72 | 21.32 | 18.10 | 15.77 | 17.15 | 16.41 | 18.00 |
| 灵武市 | Lingwu | 11.73 | 15.63 | 16.61 | 15.14 | 14.37 | 14.10 | 14.41 | 13.52 | 13.78 | 13.39 | 14.00 |
| **石嘴山市** | **Shizuishan** | **36.86** | **37.46** | **40.16** | **39.11** | **39.79** | **40.87** | **40.99** | **41.12** | **41.15** | **39.81** | **41.69** |
| **大武口区** | **Dawukou** | **1.32** | **1.47** | **1.41** | **1.21** | **1.25** | **1.27** | **1.17** | **1.16** | **1.15** | **1.38** | **1.50** |
| 惠农区 | Huinong | 6.74 | 5.70 | 6.36 | 5.56 | 5.85 | 6.12 | 6.10 | 6.16 | 6.45 | 6.43 | 7.19 |
| 平罗县 | Pingluo | 28.81 | 30.29 | 32.38 | 32.34 | 32.69 | 33.48 | 33.71 | 33.79 | 33.54 | 32.00 | 33.00 |
| **吴忠市** | **Wuzhong** | **85.03** | **82.60** | **83.75** | **89.10** | **90.60** | **91.01** | **90.70** | **94.93** | **92.81** | **98.49** | **98.63** |
| 利通区 | Litong | 16.37 | 17.24 | 16.18 | 16.42 | 15.38 | 15.95 | 15.74 | 15.13 | 15.20 | 18.00 | 17.00 |
| 红寺堡区 | Hongsipu | 11.55 | 10.10 | 10.43 | 10.84 | 10.40 | 10.78 | 11.30 | 12.16 | 11.43 | 11.98 | 12.00 |
| 盐池县 | Yanchi | 9.00 | 7.67 | 9.00 | 9.86 | 10.38 | 9.71 | 10.68 | 11.61 | 10.32 | 10.84 | 11.63 |
| 同心县 | Tongxin | 22.64 | 21.32 | 21.89 | 26.70 | 28.72 | 27.98 | 27.71 | 31.27 | 30.83 | 30.67 | 32.00 |
| 青铜峡市 | Qingtongxia | 25.47 | 26.27 | 26.25 | 25.28 | 25.73 | 26.58 | 25.27 | 24.77 | 25.03 | 27.00 | 26.00 |
| **固原市** | **Guyuan** | **60.65** | **59.01** | **63.28** | **73.22** | **71.41** | **78.65** | **78.66** | **83.64** | **78.36** | **75.53** | **71.66** |
| 原州区 | Yuanzhou | 14.26 | 13.14 | 14.56 | 17.33 | 16.70 | 18.17 | 18.67 | 19.67 | 18.18 | 16.97 | 16.00 |
| 西吉县 | Xiji | 21.90 | 20.08 | 21.17 | 24.69 | 24.83 | 26.96 | 27.18 | 30.31 | 28.94 | 27.94 | 29.50 |
| 隆德县 | Longde | 6.25 | 7.72 | 8.00 | 8.62 | 8.19 | 8.84 | 8.55 | 7.97 | 7.21 | 8.13 | 8.00 |
| 泾源县 | Jingyuan | 3.83 | 3.87 | 3.85 | 3.77 | 3.33 | 2.96 | 2.54 | 2.38 | 1.68 | 1.54 | 1.16 |
| 彭阳县 | Pengyang | 14.41 | 14.21 | 15.71 | 18.81 | 18.36 | 21.72 | 21.70 | 23.30 | 22.35 | 20.95 | 17.00 |
| **中卫市** | **Zhongwei** | **46.23** | **48.69** | **48.55** | **53.33** | **54.99** | **59.30** | **60.73** | **59.23** | **59.17** | **58.15** | **59.23** |
| 沙坡头区 | Shapotou | 14.22 | 13.66 | 13.86 | 14.31 | 14.59 | 14.90 | 15.27 | 14.20 | 15.20 | 16.00 | 16.00 |
| 中宁县 | Zhongning | 14.99 | 18.63 | 18.67 | 19.31 | 20.30 | 21.94 | 22.03 | 21.33 | 21.30 | 21.99 | 21.23 |
| 海原县 | Haiyuan | 17.03 | 16.40 | 16.01 | 19.71 | 20.10 | 22.46 | 23.44 | 23.70 | 22.68 | 20.16 | 22.00 |
| **区 属** | **Qushu** | **31.16** | **30.06** | **32.90** | **32.50** | **32.71** | **34.29** | **35.93** | **35.79** | **37.12** | **33.87** | **33.84** |
| 农 垦 | NongKen | | | | | | | | | | | |

注：1988年起粮食产量为抽样调查数据。根据全国第三次农业普查反馈数据对宁夏2007-2017年全区及分县区粮食数据进行了修订。

Note: Data in this table are obtained from the sample surveys on total grain since 1988. Data of grain by city and county 2007-2017 had been revised according to the feedback data from the third national agricultural census.

# 4-3 主要年份各市县粮食生产情况

## Basic Statistics of Grain Production by City and County in Main Years

单位：万亩、公斤、万吨 (mu,kg,ton)

| | | 2007 | | | 2008 | | | 2009 | | | 2010 | | |
|---|---|---|---|---|---|---|---|---|---|---|---|---|---|
| | | 播种面积 Sown Area | 亩产 Yield per Unit | 总产量 Total Output | 播种面积 Sown Area | 亩产 Yield per Unit | 总产量 Total Output | 播种面积 Sown Area | 亩产 Yield per Unit | 总产量 Total Output | 播种面积 Sown Area | 亩产 Yield per Unit | 总产量 Total Output |
| **全　区** | **Total** | **1266.65** | **255** | **323.49** | **1212.39** | **272** | **329.22** | **1207.72** | **282** | **340.61** | **1222.48** | **292** | **356.39** |
| **沿黄地区** | **Plain** | **479.04** | **423** | **202.62** | **496.48** | **432** | **214.73** | **499.81** | **440** | **220.01** | **476.65** | **453** | **216.06** |
| **中南部地区** | **Mountain Area** | **787.61** | **153** | **120.87** | **715.91** | **160** | **114.49** | **707.91** | **170** | **120.61** | **745.83** | **188** | **140.33** |
| **银川市** | **Yinchuan** | **159.09** | **399** | **63.55** | **164.76** | **433** | **71.40** | **165.99** | **434** | **71.98** | **152.79** | **453** | **69.14** |
| 银川市辖区 | District | 30.95 | 371 | 11.48 | 27.38 | 453 | 12.39 | 25.28 | 459 | 11.61 | 24.56 | 482 | 11.84 |
| 永宁县 | Yongning | 42.28 | 398 | 16.83 | 51.88 | 421 | 21.87 | 53.55 | 418 | 22.41 | 49.63 | 428 | 21.25 |
| 贺兰县 | Helan | 55.63 | 423 | 23.52 | 48.42 | 444 | 21.51 | 48.05 | 444 | 21.34 | 44.34 | 471 | 20.90 |
| 灵武市 | Lingwu | 30.23 | 388 | 11.73 | 37.07 | 422 | 15.63 | 39.11 | 425 | 16.61 | 34.26 | 442 | 15.14 |
| **石嘴山市** | **Shizuishan** | **96.63** | **381** | **36.86** | **99.68** | **376** | **37.46** | **103.15** | **389** | **40.16** | **98.89** | **396** | **39.11** |
| 大武口区 | Dawukou | 3.59 | 366 | 1.32 | 4.06 | 361 | 1.47 | 3.63 | 390 | 1.41 | 3.49 | 347 | 1.21 |
| 惠农区 | Huinong | 17.75 | 380 | 6.74 | 13.74 | 415 | 5.70 | 15.49 | 411 | 6.36 | 12.85 | 433 | 5.56 |
| 平罗县 | Pingluo | 75.29 | 383 | 28.81 | 81.88 | 370 | 30.29 | 84.03 | 385 | 32.38 | 82.55 | 392 | 32.34 |
| **吴忠市** | **Wuzhong** | **334.62** | **254** | **85.03** | **272.69** | **303** | **82.60** | **281.96** | **297** | **83.75** | **300.72** | **296** | **89.10** |
| 利通区 | Litong | 37.32 | 439 | 16.37 | 38.23 | 451 | 17.24 | 35.47 | 456 | 16.18 | 35.44 | 463 | 16.42 |
| 红寺堡区 | Hongsipu | 28.64 | 404 | 11.55 | 29.82 | 339 | 10.10 | 29.79 | 350 | 10.43 | 32.33 | 335 | 10.84 |
| 盐池县 | Yanchi | 84.23 | 107 | 9.00 | 43.35 | 177 | 7.67 | 53.98 | 167 | 9.00 | 59.17 | 167 | 9.86 |
| 同心县 | Tongxin | 124.81 | 181 | 22.64 | 102.45 | 208 | 21.32 | 104.93 | 209 | 21.89 | 119.40 | 224 | 26.70 |
| 青铜峡市 | Qingtongxia | 59.62 | 427 | 25.47 | 58.85 | 446 | 26.27 | 57.79 | 454 | 26.25 | 54.39 | 465 | 25.28 |
| **固原市** | **Guyuan** | **399.20** | **152** | **60.65** | **386.32** | **153** | **59.01** | **380.26** | **166** | **63.28** | **381.59** | **192** | **73.22** |
| 原州区 | Yuanzhou | 87.07 | 164 | 14.26 | 85.45 | 154 | 13.14 | 83.74 | 174 | 14.56 | 80.22 | 216 | 17.33 |
| 西吉县 | Xiji | 176.15 | 124 | 21.90 | 168.41 | 119 | 20.08 | 169.59 | 125 | 21.17 | 170.21 | 145 | 24.69 |
| 隆德县 | Longde | 33.18 | 188 | 6.25 | 34.92 | 221 | 7.72 | 34.29 | 233 | 8.00 | 35.33 | 244 | 8.62 |
| 泾源县 | Jingyuan | 19.65 | 195 | 3.83 | 17.32 | 223 | 3.87 | 15.47 | 249 | 3.85 | 15.03 | 251 | 3.77 |
| 彭阳县 | Pengyang | 83.14 | 173 | 14.41 | 80.21 | 177 | 14.21 | 77.18 | 203 | 15.71 | 80.79 | 233 | 18.81 |
| **中卫市** | **Zhongwei** | **228.86** | **202** | **46.23** | **237.71** | **205** | **48.69** | **221.09** | **220** | **48.55** | **233.57** | **228** | **53.33** |
| 沙坡头区 | Shapotou | 36.33 | 391 | 14.22 | 37.22 | 367 | 13.66 | 36.31 | 382 | 13.86 | 35.97 | 398 | 14.31 |
| 中宁县 | Zhongning | 41.79 | 359 | 14.99 | 46.52 | 401 | 18.63 | 45.84 | 407 | 18.67 | 44.25 | 436 | 19.31 |
| 海原县 | Haiyuan | 150.74 | 113 | 17.03 | 153.98 | 106 | 16.40 | 138.95 | 115 | 16.01 | 153.35 | 129 | 19.71 |
| **区　属** | **Qushu** | **48.27** | **646** | **31.16** | **51.23** | **587** | **30.06** | **55.28** | **595** | **32.90** | **54.92** | **592** | **32.50** |
| # 农　垦 | NongKen | | | | | | | | | | | | |

注：根据全国第三次农业普查反馈数据对宁夏2007-2017年全区及分县区粮食数据进行了修订。

Note: Data of grain by city and county 2007-2017 had been revised according to the feedback data from the third national agricultural census.

## 4-3 续表 1 continued

单位：万亩、公斤、万吨 (mu,kg,ton)

| | | 2011 | | | 2012 | | | 2013 | | | 2014 | | |
|---|---|---|---|---|---|---|---|---|---|---|---|---|---|
| | | 播种面积 Sown Area | 亩产 Yield per Unit | 总产量 Total Output | 播种面积 Sown Area | 亩产 Yield per Unit | 总产量 Total Output | 播种面积 Sown Area | 亩产 Yield per Unit | 总产量 Total Output | 播种面积 Sown Area | 亩产 Yield per Unit | 总产量 Total Output |
| **全　区** | **Total** | **1224.19** | **293** | **358.84** | **1181.70** | **317** | **374.97** | **1133.68** | **329** | **373.29** | **1092.47** | **345** | **376.58** |
| **沿黄地区** | **Plain** | **471.37** | **462** | **217.83** | **467.12** | **482** | **225.39** | **442.54** | **500** | **221.49** | **431.99** | **496** | **214.20** |
| **中南部地区** | **Mountain Area** | **752.83** | **187** | **141.01** | **714.59** | **209** | **149.59** | **691.10** | **220** | **151.80** | **660.49** | **246** | **162.38** |
| **银川市** | **Yinchuan** | **154.12** | **450** | **69.33** | **151.67** | **467** | **70.85** | **138.28** | **479** | **66.26** | **129.71** | **477** | **61.85** |
| 银川市辖区 | District | 27.70 | 459 | 12.73 | 27.34 | 470 | 12.86 | 22.09 | 479 | 10.58 | 21.95 | 469 | 10.29 |
| 永宁县 | Yongning | 49.88 | 431 | 21.52 | 50.43 | 447 | 22.56 | 49.88 | 465 | 23.18 | 46.93 | 475 | 22.27 |
| 贺兰县 | Helan | 44.10 | 470 | 20.72 | 43.92 | 485 | 21.32 | 36.89 | 491 | 18.10 | 32.63 | 483 | 15.77 |
| 灵武市 | Lingwu | 32.44 | 443 | 14.37 | 29.98 | 471 | 14.10 | 29.42 | 490 | 14.41 | 28.20 | 480 | 13.52 |
| **石嘴山市** | **Shizuishan** | **99.67** | **399** | **39.79** | **98.85** | **413** | **40.87** | **97.01** | **423** | **40.99** | **94.92** | **433** | **41.14** |
| 大武口区 | Dawukou | 3.71 | 338 | 1.25 | 3.74 | 340 | 1.27 | 3.40 | 345 | 1.17 | 3.31 | 352 | 1.16 |
| 惠农区 | Huinong | 13.78 | 424 | 5.85 | 13.77 | 445 | 6.12 | 13.62 | 448 | 6.10 | 13.77 | 448 | 6.18 |
| 平罗县 | Pingluo | 82.19 | 398 | 32.69 | 81.34 | 412 | 33.48 | 79.99 | 421 | 33.71 | 77.84 | 434 | 33.79 |
| **吴忠市** | **Wuzhong** | **315.74** | **287** | **90.60** | **296.02** | **307** | **91.01** | **284.05** | **319** | **90.70** | **290.27** | **327** | **94.93** |
| 利通区 | Litong | 33.35 | 461 | 15.38 | 32.92 | 485 | 15.95 | 32.35 | 487 | 15.74 | 30.86 | 490 | 15.13 |
| 红寺堡区 | Hongsipu | 31.73 | 328 | 10.40 | 32.15 | 335 | 10.78 | 31.54 | 358 | 11.30 | 32.03 | 380 | 12.16 |
| 盐池县 | Yanchi | 68.65 | 151 | 10.38 | 62.47 | 155 | 9.71 | 65.43 | 163 | 10.68 | 69.00 | 168 | 11.61 |
| 同心县 | Tongxin | 127.19 | 226 | 28.72 | 114.05 | 245 | 27.98 | 105.26 | 263 | 27.71 | 108.96 | 287 | 31.27 |
| 青铜峡市 | Qingtongxia | 54.82 | 469 | 25.73 | 54.44 | 488 | 26.58 | 49.47 | 511 | 25.27 | 49.42 | 501 | 24.77 |
| **固原市** | **Guyuan** | **374.41** | **191** | **71.41** | **359.32** | **219** | **78.65** | **348.67** | **226** | **78.66** | **330.06** | **253** | **83.64** |
| 原州区 | Yuanzhou | 81.29 | 205 | 16.70 | 76.09 | 239 | 18.17 | 76.73 | 243 | 18.67 | 73.59 | 267 | 19.67 |
| 西吉县 | Xiji | 164.98 | 151 | 24.83 | 159.30 | 169 | 26.96 | 150.48 | 181 | 27.18 | 143.16 | 212 | 30.31 |
| 隆德县 | Longde | 34.25 | 239 | 8.19 | 33.43 | 265 | 8.84 | 32.15 | 266 | 8.55 | 28.36 | 281 | 7.97 |
| 泾源县 | Jingyuan | 13.31 | 250 | 3.33 | 12.44 | 238 | 2.96 | 11.38 | 224 | 2.54 | 10.09 | 236 | 2.38 |
| 彭阳县 | Pengyang | 80.58 | 228 | 18.36 | 78.05 | 278 | 21.72 | 77.93 | 278 | 21.70 | 74.85 | 311 | 23.30 |
| **中卫市** | **Zhongwei** | **229.33** | **240** | **54.99** | **224.48** | **264** | **59.30** | **212.51** | **286** | **60.75** | **193.37** | **306** | **59.23** |
| 沙坡头区 | Shapotou | 35.01 | 417 | 14.59 | 33.21 | 448 | 14.90 | 30.62 | 499 | 15.27 | 30.51 | 465 | 14.20 |
| 中宁县 | Zhongning | 43.47 | 467 | 20.30 | 44.66 | 491 | 21.94 | 41.69 | 528 | 22.04 | 42.42 | 503 | 21.33 |
| 海原县 | Haiyuan | 150.84 | 133 | 20.10 | 146.61 | 153 | 22.46 | 140.20 | 167 | 23.44 | 120.44 | 197 | 23.70 |
| **区　属** | **Qushu** | **50.92** | **642** | **32.71** | **51.37** | **668** | **34.29** | **53.12** | **676** | **35.93** | **54.15** | **661** | **35.79** |
| # 农　垦 | NongKen | | | | | | | | | | | | |

## 4-3 续表 2 continued

单位：万亩、公斤、万吨 (mu,kg,ton)

| | | 2015 | | | 2016 | | | 2017 | | |
|---|---|---|---|---|---|---|---|---|---|---|
| | | 播种面积 Sown Area | 亩产 Yield per Unit | 总产量 Total Output | 播种面积 Sown Area | 亩产 Yield per Unit | 总产量 Total Output | 播种面积 Sown Area | 亩产 Yield per Unit | 总产量 Total Output |
| **全　区** | **Total** | **1092.22** | **341** | **372.60** | **1076.89** | **344** | **370.65** | **1083.77** | **341** | **370.05** |
| **沿黄地区** | **Plain** | **434.66** | **504** | **218.98** | **416.22** | **532** | **221.47** | **408.99** | **540** | **220.76** |
| **中南部地区** | **Mountain Area** | **657.57** | **234** | **153.62** | **660.66** | **226** | **149.18** | **674.78** | **221** | **149.29** |
| **银川市** | **Yinchuan** | **128.90** | **496** | **63.96** | **120.20** | **539** | **64.80** | **120.50** | **539** | **65.00** |
| 银川市辖区 | District | 21.60 | 477 | 10.30 | 20.00 | 550 | 11.00 | 20.00 | 500 | 10.00 |
| 永宁县 | Yongning | 46.02 | 494 | 22.73 | 43.00 | 558 | 24.00 | 42.00 | 548 | 23.00 |
| 贺兰县 | Helan | 34.95 | 491 | 17.15 | 32.00 | 513 | 16.41 | 32.00 | 563 | 18.00 |
| 灵武市 | Lingwu | 26.33 | 523 | 13.78 | 25.20 | 531 | 13.39 | 26.50 | 528 | 14.00 |
| **石嘴山市** | **Shizuishan** | **96.53** | **426** | **41.15** | **92.21** | **432** | **39.81** | **92.72** | **450** | **41.69** |
| 大武口区 | Dawukou | 3.29 | 351 | 1.15 | 3.84 | 359 | 1.38 | 3.71 | 404 | 1.50 |
| 惠农区 | Huinong | 14.52 | 444 | 6.45 | 14.86 | 433 | 6.43 | 15.28 | 471 | 7.19 |
| 平罗县 | Pingluo | 78.72 | 426 | 33.54 | 73.51 | 435 | 32.00 | 73.73 | 448 | 33.00 |
| **吴忠市** | **Wuzhong** | **297.30** | **312** | **92.81** | **292.93** | **336** | **98.49** | **301.47** | **327** | **98.63** |
| 利通区 | Litong | 29.77 | 511 | 15.20 | 32.00 | 563 | 18.00 | 30.00 | 567 | 17.00 |
| 红寺堡区 | Hongsipu | 31.64 | 361 | 11.43 | 30.03 | 399 | 11.98 | 30.47 | 394 | 12.00 |
| 盐池县 | Yanchi | 70.97 | 145 | 10.32 | 70.37 | 154 | 10.84 | 76.00 | 153 | 11.63 |
| 同心县 | Tongxin | 116.15 | 265 | 30.83 | 107.52 | 285 | 30.67 | 116.00 | 276 | 32.00 |
| 青铜峡市 | Qingtongxia | 48.78 | 513 | 25.03 | 53.00 | 509 | 27.00 | 49.00 | 531 | 26.00 |
| **固原市** | **Guyuan** | **317.75** | **247** | **78.36** | **332.91** | **227** | **75.53** | **330.29** | **217** | **71.66** |
| 原州区 | Yuanzhou | 70.48 | 258 | 18.18 | 72.78 | 233 | 16.97 | 74.00 | 216 | 16.00 |
| 西吉县 | Xiji | 139.95 | 207 | 28.94 | 148.86 | 188 | 27.94 | 149.51 | 197 | 29.50 |
| 隆德县 | Longde | 26.11 | 276 | 7.21 | 29.98 | 271 | 8.13 | 30.00 | 267 | 8.00 |
| 泾源县 | Jingyuan | 7.34 | 229 | 1.68 | 7.58 | 203 | 1.54 | 5.78 | 201 | 1.16 |
| 彭阳县 | Pengyang | 73.88 | 303 | 22.35 | 73.70 | 284 | 20.95 | 71.00 | 239 | 17.00 |
| **中卫市** | **Zhongwei** | **196.50** | **301** | **59.19** | **188.76** | **308** | **58.15** | **190.02** | **312** | **59.23** |
| 沙坡头区 | Shapotou | 30.80 | 493 | 15.20 | 28.98 | 552 | 16.00 | 28.00 | 571 | 16.00 |
| 中宁县 | Zhongning | 44.64 | 477 | 21.32 | 39.96 | 550 | 21.99 | 40.00 | 531 | 21.23 |
| 海原县 | Haiyuan | 121.06 | 187 | 22.68 | 119.82 | 168 | 20.16 | 122.02 | 180 | 22.00 |
| **区　属** | **Qushu** | **55.25** | **672** | **37.12** | **49.88** | **679** | **33.87** | **48.77** | **694** | **33.84** |
| # 农　垦 | NongKen | | | | | | | | | |

# 4-4 主要年份各市县小麦生产情况

## Basic Statistics of Wheat Production by City and County in Main Years

单位：万亩、公斤、万吨 (10000 mu,kg,10000 ton)

| 市 县 | Region | 2007 | | | 2008 | | | 2009 | | | 2010 | | |
|---|---|---|---|---|---|---|---|---|---|---|---|---|---|
| | | 播种面积 Sown Area | 亩产 Yield per Unit | 总产量 Total Output | 播种面积 Sown Area | 亩产 Yield per Unit | 总产量 Total Output | 播种面积 Sown Area | 亩产 Yield per Unit | 总产量 Total Output | 播种面积 Sown Area | 亩产 Yield per Unit | 总产量 Total Output |
| **全 区** | **Total** | **350.60** | **176** | **61.60** | **306.43** | **209** | **64.07** | **327.69** | **224** | **73.56** | **317.06** | **222** | **70.33** |
| **沿黄地区** | **Plain** | **144.71** | **307** | **44.42** | **140.43** | **336** | **47.20** | **158.59** | **337** | **53.42** | **123.65** | **328** | **40.54** |
| **中南部地区** | **Mountain Area** | **205.89** | **83** | **17.18** | **166.00** | **102** | **16.87** | **169.10** | **119** | **20.14** | **193.40** | **154** | **29.79** |
| **银川市** | **Yinchuan** | **44.09** | **289** | **12.76** | **43.66** | **313** | **13.67** | **48.68** | **310** | **15.09** | **36.88** | **300** | **11.06** |
| 银川市辖区 | District | 5.64 | 277 | 1.56 | 5.35 | 287 | 1.53 | 5.37 | 287 | 1.54 | 3.56 | 268 | 0.95 |
| 永宁县 | Yongning | 14.08 | 293 | 4.12 | 16.45 | 314 | 5.16 | 18.67 | 314 | 5.87 | 15.84 | 303 | 4.80 |
| 贺兰县 | Helan | 15.50 | 294 | 4.56 | 14.39 | 321 | 4.62 | 14.85 | 314 | 4.66 | 10.72 | 305 | 3.27 |
| 灵武市 | Lingwu | 8.88 | 283 | 2.51 | 7.46 | 315 | 2.35 | 9.80 | 308 | 3.02 | 6.77 | 300 | 2.03 |
| **石嘴山市** | **Shizuishan** | **34.89** | **299** | **10.44** | **29.67** | **331** | **9.83** | **35.87** | **333** | **11.96** | **24.72** | **301** | **7.44** |
| 大武口区 | Dawukou | 2.34 | 313 | 0.73 | 1.85 | 340 | 0.63 | 1.99 | 340 | 0.68 | 1.67 | 290 | 0.48 |
| 惠农区 | Huinong | 8.22 | 300 | 2.47 | 5.53 | 346 | 1.92 | 7.22 | 348 | 2.51 | 3.29 | 311 | 1.02 |
| 平罗县 | Pingluo | 24.32 | 298 | 7.24 | 22.28 | 327 | 7.28 | 26.65 | 329 | 8.77 | 19.76 | 300 | 5.93 |
| **吴忠市** | **Wuzhong** | **71.81** | **197** | **14.16** | **70.13** | **231** | **16.22** | **76.38** | **229** | **17.48** | **84.64** | **235** | **19.87** |
| 利通区 | Litong | 11.47 | 387 | 4.44 | 11.49 | 427 | 4.90 | 12.19 | 429 | 5.23 | 11.58 | 432 | 5.00 |
| 红寺堡区 | Hongsipu | 1.64 | 282 | 0.46 | 1.43 | 285 | 0.41 | 3.96 | 290 | 1.15 | 4.54 | 290 | 1.32 |
| 盐池县 | Yanchi | 0.28 | 15 | 0.00 | 0.93 | 49 | 0.05 | 3.97 | 33 | 0.13 | 4.50 | 85 | 0.38 |
| 同心县 | Tongxin | 35.20 | 65 | 2.30 | 33.44 | 85 | 2.84 | 34.33 | 100 | 3.45 | 45.77 | 157 | 7.19 |
| 青铜峡市 | Qingtongxia | 23.22 | 300 | 6.96 | 22.84 | 351 | 8.02 | 21.93 | 343 | 7.52 | 18.24 | 328 | 5.98 |
| **固原市** | **Guyuan** | **145.35** | **89** | **12.88** | **109.82** | **111** | **12.17** | **110.05** | **130** | **14.34** | **118.25** | **156** | **18.46** |
| 原州区 | Yuanzhou | 29.00 | 76 | 2.20 | 24.77 | 103 | 2.56 | 22.52 | 140 | 3.15 | 23.47 | 160 | 3.76 |
| 西吉县 | Xiji | 53.01 | 74 | 3.93 | 42.18 | 106 | 4.47 | 47.61 | 107 | 5.11 | 49.45 | 137 | 6.77 |
| 隆德县 | Longde | 18.51 | 143 | 2.65 | 11.86 | 190 | 2.25 | 11.76 | 192 | 2.26 | 12.18 | 209 | 2.55 |
| 泾源县 | Jingyuan | 11.54 | 145 | 1.68 | 6.03 | 145 | 0.87 | 3.83 | 173 | 0.66 | 4.58 | 178 | 0.82 |
| 彭阳县 | Pengyang | 33.29 | 73 | 2.41 | 24.98 | 81 | 2.02 | 24.33 | 130 | 3.16 | 28.56 | 160 | 4.57 |
| **中卫市** | **Zhongwei** | **48.11** | **189** | **9.08** | **47.81** | **202** | **9.64** | **44.31** | **202** | **8.97** | **43.52** | **217** | **9.46** |
| 沙坡头区 | Shapotou | 12.20 | 300 | 3.66 | 12.32 | 296 | 3.64 | 12.06 | 284 | 3.43 | 10.65 | 299 | 3.19 |
| 中宁县 | Zhongning | 12.49 | 311 | 3.89 | 15.12 | 304 | 4.60 | 15.46 | 289 | 4.47 | 12.53 | 306 | 3.83 |
| 海原县 | Haiyuan | 23.43 | 66 | 1.54 | 20.37 | 69 | 1.41 | 16.79 | 64 | 1.07 | 20.34 | 120 | 2.44 |
| **区 属** | **Qushu** | **6.35** | **361** | **2.29** | **5.34** | **477** | **2.55** | **12.39** | **462** | **5.73** | **9.05** | **447** | **4.05** |

注：根据全国第三次农业普查反馈数据对宁夏2007-2017年全区及分县区粮食数据进行了修订。
Note: Data of grain by city and county 2007-2017 had been revised according to the feedback data from the third national agricultural census.

## 4-4 续表 1 continued

单位：万亩、公斤、万吨 (10000 mu,kg,10000 ton)

| 市 县 | Region | 2011 播种面积 Sown Area | 2011 亩产 Yield per Unit | 2011 总产量 Total Output | 2012 播种面积 Sown Area | 2012 亩产 Yield per Unit | 2012 总产量 Total Output | 2013 播种面积 Sown Area | 2013 亩产 Yield per Unit | 2013 总产量 Total Output | 2014 播种面积 Sown Area | 2014 亩产 Yield per Unit | 2014 总产量 Total Output |
|---|---|---|---|---|---|---|---|---|---|---|---|---|---|
| **全 区** | **Total** | **303.15** | **208** | **62.98** | **268.47** | **231** | **62.04** | **223.24** | **207** | **46.32** | **191.20** | **212** | **40.54** |
| **沿黄地区** | **Plain** | **119.45** | **327** | **39.01** | **99.99** | **339** | **33.91** | **73.40** | **336** | **24.64** | **58.11** | **342** | **19.85** |
| **中南部地区** | **Mountain Area** | **183.70** | **130** | **23.96** | **168.48** | **167** | **28.14** | **149.83** | **145** | **21.68** | **133.10** | **156** | **20.70** |
| **银川市** | **Yinchuan** | **39.28** | **303** | **11.88** | **34.07** | **319** | **10.88** | **30.29** | **327** | **9.91** | **23.24** | **341** | **7.92** |
| 银川市辖区 | District | 4.12 | 272 | 1.12 | 3.89 | 289 | 1.12 | 3.00 | 295 | 0.88 | 2.89 | 308 | 0.89 |
| 永宁县 | Yongning | 16.65 | 312 | 5.19 | 16.51 | 326 | 5.39 | 15.10 | 331 | 5.00 | 11.60 | 345 | 4.00 |
| 贺兰县 | Helan | 11.91 | 310 | 3.70 | 10.67 | 326 | 3.47 | 9.39 | 337 | 3.16 | 6.75 | 353 | 2.38 |
| 灵武市 | Lingwu | 6.60 | 285 | 1.88 | 3.00 | 296 | 0.89 | 2.80 | 306 | 0.86 | 2.00 | 322 | 0.64 |
| **石嘴山市** | **Shizuishan** | **25.36** | **303** | **7.68** | **22.57** | **307** | **6.93** | **16.15** | **303** | **4.89** | **12.66** | **320** | **4.05** |
| 大武口区 | Dawukou | 2.11 | 291 | 0.61 | 2.14 | 295 | 0.63 | 1.79 | 296 | 0.53 | 1.35 | 296 | 0.40 |
| 惠农区 | Huinong | 3.05 | 315 | 0.96 | 2.33 | 317 | 0.74 | 1.69 | 319 | 0.54 | 1.74 | 323 | 0.56 |
| 平罗县 | Pingluo | 20.20 | 303 | 6.11 | 18.10 | 307 | 5.56 | 12.67 | 302 | 3.82 | 9.57 | 323 | 3.09 |
| **吴忠市** | **Wuzhong** | **83.85** | **211** | **17.69** | **72.72** | **223** | **16.20** | **57.77** | **198** | **11.44** | **49.32** | **188** | **9.26** |
| 利通区 | Litong | 11.25 | 423 | 4.76 | 10.01 | 452 | 4.52 | 9.00 | 434 | 3.91 | 5.99 | 382 | 2.29 |
| 红寺堡区 | Hongsipu | 4.74 | 287 | 1.36 | 5.04 | 289 | 1.46 | 3.71 | 270 | 1.00 | 3.24 | 294 | 0.95 |
| 盐池县 | Yanchi | 4.50 | 15 | 0.07 | 3.58 | 60 | 0.21 | 3.60 | 43 | 0.15 | 1.35 | 37 | 0.05 |
| 同心县 | Tongxin | 44.80 | 122 | 5.47 | 38.39 | 123 | 4.73 | 30.84 | 92 | 2.84 | 29.53 | 93 | 2.76 |
| 青铜峡市 | Qingtongxia | 18.57 | 325 | 6.04 | 15.71 | 336 | 5.27 | 10.62 | 332 | 3.53 | 9.21 | 349 | 3.21 |
| **固原市** | **Guyuan** | **112.87** | **134** | **15.16** | **103.86** | **182** | **18.92** | **96.72** | **158** | **15.31** | **85.98** | **172** | **14.78** |
| 原州区 | Yuanzhou | 23.05 | 132 | 3.04 | 18.04 | 161 | 2.91 | 17.86 | 147 | 2.62 | 14.96 | 155 | 2.31 |
| 西吉县 | Xiji | 45.54 | 122 | 5.57 | 42.92 | 165 | 7.08 | 37.72 | 156 | 5.88 | 39.60 | 167 | 6.62 |
| 隆德县 | Longde | 11.80 | 162 | 1.91 | 11.48 | 232 | 2.67 | 10.04 | 199 | 1.99 | 8.90 | 217 | 1.93 |
| 泾源县 | Jingyuan | 4.90 | 184 | 0.90 | 5.31 | 186 | 0.99 | 5.20 | 169 | 0.88 | 4.60 | 185 | 0.85 |
| 彭阳县 | Pengyang | 27.58 | 136 | 3.74 | 26.10 | 202 | 5.27 | 25.90 | 152 | 3.93 | 17.92 | 171 | 3.06 |
| **中卫市** | **Zhongwei** | **36.00** | **216** | **7.78** | **31.77** | **233** | **7.40** | **20.57** | **194** | **4.00** | **18.23** | **206** | **3.75** |
| 沙坡头区 | Shapotou | 10.10 | 295 | 2.98 | 7.11 | 318 | 2.26 | 3.30 | 257 | 0.85 | 3.15 | 279 | 0.88 |
| 中宁县 | Zhongning | 9.10 | 318 | 2.89 | 7.04 | 329 | 2.32 | 2.30 | 338 | 0.78 | 2.08 | 340 | 0.71 |
| 海原县 | Haiyuan | 16.80 | 114 | 1.92 | 17.62 | 160 | 2.82 | 14.97 | 158 | 2.37 | 13.00 | 167 | 2.17 |
| **区 属** | **Qushu** | **5.80** | **480** | **2.78** | **3.49** | **496** | **1.73** | **1.75** | **445** | **0.78** | **1.79** | **443** | **0.79** |

## 4-4 续表 2 continued

单位: 万亩、公斤、万吨 (10000 mu,kg,10000 ton)

| 市 县 | Region | 2015 | | | 2016 | | | 2017 | | |
|---|---|---|---|---|---|---|---|---|---|---|
| | | 播种面积 Sown Area | 亩产 Yield per Unit | 总产量 Total Output | 播种面积 Sown Area | 亩产 Yield per Unit | 总产量 Total Output | 播种面积 Sown Area | 亩产 Yield per Unit | 总产量 Total Output |
| **全 区** | **Total** | **183.68** | **216** | **39.64** | **176.00** | **216** | **38.00** | **184.70** | **205** | **37.82** |
| **沿黄地区** | **Plain** | **55.42** | **335** | **18.59** | **64.80** | **347** | **22.51** | **68.46** | **342** | **23.42** |
| **中南部地区** | **Mountain Area** | **128.26** | **164** | **21.05** | **111.20** | **139** | **15.49** | **116.24** | **124** | **14.40** |
| **银川市** | **Yinchuan** | **21.28** | **355** | **7.55** | **23.20** | **371** | **8.60** | **23.50** | **362** | **8.50** |
| 银川市辖区 | District | 2.61 | 318 | 0.83 | 2.80 | 357 | 1.00 | 2.80 | 339 | 1.00 |
| 永宁县 | Yongning | 10.20 | 357 | 3.64 | 10.10 | 376 | 3.80 | 10.50 | 362 | 3.80 |
| 贺兰县 | Helan | 7.67 | 367 | 2.81 | 8.90 | 371 | 3.30 | 9.10 | 363 | 3.30 |
| 灵武市 | Lingwu | 0.80 | 330 | 0.26 | 1.40 | 357 | 0.50 | 1.10 | 364 | 0.40 |
| **石嘴山市** | **Shizuishan** | **13.79** | **327** | **4.51** | **17.50** | **314** | **5.50** | **23.10** | **316** | **7.30** |
| 大武口区 | Dawukou | 1.45 | 302 | 0.44 | 1.40 | 286 | 0.40 | 1.60 | 313 | 0.50 |
| 惠农区 | Huinong | 1.84 | 324 | 0.60 | 2.60 | 308 | 0.80 | 3.10 | 323 | 1.00 |
| 平罗县 | Pingluo | 10.50 | 331 | 3.47 | 13.50 | 319 | 4.30 | 18.40 | 315 | 5.80 |
| **吴忠市** | **Wuzhong** | **51.04** | **174** | **8.90** | **46.70** | **203** | **9.50** | **53.56** | **170** | **9.10** |
| 利通区 | Litong | 3.20 | 357 | 1.14 | 4.20 | 381 | 1.60 | 3.70 | 351 | 1.30 |
| 红寺堡区 | Hongsipu | 3.42 | 303 | 1.04 | 3.20 | 313 | 1.00 | 4.00 | 275 | 1.10 |
| 盐池县 | Yanchi | 1.30 | 37 | 0.05 | 2.20 | 45 | 0.10 | 2.20 | 45 | 0.10 |
| 同心县 | Tongxin | 34.40 | 104 | 3.56 | 26.40 | 110 | 2.90 | 34.96 | 94 | 3.30 |
| 青铜峡市 | Qingtongxia | 8.72 | 357 | 3.11 | 10.70 | 364 | 3.90 | 8.70 | 379 | 3.30 |
| **固原市** | **Guyuan** | **75.14** | **187** | **14.04** | **66.30** | **148** | **9.79** | **62.48** | **134** | **8.40** |
| 原州区 | Yuanzhou | 14.11 | 171 | 2.41 | 12.70 | 126 | 1.60 | 14.30 | 106 | 1.52 |
| 西吉县 | Xiji | 36.39 | 184 | 6.69 | 32.30 | 148 | 4.79 | 28.48 | 140 | 3.98 |
| 隆德县 | Longde | 6.00 | 240 | 1.44 | 5.20 | 192 | 1.00 | 5.00 | 160 | 0.80 |
| 泾源县 | Jingyuan | 3.30 | 180 | 0.59 | 3.00 | 167 | 0.50 | 2.10 | 190 | 0.40 |
| 彭阳县 | Pengyang | 15.35 | 189 | 2.91 | 13.10 | 145 | 1.90 | 12.60 | 135 | 1.70 |
| **中卫市** | **Zhongwei** | **21.00** | **190** | **4.00** | **20.40** | **181** | **3.70** | **20.10** | **179** | **3.60** |
| 沙波头区 | Shapotou | 3.35 | 273 | 0.91 | 3.80 | 289 | 1.10 | 3.90 | 282 | 1.10 |
| 中宁县 | Zhongning | 3.65 | 197 | 0.72 | 3.50 | 257 | 0.90 | 3.60 | 278 | 1.00 |
| 海原县 | Haiyuan | 14.00 | 169 | 2.37 | 13.10 | 130 | 1.70 | 12.60 | 119 | 1.50 |
| **区 属** | **Qushu** | **1.43** | **453** | **0.65** | **1.90** | **478** | **0.91** | **1.96** | **469** | **0.92** |

# 4-5 主要年份各市县水稻生产情况

## Basic Statistics of Rice Production by City and County in Main Years

单位：万亩、公斤、万吨 (10000 mu, kg, 10000 ton)

| 市县 | Region | 2007 | | | 2008 | | | 2009 | | | 2010 | | |
|---|---|---|---|---|---|---|---|---|---|---|---|---|---|
| | | 播种面积 Sown Area | 亩产 Yield per Unit | 总产量 Total Output | 播种面积 Sown Area | 亩产 Yield per Unit | 总产量 Total Output | 播种面积 Sown Area | 亩产 Yield per Unit | 总产量 Total Output | 播种面积 Sown Area | 亩产 Yield per Unit | 总产量 Total Output |
| **全　区** | **Total** | **115.50** | **524** | **60.50** | **120.43** | **551** | **66.38** | **117.37** | **550** | **64.55** | **124.74** | **561** | **69.99** |
| **沿黄地区** | **Plain** | **115.50** | **524** | **60.50** | **120.43** | **551** | **66.38** | **117.37** | **550** | **64.55** | **124.74** | **561** | **69.99** |
| **中南部地区** | **Mountain Area** | | | | | | | | | | | | |
| **银川市** | **Yinchuan** | **51.83** | **519** | **26.91** | **55.83** | **562** | **31.36** | **53.81** | **562** | **30.25** | **56.97** | **582** | **33.14** |
| 银川市辖区 | District | 14.14 | 476 | 6.73 | 13.35 | 526 | 7.02 | 11.49 | 543 | 6.24 | 11.57 | 566 | 6.55 |
| 永宁县 | Yongning | 9.06 | 572 | 5.18 | 12.29 | 594 | 7.30 | 10.64 | 593 | 6.31 | 11.67 | 610 | 7.12 |
| 贺兰县 | Helan | 19.93 | 524 | 10.44 | 16.34 | 556 | 9.08 | 18.00 | 548 | 9.85 | 19.17 | 576 | 11.05 |
| 灵武市 | Lingwu | 8.71 | 523 | 4.56 | 13.85 | 575 | 7.96 | 13.68 | 573 | 7.84 | 14.56 | 578 | 8.42 |
| **石嘴山市** | **Shizuishan** | **14.56** | **451** | **6.56** | **13.30** | **485** | **6.45** | **14.15** | **485** | **6.87** | **15.47** | **499** | **7.72** |
| 大武口区 | Dawukou | | | | | | | | | | | | |
| 惠农区 | Huinong | | | | | | | | | | 0.28 | 464 | 0.13 |
| 平罗县 | Pingluo | 14.56 | 451 | 6.56 | 13.30 | 485 | 6.45 | 14.15 | 485 | 6.87 | 15.19 | 500 | 7.59 |
| **吴忠市** | **Wuzhong** | **18.96** | **544** | **10.31** | **18.91** | **561** | **10.60** | **16.41** | **569** | **9.33** | **17.61** | **589** | **10.38** |
| 利通区 | Litong | 8.11 | 506 | 4.10 | 9.35 | 526 | 4.92 | 6.69 | 523 | 3.50 | 7.06 | 535 | 3.78 |
| 红寺堡区 | Hongsipu | | | | | | | | | | | | |
| 盐池县 | Yanchi | | | | | | | | | | | | |
| 同心县 | Tongxin | | | | | | | | | | | | |
| 青铜峡市 | Qingtongxia | 10.86 | 571 | 6.20 | 9.56 | 595 | 5.68 | 9.72 | 600 | 5.83 | 10.54 | 626 | 6.60 |
| **固原市** | **Guyuan** | | | | | | | | | | | | |
| 原州区 | Yuanzhou | | | | | | | | | | | | |
| 西吉县 | Xiji | | | | | | | | | | | | |
| 隆德县 | Longde | | | | | | | | | | | | |
| 泾源县 | Jingyuan | | | | | | | | | | | | |
| 彭阳县 | Pengyang | | | | | | | | | | | | |
| **中卫市** | **Zhongwei** | **16.54** | **505** | **8.35** | **15.33** | **575** | **8.82** | **14.82** | **580** | **8.60** | **15.66** | **584** | **9.15** |
| 沙波头区 | Shapotou | 9.93 | 499 | 4.95 | 8.26 | 575 | 4.75 | 8.37 | 574 | 4.81 | 8.84 | 580 | 5.13 |
| 中宁县 | Zhongning | 6.61 | 514 | 3.40 | 7.07 | 575 | 4.07 | 6.44 | 588 | 3.79 | 6.82 | 590 | 4.02 |
| 海原县 | Haiyuan | | | | | | | | | | | | |
| **区　属** | **Qushu** | **13.59** | **615** | **8.36** | **17.06** | **537** | **9.16** | **18.18** | **523** | **9.50** | **19.03** | **504** | **9.60** |
| #农　垦 | NongKen | | | | | | | | | | | | |

注：根据全国第三次农业普查反馈数据对宁夏2007-2017年全区及分县区粮食数据进行了修订。
Note: Data of grain by city and county 2007-2017 had been revised according to the feedback data from the third national agricultural census.

# 4-5 续表 1 continued

单位：万亩、公斤、万吨 (10000 mu, kg, 10000 ton)

| 市　县 | Region | 2011 | | | 2012 | | | 2013 | | | 2014 | | |
|---|---|---|---|---|---|---|---|---|---|---|---|---|---|
| | | 播种面积 Sown Area | 亩产 Yield per Unit | 总产量 Total Output | 播种面积 Sown Area | 亩产 Yield per Unit | 总产量 Total Output | 播种面积 Sown Area | 亩产 Yield per Unit | 总产量 Total Output | 播种面积 Sown Area | 亩产 Yield per Unit | 总产量 Total Output |
| **全　区** | **Total** | **125.91** | **562** | **70.76** | **126.51** | **564** | **71.33** | **123.22** | **559** | **68.89** | **117.07** | **528** | **61.83** |
| **沿黄地区** | **Plain** | **125.91** | **562** | **70.76** | **126.51** | **564** | **71.33** | **123.22** | **559** | **68.89** | **117.07** | **528** | **61.83** |
| **中南部地区** | **Mountain Area** | | | | | | | | | | | | |
| **银川市** | **Yinchuan** | **58.24** | **574** | **33.41** | **58.70** | **575** | **33.76** | **54.24** | **578** | **31.33** | **51.28** | **548** | **28.09** |
| 银川市辖区 | District | 13.87 | 535 | 7.42 | 13.68 | 543 | 7.44 | 10.89 | 542 | 5.90 | 9.16 | 524 | 4.80 |
| 永宁县 | Yongning | 10.71 | 614 | 6.58 | 10.50 | 624 | 6.56 | 11.70 | 624 | 7.30 | 12.10 | 600 | 7.26 |
| 贺兰县 | Helan | 19.66 | 570 | 11.20 | 20.17 | 570 | 11.49 | 17.85 | 569 | 10.15 | 16.18 | 528 | 8.54 |
| 灵武市 | Lingwu | 14.00 | 586 | 8.21 | 14.35 | 577 | 8.28 | 13.80 | 578 | 7.97 | 13.85 | 541 | 7.49 |
| **石嘴山市** | **Shizuishan** | **16.15** | **473** | **7.63** | **16.19** | **460** | **7.44** | **17.18** | **445** | **7.65** | **17.14** | **447** | **7.66** |
| 大武口区 | Dawukou | | | | | | | 0.05 | 451 | 0.02 | 0.05 | 420 | 0.02 |
| 惠农区 | Huinong | 0.85 | 450 | 0.38 | 0.98 | 455 | 0.45 | 0.97 | 454 | 0.44 | 0.59 | 427 | 0.25 |
| 平罗县 | Pingluo | 15.30 | 474 | 7.25 | 15.20 | 460 | 6.99 | 16.16 | 444 | 7.18 | 16.50 | 448 | 7.39 |
| **吴忠市** | **Wuzhong** | **18.58** | **599** | **11.13** | **19.66** | **610** | **11.99** | **20.13** | **603** | **12.13** | **21.32** | **554** | **11.82** |
| 利通区 | Litong | 7.53 | 551 | 4.15 | 7.55 | 565 | 4.26 | 7.02 | 556 | 3.91 | 7.00 | 497 | 3.48 |
| 红寺堡区 | Hongsipu | | | | | | | | | | | | |
| 盐池县 | Yanchi | | | | | | | | | | | | |
| 同心县 | Tongxin | | | | | | | | | | | | |
| 青铜峡市 | Qingtongxia | 11.05 | 632 | 6.99 | 12.11 | 639 | 7.73 | 13.11 | 627 | 8.23 | 14.32 | 583 | 8.35 |
| **固原市** | **Guyuan** | | | | | | | | | | | | |
| 原州区 | Yuanzhou | | | | | | | | | | | | |
| 西吉县 | Xiji | | | | | | | | | | | | |
| 隆德县 | Longde | | | | | | | | | | | | |
| 泾源县 | Jingyuan | | | | | | | | | | | | |
| 彭阳县 | Pengyang | | | | | | | | | | | | |
| **中卫市** | **Zhongwei** | **15.99** | **584** | **9.33** | **15.01** | **583** | **8.75** | **14.01** | **596** | **8.35** | **11.25** | **511** | **5.75** |
| 沙波头区 | Shapotou | 9.02 | 567 | 5.11 | 8.51 | 579 | 4.92 | 8.10 | 590 | 4.78 | 7.30 | 492 | 3.59 |
| 中宁县 | Zhongning | 6.97 | 605 | 4.22 | 6.50 | 589 | 3.83 | 5.91 | 603 | 3.57 | 3.95 | 546 | 2.15 |
| 海原县 | Haiyuan | | | | | | | | | | | | |
| **区　属** | **Qushu** | **16.96** | **545** | **9.25** | **16.96** | **553** | **9.38** | **17.66** | **535** | **9.44** | **16.08** | **530** | **8.51** |
| #农　垦 | NongKen | | | | | | | | | | | | |

## 4-5 续表 2 continued

单位: 万亩、公斤、万吨 (10000 mu, kg, 10000 ton)

| 市 县 | Region | 2015 播种面积 Sown Area | 2015 亩产 Yield per Unit | 2015 总产量 Total Output | 2016 播种面积 Sown Area | 2016 亩产 Yield per Unit | 2016 总产量 Total Output | 2017 播种面积 Sown Area | 2017 亩产 Yield per Unit | 2017 总产量 Total Output |
|---|---|---|---|---|---|---|---|---|---|---|
| **全 区** | **Total** | **111.51** | **545** | **60.75** | **121.29** | **560** | **67.88** | **121.63** | **566** | **68.85** |
| **沿黄地区** | **Plain** | **111.51** | **545** | **60.75** | **121.29** | **560** | **67.88** | **121.63** | **566** | **68.85** |
| **中南部地区** | **Mountain Area** | | | | | | | | | |
| **银川市** | **Yinchuan** | **48.47** | **555** | **26.92** | **49.99** | **566** | **28.29** | **48.48** | **570** | **27.66** |
| 银川市辖区 | District | 9.03 | 521 | 4.70 | 9.65 | 536 | 5.17 | 9.67 | 550 | 5.31 |
| 永宁县 | Yongning | 11.60 | 617 | 7.16 | 12.80 | 619 | 7.92 | 10.20 | 622 | 6.34 |
| 贺兰县 | Helan | 17.74 | 535 | 9.49 | 17.65 | 549 | 9.69 | 17.11 | 566 | 9.69 |
| 灵武市 | Lingwu | 10.10 | 552 | 5.57 | 9.90 | 556 | 5.50 | 11.50 | 549 | 6.31 |
| **石嘴山市** | **Shizuishan** | **16.66** | **452** | **7.54** | **20.91** | **472** | **9.87** | **21.75** | **478** | **10.40** |
| 大武口区 | Dawukou | 0.05 | 420 | 0.02 | 0.06 | 429 | 0.02 | 0.35 | 429 | 0.15 |
| 惠农区 | Huinong | 0.61 | 439 | 0.27 | 0.55 | 435 | 0.24 | 0.60 | 392 | 0.24 |
| 平罗县 | Pingluo | 16.00 | 453 | 7.25 | 20.30 | 473 | 9.61 | 20.80 | 481 | 10.01 |
| **吴忠市** | **Wuzhong** | **21.94** | **577** | **12.65** | **22.90** | **598** | **13.70** | **22.51** | **607** | **13.66** |
| 利通区 | Litong | 7.41 | 542 | 4.01 | 7.60 | 577 | 4.38 | 7.62 | 585 | 4.46 |
| 红寺堡区 | Hongsipu | | | | | | | | | |
| 盐池县 | Yanchi | | | | | | | | | |
| 同心县 | Tongxin | | | | | | | | | |
| 青铜峡市 | Qingtongxia | 14.53 | 594 | 8.63 | 15.30 | 609 | 9.32 | 14.89 | 618 | 9.21 |
| **固原市** | **Guyuan** | | | | | | | | | |
| 原州区 | Yuanzhou | | | | | | | | | |
| 西吉县 | Xiji | | | | | | | | | |
| 隆德县 | Longde | | | | | | | | | |
| 泾源县 | Jingyuan | | | | | | | | | |
| 彭阳县 | Pengyang | | | | | | | | | |
| **中卫市** | **Zhongwei** | **9.74** | **575** | **5.60** | **8.81** | **607** | **5.35** | **8.81** | **619** | **5.45** |
| 沙波头区 | Shapotou | 6.90 | 581 | 4.01 | 6.08 | 613 | 3.73 | 5.98 | 625 | 3.74 |
| 中宁县 | Zhongning | 2.84 | 562 | 1.60 | 2.73 | 594 | 1.62 | 2.83 | 606 | 1.71 |
| 海原县 | Haiyuan | | | | | | | | | |
| **区 属** | **Qushu** | **14.70** | **547** | **8.04** | **18.69** | **571** | **10.67** | **20.09** | **582** | **11.68** |
| #农 垦 | NongKen | | | | | | | | | |

# 4-6 主要年份各市县玉米生产情况

## Basic Statistics of Corn Production by City and County in Main Years

单位：万亩、公斤、万吨 (10000 mu, kg, 10000 ton)

| 市 县 | Region | 2007 | | | 2008 | | | 2009 | | | 2010 | | |
|---|---|---|---|---|---|---|---|---|---|---|---|---|---|
| | | 播种面积 Sown Area | 亩产 Yield per Unit | 总产量 Total Output | 播种面积 Sown Area | 亩产 Yield per Unit | 总产量 Total Output | 播种面积 Sown Area | 亩产 Yield per Unit | 总产量 Total Output | 播种面积 Sown Area | 亩产 Yield per Unit | 总产量 Total Output |
| **全 区** | **Total** | **309.00** | **474** | **146.60** | **312.79** | **479** | **149.94** | **322.62** | **485** | **156.38** | **335.11** | **495** | **165.80** |
| **沿黄地区** | **Plain** | **205.08** | **471** | **96.49** | **202.96** | **490** | **99.48** | **197.39** | **511** | **100.77** | **201.43** | **518** | **104.27** |
| **中南部地区** | **Mountain Area** | **103.92** | **482** | **50.11** | **109.83** | **459** | **50.46** | **125.23** | **444** | **55.61** | **133.68** | **460** | **61.54** |
| **银川市** | **Yinchuan** | **59.89** | **395** | **23.66** | **56.95** | **457** | **26.05** | **56.80** | **465** | **26.39** | **52.16** | **474** | **24.70** |
| 银川市辖区 | District | 11.17 | 285 | 3.19 | 8.68 | 443 | 3.84 | 8.42 | 455 | 3.83 | 9.43 | 460 | 4.34 |
| 永宁县 | Yongning | 17.96 | 414 | 7.43 | 20.13 | 460 | 9.27 | 21.81 | 464 | 10.13 | 19.67 | 469 | 9.23 |
| 贺兰县 | Helan | 19.89 | 427 | 8.49 | 16.90 | 460 | 7.78 | 14.58 | 466 | 6.80 | 13.81 | 475 | 6.56 |
| 灵武市 | Lingwu | 10.87 | 419 | 4.56 | 11.24 | 459 | 5.16 | 11.98 | 470 | 5.63 | 9.25 | 494 | 4.57 |
| **石嘴山市** | **Shizuishan** | **42.61** | **457** | **19.49** | **45.07** | **458** | **20.64** | **43.76** | **478** | **20.92** | **49.22** | **478** | **23.54** |
| 大武口区 | Dawukou | 1.25 | 466 | 0.58 | 2.21 | 378 | 0.84 | 1.64 | 450 | 0.74 | 1.83 | 400 | 0.73 |
| 惠农区 | Huinong | 9.48 | 449 | 4.26 | 8.09 | 466 | 3.77 | 8.17 | 470 | 3.84 | 9.18 | 479 | 4.39 |
| 平罗县 | Pingluo | 31.88 | 460 | 14.65 | 34.77 | 461 | 16.03 | 33.95 | 481 | 16.34 | 38.22 | 482 | 18.42 |
| 吴忠市 | Wuzhong | 97.90 | 510 | 49.90 | 97.41 | 512 | 49.92 | 95.86 | 521 | 49.93 | 97.00 | 524 | 50.80 |
| 利通区 | Litong | 16.79 | 462 | 7.76 | 14.98 | 489 | 7.32 | 14.65 | 504 | 7.38 | 14.84 | 510 | 7.56 |
| 红寺堡区 | Hongsipu | 20.48 | 506 | 10.36 | 17.02 | 500 | 8.50 | 16.40 | 504 | 8.27 | 15.86 | 510 | 8.09 |
| 盐池县 | Yanchi | 9.50 | 407 | 3.87 | 12.20 | 475 | 5.79 | 12.73 | 475 | 6.05 | 13.67 | 470 | 6.43 |
| 同心县 | Tongxin | 25.59 | 610 | 15.61 | 26.75 | 588 | 15.74 | 25.95 | 591 | 15.34 | 27.03 | 593 | 16.02 |
| 青铜峡市 | Qingtongxia | 25.54 | 482 | 12.31 | 26.45 | 475 | 12.57 | 26.13 | 493 | 12.90 | 25.60 | 496 | 12.70 |
| **固原市** | **Guyuan** | **39.80** | **379** | **15.07** | **44.32** | **334** | **14.81** | **57.78** | **324** | **18.71** | **63.55** | **366** | **23.27** |
| 原州区 | Yuanzhou | 14.07 | 393 | 5.53 | 11.14 | 351 | 3.91 | 15.05 | 344 | 5.17 | 15.59 | 444 | 6.92 |
| 西吉县 | Xiji | 3.65 | 279 | 1.02 | 3.11 | 241 | 0.75 | 7.20 | 237 | 1.71 | 10.84 | 245 | 2.66 |
| 隆德县 | Longde | 1.18 | 302 | 0.36 | 3.06 | 365 | 1.12 | 3.57 | 367 | 1.31 | 4.62 | 351 | 1.62 |
| 泾源县 | Jingyuan | 1.21 | 291 | 0.35 | 1.95 | 260 | 0.51 | 2.11 | 261 | 0.55 | 1.55 | 255 | 0.40 |
| 彭阳县 | Pengyang | 19.69 | 397 | 7.81 | 25.06 | 340 | 8.52 | 29.84 | 334 | 9.97 | 30.94 | 377 | 11.68 |
| **中卫市** | **Zhongwei** | **40.80** | **440** | **17.97** | **41.02** | **492** | **20.17** | **44.37** | **513** | **22.76** | **47.00** | **524** | **24.64** |
| 沙波头区 | Shapotou | 11.49 | 460 | 5.29 | 10.58 | 457 | 4.84 | 10.93 | 484 | 5.29 | 11.45 | 494 | 5.66 |
| 中宁县 | Zhongning | 20.75 | 361 | 7.49 | 20.91 | 465 | 9.71 | 21.08 | 485 | 10.22 | 21.98 | 512 | 11.25 |
| 海原县 | Haiyuan | 8.55 | 607 | 5.20 | 9.53 | 590 | 5.62 | 12.37 | 586 | 7.25 | 13.57 | 570 | 7.73 |
| **区 属** | **Qushu** | **28.01** | **732** | **20.50** | **28.02** | **655** | **18.35** | **24.05** | **735** | **17.67** | **26.18** | **720** | **18.85** |
| #农 垦 | NongKen | | | | | | | | | | | | |

注：根据全国第三次农业普查反馈数据对宁夏2007-2017年全区及分县区粮食数据进行了修订。
Note: Data of grain by city and county 2007-2017 had been revised according to the feedback data from the third national agricultural census.

## 4-6 续表 1 continued

单位：万亩、公斤、万吨 (10000 mu, kg, 10000 ton)

| 市 县 | Region | 2011 播种面积 Sown Area | 2011 亩产 Yield per Unit | 2011 总产量 Total Output | 2012 播种面积 Sown Area | 2012 亩产 Yield per Unit | 2012 总产量 Total Output | 2013 播种面积 Sown Area | 2013 亩产 Yield per Unit | 2013 总产量 Total Output | 2014 播种面积 Sown Area | 2014 亩产 Yield per Unit | 2014 总产量 Total Output |
|---|---|---|---|---|---|---|---|---|---|---|---|---|---|
| **全 区** | **Total** | **346.66** | **497** | **172.43** | **368.84** | **518** | **191.18** | **393.03** | **525** | **206.24** | **433.13** | **517** | **224.08** |
| **沿黄地区** | **Plain** | **204.34** | **524** | **107.03** | **220.57** | **540** | **119.20** | **229.55** | **554** | **127.10** | **240.80** | **547** | **131.70** |
| **中南部地区** | **Mountain Area** | **142.32** | **460** | **65.40** | **148.27** | **485** | **71.97** | **163.48** | **484** | **79.15** | **192.33** | **480** | **92.38** |
| **银川市** | **Yinchuan** | **51.20** | **466** | **23.84** | **53.90** | **483** | **26.03** | **49.67** | **501** | **24.86** | **51.24** | **502** | **25.70** |
| 银川市辖区 | District | 9.72 | 431 | 4.18 | 9.77 | 440 | 4.30 | 8.20 | 462 | 3.79 | 9.91 | 465 | 4.61 |
| 永宁县 | Yongning | 20.56 | 470 | 9.67 | 21.60 | 488 | 10.54 | 21.60 | 500 | 10.81 | 21.80 | 502 | 10.95 |
| 贺兰县 | Helan | 12.02 | 483 | 5.80 | 12.62 | 502 | 6.34 | 9.27 | 514 | 4.77 | 9.33 | 517 | 4.82 |
| 灵武市 | Lingwu | 8.90 | 470 | 4.18 | 9.91 | 490 | 4.85 | 10.60 | 519 | 5.50 | 10.20 | 521 | 5.32 |
| **石嘴山市** | **Shizuishan** | **50.60** | **477** | **24.15** | **53.10** | **494** | **26.21** | **58.03** | **486** | **28.20** | **59.60** | **489** | **29.17** |
| 大武口区 | Dawukou | 1.60 | 400 | 0.64 | 1.60 | 400 | 0.64 | 1.61 | 400 | 0.64 | 1.91 | 400 | 0.76 |
| 惠农区 | Huinong | 9.80 | 458 | 4.49 | 10.39 | 474 | 4.93 | 10.91 | 469 | 5.12 | 11.39 | 469 | 5.34 |
| 平罗县 | Pingluo | 39.20 | 485 | 19.01 | 41.11 | 502 | 20.64 | 45.52 | 493 | 22.44 | 46.30 | 498 | 23.06 |
| 吴忠市 | Wuzhong | 98.87 | 536 | 52.97 | 96.55 | 559 | 53.94 | 104.18 | 555 | 57.86 | 115.90 | 564 | 65.38 |
| 利通区 | Litong | 13.00 | 493 | 6.41 | 13.91 | 511 | 7.11 | 15.15 | 520 | 7.88 | 16.72 | 557 | 9.32 |
| 红寺堡区 | Hongsipu | 15.37 | 492 | 7.56 | 15.47 | 497 | 7.69 | 17.71 | 491 | 8.69 | 20.28 | 500 | 10.13 |
| 盐池县 | Yanchi | 14.51 | 469 | 6.81 | 12.83 | 469 | 6.02 | 14.96 | 458 | 6.85 | 17.65 | 445 | 7.86 |
| 同心县 | Tongxin | 30.79 | 633 | 19.49 | 27.72 | 705 | 19.55 | 30.63 | 683 | 20.92 | 35.38 | 703 | 24.87 |
| 青铜峡市 | Qingtongxia | 25.21 | 504 | 12.71 | 26.63 | 510 | 13.58 | 25.74 | 525 | 13.51 | 25.88 | 510 | 13.21 |
| **固原市** | **Guyuan** | **67.55** | **351** | **23.70** | **76.09** | **385** | **29.30** | **81.86** | **398** | **32.59** | **94.03** | **399** | **37.52** |
| 原州区 | Yuanzhou | 16.99 | 391 | 6.64 | 19.15 | 435 | 8.32 | 21.31 | 427 | 9.10 | 23.44 | 433 | 10.15 |
| 西吉县 | Xiji | 12.39 | 244 | 3.02 | 14.39 | 282 | 4.05 | 15.96 | 292 | 4.66 | 19.43 | 290 | 5.64 |
| 隆德县 | Longde | 5.02 | 352 | 1.77 | 6.08 | 368 | 2.24 | 7.09 | 384 | 2.72 | 8.50 | 387 | 3.29 |
| 泾源县 | Jingyuan | 1.80 | 251 | 0.45 | 2.22 | 257 | 0.57 | 2.00 | 262 | 0.52 | 1.90 | 267 | 0.51 |
| 彭阳县 | Pengyang | 31.35 | 377 | 11.81 | 34.25 | 412 | 14.12 | 35.51 | 439 | 15.58 | 40.76 | 440 | 17.93 |
| **中卫市** | **Zhongwei** | **50.80** | **533** | **27.09** | **58.77** | **553** | **32.51** | **65.97** | **561** | **37.03** | **76.46** | **521** | **39.84** |
| 沙坡头区 | Shapotou | 11.80 | 528 | 6.23 | 13.80 | 540 | 7.46 | 16.10 | 584 | 9.40 | 17.00 | 559 | 9.50 |
| 中宁县 | Zhongning | 24.90 | 523 | 13.02 | 28.80 | 543 | 15.64 | 31.55 | 556 | 17.54 | 34.46 | 532 | 18.33 |
| 海原县 | Haiyuan | 14.10 | 556 | 7.84 | 16.17 | 582 | 9.41 | 18.33 | 550 | 10.09 | 25.00 | 480 | 12.00 |
| **区 属** | **Qushu** | **27.63** | **748** | **20.68** | **30.43** | **762** | **23.18** | **33.32** | **772** | **25.71** | **35.90** | **738** | **26.48** |
| #农 垦 | NongKen | | | | | | | | | | | | |

# 4-6 续表 2 continued

单位：万亩、公斤、万吨 (10000 mu, kg, 10000 ton)

| 市县 | Region | 2015 | | | 2016 | | | 2017 | | |
|---|---|---|---|---|---|---|---|---|---|---|
| | | 播种面积 Sown Area | 亩产 Yield per Unit | 总产量 Total Output | 播种面积 Sown Area | 亩产 Yield per Unit | 总产量 Total Output | 播种面积 Sown Area | 亩产 Yield per Unit | 总产量 Total Output |
| **全　区** | **Total** | **452.66** | **501** | **226.88** | **469.84** | **469** | **220.47** | **459.50** | **468** | **214.87** |
| **沿黄地区** | **Plain** | **251.82** | **552** | **138.90** | **218.80** | **594** | **130.07** | **207.99** | **614** | **127.74** |
| **中南部地区** | **Mountain Area** | **200.85** | **438** | **87.98** | **251.04** | **360** | **90.40** | **251.51** | **346** | **87.14** |
| **银川市** | **Yinchuan** | **55.23** | **532** | **29.36** | **44.25** | **627** | **27.72** | **43.31** | **632** | **28.60** |
| 银川市辖区 | District | 9.96 | 478 | 4.76 | 7.55 | 639 | 4.83 | 6.16 | 588 | 3.63 |
| 永宁县 | Yongning | 22.80 | 521 | 11.87 | 19.10 | 639 | 12.20 | 19.80 | 640 | 12.80 |
| 贺兰县 | Helan | 9.17 | 528 | 4.84 | 5.20 | 655 | 3.40 | 5.60 | 595 | 5.00 |
| 灵武市 | Lingwu | 13.30 | 592 | 7.88 | 12.40 | 588 | 7.30 | 11.75 | 605 | 7.18 |
| **石嘴山市** | **Shizuishan** | **60.60** | **477** | **28.90** | **49.94** | **483** | **24.12** | **45.27** | **526** | **23.81** |
| 大武口区 | Dawukou | 1.79 | 400 | 0.72 | 2.38 | 401 | 0.96 | 1.76 | 483 | 0.85 |
| 惠农区 | Huinong | 12.01 | 464 | 5.58 | 11.67 | 461 | 5.38 | 11.48 | 489 | 5.95 |
| 平罗县 | Pingluo | 46.80 | 483 | 22.60 | 35.89 | 495 | 17.78 | 32.03 | 531 | 17.01 |
| 吴忠市 | Wuzhong | 118.71 | 535 | 63.54 | 127.71 | 517 | 66.09 | 125.14 | 515 | 64.49 |
| 利通区 | Litong | 18.02 | 555 | 10.00 | 19.40 | 616 | 11.96 | 18.38 | 610 | 11.22 |
| 红寺堡区 | Hongsipu | 21.02 | 463 | 9.73 | 21.64 | 482 | 10.42 | 22.60 | 467 | 10.56 |
| 盐池县 | Yanchi | 16.78 | 396 | 6.64 | 17.70 | 341 | 6.03 | 18.55 | 306 | 5.67 |
| 同心县 | Tongxin | 37.35 | 640 | 23.89 | 41.97 | 569 | 23.90 | 40.20 | 586 | 23.56 |
| 青铜峡市 | Qingtongxia | 25.54 | 520 | 13.28 | 27.00 | 511 | 13.78 | 25.41 | 531 | 13.49 |
| **固原市** | **Guyuan** | **98.70** | **364** | **35.97** | **133.20** | **307** | **40.86** | **134.72** | **275** | **37.09** |
| 原州区 | Yuanzhou | 25.06 | 389 | 9.75 | 40.11 | 294 | 11.81 | 41.09 | 276 | 11.35 |
| 西吉县 | Xiji | 20.23 | 263 | 5.32 | 33.21 | 214 | 7.11 | 34.74 | 216 | 7.50 |
| 隆德县 | Longde | 9.00 | 350 | 3.15 | 13.64 | 360 | 4.91 | 14.22 | 349 | 4.96 |
| 泾源县 | Jingyuan | 1.60 | 260 | 0.42 | 2.35 | 222 | 0.52 | 1.38 | 196 | 0.27 |
| 彭阳县 | Pengyang | 42.81 | 405 | 17.34 | 43.90 | 376 | 16.51 | 43.29 | 301 | 13.01 |
| **中卫市** | **Zhongwei** | **80.69** | **504** | **40.68** | **85.71** | **459** | **39.38** | **84.32** | **470** | **39.65** |
| 沙波头区 | Shapotou | 17.50 | 576 | 10.08 | 16.91 | 644 | 10.89 | 16.66 | 660 | 10.99 |
| 中宁县 | Zhongning | 36.19 | 521 | 18.86 | 32.28 | 598 | 19.30 | 32.23 | 570 | 18.38 |
| 海原县 | Haiyuan | 27.00 | 435 | 11.75 | 36.53 | 252 | 9.19 | 35.43 | 290 | 10.27 |
| **区　属** | **Qushu** | **38.74** | **734** | **28.43** | **29.02** | **768** | **22.29** | **26.73** | **795** | **21.24** |
| #农　垦 | NongKen | | | | | | | | | |

# 4-7 主要年份各市县马铃薯生产情况

## Basic Statistics of Tubers Production by City and County in Main Years

单位：万亩、公斤、万吨 (10000 mu, kg, 10000 ton)

| 市 县 | Region | 2007 | | | 2008 | | | 2009 | | | 2010 | | |
|---|---|---|---|---|---|---|---|---|---|---|---|---|---|
| | | 播种面积 Sown Area | 亩产 Yield per Unit | 总产量 Total Output | 播种面积 Sown Area | 亩产 Yield per Unit | 总产量 Total Output | 播种面积 Sown Area | 亩产 Yield per Unit | 总产量 Total Output | 播种面积 Sown Area | 亩产 Yield per Unit | 总产量 Total Output |
| **全 区** | **Total** | **291.75** | **142** | **41.40** | **326.06** | **130** | **42.28** | **297.00** | **132** | **39.06** | **293.40** | **145** | **42.50** |
| **沿黄地区** | **Plain** | | | | | | | | | | | | |
| **中南部地区** | **Mountain Area** | **291.75** | **142** | **41.40** | **326.06** | **130** | **42.28** | **297.00** | **132** | **39.06** | **293.40** | **145** | **42.50** |
| **银川市** | **Yinchuan** | | | | | | | | | | | | |
| 银川市辖区 | District | | | | | | | | | | | | |
| 永宁县 | Yongning | | | | | | | | | | | | |
| 贺兰县 | Helan | | | | | | | | | | | | |
| 灵武市 | Lingwu | | | | | | | | | | | | |
| **石嘴山市** | **Shizuishan** | | | | | | | | | | | | |
| 大武口区 | Dawukou | | | | | | | | | | | | |
| 惠农区 | Huinong | | | | | | | | | | | | |
| 平罗县 | Pingluo | | | | | | | | | | | | |
| **吴忠市** | **Wuzhong** | **36.79** | **101** | **3.72** | **35.21** | **102** | **3.59** | **36.59** | **110** | **4.02** | **39.43** | **117** | **4.62** |
| 利通区 | Litong | | | | | | | | | | | | |
| 红寺堡区 | Hongsipu | 1.08 | 297 | 0.32 | 3.28 | 248 | 0.81 | 2.52 | 277 | 0.70 | 4.82 | 230 | 1.11 |
| 盐池县 | Yanchi | 14.73 | 93 | 1.37 | 9.53 | 86 | 0.82 | 11.58 | 115 | 1.33 | 12.29 | 106 | 1.31 |
| 同心县 | Tongxin | 20.98 | 96 | 2.02 | 22.40 | 87 | 1.95 | 22.48 | 88 | 1.99 | 22.32 | 99 | 2.20 |
| 青铜峡市 | Qingtongxia | | | | | | | | | | | | |
| **固原市** | **Guyuan** | **182.08** | **167** | **30.35** | **195.95** | **155** | **30.41** | **180.15** | **159** | **28.72** | **166.19** | **180** | **29.87** |
| 原州区 | Yuanzhou | 38.96 | 159 | 6.19 | 44.84 | 145 | 6.48 | 41.82 | 145 | 6.05 | 36.59 | 176 | 6.44 |
| 西吉县 | Xiji | 100.59 | 156 | 15.68 | 100.54 | 140 | 14.03 | 94.83 | 143 | 13.56 | 89.22 | 162 | 14.41 |
| 隆德县 | Longde | 11.34 | 262 | 2.98 | 15.09 | 264 | 3.99 | 14.97 | 278 | 4.15 | 14.47 | 288 | 4.17 |
| 泾源县 | Jingyuan | 6.71 | 265 | 1.78 | 9.09 | 272 | 2.47 | 9.30 | 281 | 2.62 | 8.67 | 293 | 2.54 |
| 彭阳县 | Pengyang | 24.48 | 152 | 3.73 | 26.39 | 130 | 3.44 | 19.22 | 122 | 2.34 | 17.24 | 134 | 2.30 |
| **中卫市** | **Zhongwei** | **72.89** | **101** | **7.33** | **94.90** | **87** | **8.28** | **80.26** | **79** | **6.33** | **87.78** | **91** | **8.01** |
| 沙坡头区 | Shapotou | | | | | | | | | | | | |
| 中宁县 | Zhongning | | | | | | | | | | | | |
| 海原县 | Haiyuan | 72.89 | 101 | 7.33 | 94.90 | 87 | 8.28 | 80.26 | 79 | 6.33 | 87.78 | 91 | 8.01 |
| **区 属** | **Qushu** | | | | | | | | | | | | |
| #农 垦 | NongKen | | | | | | | | | | | | |

注：根据全国第三次农业普查反馈数据对宁夏2007-2017年全区及分县区粮食数据进行了修订。

Note: Data of grain by city and county 2007-2017 had been revised according to the feedback data from the third national agricultural census.

## 4-7 续表 1 continued

单位：万亩、公斤、万吨 (10000 mu, kg, 10000 ton)

| 市县 | Region | 2011 播种面积 Sown Area | 2011 亩产 Yield per Unit | 2011 总产量 Total Output | 2012 播种面积 Sown Area | 2012 亩产 Yield per Unit | 2012 总产量 Total Output | 2013 播种面积 Sown Area | 2013 亩产 Yield per Unit | 2013 总产量 Total Output | 2014 播种面积 Sown Area | 2014 亩产 Yield per Unit | 2014 总产量 Total Output |
|---|---|---|---|---|---|---|---|---|---|---|---|---|---|
| **全　区** | **Total** | **287.70** | **155** | **44.52** | **267.90** | **158** | **42.24** | **259.20** | **170** | **44.00** | **206.85** | **204** | **42.11** |
| **沿黄地区** | **Plain** | | | | | | | | | | | | |
| **中南部地区** | **Mountain Area** | **287.70** | **155** | **44.52** | **267.90** | **158** | **42.24** | **259.20** | **170** | **44.00** | **206.85** | **204** | **42.11** |
| **银川市** | **Yinchuan** | | | | | | | | | | | | |
| 银川市辖区 | District | | | | | | | | | | | | |
| 永宁县 | Yongning | | | | | | | | | | | | |
| 贺兰县 | Helan | | | | | | | | | | | | |
| 灵武市 | Lingwu | | | | | | | | | | | | |
| **石嘴山市** | **Shizuishan** | | | | | | | | | | | | |
| 大武口区 | Dawukou | | | | | | | | | | | | |
| 惠农区 | Huinong | | | | | | | | | | | | |
| 平罗县 | Pingluo | | | | | | | | | | | | |
| **吴忠市** | **Wuzhong** | **40.27** | **121** | **4.89** | **37.70** | **129** | **4.86** | **37.40** | **144** | **5.39** | **32.77** | **135** | **4.42** |
| 利通区 | Litong | | | | | | | | | | | | |
| 红寺堡区 | Hongsipu | 5.33 | 222 | 1.19 | 5.80 | 233 | 1.35 | 5.15 | 261 | 1.35 | 3.48 | 234 | 0.82 |
| 盐池县 | Yanchi | 12.47 | 116 | 1.45 | 11.20 | 121 | 1.35 | 13.83 | 116 | 1.60 | 13.14 | 117 | 1.53 |
| 同心县 | Tongxin | 22.47 | 101 | 2.26 | 20.69 | 104 | 2.15 | 18.42 | 132 | 2.44 | 16.15 | 129 | 2.08 |
| 青铜峡市 | Qingtongxia | | | | | | | | | | | | |
| **固原市** | **Guyuan** | **162.28** | **191** | **30.99** | **149.88** | **193** | **28.90** | **144.46** | **203** | **29.31** | **123.54** | **242** | **29.89** |
| 原州区 | Yuanzhou | 36.73 | 185 | 6.81 | 34.69 | 194 | 6.73 | 33.85 | 199 | 6.75 | 31.28 | 224 | 7.00 |
| 西吉县 | Xiji | 87.76 | 176 | 15.41 | 84.06 | 178 | 15.00 | 81.29 | 195 | 15.86 | 68.15 | 253 | 17.27 |
| 隆德县 | Longde | 14.13 | 303 | 4.28 | 12.82 | 291 | 3.73 | 12.51 | 291 | 3.64 | 8.51 | 302 | 2.57 |
| 泾源县 | Jingyuan | 6.41 | 306 | 1.96 | 4.72 | 293 | 1.39 | 4.01 | 282 | 1.13 | 3.42 | 296 | 1.01 |
| 彭阳县 | Pengyang | 17.26 | 146 | 2.53 | 13.59 | 151 | 2.05 | 12.80 | 150 | 1.92 | 12.17 | 167 | 2.03 |
| **中卫市** | **Zhongwei** | **85.15** | **101** | **8.64** | **80.33** | **106** | **8.49** | **77.33** | **120** | **9.30** | **50.54** | **154** | **7.80** |
| 沙波头区 | Shapotou | | | | | | | | | | | | |
| 中宁县 | Zhongning | | | | | | | | | | | | |
| 海原县 | Haiyuan | 85.15 | 101 | 8.64 | 80.33 | 106 | 8.49 | 77.33 | 120 | 9.30 | 50.54 | 154 | 7.80 |
| **区　属** | **Qushu** | | | | | | | | | | | | |
| #农　垦 | NongKen | | | | | | | | | | | | |

## 4-7 续表 2 continued

单位：万亩、公斤、万吨 (10000 mu, kg, 10000 ton)

| 市 县 | Region | 2015 播种面积 Sown Area | 2015 亩产 Yield per Unit | 2015 总产量 Total Output | 2016 播种面积 Sown Area | 2016 亩产 Yield per Unit | 2016 总产量 Total Output | 2017 播种面积 Sown Area | 2017 亩产 Yield per Unit | 2017 总产量 Total Output |
|---|---|---|---|---|---|---|---|---|---|---|
| **全 区** | **Total** | **192.75** | **193** | **37.20** | **185.00** | **185** | **34.20** | **178.00** | **198** | **35.20** |
| **沿黄地区** | **Plain** | | | | | | | | | |
| **中南部地区** | **Mountain Area** | **192.75** | **193** | **37.20** | **185.00** | **185** | **34.20** | **178.00** | **198** | **35.20** |
| **银川市** | **Yinchuan** | | | | | | | | | |
| 银川市辖区 | District | | | | | | | | | |
| 永宁县 | Yongning | | | | | | | | | |
| 贺兰县 | Helan | | | | | | | | | |
| 灵武市 | Lingwu | | | | | | | | | |
| **石嘴山市** | **Shizuishan** | | | | | | | | | |
| 大武口区 | Dawukou | | | | | | | | | |
| 惠农区 | Huinong | | | | | | | | | |
| 平罗县 | Pingluo | | | | | | | | | |
| **吴忠市** | **Wuzhong** | **29.85** | **117** | **3.51** | **31.00** | **131** | **4.07** | **28.30** | **150** | **4.24** |
| 利通区 | Litong | | | | | | | | | |
| 红寺堡区 | Hongsipu | 2.08 | 196 | 0.41 | 1.30 | 177 | 0.23 | 0.40 | 200 | 0.08 |
| 盐池县 | Yanchi | 13.19 | 103 | 1.36 | 16.00 | 123 | 1.96 | 15.80 | 138 | 2.18 |
| 同心县 | Tongxin | 14.58 | 119 | 1.74 | 13.70 | 137 | 1.88 | 12.10 | 164 | 1.98 |
| 青铜峡市 | Qingtongxia | | | | | | | | | |
| **固原市** | **Guyuan** | **116.56** | **231** | **26.92** | **111.90** | **206** | **23.06** | **108.20** | **221** | **23.90** |
| 原州区 | Yuanzhou | 27.25 | 214 | 5.82 | 16.70 | 198 | 3.30 | 15.00 | 188 | 2.82 |
| 西吉县 | Xiji | 66.88 | 242 | 16.15 | 70.50 | 214 | 15.06 | 70.90 | 237 | 16.79 |
| 隆德县 | Longde | 8.67 | 284 | 2.46 | 9.40 | 213 | 2.00 | 9.00 | 224 | 2.02 |
| 泾源县 | Jingyuan | 2.26 | 292 | 0.66 | 2.10 | 238 | 0.50 | 2.20 | 218 | 0.48 |
| 彭阳县 | Pengyang | 11.50 | 159 | 1.83 | 13.20 | 167 | 2.20 | 11.10 | 161 | 1.79 |
| **中卫市** | **Zhongwei** | **46.35** | **146** | **6.77** | **42.10** | **168** | **7.07** | **41.50** | **170** | **7.06** |
| 沙波头区 | Shapotou | | | | | | | | | |
| 中宁县 | Zhongning | | | | | | | | | |
| 海原县 | Haiyuan | 46.35 | 146 | 6.77 | 42.10 | 168 | 7.07 | 41.50 | 170 | 7.06 |
| **区 属** | **Qushu** | | | | | | | | | |
| #农 垦 | NongKen | | | | | | | | | |

# 4-8 2017年各市县猪、牛、羊、禽存栏情况
## Breeding Stock of Livestock by City and County (2017)

| 市 县 | Region | 存栏 Number of Livestock in Stock | | | | | | |
|---|---|---|---|---|---|---|---|---|
| | | 生猪(头) Hog (head) | #能繁母猪 Sow | 牛(头) Cattle and Buffaloes (head) | #奶牛 Dairy Cow | 羊(只) Sheep (head) | 家禽(百只) Poultry (100 head) | #蛋鸡 Egg-laying |
| **全 区** | **Total** | **810351** | **94061** | **1183334** | **408148** | **5065894** | **115068** | **81060** |
| **沿黄地区** | **Plain** | **605178** | **74218** | **650556** | **396860** | **2148953** | **88689** | **65577** |
| **中南部地区** | **Mountain Area** | **205173** | **19843** | **532778** | **11288** | **2916941** | **26379** | **15483** |
| **银川市** | **Yinchuan** | **222637** | **28406** | **212297** | **129494** | **703883** | **28460** | **19693** |
| 银川市辖区 | District | 57713 | 7506 | 85823 | 57155 | 94405 | 6072 | 5451 |
| 永宁县 | Yongning | 17244 | 1937 | 30244 | 12899 | 92384 | 11528 | 7784 |
| 贺兰县 | Helan | 27841 | 3336 | 59509 | 43576 | 90011 | 6579 | 5530 |
| 灵武市 | Lingwu | 119839 | 15627 | 36721 | 15864 | 427083 | 4281 | 928 |
| **石嘴山市** | **Shizuishan** | **49637** | **5384** | **66548** | **23977** | **556107** | **9087** | **5726** |
| 石嘴山市辖区 | District | 17534 | 2790 | 27360 | 14250 | 266063 | 3143 | 2069 |
| 平罗县 | Pingluo | 32103 | 2594 | 39188 | 9727 | 290044 | 5944 | 3657 |
| **吴忠市** | **Wuzhong** | **164990** | **19383** | **362771** | **195037** | **2256316** | **28767** | **15878** |
| 利通区 | Litong | 25583 | 3557 | 183722 | 141119 | 224874 | 5956 | 1825 |
| 红寺堡区 | Hongsipu | 10169 | 819 | 44178 | 1403 | 324197 | 991 | 477 |
| 盐池县 | Yanchi | 39554 | 4128 | 6495 | 5465 | 964911 | 865 | 701 |
| 同心县 | Tongxin | 5364 | 89 | 50995 | 170 | 575318 | 4327 | 1060 |
| 青铜峡市 | Qingtongxia | 84320 | 10790 | 77381 | 46880 | 167016 | 16628 | 11814 |
| **固原市** | **Guyuan** | **133194** | **13290** | **373259** | **950** | **694024** | **17256** | **10539** |
| 原州区 | Yuanzhou | 46206 | 4679 | 74814 | 717 | 223121 | 5993 | 5304 |
| 西吉县 | Xiji | 30903 | 2414 | 144317 | 121 | 229944 | 4206 | 2317 |
| 隆德县 | Longde | 23057 | 3088 | 38562 | 112 | 22747 | 2382 | 1659 |
| 泾源县 | Jingyuan | 828 | 138 | 33325 | | 5328 | 741 | 494 |
| 彭阳县 | Pengyang | 32200 | 2971 | 82241 | | 212884 | 3935 | 764 |
| **中卫市** | **Zhongwei** | **239893** | **27598** | **168459** | **58690** | **855564** | **31499** | **29224** |
| 沙坡头区 | Shapotou | 120566 | 13436 | 60406 | 36650 | 247419 | 23554 | 22591 |
| 中宁县 | Zhongning | 102435 | 12645 | 50202 | 18740 | 249654 | 5005 | 3928 |
| 海原县 | Haiyuan | 16892 | 1517 | 57851 | 3300 | 358491 | 2941 | 2705 |

注：从2012年开始，区属部分按照属地原则统计在各市、县(区)，不再单列。根据第三次全国农业普查结果核定和修订常规年报相关数据。
Note: From 2012, according to the principle of territoriality, Qushu belongs to city and county (district), no longer single. Data of livestock had been revised according to the data from the third national agricultural census.

## 4-8 续表 continued

| 市 县 | Region | 比2016年增减% Growth | | | | | | |
|---|---|---|---|---|---|---|---|---|
| | | 猪 Hog | #能繁母猪 Sow | 牛 Cattle and Buffaloes | #奶牛 Dairy Cow | 羊 Sheep | 家禽 Poultry | #蛋鸡 Egg-laying |
| **全 区** | **Total** | **2.5** | **3.2** | **4.2** | **2.7** | **-3.0** | **-33.5** | **-26.2** |
| **沿黄地区** | **Plain** | **2.0** | **3.5** | **2.9** | **2.0** | **0.6** | **-31.8** | **-24.1** |
| **中南部地区** | **Mountain Area** | **3.9** | **2.4** | **5.9** | **31.7** | **-5.5** | **-38.7** | **-34.2** |
| **银川市** | **Yinchuan** | **2.3** | **5.9** | **7.4** | **8.3** | **1.2** | **-46.3** | **-33.4** |
| 银川市辖区 | District | 3.6 | 8.2 | 3.7 | -0.8 | -7.3 | -47.2 | -30.7 |
| 永宁县 | Yongning | 12.8 | 2.5 | 8.2 | 15.0 | 32.8 | -7.4 | 165.4 |
| 贺兰县 | Helan | 0.1 | 25.3 | 15.8 | 27.0 | 13.5 | -65.4 | -67.7 |
| 灵武市 | Lingwu | 0.8 | 2.0 | 3.5 | -3.4 | -4.0 | -57.1 | -43.4 |
| **石嘴山市** | **Shizuishan** | **4.2** | **3.5** | **3.8** | **4.5** | **1.8** | **-32.6** | **-19.7** |
| 石嘴山市辖区 | District | 6.4 | 9.8 | 1.8 | 3.5 | 5.8 | -48.4 | -35.3 |
| 平罗县 | Pingluo | 3.0 | -2.5 | 5.3 | 6.1 | -1.5 | -19.5 | -7.1 |
| **吴忠市** | **Wuzhong** | **2.5** | **1.3** | **5.9** | **9.3** | **-7.6** | **-5.8** | **-0.9** |
| 利通区 | Litong | 2.8 | 4.5 | 2.0 | 4.1 | -10.8 | -45.7 | -11.8 |
| 红寺堡区 | Hongsipu | 3.8 | 3.2 | 9.9 | 1746.1 | -1.9 | -48.5 | -56.6 |
| 盐池县 | Yanchi | -3.5 | -0.9 | 4.6 | 40.6 | -12.3 | -15.1 | 31.0 |
| 同心县 | Tongxin | 2.1 | 2.2 | 14.5 | -38.0 | -2.0 | -11.2 | -50.4 |
| 青铜峡市 | Qingtongxia | 5.4 | 1.0 | 7.9 | 20.9 | -2.8 | 41.6 | 16.1 |
| **固原市** | **Guyuan** | **6.6** | **5.8** | **5.5** | **-34.1** | **-4.9** | **-43.6** | **-36.7** |
| 原州区 | Yuanzhou | -7.8 | -3.4 | 4.8 | -16.6 | -9.3 | -51.3 | -48.4 |
| 西吉县 | Xiji | 54.7 | 31.8 | 5.4 | -51.4 | 2.0 | -40.3 | -20.9 |
| 隆德县 | Longde | -3.2 | -11.4 | 8.4 | 4.7 | -4.0 | -11.5 | 13.9 |
| 泾源县 | Jingyuan | -13.8 | 2.6 | 0.2 | | -24.7 | -40.6 | -51.4 |
| 彭阳县 | Pengyang | 7.0 | 30.6 | 7.2 | | -6.3 | -46.3 | -21.6 |
| **中卫市** | **Zhongwei** | **0.2** | **0.8** | **6.8** | **5.3** | **5.7** | **-30.8** | **-27.9** |
| 沙坡头区 | Shapotou | 1.3 | 5.8 | 10.8 | 4.0 | 11.8 | -33.0 | -30.9 |
| 中宁县 | Zhongning | -1.5 | -2.1 | 11.6 | 6.5 | 0.5 | -13.0 | -17.3 |
| 海原县 | Haiyuan | 2.9 | -14.5 | -0.5 | 14.2 | 5.4 | -36.1 | -12.5 |

# 4-9 2017年各市县猪、牛、羊、禽出栏情况
# Slaughtered of Livestock by City and County (2017)

| 市县 | Region | 出栏 Slaughtered Livestock | | | | 比2016年增减% Growth | | | |
|---|---|---|---|---|---|---|---|---|---|
| | | 生猪(头) Hog (head) | 牛(头) Cattle and Buffaloes (head) | 羊(只) Sheep (head) | 家禽(百只) Poultry (100 head) | 猪 Hog | 牛 Cattle and Buffaloes | 羊 Sheep | 家禽 Poultry |
| **全　区** | **Total** | **1137454** | **709851** | **5600001** | **179602** | **3.2** | **4.1** | **4.1** | **1.5** |
| **沿黄地区** | **Plain** | **876065** | **308447** | **2324233** | **126344** | **4.4** | **3.8** | **2.3** | **0.1** |
| **中南部地区** | **Mountain Area** | **261389** | **401404** | **3275768** | **53259** | **-0.8** | **4.3** | **5.4** | **5.0** |
| **银川市** | **Yinchuan** | **277822** | **121027** | **827438** | **47074** | **3.5** | **1.1** | **0.1** | **-6.5** |
| 银川市辖区 | District | 72426 | 38871 | 102006 | 7223 | 17.0 | 3.4 | 1.1 | -8.3 |
| 永宁县 | Yongning | 27944 | 25759 | 87715 | 14063 | -8.0 | 0.5 | 6.8 | -6.6 |
| 贺兰县 | Helan | 37105 | 23722 | 72565 | 11311 | -0.6 | -2.8 | -0.3 | -13.7 |
| 灵武市 | Lingwu | 140347 | 32675 | 565152 | 14477 | 1.1 | 1.9 | -1.0 | 1.0 |
| **石嘴山市** | **Shizuishan** | **77478** | **45920** | **558311** | **21755** | **5.2** | **7.2** | **5.4** | **8.3** |
| 石嘴山市辖区 | District | 21050 | 11651 | 236051 | 8153 | 17.8 | 9.5 | 4.7 | 17.7 |
| 平罗县 | Pingluo | 56428 | 34269 | 322260 | 13602 | 1.2 | 6.4 | 5.9 | 3.4 |
| **吴忠市** | **Wuzhong** | **241296** | **172564** | **2628812** | **35571** | **8.6** | **6.1** | **7.3** | **0.3** |
| 利通区 | Litong | 42503 | 51862 | 283285 | 17779 | 17.1 | -1.7 | 11.7 | 6.1 |
| 红寺堡区 | Hongsipu | 13129 | 41382 | 318602 | 3064 | -4.9 | 12.2 | 14.7 | 7.9 |
| 盐池县 | Yanchi | 52082 | 1848 | 1080942 | 1161 | 12.8 | 8.9 | 3.4 | 2.3 |
| 同心县 | Tongxin | 5770 | 49165 | 741785 | 5594 | 0.1 | 8.4 | 9.7 | -18.6 |
| 青铜峡市 | Qingtongxia | 127812 | 28307 | 204198 | 7973 | 6.4 | 8.8 | 3.8 | 1.6 |
| **固原市** | **Guyuan** | **164121** | **267771** | **812490** | **41218** | **-4.4** | **2.9** | **3.1** | **10.4** |
| 原州区 | Yuanzhou | 69084 | 52752 | 277184 | 17165 | -3.6 | 3.9 | -0.9 | 18.2 |
| 西吉县 | Xiji | 27321 | 95855 | 215810 | 5661 | 4.3 | 7.2 | 9.8 | 19.1 |
| 隆德县 | Longde | 32820 | 26435 | 27635 | 2620 | -8.3 | 1.6 | 4.4 | 15.0 |
| 泾源县 | Jingyuan | 2258 | 28054 | 8788 | 3003 | -5.8 | -10.0 | -7.8 | 5.4 |
| 彭阳县 | Pengyang | 32638 | 64675 | 283073 | 12769 | -8.5 | 3.0 | 2.6 | -1.1 |
| **中卫市** | **Zhongwei** | **376737** | **102569** | **772950** | **33985** | **2.8** | **6.4** | **-1.6** | **0.8** |
| 沙波头区 | Shapotou | 172882 | 31583 | 203682 | 24524 | 5.2 | 15.0 | -1.2 | 3.8 |
| 中宁县 | Zhongning | 177568 | 29748 | 247319 | 7239 | 0.7 | 4.7 | -4.4 | -4.0 |
| 海原县 | Haiyuan | 26287 | 41238 | 321949 | 2222 | 1.0 | 1.8 | 0.3 | -13.1 |

注：从2012年开始，区属部分按照属地原则统计在各市、县(区)，不再单列。根据第三次全国农业普查结果核定和修订常规年报相关数据。
Note: From 2012, according to the principle of territoriality, Qushu belongs to city and county (district), no longer single. Data of livestock had been revised according to the data from the third national agricultural census.

# 4-10　2017年各市县猪、牛、羊、禽肉产量

## Output of Livestock Products by City and County (2017)

单位：吨　　　　(ton)

| 市　县 | Region | 猪<br>Hog | 牛<br>Cattle and Buffaloes | 羊<br>Sheep | 家禽<br>Poultry |
|---|---|---|---|---|---|
| **全　区** | **Total** | **89080** | **109179** | **99060** | **34205** |
| **沿黄地区** | **Plain** | **68610** | **47220** | **40754** | **23828** |
| **中南部地区** | **Mountain Area** | **20470** | **61959** | **58306** | **10377** |
| **银川市** | **Yinchuan** | **21807** | **18631** | **14484** | **9022** |
| 银川市辖区 | District | 5604 | 5902 | 1772 | 1402 |
| 永宁县 | Yongning | 2208 | 4068 | 1535 | 2572 |
| 贺兰县 | Helan | 2908 | 3669 | 1271 | 2190 |
| 灵武市 | Lingwu | 11087 | 4992 | 9906 | 2859 |
| **石嘴山市** | **Shizuishan** | **6357** | **7040** | **9690** | **4224** |
| 石嘴山市辖区 | District | 1753 | 1784 | 4113 | 1647 |
| 平罗县 | Pingluo | 4603 | 5256 | 5577 | 2578 |
| **吴忠市** | **Wuzhong** | **18826** | **26286** | **47148** | **6747** |
| 利通区 | Litong | 3271 | 7860 | 4977 | 3404 |
| 红寺堡区 | Hongsipu | 1024 | 6274 | 5394 | 587 |
| 盐池县 | Yanchi | 4103 | 297 | 20244 | 234 |
| 同心县 | Tongxin | 453 | 7604 | 12966 | 1056 |
| 青铜峡市 | Qingtongxia | 9976 | 4250 | 3566 | 1466 |
| **固原市** | **Guyuan** | **12850** | **41415** | **14154** | **8079** |
| 原州区 | Yuanzhou | 5407 | 8267 | 4825 | 3565 |
| 西吉县 | Xiji | 2091 | 14525 | 3726 | 998 |
| 隆德县 | Longde | 2564 | 4079 | 486 | 471 |
| 泾源县 | Jingyuan | 178 | 4440 | 156 | 580 |
| 彭阳县 | Pengyang | 2609 | 10104 | 4961 | 2467 |
| **中卫市** | **Zhongwei** | **29240** | **15808** | **13584** | **6133** |
| 沙波头区 | Shapotou | 13419 | 4881 | 3612 | 4353 |
| 中宁县 | Zhongning | 13781 | 4558 | 4425 | 1358 |
| 海原县 | Haiyuan | 2040 | 6369 | 5547 | 422 |

注：从2012年开始，区属部分按照属地原则统计在各市、县(区)，不再单列。根据第三次全国农业普查结果核定和修订常规年报相关数据。
Note: From 2012, according to the principle of territoriality, Qushu belongs to city and county (district), no longer single. Data of livestock products had been revised according to the data from the third national agricultural census.

# 4-11 主要年份各市县猪、牛、羊、禽肉产量
## Output of Livestock Products by City and County in Main Years

单位：吨 (ton)

| 市　县 | Region | 1978 | 1980 | 1990 | 2000 | 2005 | 2006 | 2007 |
|---|---|---|---|---|---|---|---|---|
| **全　区** | **Total** | **12253** | **21491** | **62791** | **159364** | **222783** | **216001** | **228062** |
| **沿黄地区** | **Plain** | **7703** | **14224** | **38107** | **118955** | **146647** | **129029** | **133729** |
| **中南部地区** | **Mountain Area** | **4550** | **7267** | **24684** | **40409** | **76136** | **86972** | **94333** |
| **银川市** | **Yinchuan** | **2191** | **4935** | **11543** | **35144** | **38812** | **35634** | **35905** |
| 银川市辖区 | District | 454 | 1098 | 2917 | 9149 | 11347 | 7468 | 8792 |
| 永宁县 | Yongning | 681 | 1167 | 4060 | 7322 | 11170 | 13035 | 11661 |
| 贺兰县 | Helan | 567 | 1161 | 3065 | 6429 | 8234 | 8156 | 7272 |
| 灵武市 | Lingwu | 489 | 1509 | 1501 | 12244 | 8061 | 6976 | 8180 |
| **石嘴山市** | **Shizuishan** | **1402** | **2442** | **6571** | **19009** | **22026** | **21428** | **20977** |
| 大武口区 | Dawukou | 493 | 976 | 2427 | 4942 | 7103 | 1433 | 1358 |
| 惠农区 | Huinong | | | | | | 5236 | 5240 |
| 平罗县 | Pingluo | 748 | 1229 | 3585 | 12611 | 14923 | 14759 | 14379 |
| **吴忠市** | **Wuzhong** | **2862** | **4147** | **14388** | **39857** | **58899** | **58884** | **60935** |
| 利通区 | Litong | 1190 | 1759 | 5198 | 7096 | 11719 | 12828 | 12287 |
| 红寺堡区 | Hongsipu | 405 | 813 | 1395 | 9763 | 12822 | 2344 | 3526 |
| 盐池县 | Yanchi | 498 | 476 | 3191 | 6920 | 9897 | 11081 | 12207 |
| 同心县 | Tongxin | 344 | 1958 | 3457 | 3182 | | 10546 | 10206 |
| 青铜峡市 | Qingtongxia | 769 | 1099 | 4604 | 15734 | 21279 | 22085 | 22709 |
| **固原市** | **Guyuan** | **2352** | **4339** | **13350** | **22354** | **39532** | **47360** | **58014** |
| 原州区 | Yuanzhou | 1118 | 2853 | 2774 | 5133 | 11783 | 12044 | 13838 |
| 西吉县 | Xiji | 693 | 990 | 2563 | 4239 | 9126 | 11057 | 15426 |
| 隆德县 | Longde | 496 | 419 | 3170 | 5266 | 5441 | 5263 | 6180 |
| 泾源县 | Jingyuan | 45 | 77 | 1044 | 1606 | 4447 | 5157 | 6010 |
| 彭阳县 | Pengyang | | | 3799 | 6110 | 8735 | 13839 | 16560 |
| **中卫市** | **Zhongwei** | **2202** | **3111** | **14863** | **38907** | **58076** | **47337** | **47225** |
| 沙波头区 | Shapotou | 1002 | 1364 | 6626 | 17195 | 21586 | 17442 | 13511 |
| 中宁县 | Zhongning | 690 | 1054 | 5292 | 18017 | 24684 | 19612 | 23334 |
| 海原县 | Haiyuan | 510 | 693 | 2945 | 3695 | 11806 | 10283 | 10380 |
| 区　属 | Qushu | **1244** | **2517** | **2076** | **4093** | **5438** | **5358** | **5006** |

注：从2012年开始，区属部分按照属地原则统计在各市、县(区)，不再单列；惠农区数据包含大武口区。根据第三次全国农业普查结果重新修订2013-2017年分市县数据。

Note: From 2012, according to the principle of territoriality, Qushu belongs to city and county (district), no longer single; Data of Huinong contain Dawukou. Data of livestock 2013-2017 by city and county had been revised according to the data from the third national agricultural census.

## 4-11 续表 continued

单位：吨 (ton)

| 市 县 | Region | 2008 | 2009 | 2010 | 2011 | 2012 | 2013 | 2014 | 2015 | 2016 | 2017 |
|---|---|---|---|---|---|---|---|---|---|---|---|
| **全 区** | **Total** | **232396** | **251855** | **254182** | **247448** | **261244** | **279506** | **293101** | **299502** | **318682** | **331524** |
| **沿黄地区** | **Plain** | **137409** | **146333** | **141369** | **134079** | **136609** | **154658** | **161451** | **163720** | **174363** | **180413** |
| **中南部地区** | **Mountain Area** | **94987** | **105522** | **112813** | **113369** | **124635** | **124847** | **131650** | **135782** | **144319** | **151112** |
| **银川市** | **Yinchuan** | **38679** | **41923** | **44589** | **45055** | **49323** | **62147** | **62553** | **60772** | **63336** | **63944** |
| 银川市辖区 | District | 9723 | 9587 | 11128 | 10900 | 10707 | 14359 | 13688 | 13607 | 13887 | 14679 |
| 永宁县 | Yongning | 11558 | 12704 | 12803 | 12518 | 12603 | 9498 | 9910 | 10415 | 10481 | 10383 |
| 贺兰县 | Helan | 7443 | 7891 | 7562 | 7086 | 7261 | 9580 | 10047 | 9263 | 10527 | 10038 |
| 灵武市 | Lingwu | 9955 | 11741 | 13096 | 14548 | 18752 | 28710 | 28909 | 27487 | 28440 | 28844 |
| **石嘴山市** | **Shizuishan** | **20208** | **19654** | **20372** | **20268** | **19483** | **22364** | **23403** | **24377** | **25502** | **27311** |
| 大武口区 | Dawukou | 1221 | 1394 | 1379 | 1491 | | | | | | |
| 惠农区 | Huinong | 5409 | 4921 | 5349 | 5418 | 5613 | 6806 | 7484 | 7630 | 8597 | 9296 |
| 平罗县 | Pingluo | 13578 | 13339 | 13644 | 13358 | 13871 | 15558 | 15919 | 16747 | 16905 | 18014 |
| **吴忠市** | **Wuzhong** | **61907** | **68272** | **63968** | **60796** | **73289** | **81191** | **85073** | **85939** | **92640** | **99006** |
| 利通区 | Litong | 12506 | 13491 | 12080 | 10446 | 11253 | 14341 | 15166 | 16816 | 18539 | 19512 |
| 红寺堡区 | Hongsipu | 3557 | 4403 | 4034 | 4365 | 5636 | 9315 | 9379 | 10076 | 11886 | 13279 |
| 盐池县 | Yanchi | 12141 | 12821 | 15201 | 15054 | 16450 | 19312 | 21774 | 21607 | 23580 | 24878 |
| 同心县 | Tongxin | 10525 | 13192 | 14427 | 15714 | 20214 | 20597 | 20714 | 21129 | 20470 | 22079 |
| 青铜峡市 | Qingtongxia | 23178 | 24365 | 18226 | 15216 | 19735 | 17625 | 18040 | 16311 | 18165 | 19258 |
| **固原市** | **Guyuan** | **58076** | **63858** | **66963** | **66269** | **68706** | **62692** | **66117** | **69195** | **74139** | **76498** |
| 原州区 | Yuanzhou | 13928 | 14832 | 15578 | 15405 | 16651 | 17677 | 19020 | 19792 | 21276 | 22064 |
| 西吉县 | Xiji | 15299 | 15774 | 16336 | 15775 | 16200 | 16081 | 16566 | 17781 | 19768 | 21341 |
| 隆德县 | Longde | 6224 | 7679 | 8480 | 8557 | 9291 | 6722 | 7228 | 7314 | 7594 | 7599 |
| 泾源县 | Jingyuan | 6232 | 6992 | 7580 | 7894 | 9465 | 4175 | 4590 | 5242 | 5700 | 5353 |
| 彭阳县 | Pengyang | 16393 | 18581 | 18989 | 18636 | 17100 | 18036 | 18714 | 19066 | 19799 | 20141 |
| **中卫市** | **Zhongwei** | **47937** | **52164** | **51999** | **48804** | **50413** | **51112** | **55954** | **59219** | **63065** | **64765** |
| 沙波头区 | Shapotou | 13123 | 16113 | 16106 | 14266 | 11720 | 17375 | 20484 | 22403 | 24752 | 26265 |
| 中宁县 | Zhongning | 24126 | 24803 | 23705 | 22573 | 25064 | 20806 | 21805 | 23041 | 24069 | 24122 |
| 海原县 | Haiyuan | 10688 | 11248 | 12188 | 11967 | 13629 | 12931 | 13666 | 13775 | 14244 | 14378 |
| 区 属 | Qushu | **5589** | **5984** | **6291** | **6256** | | | | | | |

# 4-12 主要年份各市县牛奶产量
## Output of Milk by City and County in Main Years

单位：吨 (ton)

| 市　县 | Region | 1978 | 1980 | 1990 | 2000 | 2005 | 2006 | 2007 |
|---|---|---|---|---|---|---|---|---|
| **全　区** | **Total** | **3720** | **4152** | **40704** | **236042** | **578500** | **636667** | **795033** |
| **沿黄地区** | **Plain** | **3662** | **4061** | **40250** | **233462** | **563609** | **621096** | **778768** |
| **中南部地区** | **Mountain Area** | **58** | **91** | **454** | **2580** | **14891** | **15571** | **16265** |
| **银川市** | **Yinchuan** | **578** | **706** | **17344** | **68049** | **168727** | **156540** | **215570** |
| 银川市辖区 | District | 491 | 572 | 12166 | 20948 | 68994 | 55124 | 102934 |
| 永宁县 | Yongning | 35 | 65 | 2372 | 16943 | 27873 | 29175 | 35697 |
| 贺兰县 | Helan | 28 | 36 | 2649 | 6380 | 22911 | 23608 | 23611 |
| 灵武市 | Lingwu | 24 | 33 | 157 | 23778 | 48949 | 48634 | 53328 |
| **石嘴山市** | **Shizuishan** | **135** | **183** | **188** | **5739** | **20393** | **8967** | **26555** |
| 大武口区 | Dawukou | 57 | 74 | 97 | 4802 | 13819 | 1225 | 886 |
| 惠农区 | Huinong | | | | | | 30 | 17791 |
| 平罗县 | Pingluo | 78 | 105 | 91 | 925 | 6574 | 7712 | 7878 |
| **吴忠市** | **Wuzhong** | **620** | **723** | **13197** | **135884** | **308910** | **356026** | **445992** |
| 利通区 | Litong | 515 | 708 | 11951 | 120600 | 263721 | 299163 | 382532 |
| 红寺堡区 | Hongsipu | | | | | 1611 | 654 | 852 |
| 盐池县 | Yanchi | | 15 | 72 | 2404 | 8732 | 10035 | 10184 |
| 同心县 | Tongxin | | | | 85 | 27 | 20 | 34 |
| 青铜峡市 | Qingtongxia | 105 | | 1174 | 12795 | 34819 | 46154 | 52390 |
| **固原市** | **Guyuan** | **58** | **68** | **379** | **91** | **4301** | **4632** | **4965** |
| 原州区 | Yuanzhou | 40 | 48 | 131 | 90 | 3572 | 4018 | 4404 |
| 西吉县 | Xiji | | | 108 | | 20 | 22 | 30 |
| 隆德县 | Longde | 4 | 1 | | | 99 | 110 | 115 |
| 泾源县 | Jingyuan | 14 | 19 | 140 | | 379 | 262 | 200 |
| 彭阳县 | Pengyang | | | | 1 | 231 | 220 | 216 |
| **中卫市** | **Zhongwei** | **83** | **111** | **330** | **7945** | **25602** | **30426** | **31337** |
| 沙坡头区 | Shapotou | 48 | 44 | 230 | 3044 | 6634 | 15743 | 7161 |
| 中宁县 | Zhongning | 35 | 67 | 100 | 4901 | 18748 | 14454 | 23946 |
| 海原县 | Haiyuan | | | | | 220 | 230 | 230 |
| 区　属 | Qushu | **2246** | **2361** | **9266** | **18334** | **50567** | **80075** | **70614** |

注：从2012年开始，区属部分按照属地原则统计在各市、县(区)，不再单列；惠农区数据包含大武口区。根据第三次农业普查结果重新修订2013-2017年分市县数据。

Note: From 2012, according to the principle of territoriality, Qushu belongs to city and county (district), no longer single; Data of Huinong contain Dawukou. Data of livestock 2013-2017 by city and county had been revised according to the data from the third national agricultural census.

## 4-12 续表 continued

单位：吨 (ton)

| 市　县 | Region | 2008 | 2009 | 2010 | 2011 | 2012 | 2013 | 2014 | 2015 | 2016 | 2017 |
|---|---|---|---|---|---|---|---|---|---|---|---|
| **全　区** | **Total** | **893830** | **811437** | **845882** | **960602** | **1034945** | **1087659** | **1417016** | **1425275** | **1455906** | **1600659** |
| **沿黄地区** | **Plain** | **878860** | **801172** | **837823** | **955396** | **1029291** | **1079155** | **1404030** | **1412943** | **1436472** | **1572010** |
| **中南部地区** | **Mountain Area** | **14970** | **10265** | **8059** | **5207** | **5654** | **8503** | **12986** | **12332** | **19434** | **28649** |
| **银川市** | **Yinchuan** | **266499** | **248632** | **271455** | **293280** | **401076** | **409512** | **517552** | **480152** | **471194** | **504038** |
| 银川市辖区 | District | 141659 | 131832 | 144260 | 153220 | 214892 | 214858 | 259648 | 218306 | 217937 | 217569 |
| 永宁县 | Yongning | 41737 | 41439 | 44330 | 48586 | 59369 | 48660 | 55984 | 50351 | 47873 | 45450 |
| 贺兰县 | Helan | 26162 | 25807 | 33619 | 38913 | 59475 | 69380 | 106884 | 119510 | 133791 | 178414 |
| 灵武市 | Lingwu | 56941 | 49554 | 49246 | 52561 | 67340 | 76613 | 95037 | 91985 | 71593 | 62605 |
| **石嘴山市** | **Shizuishan** | **36372** | **29777** | **38562** | **43759** | **54743** | **69133** | **87514** | **94832** | **85513** | **99779** |
| 大武口区 | Dawukou | 881 |  | 1244 | 1257 |  |  |  |  |  |  |
| 惠农区 | Huinong | 24050 | 18395 | 26085 | 30114 | 38488 | 45975 | 55803 | 60765 | 49998 | 63652 |
| 平罗县 | Pingluo | 11441 | 11382 | 11233 | 12388 | 16255 | 23158 | 31711 | 34067 | 35515 | 36127 |
| **吴忠市** | **Wuzhong** | **470627** | **411679** | **397931** | **468240** | **526607** | **517753** | **682601** | **694534** | **709590** | **774495** |
| 利通区 | Litong | 399837 | 342150 | 329883 | 384094 | 424384 | 406235 | 531904 | 530627 | 544552 | 581340 |
| 红寺堡区 | Hongsipu | 542 | 719 | 738 | 649 | 764 | 544 | 467 | 534 | 302 | 511 |
| 盐池县 | Yanchi | 8070 | 6932 | 5669 | 3138 | 2991 | 3087 | 6166 | 6089 | 6788 | 16907 |
| 同心县 | Tongxin | 142 | 139 | 108 | 120 | 25 | 1176 | 1303 | 811 | 934 | 641 |
| 青铜峡市 | Qingtongxia | 62036 | 61739 | 61533 | 80239 | 98442 | 106710 | 142762 | 156472 | 157014 | 175097 |
| **固原市** | **Guyuan** | **5654** | **2389** | **1474** | **1299** | **1743** | **3578** | **5050** | **4898** | **3962** | **2076** |
| 原州区 | Yuanzhou | 5062 | 1656 | 1050 | 1225 | 1603 | 2783 | 4583 | 4458 | 3593 | 1711 |
| 西吉县 | Xiji | 68 |  |  |  |  | 427 | 310 | 292 | 252 | 221 |
| 隆德县 | Longde | 137 | 156 | 126 | 74 | 139 | 258 | 157 | 148 | 106 | 144 |
| 泾源县 | Jingyuan | 235 |  |  |  |  | 110 |  |  | 10 |  |
| 彭阳县 | Pengyang | 152 | 577 | 298 |  |  |  |  |  |  |  |
| **中卫市** | **Zhongwei** | **33538** | **31921** | **36948** | **37690** | **51687** | **87683** | **124298** | **150860** | **185647** | **220271** |
| 沙波头区 | Shapotou | 13877 | 12738 | 14997 | 14870 | 20809 | 48101 | 71082 | 97110 | 115084 | 144698 |
| 中宁县 | Zhongning | 19099 | 19097 | 21881 | 22820 | 30747 | 39465 | 53216 | 53750 | 63115 | 67059 |
| 海原县 | Haiyuan | 562 | 86 | 70 |  | 131 | 118 |  |  | 7447 | 8515 |
| 区　属 | Qushu | **81140** | **87039** | **99512** | **116334** |  |  |  |  |  |  |

# 4-13 主要年份主要畜禽生产情况
## Basic Statistics of Livestock Production in Main Years

单位：万头、万只、万吨　　(10000 head, 10000 ton)

| | | | 2006 | 2007 | 2008 | 2009 | 2010 | 2011 |
|---|---|---|---|---|---|---|---|---|
| 出栏 Slaughtered Livestock | 一、生猪 | Hog | 111.9 | 115.3 | 118.5 | 127.2 | 120.2 | 99.7 |
| | 二、牛 | Cattle and Buffaloes | 39.7 | 45.6 | 47.7 | 50.9 | 52.1 | 52.0 |
| | 三、羊 | Sheep | 319.1 | 329.3 | 341.9 | 395.3 | 425.1 | 443.9 |
| | 四、家禽 | Poultry | 1239.2 | 1170.9 | 1305.9 | 1275.5 | 1378.6 | 1463.9 |
| 存栏 Number of Livestock in Stock | 一、生猪 | Hog | 83.8 | 82.6 | 89.5 | 91.7 | 73.7 | 68.3 |
| | 其中：能繁母猪 | Sow | 9.8 | 9.8 | 12.9 | 13.7 | 9.0 | 8.3 |
| | 二、牛 | Cattle and Buffaloes | 90.2 | 96.6 | 93.4 | 92.1 | 90.7 | 91.8 |
| | 1.肉牛 | Beef Cattle | 68.3 | 70.3 | 62.6 | 64.8 | 63.8 | 61.9 |
| | 2.奶牛 | Dairy Cow | 21.9 | 26.3 | 30.8 | 27.3 | 26.9 | 29.8 |
| | 三、羊 | Sheep | 348.3 | 385.2 | 461.3 | 470.2 | 473.7 | 479.5 |
| | 1.山羊 | Goat | 61.1 | 66.9 | 142.5 | 138.2 | 130.6 | 125.9 |
| | 2.绵羊 | Sheep | 287.1 | 318.3 | 318.8 | 332.0 | 343.1 | 353.6 |
| | 四、家禽 | Poultry | 635.5 | 758.2 | 972.7 | 963.0 | 956.9 | 1127.8 |
| 产品产量 Output of Livestock | 一、猪肉产量 | Pork | 8.0 | 8.3 | 8.5 | 9.2 | 8.5 | 7.3 |
| | 二、牛肉产量 | Beef | 5.6 | 6.5 | 6.8 | 7.3 | 7.5 | 7.5 |
| | 三、羊肉产量 | Mutton | 5.5 | 5.7 | 5.9 | 6.8 | 7.3 | 7.9 |
| | 四、禽肉产量 | Poultry | 2.1 | 2.1 | 2.3 | 2.3 | 2.5 | 2.7 |
| | 五、禽蛋产量 | Egg | 5.2 | 6.0 | 7.1 | 8.7 | 8.3 | 9.3 |
| | 六、生牛奶产量 | Milk | 59.6 | 80.9 | 93.1 | 84.7 | 88.3 | 100.2 |

注：从2012年开始，区属部分按照属地原则统计在各市、县(区)，不再单列。根据第三次全国农业普查结果核定和修订常规年报相关数据。

Note: From 2012, according to the principle of territoriality, Qushu belongs to city and county (district), no longer single. Data of livestock had been revised according to the data from the third national agricultural census.

## 4-13 续表 continued

单位：万头、万只、万吨 (10000 head, 10000 ton)

| | | | 2012 | 2013 | 2014 | 2015 | 2016 | 2017 |
|---|---|---|---|---|---|---|---|---|
| **出栏 Slaughtered Livestock** | 一、生猪 | Hog | 106.2 | 101.0 | 109.9 | 102.0 | 110.3 | 113.7 |
| | 二、牛 | Cattle and Buffaloes | 57.0 | 59.5 | 58.7 | 64.4 | 68.2 | 71.0 |
| | 三、羊 | Sheep | 465.0 | 499.7 | 518.0 | 532.5 | 538.0 | 560.0 |
| | 四、家禽 | Poultry | 1455.0 | 1702.9 | 1777.0 | 1578.4 | 1769.6 | 1796.0 |
| **存栏 Number of Livestock in Stock** | 一、生猪 | Hog | 71.4 | 79.6 | 81.9 | 73.1 | 79.1 | 81.0 |
| | 其中：能繁母猪 | Sow | 9.6 | 10.7 | 9.6 | 8.6 | 9.1 | 9.4 |
| | 二、牛 | Cattle and Buffaloes | 94.4 | 95.8 | 103.1 | 107.6 | 113.5 | 118.3 |
| | 1.肉牛 | Beef Cattle | 61.0 | 61.2 | 63.8 | 69.7 | 73.8 | 77.5 |
| | 2.奶牛 | Dairy Cow | 33.4 | 34.6 | 39.3 | 37.9 | 39.8 | 40.8 |
| | 三、羊 | Sheep | 495.7 | 546.4 | 574.2 | 540.0 | 522.3 | 506.6 |
| | 1.山羊 | Goat | 100.0 | 101.0 | 96.8 | 104.1 | 100.5 | 99.8 |
| | 2.绵羊 | Sheep | 395.7 | 445.4 | 477.5 | 435.9 | 421.8 | 406.8 |
| | 四、家禽 | Poultry | 1043.4 | 1340.8 | 1523.2 | 1446.5 | 1730.8 | 1150.7 |
| **产品产量 Output of Livestock** | 一、猪肉产量 | Pork | 7.9 | 7.5 | 8.3 | 7.9 | 8.6 | 8.9 |
| | 二、牛肉产量 | Beef | 7.9 | 8.7 | 8.8 | 9.7 | 10.4 | 10.9 |
| | 三、羊肉产量 | Mutton | 8.3 | 8.7 | 8.9 | 9.3 | 9.5 | 9.9 |
| | 四、禽肉产量 | Poultry | 2.7 | 3.1 | 3.3 | 3.0 | 3.4 | 3.4 |
| | 五、禽蛋产量 | Egg | 8.3 | 10.5 | 12.3 | 13.6 | 15.7 | 15.3 |
| | 六、牛奶产量 | Milk | 108.0 | 108.8 | 141.7 | 142.5 | 145.6 | 160.1 |

# 4-14 2013-2017年各市县生猪生产情况

## Basic Statistics of Hog Production (2013-2017)

单位：头、吨 (head,ton)

| 市 县 | Region | 2013 | | 2014 | | 2015 | | 2016 | | 2017 | |
|---|---|---|---|---|---|---|---|---|---|---|---|
| | | 生猪存栏 Hog in Stock | #能繁母猪 Sow | 生猪存栏 Hog in Stock | #能繁母猪 Sow | 生猪存栏 Hog in Stock | #能繁母猪 Sow | 生猪存栏 Hog in Stock | #能繁母猪 Sow | 生猪存栏 Hog in Stock | #能繁母猪 Sow |
| **全 区** | **Total** | **795550** | **106925** | **818930** | **96454** | **730520** | **85803** | **790767** | **91107** | **810351** | **94061** |
| **沿黄地区** | **Plain** | **570539** | **84674** | **591875** | **75809** | **541365** | **68088** | **593313** | **71722** | **605178** | **74218** |
| **中南部地区** | **Mountain Area** | **225011** | **22251** | **227055** | **20645** | **189155** | **17715** | **197454** | **19385** | **205173** | **19843** |
| **银川市** | **Yinchuan** | **202586** | **28319** | **214485** | **28455** | **191823** | **26157** | **217653** | **26815** | **222637** | **28406** |
| 银川市区 | District | 48693 | 6483 | 55985 | 6660 | 42772 | 5479 | 55700 | 6939 | 57713 | 7506 |
| 永宁县 | Yongning | 20667 | 3093 | 23875 | 3187 | 15990 | 2033 | 15290 | 1890 | 17244 | 1937 |
| 贺兰县 | Helan | 26513 | 3089 | 24037 | 2880 | 23133 | 2868 | 27819 | 2662 | 27841 | 3336 |
| 灵武市 | Lingwu | 106712 | 15653 | 110588 | 15728 | 109928 | 15777 | 118844 | 15324 | 119839 | 15627 |
| **石嘴山市** | **Shizuishan** | **47714** | **4831** | **47469** | **4438** | **44775** | **4233** | **47635** | **5202** | **49637** | **5384** |
| 石嘴山市辖区 | District | 13973 | 1812 | 16384 | 1864 | 14640 | 1896 | 16478 | 2541 | 17534 | 2790 |
| 平罗县 | Pingluo | 33741 | 3019 | 31084 | 2574 | 30135 | 2338 | 31157 | 2661 | 32103 | 2594 |
| **吴忠市** | **Wuzhong** | **176487** | **24949** | **163335** | **20762** | **151761** | **17603** | **160987** | **19135** | **164990** | **19383** |
| 利通区 | Litong | 27859 | 4494 | 25597 | 4096 | 23590 | 3608 | 24898 | 3404 | 25583 | 3557 |
| 红寺堡 | Hongsipu | 8290 | 842 | 9835 | 873 | 10400 | 843 | 9798 | 793 | 10169 | 819 |
| 盐池县 | Yanchi | 40083 | 4694 | 37062 | 4069 | 38117 | 3904 | 41000 | 4165 | 39554 | 4128 |
| 同心县 | Tongxin | 6311 | 72 | 6980 | 76 | 5557 | 90 | 5254 | 87 | 5364 | 89 |
| 青铜峡市 | Qingtongxia | 93945 | 14847 | 83861 | 11648 | 74098 | 9159 | 80037 | 10686 | 84320 | 10790 |
| **固原市** | **Guyuan** | **148111** | **14602** | **152373** | **14133** | **116701** | **11349** | **124986** | **12566** | **133194** | **13290** |
| 原州区 | Yuanzhou | 61288 | 5303 | 64052 | 5404 | 46502 | 4131 | 50135 | 4842 | 46206 | 4679 |
| 西吉县 | Xiji | 22425 | 2247 | 26516 | 2343 | 19227 | 1693 | 19981 | 1831 | 30903 | 2414 |
| 隆德县 | Longde | 31209 | 3857 | 31534 | 3958 | 20402 | 3088 | 23828 | 3483 | 23057 | 3088 |
| 泾源县 | Jingyuan | 1458 | 53 | 1531 | 61 | 1018 | 67 | 961 | 135 | 828 | 138 |
| 彭阳县 | Pengyang | 31731 | 3142 | 28739 | 2367 | 29552 | 2371 | 30081 | 2275 | 32200 | 2971 |
| **中卫市** | **Zhongwei** | **220652** | **34224** | **241269** | **28666** | **225460** | **26460** | **239506** | **27390** | **239893** | **27598** |
| 沙坡头区 | Shapotou | 99448 | 13778 | 117348 | 13799 | 101298 | 13042 | 119052 | 12694 | 120566 | 13436 |
| 中宁县 | Zhongning | 98988 | 18405 | 103115 | 13373 | 105782 | 11889 | 104038 | 12922 | 102435 | 12645 |
| 海原县 | Haiyuan | 22217 | 2041 | 20806 | 1493 | 18381 | 1529 | 16416 | 1774 | 16892 | 1517 |

注：根据第三次农业普查结果重新修订2013-2017年分市县数据。
Note: Data of livestock 2013-2017 by city and county had been revised according to the data from the third national agricultural census.

## 4-14 续表 continued

单位：头、吨 (head,ton)

| 市 县 | Region | 生猪出栏 Slaughtered of Livestock of Hog | | | | | 猪肉产量 Output of Pork Production | | | | |
|---|---|---|---|---|---|---|---|---|---|---|---|
| | | 2013 | 2014 | 2015 | 2016 | 2017 | 2013 | 2014 | 2015 | 2016 | 2017 |
| **全 区** | **Total** | **1009723** | **1098673** | **1020500** | **1102660** | **1137454** | **74916.8** | **83067.1** | **79033.9** | **85617.5** | **89079.8** |
| **沿黄地区** | **Plain** | **779661** | **827009** | **776470** | **839176** | **876065** | **57737.4** | **62539.3** | **60050.1** | **65155.3** | **68610.3** |
| **中南部地区** | **Mountain Area** | **230062** | **271664** | **244030** | **263484** | **261389** | **17179.4** | **20527.8** | **18983.8** | **20462.2** | **20469.5** |
| **银川市** | **Yinchuan** | **284839** | **290780** | **254681** | **268520** | **277822** | **21064.6** | **22082.7** | **19783.7** | **20885.1** | **21807.4** |
| 银川市区 | District | 59534 | 55885 | 57376 | 61914 | 72426 | 4409.4 | 4284.7 | 4414.7 | 4824.6 | 5604.1 |
| 永宁县 | Yongning | 39967 | 39189 | 31029 | 30387 | 27944 | 2975.2 | 2991.1 | 2438.1 | 2375.2 | 2207.9 |
| 贺兰县 | Helan | 43019 | 46947 | 37877 | 37343 | 37105 | 3191.8 | 3591.9 | 2963.5 | 2914.2 | 2907.8 |
| 灵武市 | Lingwu | 142320 | 148759 | 128399 | 138877 | 140347 | 10488.2 | 11215.0 | 9967.4 | 10771.1 | 11087.5 |
| **石嘴山市** | **Shizuishan** | **62168** | **75193** | **71061** | **73631** | **77478** | **4591.1** | **5616.3** | **5457.9** | **5911.3** | **6356.6** |
| 石嘴山市辖区 | District | 13026 | 17733 | 15122 | 17872 | 21050 | 976.0 | 1329.3 | 1185.4 | 1647.1 | 1753.1 |
| 平罗县 | Pingluo | 49142 | 57461 | 55939 | 55759 | 56428 | 3615.1 | 4287.0 | 4272.5 | 4264.2 | 4603.5 |
| **吴忠市** | **Wuzhong** | **210167** | **233747** | **192115** | **222145** | **241296** | **15708.8** | **17561.3** | **14907.9** | **17211.0** | **18826.2** |
| 利通区 | Litong | 32632 | 37313 | 30646 | 36282 | 42503 | 2440.8 | 2821.0 | 2350.3 | 2781.8 | 3270.7 |
| 红寺堡 | Hongsipu | 10862 | 12667 | 11551 | 13800 | 13129 | 812.8 | 964.5 | 900.3 | 1072.4 | 1023.6 |
| 盐池县 | Yanchi | 34901 | 47751 | 39610 | 46184 | 52082 | 2649.2 | 3604.0 | 3086.9 | 3602.2 | 4102.8 |
| 同心县 | Tongxin | 6002 | 6359 | 5078 | 5762 | 5770 | 432.9 | 471.7 | 394.4 | 448.0 | 453.0 |
| 青铜峡市 | Qingtongxia | 125771 | 129657 | 105230 | 120118 | 127812 | 9373.0 | 9700.0 | 8176.0 | 9306.6 | 9976.1 |
| **固原市** | **Guyuan** | **157037** | **180164** | **166528** | **171718** | **164121** | **11713.6** | **13602.0** | **12930.4** | **13316.6** | **12849.6** |
| 原州区 | Yuanzhou | 51688 | 63216 | 65896 | 71671 | 69084 | 3910.6 | 4782.8 | 5110.9 | 5541.5 | 5407.4 |
| 西吉县 | Xiji | 24709 | 28500 | 26921 | 26195 | 27321 | 1827.4 | 2149.5 | 2086.2 | 2029.1 | 2091.1 |
| 隆德县 | Longde | 33813 | 41885 | 34024 | 35794 | 32820 | 2501.0 | 3149.6 | 2645.8 | 2778.4 | 2564.0 |
| 泾源县 | Jingyuan | 2504 | 2496 | 2319 | 2396 | 2258 | 183.2 | 190.6 | 180.5 | 186.7 | 178.3 |
| 彭阳县 | Pengyang | 44323 | 44066 | 37367 | 35662 | 32638 | 3291.4 | 3329.5 | 2907.1 | 2780.9 | 2608.8 |
| **中卫市** | **Zhongwei** | **295511** | **318789** | **336115** | **366645** | **376737** | **21838.7** | **24204.8** | **25954.0** | **28293.4** | **29239.9** |
| 沙坡头区 | Shapotou | 112010 | 132240 | 148115 | 164332 | 172882 | 8242.9 | 10017.6 | 11354.6 | 12652.3 | 13418.5 |
| 中宁县 | Zhongning | 162241 | 161826 | 166738 | 176293 | 177568 | 12024.8 | 12301.7 | 12927.6 | 13618.1 | 13781.0 |
| 海原县 | Haiyuan | 21261 | 24724 | 21263 | 26021 | 26287 | 1570.9 | 1885.5 | 1671.8 | 2022.9 | 2040.4 |

# 4-15　2013-2017年各市县牛生产情况

# Basic Statistics of Cattle and Buffaloes Production (2013-2017)

单位：头、吨　　(head,ton)

| 市　县 | Region | 2013 | | 2014 | | 2015 | | 2016 | | 2017 | |
|---|---|---|---|---|---|---|---|---|---|---|---|
| | | 牛存栏 Cattle and Buffaloes in Stock | #奶牛存栏 Dairy Cow | 牛存栏 Cattle and Buffaloes in Stock | #奶牛存栏 Dairy Cow | 牛存栏 Cattle and Buffaloes in Stock | #奶牛存栏 Dairy Cow | 牛存栏 Cattle and Buffaloes in Stock | #奶牛存栏 Dairy Cow | 牛存栏 Cattle and Buffaloes in Stock | #奶牛存栏 Dairy Cow |
| **全　区** | **Total** | **958026** | **346459** | **1031158** | **393063** | **1075661** | **379116** | **1135250** | **397570** | **1183334** | **408148** |
| **沿黄地区** | **Plain** | **532825** | **343560** | **585230** | **388754** | **594276** | **371905** | **632328** | **389001** | **650556** | **396860** |
| **中南部地区** | **Mountain Area** | **425201** | **2899** | **445928** | **4309** | **481385** | **7211** | **502922** | **8569** | **532778** | **11288** |
| **银川市** | **Yinchuan** | **204544** | **130141** | **209920** | **138911** | **200556** | **122011** | **197592** | **119567** | **212297** | **129494** |
| 银川市区 | District | 91845 | 66222 | 89756 | 66305 | 82646 | 55509 | 82780 | 57622 | 85823 | 57155 |
| 永宁县 | Yongning | 26566 | 14280 | 28679 | 14857 | 27693 | 12415 | 27963 | 11219 | 30244 | 12899 |
| 贺兰县 | Helan | 39173 | 24772 | 48340 | 33287 | 50393 | 33355 | 51379 | 34310 | 59509 | 43576 |
| 灵武市 | Lingwu | 46959 | 24866 | 43145 | 24463 | 39824 | 20732 | 35470 | 16416 | 36721 | 15864 |
| **石嘴山市** | **Shizuishan** | **50812** | **21667** | **55015** | **23840** | **65184** | **27422** | **64090** | **22942** | **66548** | **23977** |
| 石嘴山市辖区 | District | 20247 | 13108 | 20258 | 14513 | 26984 | 17814 | 26878 | 13774 | 27360 | 14250 |
| 平罗县 | Pingluo | 30565 | 8559 | 34757 | 9327 | 38200 | 9608 | 37212 | 9168 | 39188 | 9727 |
| **吴忠市** | **Wuzhong** | **270098** | **161538** | **303698** | **186341** | **317366** | **178805** | **342709** | **178521** | **362771** | **195037** |
| 利通区 | Litong | 144942 | 126851 | 169292 | 141990 | 168137 | 130937 | 180087 | 135517 | 183722 | 141119 |
| 红寺堡 | Hongsipu | 26921 | 192 | 26968 | 79 | 33340 | 94 | 40198 | 76 | 44178 | 1403 |
| 盐池县 | Yanchi | 2959 | 1029 | 2952 | 2037 | 5454 | 3741 | 6207 | 3888 | 6495 | 5465 |
| 同心县 | Tongxin | 42096 | 18 | 41485 | 266 | 42975 | 272 | 44530 | 274 | 50995 | 170 |
| 青铜峡市 | Qingtongxia | 53180 | 33448 | 63000 | 41970 | 67460 | 43761 | 71687 | 38766 | 77381 | 46880 |
| **固原市** | **Guyuan** | **308245** | **1660** | **324276** | **1927** | **347797** | **1501** | **353823** | **1441** | **373259** | **950** |
| 原州区 | Yuanzhou | 67145 | 1310 | 68281 | 1460 | 71212 | 1049 | 71375 | 860 | 74814 | 717 |
| 西吉县 | Xiji | 113448 | 210 | 122372 | 310 | 130724 | 300 | 136908 | 249 | 144317 | 121 |
| 隆德县 | Longde | 28578 | 127 | 32185 | 157 | 37100 | 152 | 35582 | 107 | 38562 | 112 |
| 泾源县 | Jingyuan | 28996 | 13 | 31123 | | 32807 | | 33266 | 40 | 33325 | |
| 彭阳县 | Pengyang | 70078 | | 70314 | | 75954 | | 76692 | 185 | 82241 | |
| **中卫市** | **Zhongwei** | **124327** | **31452** | **138249** | **42043** | **144757** | **49376** | **177036** | **75099** | **168459** | **58690** |
| 沙坡头区 | Shapotou | 36852 | 17926 | 45917 | 24756 | 51714 | 32767 | 73889 | 54617 | 60406 | 36650 |
| 中宁县 | Zhongning | 42494 | 13526 | 42086 | 17287 | 41224 | 15007 | 44983 | 17592 | 50202 | 18740 |
| 海原县 | Haiyuan | 44980 | | 50246 | | 51819 | 1602 | 58164 | 2890 | 57851 | 3300 |

注：根据第三次农业普查结果重新修订2013-2017年分市县数据。
Note: Data of livestock 2013-2017 by city and county had been revised according to the data from the third national agricultural census.

## 4-15 续表 continued

单位：头、吨 (head,ton)

| 市 县 | Region | 牛出栏 Slaughtered of Livestock of Cattle and Buffaloes | | | | | 牛肉产量 Output of Beef Production | | | | |
|---|---|---|---|---|---|---|---|---|---|---|---|
| | | 2013 | 2014 | 2015 | 2016 | 2017 | 2013 | 2014 | 2015 | 2016 | 2017 |
| **全 区** | **Total** | **594918** | **587110** | **643956** | **681853** | **709851** | **86715.0** | **87941.0** | **97467.0** | **104239.4** | **109178.9** |
| **沿黄地区** | **Plain** | **256020** | **253642** | **282801** | **297166** | **308447** | **37472.0** | **38278.7** | **42957.6** | **45517.4** | **47219.8** |
| **中南部地区** | **Mountain Area** | **338898** | **333468** | **361155** | **384687** | **401404** | **49243.0** | **49662.3** | **54509.4** | **58722.0** | **61959.1** |
| **银川市** | **Yinchuan** | **114525** | **112501** | **117239** | **119695** | **121027** | **16694.5** | **16977.5** | **17787.6** | **18338.1** | **18630.6** |
| 银川市区 | District | 40647 | 38603 | 38479 | 37608 | 38871 | 5982.0 | 5871.9 | 5865.2 | 5772.1 | 5901.6 |
| 永宁县 | Yongning | 21986 | 23354 | 25231 | 25625 | 25759 | 3198.0 | 3491.7 | 3817.5 | 3906.0 | 4067.9 |
| 贺兰县 | Helan | 20230 | 21171 | 21057 | 24396 | 23722 | 2922.4 | 3224.8 | 3214.2 | 3742.2 | 3669.4 |
| 灵武市 | Lingwu | 31662 | 29373 | 32472 | 32065 | 32675 | 4592.1 | 4389.1 | 4890.6 | 4917.9 | 4991.8 |
| **石嘴山市** | **Shizuishan** | **38255** | **36695** | **41644** | **42840** | **45920** | **5604.8** | **5505.0** | **6295.6** | **6532.1** | **7039.8** |
| 石嘴山市辖区 | District | 9850 | 9779 | 10611 | 10635 | 11651 | 1449.7 | 1467.0 | 1609.0 | 1623.1 | 1783.6 |
| 平罗县 | Pingluo | 28405 | 26916 | 31034 | 32205 | 34269 | 4155.1 | 4038.0 | 4686.6 | 4909.1 | 5256.2 |
| **吴忠市** | **Wuzhong** | **130702** | **126282** | **146175** | **162699** | **172564** | **19066.9** | **18931.4** | **22146.6** | **24817.0** | **26285.5** |
| 利通区 | Litong | 34185 | 35749 | 49945 | 52743 | 51862 | 4953.7 | 5325.0 | 7531.1 | 8058.7 | 7860.0 |
| 红寺堡 | Hongsipu | 29714 | 27512 | 30875 | 36875 | 41382 | 4355.2 | 4101.9 | 4658.3 | 5582.6 | 6274.3 |
| 盐池县 | Yanchi | 1123 | 1043 | 1413 | 1697 | 1848 | 179.2 | 169.0 | 226.1 | 270.8 | 297.0 |
| 同心县 | Tongxin | 44247 | 40128 | 42203 | 45372 | 49165 | 6426.8 | 6010.1 | 6388.1 | 6921.8 | 7604.0 |
| 青铜峡市 | Qingtongxia | 21433 | 21849 | 21739 | 26012 | 28307 | 3152.1 | 3325.4 | 3342.9 | 3983.1 | 4250.3 |
| **固原市** | **Guyuan** | **223245** | **222606** | **245249** | **260226** | **267771** | **32419.7** | **33107.0** | **36974.7** | **39720.9** | **41415.1** |
| 原州区 | Yuanzhou | 43607 | 42657 | 46996 | 50786 | 52752 | 6607.9 | 6527.6 | 7248.4 | 7770.7 | 8266.6 |
| 西吉县 | Xiji | 77281 | 75962 | 82335 | 89457 | 95855 | 10957.1 | 11002.5 | 12069.3 | 13498.8 | 14525.4 |
| 隆德县 | Longde | 21741 | 20841 | 24729 | 26006 | 26435 | 3320.3 | 3206.0 | 3817.6 | 3945.8 | 4078.8 |
| 泾源县 | Jingyuan | 23776 | 26148 | 29875 | 31176 | 28054 | 3419.9 | 3855.2 | 4477.1 | 4792.0 | 4440.0 |
| 彭阳县 | Pengyang | 56840 | 56996 | 61314 | 62802 | 64675 | 8114.5 | 8515.7 | 9362.2 | 9713.6 | 10104.4 |
| **中卫市** | **Zhongwei** | **88191** | **89025** | **93648** | **96392** | **102569** | **12929.1** | **13420.2** | **14262.6** | **14831.2** | **15807.9** |
| 沙坡头区 | Shapotou | 23586 | 20793 | 26224 | 27472 | 31583 | 3472.4 | 3168.2 | 4025.2 | 4235.5 | 4881.3 |
| 中宁县 | Zhongning | 24036 | 26054 | 26010 | 28403 | 29748 | 3594.5 | 3977.7 | 3975.3 | 4369.8 | 4557.9 |
| 海原县 | Haiyuan | 40569 | 42179 | 41414 | 40517 | 41238 | 5862.2 | 6274.3 | 6262.2 | 6225.9 | 6368.7 |

# 4-16 2013-2017年各市县羊生产情况
# Basic Statistics of Sheep Production(2013-2017)

单位：只、吨 (head,ton)

| 市 县 | Region | 羊存栏 Sheep in Stock | | | | |
|---|---|---|---|---|---|---|
| | | 2013 | 2014 | 2015 | 2016 | 2017 |
| **全 区** | **Total** | **5464324** | **5742262** | **5399672** | **5222910** | **5065894** |
| **沿黄地区** | **Plain** | **2260762** | **2383775** | **2261843** | **2135421** | **2148953** |
| **中南部地区** | **Mountain Area** | **3203562** | **3358488** | **3137829** | **3087489** | **2916941** |
| **银川市** | **Yinchuan** | **721011** | **737020** | **733176** | **695644** | **703883** |
| 银川市区 | District | 98168 | 111896 | 112595 | 101850 | 94405 |
| 永宁县 | Yongning | 68212 | 79370 | 73911 | 69561 | 92384 |
| 贺兰县 | Helan | 76053 | 78334 | 78917 | 79280 | 90011 |
| 灵武市 | Lingwu | 478578 | 467421 | 467753 | 444953 | 427083 |
| **石嘴山市** | **Shizuishan** | **580495** | **616545** | **583689** | **546064** | **556107** |
| 石嘴山市辖区 | District | 240582 | 263564 | 268246 | 251539 | 266063 |
| 平罗县 | Pingluo | 339913 | 352981 | 315444 | 294525 | 290044 |
| **吴忠市** | **Wuzhong** | **2534302** | **2500980** | **2373396** | **2441975** | **2256316** |
| 利通区 | Litong | 231467 | 269463 | 250437 | 252159 | 224874 |
| 红寺堡 | Hongsipu | 266190 | 311857 | 317558 | 330377 | 324197 |
| 盐池县 | Yanchi | 1122722 | 1026980 | 1032652 | 1100661 | 964911 |
| 同心县 | Tongxin | 699268 | 691508 | 585380 | 586957 | 575318 |
| 青铜峡市 | Qingtongxia | 214656 | 201172 | 187369 | 171821 | 167016 |
| **固原市** | **Guyuan** | **729607** | **866394** | **790061** | **729427** | **694024** |
| 原州区 | Yuanzhou | 264496 | 301270 | 273812 | 245901 | 223121 |
| 西吉县 | Xiji | 204267 | 256239 | 240542 | 225515 | 229944 |
| 隆德县 | Longde | 31359 | 34029 | 25781 | 23691 | 22747 |
| 泾源县 | Jingyuan | 6987 | 8018 | 8132 | 7080 | 5328 |
| 彭阳县 | Pengyang | 222498 | 266838 | 241794 | 227240 | 212884 |
| **中卫市** | **Zhongwei** | **898909** | **1021323** | **919349** | **809800** | **855564** |
| 沙坡头区 | Shapotou | 202315 | 249506 | 215125 | 221302 | 247419 |
| 中宁县 | Zhongning | 310818 | 310068 | 292046 | 248431 | 249654 |
| 海原县 | Haiyuan | 385776 | 461749 | 412178 | 340067 | 358491 |

注：根据第三次农业普查结果重新修订2013-2017年分市县数据。
Note: Data of livestock 2013-2017 by city and county had been revised according to the data from the third national agricultural census.

## 4-16 续表 continued

单位：只、吨 (head,ton)

| 市 县 | Region | 羊出栏 Slaughtered of Livestock of Sheep | | | | | 羊肉产量 Mutton Production | | | | |
|---|---|---|---|---|---|---|---|---|---|---|---|
| | | 2013 | 2014 | 2015 | 2016 | 2017 | 2013 | 2014 | 2015 | 2016 | 2017 |
| **全 区** | **Total** | **4997486** | **5179971** | **5325307** | **5380260** | **5600001** | **86612.7** | **89274.6** | **92889.0** | **94645.8** | **99060.3** |
| **沿黄地区** | **Plain** | **2235728** | **2228572** | **2261954** | **2271531** | **2324233** | **38028.1** | **37919.3** | **39111.0** | **39584.9** | **40754.1** |
| **中南部地区** | **Mountain Area** | **2761759** | **2951399** | **3063353** | **3108730** | **3275768** | **48584.6** | **51355.3** | **53778.0** | **55060.9** | **58306.2** |
| **银川市** | **Yinchuan** | **864486** | **808719** | **805241** | **826726** | **827438** | **14773.8** | **13886.8** | **13965.1** | **14400.6** | **14484.2** |
| 银川市区 | District | 105034 | 95547 | 98251 | 100936 | 102006 | 1796.7 | 1639.9 | 1695.3 | 1745.1 | 1771.9 |
| 永宁县 | Yongning | 71128 | 73884 | 80783 | 82141 | 87715 | 1223.6 | 1271.7 | 1395.7 | 1426.8 | 1535.2 |
| 贺兰县 | Helan | 74198 | 71483 | 65549 | 72798 | 72565 | 1245.5 | 1208.8 | 1136.9 | 1273.7 | 1271.5 |
| 灵武市 | Lingwu | 614126 | 567805 | 560658 | 570850 | 565152 | 10507.9 | 9766.4 | 9737.2 | 9954.9 | 9905.6 |
| **石嘴山市** | **Shizuishan** | **525373** | **527724** | **533347** | **529620** | **558311** | **8833.1** | **8878.7** | **9143.0** | **9129.0** | **9690.1** |
| 石嘴山市辖区 | District | 212008 | 212438 | 208232 | 225406 | 236051 | 3621.0 | 3629.9 | 3614.2 | 3904.1 | 4113.0 |
| 平罗县 | Pingluo | 313365 | 315286 | 325115 | 304214 | 322260 | 5212.0 | 5248.9 | 5528.8 | 5224.8 | 5577.1 |
| **吴忠市** | **Wuzhong** | **2257733** | **2411147** | **2451893** | **2449873** | **2628812** | **39920.4** | **42250.6** | **43338.7** | **43742.9** | **47147.6** |
| 利通区 | Litong | 228121 | 244599 | 246564 | 253684 | 283285 | 3920.3 | 4208.0 | 4288.9 | 4427.6 | 4977.2 |
| 红寺堡 | Hongsipu | 226314 | 231958 | 246079 | 277845 | 318602 | 3713.9 | 3832.9 | 4111.5 | 4676.9 | 5394.3 |
| 盐池县 | Yanchi | 873108 | 975487 | 984979 | 1045180 | 1080942 | 16235.9 | 17760.1 | 18102.9 | 19477.6 | 20244.3 |
| 同心县 | Tongxin | 714746 | 753514 | 768322 | 676372 | 741785 | 12344.0 | 12921.8 | 13275.6 | 11747.8 | 12966.3 |
| 青铜峡市 | Qingtongxia | 215444 | 205589 | 205949 | 196792 | 204198 | 3706.4 | 3527.7 | 3559.8 | 3413.0 | 3565.5 |
| **固原市** | **Guyuan** | **668659** | **706228** | **760383** | **788357** | **812490** | **11477.9** | **11987.4** | **13064.2** | **13653.3** | **14154.1** |
| 原州区 | Yuanzhou | 241042 | 250195 | 269984 | 279767 | 277184 | 4113.0 | 4226.5 | 4619.8 | 4850.3 | 4825.2 |
| 西吉县 | Xiji | 155076 | 167261 | 181048 | 196618 | 215810 | 2607.6 | 2791.3 | 3073.4 | 3373.5 | 3726.5 |
| 隆德县 | Longde | 28381 | 28896 | 29656 | 26479 | 27635 | 481.5 | 487.5 | 507.9 | 460.3 | 485.8 |
| 泾源县 | Jingyuan | 8323 | 8418 | 9021 | 9531 | 8788 | 142.9 | 144.2 | 155.8 | 165.3 | 155.5 |
| 彭阳县 | Pengyang | 235838 | 251458 | 270674 | 275963 | 283073 | 4132.9 | 4337.9 | 4707.3 | 4804.0 | 4961.2 |
| **中卫市** | **Zhongwei** | **681235** | **726153** | **774443** | **785684** | **772950** | **11607.6** | **12271.1** | **13377.9** | **13720.0** | **13584.3** |
| 沙坡头区 | Shapotou | 163609 | 177980 | 193073 | 206130 | 203682 | 2792.6 | 3026.9 | 3358.1 | 3631.3 | 3611.8 |
| 中宁县 | Zhongning | 238695 | 263961 | 277780 | 258578 | 247319 | 4002.1 | 4391.2 | 4796.1 | 4583.5 | 4425.4 |
| 海原县 | Haiyuan | 278931 | 284212 | 303590 | 320976 | 321949 | 4812.9 | 4853.0 | 5223.7 | 5505.2 | 5547.1 |

# 4-17 2013-2017年各市县家禽生产情况

## Basic Statistics of Poultry Production(2013-2017)

单位：只、吨 (head,ton)

| 市 县 | Region | 2013 | | 2014 | | 2015 | | 2016 | |
|---|---|---|---|---|---|---|---|---|---|
| | | 家禽存栏 Poultry in Stock | #蛋鸡存栏 Egg Laying | 家禽存栏 Poultry in Stock | #蛋鸡存栏 Egg Laying | 家禽存栏 Poultry in Stock | #蛋鸡存栏 Egg Laying | 家禽存栏 Poultry in Stock | #蛋鸡存栏 Egg Laying |
| **全 区** | **Total** | **13408172** | **7998871** | **15231688** | **9121714** | **14465438** | **9323317** | **17308465** | **10989380** |
| **沿黄地区** | **Plain** | **10195500** | **6431880** | **11969730** | **7566861** | **11369514** | **7673614** | **13005347** | **8637683** |
| **中南部地区** | **Mountain Area** | **3212671** | **1566991** | **3261957** | **1554853** | **3095924** | **1649703** | **4303118** | **2351696** |
| **银川市** | **Yinchuan** | **3627803** | **1851049** | **4776438** | **2838655** | **4117298** | **2569712** | **5296781** | **2957099** |
| 银川市区 | District | 920500 | 308589 | 1190516 | 798684 | 1033807 | 714666 | 1149937 | 786601 |
| 永宁县 | Yongning | 752200 | 560970 | 1448600 | 1054988 | 1175300 | 916065 | 1244451 | 293271 |
| 贺兰县 | Helan | 1051511 | 817082 | 1045348 | 774532 | 891187 | 743348 | 1903429 | 1713222 |
| 灵武市 | Lingwu | 903592 | 164408 | 1091975 | 210451 | 1017004 | 195633 | 998,964 | 164004 |
| **石嘴山市** | **Shizuishan** | **1066809** | **628478** | **1142380** | **607078** | **1107634** | **618743** | **1347586** | **713536** |
| 石嘴山市辖区 | District | 415539 | 251637 | 500755 | 269802 | 466440 | 255698 | 609269 | 319632 |
| 平罗县 | Pingluo | 651270 | 376840 | 641624 | 337276 | 641193 | 363045 | 738317 | 393904 |
| **吴忠市** | **Wuzhong** | **3278599** | **1487564** | **3280182** | **1374864** | **3457350** | **1527457** | **3053143** | **1601742** |
| 利通区 | Litong | 896156 | 156111 | 893695 | 177187 | 928930 | 199508 | 1096879 | 206924 |
| 红寺堡 | Hongsipu | 123032 | 109427 | 151523 | 99257 | 175829 | 123280 | 192301 | 110031 |
| 盐池县 | Yanchi | 89597 | 48873 | 87723 | 44460 | 88785 | 48854 | 101,875 | 53519 |
| 同心县 | Tongxin | 452713 | 123094 | 444840 | 111095 | 494206 | 177315 | 487434 | 213866 |
| 青铜峡市 | Qingtongxia | 1717100 | 1050059 | 1702400 | 942866 | 1769600 | 978500 | 1174654 | 1017402 |
| **固原市** | **Guyuan** | **2061209** | **1033285** | **2098439** | **1060075** | **1862728** | **1026705** | **3061529** | **1665278** |
| 原州区 | Yuanzhou | 968734 | 689902 | 962686 | 722635 | 798036 | 638637 | 1230806 | 1027555 |
| 西吉县 | Xiji | 191878 | 98038 | 231809 | 121983 | 213120 | 162253 | 704606 | 293079 |
| 隆德县 | Longde | 170620 | 93944 | 168944 | 75219 | 210538 | 91052 | 269244 | 145622 |
| 泾源县 | Jingyuan | 74877 | 50247 | 83740 | 49250 | 100353 | 59020 | 124675 | 101571 |
| 彭阳县 | Pengyang | 655099 | 101154 | 651260 | 90988 | 540681 | 75742 | 732198 | 97451 |
| **中卫市** | **Zhongwei** | **3373752** | **2998496** | **3934249** | **3241042** | **3920428** | **3580699** | **4549426** | **4051725** |
| 沙坡头区 | Shapotou | 2469458 | 2379840 | 2956348 | 2588992 | 2948238 | 2885283 | 3514002 | 3267538 |
| 中宁县 | Zhongning | 418174 | 366344 | 498469 | 412083 | 497814 | 421867 | 575445 | 475185 |
| 海原县 | Haiyuan | 486120 | 252312 | 479431 | 239967 | 474376 | 273549 | 459979 | 309002 |

注：根据第三次农业普查结果重新修订2013-2017年分市县数据。
Note: Data of livestock 2013-2017 by city and county had been revised according to the data from the third national agricultural census.

## 4-17 续表 1 continued

单位：只、吨 (head,ton)

| 市 县 | Region | 2017 | | 家禽出栏 Slaughtered of Livestock of Poultry | | | | |
|---|---|---|---|---|---|---|---|---|
| | | 家禽存栏 Poultry in Stock | #蛋鸡存栏 Egg Laying | 2013 | 2014 | 2015 | 2016 | 2017 |
| **全　区** | **Total** | **11506807** | **8106015** | **17028902** | **17769801** | **15783859** | **17696469** | **17960245** |
| **沿黄地区** | **Plain** | **8868897** | **6557755** | **11849787** | **12372374** | **11418672** | **12623941** | **12634361** |
| **中南部地区** | **Mountain Area** | **2637911** | **1548260** | **5179116** | **5397426** | **4365187** | **5072528** | **5325883** |
| **银川市** | **Yinchuan** | **2845968** | **1969306** | **5225444** | **5105773** | **4805443** | **5037142** | **4707411** |
| 银川市区 | District | 607213 | 545130 | 1196505 | 1002818 | 822609 | 787551 | 722332 |
| 永宁县 | Yongning | 1152775 | 778411 | 1141096 | 1172291 | 1513188 | 1506221 | 1406334 |
| 贺兰县 | Helan | 657896 | 553009 | 1221158 | 1068358 | 971285 | 1310032 | 1131055 |
| 灵武市 | Lingwu | 428084 | 92756 | 1666685 | 1862306 | 1498361 | 1433338 | 1447691 |
| **石嘴山市** | **Shizuishan** | **908685** | **572634** | **1805863** | **1803777** | **1792520** | **2008762** | **2175462** |
| 石嘴山市辖区 | District | 314327 | 206890 | 390400 | 543285 | 605342 | 692818 | 815256 |
| 平罗县 | Pingluo | 594359 | 365744 | 1415462 | 1260492 | 1187179 | 1315944 | 1360206 |
| **吴忠市** | **Wuzhong** | **2876677** | **1587793** | **3636448** | **3439220** | **2905363** | **3546084** | **3557138** |
| 利通区 | Litong | 595608 | 182476 | 1708642 | 1525279 | 1389197 | 1676226 | 1777904 |
| 红寺堡 | Hongsipu | 99114 | 47726 | 230132 | 251846 | 206787 | 284036 | 306389 |
| 盐池县 | Yanchi | 86459 | 70133 | 137365 | 131535 | 95868 | 113524 | 116146 |
| 同心县 | Tongxin | 432670 | 106030 | 778841 | 701490 | 546805 | 687426 | 559413 |
| 青铜峡市 | Qingtongxia | 1662826 | 1181428 | 781468 | 829069 | 666706 | 784871 | 797285 |
| **固原市** | **Guyuan** | **1725618** | **1053892** | **3713793** | **4017394** | **3249863** | **3731948** | **4121765** |
| 原州区 | Yuanzhou | 599290 | 530400 | 1505580 | 1755622 | 1324748 | 1452596 | 1716515 |
| 西吉县 | Xiji | 420573 | 231738 | 489620 | 445932 | 401330 | 475205 | 566072 |
| 隆德县 | Longde | 238202 | 165922 | 254416 | 229988 | 202514 | 227875 | 261971 |
| 泾源县 | Jingyuan | 74101 | 49392 | 222869 | 208385 | 221455 | 284961 | 300290 |
| 彭阳县 | Pengyang | 393453 | 76440 | 1241308 | 1377468 | 1099815 | 1291311 | 1276916 |
| **中卫市** | **Zhongwei** | **3149859** | **2922391** | **2647356** | **3403636** | **3030669** | **3372533** | **3398469** |
| 沙坡头区 | Shapotou | 2355352 | 2259143 | 1704965 | 2523751 | 2079032 | 2362742 | 2452364 |
| 中宁县 | Zhongning | 500457 | 392768 | 623406 | 584725 | 685773 | 754197 | 723934 |
| 海原县 | Haiyuan | 294050 | 270480 | 318985 | 295160 | 265864 | 255594 | 222170 |

## 4-17 续表 2 continued

单位：只、吨 (head,ton)

| 市 县 | Region | 禽肉产量 Poultry Production | | | | | 禽蛋产量 Egg Production | | | | |
|---|---|---|---|---|---|---|---|---|---|---|---|
| | | 2013 | 2014 | 2015 | 2016 | 2017 | 2013 | 2014 | 2015 | 2016 | 2017 |
| **全区** | **Total** | **31261.1** | **32818.4** | **30111.8** | **34179.3** | **34205.4** | **104570.9** | **122503.2** | **135935.6** | **156999.0** | **152711.8** |
| **沿黄地区** | **Plain** | **21420.7** | **22713.8** | **21600.8** | **24105.2** | **23828.3** | **84500.2** | **94521.5** | **107386.0** | **124042.3** | **121616.9** |
| **中南部地区** | **Mountain Area** | **9840.4** | **10104.6** | **8511.0** | **10074.1** | **10377.1** | **20070.7** | **27981.7** | **28549.6** | **32956.7** | **31094.9** |
| **银川市** | **Yinchuan** | **9613.8** | **9606.5** | **9235.4** | **9711.8** | **9022.3** | **26300.4** | **29720.5** | **36791.0** | **39897.8** | **38292.8** |
| 银川市区 | District | 2170.6 | 1891.4 | 1631.8 | 1545.7 | 1401.7 | 6513.0 | 7311.3 | 10314.7 | 11077.1 | 12570.7 |
| 永宁县 | Yongning | 2101.3 | 2155.6 | 2763.3 | 2772.9 | 2572.2 | 6026.0 | 9902.8 | 11208.3 | 12334.7 | 12771.1 |
| 贺兰县 | Helan | 2220.1 | 2021.4 | 1948.8 | 2597.1 | 2189.6 | 11917.9 | 9807.0 | 11579.9 | 13599.4 | 11036.0 |
| 灵武市 | Lingwu | 3121.8 | 3538.1 | 2891.5 | 2796.1 | 2858.8 | 1843.5 | 2699.4 | 3688.0 | 2886.6 | 1915.0 |
| **石嘴山市** | **Shizuishan** | **3335.1** | **3403.1** | **3480.4** | **3929.8** | **4224.3** | **6608.5** | **9173.6** | **8903.6** | **9816.3** | **11270.5** |
| 石嘴山市辖区 | District | 759.0 | 1057.4 | 1221.1 | 1423.0 | 1646.8 | 3044.5 | 3838.8 | 3965.5 | 4141.0 | 5599.4 |
| 平罗县 | Pingluo | 2576.1 | 2345.6 | 2259.3 | 2506.8 | 2577.6 | 3564.0 | 5334.8 | 4938.1 | 5675.4 | 5671.1 |
| **吴忠市** | **Wuzhong** | **6494.5** | **6330.3** | **5545.6** | **6869.3** | **6746.6** | **21171.3** | **23849.5** | **21328.0** | **26587.2** | **29611.0** |
| 利通区 | Litong | 3026.1 | 2812.3 | 2645.8 | 3270.6 | 3404.5 | 1992.4 | 2326.5 | 2543.7 | 3021.3 | 2494.9 |
| 红寺堡 | Hongsipu | 433.3 | 480.0 | 406.0 | 554.3 | 586.6 | 1043.4 | 1411.0 | 1211.4 | 1210.4 | 889.4 |
| 盐池县 | Yanchi | 247.9 | 240.6 | 191.3 | 229.2 | 233.6 | 631.7 | 768.7 | 625.2 | 815.0 | 1076.6 |
| 同心县 | Tongxin | 1393.5 | 1310.5 | 1070.5 | 1352.4 | 1055.7 | 5196.6 | 6525.7 | 3476.0 | 3075.0 | 3082.3 |
| 青铜峡市 | Qingtongxia | 1393.6 | 1486.8 | 1232.0 | 1462.7 | 1466.2 | 12307.3 | 12817.6 | 13471.7 | 18465.5 | 22067.8 |
| **固原市** | **Guyuan** | **7080.8** | **7420.8** | **6225.5** | **7447.9** | **8079.4** | **10039.7** | **15460.9** | **19268.5** | **24095.3** | **22657.3** |
| 原州区 | Yuanzhou | 3045.3 | 3483.3 | 2812.9 | 3113.8 | 3564.7 | 6506.7 | 7962.0 | 10355.1 | 17575.3 | 13367.3 |
| 西吉县 | Xiji | 689.2 | 622.2 | 552.3 | 866.8 | 997.6 | 2317.7 | 2398.4 | 2199.1 | 3121.2 | 3021.4 |
| 隆德县 | Longde | 419.3 | 384.7 | 342.3 | 409.8 | 470.5 | 428.4 | 2732.7 | 4388.3 | 1002.1 | 1460.2 |
| 泾源县 | Jingyuan | 429.3 | 399.5 | 428.7 | 556.4 | 579.7 | 325.1 | 1123.5 | 889.8 | 1243.3 | 1250.8 |
| 彭阳县 | Pengyang | 2497.7 | 2531.1 | 2089.4 | 2501.0 | 2466.9 | 461.8 | 1244.2 | 1436.2 | 1153.4 | 3557.6 |
| **中卫市** | **Zhongwei** | **4736.9** | **6057.8** | **5624.9** | **6220.6** | **6132.8** | **40451.0** | **44298.7** | **49644.5** | **56602.4** | **50880.2** |
| 沙坡头区 | Shapotou | 2867.4 | 4271.0 | 3665.5 | 4232.4 | 4353.0 | 33003.9 | 35407.3 | 40276.2 | 46310.6 | 40697.6 |
| 中宁县 | Zhongning | 1184.6 | 1134.1 | 1341.7 | 1498.0 | 1358.0 | 4287.8 | 5076.0 | 5399.9 | 6530.8 | 6793.3 |
| 海原县 | Haiyuan | 684.9 | 652.7 | 617.6 | 490.2 | 421.8 | 3159.3 | 3815.5 | 3968.5 | 3761.0 | 3389.3 |

# 主要指标解释

**农作物播种面积**　指实际播种或移植有农作物的面积。凡是实际种植有农作物的面积，不论种植在耕地上还是种植在非耕地上，均包括在农作物播种面积中。在播种季节基本结束后，因遭灾而重新改种和补种的农作物面积，也包括在内。它是反映我国耕地面积利用情况的一个重要指标。目前，农作物播种面积主要包括粮食、棉花、油料、糖料、麻类、烟叶、蔬菜和瓜类、药材和其他农作物九大类。

**粮食产量**　指农业生产经营者日历年度内生产的全部粮食数量。按收获季节包括夏收粮食、早稻和秋收粮食，按作物品种包括谷物、薯类和豆类。其中谷物包括小麦、玉米、早稻、中稻和一季晚稻、双季晚稻、大麦、高粱、谷子、荞麦等禾本科和蓼科粮食作物；薯类只包括马铃薯、甘薯，木薯统计在其他农作物，芋头等其他薯统计在其他蔬菜；豆类包括大豆、绿豆、红小豆、杂豆等。谷物产量按脱粒后的原粮计算，山区生产的薯类按鲜薯重量的5∶1折算为原粮，豆类按去荚后的干豆计算。

**肉类总产量**　指调查期内各种牲畜及家禽、兔等动物肉产量总计。猪、牛、羊、马、驴、骡、骆驼肉产量按去掉头蹄下水后带骨肉的胴体重量计算,兔禽肉产量按屠宰后去毛和内脏后的重量计算。猪牛羊禽四个品种肉产量由主要畜禽监测抽样调查获得。

**当年出栏的畜禽数**　指当年（报告期内）乡村各种经济组织和国营农场、农民个人、机关、团体、学校、工矿企业、部队等单位以及城镇居民饲养的，已屠宰或以消费为目的出售的畜禽数，包括集市上出售和农民自食的部分。不包括个别地区习惯吃的“烤小猪”以及为取得“二毛皮”而宰杀的羔羊。

**期初（末）畜禽存栏头（只）数**　指报告期初（末）农村各种经济组织和国营农场、农民个人、机关、团体、学校、工矿企业、部队等单位以及城镇居民饲养的大牲畜、猪、羊、家禽等畜禽的存栏数。不分大小、公母、品种和用途，一律包括在内。

# Explanatory Notes on Main Statistical Indicators

**Sown Area of Crops** refers to area of land sown or trans-planted with crops regardless of being in cultivated area or non-cultivated area. Area of land sown due to natural disasters is also included. At present, the sown area of crops mainly include the following 9 categories of crops: grain, cotton, oil-bearing crops, sugar crops, fiber crops, tobacco, vegetables and melons, medicinal materials and other farm crops.

**Grain Output** refers to the total output of grains produced by agricultural producers within a calendar year. It includes summer grain, early rice and autumn grain if classified by harvest seasons; it covers cereal, tubers and beans if classified by type of crops. Cereal include wheat, corn, early rice, semilate rice, one season rice, two season rice, barley, sorghum, millet, buckwheat. The tubers include potatoes and sweet potatoes, not including taros and cassava. Beans include soybean, mung bean, red bean, mixed beans and so on. Output of cereal should be limited to husked grain only. The output of tubers are converted into that of grain at the ratio 5∶1. Output of beans refers to dry beans without pods.

**Total Meat Output** refers to the total production of various livestock and poultry, rabbits and other animal meat during the investigation period. Meat output refers to the meat of slaughtered hogs, cattle, sheep, horses, donkeys, mules and camels with head, feet and offal taken away. Meat output refers to the meat of slaughtered rabbit and poultry with hair and offal taken away. The data on the main livestock such as hog, cattle, sheep and poultry became the official data based on the sampling survey.

**Number of Livestock or Poultry Slaughtered** refers to the numbers of slaughtered or sold livestock and poultry bred by rural cooperative organizations, state farms, rural individuals, government agencies, schools, industrial and mining enterprises, army and urban residents. It includes numbers sold on markets and ate by farmers and not includes obtaining the "two fur" to slaughter the lamb.

**Number of Livestock or Poultry in Stock at Beginning (or End) of Period** refers to the total number of large animals, pigs, sheep, fowls, etc. raised by rural cooperative organizations, state farms, rural individuals, government agencies, schools, industrial and mining enterprises, army, and urban residents at the beginning (or end) of the reference period. Regardless of size, male or female, variety and use, shall be included.

# 第五篇

# 企业调查

# Enterprise Survey

# 简要说明

规模以下工业调查资料是根据全区年主营业务收入 2000 万元以下的 844 家工业企业、150 个行政村的所有个体工业单位调查数据加权推算形成的。

# Brief Introduction

Data of the industrial enterprises below designated size are taken from 844 industrial enterprises with revenue from principal business below 20 million yuan and all individual industrial units from 150 villages and weighting calculated.

# 宁夏规模以下工业发展稳中趋缓
# 存在问题不容忽视

2017年以来，在自治区党委、政府的正确领导下，全区贯彻落实中央和自治区的各项优惠政策，切实推进“降成本30条”落地，从用电、融资、物流、人工、挖潜增效等几个方面，扎扎实实为企业减负担、降成本、增效益。同时，随着市场回暖向好，有效地刺激了规模以下工业企业的生产积极性，2017年全区规模以下工业呈现低开、缓进、趋稳的运行态势。然而，企业生产成本快速上升，企业缺乏核心竞争力，融资难融资贵、资金紧张等问题依旧突出，困扰规模以下工业企业的发展壮大。

## 一、规模以下工业运行特点

**（一）企业生产稳中趋缓。**据国家统计局宁夏调查总队抽样调查推算结果显示：2017年，宁夏规模以下工业完成工业总产值93.0亿元，其中企业产值76.2亿元，个体经营户产值16.8亿元；规模以下工业增加值为31.5亿元。工业可比价增速为1.2%。从全年增速来看，一季度规下工业低速运行，可比价增速仅为0.8%；上半年宏观经济形势向好，市场需求活跃，企业生产形势好转，可比价增速上升至2.3%；前三季度企业生产平稳，增速为1.8%；全年生产受部分企业停产限产影响，增速下滑为1.2%。

从行业产值看，非金属矿物制品业、农副食品加工业依然是规模以下工业的主导行业，2017年分别实现产值22.1亿元、11.3亿元，占全部规模以下工业企业的29.0%和14.8%；从行业产值增速看，食品制造业同比增长47.5%；通用设备制造业同比增长37.7%；医药制造业同比增长37.0%；电力、热力生产和供应业同比增长20.5%；非金属矿物制品业同比增长15.0%；金属制品业同比增长5.2%；煤炭开采和洗选业同比增长3.2%，对规模以下工业拉动作用显著。

**（二）市场销售向好，产成品库存保持正常水平。**根据调查显示，四季度68.7%的企业产品订货量处于正常水平或高于正常水平，较上年同期增长8.4个百分点。产品订货量的增加促进产成品库存减少，被调查的企业中，仅有 5.6%的企业产成品库存高于正常水平，71.9%的企业库存处于正常水平，22.5%的企业库存低于正常水平。四季度生产设备利用率在正常水平及以上的企业为69.6%，较上年同期上涨4.1个百分点。

**（三）企业家信心提振，景气指数持续走高。**2017年，随着市场整体回暖，加之自治区政府一系列为企业减负担、降成本、增效益的政策的出台，有效地刺激了规下工业生产积极性，企业家经营信心得以提振，企业生产投入力度加大。根据调查结果，2017年四季度，规模以下工业企业景气指数为94.4，虽仍未到达景气区间，但创近年来的新高，分别较上季度和上年同期上升6.9和1.3。其中，16.4%的企业认为本季度生产经营状况良好；61.7%的企业认为本季度生产经营状况一般；21.9%的企业认为本季度生产经营状况不佳。

**（四）税收政策优惠面不断加大。**近年来，中央和自治区政府出台了一系列小微企业税费减免政策，为减轻企业负担、激发企业活力保驾护航。据抽样调查结果显示，税费政策效果初步显现，税收优惠政策覆盖面不断扩大，39.8%的企业本季度享受了税收减免政策，较上年同期增加1.8个百分点。

## 二、存在的问题

**（一）生产成本上涨快，压缩企业利润空间。**在工业企业生产成本中，原材料成本和用工成本占据很大比重，其价格对企业生产状况及利润空间产生决定性的影响。2017 年，宁夏主要工业品购进价格持续上涨，其中煤炭、黑色金属、有色金属、化工产品等原材料价格快速增长，拉动了企业原材料成本。同时，随着人民生活水平和社会平均工资的不断提高，雇工成本也水涨船高。根据问卷调查结果，58.2%的规模以下工业企业认为原材料成本过高是本季度企业面临的突出问题；34.5%的企业认为用工成本上升快是本季度企业面临的突出问题。生产成本的快速增长，压缩了企业的利润空间，增加了企业的经营压力。

**（二）竞争力缺乏，制约企业发展**。与规上企业相比，规模以下工业企业规模小、实力弱，产品较为低端，在市场竞争中不占优势，制约了企业的发展。根据调查结果，尽管四季度规模以下工业企业产品订货量较上年同期有所上升，但市场需求不足仍然是企业经营中面临的主要问题。根据调查问卷显示，四季度有 52.0%的企业认为市场需求不足是企业面临的突出问题，较上季度增加 5.4 个百分点。

**（三）资金紧张局面依旧突出**。一直以来，由于小微企业实力相对薄弱，可抵押资产较少，加之银行限贷惜贷，融资难度大，制约企业做大做强。根据调查结果，四季度 39.5%的企业存在流动资金紧张的情况；23.7%的企业认为资金紧张是企业面临的突出问题。资金紧张伴随着融资难问题，在有贷款需求的企业中，仅有 22.7%的企业能够全部贷到所需款项；22.7%的企业能够贷到部分款项；而 54.6%的企业没能贷到款。

## 三、意见建议

**（一）企业主动求变，提高市场竞争力**。一是提高生产效率。通过引进更新现代化设备、科学员工管理等方式增加生产能力，提高劳动生产效率，缓解人工成本压力，减轻企业负担。二是提升产品品质。充分利用现代网络信息的共享性和便利性，紧盯本行业市场发展动向，以市场需求为导向促进企业技术改造升级，使企业从简单加工装配向精加工、深加工转变，提升产品质量和附加值，拓展产品市场。

**（二）强化政策引导，助力企业转型升级**。一是做好融资服务，优化企业融资环境，建立和完善中小企业融资服务体系，加强信贷支持力度，积极开发契合其特点的信贷方式和业务产品。建立健全小微企业和个体经营户信用担保体系，降低贷款担保门槛、简化贷款担保手续、缩短贷款办理时间，提高信用担保质量。二是加大中小企业优惠政策覆盖面，增加适用于规模以下工业企业的政策供给，使优惠政策惠及更多企业，使政策享用更公平、合理。三是增加环保改造补贴力度，帮助高耗能、高污染企业通过设备升级改造护航“蓝天工程”，使企业实现转型升级，走绿色发展道路。

（余　璐）

# 5-1 2017年全区规模以下工业主要经济指标

## Main Indicators of Industrial Enterprises below Designated Size (2017)

单位：亿元、% (100 million yuan，%)

| 指标名称 | Indicator | 全 年<br>Annual | 可比价增长速度<br>Growth Rate at Constant Prices |
|---|---|---|---|
| 1.现价工业总产值 | Gross Industrial Output Value in Current Prices | 93.00 | — |
| #企业工业总产值 | Gross Industrial Output Value of Enterprises | 76.17 | — |
| 个体营业收入 | Revenue from Individual Business | 16.83 | — |
| 2.工业增加值 | Value-added of Industry | 31.48 | 1.2 |

# 5-2 2017年各市县规模以下工业主要经济指标

## Main Indicators of Industrial Enterprises below Designated Size by City and County (2017)

| 地 区 | Region | 现价工业总产值 (万元) Gross Industrial Output Value in Current Prices (10000 yuan) | 工业增加值 (万元) Value-added of Industry (10000 yuan) | 可比价增长速度 (%) Growth Rate at Constant Prices (%) |
|---|---|---|---|---|
| **全 区** | **Total** | **929992** | **314802** | **1.2** |
| **银川市** | **Yinchuan** | **267384** | **90509** | **-2.4** |
| 兴庆区 | Xingqing | 13315 | 4507 | 2.4 |
| 西夏区 | Xixia | 33035 | 11182 | 1.2 |
| 金凤区 | Jinfeng | 21342 | 7224 | -4.4 |
| 永宁县 | Yongning | 50002 | 16926 | 1.9 |
| 贺兰县 | Helan | 117939 | 39922 | -2.6 |
| 灵武市 | Lingwu | 31751 | 10748 | -7.6 |
| **石嘴山市** | **Shizuishan** | **174324** | **59009** | **2.9** |
| 大武口区 | Dawukou | 22247 | 7531 | -1.8 |
| 惠农区 | Huinong | 65096 | 22035 | 2.8 |
| 平罗县 | Pingluo | 86981 | 29443 | 3.9 |
| **吴忠市** | **Wuzhong** | **187053** | **63317** | **-2.3** |
| 利通区 | Litong | 101239 | 34269 | 0.7 |
| 盐池县 | Yanchi | 12903 | 4368 | -4.2 |
| 同心县 | Tongxin | 30559 | 10344 | -6.8 |
| 青铜峡市 | Qingtongxia | 20329 | 6881 | 1.2 |
| 红寺堡区 | Hongsipu | 22023 | 7455 | 0.9 |
| **固原市** | **Guyuan** | **161012** | **54503** | **4.2** |
| 原州区 | Yuanzhou | 113044 | 38265 | 4.4 |
| 西吉县 | Xiji | 10599 | 3588 | -6.5 |
| 隆德县 | Longde | 9793 | 3315 | 5.8 |
| 泾源县 | Jingyuan | 3862 | 1307 | -10.2 |
| 彭阳县 | Pengyang | 23713 | 8027 | 1.5 |
| **中卫市** | **Zhongwei** | **140219** | **47464** | **-2.8** |
| 沙坡头区 | Shapotou | 60601 | 20513 | -2.2 |
| 中宁县 | Zhongning | 58262 | 19722 | -3.1 |
| 海原县 | Haiyuan | 21356 | 7229 | -2.5 |

# 主要指标解释

**规模以下工业** 年主营业务收入 2000 万元以下的工业企业和全部个体经营工业单位。规模以下工业企业和全部个体经营工业单位具体包括调查年初在册的规模以下工业企业、全部个体经营工业单位以及当年新建的规模以下工业企业和新增的全部个体经营工业单位。

**工业总产值（当年价格）** 指工业企业在报告期内生产的以货币形式表现的工业最终产品和提供工业劳务活动的总价值量。工业总产值包括三部分：生产的成品价值、对外加工费收入、自制半成品在制品期末期初差额价值。

**主营业务收入** 指企业确认的销售商品、提供劳务等主营业务的收入。根据会计“主营业务收入”科目的期末贷方余额填报。执行 2006 年《企业会计准则》或 2011 年《小企业会计准则》的企业，如未设置该科目，以“营业收入”代替填报。

**从业人员期末人数** 指报告期末最后一日 24 时在本单位中工作，并取得工资或其他形式劳动报酬的人员数。该指标为时点指标，不包括最后一日当天及以前已经与单位解除劳动合同关系的人员，是在岗职工、劳务派遣人员及其他从业人员之和。

**规模以下工业总产值** 指规模以下工业企业和个体工业在报告期内生产的以货币形式表现的工业最终产品和提供工业劳务活动的总价值量。规模以下工业企业工业总产值=主营业务收入+期末产成品存货-年初产成品存货，个体工业以营业收入代替。

**规模以下工业增加值** 以调查制度核定的工业总产值增加值率计算。

**规模以下工业增长速度** 以当期工业价格指数缩减计算工业企业和个体工业加权计算的工业总产值可比价增长速度。

# Explanatory Notes on Main Statistical Indicators

**Industrial Enterprises below Designated Size** refers to industrial enterprises with revenue from principal business below 20 million yuan and all individual industrial units. They include registered industrial enterprises below designated size at the beginning of the year，all individual industrial units and new industrial enterprises, individual industrial units in this year.

**Gross Industrial Output Value** refers to the total volume of final industrial products produced and industrial services provided in this year. Gross industrial output value consists of 3 components: value of the finished products during the reference period, income from processing for external parties and value of change in semi-finished products between the end and the beginning of the reference period.

**The Main Business Income** refers to the enterprise to confirm the sales of goods, provision of services such as the main business income. According to the accounting "the main business income" course at the end of a credit balance report. Implementation of the 2006 or 2011 "accounting standards for business enterprises" of the enterprise, if not set the subjects, in order to "revenue" instead of reporting.

**Number of Employees** refers to the final real personnel receiving wages or other forms of labor remuneration working in the unit at the end day 24 hour of reporting period. This is time index. Not including employees terminating the labor contract with the unit. It's the sum of working staff, labor dispatch personnel and other employees.

**Gross Industrial Output Value of below Designated Size** refers to the total volume of final industrial products produced and industrial services provided in this year. Gross industrial output value equal to main business income add final finished goods inventory subtract early year finished goods inventory. Individual industry is replaced by business income.

**Value-Added of Industrial below Designated Size** calculated by industrial output value added value rate approved by investigation system.

**Growth Rate of Industrial below Designated Size** refers to growth rate at constant prices of industrial gross output value, weighted calculated of industrial enterprises and individual industry which are reduced calculated by current industrial price index.

# 第六篇

## 农民工调查

## Migrant Workers Survey

# 简要说明

农民工监测调查以第六次人口普查为抽样框资料，以全区为总体，采用多层、多阶段、PPS 抽样方法随机抽选调查小区，在全区 22 个县（市、区）抽中调查点 115 个，共有 1158 户调查户数据资料参与汇总推算，调查数据结果主要反映农民工数量、流向、结构、就业、收支、生活、社会保障及创业等情况。农民工指的是户口性质为本地农业户口且在本年度的从业状况为外出农民工或本地农民工或期末举家外出的农村劳动力。外出农民工指的是外出从业 6 个月及以上的农村劳动力；本地农民工指的是从事本地非农活动（包括本地非农务工和非农自营活动）6 个月及以上的农村劳动力。

# Brief Description

Migrant workers monitoring survey base on the sixth census data as sampling frame, overall for district, by adopting the method of multi-level, multi-stage, PPS sampling, randomly selected survey area, selected 115 deals in 22 counties (cities, districts), participate in the summary estimate total of 1158 households, results mainly reflects the number of migrant workers, flow, structure, employment, income, life, social security and business, and so on and so forth. Migrant workers refer to the rural labor force whose household registration is local agricultural household and whose employment status in this year is going out for work or local migrant workers or whole family members going out at the end of the term. Migrant workers refer to the rural labor force who have been out of work for 6 months or more；Local migrant workers refer to the rural labor force engaged in local non-agricultural activities (including local non-agricultural work and non-agricultural self-employment) for 6 months or more.

# 2017 年宁夏农民工就业形势稳中向好 收入水平稳步增长

近年来，宁夏各级党委政府高度重视农民工群体，进一步加强和改善农民工服务工作，稳定和鼓励农民工就业创业，维护和保障农民工合法权益。2017 年，宁夏农民工规模继续扩大，就业形势稳中向好，社会保障程度日趋完善，农民工收入水平稳步增长。

## 一、农民工规模及特征

**（一）农民工规模继续扩大。**据宁夏调查总队抽样调查资料推算，2017 年宁夏农民工总量为 96.9 万人，比上年增加 5.5 万人，增长 6.0%。其中，外出农民工 75.1 万人，比上年增加 3.2 万人，增长 4.5%；本地农民工 21.8 万人，增加 2.3 万人，增长 11.8%。从增长因素看，一是经济增长带动就业增加。2017 年，宁夏经济运行平稳健康发展，带动就业增加；二是农业现代化快速发展，带动农村劳动力转移。随着农业机械化水平不断提高，越来越多的农民从土地中“解放”出来，外出打工农民工增加；三是农民工选择就近就业增加。越来越多的农村劳动力选择就近从事非农产业，本地农民工队伍不断壮大；四是产业结构调整，吸纳了更多农村劳动力就业。随着宁夏产业结构的调整，以交通运输业、批发零售业、住宿餐饮、快递等服务业为主的第三产业快速发展，为农村劳动力就业提供了充足空间。

**表 1　宁夏农民工总量变化情况**

单位：万人

| | 2013 年 | 2014 年 | 2015 年 | 2016 年 | 2017 年 |
|---|---|---|---|---|---|
| 农民工总量 | 84.1 | 87.3 | 85.2 | 91.4 | 96.9 |
| 1．外出农民工 | 68 | 69.7 | 65.4 | 71.9 | 75.1 |
| 2．本地农民工 | 16.1 | 17.6 | 19.8 | 19.5 | 21.8 |

**（二）外出农民工流向变化。**从外出农民工流向看，2017 年，区内农民工 65.6 万人，比上年增加 2.8 万人，增长 4.5%，占农民工总量的 67.7%；区外农民工 9.5 万人，增加 0.4 万人，增长 4.4%，占农民工总量的 9.8%。

**（三）青壮年农民工比重下降。**从不同性别看，2017 年男性农民工 69.0 万人，比上年增加 3.9 万人，占 71.2%；女性农民工 27.9 万人，增加 1.6 万人，占 28.8%。从年龄结构看，青壮年农民工所占比重超过五成，呈下降趋势，农民工老龄化现状突出。40 岁以下农民工占 54.9%，比 2016 年下降 3.7 个百分点；50 岁以上农民工占 17.0%，比 2016 年上升 4.7 个百分点。

**（四）农民工文化程度提高。**从不同文化程度看， 2017 年，高中及以上文化程度占 26.6%，比上年增加 2.3 个百分点，其中，大专以上文化程度占 11.1%，比上年增加 3.1 个百分点。新生代农民工文化程度高于老一代农民工，外出农民工文化程度高于本地农民工。

## 二、农民工就业结构变化特点

**（一）就近就业转移加快。**从近几年农民工就业情况看，农民工就业逐渐由外出向本地回流，就近就业转移明显。与上年相比，本地农民工增速高于外出农民工 7.3 个百分点；从转移到区外就业情况看，到西部地区就业的农民工总量位居榜首，占 6.2%，分别高出东部地区、中部地区和其他地区 3.2、5.7 和 6.1 个百分点；相邻省份，新疆、陕西、内蒙古是宁夏农民工外出就业的主要省份。

（二）**就业结构稳中略调**。从不同产业看，农民工从事第一产业、第二产业比重下降，所占比重分别为 0.8%和 41.8%，分别比上年下降 1.3 和 0.1 个百分点；从事第三产业占 57.4%，上升 1.4 个百分点。从不同行业看，农民工从事行业趋于多元化。第二产业中，主选行业仍为制造业和建筑业，所占比重分别为 13.9%和 23.1%，结构相对稳定；第三产业中，批发和零售业、住宿和餐饮业、居民服务修理等其他服务业分别占 13.3%、7.3%和 9.0%，分别比上年下降 0.7、0.1 和 0.5 个百分点。随着电子商务的快速发展，快递业呈现良好发展势头，从业人员增加，交通运输、仓储和邮政业占 12.7%，比上年上升 0.3 个百分点。

（三）**外出就业稳定性下降**。从外出农民工从事现职时间看，外出农民工就业稳定性下降，从事当前工作年限 5 年及以上占 10.4%，下降 2.8 个百分点，2-5 年占 25.7%，下降 0.7 个百分点，1-2 年占 27.1%，下降 0.2 个百分点，1 年以下占 36.8%，上升 3.7 个百分点。农民工从事行业涉及领域广泛，从事生产、运输设备操作及有关人员占 41.6%、专业技术人员占 13.2%、商业、服务业人员占 22.3%、办事员占 6.0%，其他行业人员占 16.9%。

（四）**五成以上接受技能培训**。近年来，宁夏各地各部门高度重视农民工职业技能培训，不断加大培训力度，提高技术水平，五成以上农民工接受过技能培训。2017 年，全部从业农民工中，接受过职业技能培训的占 51.3%，比上年上升 16.4 个百分点。其中，接受非农职业技能培训的占 38.1%，上升 10.3 个百分点；接受农业技能培训的占 13.2%，上升 6.1 个百分点。

## 三、农民工收入增长，社会保障程度提高

（一）**外出务工农民工收入稳步增长**。2017 年，农民工外出务工时间 8.7 个月，平均每月工作时间为 25 天，与上年基本持平；外出从业农民工月均收入 3758 元，比上年增加 179 元，增长 5.0%。从分组收入情况看，高收比重上升， 3000-5000 元占 49.6%，比上年上升 3.6 个百分点，5000 元以上占 19.4%，上升 2.2 个百分点。从地区收入情况看，到中部地区务工收入增速高于其他地区。中部地区月均收入 5790 元，增长 30.4%，东部地区月均收入 5219 元，增长 22.3%，西部地区月均收入 3661 元，增长 4.9%。从行业收入情况看，交通运输、仓储和邮政业收入位居榜首，月均达 6247 元，比上年上涨 6.9%，建筑业位居第二，月均 4002 元，比上年下降 0.3%，制造业位居第三，月均 3492 元，上涨 8.3%。

（二）**外出务工农民工回家居住占三成以上**。随着就近就业农民工增加，回家居住比例提高。调查资料显示，外出打工农民工，回家居住的占 36.6%、居住单位提供的宿舍和生产经营场所的占 29.4%、居住工地工棚占 10.6%、独立租赁住房占 6.5%、务工地自购房占 4.1%，其他占 12.8%。

（三）**外出务工农民工合法权益保障水平逐渐提高**。近年来，宁夏各地各部门高度重视农民工合法权益保障问题，不断促进用人单位与农民工依法签订并履行劳动合同，扩大农民工参保范围。2017 年，用人单位与农民工签订劳动合同比例为 33.8%，比上年提高 1.3 个百分点，其中，签订无固定期限及一年以上合同的占 20.5%，提高 2.8 个百分点；宁夏农民工医疗保险基本实现全覆盖，参保率达 99.9%，养老保险参保率达 76.9%。

## 四、农民工工资拖欠问题好转，保障水平有待继续提高

（一）**工资拖欠问题得到有效改善，但欠薪现象依然存在**。宁夏各地各部门连续多年开展农民工工资支付情况专项检查整治工作，解决和遏制农民工工资拖欠，取得明显成效，拖欠比例有所下降，2017 年与 2016 年相比，下降 5.0 个百分点，但拖欠农民工工资现象仍然存在，问题尚未得到全面解决，2017 年，仍有 3.1%的外出农民工工资被拖欠。因此，有关部门应进一步完善农民工工资支付和兑现保障制度，严格用人单位或工程承包方工资支付和保障机制，避免随意拖欠和克扣农民工工资，从源头上解决承包方无钱支付农民工工资问题，力争全面清除农民工工资拖欠问题。

（二）**五险一金缴纳比例偏低，保障水平有待提高**。从雇主或单位为外出从业农民工缴纳五险一金情

况看，缴纳养老保险、工伤保险、医疗保险、失业保险、生育保险的比例分别为13.8%、19.8%、15.3%、13.6%、9.4%，分别比上年提高3.1、0.9、1.7、3.1、2.0个百分点。缴纳住房公积金占6.8%，与上年持平。五险缴纳比例虽有提升，但整体水平依然偏低。各级部门应进一步扩大农民工五险一金覆盖面，完善大额医疗补助和大病保险制度，建立健全覆盖农民工在内的住房保障体系，外出务工农民工社会保障程度期待继续提高。

**（三）就业渠道单一，以自发就业为主**。从外出就业选择方式看，农民工就业方式单一，仍以自发方式为主，占68.1%，政府(单位)组织占1.1%，中介占1.1%，亲朋好友介绍占27.8%，其他方式占1.9%。相关部门应进一步健全就业市场服务体系，提高就业服务功能；构建城乡统一的就业信息服务平台，免费为农民工提供就业指导、政策咨询、权益保障等方面的公共服务，为农民工增收、提高生活质量创造有利条件。

（黄亚萍）

# 6-1 2017年全区农民工监测调查资料
# Migrant Workers Monitoring Survey Data (2017)

| 指 标 名 称 | Item | 单位 | unit | 数量 |
|---|---|---|---|---|
| 一、农民工主要推算数据(加权汇总) | **Basic Calculating Statistics of Migrant Workers** | | | |
| (一)总量 | Total | 万人 | ten thousand | 96.90 |
| 其中：外出农民工 | Migrant Workers out | 万人 | ten thousand | 75.10 |
| 本地农民工 | Local Migrant Workers | 万人 | ten thousand | 21.80 |
| (二)外出从业时间 | Working Time of Migrant Workers out | 月 | month | 8.70 |
| (三)外出从业月均收入 | Average Monthly Income of Migrant Workers out | 元 | yuan | 3758.00 |
| 二、农民工基本情况(调查样本数据) | **Basic Statistics of Migrant Workers** | | | |
| (一)性别 | Gender | 人 | person | 975 |
| 1.男性 | Male | 人 | person | 709 |
| 2.女性 | Female | 人 | person | 266 |
| (二)年龄 | Age | 人 | person | 975 |
| 1.5岁及以下 | Aged 5 and Under | 人 | person | 0 |
| 2.6-15岁 | Aged 6-15 | 人 | person | 0 |
| 3.16-19岁 | Aged 16-19 | 人 | person | 33 |
| 4.20-24岁 | Aged 20-24 | 人 | person | 155 |
| 5.25-29岁 | Aged 25-29 | 人 | person | 146 |
| 6.30-34岁 | Aged 30-34 | 人 | person | 69 |
| 7.35-40岁 | Aged 35-40 | 人 | person | 130 |
| 8.41-50岁 | Aged 41-50 | 人 | person | 268 |
| 9.51-60岁 | Aged 51-60 | 人 | person | 150 |
| 10.61-65岁 | Aged 61-65 | 人 | person | 14 |
| 11.66岁及以上 | Aged 66 and Over | 人 | person | 10 |
| (三)6周岁及以上住户成员受教育程度 | Culture Level of Household Member 6 Years of Age and Older | 人 | person | 975 |
| 1.未上过学 | Illiterate and Semi-illiterate | 人 | person | 26 |
| 2.小学 | Primary School | 人 | person | 197 |
| 3.初中 | Junior Middle School | 人 | person | 502 |
| 4.高中 | Senior Middle School | 人 | person | 147 |
| 5.大学专科 | Junior College | 人 | person | 72 |
| 6.大学本科 | Undergraduate College | 人 | person | 31 |
| 7.研究生 | Postgraduate | 人 | person | 0 |
| (四)参加医疗保险情况 | Condition of Joining Medical Insurance | 人 | person | 975 |
| 1.新型农村合作医疗 | New Rural Co-operative Medical System | 人 | person | 854 |
| 2.城镇职工基本医疗保险 | Urban Employee Basic Medical Care Insurance | 人 | person | 40 |
| 3.(城镇)居民基本医疗保险 | Urban Household Basic Medical Insurance | 人 | person | 80 |
| 4.公费医疗 | Free Medical Insurance | 人 | person | 0 |
| 5.商业医疗保险 | Commercial Medical Insurance | 人 | person | 2 |
| 6.其他医疗保险 | Other Medical Insurance | 人 | person | 0 |
| 7.没有参加任何医疗保险 | No Medical Insurance | 人 | person | 1 |
| (五)参加养老保险情况 | Condition of Joining Pension Insurance | 人 | person | 975 |
| 1.新型农村社会养老保险 | New Rural Social Pension Insurance | 人 | person | 590 |
| 2.城镇职工基本养老保险 | Urban Employee Basic Pension Insurance | 人 | person | 76 |
| 3.(城镇)居民社会养老保险 | Urban Household Social Pension Insurance | 人 | person | 48 |
| 4.商业养老保险 | Commercial Pension Insurance | 人 | person | 11 |
| 5.其他养老保险 | Other Pension Insurance | 人 | person | 23 |
| 6.没有参加任何养老保险 | No Pension Insurance | 人 | person | 229 |
| 三、农民工全年从业情况(调查样本数据) | **Basic Statistics of Migrant Workers Employment** | | | |
| (一)本年度主要从业地区 | Main Working Region This Year | 人 | person | 975 |
| 1.乡内 | Town | 人 | person | 320 |
| 2.乡外县内 | Town out County in | 人 | person | 312 |
| 3.县外省内 | County out Province in | 人 | person | 260 |
| 4.省外国内 | Province out Nation in | 人 | person | 82 |
| 5.国外及港澳台地区 | Nation out and Hong Kong, Macao, Taiwan Region | 人 | person | 1 |

## 6-1 续表 1 continued

| 指标名称 | Item | 单位 unit | | 数量 |
|---|---|---|---|---|
| (二)本年度从事主要行业 | Working on Main Industry This Year | 人 | person | 975 |
| 1.第一产业 | Primary Industry | 人 | person | 7 |
| (1)农、林、牧、渔业 | Agriculture, Forestry, Animal Husbandry and Fishery | 人 | person | 7 |
| 2.第二产业 | Secondary Industry | 人 | person | 404 |
| (2)采矿业 | Mining | 人 | person | 27 |
| (3)制造业 | Manufacturing | 人 | person | 132 |
| (4)电力、热力、燃气及水的生产和供应业 | Production and Supply of Electricity, Gas and Water | 人 | person | 20 |
| (5)建筑业 | Construction | 人 | person | 225 |
| 3.第三产业 | Tertiary Industry | 人 | person | 564 |
| (6)批发和零售业 | Wholesale and Retail Trades | 人 | person | 133 |
| (7)交通运输、仓储和邮政业 | Transport, Storage and Post | 人 | person | 128 |
| (8)住宿和餐饮业 | Hotels and Catering Services | 人 | person | 76 |
| (9)信息传输、软件和信息技术服务业 | Information Transmission, Computer Services and Software | 人 | person | 13 |
| (10)金融业 | Financial Intermediation | 人 | person | 7 |
| (11)房地产业 | Real Estate | 人 | person | 4 |
| (12)租赁和商务服务业 | Leasing and Business Services | 人 | person | 3 |
| (13)科学研究和技术服务 | Scientific Research and Technical Services | 人 | person | 0 |
| (14)水利、环境和公共设施管理业 | Management of Water Conservancy, Environment and Public Facilities | 人 | person | 11 |
| (15)居民服务、修理和其他服务业 | Services to Households and Other Services | 人 | person | 88 |
| (16)教育 | Education | 人 | person | 24 |
| (17)卫生、社会工作 | Health and Social Work | 人 | person | 32 |
| (18)文化、体育和娱乐业 | Culture, Sports and Entertainment | 人 | person | 6 |
| (19)公共管理、社会保障和社会组织 | Public Management, Social Securities and Organizations | 人 | person | 39 |
| (20)国际组织 | International Organizations | 人 | person | 0 |
| **四、外出从业农民工情况(调查样本数据)** | **Basic Statistics of Migrant Workers Employment out** | | | |
| (一)外出地区 | Working Region | 人 | person | 654 |
| 1.本省 | Province in | 人 | person | 571 |
| (1)乡外县内 | Town out County in | 人 | person | 310 |
| (2)县外省内 | County out Province in | 人 | person | 261 |
| 2.省外 | Province out | 人 | person | 83 |
| (1)东部地区 | Eastern Provinces | 人 | person | 26 |
| 北京 | Beijing | 人 | person | 5 |
| 天津 | Tianjin | 人 | person | 2 |
| 河北 | Hebei | 人 | person | 1 |
| 辽宁 | Liaoning | 人 | person | 0 |
| 上海 | Shanghai | 人 | person | 4 |
| 江苏 | Jiangsu | 人 | person | 2 |
| 浙江 | Zhejiang | 人 | person | 5 |
| 福建 | Fujian | 人 | person | 0 |
| 山东 | Shandong | 人 | person | 2 |
| 广东 | Guangdong | 人 | person | 5 |
| 海南 | Hainan | 人 | person | 0 |
| (2)中部地区 | Central Provinces | 人 | person | 5 |
| 山西 | Shanxi | 人 | person | 0 |
| 吉林 | Jilin | 人 | person | 0 |
| 黑龙江 | Heilongjiang | 人 | person | 0 |
| 安徽 | Anhui | 人 | person | 0 |
| 江西 | Jiangxi | 人 | person | 1 |
| 河南 | Henan | 人 | person | 1 |
| 湖北 | Hubei | 人 | person | 1 |
| 湖南 | Hunan | 人 | person | 2 |

## 6-1 续表 2 continued

| 指标名称 | Item | 单位 | unit | 数量 |
|---|---|---|---|---|
| (3)西部地区 | Western Provinces | 人 | person | 51 |
| 内蒙古 | Inner Mongolia | 人 | person | 15 |
| 广西 | Guangxi | 人 | person | 0 |
| 重庆 | Chongqing | 人 | person | 1 |
| 四川 | Sichuan | 人 | person | 1 |
| 贵州 | Guizhou | 人 | person | 1 |
| 云南 | Yunnan | 人 | person | 1 |
| 西藏 | Tibet | 人 | person | 0 |
| 陕西 | Shaanxi | 人 | person | 10 |
| 甘肃 | Gansu | 人 | person | 13 |
| 青海 | Qinghai | 人 | person | 2 |
| 宁夏 | Ningxia | 人 | person | 571 |
| 新疆 | Xinjiang | 人 | person | 7 |
| (4)其他地区 | Others | 人 | person | 1 |
| 港澳台 | Hong Kong, Macao and Taiwan | 人 | person | 0 |
| 国外 | Foreign | 人 | person | 1 |
| (二)外出地区类型 | Type of out Working Region | 人 | person | 654 |
| 1.直辖市 | Municipality Directly under the Central Government | 人 | person | 22 |
| 2.省会城市 | Provincial Capital | 人 | person | 156 |
| 3.地级市 | Cities at Prefecture Level | 人 | person | 105 |
| 4.县市城区 | County | 人 | person | 304 |
| 5.建制镇 | Towns | 人 | person | 64 |
| 6.村委会 | Village Committee | 人 | person | 2 |
| 7.其他地区 | Others | 人 | person | 1 |
| (三)外出方式 | Pattern of out Working | 人 | person | 654 |
| 1.政府(单位)组织 | Organized by Government | 人 | person | 7 |
| 2.中介组织介绍 | Introduced by Intermediary Agent | 人 | person | 4 |
| 3.亲朋好友介绍 | Introduced by Relatives and Friends | 人 | person | 181 |
| 4.自发 | Spontaneous | 人 | person | 451 |
| 5.其他 | Others | 人 | person | 11 |
| (四)本年度从事主要行业 | Working on Main Industry This Year | 人 | person | 654 |
| 1.第一产业 | Primary Industry | 人 | person | 7 |
| (1)农、林、牧、渔业 | Agriculture, Forestry, Animal Husbandry and Fishery | 人 | person | 7 |
| 2.第二产业 | Secondary Industry | 人 | person | 301 |
| (2)采矿业 | Mining | 人 | person | 24 |
| (3)制造业 | Manufacturing | 人 | person | 97 |
| (4)电力、热力、燃气及水的生产和供应业 | Production and Supply of Electricity, Gas and Water | 人 | person | 16 |
| (5)建筑业 | Construction | 人 | person | 164 |
| 3.第三产业 | Tertiary Industry | 人 | person | 346 |
| (6)批发和零售业 | Wholesale and Retail Trades | 人 | person | 57 |
| (7)交通运输、仓储和邮政业 | Transport, Storage and Post | 人 | person | 90 |
| (8)住宿和餐饮业 | Hotels and Catering Services | 人 | person | 65 |
| (9)信息传输、软件和信息技术服务业 | Information Transmission, Computer Services and Software | 人 | person | 13 |
| (10)金融业 | Financial Intermediation | 人 | person | 5 |
| (11)房地产业 | Real Estate | 人 | person | 4 |
| (12)租赁和商务服务业 | Leasing and Business Services | 人 | person | 3 |
| (13)科学研究和技术服务 | Scientific Research and Technical Services | 人 | person | 0 |
| (14)水利、环境和公共设施管理业 | Management of Water Conservancy, Environment and Public Facilities | 人 | person | 6 |
| (15)居民服务、修理和其他服务业 | Services to Households and Other Services | 人 | person | 50 |
| (16)教育 | Education | 人 | person | 20 |

## 6-1 续表 3 continued

| 指标名称 | Item | 单位 | unit | 数量 |
|---|---|---|---|---|
| (17)卫生、社会工作 | Health and Social Work | 人 | person | 16 |
| (18)文化、体育和娱乐业 | Culture, Sports and Entertainment | 人 | person | 4 |
| (19)公共管理、社会保障和社会组织 | Public Management, Social Securities and Organizations | 人 | person | 13 |
| (20)国际组织 | International Organizations | 人 | person | 0 |
| (五)外出从业住所类型 | Type of Residence out Working | 人 | person | 654 |
| 1.单位宿舍 | Employer's Dormitory | 人 | person | 164 |
| 2.工地工棚 | Working Shed in Construction Sites | 人 | person | 72 |
| 3.生产经营场所 | The Sites of Production and Business Operation | 人 | person | 27 |
| 4.与人合租住房 | Renting Room with Others | 人 | person | 62 |
| 5.独立租赁住房 | Renting a Room Oneself | 人 | person | 44 |
| 6.务工地自购房 | Buying House in Working Place | 人 | person | 28 |
| 7.乡外从业但回家居住(老家) | Working out of Village but Living in Old Home | 人 | person | 234 |
| 8.其他 | Others | 人 | person | 23 |
| (六)外出从业时间 | Time of Working outside | 人 | person | 654 |
| 1.从事当前工作的时间 | Time of Working outside at Present | 月 | month | 18608 |
| 其中：1年以下 | 1 Year and under | 人 | person | 236 |
| 1-2年 | 1-2 Years | 人 | person | 178 |
| 2-5年 | 2-5 Years | 人 | person | 169 |
| 5年及以上 | 5 Years and over | 人 | person | 71 |
| 2.每月平均工作的天数 | Working Days on Average per Month | 天 | day | 16253 |
| 其中：15天以下 | 15 Days and under | 人 | person | 9 |
| 15-22天 | 15-22 Days | 人 | person | 146 |
| 22-26天 | 22-26 Days | 人 | person | 292 |
| 26天以上 | 26 Days and over | 人 | person | 207 |
| 3.每天平均工作的小时数 | Working Hours on Average per Day | 小时 | hour | 5768 |
| 其中：6小时以下 | 6 Hours and under | 人 | person | 2 |
| 6-8小时 | 6-8 Hours | 人 | person | 14 |
| 8-10小时 | 8-10 Hours | 人 | person | 418 |
| 其中：8小时 | 8 Hours | 人 | person | 338 |
| 10-12小时 | 10-12 Hours | 人 | person | 202 |
| 12小时及以上 | 12 Hours and over | 人 | person | 18 |
| (七)外出月收支情况 | Condition of Income and Expenses per Month | 人 | person | 654 |
| 1.每月平均收入 | Income on Average per Month | 元 | yuan | 2466237.00 |
| 其中：800元以下 | Less than 800 Yuan | 人 | person | 2 |
| 800-1000元 | 800-1000 Yuan | 人 | person | 1 |
| 1000-1500元 | 1000-1500 Yuan | 人 | person | 15 |
| 1500-2000元 | 1500-2000 Yuan | 人 | person | 43 |
| 2000-3000元 | 2000-3000 Yuan | 人 | person | 146 |
| 3000-5000元 | 3000-5000 Yuan | 人 | person | 319 |
| 5000元及以上 | 5000 Yuan and over | 人 | person | 128 |
| 2.每月平均居住支出 | Living Expenses on Average per Month | 元 | yuan | 102046 |
| 其中：200元以下 | Less than 200 Yuan | 人 | person | 112 |
| 200-500元 | 200-500 Yuan | 人 | person | 42 |
| 500-1000元 | 500-1000 Yuan | 人 | person | 53 |
| 1000元及以上 | 1000 Yuan and over | 人 | person | 38 |
| (八)社会保障与福利情况 | Social Security and Welfare Condition | 人 | person | 654 |
| 1.外出从业的劳动关系 | Labor Relation of Working outside | 人 | person | 654 |
| ①无固定期限劳动合同工 | Labor Contract with Non-fixed Term | 人 | person | 32 |
| ②一年及以上劳动合同工 | A Year or More Labor Contract | 人 | person | 97 |
| ③一年以下劳动合同工 | A Year and under Labor Contract | 人 | person | 10 |

## 6-1 续表 4 continued

| 指标名称 | Item | 单位 | unit | 数量 |
|---|---|---|---|---|
| ④没有劳动合同 | No Labor Contract | 人 | person | 435 |
| ⑤自营 | Self-support | 人 | person | 80 |
| ⑥其他 | Others | 人 | person | 0 |
| 2.单位或雇主提供伙食情况 | Condition of Meals Providing by Employers | 人 | person | 574 |
| ①每天提供三顿 | Three Meals per Day | 人 | person | 180 |
| ②每天提供两顿 | Two Meals per Day | 人 | person | 60 |
| ③每天提供一顿 | One Meal per Day | 人 | person | 85 |
| ④不提供，但补贴部分伙食费 | No Providing but with some Subsidies | 人 | person | 17 |
| ⑤不提供，也没有补贴 | No Providing and Subsidies | 人 | person | 232 |
| 3.单位或雇主提供住宿情况 | Condition of Accommodation Providing by Employers | 人 | person | 574 |
| ①提供住宿 | Providing Accommodation | 人 | person | 258 |
| ②不提供住宿，但住房有补贴 | No Accommodation but with some Subsidies | 人 | person | 11 |
| ③不提供住宿，也没有住房补贴 | No Accommodation and Subsidies | 人 | person | 305 |
| 4.单位或雇主拖欠工资情况 | Condition of Unpaid Wages by Employers | 人 | person | 0 |
| ①被拖欠工资人数 | Numbers of Unpaid Wages | 人 | person | 24 |
| ②被拖欠工资的金额 | Sum of Unpaid Wages | 元 | yuan | 224900 |
| 5.五险一金缴纳情况 | Condition of Social Security Payment | 人 | person | 654 |
| ①缴纳养老保险 | Pension Insurance Payment | 人 | person | 85 |
| ②缴纳工伤保险 | Injury Insurance Payment | 人 | person | 115 |
| ③缴纳医疗保险 | Medical Insurance Payment | 人 | person | 93 |
| ④缴纳失业保险 | Unemployment Insurance Payment | 人 | person | 85 |
| ⑤缴纳生育保险 | Maternity Insurance Payment | 人 | person | 62 |
| ⑥缴纳住房公积金 | Housing Fund Payment | 人 | person | 44 |
| (九)返乡情况 | Condition of Return Home | 人 | person | 0 |
| 1.返乡人数 | Numbers of Return Home | 人 | person | 99 |
| 其中：外出时间超过1个月的 | Numbers of Return Home Working outside One Month and over | 人 | person | 99 |
| 2.返乡原因 | Reasons of Return Home | 人 | person | 0 |
| ①回家过年 | Have the Spring Festival | 人 | person | 17 |
| ②企业裁员 | Downsizing | 人 | person | 0 |
| ③收入低 | Low Salary | 人 | person | 0 |
| ④家庭原因 | Family Reason | 人 | person | 3 |
| ⑤找不到工作 | Can't Find a Job | 人 | person | 13 |
| ⑥家中农业生产缺乏劳动力 | Lack of Agricultural Labour Force | 人 | person | 5 |
| ⑦想回本地就业 | Find a Local Job | 人 | person | 4 |
| ⑧只是临时回家 | Return Home Temporarily | 人 | person | 43 |
| ⑨其他原因 | Others | 人 | person | 14 |
| (十)今后的就业打算 | Future Working Plans | 人 | person | 59 |
| 1.本地务农 | Local Farming | 人 | person | 10 |
| 2.本地非农自营 | Local Self-support | 人 | person | 159 |
| 3.本地非农务工 | Have a Job Locally | 人 | person | 102 |
| 4.回返乡前务工地找工作 | Find a Job at Previous Place | 人 | person | 41 |
| 5.去另一个地方找工作 | Find a Job at Other Place | 人 | person | 16 |
| 6.不确定 | Uncertainty | 人 | person | 23 |
| 7.其他 | Others | 人 | person | 4 |
| (十一)务工期间更换工作人数 | Changing Jobs during Working Time | 人 | person | 140 |
| 1.更换工作的次数 | Times of Changing Jobs | 人 | person | 192 |
| 2.更换过工作的人数 | Numbers of Changing Jobs | 人 | person | 0.00 |
| 其中：换过1次工作 | Changing Jobs for One Time | 人 | person | 0.00 |
| 换过2次工作 | Changing Jobs Twice | 人 | person | 0.00 |
| 换过超3次以上工作 | Changing Jobs Three Times and More | 人 | person | 0.00 |

# 第七篇

## 农村贫困调查

## Rural Poverty Survey

# 简要说明

贫困监测调查在盐池、同心、原州区、西吉、隆德、泾源、彭阳和海原 8 县区开展，主要监测居民现金和实物收支情况、住户成员及劳动力从业情况、居民家庭住房和耐用消费品拥有情况、家庭经营和生产投资情况、社区基本情况、县（市）社会经济基本情况和到县扶贫项目实施情况、以及村和户的扶贫参与情况等。本书提供的宁夏扶贫重点县相关数据资料均为贫困监测调查 52 个调查点数据简单汇总所得。

# Brief Description

Poverty monitoring survey carried out in Yanchi, Tongxin, Yuanzhou, Xiji, Longde, Jingyuan, Pengyang and Haiyuan, mainly monitoring the condition of residents in cash and in-kind, household members and labor employment, resident housing and consumer durables, investment and production, community basic situation, social and economic situation of the county (city) and poverty alleviation project implementation, poverty participation of village and household, etc. The Yearbook provides the related data of key poverty county of Ningxia which simply consolidated as 52 poverty monitoring survey areas.

# 宁夏脱贫攻坚取得显著成效

宁夏西海固地区自古“苦瘠甲天下”，对祖祖辈辈生活在这里的老百姓而言，贫困是摆脱不掉的顽疾，从1982年“三西”扶贫开始，历届自治区党委、政府坚决贯彻落实党中央、国务院决策部署，坚持把扶贫开发摆到重要位置，一张蓝图绘到底，一任接着一任干，经过30多年的艰苦努力，扶贫开发和脱贫攻坚取得显著成效。2016年7月习近平总书记在宁夏视察时指出：“看到固原发生了翻天覆地的变化，可谓脱胎换骨，出乎意料，很受震撼，增强了我们打赢脱贫攻坚战的信心”。

## 一、宁夏扶贫成效显著

宁夏从1982年到2017年，按不同时期的扶贫标准，全区累计减少贫困人口近330万。特别是党的十八大以来，全区农村贫困人口由2012年的60万减少至2017年末的19万，五年累计减贫41万人，平均每年脱贫8.2万人。全区农村贫困发生率由2012年的14.2%下降到2017年的4.5%，五年累计下降9.7个百分点，2017年宁夏农村贫困发生率仅高于全国1.4个百分点。宁夏8个国家级扶贫重点县（区）（包括盐池县、同心县、原州区、西吉县、隆德县、泾源县、彭阳县、海原县8个国定贫困县）农村贫困人口由2012年的36万减少到2017年的13万人口，贫困发生率由17.4%下降至6.5%。（以下数据均为8个国家级贫困县汇总）

图1　2011-2017年宁夏贫困人口变动图

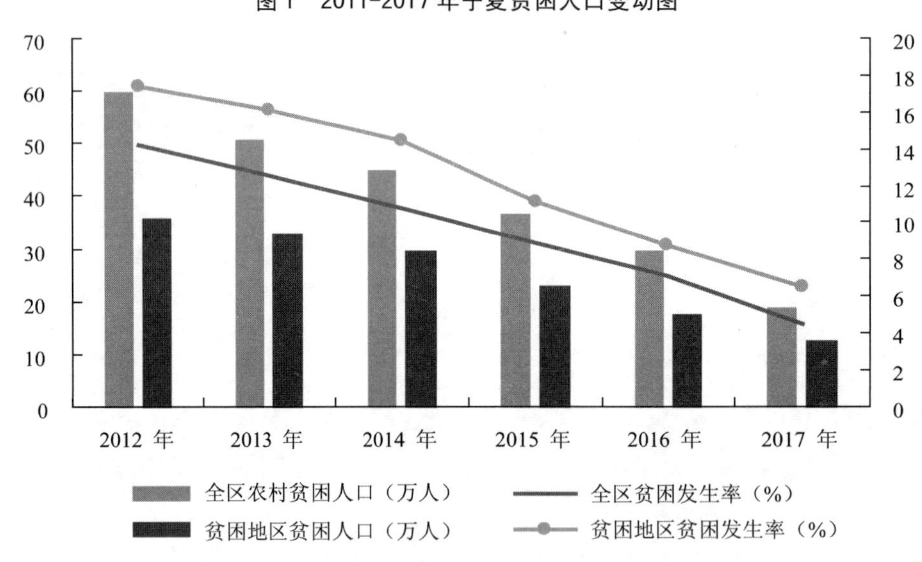


### （一）五年来贫困地区农民收入快速增长

五年来宁夏8个国家级重点贫困县农民收入大幅度提高，人均可支配收入由2012年的5120元增长到2017年的8809元，增长72.1%，年均增长11.5%，高于同期全区农民人均可支配收入年增幅1.9个百分点。与全区农民人均可支配收入比由2012年的1.32∶1下降到1.22∶1，贫困重点县农民收入水平与全区农民收入水平差距逐步缩小。

8个重点贫困县2012年农民人均可支配收入占全国农村平均水平的比重为61.0%，2017年达到65.6%，虽然收入差距逐步缩小，但差距仍然很显著，收入尚有提升空间。

表1　2017 年全区和贫困地区农民人均可支配收入及构成

| 指　　标 | 贫困地区 | | | | 全区 | |
|---|---|---|---|---|---|---|
| | 绝对值（元） | 增幅（%） | 占比（%） | 增长贡献率（%） | 绝对值（元） | 增幅（%） |
| 人均可支配收入 | 8809 | 11.0 | -- | -- | 10738 | 9.0 |
| 工资性收入 | 3244 | 10.4 | 36.8 | 35.1 | 4224 | 8.1 |
| 经营净收入 | 3128 | 9.3 | 35.5 | 30.5 | 4252 | 8.0 |
| 财产净收入 | 101 | 11.3 | 1.2 | 1.2 | 324 | 11.0 |
| 转移净收入 | 2336 | 14.1 | 26.5 | 33.2 | 1938 | 13.0 |

图2　2012 年、2017 年贫困重点县收入结构对比图

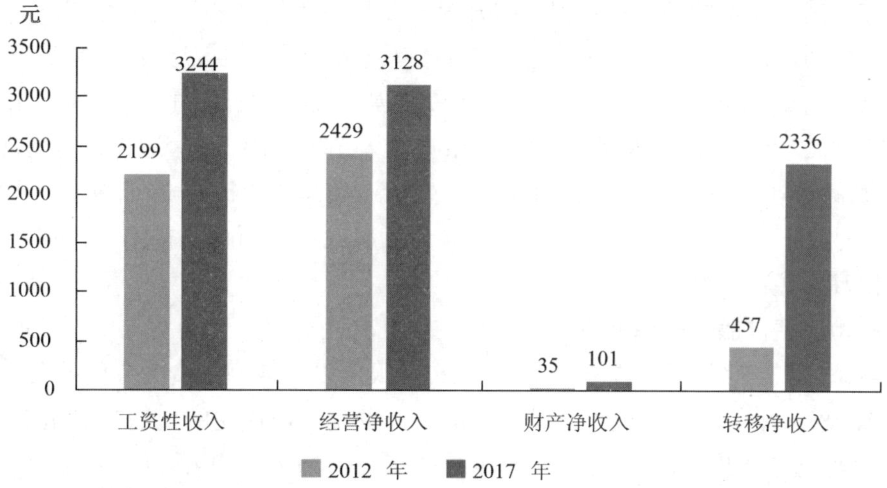

**（二）收入结构不断优化，增长态势良好**

1．工资性收入是农民增收的“稳定器”。2017 年农民工资性收入 3244 元，比 2012 年加 1045 元，增长 47.5%，对可支配收入增长的贡献率达 35.1%，拉动可支配收入增长 3.5 个百分点，是推动宁夏贫困农民持续增收的“稳定器”。随着扶贫开发工作的深入，农村基础设施的建设力度加大，以及全区劳务移民和劳务输出工作的深入开展，农村劳动力市场持续活跃，农民务工机会、人数、时间均不同程度增加。近两年，宁夏整体经济回暖，煤炭、冶金等工业企业效益提升，精准扶贫深入开展，积极引进企业参与贫困地区建设，用工需求增加，为贫困地区农民带来了更多务工性收入。

2．家庭经营收入内部结构优化。2017 年经营性净收入 3128 元，比 2012 年增加 699 元，增长 28.8%，占可支配收入的比重为 35.5%。伴随着农业侧供给性改革，贫困地区农民家庭经营收入的内部结构也发生了较大变动。一是随着农村产业结构调整，农业收入占家庭经营净收入的比重降低，2012 年为 55.4%，2017 年这一比重下降至 34.5%。二是牧业收入在家庭经营净收入中的份额从 2012 年的 27.8%上升至 2017 年的 36.9%，这主要是宁夏将养殖业确定为贫困地区的支柱产业，积极引导六盘山连片特困地区发展肉牛养殖业，肉牛出栏量迅速增加，养殖效益凸显。三是非农产业不断发展壮大。2012 年二三产业占家庭经营净收入比重为 14.5%，2017 上升至 25.3%，主要得益于精准扶贫工作的深入开展，依托地区优势大力发展乡村特色旅游业，依靠产业帮扶、农民技术培训、金融帮扶等多项政策提升农民创新创业技能，为贫困地区二三产业的发展提供了契机。

3．转移净收入占可支配收入比重增加。2017 年人均转移净收入 2336 元，比 2012 年上年增加 1879 元，增长 4.1 倍，对农民增收的贡献率达 33.2%，仅次于工资性收入。农民转移净收入保持较快增长，主要得益于贫困地区认真贯彻落实强农惠农政策，以扶贫战略为抓手，大力推进精准扶贫工作；精准扶贫产业帮

扶政策效果明显，精准创设产业扶贫政策，惠农产业补助和奖励颇丰，鼓励农民积极发展特色产业；农村社会保障体系不断完善，医疗保险、养老保险等覆盖面不断扩大，政府发放养老金或离退休金标准不断提高；农村各项政策性和生活性补贴及时发放到位，农村居民最低生活保障保准、档次均有提高。

4．财产净收入是农民创收的潜力股。2017 年人均财产净收入 101 元，比 2012 年增加 66 元，增长 1.9 倍。虽然其占可支配收入的比重不大，但对贫困地区农民增收的作用不容小觑，未来会成为贫困地区农民增收的突破口。近年来一是随着经济发展，农民理财观念提升，农民依靠闲散资金赚取的利息收入稳步增加；二是供给侧结构性改革推进农村土地资源重新配置，土地流转让农民能够依靠土地获得更多的经济收入；三是精准扶贫政策实施，大力发展农村集体经济，盘活农村集体资产，进一步拓宽农民增收渠道；四是小城镇化建设、美丽乡村建设以及高铁、高速等基础设施的建设带动项目周边农村房屋的出租，增加农民财产净收入。

## 二、贫困地区农民消费水平稳步提升

**（一）从生存型消费向发展型和享受型消费升级。**食品消费是关系居民生存和发展的最基本的消费行为，随着贫困地区农村经济的发展，农民收入水平的提高，农民用于食品烟酒、衣着上的花费所占比重逐年减少。2017 年 8 个重点贫困县农民消费支出中食品烟酒、衣着和居住占生活消费支出的比重为 52.5%，比 2012 年下降 15.4%。重点贫困县农民生活整体由缺吃少喝向温饱和小康迈进，尤其居住环境大为改善。2017 年贫困地区农民花在居住上的支出 1564 元，占生活消费总支出比从 2012 年的 16.2%增长到 2017 年的 19.4%。这主要得益于新农村建设、美丽乡村建设、危房改造等项目在贫困农村实施，为贫困地区农民改善生活环境，提高居住品质创造了有利条件。

**（二）从物质型消费向服务型消费升级。**重点贫困县农民对服务性消费支出明显增加，已经成为农村居民消费的新亮点。2017 年医疗保健、交通通信、文教娱乐以服务型消费为主的消费支出占比从 2012 年的 26.5%上升到 41.1%，服务性消费成为农民生活消费的主流。现代化的交通和通讯工具进入贫困地区农民家庭。2017 年交通通信支出 1316 元，比上年增加 322 元，增幅 32.4%居八大项之首。一方面，手机和网络已经成为人们互相沟通的重要工具和方式。2017 年重点贫困县每百户拥有移动电话 293 部，是 2012 年的 9.2 倍；另一方面，农民所使用的交通工具越来越先进，交通费用支出也大幅增长，2012 年宁夏 8 个重点贫困县每百户拥有汽车仅为 6 辆，助力车 9 辆，2017 年汽车增加到 23 辆，助力车增加到 35 辆。

## 三、贫困地区基础设施状况有了大改善

**（一）基础设施状况有了大改善。**五年来重点贫困县交通更加通畅，2017 年所在自然村通公路的农户比重为 100%，2012 年仅为 91.9%；所在自然村主干道路面经过硬化处理的农户比重达到 100%，比 2012 年增长 20.9%，所在自然村通客运班车的农户比重为 86.8%，比 2012 年增长 29.1%。农村公路通了改善了贫困地区农民生产生活条件，激活了农村经济发展的潜力，刺激了农村居民消费的多样性，树立了“村容整洁”和“乡风文明”的社会主义新农村。饮水更加安全。2017 年重点贫困县饮水无困难的户比重 92.2%，比 2012 年提高 2.9%；使用管道供水的农户比重为 72.3%，比 2012 年提高 20.9%，使用经过净化处理的自来水的农户比重 67%，比 2012 年提高 27.3%。上世纪初期，宁夏贫困地区农民多喝窖水、苦咸水和污染水，净化入户的自来水改善了不安全不卫生的饮水造成的健康危害。

**（二）文化教育卫生扶贫实现贫困人口全覆盖。**宁夏把文化扶贫惠民工程作为脱贫攻坚的一项重要内容，在各个扶贫县区，高标准建成一批乡镇综合文化站，实现贫困村综合文化服务中心全覆盖。同时，加大对贫困地区刺绣、剪纸、泥塑等手工艺文化产品的开发，发展相关文化产业作为“文化扶贫”的重要内容，推动文化增收富民。随着精准扶贫深入推进的，建立建档立卡贫困家庭学生信息库，对全区贫困家庭中正在接受教育的各学段学生进行全面登记造册，建立档案，动态管理。对建档立卡贫困家庭学生享受资助情况进行全程跟踪，因情施策，确保其获得有效资助，完成学业。

推动优质医疗资源下沉，公立医院全部取消药品加成，乡镇远程会诊、村级标准化卫生室基本实现全

覆盖。2016 年，全区为 15 万户建档立卡贫困户、58 万建档立卡贫困人口提供精准扶贫“扶贫保”产品，除家庭成员意外伤害保险，“扶贫保”还包括大病补充医疗保险、借款人意外伤害保险和优势特色产业保险。切实减少建档立卡贫困户因意外和因病返贫、致贫的情况。

**（三）生活用燃料有了大变化**。随着农村经济的不断发展，农民生活水平得到迅速提高，农村居民日常生活用燃料也发生了质的变化。据调查显示：2012 年宁夏贫困地区农户主要以柴草、煤炭为主要炊用能源的农户占比 73.4%，2017 年这一比例降至 49.6%，以电为主要炊用能源的农户占比从 2012 年的 25.4%上升到 2017 年的 48.5%，传统的以农作物秸秆、柴草、树枝等日常生活用品燃料已逐步被煤炭、液化气、天然气等替代。

## 四、对扶贫脱贫工作的建议

**（一）强化产业扶贫**。坚持市场导向，因地因人施策，坚持“输血”和“造血”并举，注重发挥龙头企业、产业合作社、致带头人的示范作用，提高农村产业组织化程度，增强产业带动脱贫能力。因地制宜发展特色农产品加工业、休闲农业、乡村旅游、文化产业、农村电商等新经济业态。进一步发展村集体经济，盘活农村闲置资产，树立村村都有集体产业品牌。

**（二）加强金融扶贫**。创新金融扶贫机制和模式，引导金融资金向扶贫产业集聚，推动更多金融机构参与脱贫攻坚。扩大信贷资金投放，加大贫困地区妇女创业担保货款力度，实现建档立卡贫困户信用评级、有贷款意愿贫困户扶贫小额信贷到户、“扶贫保”到户、金融服务到村、金融机构结对帮扶全覆盖。

**（三）推进健康扶贫**。进一步提高大病保险筹资标准、降低起付线、提高报销比例、扩大医保报销目录、提高大病救助上线、政府兜底保障等措施，确保建档立卡参保人员覆盖率稳步提升。建立健康扶贫医疗保障“一站式”结算平台，简化医保报销手续，减轻农村贫困患者垫资负担，减少因病致贫人口。

**（四）深化教育扶贫**。建立健全贫困家庭子女教育全程精准资助体系，确保符合条件的建档立卡贫困村学前教育资源全覆盖，逐步扩大贫困地区学龄儿童“一免一补”政策覆盖面，加大对贫困学生的资助力度。加强贫困地区职业教育基础能力建设，改善基础设施条件，大力开展职业技术培训。

**（五）完善基础设施**。逐步加大贫困村整村推进力度，切实抓好农村危房危窑改造项目，及时落实补助政策。进一步完善农村路网布局，加快农村通乡连村的道路建设，逐步实现贫困村村组道路全覆盖。加快贫困地区网络信息化建设，实现贫困村宽带光纤、4G 网络基本全覆盖。加快实施脱贫引水工程建设，加强水资源利用率，增加贫困地区水资源供给。

（哈　婷）

注：数据来源国家统计局农村贫困监测调查。

# 7-1 2017年扶贫重点县住户基本情况
## Basic Statistics of Key Poverty Alleviation County (2017)

| 指标名称 | Item | 单位 | unit | 总计 |
|---|---|---|---|---|
| **调查户类别** | **Category of Households Surveyed** | | | |
| 一、调查户数 | Numbers of Households Surveyed | 户 | household | 515 |
| 二、低保户 | Households Enjoying the Minimum Living Guarantee | 户 | household | 198 |
| 三、五保户 | Households Enjoying the Five Guarantees | 户 | household | 2 |
| 四、建档立卡户 | Households Establishing Files | 户 | household | 338 |
| 五、退耕还林户 | Households Returning the Grain Plots to Forestry | 户 | household | 251 |
| **住房及生活设施** | **Housing and Domestic Installation** | | | |
| 一、期末现住房情况 | Owning House Condition of Term End | | | |
| (一)本住户居住类型 | Residence Type | 户 | household | 515 |
| 1.普通住宅 | General Residence | 户 | household | 515 |
| 2.集体宿舍和工棚 | Dormitory and Shed | 户 | household | |
| 3.工作地住宿 | Working Places | 户 | household | |
| (二)本住户居住空间样式 | House Construction Space Style | 户 | household | 515 |
| 1.单栋楼房 | Single Building | 户 | household | 9 |
| 2.单栋平房 | Single Bungalow | 户 | household | 490 |
| 3.四居室及以上单元房 | House with Four Bedrooms and above | 户 | household | |
| 4.三居室单元房 | House with Three Bedrooms | 户 | household | 7 |
| 5.二居室单元房 | House with Two Bedrooms | 户 | household | 1 |
| 6.一居室单元房 | House with One Bedrooms | 户 | household | 1 |
| 7.筒子楼或连片平房 | Tube-shaped or Closely Bungalow | 户 | household | 6 |
| 8.其他 | Others | 户 | household | 1 |
| (三)主要建筑材料 | Main Building Materials | 户 | household | 515 |
| 1.钢筋混凝土 | Reinforced Concrete | 户 | household | 15 |
| 2.砖混材料 | Brick and Concrete | 户 | household | 84 |
| 3.砖瓦砖木 | Brick and Wood | 户 | household | 383 |
| 4.竹草土坯 | Bamboo Grass Adobe | 户 | household | 30 |
| 5.其他 | Others | 户 | household | 3 |
| (四)现住房房屋来源 | Source of Current Housing | 户 | household | 515 |
| 1.租赁公房 | Public House Leasing | 户 | household | |
| 2.租赁私房 | Private House Leasing | 户 | household | 3 |
| 3.自建住房 | Self-Built Housing | 户 | household | 489 |
| 4.购买商品房 | Commercial Residential Building | 户 | household | 9 |
| 5.购买房改住房 | Reformed Housing | 户 | household | 1 |
| 6.购买保障性住房 | Security Housing | 户 | household | 1 |
| 7.拆迁安置房 | Removal Settlement Housing | 户 | household | 8 |
| 8.继承或获赠住房 | Inheritance or Gift Housing | 户 | household | |

## 7-1 续表 1 continued

| 指标名称 | Item | 单位 | unit | 总计 |
|---|---|---|---|---|
| 9.免费借用房 | Borrow Housing for Free | 户 | household | 1 |
| 10.雇主提供免费住房 | Free Housing of Employer Offer | 户 | household | |
| 11.其他来源 | Others | 户 | household | 3 |
| (五)现住房建筑面积 | Floor Space of Current Residential Buildings | 平方米 | sq.m | 61550 |
| 1.10平方米以内 | Less than 10 sq.m | 户 | household | |
| 2.10-20平方米 | 10-20 sq.m | 户 | household | 1 |
| 3.20-30平方米 | 20-30 sq.m | 户 | household | 1 |
| 4.30-60平方米 | 30-60 sq.m | 户 | household | 45 |
| 5.60-90平方米 | 60-90 sq.m | 户 | household | 115 |
| 6.90-120平方米 | 90-120 sq.m | 户 | household | 162 |
| 7.120-200平方米 | 120-200 sq.m | 户 | household | 169 |
| 8.200平方米以上 | 200 sq.m above | 户 | household | 22 |
| (六)住宅外道路路面情况 | Road Pavement Outside Housing | 户 | household | 515 |
| 1.水泥或柏油路面 | Cement or Asphalt | 户 | household | 288 |
| 2.沙石或石板等硬质路面 | Hard Surfacing of Gravel or Slabstone | 户 | household | 107 |
| 3.其他 | Others | 户 | household | 120 |
| (七)住宅有管道供水情况 | Pipeline Water Supplying of Residential Buildings | 户 | household | 515 |
| 1.管道供水入户 | Pipeline Water Supplying in the Home | 户 | household | 380 |
| 2.管道供水至公共取水点 | Pipeline Water Supplying to Public Water Intaking Spot | 户 | household | 3 |
| 3.没有管道设施 | No Pipeline Infrastructure | 户 | household | 132 |
| (八)住户主要饮用水来源情况 | Source of Drinking Water for Household | 户 | household | 515 |
| 1.经过净化处理的自来水 | Tap Water for Cleaning Treatment | 户 | household | 356 |
| 2.受保护的井水和泉水 | Well Water and Spring for Protected | 户 | household | 90 |
| 3.不受保护的井水和泉水 | Well Water and Spring for Non-protected | 户 | household | 23 |
| 4.江河湖泊水 | Rivers and Lakes | 户 | household | 12 |
| 5.收集雨水 | Rainwater | 户 | household | 25 |
| 6.桶装水 | Barrelled Water | 户 | household | |
| 7.其他水源 | Others | 户 | household | 9 |
| (九)住户获取饮用水的主要困难 | Main Difficulty for Gaining Drinking Water | 户 | household | 515 |
| 1.单次取水往返时间超过半小时 | More than Half an Hour of Getting Water from a Single Round-trip Time | 户 | household | 28 |
| 2.间断或定时供水 | Water Supply for Gap or Timing | 户 | household | 9 |
| 3.当年连续缺水时间超过16天 | More than 16 Days for Continuous Hydropenia of the Year | 户 | household | 2 |
| 4.无上述困难 | No Difficulty | 户 | household | 476 |
| (十)住户饮用水使用前采取的主要处理措施 | Main Treatment Measure before Drinking | 户 | household | 515 |
| 1.煮沸 | Boiling | 户 | household | 505 |
| 2.加漂白剂/氯等 | Adding Bleach or Chlorine | 户 | household | 1 |
| 3.使用水过滤器 | Using Water Filter | 户 | household | 1 |
| 4.其他处理措施 | Other Treatment Measures | 户 | household | 2 |
| 5.没有任何水处理措施 | No Any Treatment Measures | 户 | household | 6 |

## 7-1 续表 2 continued

| 指标名称 | Item | 单位 | unit | 总计 |
|---|---|---|---|---|
| (十一)住户厕所类型 | Residence Toilet Type | 户 | household | 515 |
| 1.水冲式卫生厕所 | Water Flushing Sanitary Toilet | 户 | household | 20 |
| 2.水冲式非卫生厕所 | Water Flushing Insanitary Toilet | 户 | household | 1 |
| 3.卫生旱厕 | Sanitary Pit Latrine | 户 | household | 29 |
| 4.普通旱厕 | General Pit Latrine | 户 | household | 461 |
| 5.无厕所 | No Toilet | 户 | household | 4 |
| (十二)住户厕所使用情况 | Using Condition of Residence Toilet | 户 | household | 515 |
| 1.本住户独用 | Exclusive Use | 户 | household | 507 |
| 2.几户合用 | Sharing with Several Households | 户 | household | 5 |
| 3.公用厕所 | Public Toilet | 户 | household | 3 |
| (十三)住户洗澡设施情况 | Residence Shower Equipment Condition | 户 | household | 515 |
| 1.统一供热水 | Unified Supply Hot Water | 户 | household | 3 |
| 2.家庭自装热水器 | House Self-Installing Water Heater | 户 | household | 263 |
| 3.其他 | Others | 户 | household | 30 |
| 4.无洗澡设施 | No Shower Equipment | 户 | household | 219 |
| (十四)住户主要取暖设备状况 | Residence Main Heating Equipment Condition | 户 | household | 515 |
| 1.由市政或小区集中供暖 | Central Heating by Government or Housing Estate | 户 | household | 8 |
| 2.自行供暖 | Self Heating | 户 | household | 496 |
| 3.无取暖设备 | No Heating Equipment | 户 | household | 11 |
| (十五)住户主要取暖用能源状况 | Residence Main Heating Energy Condition | 户 | household | 515 |
| 1.柴草 | Firewood | 户 | household | 8 |
| 2.煤炭 | Coal | 户 | household | 498 |
| 3.罐装液化石油气 | Liquefied Petroleum Gas of Can Pack | 户 | household | |
| 4.管道液化石油气 | Liquefied Petroleum Gas of Pipeline | 户 | household | 1 |
| 5.管道煤气 | Coal Gas of Pipeline | 户 | household | |
| 6.管道天然气 | Natural Gas of Pipeline | 户 | household | |
| 7.电 | Electricity | 户 | household | |
| 8.燃料用油 | Fuel Oils | 户 | household | |
| 9.沼气 | Biogas | 户 | household | |
| 10.其他 | Others | 户 | household | |
| 11.无取暖行为 | No Heating Behavior | 户 | household | 8 |
| (十六)主要炊用能源状况 | Main Condition of Cooking Energy | 户 | household | 515 |
| 1.柴草 | Firewood | 户 | household | 79 |
| 2.煤炭 | Coal | 户 | household | 177 |
| 3.罐装液化石油气 | Liquefied Petroleum Gas of Can Pack | 户 | household | 8 |
| 4.管道液化石油气 | Liquefied Petroleum Gas of Pipeline | 户 | household | |
| 5.管道煤气 | Coal Gas of Pipeline | 户 | household | |
| 6.管道天然气 | Natural Gas of Pipeline | 户 | household | 1 |
| 7.电 | Electricity | 户 | household | 250 |

## 7-1 续表 3 continued

| 指标名称 | Item | 单位 | unit | 总计 |
|---|---|---|---|---|
| 8.燃料用油 | Fuel Oils | 户 | household | |
| 9.沼气 | Biogas | 户 | household | |
| 10.其他 | Others | 户 | household | |
| 11.无炊用行为 | No Heating Behavior | 户 | household | |
| 二、自有现住房情况 | Condition of Own Current Housing | -- | -- | |
| (一)自有现住房建筑年份 | Year of Built | 年 | year | |
| 1.当年新建 | New Construction of the Year | 户 | household | 34 |
| 2.1-5年 | 1-5 Year | 户 | household | 145 |
| 3.6-10年 | 6-10 Year | 户 | household | 133 |
| 4.11-20年 | 11-20 Year | 户 | household | 133 |
| 5.21-50年 | 21-50 Year | 户 | household | 66 |
| 6.51-99年 | 51-99 Year | 户 | household | |
| 7.100年以上 | More than 100 Years | 户 | household | |
| (二)现住房购(建)房时间 | Time of Built | 年 | year | |
| (三)购(建)房总金额 | Amount of Built | 万元 | 10000 yuan | 3691 |
| (四)购(建)房时借贷款总额(不含利息) | Total Loan of Built | 万元 | 10000 yuan | 510 |
| 其中：按揭贷款金额 | Mortgage Loan | 万元 | 10000 yuan | 114 |
| (五)购(建)房时借贷款总利息 | Loan Interest of Built | 万元 | 10000 yuan | 46 |
| (六)借贷款还款总年限 | Loan Years | 年 | year | |
| 1.10年以下 | Below 10 Years | 户 | household | 104 |
| 2.11-20年 | 11-20 Years | 户 | household | 2 |
| 3.21-30年 | 21-30 Years | 户 | household | |
| 4.30年以上 | More than 30 Years | 户 | household | |
| (七)现在是否还在还款 | Whether in the Payment at Present | 户 | household | 106 |
| 1.现在还在还款 | Yes | 户 | household | 41 |
| 2.现在已经还完借贷款 | Pay off the Loans at Present | 户 | household | 65 |
| 三、租赁住房情况 | Condition of Leasing Housing | -- | -- | |
| (一)租赁住房房屋来源 | Source of Leasing Housing | 户 | household | |
| 1.租赁公房 | Public House Leasing | 户 | household | |
| 2.租赁私房 | Private House Leasing | 户 | household | 3 |
| (二)租赁住房实际月租金 | The Market Rent per Month of Leasing Housing | 元 | yuan | |
| 1.租赁公房实际月租金 | The Market Rent per Month of Public House Leasing | 元 | yuan | |
| 2.租赁私房实际月租金 | The Market Rent per Month of Private House Leasing | 元 | yuan | 700 |
| 四、期末拥有房屋情况 | Condition of Own House Term End | -- | -- | |
| (一)期末拥有房屋面积 | House Floor Space of Term End | 平方米 | sq.m | 62445 |
| 1.自有现住房面积 | Floor Space of Current Housing | 平方米 | sq.m | 61120 |
| 2.出租住房面积 | Floor Space of Rent Housing | 平方米 | sq.m | 1031 |
| 3.出租商用建筑物面积 | Floor Space of Commercial Building | 平方米 | sq.m | |
| 4.偶尔居住房面积 | Floor Space of Residing Occasionally | 平方米 | sq.m | 128 |
| 5.空宅或其他用途房面积 | Floor Space of Empty House or Other Using | 平方米 | sq.m | 166 |

## 7-1 续表 4 continued

| 指标名称 | Item | 单位 | unit | 总计 |
|---|---|---|---|---|
| (二)期末拥有房屋价值 | Value of Own House Term End | 万元 | 10000 yuan | 5096 |
| 1.自有现住房市场价估计值 | Value of Current Housing | 万元 | 10000 yuan | 4954 |
| 2.出租住房市场价估计值 | Value of Rent Housing | 万元 | 10000 yuan | 101 |
| 3.出租商用建筑物市场价估计值 | Value of Commercial Building | 万元 | 10000 yuan | |
| 4.偶尔居住房市场价估计值 | Value of Residing Occasionally | 万元 | 10000 yuan | 23 |
| 5.空宅或其他用途房市场价估计值 | Value of Empty House or Other Using | 万元 | 10000 yuan | 18 |
| (三)期末拥有房屋市场价月租金 | The Market Rent per Month of Own House Term End | | | |
| 1.自有现住房市场价月租金 | The Market Rent per Month of Current Housing | 元 | yuan | 111920 |
| 2.出租住房市场价月租金 | The Market Rent per Month of Rent Housing | 元 | yuan | 5200 |
| 3.出租商用建筑物市场价月租金 | The Market Rent per Month of Commercial Building | 元 | yuan | |
| 五、期内新购住房情况 | Condition of Newly Bought Residential Buildings during Period | -- | -- | |
| (一)期内新购住房建筑面积 | Floor Space of Newly Bought Residential Buildings | 平方米 | sq.m | 532 |
| 1.10平方米以内 | Less than 10 sq.m | 户 | household | |
| 2.10-20平方米 | 10-20 sq.m | 户 | household | |
| 3.20-30平方米 | 20-30 sq.m | 户 | household | 1 |
| 4.30-60平方米 | 30-60 sq.m | 户 | household | 1 |
| 5.60-90平方米 | 60-90 sq.m | 户 | household | |
| 6.90-120平方米 | 90-120 sq.m | 户 | household | 2 |
| 7.120-200平方米 | 120-200 sq.m | 户 | household | 2 |
| 8.200平方米以上 | More than 200 sq.m | 户 | household | |
| (二)新购住房购买时间 | Purchasing Date | 年 | year | |
| (三)新购住房总金额 | Total Amount | 万元 | 10000 yuan | 151 |
| (四)新购住房借贷款总额(不含利息) | Total Loan | 万元 | 10000 yuan | 65 |
| 其中：按揭贷款金额 | Mortgage Loan | 万元 | 10000 yuan | 52 |
| (五)新购住房借贷款总利息 | Loan Interest | 万元 | 10000 yuan | 5423 |
| (六)新购住房借贷款还款总年限 | Loan Years | 年 | year | |
| 1.10年以下 | Below 10 Years | 户 | household | |
| 2.11-20年 | 11-20 Years | 户 | household | 2 |
| 3.21-30年 | 21-30 Years | 户 | household | |
| 4.30年以上 | More than 30 Years | 户 | household | |
| 六、期内新建住房情况 | Condition of Newly Built Residential Buildings during Period | -- | -- | |
| (一)期内新建住房竣工建筑面积 | Floor Space of Newly Built Residential Buildings | 平方米 | sq.m | 5612 |
| 1.10平方米以内 | Less than 10 sq.m | 户 | household | |
| 2.10-20平方米 | 10-20 sq.m | 户 | household | 1 |
| 3.20-30平方米 | 20-30 sq.m | 户 | household | 6 |
| 4.30-60平方米 | 30-60 sq.m | 户 | household | 27 |
| 5.60-90平方米 | 60-90 sq.m | 户 | household | 12 |
| 6.90-120平方米 | 90-120 sq.m | 户 | household | 11 |
| 7.120-200平方米 | 120-200 sq.m | 户 | household | 11 |
| 8.200平方米以上 | More than 200 sq.m | 户 | household | 1 |
| (二)新建住房建成时间 | Purchasing Date | 年 | year | |
| (三)新建住房总费用 | Total Cost | 万元 | 10000yuan | 518 |
| (四)新建住房资金来源 | Capital Source of Newly Built Residential Buildings | 万元 | 10000yuan | 508 |
| 1.银行信用社贷款 | Loans from Bank and Credit Cooperative | 万元 | 10000yuan | 65 |
| 2.亲友借款 | Debt from Relatives and Friends | 万元 | 10000yuan | 82 |
| 3.自筹资金 | Self-collected Funds | 万元 | 10000yuan | 342 |
| 4.其他资金 | Others | 万元 | 10000yuan | 19 |

# 7-2 2017年扶贫重点县住户耐用消费品拥有情况
# Ownership of Durable Consumer Goods of Key Poverty Alleviation County (2017)

单位：百户均 (per 100 household)

| 指 标 名 称 | Item | 单位 | unit | 总计 |
|---|---|---|---|---|
| 家用汽车 | Family Car | 辆 | unit | 23 |
| 摩托车 | Motorcycle | 辆 | unit | 82 |
| 助力车 | Moped | 台 | set | 35 |
| 洗衣机 | Washing Machine | 台 | set | 98 |
| 电冰箱(柜) | Refrigerator | 台 | set | 88 |
| 微波炉 | Microwave Oven | 台 | set | 8 |
| 彩色电视机 | Color TV Set | 台 | set | 110 |
| 其中：接入有线电视网 | Cable Television | 台 | set | 5 |
| 空调 | Air Conditioner | 台 | set | 1 |
| 热水器 | Water Heater | 台 | set | 70 |
| 其中：太阳能热水器 | Solar Water Heater | 台 | set | 65 |
| 消毒碗柜 | Disinfection Cupboard | 台 | set | |
| 洗碗机 | Dishwasher | 台 | set | |
| 排油烟机 | Ventilator | 台 | set | 6 |
| 固定电话 | Telephone | 线 | set | 5 |
| 移动电话 | Mobile Telephone | 部 | set | 296 |
| 其中：接入互联网 | Internet Mobile Telephone | 部 | set | 171 |
| 计算机 | Computer | 台 | set | 17 |
| 其中：接入互联网 | Internet Computer | 台 | set | 6 |
| 摄像机 | Video Camera | 台 | set | |
| 照相机 | Camera | 台 | set | 1 |
| 中高档乐器 | Middle and Top Grade Instruments | 架 | set | 1 |
| 健身器材 | Body-building Apparatus | 台 | set | |

# 7-3 2017年扶贫重点县社区基础设施和基本社会服务情况
# Base Installation and Community Service of the Community (2017)

| 指标名称 | Item | 单位 | unit | 总计 |
|---|---|---|---|---|
| **社区基础设施和基本社会服务情况** | **Base Installation and Community Service of the Community** | -- | -- | |
| 一、本社区的土地性质主要属于 | Land Status | -- | -- | |
| 1.国有土地 | State Owned | 户 | household | 144 |
| 2.集体土地 | Collective | 户 | household | 371 |
| 二、本社区是否通公路 | Whether Connected Roads | -- | -- | |
| 1.通公路 | Yes | 户 | household | 515 |
| 2.不通公路 | No | 户 | household | |
| 三、本社区能否便利地乘坐公共汽车 | Whether Conveniently by Bus | -- | -- | |
| 1.能便利地乘坐公共汽车 | Yes | 户 | household | 431 |
| 2.不能便利地乘坐公共汽车 | No | 户 | household | 84 |
| 四、本社区是否通电 | Whether Electrify | -- | -- | |
| 1.通电 | Yes | 户 | household | 515 |
| 2.不通电 | No | 户 | household | |
| 五、本社区是否通电话 | Whether on the Phone | -- | -- | |
| 1.通电话 | Yes | 户 | household | 515 |
| 2.不通电话 | No | 户 | household | |
| 六、本社区能否接收有线电视信号 | Whether Receive Cable TV Signal | -- | -- | |
| 1.能接收有线电视信号 | Yes | 户 | household | 495 |
| 2.不能接收有线电视信号 | No | 户 | household | 20 |
| 七、本社区饮用水是否经过集中净化处理 | Whether Purified of Drinking Water | -- | -- | |
| 1.饮用水经过集中净化处理 | Yes | 户 | household | 383 |
| 2.饮用水没有经过集中净化处理 | No | 户 | household | 132 |
| 八、本社区主要饮用水水源中是否含有化学污染 | Whether Chemical Contamination in Drinking Water | -- | -- | |
| 1.高氟 | Fluoride | 户 | household | |
| 2.高砷 | Arsenic | 户 | household | |
| 3.其他化学污染 | Other Chemical Pollution | 户 | household | |
| 4.没有化学污染 | None Chemical Pollution | 户 | household | 515 |
| 九、本社区是否开通了管道燃气 | Whether Launched Pipeline Gas | -- | -- | |
| 1.开通管道燃气 | Yes | 户 | household | |
| 2.未开通管道燃气 | No | 户 | household | 515 |
| 十、本社区是否有市政或小区集中供暖 | Whether Central Heating by Municipal or Community | -- | -- | |
| 1.有市政或小区集中供暖 | Yes | 户 | household | 21 |
| 2.没有市政或小区集中供暖 | No | 户 | household | 383 |
| 3.不适用 | Inapplicability | 户 | household | 111 |
| 十一、进入社区道路的路面状况 | Road Condition outside the Community | -- | -- | |
| 1.水泥或柏油路面 | Cement or Asphalt | 户 | household | 485 |
| 2.沙石或石板等硬质路面 | Hard Surfacing of Gravel or Slabstone | 户 | household | 30 |
| 3.其他 | Others | 户 | household | |
| 十二、社区内主要道路路面状况 | Road Condition in the Community | -- | -- | |
| 1.水泥或柏油路面 | Cement or Asphalt | 户 | household | 441 |
| 2.沙石或石板等硬质路面 | Hard Surfacing of Gravel or Slabstone | 户 | household | 64 |
| 3.其他 | Others | 户 | household | 10 |
| 十三、社区内主要道路是否有路灯 | Whether Have Street Light | -- | | |
| 1.主要道路有路灯 | Yes | 户 | household | 164 |
| 2.主要道路没有路灯 | No | 户 | household | 351 |

## 7-3 续表 1 continued

| 指 标 名 称 | Item | 单位 | unit | 总计 |
|---|---|---|---|---|
| 十四、社区内垃圾是否能够做到集中处理 | Whether Centralized Processing of Rubbish | -- | -- | |
| 1.垃圾集中处理 | Yes | 户 | household | 258 |
| 2.垃圾不能集中处理 | No | 户 | household | 257 |
| 十五、社区内是否有健身器材 | Whether Have Fitness Equipment | -- | -- | |
| 1.有健身器材 | Yes | 户 | household | 329 |
| 2.没有健身器材 | No | 户 | household | 186 |
| 十六、社区内是否有绿化园林景观设计 | Whether Have Garden Design | -- | -- | |
| 1.有绿化园林景观设计 | Yes | 户 | household | 113 |
| 2.没有绿化园林景观设计 | No | 户 | household | 402 |
| 十七、社区是否有卫生站室 | Whether Have Health Station | -- | -- | |
| 1.有卫生站室 | Yes | 户 | household | 495 |
| 2.没有卫生站室 | No | 户 | household | 20 |
| 十八、上幼儿园或学前班的便利程度如何 | How Convenient is Kindergarten or Preschool | -- | -- | |
| 1.社区内有，且便利 | Yes, and Convenient | 户 | household | 315 |
| 2.社区内无，但入园较便利 | No, but Kindergarten is Convenient | 户 | household | 148 |
| 3.不便利 | Inconvenient | 户 | household | 52 |
| 十九、上小学的便利程度如何 | How Convenient is in Primary School | -- | -- | |
| 1.社区内有，且便利 | Yes, and Convenient | 户 | household | 389 |
| 2.社区内无，但入学较便利 | No, but Entrance is Convenient | 户 | household | 84 |
| 3.不便利 | Inconvenient | 户 | household | 42 |
| 二十、社区是否在本年度发生过盗窃或其他刑事案件 | Whether Happened Theft or Other Criminal Cases This Year | -- | -- | |
| 1.发生过盗窃或其他刑事案件 | Yes | 户 | household | 59 |
| 2.没有发生过盗窃或其他刑事案件 | No | 户 | household | 456 |
| 二十一、社区是否有专职安全保卫人员 | Whether Have Full-time Security Personnel | -- | -- | |
| 1.有专职安全保卫人员 | Yes | 户 | household | 206 |
| 2.没有专职安全保卫人员 | No | 户 | household | 309 |
| 二十二、本社区是否通宽带 | Whether through Broadband Network | -- | -- | |
| 1.已通宽带 | Yes | 户 | household | 443 |
| 2.未通宽带 | No | 户 | household | 72 |
| 二十三、本村所处地势 | Village Terrain | -- | -- | |
| 1.平原 | Plain | 户 | household | 124 |
| 2.丘陵半山区、 | Hill | 户 | household | 150 |
| 3.山区 | Mountainous | 户 | household | 241 |
| 二十四、本村是否少数民族村 | Whether is Minority Village | -- | -- | |
| 1.少数民族村 | Yes | 户 | household | 257 |
| 2.不是少数民族村 | No | 户 | household | 258 |
| 二十五、本村是否开展退耕还林还草工作 | Whether Returning Farmland to Forest and Grass | -- | -- | |
| 1.开展退耕还林还草工作 | Yes | 户 | household | 395 |
| 2.没有开展退耕还林还草工作 | No | 户 | household | 120 |
| 二十六、本村到最近县城的距离 | Distance of the Village to the Nearest County | -- | -- | |
| 1.2公里以内 | Less than 2 km | 户 | household | 10 |
| 2.2-5公里 | 2-5 km | 户 | household | 41 |
| 3.5-10公里 | 5-10 km | 户 | household | 91 |
| 4.10-20公里 | 10-20 km | 户 | household | 75 |
| 5.20公里以上 | More than 20 km | 户 | household | 298 |

## 7-3 续表 2 continued

| 指标名称 | Item | 单位 | unit | 总计 |
|---|---|---|---|---|
| 二十七、本村到最近乡镇的距离 | Distance of the Village to the Nearest Town | -- | -- | |
| 1.2公里以内 | Less than 2 km | 户 | household | 112 |
| 2.2-5公里 | 2-5 km | 户 | household | 195 |
| 3.5-10公里 | 5-10 km | 户 | household | 145 |
| 4.10-20公里 | 10-20 km | 户 | household | 32 |
| 5.20公里以上 | More than 20 km | 户 | household | 31 |
| 二十八、本村到最近火车站/汽车站/码头的距离 | Distance of the Village to the Nearest Railway Station or Bus Station | -- | -- | |
| 1.2公里以内 | Less than 2 km | 户 | household | 50 |
| 2.2-5公里 | 2-5 km | 户 | household | 143 |
| 3.5-10公里 | 5-10 km | 户 | household | 123 |
| 4.10-20公里 | 10-20 km | 户 | household | 84 |
| 5.20公里以上 | More than 20 km | 户 | household | 115 |
| 二十九、本村到最近邮局的距离 | Distance of the Village to the Nearest Post-office | -- | -- | |
| 1.2公里以内 | Less than 2 km | 户 | household | 62 |
| 2.2-5公里 | 2-5 km | 户 | household | 185 |
| 3.5-10公里 | 5-10 km | 户 | household | 143 |
| 4.10-20公里 | 10-20 km | 户 | household | 74 |
| 5.20公里以上 | More than 20 km | 户 | household | 51 |
| 三十、本村到最近集市的距离 | Distance of the Village to the Nearest Market | -- | -- | |
| 1.2公里以内 | Less than 2 km | 户 | household | 102 |
| 2.2-5公里 | 2-5 km | 户 | household | 207 |
| 3.5-10公里 | 5-10 km | 户 | household | 143 |
| 4.10-20公里 | 10-20 km | 户 | household | 42 |
| 5.20公里以上 | More than 20 km | 户 | household | 21 |
| 三十一、本村是否有拥有合法行医证的医生 | Whether Have a Legal Certificate of Practicing Medicine Doctor | -- | -- | |
| 1.有拥有合法行医证的医生 | Yes | 户 | household | 504 |
| 2.没有拥有合法行医证的医生 | No | 户 | household | 11 |
| 三十二、本村是否有合格接生员 | Whether Have a Qualified Midwives | -- | -- | |
| 1.有合格接生员 | Yes | 户 | household | 207 |
| 2.没有合格接生员 | No | 户 | household | 308 |
| 三十三、本村是否有政府组织的文化服务 | Whether Have a Government-Organised Cultural Service | -- | -- | |
| 1.有政府组织的文化服务 | Yes | 户 | household | 455 |
| 2.没有政府组织的文化服务 | No | 户 | household | 60 |
| 三十四、本村到最近快递收发点的距离 | Distance of the Village to the Delivery Point | -- | -- | |
| 1.2公里以内 | Less than 2 km | 户 | household | 145 |
| 2.2-5公里 | 2-5 km | 户 | household | 135 |
| 3.5-10公里 | 5-10 km | 户 | household | 133 |
| 4.10-20公里 | 10-20 km | 户 | household | 32 |
| 5.20公里以上 | More than 20 km | 户 | household | 70 |

# 第八篇

# 附录

Appendix

# 附-1 主要年份全国各省、直辖市、自治区全体居民人均可支配收入(新口径)

# Per Capita Disposable Income of Urban and Rural Households by Region in Main Years (New Caliber)

单位：元 (yuan)

| 省\直辖市\自治区 | Region | 1990 | 2000 | 2005 | 2006 | 2007 | 2008 | 2009 | 2010 |
|---|---|---|---|---|---|---|---|---|---|
| **全　国** | **National** | **904** | **3721** | **6385** | **7229** | **8584** | **9957** | **10977** | **12520** |
| 北　京 | Beijing | 1741 | 9230 | 16853 | 19296 | 21458 | 24371 | 26571 | 29228 |
| 天　津 | Tianjin | 1466 | 6728 | 10255 | 11526 | 13116 | 15444 | 16967 | 19266 |
| 河　北 | Hebei | 771 | 3315 | 5581 | 6295 | 7233 | 8365 | 9267 | 10428 |
| 山　西 | Shanxi | 802 | 2924 | 5518 | 6235 | 7282 | 8333 | 8911 | 10149 |
| 内蒙古 | Inner Mongolia | 804 | 3379 | 5985 | 6876 | 8340 | 9923 | 11015 | 12538 |
| 辽　宁 | Liaoning | 1202 | 4024 | 6979 | 7937 | 9421 | 11125 | 12183 | 13953 |
| 吉　林 | Jilin | 984 | 3388 | 6010 | 6757 | 7791 | 8921 | 9671 | 10798 |
| 黑龙江 | Heilongjiang | 976 | 3602 | 6048 | 6748 | 7656 | 8877 | 9643 | 10846 |
| 上　海 | Shanghai | 2008 | 11056 | 17738 | 19647 | 22459 | 25385 | 27500 | 30436 |
| 江　苏 | Jiangsu | 1009 | 4928 | 8712 | 9947 | 11574 | 13237 | 14653 | 17006 |
| 浙　江 | Zhejiang | 1359 | 6719 | 12093 | 13550 | 15351 | 17073 | 18528 | 21159 |
| 安　徽 | Anhui | 685 | 2855 | 4777 | 5573 | 6724 | 7893 | 8683 | 9955 |
| 福　建 | Fujian | 975 | 4940 | 8042 | 8948 | 10138 | 11785 | 12985 | 14566 |
| 江　西 | Jiangxi | 775 | 2972 | 5223 | 5894 | 7097 | 8208 | 9094 | 10217 |
| 山　东 | Shandong | 895 | 4095 | 6860 | 7795 | 9085 | 10411 | 11398 | 12922 |
| 河　南 | Henan | 640 | 2649 | 4668 | 5409 | 6493 | 7637 | 8426 | 9520 |
| 湖　北 | Hubei | 888 | 3608 | 5628 | 6304 | 7430 | 8643 | 9496 | 11069 |
| 湖　南 | Hunan | 804 | 3345 | 5664 | 6364 | 7587 | 8804 | 9745 | 10861 |
| 广　东 | Guangdong | 1506 | 6899 | 10150 | 11147 | 12238 | 13605 | 14728 | 16579 |
| 广　西 | Guangxi | 780 | 3013 | 4870 | 5353 | 6614 | 7839 | 8655 | 9739 |
| 海　南 | Hainan | 925 | 3479 | 5322 | 6084 | 7186 | 8325 | 9151 | 10342 |
| 重　庆 | Chongqing |  | 3414 | 5942 | 6632 | 7520 | 8756 | 9688 | 10984 |
| 四　川 | Sichuan | 745 | 3001 | 4703 | 5247 | 6322 | 7413 | 8214 | 9373 |
| 贵　州 | Guizhou | 607 | 2290 | 3625 | 4016 | 4817 | 5533 | 6099 | 7226 |
| 云　南 | Yunnan | 686 | 2623 | 4197 | 4664 | 5469 | 6492 | 7170 | 8184 |
| 西　藏 | Tibet | 761 | 2521 | 3630 | 3828 | 4609 | 5249 | 5807 | 6628 |
| 陕　西 | Shaanxi | 711 | 2637 | 4395 | 5029 | 5974 | 7263 | 8122 | 9412 |
| 甘　肃 | Gansu | 600 | 2299 | 3962 | 4428 | 5037 | 5782 | 6454 | 7358 |
| 青　海 | Qinghai | 759 | 2706 | 4587 | 5113 | 5916 | 6808 | 7553 | 8659 |
| **宁　夏** | **Ningxia** | **797** | **2777** | **4918** | **5576** | **6630** | **7924** | **8742** | **9864** |
| 新　疆 | Xinjiang | 923 | 3024 | 4707 | 5290 | 6273 | 7012 | 7656 | 9042 |

注：本表收入为空格者均无资料，2013-2017年为新口径可支配收入，2013年以前的人均可支配收入国家统计局按照2013年城乡一体化住户调查新口径重新测算。

Note: The blank space means that no data is unavailable in this table. Data of 2013-2017 are new caliber per capita disposable income. Data before 2013 are recalculated according to the integration of urban and rural reform in 2013.

附-1　续表　continued

单位：元　(yuan)

| 省\直辖市\自治区 | Region | 2011 | 2012 | 2013 | 2014 | 2015 | 2016 | 2017 |
|---|---|---|---|---|---|---|---|---|
| **全　　国** | **National** | **14551** | **16510** | **18311** | **20167** | **21966** | **23821** | **25974** |
| 北　　京 | Beijing | 33176 | 36817 | 40830 | 44489 | 48458 | 52530 | 57230 |
| 天　　津 | Tianjin | 21714 | 24030 | 26359 | 28832 | 31291 | 34074 | 37022 |
| 河　　北 | Hebei | 12059 | 13647 | 15190 | 16647 | 18118 | 19725 | 21484 |
| 山　　西 | Shanxi | 11959 | 13592 | 15120 | 16538 | 17854 | 19049 | 20420 |
| 内 蒙 古 | Inner Mongolia | 14715 | 16800 | 18693 | 20559 | 22310 | 24127 | 26212 |
| 辽　　宁 | Liaoning | 16429 | 18761 | 20818 | 22820 | 24576 | 26040 | 27835 |
| 吉　　林 | Jilin | 12621 | 14395 | 15998 | 17520 | 18684 | 19967 | 21368 |
| 黑 龙 江 | Heilongjiang | 12605 | 14302 | 15903 | 17404 | 18593 | 19838 | 21206 |
| 上　　海 | Shanghai | 34731 | 38550 | 42174 | 45966 | 49867 | 54305 | 58988 |
| 江　　苏 | Jiangsu | 19820 | 22432 | 24776 | 27173 | 29539 | 32070 | 35024 |
| 浙　　江 | Zhejiang | 24195 | 27020 | 29775 | 32658 | 35537 | 38529 | 42046 |
| 安　　徽 | Anhui | 11873 | 13593 | 15154 | 16796 | 18363 | 19998 | 21863 |
| 福　　建 | Fujian | 16909 | 19141 | 21218 | 23331 | 25404 | 27608 | 30048 |
| 江　　西 | Jiangxi | 11870 | 13567 | 15100 | 16734 | 18437 | 20110 | 22031 |
| 山　　东 | Shandong | 15077 | 17127 | 19008 | 20864 | 22703 | 24685 | 26930 |
| 河　　南 | Henan | 11206 | 12772 | 14204 | 15695 | 17125 | 18443 | 20170 |
| 湖　　北 | Hubei | 12941 | 14809 | 16472 | 18283 | 20026 | 21787 | 23757 |
| 湖　　南 | Hunan | 12612 | 14391 | 16005 | 17622 | 19317 | 21115 | 23103 |
| 广　　东 | Guangdong | 18916 | 21268 | 23421 | 25685 | 27859 | 30296 | 33003 |
| 广　　西 | Guangxi | 11054 | 12644 | 14082 | 15557 | 16873 | 18305 | 19905 |
| 海　　南 | Hainan | 12392 | 14180 | 15733 | 17476 | 18979 | 20653 | 22553 |
| 重　　庆 | Chongqing | 13037 | 14924 | 16569 | 18352 | 20110 | 22034 | 24153 |
| 四　　川 | Sichuan | 11130 | 12753 | 14231 | 15749 | 17221 | 18808 | 20580 |
| 贵　　州 | Guizhou | 8594 | 9850 | 11083 | 12371 | 13697 | 15121 | 16704 |
| 云　　南 | Yunnan | 9739 | 11233 | 12578 | 13772 | 15223 | 16720 | 18348 |
| 西　　藏 | Tibet | 7510 | 8568 | 9740 | 10730 | 12254 | 13639 | 15457 |
| 陕　　西 | Shaanxi | 11229 | 12885 | 14372 | 15837 | 17395 | 18874 | 20635 |
| 甘　　肃 | Gansu | 8463 | 9768 | 10954 | 12185 | 13467 | 14670 | 16011 |
| 青　　海 | Qinghai | 10024 | 11470 | 12948 | 14374 | 15813 | 17302 | 19001 |
| **宁　　夏** | **Ningxia** | **11480** | **13104** | **14566** | **15907** | **17329** | **18832** | **20562** |
| 新　　疆 | Xinjiang | 10443 | 12151 | 13670 | 15097 | 16859 | 18355 | 19975 |

# 附-2 主要年份全国各省、直辖市、自治区全体居民人均生活消费支出

# Per Capita Annual Consumption Expenditure of Urban and Rural Households by Region in Main Years

单位：元 (yuan)

| 省\直辖市\自治区 | Region | 1990 | 2000 | 2005 | 2006 | 2007 | 2008 | 2009 | 2010 |
|---|---|---|---|---|---|---|---|---|---|
| **全　国** | **National** | **768** | **2914** | **5035** | **5634** | **6592** | **7548** | **8377** | **9378** |
| 北　京 | Beijing | 1469 | 7644 | 13289 | 15123 | 15933 | 17447 | 19381 | 21834 |
| 天　津 | Tianjin | 1225 | 5018 | 8227 | 9072 | 10352 | 11641 | 12974 | 14711 |
| 河　北 | Hebei | 638 | 2215 | 4181 | 4769 | 5477 | 6241 | 6846 | 7583 |
| 山　西 | Shanxi | 649 | 2163 | 3902 | 4560 | 5319 | 5984 | 6449 | 7011 |
| 内蒙古 | Inner Mongolia | 670 | 2648 | 4746 | 5385 | 6578 | 7706 | 8873 | 10209 |
| 辽　宁 | Liaoning | 1020 | 3216 | 5657 | 6182 | 7241 | 8652 | 9587 | 10462 |
| 吉　林 | Jilin | 811 | 2782 | 4677 | 5183 | 6010 | 6817 | 7677 | 8176 |
| 黑龙江 | Heilongjiang | 809 | 2772 | 4727 | 5085 | 5883 | 7008 | 7863 | 8619 |
| 上　海 | Shanghai | 1709 | 8565 | 14135 | 15284 | 18001 | 20345 | 22230 | 24758 |
| 江　苏 | Jiangsu | 906 | 3667 | 6451 | 7416 | 8487 | 9621 | 10717 | 12266 |
| 浙　江 | Zhejiang | 1151 | 5170 | 9740 | 10780 | 11695 | 12794 | 13943 | 15634 |
| 安　徽 | Anhui | 634 | 2120 | 3742 | 4290 | 5045 | 5887 | 6510 | 7297 |
| 福　建 | Fujian | 862 | 3842 | 6290 | 7068 | 8084 | 9358 | 10287 | 11474 |
| 江　西 | Jiangxi | 660 | 2240 | 4011 | 4433 | 5185 | 5874 | 6585 | 7291 |
| 山　东 | Shandong | 734 | 2982 | 4740 | 5443 | 6249 | 7128 | 7794 | 8560 |
| 河　南 | Henan | 534 | 1938 | 3294 | 3849 | 4676 | 5420 | 6065 | 6831 |
| 湖　北 | Hubei | 784 | 2839 | 4442 | 4970 | 5817 | 6607 | 7091 | 8090 |
| 湖　南 | Hunan | 709 | 2917 | 4805 | 5370 | 6098 | 6951 | 7615 | 8308 |
| 广　东 | Guangdong | 1319 | 5544 | 8221 | 8771 | 9952 | 10860 | 11615 | 12907 |
| 广　西 | Guangxi | 656 | 2452 | 3983 | 4001 | 4778 | 5574 | 6080 | 6697 |
| 海　南 | Hainan | 761 | 2577 | 3888 | 4657 | 5479 | 6283 | 6837 | 7517 |
| 重　庆 | Chongqing |  | 2866 | 5117 | 5603 | 6138 | 7074 | 7843 | 8810 |
| 四　川 | Sichuan | 665 | 2430 | 3926 | 4302 | 5048 | 5804 | 7078 | 7490 |
| 贵　州 | Guizhou | 539 | 1880 | 2872 | 3158 | 3691 | 4123 | 4594 | 5507 |
| 云　南 | Yunnan | 603 | 2202 | 3379 | 3855 | 4415 | 5129 | 5524 | 6204 |
| 西　藏 | Tibet |  | 2020 | 3398 | 3141 | 3693 | 3927 | 4347 | 4809 |
| 陕　西 | Shaanxi | 615 | 2241 | 3735 | 4366 | 5050 | 5972 | 6708 | 7625 |
| 甘　肃 | Gansu | 491 | 1848 | 3392 | 3630 | 4130 | 4670 | 5258 | 5846 |
| 青　海 | Qinghai | 643 | 2275 | 4105 | 4434 | 5184 | 5952 | 6619 | 7713 |
| **宁　夏** | **Ningxia** | **673** | **2338** | **3996** | **4479** | **4981** | **6172** | **6746** | **7745** |
| 新　疆 | Xinjiang | 701 | 2375 | 3777 | 4134 | 4937 | 5591 | 6122 | 7126 |

注：本表收入为空格者均无资料，2013-2017年为新口径生活消费支出，2013年以前的生活消费支出国家统计局按照2013年城乡一体化住户调查新口径重新测算。

Note: The blank space means that no data is unavailable in this table. Data of 2013-2017 are new caliber consumption expenditure. Data before 2013 are recalculated according to the integration of urban and rural reform in 2013.

## 附-2 续表 continued

单位：元 (yuan)

| 省\直辖市\自治区 | Region | 2011 | 2012 | 2013 | 2014 | 2015 | 2016 | 2017 |
|---|---|---|---|---|---|---|---|---|
| **全 国** | **National** | **10820** | **12054** | **13220** | **14491** | **15712** | **17111** | **18322** |
| 北 京 | Beijing | 24298 | 26562 | 29176 | 31103 | 33803 | 35416 | 37425 |
| 天 津 | Tianjin | 16796 | 18542 | 20419 | 22343 | 24163 | 26129 | 27841 |
| 河 北 | Hebei | 8852 | 9773 | 10872 | 11932 | 13031 | 14247 | 15437 |
| 山 西 | Shanxi | 8404 | 9446 | 10118 | 10864 | 11729 | 12683 | 13664 |
| 内蒙古 | Inner Mongolia | 11920 | 13475 | 14878 | 16258 | 17179 | 18072 | 18946 |
| 辽 宁 | Liaoning | 11954 | 13489 | 14950 | 16068 | 17200 | 19853 | 20463 |
| 吉 林 | Jilin | 9442 | 10737 | 12054 | 13026 | 13764 | 14773 | 15632 |
| 黑龙江 | Heilongjiang | 9967 | 10750 | 12037 | 12769 | 13403 | 14446 | 15577 |
| 上 海 | Shanghai | 26858 | 28152 | 30400 | 33065 | 34784 | 37458 | 39792 |
| 江 苏 | Jiangsu | 14635 | 16500 | 17926 | 19164 | 20556 | 22130 | 23469 |
| 浙 江 | Zhejiang | 17874 | 18931 | 20610 | 22552 | 24117 | 25527 | 27079 |
| 安 徽 | Anhui | 8683 | 9878 | 10544 | 11727 | 12840 | 14712 | 15752 |
| 福 建 | Fujian | 13218 | 14843 | 16177 | 17645 | 18850 | 20167 | 21249 |
| 江 西 | Jiangxi | 8361 | 9182 | 10053 | 11089 | 12403 | 13259 | 14459 |
| 山 东 | Shandong | 9853 | 10902 | 11897 | 13329 | 14578 | 15926 | 17281 |
| 河 南 | Henan | 7968 | 9103 | 10003 | 11000 | 11835 | 12712 | 13730 |
| 湖 北 | Hubei | 9589 | 10756 | 11761 | 12928 | 14317 | 15889 | 16938 |
| 湖 南 | Hunan | 9713 | 10806 | 11946 | 13289 | 14267 | 15750 | 17160 |
| 广 东 | Guangdong | 14459 | 16002 | 17421 | 19206 | 20976 | 23448 | 24820 |
| 广 西 | Guangxi | 7816 | 8910 | 9597 | 10274 | 11401 | 12295 | 13424 |
| 海 南 | Hainan | 8859 | 10161 | 11193 | 12471 | 13575 | 14275 | 15403 |
| 重 庆 | Chongqing | 10263 | 11468 | 12600 | 13811 | 15140 | 16385 | 17898 |
| 四 川 | Sichuan | 8751 | 9837 | 11055 | 12368 | 13632 | 14839 | 16180 |
| 贵 州 | Guizhou | 6452 | 7247 | 8288 | 9303 | 10414 | 11932 | 12970 |
| 云 南 | Yunnan | 7135 | 8192 | 8824 | 9870 | 11005 | 11769 | 12658 |
| 西 藏 | Tibet | 5063 | 5468 | 6307 | 7317 | 8246 | 9319 | 10320 |
| 陕 西 | Shaanxi | 9026 | 10175 | 11217 | 12204 | 13087 | 13943 | 14900 |
| 甘 肃 | Gansu | 6920 | 7937 | 8943 | 9875 | 10951 | 12254 | 13120 |
| 青 海 | Qinghai | 9032 | 10386 | 11577 | 12605 | 13611 | 14775 | 15503 |
| **宁 夏** | **Ningxia** | **9010** | **10009** | **11292** | **12485** | **13816** | **14965** | **15350** |
| 新 疆 | Xinjiang | 8575 | 10171 | 11392 | 11904 | 12867 | 14066 | 15087 |

# 附-3 主要年份全国各省、直辖市、自治区城镇居民人均可支配收入(新口径)

## Per Capita Disposable Income of Urban Households by Region in Main Years (New Caliber)

单位：元 (yuan)

| 省/直辖市/自治区 | Region | 1978 | 1979 | 1980 | 1981 | 1982 | 1983 | 1984 | 1985 | 1986 | 1987 |
|---|---|---|---|---|---|---|---|---|---|---|---|
| **全 国** | **National** | **343** | **405** | **478** | **500** | **535** | **565** | **652** | **739** | **901** | **1002** |
| 北 京 | Beijing | 365 | 415 | 501 | 555 | 561 | 591 | 694 | 908 | 1068 | 1182 |
| 天 津 | Tianjin | 388 | 425 | 527 | 540 | 577 | 604 | 728 | 876 | 1070 | 1187 |
| 河 北 | Hebei | 276 | 313 | 401 | 402 | 433 | 449 | 519 | 631 | 766 | 855 |
| 山 西 | Shanxi | 301 |  | 380 | 401 | 433 | 452 | 517 | 595 | 718 | 807 |
| 内 蒙 | Inner Mongolia | 301 | 350 | 407 | 449 | 453 | 474 | 549 | 686 | 774 | 820 |
| 辽 宁 | Liaoning | 363 |  | 494 | 508 | 529 | 549 | 636 | 704 | 882 | 992 |
| 吉 林 | Jilin |  |  | 368 | 444 | 431 | 451 | 499 | 616 | 755 | 852 |
| 黑 龙 江 | Heilongjiang | 455 | 458 | 420 | 424 | 460 | 518 | 580 | 742 | 830 | 889 |
| 上 海 | Shanghai | 406 | 481 | 637 | 637 | 659 | 686 | 834 | 1075 | 1293 | 1437 |
| 江 苏 | Jiangsu | 288 |  | 433 | 448 | 484 | 498 | 626 | 766 | 910 | 1005 |
| 浙 江 | Zhejiang | 332 |  | 488 | 523 | 530 | 551 | 669 | 904 | 1104 | 1228 |
| 安 徽 | Anhui |  |  |  | 425 | 453 | 488 | 559 | 642 | 815 | 925 |
| 福 建 | Fujian | 371 |  | 450 | 452 | 520 | 573 | 582 | 733 | 929 | 1021 |
| 江 西 | Jiangxi | 305 |  | 386 | 407 | 425 | 439 | 499 | 583 | 730 | 792 |
| 山 东 | Shandong | 391 | 420 | 448 | 495 | 525 | 537 | 639 | 748 | 854 | 987 |
| 河 南 | Henan | 291 |  | 342 | 395 | 402 | 422 | 467 | 601 | 668 | 744 |
| 湖 北 | Hubei | 325 | 324 | 414 | 456 | 481 | 511 | 591 | 704 | 851 | 952 |
| 湖 南 | Hunan | 324 |  | 476 | 505 | 519 | 564 | 645 | 735 | 904 | 1018 |
| 广 东 | Guangdong | 412 | 416 | 473 | 561 | 631 | 714 | 818 | 954 | 1102 | 1321 |
| 广 西 | Guangxi | 289 |  | 455 | 460 | 427 | 444 | 563 | 745 | 784 | 899 |
| 海 南 | Hainan |  |  |  |  |  |  |  | 778 |  | 986 |
| 重 庆 | Chongqing |  | 355 | 412 | 481 | 505 | 536 | 616 | 762 | 984 | 1109 |
| 四 川 | Sichuan | 338 | 369 | 391 | 457 | 445 | 493 | 581 | 700 | 849 | 948 |
| 贵 州 | Guizhou | 261 | 280 | 344 | 453 | 460 | 483 | 558 | 631 | 824 | 912 |
| 云 南 | Yunnan | 328 | 362 | 420 | 446 | 493 | 533 | 608 | 752 | 872 | 989 |
| 西 藏 | Tibet | 565 | 625 | 683 | 715 | 768 | 840 | 915 | 983 | 1026 | 1229 |
| 陕 西 | Shaanxi | 310 |  | 407 | 427 | 452 | 488 | 552 | 650 | 814 | 905 |
| 甘 肃 | Gansu | 408 | 418 | 403 | 448 | 474 | 491 | 572 | 641 | 777 | 871 |
| 青 海 | Qinghai |  |  |  | 455 |  |  | 685 | 747 | 1002 | 1084 |
| **宁 夏** | **Ningxia** | **346** | **358** | **464** | **481** | **521** | **530** | **629** | **697** | **884** | **951** |
| 新 疆 | Xinjiang | 319 |  | 427 | 581 | 513 | 548 | 649 | 697 | 843 | 920 |

注：本表收入为空格者均无资料，2013-2017年为新口径可支配收入，2013年以前的人均可支配收入国家统计局按照2013年城乡一体化住户调查新口径重新测算。

Note: The blank space means that no data is unavailable in this table. Data of 2013-2017 are new caliber per capita disposable income. Data before 2013 are recalculated according to the integration of urban and rural reform in 2013.

## 附-3 续表 1 continued

单位：元 (yuan)

| 省/直辖市/自治区 | Region | 1988 | 1989 | 1990 | 1991 | 1992 | 1993 | 1994 | 1995 | 1996 | 1997 |
|---|---|---|---|---|---|---|---|---|---|---|---|
| **全 国** | **National** | **1180** | **1374** | **1510** | **1701** | **2027** | **2577** | **3496** | **4283** | **4839** | **5160** |
| 北 京 | Beijing | 1437 | 1597 | 1902 | 2170 | 2556 | 3547 | 5085 | 6235 | 7332 | 7813 |
| 天 津 | Tianjin | 1330 | 1478 | 1639 | 1845 | 2238 | 2769 | 3982 | 4930 | 5967 | 6609 |
| 河 北 | Hebei | 1080 | 1257 | 1397 | 1489 | 1763 | 2201 | 3008 | 3674 | 4430 | 4959 |
| 山 西 | Shanxi | 945 | 1176 | 1291 | 1410 | 1623 | 1957 | 2566 | 3306 | 3703 | 3990 |
| 内 蒙 | Inner Mongolia | 916 | 1053 | 1149 | 1294 | 1495 | 1893 | 2498 | 2863 | 3432 | 3945 |
| 辽 宁 | Liaoning | 1204 | 1417 | 1551 | 1706 | 1949 | 2314 | 3063 | 3707 | 4207 | 4518 |
| 吉 林 | Jilin | 987 | 1109 | 1230 | 1395 | 1637 | 1953 | 2561 | 3175 | 3806 | 4191 |
| 黑 龙 江 | Heilongjiang | 1004 | 1138 | 1211 | 1389 | 1630 | 1960 | 2597 | 3375 | 3768 | 4091 |
| 上 海 | Shanghai | 1723 | 1976 | 2183 | 2486 | 3009 | 4277 | 5868 | 7172 | 8159 | 8439 |
| 江 苏 | Jiangsu | 1218 | 1372 | 1464 | 1623 | 2138 | 2774 | 3779 | 4634 | 5186 | 5765 |
| 浙 江 | Zhejiang | 1589 | 1797 | 1932 | 2143 | 2619 | 3626 | 5066 | 6221 | 6956 | 7359 |
| 安 徽 | Anhui | 1075 | 1248 | 1355 | 1485 | 1808 | 2248 | 3048 | 3795 | 4513 | 4599 |
| 福 建 | Fujian | 1236 | 1555 | 1749 | 1953 | 2351 | 2923 | 3935 | 4853 | 5574 | 6144 |
| 江 西 | Jiangxi | 938 | 1082 | 1188 | 1295 | 1585 | 1985 | 2777 | 3377 | 3780 | 4071 |
| 山 东 | Shandong | 1163 | 1349 | 1466 | 1688 | 1974 | 2515 | 3444 | 4264 | 4890 | 5191 |
| 河 南 | Henan | 862 | 1015 | 1268 | 1385 | 1608 | 1963 | 2619 | 3299 | 3755 | 4094 |
| 湖 北 | Hubei | 1128 | 1263 | 1427 | 1593 | 1874 | 2439 | 3346 | 4017 | 4350 | 4673 |
| 湖 南 | Hunan | 1255 | 1493 | 1439 | 1715 | 2094 | 2688 | 3888 | 4699 | 5052 | 5210 |
| 广 东 | Guangdong | 1583 | 2086 | 2303 | 2752 | 3477 | 4632 | 6367 | 7439 | 8158 | 8562 |
| 广 西 | Guangxi | 1158 | 1304 | 1588 | 1794 | 2104 | 2895 | 3981 | 4792 | 5033 | 5110 |
| 海 南 | Hainan | 1196 | 1367 | 1650 | 1799 | 2318 | 3072 | 3920 | 4770 | 4926 | 4850 |
| 重 庆 | Chongqing | 1278 | 1449 | 1691 | 1892 | 2195 | 2781 | 3634 | 4375 | 5023 | 5302 |
| 四 川 | Sichuan | 1130 | 1349 | 1488 | 1703 | 2001 | 2421 | 3311 | 4003 | 4483 | 4763 |
| 贵 州 | Guizhou | 1102 | 1275 | 1327 | 1481 | 1900 | 2313 | 3220 | 3931 | 4221 | 4442 |
| 云 南 | Yunnan | 1156 | 1305 | 1515 | 1703 | 2062 | 2639 | 3434 | 4065 | 4978 | 5558 |
| 西 藏 | Tibet | 1376 | 1477 | 1613 | 2381 | 2083 | 2348 | 4014 | 4000 | 6556 | 5135 |
| 陕 西 | Shaanxi | 1040 | 1239 | 1369 | 1498 | 1705 | 2102 | 2684 | 3310 | 3810 | 4001 |
| 甘 肃 | Gansu | 979 | 1133 | 1197 | 1369 | 1708 | 2003 | 2658 | 3153 | 3354 | 3592 |
| 青 海 | Qinghai | 1154 | 1275 | 1321 | 1449 | 1806 | 2127 | 2813 | 3320 | 3834 | 3999 |
| **宁 夏** | **Ningxia** | **1084** | **1236** | **1421** | **1565** | **1821** | **2171** | **2986** | **3383** | **3612** | **3837** |
| 新 疆 | Xinjiang | 1068 | 1176 | 1421 | 1614 | 1952 | 2423 | 3170 | 4163 | 4650 | 4845 |

## 附-3 续表 2 continued

单位：元 (yuan)

| 省/直辖市/自治区 | Region | 1998 | 1999 | 2000 | 2001 | 2002 | 2003 | 2004 | 2005 | 2006 | 2007 |
|---|---|---|---|---|---|---|---|---|---|---|---|
| **全 国** | **National** | **5418** | **5839** | **6256** | **6824** | **7652** | **8406** | **9335** | **10382** | **11620** | **13603** |
| 北 京 | Beijing | 8536 | 9322 | 10590 | 11939 | 12949 | 14535 | 16502 | 18775 | 21415 | 23752 |
| 天 津 | Tianjin | 7053 | 7527 | 7946 | 8672 | 8968 | 9823 | 10831 | 11839 | 13266 | 15062 |
| 河 北 | Hebei | 5079 | 5353 | 5642 | 5957 | 6641 | 7188 | 7886 | 9020 | 10194 | 11550 |
| 山 西 | Shanxi | 4096 | 4337 | 4715 | 5377 | 6214 | 6977 | 7866 | 8866 | 9967 | 11487 |
| 内 蒙 | Inner Mongolia | 4360 | 4785 | 5152 | 5568 | 6096 | 7076 | 8208 | 9247 | 10499 | 12566 |
| 辽 宁 | Liaoning | 4631 | 4929 | 5408 | 5871 | 6629 | 7381 | 8190 | 9346 | 10677 | 12710 |
| 吉 林 | Jilin | 4194 | 4452 | 4765 | 5273 | 6159 | 6869 | 7662 | 8464 | 9488 | 10916 |
| 黑龙江 | Heilongjiang | 4288 | 4638 | 4981 | 5528 | 6246 | 6870 | 7722 | 8592 | 9583 | 10744 |
| 上 海 | Shanghai | 8788 | 10972 | 11781 | 12976 | 13367 | 15026 | 16891 | 18912 | 21001 | 24048 |
| 江 苏 | Jiangsu | 6005 | 6510 | 6756 | 7311 | 8088 | 9140 | 10319 | 12098 | 13799 | 16009 |
| 浙 江 | Zhejiang | 7825 | 8402 | 9236 | 10399 | 11624 | 13055 | 14387 | 16089 | 18007 | 20250 |
| 安 徽 | Anhui | 4766 | 5054 | 5277 | 5645 | 6001 | 6735 | 7456 | 8399 | 9677 | 11350 |
| 福 建 | Fujian | 6443 | 6770 | 7285 | 8092 | 8883 | 9601 | 10655 | 11667 | 12932 | 14478 |
| 江 西 | Jiangxi | 4255 | 4729 | 5116 | 5525 | 6363 | 6937 | 7605 | 8679 | 9625 | 11551 |
| 山 东 | Shandong | 5361 | 5766 | 6417 | 6995 | 7473 | 8212 | 9191 | 10422 | 11780 | 13726 |
| 河 南 | Henan | 4210 | 4513 | 4735 | 5221 | 6176 | 6833 | 7584 | 8512 | 9611 | 11217 |
| 湖 北 | Hubei | 4823 | 5205 | 5512 | 5838 | 6762 | 7287 | 7978 | 8730 | 9733 | 11394 |
| 湖 南 | Hunan | 5450 | 5849 | 6274 | 6861 | 7061 | 7811 | 8799 | 9754 | 10791 | 12669 |
| 广 东 | Guangdong | 8766 | 8975 | 9518 | 10068 | 10673 | 11759 | 12829 | 13783 | 14815 | 16228 |
| 广 西 | Guangxi | 5401 | 5597 | 5800 | 6612 | 7242 | 7692 | 8568 | 9138 | 9720 | 11953 |
| 海 南 | Hainan | 4845 | 5320 | 5332 | 5800 | 6764 | 7185 | 7643 | 8013 | 9250 | 10807 |
| 重 庆 | Chongqing | 5431 | 5818 | 6152 | 6544 | 7000 | 7773 | 8793 | 9700 | 10878 | 11758 |
| 四 川 | Sichuan | 5125 | 5473 | 5886 | 6348 | 6595 | 7022 | 7684 | 8354 | 9310 | 11045 |
| 贵 州 | Guizhou | 4564 | 4930 | 5117 | 5444 | 5933 | 6555 | 7303 | 8127 | 9086 | 10638 |
| 云 南 | Yunnan | 6027 | 6147 | 6277 | 6729 | 7149 | 7528 | 8713 | 9078 | 9840 | 11202 |
| 西 藏 | Tibet | 5446 | 6930 | 7459 | 7915 | 8137 | 8841 | 9196 | 9538 | 9053 | 11289 |
| 陕 西 | Shaanxi | 4213 | 4638 | 5098 | 5447 | 6277 | 6737 | 7403 | 8159 | 9125 | 10578 |
| 甘 肃 | Gansu | 4024 | 4508 | 4970 | 5461 | 6264 | 6803 | 7566 | 8323 | 9215 | 10380 |
| 青 海 | Qinghai | 4254 | 4734 | 5221 | 5931 | 6272 | 6879 | 7489 | 8271 | 9270 | 10620 |
| **宁 夏** | **Ningxia** | **4107** | **4462** | **4894** | **5516** | **6030** | **6482** | **7155** | **8013** | **9074** | **10723** |
| 新 疆 | Xinjiang | 5023 | 5367 | 5721 | 6512 | 7058 | 7370 | 7743 | 8283 | 9239 | 10794 |

## 附-3 续表 3 continued

单位：元 (yuan)

| 省/直辖市/自治区 | Region | 2008 | 2009 | 2010 | 2011 | 2012 | 2013 | 2014 | 2015 | 2016 | 2017 |
|---|---|---|---|---|---|---|---|---|---|---|---|
| **全　国** | **National** | **15549** | **16901** | **18779** | **21427** | **24127** | **26467** | **28844** | **31195** | **33616** | **36396** |
| 北　京 | Beijing | 26918 | 29329 | 32132 | 36365 | 40306 | 44564 | 48532 | 52859 | 57275 | 62406 |
| 天　津 | Tianjin | 17726 | 19371 | 21800 | 24158 | 26586 | 28980 | 31506 | 34101 | 37110 | 40278 |
| 河　北 | Hebei | 13263 | 14505 | 16009 | 18006 | 20222 | 22227 | 24141 | 26152 | 28249 | 30548 |
| 山　西 | Shanxi | 13021 | 13883 | 15510 | 17965 | 20232 | 22258 | 24069 | 25828 | 27352 | 29132 |
| 内　蒙 | Inner Mongolia | 14676 | 16140 | 18050 | 20813 | 23611 | 26004 | 28350 | 30594 | 32975 | 35670 |
| 辽　宁 | Liaoning | 14924 | 16396 | 18487 | 21362 | 24238 | 26697 | 29082 | 31126 | 32876 | 34993 |
| 吉　林 | Jilin | 12367 | 13457 | 14759 | 17043 | 19352 | 21331 | 23218 | 24901 | 26530 | 28319 |
| 黑龙江 | Heilongjiang | 12205 | 13305 | 14741 | 16699 | 18894 | 20848 | 22609 | 24203 | 25736 | 27446 |
| 上　海 | Shanghai | 27204 | 29461 | 32584 | 37079 | 41130 | 44878 | 48841 | 52962 | 57692 | 62596 |
| 江　苏 | Jiangsu | 18215 | 19996 | 22273 | 25570 | 28808 | 31585 | 34346 | 37173 | 40152 | 43622 |
| 浙　江 | Zhejiang | 22334 | 24148 | 26802 | 30340 | 33846 | 37080 | 40393 | 43714 | 47237 | 51261 |
| 安　徽 | Anhui | 12836 | 13903 | 15566 | 18345 | 20729 | 22789 | 24839 | 26936 | 29156 | 31640 |
| 福　建 | Fujian | 16649 | 18023 | 19914 | 22772 | 25650 | 28174 | 30722 | 33275 | 36014 | 39001 |
| 江　西 | Jiangxi | 12990 | 14168 | 15656 | 17692 | 20085 | 22120 | 24309 | 26500 | 28673 | 31198 |
| 山　东 | Shandong | 15628 | 17006 | 18971 | 21678 | 24496 | 26882 | 29222 | 31545 | 34012 | 36789 |
| 河　南 | Henan | 12901 | 13982 | 15463 | 17661 | 19843 | 21741 | 23672 | 25576 | 27233 | 29558 |
| 湖　北 | Hubei | 13037 | 14229 | 15891 | 18183 | 20623 | 22668 | 24852 | 27051 | 29386 | 31889 |
| 湖　南 | Hunan | 14288 | 15641 | 17229 | 19599 | 22173 | 24352 | 26570 | 28838 | 31284 | 33948 |
| 广　东 | Guangdong | 17930 | 19432 | 21332 | 24010 | 26981 | 29537 | 32148 | 34757 | 37684 | 40975 |
| 广　西 | Guangxi | 13829 | 15074 | 16613 | 18356 | 20681 | 22689 | 24669 | 26416 | 28324 | 30502 |
| 海　南 | Hainan | 12367 | 13465 | 15229 | 17954 | 20446 | 22411 | 24487 | 26356 | 28453 | 30817 |
| 重　庆 | Chongqing | 13321 | 14502 | 16032 | 18517 | 21003 | 23058 | 25147 | 27239 | 29610 | 32193 |
| 四　川 | Sichuan | 12567 | 13759 | 15364 | 17787 | 20180 | 22228 | 24234 | 26205 | 28335 | 30727 |
| 贵　州 | Guizhou | 11710 | 12804 | 14073 | 16413 | 18608 | 20565 | 22548 | 24580 | 26743 | 29080 |
| 云　南 | Yunnan | 12876 | 13980 | 15528 | 17956 | 20371 | 22460 | 24299 | 26373 | 28611 | 30996 |
| 西　藏 | Tibet | 12677 | 13775 | 15258 | 16496 | 18362 | 20394 | 22016 | 25457 | 27802 | 30671 |
| 陕　西 | Shaanxi | 12613 | 13836 | 15343 | 17836 | 20269 | 22346 | 24366 | 26420 | 28440 | 30810 |
| 甘　肃 | Gansu | 11413 | 12457 | 13820 | 15707 | 17979 | 19873 | 21804 | 23767 | 25693 | 27763 |
| 青　海 | Qinghai | 12071 | 13205 | 14462 | 16287 | 18336 | 20352 | 22307 | 24542 | 26757 | 29169 |
| **宁　夏** | **Ningxia** | **12751** | **13813** | **15093** | **17291** | **19507** | **21476** | **23285** | **25186** | **27153** | **29472** |
| 新　疆 | Xinjiang | 12021 | 12948 | 14480 | 16464 | 19019 | 21091 | 23214 | 26275 | 28463 | 30775 |

# 附-4 主要年份全国各省、直辖市、自治区城镇居民人均生活消费支出

## Per Capita Annual Consumption Expenditure of Urban Households by Region in Main Years

单位：元 (yuan)

| 省\直辖市\自治区 | Region | 1978 | 1979 | 1980 | 1981 | 1982 | 1983 | 1984 | 1985 | 1986 | 1987 |
|---|---|---|---|---|---|---|---|---|---|---|---|
| **全　国** | **National** | **311** | | **412** | **457** | **471** | **506** | **559** | **673** | **799** | **884** |
| 北　京 | Beijing | 360 | 409 | 490 | 511 | 535 | 574 | 667 | 923 | 1067 | 1148 |
| 天　津 | Tianjin | 345 | 385 | 475 | 486 | 497 | 521 | 600 | 771 | 949 | 1071 |
| 河　北 | Hebei | 402 | 423 | 460 | 401 | 401 | 420 | 476 | 606 | 718 | 800 |
| 山　西 | Shanxi | 275 | 305 | 357 | 373 | 390 | 394 | 433 | 533 | 635 | 708 |
| 内蒙古 | Inner Mongolia | 269 | 351 | 353 | 378 | 397 | 411 | 449 | 595 | 680 | 712 |
| 辽　宁 | Liaoning | 337 | | 426 | 455 | 460 | 487 | 545 | 619 | 756 | 883 |
| 吉　林 | Jilin | | | | 348 | 367 | 397 | 425 | 554 | 662 | 715 |
| 黑龙江 | Heilongjiang | | | 361 | 378 | 405 | 459 | 505 | 651 | 726 | 771 |
| 上　海 | Shanghai | 357 | 429 | 553 | 585 | 576 | 615 | 726 | 992 | 1170 | 1282 |
| 江　苏 | Jiangsu | 276 | | 435 | 441 | 452 | 487 | 578 | 720 | 867 | 953 |
| 浙　江 | Zhejiang | 301 | | 428 | 476 | 471 | 484 | 562 | 795 | 969 | 1101 |
| 安　徽 | Anhui | | | | 392 | 403 | 435 | 479 | 566 | 700 | 806 |
| 福　建 | Fujian | 285 | 339 | 392 | 405 | 466 | 504 | 494 | 675 | 790 | 893 |
| 江　西 | Jiangxi | | | 382 | 374 | 374 | 387 | 436 | 521 | 631 | 703 |
| 山　东 | Shandong | 340 | 367 | 396 | 450 | 455 | 473 | 521 | 670 | 751 | 813 |
| 河　南 | Henan | | | 384 | 396 | 408 | 431 | 460 | 605 | 654 | 711 |
| 湖　北 | Hubei | | | 369 | 423 | 431 | 465 | 516 | 644 | 752 | 836 |
| 湖　南 | Hunan | 290 | | 426 | 466 | 449 | 493 | 541 | 685 | 715 | 811 |
| 广　东 | Guangdong | 400 | 425 | 486 | 517 | 592 | 660 | 744 | 890 | 999 | 1216 |
| 广　西 | Guangxi | | | | 423 | 399 | 427 | 492 | 664 | 740 | 861 |
| 海　南 | Hainan | | | | | | | | 711 | 863 | 921 |
| 重　庆 | Chongqing | | | | | | | | | | |
| 四　川 | Sichuan | 314 | 340 | 364 | 396 | 407 | 457 | 517 | 680 | 787 | 889 |
| 贵　州 | Guizhou | 247 | 274 | 333 | 393 | 404 | 426 | 480 | 618 | 693 | 761 |
| 云　南 | Yunnan | 303 | 343 | 381 | 412 | 456 | 480 | 527 | 704 | 814 | 884 |
| 西　藏 | Tibet | | | | 519 | 522 | 602 | 619 | 909 | 820 | 1008 |
| 陕　西 | Shaanxi | 268 | | 371 | 379 | 392 | 417 | 457 | 585 | 698 | 772 |
| 甘　肃 | Gansu | | | 399 | 433 | 447 | 482 | 552 | 625 | 737 | 829 |
| 青　海 | Qinghai | | | | | | 450 | 581 | 679 | 777 | 828 |
| **宁　夏** | **Ningxia** | **300** | **383** | **403** | **423** | **471** | **449** | **533** | **645** | **747** | **792** |
| 新　疆 | Xinjiang | | | | 446 | 456 | 472 | 564 | 651 | 722 | 765 |

注：本表收入为空格者均无资料，2013-2017年为新口径生活消费支出，2013年以前的生活消费支出国家统计局按照2013年城乡一体化住户调查新口径重新测算。

Note: The blank space means that no data is unavailable in this table. Data of 2013-2017 are new caliber consumption expenditure. Data before 2013 are recalculated according to the integration of urban and rural reform in 2013.

## 附-4 续表 1 continued

单位：元 (yuan)

| 省\直辖市\自治区 | Region | 1988 | 1989 | 1990 | 1991 | 1992 | 1993 | 1994 | 1995 | 1996 | 1997 |
|---|---|---|---|---|---|---|---|---|---|---|---|
| **全 国** | **National** | **1104** | **1211** | **1279** | **1454** | **1672** | **2111** | **2851** | **3538** | **3919** | **4186** |
| 北 京 | Beijing | 1456 | 1520 | 1646 | 1748 | 2135 | 2940 | 4134 | 5020 | 5730 | 6532 |
| 天 津 | Tianjin | 1279 | 1291 | 1440 | 1586 | 1907 | 2322 | 3301 | 4064 | 4680 | 5204 |
| 河 北 | Hebei | 1119 | 1188 | 1278 | 1336 | 1612 | 1984 | 2613 | 3257 | 3424 | 4004 |
| 山 西 | Shanxi | 856 | 993 | 1048 | 1171 | 1303 | 1560 | 2043 | 2641 | 3036 | 3229 |
| 内蒙古 | Inner Mongolia | 844 | 913 | 982 | 1081 | 1254 | 1585 | 2111 | 2482 | 2768 | 3032 |
| 辽 宁 | Liaoning | 1128 | 1276 | 1346 | 1485 | 1639 | 1977 | 2588 | 3113 | 3493 | 3720 |
| 吉 林 | Jilin | 879 | 967 | 1054 | 1179 | 1375 | 1596 | 2096 | 2598 | 3037 | 3408 |
| 黑龙江 | Heilongjiang | 933 | 1004 | 1051 | 1375 | 1378 | 1660 | 2164 | 2776 | 3111 | 3213 |
| 上 海 | Shanghai | 1648 | 1812 | 1937 | 2167 | 2509 | 3530 | 4669 | 5868 | 6763 | 6820 |
| 江 苏 | Jiangsu | 1239 | 1301 | 1339 | 1592 | 1769 | 2311 | 3080 | 3772 | 4058 | 4534 |
| 浙 江 | Zhejiang | 1453 | 1556 | 1604 | 1806 | 2154 | 2856 | 4079 | 5263 | 5764 | 6170 |
| 安 徽 | Anhui | 1020 | 1138 | 1182 | 1307 | 1521 | 1846 | 2551 | 3161 | 3607 | 3694 |
| 福 建 | Fujian | 1077 | 1340 | 1431 | 1659 | 1942 | 2418 | 3351 | 4132 | 4568 | 4936 |
| 江 西 | Jiangxi | 876 | 978 | 984 | 1110 | 1276 | 1586 | 2201 | 2712 | 2942 | 3200 |
| 山 东 | Shandong | 1026 | 1161 | 1229 | 1407 | 1599 | 1947 | 2635 | 3285 | 3771 | 4041 |
| 河 南 | Henan | 895 | 964 | 1068 | 1232 | 1343 | 1609 | 2155 | 2674 | 3009 | 3378 |
| 湖 北 | Hubei | 1059 | 1131 | 1220 | 1380 | 1578 | 2098 | 2733 | 3434 | 3714 | 3856 |
| 湖 南 | Hunan | 1049 | 1121 | 1162 | 1381 | 1654 | 2087 | 3138 | 3886 | 4098 | 4317 |
| 广 东 | Guangdong | 1507 | 1921 | 1984 | 2389 | 2831 | 3777 | 5181 | 6254 | 6736 | 6853 |
| 广 西 | Guangxi | 1198 | 1296 | 1338 | 1641 | 1740 | 2303 | 3327 | 4046 | 4339 | 4453 |
| 海 南 | Hainan | 1030 | 1196 | 1382 | 1589 | 1851 | 2404 | 3014 | 3760 | 3815 | 3909 |
| 重 庆 | Chongqing | | | | | | | | | 4467 | 4920 |
| 四 川 | Sichuan | 1086 | 1184 | 1281 | 1520 | 1651 | 2034 | 2806 | 3429 | 3788 | 4093 |
| 贵 州 | Guizhou | 1020 | 1064 | 1109 | 1325 | 1564 | 1876 | 2532 | 3251 | 3573 | 3556 |
| 云 南 | Yunnan | 1143 | 1141 | 1272 | 1423 | 1704 | 2186 | 2844 | 3448 | 4007 | 4537 |
| 西 藏 | Tibet | 1211 | 1432 | | | 1887 | | | | 4537 | |
| 陕 西 | Shaanxi | 983 | 1066 | 1117 | 1290 | 1405 | 1714 | 2246 | 2838 | 3211 | 3462 |
| 甘 肃 | Gansu | 1026 | 1065 | 1031 | 1270 | 1457 | 1680 | 2209 | 2618 | 2839 | 2946 |
| 青 海 | Qinghai | 1048 | 1069 | 1118 | 1272 | 1533 | 1870 | 2422 | 2870 | 3178 | 3300 |
| **宁 夏** | **Ningxia** | **1014** | **1089** | **1212** | **1347** | **1506** | **1877** | **2478** | **2868** | **3039** | **3271** |
| 新 疆 | Xinjiang | 956 | 977 | 1104 | 1261 | 1491 | 1835 | 2479 | 3187 | 3457 | 3887 |

## 附-4 续表 2 continued

单位：元 (yuan)

| 省\直辖市\自治区 | Region | 1998 | 1999 | 2000 | 2001 | 2002 | 2003 | 2004 | 2005 | 2006 | 2007 |
|---|---|---|---|---|---|---|---|---|---|---|---|
| **全　国** | **National** | **4340** | **4633** | **5027** | **5350** | **6089** | **6587** | **7280** | **8068** | **8851** | **10196** |
| 北　京 | Beijing | 7069 | 7712 | 8866 | 9443 | 11050 | 12122 | 13487 | 14851 | 16869 | 17682 |
| 天　津 | Tianjin | 5482 | 5875 | 6158 | 7045 | 7265 | 7964 | 8930 | 9813 | 10745 | 12280 |
| 河　北 | Hebei | 3859 | 4080 | 4439 | 4604 | 5249 | 5673 | 6112 | 7091 | 7829 | 8845 |
| 山　西 | Shanxi | 3278 | 3516 | 3982 | 4178 | 4791 | 5210 | 5790 | 6518 | 7395 | 8385 |
| 内蒙古 | Inner Mongolia | 3106 | 3469 | 3928 | 4195 | 4859 | 5418 | 6218 | 6927 | 7665 | 9280 |
| 辽　宁 | Liaoning | 3910 | 4030 | 4423 | 4750 | 5483 | 6272 | 6787 | 7685 | 8373 | 9941 |
| 吉　林 | Jilin | 3450 | 3662 | 4021 | 4338 | 4975 | 5493 | 6071 | 6797 | 7355 | 8564 |
| 黑龙江 | Heilongjiang | 3328 | 3535 | 3914 | 4324 | 4638 | 5256 | 5882 | 6579 | 7143 | 8137 |
| 上　海 | Shanghai | 6935 | 8430 | 9162 | 9747 | 11046 | 11777 | 13628 | 15022 | 16272 | 19243 |
| 江　苏 | Jiangsu | 4922 | 5077 | 5429 | 5680 | 6246 | 6982 | 7684 | 9102 | 10236 | 11470 |
| 浙　江 | Zhejiang | 6255 | 6600 | 7150 | 8153 | 8990 | 10087 | 11116 | 12894 | 14135 | 15014 |
| 安　徽 | Anhui | 3748 | 3840 | 4132 | 4373 | 4548 | 4823 | 5392 | 5960 | 6767 | 7844 |
| 福　建 | Fujian | 5190 | 5285 | 5668 | 6057 | 6690 | 7434 | 8263 | 8919 | 9965 | 11254 |
| 江　西 | Jiangxi | 3267 | 3482 | 3623 | 3894 | 4548 | 4913 | 5336 | 6107 | 6643 | 7807 |
| 山　东 | Shandong | 4136 | 4497 | 4991 | 5209 | 5539 | 5994 | 6577 | 7333 | 8309 | 9464 |
| 河　南 | Henan | 3423 | 3512 | 3855 | 4145 | 4553 | 5005 | 5374 | 6143 | 6816 | 7999 |
| 湖　北 | Hubei | 4066 | 4323 | 4617 | 4767 | 5552 | 5891 | 6308 | 6628 | 7263 | 8525 |
| 湖　南 | Hunan | 4390 | 4843 | 5290 | 5648 | 5701 | 6250 | 7108 | 7784 | 8513 | 9413 |
| 广　东 | Guangdong | 6997 | 7396 | 7821 | 7839 | 8624 | 9169 | 10088 | 11044 | 11530 | 13177 |
| 广　西 | Guangxi | 4362 | 4545 | 4785 | 5127 | 5287 | 5602 | 6234 | 6768 | 6508 | 7768 |
| 海　南 | Hainan | 3837 | 4027 | 4096 | 4387 | 5492 | 5541 | 5849 | 5983 | 7202 | 8391 |
| 重　庆 | Chongqing | 4943 | 5345 | 5424 | 5658 | 6267 | 6991 | 7806 | 8417 | 9146 | 9596 |
| 四　川 | Sichuan | 4378 | 4489 | 4839 | 5153 | 5383 | 5720 | 6321 | 6829 | 7448 | 8592 |
| 贵　州 | Guizhou | 3801 | 3967 | 4283 | 4280 | 4606 | 4960 | 5508 | 6177 | 6871 | 7787 |
| 云　南 | Yunnan | 5025 | 4927 | 5162 | 5222 | 5785 | 5971 | 6766 | 6914 | 7282 | 7805 |
| 西　藏 | Tibet |  | 5309 | 5610 | 6117 | 7174 | 8394 | 8786 | 9170 | 6635 | 8165 |
| 陕　西 | Shaanxi | 3534 | 3943 | 4260 | 4614 | 5343 | 5623 | 6177 | 6588 | 7466 | 8318 |
| 甘　肃 | Gansu | 3106 | 3697 | 4153 | 4458 | 5119 | 5367 | 6026 | 6641 | 7109 | 8045 |
| 青　海 | Qinghai | 3631 | 4014 | 4364 | 4969 | 5407 | 5870 | 6346 | 6978 | 7395 | 8634 |
| **宁　夏** | **Ningxia** | **3387** | **3564** | **4231** | **4639** | **5166** | **5407** | **5919** | **6527** | **7362** | **8006** |
| 新　疆 | Xinjiang | 3740 | 4228 | 4526 | 5088 | 5865 | 5807 | 6098 | 6608 | 7221 | 8522 |

## 附-4 续表 3 continued

单位：元 (yuan)

| 省\直辖市\自治区 | Region | 2008 | 2009 | 2010 | 2011 | 2012 | 2013 | 2014 | 2015 | 2016 | 2017 |
|---|---|---|---|---|---|---|---|---|---|---|---|
| **全 国** | **National** | **11489** | **12558** | **13821** | **15554** | **17107** | **18488** | **19968** | **21392** | **23079** | **24445** |
| 北 京 | Beijing | 19253 | 21230 | 23999 | 26467 | 28949 | 31632 | 33717 | 36642 | 38256 | 40346 |
| 天 津 | Tianjin | 13732 | 15174 | 17015 | 18928 | 20572 | 22306 | 24290 | 26230 | 28345 | 30284 |
| 河 北 | Hebei | 9832 | 10547 | 11324 | 12741 | 13752 | 14970 | 16204 | 17587 | 19106 | 20600 |
| 山 西 | Shanxi | 9145 | 9747 | 10236 | 11869 | 12765 | 13763 | 14637 | 15819 | 16993 | 18404 |
| 内蒙古 | Inner Mongolia | 10826 | 12367 | 13991 | 15874 | 17712 | 19244 | 20885 | 21876 | 22744 | 23638 |
| 辽 宁 | Liaoning | 11909 | 13137 | 14229 | 15847 | 17780 | 19318 | 20520 | 21557 | 24996 | 25379 |
| 吉 林 | Jilin | 9733 | 10920 | 11685 | 13017 | 14621 | 15941 | 17156 | 17973 | 19166 | 20051 |
| 黑龙江 | Heilongjiang | 9409 | 10593 | 11847 | 13367 | 14398 | 15704 | 16467 | 17152 | 18145 | 19270 |
| 上 海 | Shanghai | 21875 | 23929 | 26737 | 28929 | 30256 | 32447 | 35182 | 36946 | 39857 | 42304 |
| 江 苏 | Jiangsu | 12912 | 14276 | 15690 | 18339 | 20573 | 22262 | 23476 | 24966 | 26433 | 27726 |
| 浙 江 | Zhejiang | 16252 | 18003 | 19391 | 22192 | 23395 | 25254 | 27242 | 28661 | 30068 | 31924 |
| 安 徽 | Anhui | 8681 | 9251 | 10317 | 11812 | 13452 | 14594 | 16107 | 17234 | 19606 | 20740 |
| 福 建 | Fujian | 12749 | 13742 | 15096 | 17052 | 19030 | 20565 | 22204 | 23520 | 25006 | 25980 |
| 江 西 | Jiangxi | 8713 | 9735 | 10613 | 11741 | 12769 | 13843 | 15142 | 16732 | 17696 | 19244 |
| 山 东 | Shandong | 10752 | 11711 | 12761 | 14164 | 15349 | 16647 | 18323 | 19854 | 21495 | 23072 |
| 河 南 | Henan | 9052 | 9820 | 11151 | 12692 | 14128 | 15249 | 16184 | 17154 | 18088 | 19422 |
| 湖 北 | Hubei | 9266 | 10044 | 11149 | 12817 | 14114 | 15335 | 16681 | 18192 | 20040 | 21276 |
| 湖 南 | Hunan | 10461 | 11443 | 12555 | 14230 | 15510 | 16867 | 18335 | 19501 | 21420 | 23163 |
| 广 东 | Guangdong | 14152 | 15233 | 16565 | 18144 | 20065 | 21622 | 23612 | 25673 | 28613 | 30198 |
| 广 西 | Guangxi | 9126 | 9765 | 10784 | 12059 | 13369 | 14470 | 15045 | 16321 | 17268 | 18349 |
| 海 南 | Hainan | 9531 | 10230 | 11095 | 12838 | 14679 | 15834 | 17514 | 18448 | 19015 | 20372 |
| 重 庆 | Chongqing | 10781 | 11710 | 12818 | 14394 | 15931 | 17124 | 18279 | 19742 | 21031 | 22759 |
| 四 川 | Sichuan | 9557 | 10710 | 11923 | 13491 | 14824 | 16098 | 17760 | 19277 | 20660 | 21991 |
| 贵 州 | Guizhou | 8383 | 9088 | 10106 | 11407 | 12646 | 13768 | 15255 | 16914 | 19202 | 20348 |
| 云 南 | Yunnan | 8928 | 10019 | 10859 | 12011 | 13615 | 14862 | 16268 | 17675 | 18622 | 19560 |
| 西 藏 | Tibet | 9118 | 10000 | 10831 | 11629 | 12507 | 13679 | 15669 | 17022 | 19440 | 21088 |
| 陕 西 | Shaanxi | 9633 | 10539 | 11623 | 13550 | 15074 | 16399 | 17546 | 18464 | 19369 | 20388 |
| 甘 肃 | Gansu | 8504 | 9119 | 10171 | 11500 | 13205 | 14411 | 15942 | 17451 | 19539 | 20659 |
| 青 海 | Qinghai | 9548 | 10382 | 11519 | 13127 | 14794 | 16223 | 17493 | 19201 | 20853 | 21473 |
| **宁 夏** | **Ningxia** | **9815** | **10580** | **11694** | **13305** | **14513** | **15807** | **17216** | **18984** | **20364** | **20219** |
| 新 疆 | Xinjiang | 9459 | 10258 | 11305 | 13126 | 15401 | 16858 | 17685 | 19415 | 21229 | 22797 |

# 附-5 主要年份全国各省、直辖市、自治区农村居民人均可支配收入(新口径)

# Per Capita Disposable Income of Rural Households by Region in Main Years(New Caliber)

单位：元 (yuan)

| 省/直辖市/自治区 | Region | 1978 | 1979 | 1980 | 1981 | 1982 | 1983 | 1984 | 1985 | 1986 | 1987 |
|---|---|---|---|---|---|---|---|---|---|---|---|
| **全 国** | **National** | **134** | **160** | **191** | **223** | **270** | **310** | **355** | **398** | **424** | **463** |
| 北 京 | Beijing | 225 | | 290 | 351 | 433 | 519 | 664 | 775 | 823 | 916 |
| 天 津 | Tianjin | 153 | 179 | 278 | 298 | 326 | 412 | 505 | 565 | 635 | 749 |
| 河 北 | Hebei | 114 | 136 | 176 | 204 | 239 | 298 | 345 | 385 | 408 | 444 |
| 山 西 | Shanxi | 102 | 145 | 156 | 180 | 227 | 276 | 339 | 358 | 345 | 377 |
| 内 蒙 | Inner Mongolia | 100 | | 181 | 225 | 273 | 294 | 336 | 360 | 340 | 389 |
| 辽 宁 | Liaoning | 185 | | 273 | 307 | 334 | 452 | 477 | 468 | 533 | 599 |
| 吉 林 | Jilin | 179 | | 236 | 293 | 333 | 462 | 487 | 414 | 457 | 523 |
| 黑龙江 | Heilongjiang | 172 | 191 | 205 | 224 | 252 | 388 | 432 | 398 | 476 | 474 |
| 上 海 | Shanghai | 290 | 360 | 401 | 444 | 530 | 563 | 785 | 806 | 937 | 1059 |
| 江 苏 | Jiangsu | 155 | 200 | 218 | 258 | 309 | 357 | 448 | 493 | 561 | 627 |
| 浙 江 | Zhejiang | 165 | | 219 | 286 | 346 | 359 | 446 | 549 | 609 | 725 |
| 安 徽 | Anhui | 113 | | 185 | 246 | 269 | 305 | 323 | 369 | 397 | 429 |
| 福 建 | Fujian | 138 | 142 | 172 | 232 | 268 | 302 | 345 | 396 | 419 | 485 |
| 江 西 | Jiangxi | 141 | | 181 | 227 | 270 | 302 | 334 | 377 | 396 | 429 |
| 山 东 | Shandong | 115 | 160 | 210 | 252 | 300 | 361 | 395 | 408 | 449 | 518 |
| 河 南 | Henan | 101 | | 161 | 216 | 217 | 272 | 301 | 329 | 433 | 378 |
| 湖 北 | Hubei | 111 | 160 | 170 | 217 | 286 | 299 | 392 | 421 | 445 | 461 |
| 湖 南 | Hunan | 143 | | 220 | 242 | 284 | 316 | 348 | 395 | 440 | 471 |
| 广 东 | Guangdong | 193 | 223 | 274 | 325 | 382 | 396 | 425 | 495 | 546 | 662 |
| 广 西 | Guangxi | 120 | | 174 | 204 | 235 | 262 | 267 | 303 | 316 | 354 |
| 海 南 | Hainan | | | | | | | | | | |
| 重 庆 | Chongqing | | | | | | | | | | |
| 四 川 | Sichuan | 117 | | 188 | 221 | 256 | 258 | 287 | 315 | 338 | 369 |
| 贵 州 | Guizhou | 108 | | 161 | 209 | 223 | 225 | 261 | 288 | 304 | 342 |
| 云 南 | Yunnan | 131 | 125 | 150 | 178 | 232 | 267 | 310 | 338 | 338 | 365 |
| 西 藏 | Tibet | | | | | | | | 353 | 344 | 348 |
| 陕 西 | Shaanxi | 133 | | 142 | 177 | 218 | 236 | 263 | 295 | 299 | 329 |
| 甘 肃 | Gansu | 101 | 112 | 153 | 159 | 174 | 213 | 221 | 257 | 283 | 303 |
| 青 海 | Qinghai | 113 | | 129 | 158 | 201 | 252 | 294 | 343 | 369 | 392 |
| **宁 夏** | **Ningxia** | **116** | | **178** | **202** | **229** | **289** | **313** | **321** | **374** | **383** |
| 新 疆 | Xinjiang | 119 | | 198 | 236 | 227 | 307 | 363 | 394 | 420 | 453 |

注：本表收入为空格者均无资料，2013-2017年为新口径可支配收入，2013年以前的人均可支配收入国家统计局按照2013年城乡一体化住户调查新口径重新测算。

Note: The blank space means that no data is unavailable in this table. Data of 2013-2017 are new caliber per capita disposable income. Data before 2013 are recalculated according to the integration of urban and rural reform in 2013.

## 附-5 续表 1 continued

单位：元 (yuan)

| 省/直辖市/自治区 | Region | 1988 | 1989 | 1990 | 1991 | 1992 | 1993 | 1994 | 1995 | 1996 | 1997 |
|---|---|---|---|---|---|---|---|---|---|---|---|
| **全　国** | **National** | **545** | **602** | **686** | **709** | **784** | **922** | **1221** | **1578** | **1926** | **2090** |
| 北　京 | Beijing | 1063 | 1231 | 1297 | 1422 | 1572 | 1883 | 2401 | 3224 | 3562 | 3662 |
| 天　津 | Tianjin | 891 | 1020 | 1069 | 1169 | 1309 | 1473 | 1836 | 2406 | 3000 | 3244 |
| 河　北 | Hebei | 547 | 589 | 622 | 657 | 682 | 804 | 1107 | 1669 | 2055 | 2286 |
| 山　西 | Shanxi | 439 | 514 | 604 | 568 | 627 | 718 | 884 | 1208 | 1557 | 1738 |
| 内　蒙 | Inner Mongolia | 500 | 478 | 607 | 618 | 672 | 778 | 970 | 1208 | 1602 | 1780 |
| 辽　宁 | Liaoning | 700 | 740 | 836 | 897 | 995 | 1161 | 1423 | 1756 | 2150 | 2301 |
| 吉　林 | Jilin | 628 | 624 | 804 | 748 | 807 | 892 | 1272 | 1610 | 2126 | 2186 |
| 黑龙江 | Heilongjiang | 553 | 535 | 760 | 735 | 949 | 1028 | 1394 | 1766 | 2182 | 2308 |
| 上　海 | Shanghai | 1301 | 1520 | 1665 | 2003 | 2226 | 2727 | 3437 | 4246 | 4846 | 5277 |
| 江　苏 | Jiangsu | 797 | 876 | 884 | 921 | 1061 | 1267 | 1832 | 2457 | 3029 | 3270 |
| 浙　江 | Zhejiang | 902 | 1011 | 1099 | 1211 | 1359 | 1746 | 2225 | 2966 | 3463 | 3684 |
| 安　徽 | Anhui | 486 | 516 | 539 | 446 | 574 | 725 | 973 | 1303 | 1608 | 1809 |
| 福　建 | Fujian | 613 | 697 | 764 | 850 | 984 | 1211 | 1578 | 2049 | 2492 | 2786 |
| 江　西 | Jiangxi | 488 | 559 | 670 | 703 | 768 | 870 | 1218 | 1537 | 1870 | 2107 |
| 山　东 | Shandong | 584 | 631 | 680 | 764 | 803 | 953 | 1320 | 1715 | 2086 | 2292 |
| 河　南 | Henan | 401 | 457 | 527 | 539 | 588 | 696 | 910 | 1232 | 1579 | 1734 |
| 湖　北 | Hubei | 498 | 572 | 671 | 627 | 678 | 783 | 1170 | 1511 | 1864 | 2102 |
| 湖　南 | Hunan | 515 | 558 | 664 | 689 | 739 | 852 | 1155 | 1425 | 1792 | 2037 |
| 广　东 | Guangdong | 809 | 955 | 1043 | 1143 | 1308 | 1675 | 2182 | 2699 | 3183 | 3468 |
| 广　西 | Guangxi | 424 | 483 | 639 | 658 | 732 | 892 | 1107 | 1446 | 1703 | 1875 |
| 海　南 | Hainan | 567 | 674 | 696 | 730 | 843 | 992 | 1305 | 1520 | 1746 | 1917 |
| 重　庆 | Chongqing | | | | | | | | | 1479 | 1692 |
| 四　川 | Sichuan | 449 | 494 | 558 | 590 | 634 | 698 | 946 | 1158 | 1459 | 1681 |
| 贵　州 | Guizhou | 398 | 430 | 435 | 466 | 506 | 580 | 787 | 1087 | 1277 | 1299 |
| 云　南 | Yunnan | 430 | 478 | 541 | 573 | 618 | 675 | 803 | 1011 | 1229 | 1376 |
| 西　藏 | Tibet | 374 | 397 | 650 | 707 | 830 | 889 | 976 | 1200 | 1353 | 1195 |
| 陕　西 | Shaanxi | 404 | 434 | 530 | 534 | 559 | 653 | 805 | 963 | 1165 | 1273 |
| 甘　肃 | Gansu | 345 | 376 | 431 | 446 | 489 | 551 | 724 | 880 | 1101 | 1210 |
| 青　海 | Qinghai | 493 | 458 | 560 | 556 | 603 | 673 | 869 | 1030 | 1174 | 1321 |
| **宁　夏** | **Ningxia** | **472** | **522** | **578** | **590** | **591** | **636** | **867** | **999** | **1398** | **1513** |
| 新　疆 | Xinjiang | 496 | 546 | 683 | 703 | 740 | 778 | 947 | 1136 | 1290 | 1504 |

## 附-5 续表 2 continued

单位：元 (yuan)

| 省/直辖市/自治区 | Region | 1998 | 1999 | 2000 | 2001 | 2002 | 2003 | 2004 | 2005 | 2006 | 2007 |
|---|---|---|---|---|---|---|---|---|---|---|---|
| **全 国** | **National** | **2171** | **2229** | **2282** | **2407** | **2529** | **2690** | **3027** | **3370** | **3731** | **4327** |
| 北 京 | Beijing | 3932 | 4183 | 4533 | 4921 | 5259 | 5429 | 5948 | 7041 | 7888 | 8948 |
| 天 津 | Tianjin | 3388 | 3396 | 3598 | 3911 | 4229 | 4502 | 4938 | 5475 | 6096 | 6845 |
| 河 北 | Hebei | 2407 | 2445 | 2484 | 2611 | 2695 | 2865 | 3187 | 3501 | 3826 | 4324 |
| 山 西 | Shanxi | 1874 | 1800 | 1950 | 2018 | 2236 | 2410 | 2738 | 3082 | 3420 | 3975 |
| 内 蒙 | Inner Mongolia | 1988 | 2016 | 2058 | 1999 | 2120 | 2312 | 2667 | 3070 | 3444 | 4089 |
| 辽 宁 | Liaoning | 2573 | 2488 | 2338 | 2532 | 2716 | 2889 | 3247 | 3614 | 3995 | 4648 |
| 吉 林 | Jilin | 2387 | 2266 | 2029 | 2192 | 2315 | 2549 | 3025 | 3296 | 3682 | 4244 |
| 黑龙江 | Heilongjiang | 2249 | 2158 | 2136 | 2262 | 2381 | 2479 | 2962 | 3168 | 3486 | 4046 |
| 上 海 | Shanghai | 5399 | 5394 | 5572 | 5837 | 6178 | 6595 | 6993 | 8149 | 9015 | 9992 |
| 江 苏 | Jiangsu | 3375 | 3492 | 3591 | 3778 | 3972 | 4229 | 4740 | 5258 | 5791 | 6533 |
| 浙 江 | Zhejiang | 3838 | 3996 | 4332 | 4697 | 5096 | 5594 | 6210 | 7003 | 7763 | 8805 |
| 安 徽 | Anhui | 1875 | 1925 | 1972 | 2073 | 2187 | 2211 | 2617 | 2784 | 3152 | 3804 |
| 福 建 | Fujian | 2951 | 3100 | 3245 | 3401 | 3565 | 3767 | 4132 | 4503 | 4900 | 5549 |
| 江 西 | Jiangxi | 2053 | 2140 | 2151 | 2254 | 2335 | 2495 | 2837 | 3194 | 3541 | 4152 |
| 山 东 | Shandong | 2454 | 2552 | 2663 | 2810 | 2955 | 3159 | 3519 | 3946 | 4387 | 5009 |
| 河 南 | Henan | 1872 | 1965 | 2011 | 2133 | 2262 | 2292 | 2630 | 2970 | 3389 | 4021 |
| 湖 北 | Hubei | 2186 | 2246 | 2313 | 2414 | 2525 | 2669 | 3027 | 3268 | 3631 | 4276 |
| 湖 南 | Hunan | 2076 | 2151 | 2234 | 2351 | 2465 | 2619 | 2952 | 3262 | 3567 | 4134 |
| 广 东 | Guangdong | 3513 | 3601 | 3612 | 3711 | 3836 | 3960 | 4247 | 4544 | 4901 | 5403 |
| 广 西 | Guangxi | 1992 | 2091 | 1921 | 2024 | 2116 | 2225 | 2476 | 2708 | 3038 | 3579 |
| 海 南 | Hainan | 2026 | 2104 | 2208 | 2262 | 2472 | 2651 | 2898 | 3102 | 3376 | 3949 |
| 重 庆 | Chongqing | 1804 | 1841 | 1900 | 1982 | 2112 | 2233 | 2536 | 2842 | 2911 | 3560 |
| 四 川 | Sichuan | 1797 | 1860 | 1929 | 2022 | 2155 | 2290 | 2599 | 2905 | 3126 | 3711 |
| 贵 州 | Guizhou | 1342 | 1379 | 1399 | 1446 | 1535 | 1622 | 1796 | 1971 | 2097 | 2526 |
| 云 南 | Yunnan | 1396 | 1457 | 1508 | 1575 | 1663 | 1766 | 1954 | 2155 | 2392 | 2821 |
| 西 藏 | Tibet | 1231 | 1309 | 1330 | 1402 | 1460 | 1688 | 1858 | 2073 | 2429 | 2780 |
| 陕 西 | Shaanxi | 1415 | 1475 | 1472 | 1529 | 1648 | 1741 | 1953 | 2162 | 2396 | 2824 |
| 甘 肃 | Gansu | 1403 | 1433 | 1458 | 1550 | 1645 | 1742 | 1942 | 2091 | 2269 | 2493 |
| 青 海 | Qinghai | 1429 | 1476 | 1504 | 1577 | 1695 | 1828 | 2001 | 2206 | 2427 | 2771 |
| **宁 夏** | **Ningxia** | **1734** | **1779** | **1760** | **1873** | **1984** | **2129** | **2435** | **2651** | **2938** | **3411** |
| 新 疆 | Xinjiang | 1609 | 1488 | 1644 | 1747 | 1914 | 2176 | 2332 | 2593 | 2876 | 3364 |

## 附-5 续表 3 continued

单位：元 (yuan)

| 省/直辖市/自治区 | Region | 2008 | 2009 | 2010 | 2011 | 2012 | 2013 | 2014 | 2015 | 2016 | 2017 |
|---|---|---|---|---|---|---|---|---|---|---|---|
| **全国** | **National** | **4999** | **5435** | **6272** | **7394** | **8389** | **9430** | **10489** | **11422** | **12363** | **13432** |
| 北京 | Beijing | 10052 | 10942 | 12368 | 13742 | 15365 | 17101 | 18867 | 20569 | 22310 | 24240 |
| 天津 | Tianjin | 7705 | 8441 | 9764 | 11941 | 13593 | 15353 | 17014 | 18482 | 20076 | 21754 |
| 河北 | Hebei | 4833 | 5194 | 6014 | 7187 | 8158 | 9188 | 10186 | 11051 | 11919 | 12881 |
| 山西 | Shanxi | 4480 | 4677 | 5263 | 6225 | 7064 | 7949 | 8809 | 9454 | 10082 | 10788 |
| 内蒙 | Inner Mongolia | 4834 | 5143 | 5780 | 6942 | 7956 | 8985 | 9976 | 10776 | 11609 | 12584 |
| 辽宁 | Liaoning | 5415 | 5770 | 6671 | 8011 | 9061 | 10161 | 11191 | 12057 | 12881 | 13747 |
| 吉林 | Jilin | 5001 | 5346 | 6341 | 7634 | 8741 | 9781 | 10780 | 11326 | 12123 | 12950 |
| 黑龙江 | Heilongjiang | 4743 | 5075 | 6040 | 7382 | 8367 | 9369 | 10453 | 11095 | 11832 | 12665 |
| 上海 | Shanghai | 11250 | 12256 | 13702 | 15737 | 17452 | 19208 | 21192 | 23205 | 25520 | 27825 |
| 江苏 | Jiangsu | 7322 | 7962 | 9067 | 10744 | 12133 | 13521 | 14958 | 16257 | 17606 | 19158 |
| 浙江 | Zhejiang | 9927 | 10798 | 12277 | 14197 | 15806 | 17494 | 19373 | 21125 | 22866 | 24956 |
| 安徽 | Anhui | 4529 | 4887 | 5776 | 6811 | 7826 | 8850 | 9916 | 10821 | 11720 | 12758 |
| 福建 | Fujian | 6299 | 6801 | 7573 | 8952 | 10164 | 11405 | 12650 | 13793 | 14999 | 16335 |
| 江西 | Jiangxi | 4835 | 5238 | 5991 | 7133 | 8103 | 9089 | 10117 | 11139 | 12138 | 13242 |
| 山东 | Shandong | 5671 | 6154 | 7034 | 8395 | 9506 | 10687 | 11882 | 12930 | 13954 | 15118 |
| 河南 | Henan | 4672 | 5064 | 5846 | 6989 | 7963 | 8969 | 9966 | 10853 | 11697 | 12719 |
| 湖北 | Hubei | 5018 | 5464 | 6375 | 7540 | 8582 | 9692 | 10849 | 11844 | 12725 | 13812 |
| 湖南 | Hunan | 4808 | 5262 | 6063 | 7082 | 8024 | 9029 | 10060 | 10993 | 11930 | 12936 |
| 广东 | Guangdong | 6122 | 6580 | 7484 | 8889 | 9999 | 11068 | 12246 | 13360 | 14512 | 15780 |
| 广西 | Guangxi | 4143 | 4517 | 5214 | 6003 | 6894 | 7793 | 8683 | 9467 | 10359 | 11325 |
| 海南 | Hainan | 4593 | 4984 | 5566 | 6801 | 7816 | 8802 | 9913 | 10858 | 11843 | 12902 |
| 重庆 | Chongqing | 4193 | 4557 | 5378 | 6605 | 7526 | 8493 | 9490 | 10505 | 11549 | 12638 |
| 四川 | Sichuan | 4334 | 4714 | 5400 | 6505 | 7432 | 8381 | 9348 | 10247 | 11203 | 12227 |
| 贵州 | Guizhou | 2996 | 3240 | 3768 | 4499 | 5159 | 5898 | 6671 | 7387 | 8090 | 8869 |
| 云南 | Yunnan | 3348 | 3661 | 4327 | 5170 | 5930 | 6724 | 7456 | 8242 | 9020 | 9862 |
| 西藏 | Tibet | 3166 | 3519 | 4123 | 4886 | 5698 | 6553 | 7359 | 8244 | 9094 | 10330 |
| 陕西 | Shaanxi | 3373 | 3722 | 4477 | 5484 | 6285 | 7092 | 7932 | 8689 | 9396 | 10265 |
| 甘肃 | Gansu | 2938 | 3237 | 3747 | 4278 | 4931 | 5589 | 6277 | 6936 | 7457 | 8076 |
| 青海 | Qinghai | 3171 | 3477 | 4028 | 4806 | 5594 | 6462 | 7283 | 7933 | 8664 | 9462 |
| **宁夏** | **Ningxia** | **3978** | **4405** | **5125** | **5931** | **6776** | **7599** | **8410** | **9119** | **9852** | **10738** |
| 新疆 | Xinjiang | 3723 | 4150 | 4993 | 5853 | 6876 | 7847 | 8724 | 9425 | 10183 | 11045 |

# 附-6 主要年份全国各省、直辖市、自治区农村居民家庭平均每人生活消费支出

# Per Capita Living Expenditure of Rural Households by Region in Main Years

单位：元 (yuan)

| 省/直辖市/自治区 | Region | 1978 | 1979 | 1980 | 1981 | 1982 | 1983 | 1984 | 1985 | 1986 | 1987 |
|---|---|---|---|---|---|---|---|---|---|---|---|
| **全　国** | **National** | **116** | **135** | **162** | **191** | **220** | **248** | **274** | **317** | **357** | **398** |
| 北　京 | Beijing | | | 253 | 313 | 362 | 384 | 435 | 510 | 644 | 706 |
| 天　津 | Tianjin | 132 | 135 | 208 | 249 | 267 | 336 | 371 | 426 | 480 | 539 |
| 河　北 | Hebei | 95 | 116 | 142 | 165 | 175 | 225 | 243 | 298 | 333 | 365 |
| 山　西 | Shanxi | 91 | 118 | 134 | 148 | 168 | 203 | 224 | 273 | 287 | 313 |
| 内　蒙 | Inner Mongolia | | | 157 | 177 | 205 | 227 | 246 | 291 | 307 | 349 |
| 辽　宁 | Liaoning | | | 228 | 259 | 266 | 307 | 335 | 402 | 434 | 472 |
| 吉　林 | Jilin | | | 216 | 246 | 253 | 275 | 336 | 364 | 389 | 442 |
| 黑龙江 | Heilongjiang | 125 | 147 | 164 | 175 | 201 | 220 | 239 | 307 | 338 | 361 |
| 上　海 | Shanghai | 193 | 247 | 322 | 390 | 445 | 512 | 619 | 778 | 896 | 977 |
| 江　苏 | Jiangsu | 140 | 169 | 195 | 226 | 261 | 322 | 360 | 416 | 499 | 579 |
| 浙　江 | Zhejiang | 157 | | 192 | 267 | 302 | 326 | 369 | 474 | 561 | 659 |
| 安　徽 | Anhui | | | 163 | 193 | 240 | 258 | 263 | 299 | 340 | 383 |
| 福　建 | Fujian | 112 | 133 | 158 | 199 | 231 | 262 | 288 | 351 | 394 | 443 |
| 江　西 | Jiangxi | | | 156 | 194 | 220 | 252 | 270 | 303 | 341 | 390 |
| 山　东 | Shandong | 94 | 128 | 165 | 202 | 230 | 264 | 287 | 322 | 365 | 406 |
| 河　南 | Henan | | | 136 | 166 | 178 | 196 | 220 | 260 | 292 | 310 |
| 湖　北 | Hubei | 107 | 149 | 153 | 184 | 227 | 252 | 305 | 335 | 374 | 409 |
| 湖　南 | Hunan | | | 193 | 208 | 249 | 274 | 293 | 348 | 386 | 435 |
| 广　东 | Guangdong | 185 | 205 | 222 | 266 | 312 | 329 | 346 | 388 | 454 | 545 |
| 广　西 | Guangxi | | | 151 | 171 | 210 | 224 | 238 | 268 | 284 | 309 |
| 海　南 | Hainan | | | | | | | | | | |
| 重　庆 | Chongqing | | | | | | | | | | |
| 四　川 | Sichuan | | | 159 | 184 | 208 | 231 | 252 | 276 | 311 | 348 |
| 贵　州 | Guizhou | | | 139 | 163 | 187 | 185 | 209 | 255 | 272 | 304 |
| 云　南 | Yunnan | | | 125 | 138 | 186 | 224 | 261 | 267 | 305 | 326 |
| 西　藏 | Tibet | | | | | | | | 270 | 258 | 246 |
| 陕　西 | Shaanxi | | | 140 | 148 | 169 | 203 | 214 | 233 | 263 | 286 |
| 甘　肃 | Gansu | | | 127 | 135 | 141 | 163 | 178 | 205 | 233 | 253 |
| 青　海 | Qinghai | | | | 153 | 153 | 202 | 225 | 275 | 314 | 345 |
| **宁　夏** | **Ningxia** | | | **135** | **142** | **179** | **209** | **232** | **265** | **301** | **335** |
| 新　疆 | Xinjiang | | | 151 | 169 | 203 | 228 | 251 | 290 | 317 | 360 |

注：本表收入为空格者均无资料，2013-2017年为新口径生活消费支出，2013年以前的生活消费支出国家统计局按照2013年城乡一体化住户调查新口径重新测算。

Note:The blank space means that no data is unavailable in this table. Data of 2013-2017 are new caliber consumption expenditure. Data before 2013 are recalculated according to the integration of urban and rural reform in 2013.

## 附-6 续表 1 continued

单位：元 (yuan)

| 省/直辖市/自治区 | Region | 1988 | 1989 | 1990 | 1991 | 1992 | 1993 | 1994 | 1995 | 1996 | 1997 |
|---|---|---|---|---|---|---|---|---|---|---|---|
| **全　国** | **National** | **477** | **535** | **585** | **620** | **659** | **770** | **1017** | **1310** | **1572** | **1617** |
| 北　京 | Beijing | 883 | 976 | 981 | 1100 | 1149 | 1255 | 1584 | 2336 | 2565 | 2693 |
| 天　津 | Tianjin | 714 | 781 | 733 | 796 | 847 | 938 | 1161 | 1548 | 1957 | 1882 |
| 河　北 | Hebei | 446 | 495 | 486 | 558 | 579 | 697 | 779 | 1104 | 1399 | 1395 |
| 山　西 | Shanxi | 354 | 409 | 488 | 496 | 493 | 599 | 674 | 928 | 1174 | 1145 |
| 内　蒙 | Inner Mongolia | 404 | 448 | 492 | 571 | 600 | 695 | 835 | 1180 | 1438 | 1560 |
| 辽　宁 | Liaoning | 567 | 668 | 679 | 767 | 799 | 940 | 1241 | 1472 | 1764 | 1790 |
| 吉　林 | Jilin | 516 | 563 | 633 | 648 | 643 | 670 | 854 | 1495 | 1513 | 1624 |
| 黑龙江 | Heilongjiang | 424 | 482 | 586 | 619 | 674 | 751 | 1043 | 1480 | 1537 | 1549 |
| 上　海 | Shanghai | 1229 | 1319 | 1262 | 1540 | 1967 | 2200 | 2715 | 3368 | 3868 | 4228 |
| 江　苏 | Jiangsu | 747 | 811 | 787 | 878 | 953 | 1059 | 1501 | 1938 | 2414 | 2488 |
| 浙　江 | Zhejiang | 839 | 927 | 946 | 1027 | 1112 | 1263 | 1680 | 2378 | 2702 | 2839 |
| 安　徽 | Anhui | 455 | 498 | 515 | 475 | 502 | 609 | 934 | 1071 | 1309 | 1337 |
| 福　建 | Fujian | 571 | 653 | 708 | 747 | 821 | 1070 | 1440 | 1794 | 2034 | 2120 |
| 江　西 | Jiangxi | 477 | 520 | 577 | 597 | 648 | 712 | 1031 | 1256 | 1553 | 1569 |
| 山　东 | Shandong | 482 | 513 | 547 | 613 | 656 | 724 | 996 | 1338 | 1653 | 1626 |
| 河　南 | Henan | 347 | 390 | 438 | 455 | 473 | 565 | 732 | 929 | 1206 | 1271 |
| 湖　北 | Hubei | 451 | 540 | 608 | 615 | 612 | 722 | 1013 | 1245 | 1636 | 1660 |
| 湖　南 | Hunan | 481 | 516 | 609 | 656 | 708 | 817 | 1089 | 1367 | 1737 | 1816 |
| 广　东 | Guangdong | 685 | 871 | 933 | 942 | 1060 | 1391 | 1882 | 2255 | 2584 | 2618 |
| 广　西 | Guangxi | 362 | 419 | 537 | 581 | 616 | 705 | 926 | 1203 | 1399 | 1376 |
| 海　南 | Hainan | 466 | 578 | 566 | 560 | 672 | 726 | 1019 | 1080 | 1289 | 1287 |
| 重　庆 | Chongqing | | | | | | | | | 1328 | 1390 |
| 四　川 | Sichuan | 426 | 474 | 509 | 552 | 569 | 647 | 904 | 1093 | 1358 | 1440 |
| 贵　州 | Guizhou | 360 | 407 | 403 | 420 | 454 | 550 | 684 | 931 | 1068 | 1066 |
| 云　南 | Yunnan | 389 | 436 | 485 | 501 | 536 | 625 | 765 | 981 | 1209 | 1318 |
| 西　藏 | Tibet | 271 | 290 | 491 | 490 | 541 | 638 | 564 | 897 | 773 | 805 |
| 陕　西 | Shaanxi | 345 | 383 | 477 | 487 | 498 | 560 | 737 | 914 | 1098 | 1215 |
| 甘　肃 | Gansu | 277 | 296 | 339 | 403 | 420 | 538 | 674 | 915 | 986 | 976 |
| 青　海 | Qinghai | 400 | 413 | 475 | 486 | 496 | 639 | 746 | 914 | 1052 | 1085 |
| **宁　夏** | **Ningxia** | **398** | **461** | **484** | **508** | **545** | **557** | **807** | **1063** | **1236** | **1250** |
| 新　疆 | Xinjiang | 414 | 453 | 507 | 580 | 611 | 704 | 850 | 942 | 1347 | 1395 |

## 附-6 续表 2 continued

单位：元 (yuan)

| 省/直辖市/自治区 | Region | 1998 | 1999 | 2000 | 2001 | 2002 | 2003 | 2004 | 2005 | 2006 | 2007 |
|---|---|---|---|---|---|---|---|---|---|---|---|
| **全　国** | **National** | **1604** | **1604** | **1714** | **1803** | **1917** | **2050** | **2326** | **2749** | **3072** | **3536** |
| 北　京 | Beijing | 2873 | 3123 | 3426 | 3553 | 3733 | 4149 | 4619 | 5318 | 5728 | 6403 |
| 天　津 | Tianjin | 2008 | 1963 | 2088 | 2179 | 2334 | 2543 | 2945 | 3442 | 3850 | 4142 |
| 河　北 | Hebei | 1314 | 1373 | 1420 | 1507 | 1578 | 1734 | 2019 | 2420 | 2831 | 3208 |
| 山　西 | Shanxi | 1064 | 1062 | 1175 | 1259 | 1407 | 1502 | 1728 | 2000 | 2421 | 2908 |
| 内　蒙 | Inner Mongolia | 1602 | 1582 | 1694 | 1656 | 1784 | 1950 | 2337 | 2796 | 3225 | 3860 |
| 辽　宁 | Liaoning | 1701 | 1614 | 1747 | 1777 | 1770 | 1870 | 2054 | 2776 | 3030 | 3322 |
| 吉　林 | Jilin | 1473 | 1351 | 1560 | 1671 | 1692 | 1831 | 1991 | 2333 | 2736 | 3111 |
| 黑龙江 | Heilongjiang | 1470 | 1381 | 1558 | 1629 | 1707 | 1701 | 1888 | 2629 | 2716 | 3248 |
| 上　海 | Shanghai | 4180 | 3820 | 4059 | 4629 | 5126 | 5444 | 6034 | 6888 | 7523 | 8253 |
| 江　苏 | Jiangsu | 2350 | 2320 | 2378 | 2430 | 2699 | 2803 | 3121 | 3747 | 4373 | 5096 |
| 浙　江 | Zhejiang | 2908 | 2840 | 3292 | 3568 | 3811 | 4453 | 4873 | 5723 | 6423 | 7261 |
| 安　徽 | Anhui | 1355 | 1345 | 1387 | 1508 | 1603 | 1764 | 2042 | 2521 | 2829 | 3278 |
| 福　建 | Fujian | 2225 | 2320 | 2522 | 2659 | 2786 | 2973 | 3356 | 3722 | 4125 | 4732 |
| 江　西 | Jiangxi | 1558 | 1651 | 1711 | 1816 | 1911 | 2072 | 2309 | 2780 | 3040 | 3452 |
| 山　东 | Shandong | 1587 | 1662 | 1743 | 1865 | 1945 | 2066 | 2301 | 2619 | 2992 | 3426 |
| 河　南 | Henan | 1251 | 1183 | 1351 | 1425 | 1517 | 1591 | 1772 | 2034 | 2422 | 2938 |
| 湖　北 | Hubei | 1727 | 1623 | 1630 | 1758 | 1893 | 1986 | 2345 | 2780 | 3182 | 3664 |
| 湖　南 | Hunan | 1913 | 1952 | 2017 | 2092 | 2203 | 2306 | 2703 | 3056 | 3385 | 3846 |
| 广　东 | Guangdong | 2697 | 2673 | 2686 | 2758 | 2898 | 3018 | 3360 | 3866 | 4073 | 4428 |
| 广　西 | Guangxi | 1430 | 1490 | 1537 | 1620 | 1782 | 1871 | 2085 | 2573 | 2672 | 3078 |
| 海　南 | Hainan | 1259 | 1289 | 1536 | 1419 | 1698 | 1762 | 1892 | 2161 | 2480 | 2876 |
| 重　庆 | Chongqing | 1436 | 1426 | 1452 | 1556 | 1601 | 1716 | 2041 | 2394 | 2498 | 2906 |
| 四　川 | Sichuan | 1457 | 1458 | 1535 | 1566 | 1684 | 1870 | 2185 | 2496 | 2660 | 3090 |
| 贵　州 | Guizhou | 1103 | 1087 | 1123 | 1134 | 1184 | 1243 | 1371 | 1658 | 1752 | 2080 |
| 云　南 | Yunnan | 1322 | 1287 | 1298 | 1375 | 1433 | 1468 | 1654 | 1899 | 2352 | 2849 |
| 西　藏 | Tibet | 716 | 782 | 1154 | 1172 | 1052 | 1095 | 1584 | 1878 | 2205 | 2468 |
| 陕　西 | Shaanxi | 1192 | 1181 | 1285 | 1380 | 1561 | 1537 | 1726 | 2043 | 2374 | 2815 |
| 甘　肃 | Gansu | 949 | 899 | 1121 | 1179 | 1220 | 1432 | 1587 | 1999 | 2061 | 2267 |
| 青　海 | Qinghai | 1135 | 1169 | 1276 | 1417 | 1499 | 1719 | 1874 | 2248 | 2520 | 2877 |
| **宁　夏** | **Ningxia** | **1331** | **1276** | **1429** | **1404** | **1438** | **1665** | **1965** | **2143** | **2305** | **2602** |
| 新　疆 | Xinjiang | 1466 | 1309 | 1275 | 1409 | 1489 | 1563 | 1825 | 2104 | 2247 | 2631 |

## 附-6 续表 3 continued

单位：元 (yuan)

| 省/直辖市/自治区 | Region | 2008 | 2009 | 2010 | 2011 | 2012 | 2013 | 2014 | 2015 | 2016 | 2017 |
|---|---|---|---|---|---|---|---|---|---|---|---|
| **全 国** | **National** | **4054** | **4464** | **4945** | **5892** | **6667** | **6626** | **8383** | **9223** | **10130** | **10955** |
| 北 京 | Beijing | 7289 | 8904 | 9262 | 11086 | 11888 | 13553 | 14535 | 15811 | 17329 | 18810 |
| 天 津 | Tianjin | 4550 | 5167 | 6072 | 8273 | 10254 | 10155 | 13739 | 14739 | 15912 | 16386 |
| 河 北 | Hebei | 3651 | 3968 | 4624 | 5666 | 6451 | 6134 | 8248 | 9023 | 9798 | 10536 |
| 山 西 | Shanxi | 3386 | 3642 | 4070 | 5096 | 6184 | 5813 | 6992 | 7421 | 8029 | 8424 |
| 内 蒙 | Inner Mongolia | 4364 | 4870 | 5572 | 6880 | 7972 | 7268 | 9972 | 10637 | 11463 | 12184 |
| 辽 宁 | Liaoning | 3757 | 4184 | 4410 | 5311 | 5892 | 7159 | 7801 | 8873 | 9953 | 10787 |
| 吉 林 | Jilin | 3500 | 3973 | 4228 | 5409 | 6307 | 7380 | 8140 | 8783 | 9521 | 10279 |
| 黑 龙 江 | Heilongjiang | 4025 | 4459 | 4635 | 5630 | 6035 | 6814 | 7830 | 8391 | 9424 | 10524 |
| 上 海 | Shanghai | 8453 | 9025 | 9336 | 10103 | 10947 | 14235 | 14820 | 16152 | 17071 | 18090 |
| 江 苏 | Jiangsu | 5710 | 6260 | 7104 | 8788 | 9921 | 9910 | 11820 | 12883 | 14428 | 15612 |
| 浙 江 | Zhejiang | 8096 | 8360 | 9721 | 10849 | 11598 | 11760 | 14498 | 16108 | 17359 | 18093 |
| 安 徽 | Anhui | 3986 | 4516 | 5048 | 6235 | 6988 | 5725 | 7981 | 8975 | 10287 | 11106 |
| 福 建 | Fujian | 5534 | 6048 | 6736 | 8013 | 9068 | 8151 | 11056 | 11961 | 12911 | 14003 |
| 江 西 | Jiangxi | 3871 | 4191 | 4710 | 5611 | 6176 | 5654 | 7548 | 8486 | 9128 | 9870 |
| 山 东 | Shandong | 3835 | 4132 | 4472 | 5489 | 6304 | 7393 | 7962 | 8748 | 9519 | 10342 |
| 河 南 | Henan | 3375 | 3793 | 4161 | 4881 | 5686 | 5628 | 7277 | 7887 | 8587 | 9212 |
| 湖 北 | Hubei | 4414 | 4576 | 5114 | 6264 | 7159 | 6280 | 8681 | 9803 | 10938 | 11633 |
| 湖 南 | Hunan | 4393 | 4703 | 5108 | 6138 | 6956 | 6610 | 9025 | 9691 | 10630 | 11534 |
| 广 东 | Guangdong | 5164 | 5348 | 5908 | 7205 | 7990 | 8343 | 10043 | 11103 | 12415 | 13200 |
| 广 西 | Guangxi | 3383 | 3704 | 4006 | 4882 | 5720 | 5206 | 6675 | 7582 | 8351 | 9437 |
| 海 南 | Hainan | 3284 | 3559 | 4020 | 4860 | 5572 | 5466 | 7029 | 8210 | 8921 | 9599 |
| 重 庆 | Chongqing | 3368 | 3722 | 4359 | 5414 | 6035 | 5796 | 7983 | 8938 | 9954 | 10936 |
| 四 川 | Sichuan | 3562 | 4785 | 4550 | 5458 | 6265 | 6309 | 8301 | 9251 | 10192 | 11397 |
| 贵 州 | Guizhou | 2374 | 2679 | 3184 | 3857 | 4355 | 4740 | 5970 | 6645 | 7533 | 8299 |
| 云 南 | Yunnan | 3257 | 3208 | 3759 | 4424 | 5045 | 4744 | 6030 | 6830 | 7331 | 8027 |
| 西 藏 | Tibet | 2472 | 2725 | 3061 | 3146 | 3406 | 3574 | 4822 | 5580 | 6070 | 6691 |
| 陕 西 | Shaanxi | 3310 | 3758 | 4300 | 5091 | 5797 | 5724 | 7252 | 7901 | 8568 | 9306 |
| 甘 肃 | Gansu | 2733 | 3188 | 3430 | 4273 | 4834 | 4850 | 6148 | 6830 | 7487 | 8030 |
| 青 海 | Qinghai | 3467 | 3906 | 4675 | 5619 | 6613 | 6060 | 8235 | 8566 | 9222 | 9903 |
| **宁 夏** | **Ningxia** | **3195** | **3466** | **4168** | **4909** | **5558** | **6465** | **7676** | **8415** | **9138** | **9982** |
| 新 疆 | Xinjiang | 3050 | 3383 | 4014 | 5105 | 6154 | 6119 | 7365 | 7698 | 8277 | 8713 |

# 附-7 2017年全国各省、直辖市、自治区居民消费和商品零售价格指数
# Price Indices for Consumer and Retail by Region (2017)

| 地 区 | Region | 居民消费价格指数 Consumer Price Index | | 商品零售价格指数 Retail Price Index | |
|---|---|---|---|---|---|
| | | 2015年=100 | 上年同期=100 | 2015年=100 | 上年同期=100 |
| **全 国** | **National** | **104.5** | **101.6** | **102.8** | **101.1** |
| 北 京 | Beijing | 104.2 | 101.9 | 97.8 | 99.2 |
| 天 津 | Tianjin | 104.7 | 102.1 | 101.9 | 100.8 |
| 河 北 | Hebei | 104.8 | 101.7 | 103.8 | 101.4 |
| 山 西 | Shanxi | 103.1 | 101.1 | 102.6 | 101.3 |
| 内蒙古 | Inner Mongolia | 103.9 | 101.7 | 102.5 | 101.2 |
| 辽 宁 | Liaoning | 104.6 | 101.4 | 102.8 | 100.7 |
| 吉 林 | Jilin | 104.6 | 101.6 | 104.0 | 101.4 |
| 黑龙江 | Heilongjiang | 104.5 | 101.3 | 101.8 | 99.9 |
| 上 海 | Shanghai | 105.7 | 101.7 | 102.7 | 100.9 |
| 江 苏 | Jiangsu | 104.8 | 101.7 | 103.7 | 101.9 |
| 浙 江 | Zhejiang | 104.9 | 102.1 | 103.1 | 101.4 |
| 安 徽 | Anhui | 103.5 | 101.2 | 103.5 | 101.7 |
| 福 建 | Fujian | 103.3 | 101.2 | 101.8 | 100.6 |
| 江 西 | Jiangxi | 105.0 | 102.0 | 101.7 | 101.0 |
| 山 东 | Shandong | 104.8 | 101.5 | 103.5 | 100.8 |
| 河 南 | Henan | 104.9 | 101.4 | 103.2 | 101.3 |
| 湖 北 | Hubei | 104.2 | 101.5 | 101.4 | 100.3 |
| 湖 南 | Hunan | 104.0 | 101.4 | 103.2 | 101.3 |
| 广 东 | Guangdong | 104.5 | 101.5 | 103.4 | 101.6 |
| 广 西 | Guangxi | 104.3 | 101.6 | 102.5 | 101.2 |
| 海 南 | Hainan | 107.3 | 102.8 | 104.8 | 102.0 |
| 重 庆 | Chongqing | 103.6 | 101.0 | 102.8 | 100.8 |
| 四 川 | Sichuan | 104.1 | 101.4 | 102.1 | 100.5 |
| 贵 州 | Guizhou | 102.8 | 100.9 | 102.1 | 100.9 |
| 云 南 | Yunnan | 103.0 | 100.9 | 102.7 | 101.3 |
| 西 藏 | Tibet | 104.9 | 101.6 | 104.3 | 101.4 |
| 陕 西 | Shaanxi | 103.7 | 101.6 | 102.8 | 101.3 |
| 甘 肃 | Gansu | 104.1 | 101.4 | 103.0 | 101.4 |
| 青 海 | Qinghai | 104.5 | 101.5 | 102.8 | 101.2 |
| **宁 夏** | **Ningxia** | **104.6** | **101.6** | **104.3** | **101.8** |
| 新 疆 | Xinjiang | 105.4 | 102.2 | 102.2 | 100.9 |

# 附-8　2017年全国居民消费、商品零售和农业生产资料价格指数

# Price Indices for Consumer and Retail and Means of Agricultural Production of Nation (2017)

| 项目名称 | Item | 上年同期=100 | | | 2015年=100 | | |
|---|---|---|---|---|---|---|---|
| | | 合计 General | 城市 Urban Household | 农村 Rural Household | 合计 General | 城市 Urban Household | 农村 Rural Household |
| **居民消费价格总指数** | **Consumer Price Index** | **101.6** | **101.7** | **101.3** | **104.5** | **104.7** | **104.2** |
| 一、食品烟酒 | Food, Cigarettes and Wine | 99.6 | 99.8 | 98.9 | 103.8 | 104.1 | 103.2 |
| 粮　　食 | Grain | 101.5 | 101.4 | 101.6 | 102.5 | 102.4 | 102.6 |
| 鲜　　菜 | Fresh Vegetables | 91.9 | 91.7 | 92.3 | 101.9 | 101.6 | 102.8 |
| 畜　　肉 | Livestock Meat | 95.0 | 95.7 | 93.5 | 104.6 | 105.1 | 103.3 |
| 水 产 品 | Aquatic Products | 104.4 | 104.6 | 103.6 | 107.2 | 107.6 | 105.5 |
| 蛋 | Eggs | 96.0 | 96.3 | 95.2 | 106.2 | 106.0 | 106.6 |
| 鲜　　果 | Fresh Fruits | 103.8 | 103.8 | 104.0 | 102.3 | 102.6 | 101.2 |
| 二、衣着 | Clothing | 101.3 | 101.2 | 101.3 | 103.9 | 103.8 | 104.2 |
| 三、居住 | Residence | 102.6 | 102.5 | 102.7 | 105.5 | 105.6 | 105.2 |
| 四、生活用品及服务 | Supplies and Services | 101.1 | 101.0 | 101.2 | 102.3 | 102.2 | 102.3 |
| 五、交通和通信 | Transportation and Communication | 101.1 | 101.0 | 101.4 | 100.5 | 100.4 | 101.0 |
| 六、教育文化和娱乐 | Education, Culture and Entertainment | 102.4 | 102.4 | 102.3 | 104.5 | 104.3 | 105.2 |
| 七、医疗保健 | Health Care | 106.0 | 106.8 | 104.2 | 113.3 | 115.1 | 109.0 |
| 八、其他用品和服务 | Other Products and Services | 102.4 | 102.5 | 102.4 | 105.3 | 105.4 | 105.0 |
| **商品零售价格总指数** | **Retail Price Index** | **101.1** | **101.1** | **101.3** | **102.8** | **102.7** | **103.3** |
| 一、食品 | Food | 99.4 | 99.5 | 98.7 | 103.7 | 103.8 | 103.2 |
| 二、饮料、烟酒 | Beverages, Tobacco and Liquor | 100.9 | 101.0 | 100.7 | 102.8 | 102.9 | 102.5 |
| 三、服装、鞋帽 | Garments, Shoes and Hats | 101.1 | 101.1 | 101.1 | 103.7 | 103.7 | 104.1 |
| 四、纺织品 | Textiles | 100.4 | 100.4 | 100.5 | 101.4 | 101.4 | 101.4 |
| 五、家用电器及音像器材 | Household Appliances, Music and Video Equipment | 99.8 | 99.7 | 100.2 | 97.8 | 97.7 | 98.9 |
| 六、文化办公用品 | Cultural and Office Appliances | 99.6 | 99.6 | 100.2 | 99.0 | 98.8 | 100.2 |
| 七、日用品 | Articles for Daily Use | 100.5 | 100.4 | 100.9 | 101.2 | 101.1 | 101.7 |
| 八、体育娱乐用品 | Sports and Recreation Articles | 100.6 | 100.6 | 100.8 | 101.4 | 101.3 | 101.7 |
| 九、交通、通信用品 | Transportation and Communication Appliances | 98.5 | 98.5 | 98.7 | 95.8 | 95.8 | 96.3 |
| 十、家具 | Furniture | 102.0 | 101.9 | 102.3 | 104.2 | 104.2 | 104.2 |
| 十一、化妆品 | Cosmetics | 101.2 | 101.3 | 101.1 | 102.8 | 102.9 | 102.1 |
| 十二、金银饰品 | Gold,Silver and Jewelry | 101.9 | 101.9 | 101.8 | 107.0 | 107.2 | 105.2 |
| 十三、中西药品及医疗保健用品 | Traditional Chinese and Western Medicines and Health Care Articles | 105.4 | 105.2 | 106.8 | 111.7 | 111.4 | 113.7 |
| 十四、书报杂志及电子出版物 | Books, Newspapers, Magazines and Electronic Publications | 101.7 | 101.6 | 102.0 | 104.1 | 104.1 | 104.5 |
| 十五、燃料 | Fuels | 108.4 | 108.4 | 108.9 | 110.5 | 110.5 | 110.8 |
| 十六、建筑材料及五金电料 | Building Materials and Hardware | 102.1 | 101.9 | 103.2 | 104.2 | 103.8 | 106.3 |
| **农业生产资料价格指数** | **Agricultural Production Index** | **100.6** | | | **101.5** | | |

# 附-9 2017年全国各省、直辖市、自治区工业生产者价格指数
# Producer Price Indices for Manufactured Goods by Region (2017)

| 省/直辖市/自治区 | Region | 出厂<br>Manufacturer's Price Index | 购进<br>Purchasing Price Index |
|---|---|---|---|
| **全　国** | **National** | **106.3** | **108.1** |
| 北　京 | Beijing | 100.7 | 104.4 |
| 天　津 | Tianjin | 108.4 | 111.1 |
| 河　北 | Hebei | 115.0 | 114.5 |
| 山　西 | Shanxi | 119.4 | 115.2 |
| 内蒙古 | Inner Mongolia | 110.6 | 106.3 |
| 辽　宁 | Liaoning | 108.1 | 108.0 |
| 吉　林 | Jilin | 103.1 | 103.4 |
| 黑龙江 | Heilongjiang | 109.3 | 110.2 |
| 上　海 | Shanghai | 103.5 | 108.9 |
| 江　苏 | Jiangsu | 104.8 | 109.7 |
| 浙　江 | Zhejiang | 104.8 | 109.6 |
| 安　徽 | Anhui | 108.0 | 109.2 |
| 福　建 | Fujian | 104.1 | 105.3 |
| 江　西 | Jiangxi | 107.9 | 107.2 |
| 山　东 | Shandong | 105.5 | 107.3 |
| 河　南 | Henan | 106.8 | 107.3 |
| 湖　北 | Hubei | 105.6 | 108.3 |
| 湖　南 | Hunan | 105.8 | 107.2 |
| 广　东 | Guangdong | 103.3 | 105.3 |
| 广　西 | Guangxi | 107.6 | 106.5 |
| 海　南 | Hainan | 108.8 | 112.4 |
| 重　庆 | Sichuan | 104.1 | 104.4 |
| 四　川 | Guizhou | 106.5 | 108.3 |
| 贵　州 | Yunnan | 107.2 | 109.7 |
| 云　南 | Tibet | 105.2 | 106.2 |
| 西　藏 | Chongqing | 110.0 | |
| 陕　西 | Shaanxi | 110.8 | 106.4 |
| 甘　肃 | Gansu | 114.5 | 115.5 |
| 青　海 | Qinghai | 116.7 | 108.0 |
| **宁　夏** | **Ningxia** | **112.1** | **112.9** |
| 新　疆 | Xinjiang | 113.7 | 112.8 |

# 附-10 2017年全国各省、直辖市、自治区粮食生产情况

## Basic Statistics of Grain Production by Region (2017)

单位：千公顷、公斤/公顷、万吨 (1000 ha, kg/ha, 10000 ton)

| 地 区 | Region | 播种面积 Sown Area | 亩产 Yield per Unit | 总产量 Total Output |
|---|---|---|---|---|
| **全国总计** | **National** | **112219.6** | **5506.2** | **61790.7** |
| 北 京 | Beijing | 66.8 | 6145.7 | 41.1 |
| 天 津 | Tianjin | 351.2 | 6036.3 | 212 |
| 河 北 | Hebei | 6190.7 | 5666.5 | 3508 |
| 山 西 | Shanxi | 3204.4 | 4056.7 | 1299.9 |
| 内蒙古 | Inner Mongolia | 5757.8 | 4808.2 | 2768.4 |
| 辽 宁 | Liaoning | 3227.2 | 6621.1 | 2136.7 |
| 吉 林 | Jilin | 5023.3 | 7405.5 | 3720 |
| 黑龙江 | Heilongjiang | 11827.1 | 5089 | 6018.8 |
| 上 海 | Shanghai | 118.7 | 7514 | 89.2 |
| 江 苏 | Jiangsu | 5406.4 | 6547.5 | 3539.8 |
| 浙 江 | Zhejiang | 1282 | 5994.8 | 768.6 |
| 安 徽 | Anhui | 6642.5 | 5233 | 3476 |
| 福 建 | Fujian | 1179.4 | 5641.9 | 665.4 |
| 江 西 | Jiangxi | 3667.4 | 5799.9 | 2127.1 |
| 山 东 | Shandong | 7447 | 6342.4 | 4723.2 |
| 河 南 | Henan | 10135.5 | 5893.6 | 5973.4 |
| 湖 北 | Hubei | 4471.7 | 5813.6 | 2599.7 |
| 湖 南 | Hunan | 4862.4 | 6136.9 | 2984 |
| 广 东 | Guangdong | 2500.1 | 5460.4 | 1365.1 |
| 广 西 | Guangxi | 2976.2 | 4931.7 | 1467.7 |
| 海 南 | Hainan | 348.3 | 4843.6 | 168.7 |
| 重 庆 | Chongqing | 2239 | 5212.9 | 1167.2 |
| 四 川 | Sichuan | 6441.4 | 5431.1 | 3498.4 |
| 贵 州 | Guizhou | 3051.2 | 3862.5 | 1178.5 |
| 云 南 | Yunnan | 4446.1 | 4339.8 | 1929.5 |
| 西 藏 | Tibet | 184.8 | 5585.2 | 103.2 |
| 陕 西 | Shanxi | 3045.3 | 3993.7 | 1216.2 |
| 甘 肃 | Gansu | 2782.5 | 4055.1 | 1128.3 |
| 青 海 | Qinghai | 278.6 | 3614.7 | 100.7 |
| **宁 夏** | **Ningxia** | **775.6** | **4747.4** | **368.2** |
| 新 疆 | Xinjiang | 2289.1 | 6324.1 | 1447.6 |

注：由于小数位计算机自动进位问题，分省数合计与全国数略有差异。
Note: Due to the "self-instructed problem", the total number by province are different with the total number by nation .

# 附-11　2017年全国70个大中城市新建住宅价格指数

# Price Indices for Newly Built House by 70 Large and Medium-Sized Cities (2017)

(上年=100)　　(preceding year=100)

| 城　　市 | City | 一月 January | 二月 February | 三月 March | 四月 April | 五月 May | 六月 June | 七月 July | 八月 August | 九月 September | 十月 October | 十一月 November | 十二月 December |
|---|---|---|---|---|---|---|---|---|---|---|---|---|---|
| 北　京 | Beijing | 124.7 | 122.1 | 119.0 | 116.0 | 113.5 | 110.7 | 108.9 | 105.2 | 100.5 | 99.8 | 99.8 | 99.8 |
| 天　津 | Tianjin | 123.2 | 122.7 | 120.5 | 117.3 | 114.7 | 112.3 | 109.7 | 105.9 | 101.8 | 100.6 | 99.9 | 100.2 |
| 石家庄 | Shijiazhuang | 118.5 | 118.2 | 118.6 | 117.6 | 116.4 | 115.8 | 113.1 | 109.3 | 105.0 | 103.5 | 103.0 | 102.8 |
| 太　原 | Taiyuan | 102.9 | 103.2 | 103.4 | 104.9 | 105.8 | 106.4 | 106.9 | 106.9 | 106.9 | 107.2 | 107.3 | 107.6 |
| 呼和浩特 | Hohhot | 101.0 | 101.1 | 101.0 | 101.4 | 101.7 | 101.9 | 102.8 | 103.7 | 104.2 | 104.8 | 106.1 | 106.8 |
| 沈　阳 | Shenyang | 103.2 | 104.1 | 105.1 | 106.1 | 107.6 | 109.0 | 109.8 | 110.3 | 110.7 | 111.0 | 111.7 | 111.5 |
| 大　连 | Dalian | 102.5 | 103.4 | 103.8 | 104.1 | 104.6 | 104.8 | 106.4 | 106.6 | 107.1 | 107.1 | 107.6 | 108.4 |
| 长　春 | Changchun | 104.3 | 104.4 | 104.6 | 105.4 | 106.1 | 106.9 | 107.6 | 107.7 | 107.9 | 107.7 | 108.0 | 108.8 |
| 哈尔滨 | Harbin | 102.1 | 103.0 | 103.1 | 103.8 | 105.5 | 106.7 | 107.5 | 107.7 | 108.5 | 109.9 | 110.5 | 110.7 |
| 上　海 | Shanghai | 123.8 | 121.1 | 116.8 | 113.2 | 111.0 | 108.6 | 107.3 | 102.8 | 100.0 | 99.8 | 99.8 | 100.2 |
| 南　京 | Nanjing | 135.4 | 131.8 | 127.4 | 122.1 | 117.3 | 113.0 | 109.2 | 104.8 | 101.3 | 99.0 | 98.5 | 98.7 |
| 杭　州 | Hangzhou | 127.4 | 125.4 | 122.8 | 119.3 | 116.2 | 114.5 | 111.8 | 108.1 | 102.2 | 99.1 | 99.4 | 99.4 |
| 宁　波 | Ningbo | 111.1 | 110.7 | 109.9 | 109.7 | 109.6 | 109.9 | 109.4 | 108.4 | 106.3 | 105.0 | 104.6 | 105.0 |
| 合　肥 | Hefei | 144.0 | 140.5 | 134.5 | 127.2 | 120.9 | 115.4 | 111.0 | 105.8 | 101.0 | 99.4 | 99.7 | 99.8 |
| 福　州 | Fuzhou | 125.5 | 123.7 | 121.1 | 117.4 | 115.5 | 114.0 | 111.9 | 107.1 | 101.5 | 98.9 | 98.2 | 98.4 |
| 厦　门 | Xiamen | 138.4 | 136.5 | 132.0 | 125.5 | 119.4 | 114.5 | 109.8 | 105.7 | 102.6 | 101.8 | 102.3 | 102.2 |
| 南　昌 | Nanchang | 114.3 | 113.6 | 113.4 | 112.5 | 112.0 | 110.8 | 109.4 | 108.6 | 106.5 | 105.6 | 105.9 | 106.3 |
| 济　南 | Jinan | 119.0 | 118.3 | 118.1 | 117.3 | 116.7 | 115.9 | 115.1 | 111.2 | 105.1 | 101.5 | 100.3 | 100.9 |
| 青　岛 | Qingdao | 113.0 | 113.1 | 112.9 | 111.9 | 111.4 | 111.2 | 110.9 | 109.1 | 104.4 | 103.4 | 103.7 | 104.1 |
| 郑　州 | Zhengzhou | 127.3 | 126.5 | 125.0 | 123.6 | 121.8 | 119.9 | 117.5 | 111.0 | 103.1 | 99.5 | 99.0 | 99.3 |
| 武　汉 | Wuhan | 123.0 | 121.7 | 120.2 | 118.3 | 116.0 | 114.2 | 112.1 | 108.6 | 104.6 | 101.6 | 100.1 | 100.6 |
| 长　沙 | Changsha | 117.9 | 118.4 | 119.1 | 118.2 | 118.4 | 118.1 | 117.9 | 116.5 | 111.8 | 107.5 | 105.9 | 105.9 |
| 广　州 | Guangzhou | 124.0 | 123.1 | 122.7 | 121.6 | 119.4 | 117.8 | 116.7 | 113.2 | 109.4 | 107.7 | 106.6 | 105.5 |
| 深　圳 | Shenzhen | 118.2 | 113.5 | 109.1 | 106.6 | 105.4 | 102.7 | 100.5 | 98.1 | 96.3 | 96.7 | 96.9 | 97.1 |
| 南　宁 | Nanning | 110.2 | 110.1 | 110.6 | 110.4 | 110.8 | 111.2 | 111.8 | 111.4 | 109.5 | 108.3 | 108.7 | 108.4 |
| 海　口 | Haikou | 106.5 | 107.1 | 109.6 | 108.7 | 107.4 | 108.5 | 108.4 | 106.7 | 105.9 | 105.0 | 104.2 | 105.9 |
| 重　庆 | Chongqing | 107.7 | 108.3 | 108.9 | 109.9 | 110.2 | 112.0 | 112.8 | 112.8 | 111.9 | 111.4 | 110.7 | 110.0 |
| 成　都 | Chengdu | 105.3 | 104.9 | 103.9 | 103.3 | 102.9 | 102.0 | 101.0 | 99.7 | 97.3 | 98.7 | 98.8 | 99.4 |
| 贵　阳 | Guiyang | 105.3 | 105.4 | 106.3 | 107.2 | 107.7 | 108.4 | 108.7 | 109.1 | 109.0 | 108.8 | 109.5 | 110.3 |
| 昆　明 | Kunming | 104.2 | 104.6 | 105.5 | 106.3 | 106.5 | 107.3 | 107.7 | 108.0 | 107.8 | 107.1 | 107.8 | 110.1 |
| 西　安 | Xi'an | 107.6 | 108.7 | 109.5 | 110.7 | 111.9 | 113.1 | 113.8 | 113.4 | 113.6 | 112.6 | 111.3 | 111.2 |
| 兰　州 | Lanzhou | 103.2 | 103.5 | 103.6 | 103.6 | 103.9 | 104.4 | 104.4 | 103.5 | 103.2 | 103.6 | 104.3 | 105.4 |
| 西　宁 | Xining | 102.3 | 102.8 | 102.8 | 102.6 | 102.8 | 103.1 | 103.3 | 103.2 | 103.5 | 103.1 | 104.3 | 105.4 |
| **银　川** | **Yinchuan** | **102.4** | **102.2** | **102.2** | **101.7** | **101.5** | **102.1** | **102.3** | **102.7** | **102.8** | **102.9** | **103.7** | **104.0** |
| 乌鲁木齐 | Urumqi | 99.1 | 99.7 | 99.9 | 100.2 | 100.2 | 100.8 | 101.1 | 102.1 | 102.9 | 103.7 | 105.5 | 106.1 |

## 附-11 续表 continued

(上年=100) (preceding year=100)

| 城 市 | City | 一月 January | 二月 February | 三月 March | 四月 April | 五月 May | 六月 June | 七月 July | 八月 August | 九月 September | 十月 October | 十一月 November | 十二月 December |
|---|---|---|---|---|---|---|---|---|---|---|---|---|---|
| 唐 山 | Tangshan | 103.2 | 103.2 | 104.2 | 106.6 | 106.6 | 107.9 | 107.6 | 107.5 | 106.8 | 106.1 | 105.6 | 105.9 |
| 秦皇岛 | Qinhuangdao | 107.0 | 107.1 | 107.6 | 108.4 | 109.3 | 109.0 | 109.7 | 109.6 | 108.6 | 106.8 | 106.1 | 105.9 |
| 包 头 | Baotou | 100.2 | 100.6 | 100.7 | 101.0 | 101.5 | 102.0 | 102.8 | 103.3 | 103.3 | 103.8 | 104.3 | 105.5 |
| 丹 东 | Dandong | 99.8 | 100.8 | 100.9 | 100.7 | 100.3 | 100.5 | 101.4 | 101.9 | 102.4 | 102.2 | 102.7 | 104.2 |
| 锦 州 | Jinzhou | 97.7 | 97.5 | 98.2 | 98.9 | 99.4 | 100.2 | 101.0 | 101.2 | 101.6 | 101.5 | 101.6 | 101.7 |
| 吉 林 | Jilin | 102.6 | 102.7 | 103.4 | 103.4 | 104.4 | 104.6 | 105.6 | 106.1 | 106.4 | 106.5 | 107.0 | 106.9 |
| 牡丹江 | Mudanjiang | 99.3 | 99.7 | 100.5 | 101.1 | 102.2 | 102.6 | 103.7 | 103.8 | 103.4 | 104.4 | 105.2 | 106.0 |
| 无 锡 | Wuxi | 134.4 | 133.8 | 131.6 | 128.2 | 126.4 | 122.8 | 119.6 | 113.7 | 104.9 | 99.7 | 98.7 | 98.9 |
| 扬 州 | Yangzhou | 110.3 | 111.2 | 112.3 | 113.7 | 114.8 | 115.5 | 114.9 | 114.5 | 113.3 | 112.0 | 109.6 | 109.0 |
| 徐 州 | Xuzhou | 109.6 | 110.0 | 109.9 | 110.2 | 111.2 | 112.8 | 112.6 | 112.5 | 111.5 | 110.2 | 109.3 | 108.9 |
| 温 州 | Wenzhou | 104.4 | 104.6 | 104.6 | 105.6 | 106.9 | 107.7 | 108.5 | 107.9 | 106.4 | 106.1 | 106.5 | 106.6 |
| 金 华 | Jinhua | 106.8 | 107.1 | 108.0 | 109.4 | 110.5 | 111.6 | 113.0 | 112.5 | 110.8 | 110.3 | 109.3 | 109.6 |
| 蚌 埠 | Bengbu | 109.8 | 110.8 | 110.2 | 111.7 | 114.7 | 116.7 | 117.0 | 115.2 | 113.2 | 111.1 | 109.7 | 108.8 |
| 安 庆 | Anqing | 107.7 | 108.6 | 109.2 | 109.8 | 109.6 | 109.4 | 108.1 | 107.0 | 107.1 | 106.8 | 105.4 | 105.2 |
| 泉 州 | Quanzhou | 109.8 | 110.1 | 109.9 | 108.5 | 108.4 | 109.4 | 108.6 | 107.1 | 104.6 | 103.9 | 101.5 | 101.4 |
| 九 江 | Jiujiang | 112.2 | 112.9 | 113.6 | 113.7 | 114.6 | 114.8 | 114.4 | 113.5 | 111.7 | 109.8 | 109.0 | 108.4 |
| 赣 州 | Ganzhou | 114.0 | 114.3 | 113.6 | 112.6 | 112.3 | 112.6 | 112.0 | 110.9 | 108.1 | 104.6 | 103.5 | 102.8 |
| 烟 台 | Yantai | 105.5 | 105.9 | 106.0 | 106.3 | 107.0 | 107.6 | 108.1 | 108.1 | 108.0 | 107.9 | 108.1 | 108.2 |
| 济 宁 | Jining | 102.0 | 102.1 | 102.8 | 103.7 | 105.4 | 106.7 | 108.0 | 108.5 | 109.0 | 108.9 | 108.8 | 108.9 |
| 洛 阳 | Luoyang | 105.0 | 105.4 | 106.5 | 106.8 | 107.9 | 110.2 | 110.7 | 111.0 | 110.7 | 110.7 | 109.4 | 108.9 |
| 平顶山 | Pingdingshan | 103.5 | 103.6 | 103.9 | 105.1 | 105.6 | 106.3 | 106.9 | 106.9 | 106.3 | 106.2 | 106.4 | 106.4 |
| 宜 昌 | Yichang | 105.9 | 106.3 | 107.2 | 109.1 | 110.5 | 111.5 | 111.3 | 110.6 | 109.8 | 108.8 | 108.6 | 108.4 |
| 襄 阳 | Xiangyang | 103.2 | 103.3 | 103.5 | 104.4 | 104.7 | 106.8 | 107.3 | 107.1 | 107.2 | 106.9 | 106.7 | 106.4 |
| 岳 阳 | Yueyang | 105.8 | 106.2 | 106.6 | 106.8 | 107.9 | 109.0 | 109.5 | 110.0 | 109.2 | 108.6 | 108.7 | 109.1 |
| 常 德 | Changde | 103.3 | 103.4 | 104.7 | 105.0 | 106.7 | 108.3 | 109.3 | 109.9 | 108.5 | 108.5 | 108.1 | 108.9 |
| 惠 州 | Huizhou | 124.7 | 123.9 | 123.9 | 120.6 | 117.8 | 115.5 | 113.6 | 112.2 | 108.1 | 105.9 | 104.7 | 104.5 |
| 湛 江 | Zhanjiang | 109.3 | 109.9 | 109.9 | 110.6 | 112.6 | 111.7 | 111.7 | 112.2 | 110.8 | 109.6 | 110.0 | 109.4 |
| 韶 关 | Shaoguan | 108.7 | 108.7 | 109.5 | 110.5 | 111.2 | 111.6 | 114.4 | 114.7 | 112.6 | 111.4 | 109.4 | 108.9 |
| 桂 林 | Guilin | 103.8 | 104.4 | 105.1 | 105.9 | 106.8 | 107.5 | 108.9 | 109.6 | 108.2 | 107.6 | 109.2 | 109.6 |
| 北 海 | Beihai | 104.5 | 104.7 | 105.0 | 106.6 | 110.0 | 112.5 | 114.0 | 114.7 | 114.1 | 114.4 | 113.9 | 113.1 |
| 三 亚 | Sanya | 106.3 | 107.6 | 110.2 | 109.0 | 108.3 | 107.7 | 108.3 | 107.6 | 106.2 | 105.5 | 105.6 | 104.9 |
| 泸 州 | Luzhou | 103.0 | 103.8 | 104.0 | 103.9 | 103.6 | 104.2 | 104.2 | 103.6 | 102.6 | 103.5 | 103.8 | 105.4 |
| 南 充 | Nanchong | 102.0 | 102.9 | 103.5 | 103.9 | 104.2 | 105.2 | 106.0 | 105.9 | 106.9 | 108.2 | 108.7 | 109.3 |
| 遵 义 | Zunyi | 102.0 | 102.1 | 102.2 | 102.8 | 102.7 | 103.4 | 104.6 | 104.5 | 105.5 | 106.0 | 106.2 | 107.0 |
| 大 理 | Dali | 102.6 | 103.0 | 103.6 | 104.0 | 103.7 | 103.6 | 103.6 | 104.1 | 104.4 | 104.4 | 104.5 | 105.7 |

# 附-12　2017年全国70个大中城市新建商品住宅价格指数

# Price Indices for Newly Built Commercial House by 70 Large and Medium-Sized Cities (2017)

(上年=100)　　　　(preceding year=100)

| 城　市 | City | 一月 January | 二月 February | 三月 March | 四月 April | 五月 May | 六月 June | 七月 July | 八月 August | 九月 September | 十月 October | 十一月 November | 十二月 December |
|---|---|---|---|---|---|---|---|---|---|---|---|---|---|
| 北　京* | Beijing | 127.0 | 124.1 | 120.6 | 117.4 | 114.6 | 111.5 | 109.6 | 105.6 | 100.5 | 99.8 | 99.7 | 99.8 |
| 天　津 | Tianjin | 124.4 | 123.9 | 121.5 | 118.1 | 115.5 | 112.9 | 110.1 | 106.2 | 101.8 | 100.6 | 99.8 | 100.1 |
| 石家庄 | Shijiazhuang | 118.9 | 118.5 | 119.0 | 118.0 | 116.8 | 116.1 | 113.4 | 109.5 | 105.1 | 103.5 | 103.1 | 102.9 |
| 太　原 | Taiyuan | 103.0 | 103.4 | 103.5 | 105.0 | 106.0 | 106.6 | 107.2 | 107.1 | 107.1 | 107.4 | 107.6 | 107.9 |
| 呼和浩特 | Hohhot | 101.0 | 101.1 | 101.0 | 101.4 | 101.7 | 101.9 | 102.8 | 103.7 | 104.2 | 104.8 | 106.1 | 106.9 |
| 沈　阳 | Shenyang | 103.2 | 104.2 | 105.1 | 106.1 | 107.6 | 109.0 | 109.8 | 110.3 | 110.8 | 111.0 | 111.8 | 111.5 |
| 大　连 | Dalian | 102.5 | 103.4 | 103.8 | 104.1 | 104.6 | 104.8 | 106.4 | 106.6 | 107.1 | 107.1 | 107.6 | 108.4 |
| 长　春 | Changchun | 104.4 | 104.4 | 104.6 | 105.4 | 106.2 | 107.0 | 107.7 | 107.8 | 108.0 | 107.8 | 108.1 | 109.0 |
| 哈尔滨 | Harbin | 102.1 | 103.0 | 103.1 | 103.8 | 105.5 | 106.7 | 107.5 | 107.7 | 108.5 | 109.9 | 110.5 | 110.7 |
| 上　海 | Shanghai | 128.3 | 125.0 | 119.8 | 115.4 | 112.9 | 110.0 | 108.4 | 103.2 | 99.9 | 99.7 | 99.7 | 100.2 |
| 南　京 | Nanjing | 137.3 | 133.5 | 128.9 | 123.2 | 118.2 | 113.6 | 109.6 | 105.0 | 101.4 | 98.9 | 98.5 | 98.6 |
| 杭　州 | Hangzhou | 127.6 | 125.6 | 123.0 | 119.5 | 116.3 | 114.6 | 111.9 | 108.2 | 102.2 | 99.1 | 99.4 | 99.4 |
| 宁　波 | Ningbo | 111.2 | 110.8 | 110.0 | 109.8 | 109.7 | 110.0 | 109.5 | 108.5 | 106.3 | 105.0 | 104.7 | 105.1 |
| 合　肥 | Hefei | 144.2 | 140.7 | 134.7 | 127.3 | 120.9 | 115.4 | 111.0 | 105.8 | 101.0 | 99.4 | 99.7 | 99.8 |
| 福　州 | Fuzhou | 125.7 | 124.0 | 121.3 | 117.6 | 115.6 | 114.1 | 112.0 | 107.1 | 101.5 | 98.9 | 98.2 | 98.3 |
| 厦　门 | Xiamen | 138.8 | 136.9 | 132.3 | 125.7 | 119.5 | 114.7 | 109.8 | 105.7 | 102.6 | 101.9 | 102.3 | 102.2 |
| 南　昌 | Nanchang | 114.5 | 113.8 | 113.6 | 112.7 | 112.1 | 111.0 | 109.5 | 108.7 | 106.6 | 105.7 | 106.0 | 106.4 |
| 济　南 | Jinan | 119.0 | 118.3 | 118.1 | 117.3 | 116.7 | 115.9 | 115.1 | 111.2 | 105.1 | 101.5 | 100.3 | 100.9 |
| 青　岛 | Qingdao | 113.2 | 113.3 | 113.1 | 112.1 | 111.6 | 111.5 | 111.1 | 109.3 | 104.5 | 103.5 | 103.8 | 104.2 |
| 郑　州 | Zhengzhou | 127.7 | 126.9 | 125.4 | 124.0 | 122.1 | 120.2 | 117.7 | 111.1 | 103.2 | 99.5 | 99.0 | 99.3 |
| 武　汉 | Wuhan | 124.2 | 122.8 | 121.2 | 119.2 | 116.8 | 114.9 | 112.7 | 109.0 | 104.8 | 101.7 | 100.1 | 100.6 |
| 长　沙 | Changsha | 118.4 | 118.9 | 119.6 | 118.6 | 118.9 | 118.5 | 118.3 | 116.9 | 112.0 | 107.6 | 106.0 | 106.1 |
| 广　州 | Guangzhou | 124.2 | 123.3 | 122.9 | 121.7 | 119.5 | 117.9 | 116.9 | 113.3 | 109.4 | 107.7 | 106.6 | 105.5 |
| 深　圳 | Shenzhen | 118.4 | 113.6 | 109.2 | 106.7 | 105.5 | 102.7 | 100.5 | 98.0 | 96.2 | 96.7 | 96.8 | 97.0 |
| 南　宁 | Nanning | 111.2 | 111.2 | 111.7 | 111.5 | 111.9 | 112.3 | 113.0 | 112.5 | 110.4 | 109.1 | 109.6 | 109.2 |
| 海　口 | Haikou | 106.5 | 107.2 | 109.6 | 108.8 | 107.4 | 108.5 | 108.4 | 106.7 | 105.9 | 105.1 | 104.2 | 105.9 |
| 重　庆 | Chongqing | 107.7 | 108.4 | 108.9 | 110.0 | 110.3 | 112.1 | 112.9 | 112.9 | 112.0 | 111.5 | 110.8 | 110.0 |
| 成　都 | Chengdu | 105.5 | 105.0 | 104.1 | 103.4 | 102.9 | 102.1 | 101.0 | 99.7 | 97.2 | 98.7 | 98.7 | 99.4 |
| 贵　阳 | Guiyang | 105.4 | 105.5 | 106.4 | 107.3 | 107.8 | 108.5 | 108.8 | 109.2 | 109.2 | 109.0 | 109.6 | 110.4 |
| 昆　明 | Kunming | 104.3 | 104.6 | 105.6 | 106.4 | 106.5 | 107.3 | 107.7 | 108.1 | 107.8 | 107.1 | 107.8 | 110.2 |
| 西　安 | Xian | 108.3 | 109.6 | 110.4 | 111.7 | 113.0 | 114.3 | 115.1 | 114.7 | 114.9 | 113.7 | 112.3 | 112.2 |
| 兰　州 | Lanzhou | 103.3 | 103.6 | 103.7 | 103.8 | 104.0 | 104.5 | 104.6 | 103.7 | 103.3 | 103.7 | 104.5 | 105.5 |
| 西　宁 | Xi'an | 102.5 | 103.0 | 103.0 | 102.8 | 103.0 | 103.3 | 103.6 | 103.4 | 103.8 | 103.3 | 104.6 | 105.8 |
| **银　川** | **Yinchuan** | **102.4** | **102.2** | **102.2** | **101.7** | **101.5** | **102.1** | **102.4** | **102.7** | **102.8** | **102.9** | **103.7** | **104.0** |
| 乌鲁木齐 | Urumqi | 99.0 | 99.7 | 99.9 | 100.2 | 100.3 | 100.9 | 101.3 | 102.2 | 103.1 | 104.0 | 106.0 | 106.6 |

# 附-12 续表 continued

(上年=100) (preceding year=100)

| 城市 | City | 一月 January | 二月 February | 三月 March | 四月 April | 五月 May | 六月 June | 七月 July | 八月 August | 九月 September | 十月 October | 十一月 November | 十二月 December |
|---|---|---|---|---|---|---|---|---|---|---|---|---|---|
| 唐山 | Tangshan | 103.3 | 103.4 | 104.4 | 106.9 | 107.0 | 108.2 | 108.0 | 107.9 | 107.1 | 106.4 | 105.9 | 106.1 |
| 秦皇岛 | Qinhuangdao | 107.5 | 107.5 | 108.1 | 108.9 | 109.9 | 109.5 | 110.2 | 110.1 | 109.1 | 107.2 | 106.4 | 106.3 |
| 包头 | Baotou | 100.2 | 100.6 | 100.7 | 101.0 | 101.5 | 102.0 | 102.8 | 103.4 | 103.4 | 103.9 | 104.4 | 105.7 |
| 丹东 | Dandong | 99.8 | 100.8 | 100.9 | 100.7 | 100.3 | 100.5 | 101.4 | 101.9 | 102.4 | 102.2 | 102.7 | 104.2 |
| 锦州 | Jinzhou | 97.7 | 97.5 | 98.2 | 98.9 | 99.4 | 100.2 | 101.0 | 101.2 | 101.6 | 101.5 | 101.6 | 101.7 |
| 吉林 | Jilin | 102.7 | 102.7 | 103.4 | 103.4 | 104.4 | 104.6 | 105.6 | 106.1 | 106.4 | 106.6 | 107.0 | 106.9 |
| 牡丹江 | Mudanjiang | 99.2 | 99.7 | 100.5 | 101.1 | 102.3 | 102.8 | 104.0 | 104.1 | 103.6 | 104.7 | 105.6 | 106.5 |
| 无锡 | Wuxi | 134.6 | 134.0 | 131.8 | 128.4 | 126.5 | 122.9 | 119.7 | 113.7 | 104.9 | 99.7 | 98.7 | 98.9 |
| 扬州 | Yangzhou | 110.3 | 111.2 | 112.3 | 113.7 | 114.8 | 115.5 | 114.9 | 114.5 | 113.3 | 112.0 | 109.6 | 109.1 |
| 徐州 | Xuzhou | 110.1 | 110.6 | 110.5 | 110.8 | 111.8 | 113.6 | 113.3 | 113.2 | 112.1 | 110.8 | 109.8 | 109.3 |
| 温州 | Wenzhou | 104.5 | 104.6 | 104.6 | 105.7 | 106.9 | 107.8 | 108.6 | 108.0 | 106.4 | 106.2 | 106.5 | 106.7 |
| 金华 | Jinhua | 106.8 | 107.1 | 108.1 | 109.5 | 110.6 | 111.6 | 113.0 | 112.6 | 110.9 | 110.4 | 109.3 | 109.7 |
| 蚌埠 | Bengbu | 109.8 | 110.9 | 110.2 | 111.7 | 114.7 | 116.7 | 117.0 | 115.2 | 113.2 | 111.1 | 109.8 | 108.8 |
| 安庆 | Anqing | 107.7 | 108.7 | 109.2 | 109.9 | 109.7 | 109.4 | 108.1 | 107.1 | 107.1 | 106.8 | 105.4 | 105.2 |
| 泉州 | Quanzhou | 110.0 | 110.3 | 110.1 | 108.6 | 108.6 | 109.6 | 108.7 | 107.2 | 104.7 | 104.0 | 101.5 | 101.4 |
| 九江 | Jiujiang | 112.4 | 113.0 | 113.8 | 113.8 | 114.7 | 114.9 | 114.6 | 113.6 | 111.8 | 109.9 | 109.1 | 108.4 |
| 赣州 | Ganzhou | 114.0 | 114.4 | 113.6 | 112.7 | 112.3 | 112.6 | 112.0 | 110.9 | 108.2 | 104.6 | 103.6 | 102.8 |
| 烟台 | Yantai | 105.5 | 105.9 | 106.0 | 106.3 | 107.0 | 107.6 | 108.1 | 108.1 | 108.0 | 107.9 | 108.1 | 108.2 |
| 济宁 | Jining | 102.0 | 102.1 | 102.8 | 103.8 | 105.5 | 106.8 | 108.1 | 108.6 | 109.1 | 109.0 | 108.9 | 109.0 |
| 洛阳 | Luoyang | 105.3 | 105.6 | 106.9 | 107.2 | 108.3 | 110.7 | 111.2 | 111.6 | 111.2 | 111.2 | 109.9 | 109.3 |
| 平顶山 | Pingdingshan | 103.5 | 103.6 | 104.0 | 105.2 | 105.7 | 106.4 | 107.0 | 107.0 | 106.4 | 106.3 | 106.5 | 106.5 |
| 宜昌 | Yichang | 106.0 | 106.5 | 107.3 | 109.2 | 110.7 | 111.7 | 111.4 | 110.8 | 110.0 | 108.9 | 108.8 | 108.6 |
| 襄阳 | Xiangyang | 103.2 | 103.3 | 103.6 | 104.4 | 104.7 | 106.9 | 107.3 | 107.2 | 107.2 | 107.0 | 106.8 | 106.4 |
| 岳阳 | Yueyang | 106.2 | 106.6 | 107.1 | 107.3 | 108.5 | 109.6 | 110.2 | 110.7 | 109.8 | 109.2 | 109.3 | 109.7 |
| 常德 | Changde | 103.4 | 103.4 | 104.8 | 105.1 | 106.8 | 108.4 | 109.4 | 110.1 | 108.6 | 108.7 | 108.3 | 109.1 |
| 惠州 | Huizhou | 124.7 | 124.0 | 123.9 | 120.7 | 117.9 | 115.5 | 113.7 | 112.3 | 108.1 | 105.9 | 104.8 | 104.5 |
| 湛江 | Zhanjiang | 109.3 | 109.9 | 109.9 | 110.6 | 112.6 | 111.7 | 111.7 | 112.2 | 110.8 | 109.6 | 110.0 | 109.4 |
| 韶关 | Shaoguan | 108.7 | 108.7 | 109.5 | 110.5 | 111.2 | 111.6 | 114.4 | 114.7 | 112.6 | 111.5 | 109.4 | 108.9 |
| 桂林 | Guilin | 103.8 | 104.4 | 105.1 | 105.9 | 106.8 | 107.5 | 108.9 | 109.6 | 108.2 | 107.6 | 109.2 | 109.6 |
| 北海 | Beihai | 104.6 | 104.7 | 105.0 | 106.7 | 110.1 | 112.6 | 114.1 | 114.9 | 114.2 | 114.5 | 114.0 | 113.2 |
| 三亚 | Sanya | 106.3 | 107.6 | 110.3 | 109.0 | 108.4 | 107.7 | 108.3 | 107.7 | 106.2 | 105.5 | 105.6 | 105.0 |
| 泸州 | Luzhou | 103.1 | 103.9 | 104.1 | 103.9 | 103.7 | 104.3 | 104.3 | 103.7 | 102.6 | 103.6 | 103.8 | 105.5 |
| 南充 | Nanchong | 102.1 | 103.0 | 103.6 | 104.0 | 104.3 | 105.3 | 106.1 | 106.1 | 107.1 | 108.4 | 109.0 | 109.5 |
| 遵义 | Zunyi | 102.1 | 102.2 | 102.3 | 102.9 | 102.8 | 103.6 | 104.8 | 104.8 | 105.8 | 106.3 | 106.5 | 107.4 |
| 大理 | Dali | 102.6 | 103.1 | 103.6 | 104.0 | 103.7 | 103.7 | 103.6 | 104.1 | 104.5 | 104.4 | 104.5 | 105.7 |

# 附-13　2017年全国70个大中城市二手住宅价格指数
# Price Indices for Second-Hand House by 70 Large and Medium-Sized Cities (2017)

(上年=100) (preceding year=100)

| 城　市 | City | 一月 January | 二月 February | 三月 March | 四月 April | 五月 May | 六月 June | 七月 July | 八月 August | 九月 September | 十月 October | 十一月 November | 十二月 December |
|---|---|---|---|---|---|---|---|---|---|---|---|---|---|
| 北　京 | Beijing | 134.6 | 132.2 | 127 | 122.5 | 118.8 | 115.8 | 113.1 | 107.8 | 101.4 | 99.8 | 99.1 | 98.4 |
| 天　津 | Tianjin | 123.9 | 122.8 | 121.9 | 119.9 | 117.1 | 115 | 111.9 | 106.9 | 102.4 | 100.9 | 100 | 99.7 |
| 石家庄 | Shijiazhuang | 117.9 | 118.1 | 116.5 | 114 | 111.7 | 109.2 | 106.5 | 102.9 | 99 | 99.6 | 100.2 | 100.8 |
| 太　原 | Taiyuan | 104.7 | 105.4 | 105.4 | 106.5 | 107.3 | 107.4 | 107.1 | 106.9 | 107 | 106.7 | 106.9 | 107.9 |
| 呼和浩特 | Hohhot | 99.1 | 99.1 | 99.1 | 99.2 | 99.3 | 99.8 | 100.2 | 100.4 | 100.6 | 101.2 | 102.1 | 102.8 |
| 沈　阳 | Shenyang | 100.7 | 101.3 | 101.9 | 102.5 | 103.4 | 104.4 | 105.4 | 106 | 106.6 | 106.8 | 107.2 | 107.4 |
| 大　连 | Dalian | 101.5 | 102 | 102.2 | 102.4 | 103.2 | 103.3 | 103.9 | 104.3 | 104.4 | 104.8 | 105.2 | 105.7 |
| 长　春 | Changchun | 100.8 | 101.7 | 102.3 | 102.8 | 103.1 | 103.7 | 104.2 | 104.2 | 104.4 | 104.4 | 104.9 | 105.7 |
| 哈尔滨 | Harbin | 100.5 | 100.7 | 100.4 | 100.7 | 101.5 | 103 | 103.6 | 104.8 | 105.2 | 106 | 106.6 | 107.4 |
| 上　海 | Shanghai | 128.7 | 122.5 | 116.1 | 114.2 | 112.6 | 110 | 107.4 | 103.4 | 99.9 | 99.9 | 99.9 | 100.3 |
| 南　京 | Nanjing | 132 | 130.1 | 126 | 121.5 | 118.1 | 116.5 | 112.9 | 108.9 | 104.9 | 102.8 | 100.5 | 98.7 |
| 杭　州 | Hangzhou | 121.6 | 121 | 119.8 | 118.5 | 117.9 | 117.4 | 115.8 | 113.5 | 109.1 | 106.9 | 107.1 | 107.2 |
| 宁　波 | Ningbo | 107.2 | 107.4 | 107.6 | 107.9 | 108.2 | 109.2 | 109.2 | 109 | 107.4 | 106.8 | 106.7 | 106.7 |
| 合　肥 | Hefei | 146.8 | 136.5 | 124.9 | 116.7 | 111.7 | 107.6 | 104.7 | 102.8 | 99.9 | 98 | 98.6 | 99.2 |
| 福　州 | Fuzhou | 116.6 | 116.7 | 117.5 | 116.5 | 116.5 | 116.9 | 115.9 | 112.8 | 108.6 | 106.9 | 106.7 | 105.9 |
| 厦　门 | Xiamen | 131.8 | 131.8 | 131.7 | 125.5 | 117.7 | 112.5 | 109.5 | 106.5 | 104.1 | 103.7 | 103.9 | 103.3 |
| 南　昌 | Nanchang | 113 | 113.1 | 111.8 | 111.5 | 110.6 | 109.8 | 108.7 | 107.7 | 105.2 | 104.4 | 104.3 | 103.8 |
| 济　南 | Jinan | 115.2 | 115.7 | 116.3 | 117 | 117.2 | 117.3 | 116.5 | 113.3 | 107.5 | 104.5 | 103.1 | 102.4 |
| 青　岛 | Qingdao | 110.2 | 110.9 | 112.6 | 113.8 | 114.7 | 115.6 | 116.1 | 115.3 | 110.2 | 109.4 | 109.1 | 108.9 |
| 郑　州 | Zhengzhou | 127.5 | 127.2 | 126.1 | 125.4 | 124 | 122.6 | 121 | 115.3 | 107.2 | 103.4 | 102.3 | 101 |
| 武　汉 | Wuhan | 121.9 | 122.1 | 122 | 122.1 | 121.5 | 120.8 | 119.6 | 117.7 | 114 | 111.7 | 109.6 | 108.9 |
| 长　沙 | Changsha | 113.1 | 114.3 | 116 | 119.9 | 120.7 | 120.8 | 120.5 | 120.2 | 116.5 | 114.3 | 112.8 | 111.4 |
| 广　州 | Guangzhou | 126.2 | 128.1 | 127.8 | 125.9 | 124.1 | 123.2 | 121.5 | 118.3 | 114.7 | 112.5 | 111.7 | 109.8 |
| 深　圳 | Shenzhen | 112.8 | 108.4 | 103.9 | 105.1 | 105.4 | 104.3 | 103.1 | 100.9 | 99 | 100.1 | 101 | 101.5 |
| 南　宁 | Nanning | 105.8 | 106.2 | 106.8 | 107 | 107.6 | 109.4 | 110.9 | 110.8 | 110.1 | 109.2 | 109.3 | 108.8 |
| 海　口 | Haikou | 104 | 104.5 | 104.6 | 104.5 | 104.4 | 104.7 | 104.3 | 103.6 | 102.7 | 101.8 | 100.9 | 100.7 |
| 重　庆 | Chongqing | 104.4 | 105 | 105.6 | 106.2 | 106.8 | 108.1 | 108.9 | 109.5 | 109.5 | 109.6 | 109.4 | 109 |
| 成　都 | Chengdu | 105.6 | 105.6 | 106.2 | 106.5 | 106.3 | 106 | 106.1 | 105.9 | 104.6 | 104.6 | 104.6 | 104.6 |
| 贵　阳 | Guiyang | 102.3 | 102.4 | 102.5 | 103.3 | 103.8 | 104.1 | 104.2 | 104.2 | 104.4 | 104.2 | 104.7 | 105.4 |
| 昆　明 | Kunming | 101.5 | 101.3 | 101.9 | 102.2 | 102.3 | 103.1 | 103.4 | 104 | 104.4 | 104.4 | 105.2 | 106.8 |
| 西　安 | Xi'an | 98.8 | 99.4 | 100.8 | 102.3 | 104.1 | 105.7 | 106.6 | 107.2 | 107.5 | 107.5 | 108.4 | 108.8 |
| 兰　州 | Lanzhou | 101.2 | 100.7 | 101.1 | 101.3 | 101.8 | 102.1 | 102.5 | 102.5 | 102.4 | 102.5 | 102.8 | 103.7 |
| 西　宁 | Xining | 98.8 | 99.3 | 99.9 | 100 | 100.3 | 100.6 | 100.9 | 100.9 | 101.2 | 101.2 | 102.1 | 102.9 |
| **银　川** | **Yinchuan** | **100.1** | **99.9** | **99.7** | **99.7** | **99.8** | **100** | **100** | **100.1** | **100.1** | **100** | **100.7** | **101** |
| 乌鲁木齐 | Urumqi | 97.3 | 98.5 | 99.1 | 99.6 | 100.5 | 101.4 | 103 | 104 | 105 | 106.3 | 108.6 | 109.6 |

## 附-13 续表 continued

(上年=100) (preceding year=100)

| 城市 | City | 一月 January | 二月 February | 三月 March | 四月 April | 五月 May | 六月 June | 七月 July | 八月 August | 九月 September | 十月 October | 十一月 November | 十二月 December |
|---|---|---|---|---|---|---|---|---|---|---|---|---|---|
| 唐山 | Tangshan | 102.2 | 102.8 | 103.2 | 104.4 | 104.4 | 105.1 | 105.4 | 105.2 | 105.3 | 105.3 | 104.9 | 104.5 |
| 秦皇岛 | Qinhuangdao | 104.3 | 105.5 | 107 | 108.1 | 107.4 | 107 | 107.4 | 108.2 | 109 | 107.8 | 106.4 | 106.1 |
| 包头 | Baotou | 98.8 | 99.1 | 100.4 | 101.2 | 101.9 | 102.3 | 102.6 | 103.3 | 104.2 | 103.7 | 104.1 | 104 |
| 丹东 | Dandong | 99.1 | 99.5 | 100 | 100.2 | 100.6 | 100.9 | 101.1 | 101.3 | 101.4 | 101.8 | 102.2 | 102.8 |
| 锦州 | Jinzhou | 97.3 | 97.5 | 98.1 | 98.4 | 98.5 | 99 | 99.3 | 99.6 | 99.6 | 99.8 | 99.9 | 99.9 |
| 吉林 | Jilin | 101.8 | 102.1 | 102.5 | 102.7 | 103 | 103.2 | 103.2 | 103.5 | 103.6 | 103.6 | 103.8 | 103.9 |
| 牡丹江 | Mudanjiang | 100.4 | 100.3 | 100.3 | 100.7 | 101.1 | 101.8 | 102.7 | 102.9 | 103 | 103.5 | 103.5 | 103.8 |
| 无锡 | Wuxi | 119.2 | 120.1 | 121.2 | 122.3 | 123.6 | 124.6 | 124.1 | 120.8 | 111.4 | 108.4 | 108.7 | 108.9 |
| 扬州 | Yangzhou | 106.1 | 106.9 | 108.2 | 109.5 | 110.3 | 110.9 | 110.9 | 110.9 | 109.8 | 108.6 | 106.7 | 106.2 |
| 徐州 | Xuzhou | 105.2 | 105.7 | 105.5 | 105.8 | 106.8 | 108 | 108.2 | 107.5 | 106.8 | 106.1 | 105.5 | 105.5 |
| 温州 | Wenzhou | 102.8 | 102.8 | 102.7 | 103.4 | 104.8 | 106.3 | 106.8 | 107.1 | 106.7 | 106.6 | 106.8 | 106.4 |
| 金华 | Jinhua | 104.8 | 104.9 | 105.2 | 106.4 | 106.9 | 107.5 | 107.8 | 107.8 | 107.4 | 107.6 | 107.3 | 107.7 |
| 蚌埠 | Bengbu | 106.1 | 106.4 | 106.9 | 107.7 | 109.3 | 111.2 | 111.2 | 110.7 | 109.7 | 109.4 | 108.6 | 107.6 |
| 安庆 | Anqing | 107.4 | 107.8 | 108.8 | 110.1 | 110.9 | 111.2 | 111.4 | 111.2 | 110 | 109.3 | 107.9 | 106.8 |
| 泉州 | Quanzhou | 106.6 | 107.8 | 109.2 | 110.2 | 111.3 | 112.1 | 111.8 | 111.3 | 110 | 109.2 | 107.3 | 106.5 |
| 九江 | Jiujiang | 108.7 | 109 | 109 | 108.5 | 109.2 | 108.8 | 108.8 | 107.6 | 107.1 | 106.1 | 106.3 | 104.8 |
| 赣州 | Ganzhou | 110.2 | 110.8 | 111.4 | 110.6 | 110.5 | 110.8 | 110.6 | 110 | 106.6 | 104 | 103.2 | 102.8 |
| 烟台 | Yantai | 102.8 | 103.3 | 103.6 | 104.3 | 105.1 | 105.8 | 106.5 | 106.5 | 106.4 | 106.6 | 106.6 | 106.9 |
| 济宁 | Jining | 101.5 | 101.6 | 102.3 | 103 | 103.9 | 105 | 105.8 | 106.2 | 106.5 | 106.7 | 107.1 | 107.8 |
| 洛阳 | Luoyang | 103.1 | 103.2 | 103.4 | 103.8 | 104.3 | 105.1 | 105.1 | 104.9 | 104.8 | 104.7 | 104.4 | 104.4 |
| 平顶山 | Pingdingshan | 100.5 | 100.4 | 100.4 | 101.3 | 102 | 102.6 | 103.5 | 104.1 | 104.1 | 104.3 | 104.8 | 105 |
| 宜昌 | Yichang | 103.5 | 103.8 | 104 | 105.2 | 106.5 | 107.6 | 107.5 | 107 | 106.6 | 105.8 | 106 | 106.1 |
| 襄阳 | Xiangyang | 100.8 | 101.5 | 102.1 | 102.8 | 103.3 | 104.1 | 104.4 | 104.1 | 104.3 | 104.3 | 104.7 | 105 |
| 岳阳 | Yueyang | 103 | 103 | 103.3 | 103.6 | 104.1 | 104.7 | 105 | 105 | 104.9 | 104.6 | 105 | 105 |
| 常德 | Changde | 102.3 | 102.6 | 103.1 | 103.2 | 103.8 | 104.4 | 104.6 | 104.7 | 104.1 | 104 | 104 | 104.1 |
| 惠州 | Huizhou | 114.9 | 114.8 | 115.6 | 115.8 | 114.9 | 114.7 | 113.7 | 113 | 109.1 | 108.2 | 106.6 | 106.4 |
| 湛江 | Zhanjiang | 103.4 | 103.9 | 104.6 | 105.8 | 107.1 | 107.8 | 108.3 | 109.1 | 109.1 | 109.2 | 109.1 | 108.2 |
| 韶关 | Shaoguan | 102.2 | 102 | 103.3 | 104.2 | 104.7 | 105.9 | 107 | 107 | 106.3 | 106.1 | 106.2 | 105.9 |
| 桂林 | Guilin | 98.3 | 98.2 | 98.4 | 99 | 99.6 | 100.2 | 100.7 | 101.7 | 101.8 | 102.3 | 103 | 103 |
| 北海 | Beihai | 101.8 | 102.2 | 102.4 | 104 | 105.9 | 107.8 | 108.7 | 109 | 109.1 | 109.1 | 108.9 | 108.4 |
| 三亚 | Sanya | 103 | 103.7 | 104.6 | 104.6 | 104.4 | 103.6 | 103.6 | 103.7 | 103.3 | 103 | 103.2 | 102.7 |
| 泸州 | Luzhou | 102.5 | 103.1 | 103.2 | 102.8 | 102.9 | 103.3 | 103.3 | 103.4 | 103.4 | 103.6 | 104.2 | 104.7 |
| 南充 | Nanchong | 102.7 | 103 | 103.5 | 103.5 | 103.9 | 104.6 | 104.8 | 105 | 105.3 | 105.7 | 106.2 | 106.6 |
| 遵义 | Zunyi | 102.8 | 103 | 103.4 | 103.6 | 103.9 | 104 | 104.1 | 104.7 | 105.4 | 105.3 | 105.6 | 106.1 |
| 大理 | Dali | 100 | 99.5 | 99.3 | 99.4 | 99.2 | 99.8 | 99.6 | 100.3 | 100.8 | 101.2 | 101.4 | 102.8 |